公路工程标准规范解读系列丛书

《公路桥涵施工技术规范》实施手册

田克平　主编

人民交通出版社股份有限公司
北京

内 容 提 要

本手册为《公路桥涵施工技术规范》(JTG/T 3650—2020)的配套图书,由规范主要起草人编写。本手册介绍了规范修订的背景情况,条文规定的原因或理由,执行条文时需注意的事项,以及调研收集的资料和为方便使用规范而补充的有关技术资料。

本手册可供公路桥涵工程施工技术人员、管理人员、监理人员等使用。

图书在版编目(CIP)数据

《公路桥涵施工技术规范》实施手册 / 田克平主编. — 北京:人民交通出版社股份有限公司, 2020.8
ISBN 978-7-114-16770-6

Ⅰ. ①公… Ⅱ. ①田… Ⅲ. ①公路桥—桥涵工程—工程施工—技术规范—中国—手册 Ⅳ. ①U448.145.2-62

中国版本图书馆 CIP 数据核字(2020)第 143308 号

公路工程标准规范解读系列丛书
Gonglu Qiaohan Shigong Jishu Guifan Shishi Shouce

书　　名	:《公路桥涵施工技术规范》实施手册
著 作 者	:田克平
责任编辑	:吴有铭　丁　遥　周佳楠
责任校对	:孙国靖　宋佳时
责任印制	:刘高彤
出版发行	:人民交通出版社股份有限公司
地　　址	:(100011)北京市朝阳区安定门外外馆斜街 3 号
网　　址	:http://www.ccpcl.com.cn
销售电话	:(010)85285857
总 经 销	:人民交通出版社股份有限公司发行部
经　　销	:各地新华书店
印　　刷	:北京市密东印刷有限公司
开　　本	:880×1230　1/16
印　　张	:31.25
字　　数	:946 千
版　　次	:2020 年 8 月　第 1 版
印　　次	:2024 年 12 月　第 3 次印刷
书　　号	:ISBN 978-7-114-16770-6
定　　价	:135.00 元

(有印刷、装订质量问题的图书,由本公司负责调换)

前 言

《公路桥涵施工技术规范》(JTG/T 3650—2020)经交通运输部批准颁布后,自2020年10月1日起施行。为配合规范的实施,规范的主编单位中交一公局集团有限公司主持编写了本手册。

编写本手册的目的是:为规范的使用者补充提供更多的条文释义,期望对行业内外众多的从业者有所帮助,使其能更加准确地理解和执行规范条文中的各项规定。

本手册的主要内容有:规范修订的背景情况,条文规定的原因或理由,执行条文时需注意的事项,以及调研收集的资料和为方便使用规范而补充的有关技术资料。

本手册的编写分工如下:

第1、2、27章由中交一公局集团有限公司田克平编写;

第3、6、17章由中交一公局集团有限公司张志新编写;

第4、13章由中交一公局集团有限公司李文编写;

第5、14章由中交一公局集团有限公司张利编写;

第7、11、25章由中交一公局集团有限公司刘方华编写;

第8章由中交一公局集团有限公司张丽惠编写;

第9章由湖南路桥建设集团有限责任公司田启军、刘玉兰、苏巧江、彭官友编写;

第10、23、26章由中交一公局集团有限公司黄天贵编写;

第12、15、24章由中交一公局集团有限公司刘大成编写;

第15章第15.4节、第17章第17.9节由保利长大工程有限公司荣国成、李平编写;

第16、22章由中交一公局集团有限公司李鸿盛编写;

第18章由四川公路桥梁建设集团有限公司邓亨长、倪红编写;

第19章由四川公路桥梁建设集团有限公司邓运祥、黄兴胜、李金权编写;

第20章由湖南路桥建设集团有限责任公司刘玉兰、田启军、谭涌波、张念来、万华、苏巧江编写;

第21章由保利长大工程有限公司王中文、钟建锋、王晓佳编写。

全书由田克平负责统稿。

本手册在编写过程中引用了若干公开发表的文献资料及一些内部资料,在此对这些文献资料的作者和内部资料的提供者表示衷心的感谢。

特别提示:本手册完全按规范的章、节、条、款、项顺序编写。规范的条文序号不变,用楷体字示出;手册的内容列于规范条文之后,用宋体字示出。

由于时间上较为紧迫,且限于编者的技术水平和学识水平,手册中如有不当或错误之处,恳请广大读者批评指正。

编 者
2020年7月1日 北京

本手册编写人员分工

章号	章(节)名	编写单位	编写人
1	总则	中交一公局集团有限公司	田克平
2	术语	中交一公局集团有限公司	田克平
3	施工准备和施工测量	中交一公局集团有限公司	张志新
4	钢筋	中交一公局集团有限公司	李文
5	模板、支架	中交一公局集团有限公司	张利
6	混凝土工程	中交一公局集团有限公司	张志新
7	预应力混凝土工程	中交一公局集团有限公司	刘方华
8	钢结构工程	中交一公局集团有限公司	张丽惠
9	灌注桩	湖南路桥建设集团有限责任公司	田启军、刘玉兰、苏巧江、彭官友
10	沉入桩	中交一公局集团有限公司	黄天贵
11	沉井	中交一公局集团有限公司	刘方华
12	地下连续墙	中交一公局集团有限公司	刘大成
13	基坑	中交一公局集团有限公司	李文
14	浅基础、承台	中交一公局集团有限公司	张利
15	桥墩、桥台	中交一公局集团有限公司	刘大成
	15.4 预制安装墩台身、盖梁	保利长大工程有限公司	荣国成、李平
16	圬工结构	中交一公局集团有限公司	李鸿盛
17	梁式桥	中交一公局集团有限公司	张志新
	17.9 大节段钢箱梁安装	保利长大工程有限公司	荣国成、李平
18	钢混组合结构	四川公路桥梁建设集团有限公司	邓亨长、倪红
19	拱桥	四川公路桥梁建设集团有限公司	邓运祥、黄兴胜、李金权
20	斜拉桥	湖南路桥建设集团有限责任公司	刘玉兰、田启军、谭涌波、张念米、万华、苏巧江
21	悬索桥	保利长大工程有限公司	王中文、钟建锋、王晓佳
22	海上桥梁	中交一公局集团有限公司	李鸿盛
23	桥面及附属工程	中交一公局集团有限公司	黄天贵
24	涵洞、通道	中交一公局集团有限公司	刘大成
25	冬期、雨期和热期施工	中交一公局集团有限公司	刘方华
26	安全施工与环境保护	中交一公局集团有限公司	黄天贵
27	工程交工	中交一公局集团有限公司	田克平

目 录 MULU

1 总则 ··· 1
2 术语 ··· 4
3 施工准备和施工测量 ·· 9
   3.1 施工准备 ·· 9
   3.2 施工测量 ·· 12
4 钢筋 ··· 20
   4.1 一般规定 ·· 20
   4.2 加工 ·· 22
   4.3 连接 ·· 24
   4.4 绑扎与安装 ·· 28
5 模板、支架 ·· 31
   5.1 一般规定 ·· 31
   5.2 模板、支架设计 ·· 38
   5.3 模板的制作与安装 ·· 79
   5.4 支架的制作与安装 ·· 82
   5.5 模板、支架的拆除 ·· 83
6 混凝土工程 ·· 86
   6.1 一般规定 ·· 86
   6.2 水泥 ·· 96
   6.3 细集料 ·· 97
   6.4 粗集料 ·· 99
   6.5 水 ·· 103
   6.6 外加剂 ·· 103
   6.7 掺合料 ·· 106
   6.8 配合比 ·· 107
   6.9 拌制 ·· 111
   6.10 运输 ·· 113
   6.11 浇筑 ·· 113
   6.12 养护 ·· 116
   6.13 大体积混凝土、抗冻混凝土、抗渗混凝土和自密实混凝土 ···· 117
   6.14 高强度混凝土 ·· 121
   6.15 高性能混凝土 ·· 124
7 预应力混凝土工程 ·· 133
   7.1 一般规定 ·· 133
   7.2 预应力筋及制作 ·· 134
   7.3 锚具、夹具和连接器 ·· 136
   7.4 管道 ·· 138
   7.5 混凝土浇筑 ·· 138
   7.6 施加预应力 ·· 139

7.7	先张法	142
7.8	后张法	144
7.9	后张孔道压浆及封锚	148
7.10	无黏结预应力	155
7.11	体外预应力	157

8 钢结构工程 … 158
- 8.1 一般规定 … 158
- 8.2 材料 … 158
- 8.3 零件制造 … 160
- 8.4 组装 … 162
- 8.5 焊接 … 163
- 8.6 焊接检验 … 165
- 8.7 钢构件矫正 … 168
- 8.8 高强度螺栓连接副与摩擦面处理 … 168
- 8.9 试拼装 … 169
- 8.10 涂装 … 169
- 8.11 包装、存放与运输 … 170
- 8.12 工地连接 … 170

9 灌注桩 … 173
- 9.1 一般规定 … 173
- 9.2 钻孔灌注桩 … 173
- 9.3 岩溶、采空区和其他特殊地区的钻孔灌注桩 … 179
- 9.4 大直径、超长灌注桩 … 180
- 9.5 灌注桩后压浆 … 182
- 9.6 挖孔灌注桩 … 185
- 9.7 成孔、成桩检验 … 187

10 沉入桩 … 188
- 10.1 一般规定 … 188
- 10.2 桩的制作 … 188
- 10.3 桩的吊运、存放和运输 … 190
- 10.4 试桩与桩基承载力 … 190
- 10.5 沉桩 … 191

11 沉井 … 195
- 11.1 一般规定 … 195
- 11.2 制作 … 195
- 11.3 浮运、定位与着床 … 197
- 11.4 下沉与接高 … 199
- 11.5 基底检验与沉井封底 … 202
- 11.6 井孔填充与顶板浇筑 … 204

12 地下连续墙 … 205
- 12.1 一般规定 … 205
- 12.2 施工平台与导墙 … 205
- 12.3 地下连续墙施工 … 206

目录

13	**基坑**	210
13.1	一般规定	210
13.2	土石围堰	210
13.3	基坑开挖	212
13.4	基坑降排水	214
13.5	基底处理	216
13.6	基底检验	220
14	**浅基础、承台**	221
14.1	一般规定	221
14.2	浅基础	221
14.3	承台	221
14.4	预制安装承台	229
15	**桥墩、桥台**	232
15.1	一般规定	232
15.2	桥墩	232
15.3	桥台	234
15.4	预制安装墩台身、盖梁	236
15.5	现浇墩台帽、盖梁、系梁和挡块	242
16	**圬工结构**	243
16.1	一般规定	243
16.2	材料	243
16.3	墩、台身圬工砌体	245
16.4	附属工程圬工砌体	246
16.5	后背回填	247
16.6	圬工砌体勾缝和养护	248
16.7	片石混凝土	248
17	**梁式桥**	249
17.1	一般规定	249
17.2	装配式梁、板预制安装	249
17.3	支架上现浇	254
17.4	移动模架逐孔现浇	255
17.5	悬臂浇筑	257
17.6	节段预制拼装	260
17.7	顶推	264
17.8	箱梁整孔预制安装	269
17.9	大节段钢箱梁安装	271
17.10	斜腿刚构	273
17.11	拓宽改建梁桥拼接施工	274
18	**钢混组合结构**	276
18.1	一般规定	276
18.2	钢构件安装	279
18.3	混凝土桥面板	282
18.4	组合节段制作与拼装	289

18.5	钢-混凝土接头	291
18.6	波形钢腹板梁	299

19 拱桥 ... 306

19.1	一般规定	306
19.2	拱架	309
19.3	拱(支)架上现浇混凝土拱圈	314
19.4	无支架和少支架预制安装	319
19.5	转体施工	325
19.6	劲性骨架拱	331
19.7	钢管混凝土拱	352
19.8	悬臂浇筑	359
19.9	钢拱桥	369
19.10	石拱桥	376
19.11	拱上结构	380
19.12	施工控制	381

20 斜拉桥 ... 382

20.1	一般规定	382
20.2	索塔	383
20.3	主梁	390
20.4	拉索	396
20.5	部分斜拉桥	401
20.6	无背索斜拉桥	401
20.7	施工控制	402

21 悬索桥 ... 404

21.1	一般规定	404
21.2	锚碇	404
21.3	索塔	408
21.4	索鞍	408
21.5	猫道	409
21.6	主缆	414
21.7	索夹与吊索	423
21.8	加劲梁	425
21.9	自锚式悬索桥	428
21.10	施工控制	431

22 海上桥梁 ... 433

22.1	一般规定	433
22.2	环氧树脂涂层钢筋	433
22.3	不锈钢钢筋	435
22.4	基础和墩台	436
22.5	钢管桩防腐蚀	438
22.6	混凝土附加防腐蚀	438
22.7	海上施工安全	440

23 桥面及附属工程 ... 442

23.1	一般规定	442
23.2	支座	442
23.3	伸缩装置	445
23.4	桥面防水与排水	446
23.5	混凝土桥面铺装	447
23.6	钢桥面铺装	447
23.7	桥面防护设施	456
23.8	桥头搭板	457
24	**涵洞、通道**	**458**
24.1	一般规定	458
24.2	混凝土管涵	459
24.3	拱涵、盖板涵	460
24.4	箱涵	461
24.5	倒虹吸管	461
24.6	涵洞接长	462
24.7	波纹钢涵洞	462
24.8	顶进施工	464
24.9	通道的防水与排水设施	467
25	**冬期、雨期和热期施工**	**469**
25.1	一般规定	469
25.2	冬期施工	469
25.3	雨期施工	476
25.4	热期施工	477
26	**安全施工与环境保护**	**479**
26.1	一般规定	479
26.2	安全施工	479
26.3	环境保护	483
27	**工程交工**	**485**

1 总则

1.0.1 为适应公路桥涵工程建设的需要,保证施工质量和施工安全,制定本规范。

1.0.2 本规范适用于各级公路中新建、改建和扩建桥涵工程的施工。

本条是本规范的适用范围。

条文中的"新建"是指建造尚不存在的桥涵工程;"改建"一般指对原有的桥涵工程进行改造建设,以提高其技术指标或提高其技术等级;"扩建"一般指扩大原有桥涵工程的功能,如增加车道,提高服务水平、通行能力及安全性等。

1.0.3 特大型、特殊结构或特殊地区桥涵工程的施工,除应符合本规范的规定外,尚应就本规范未涉及的内容制定专用技术标准或专用技术条款指导施工。

虽然明确了适用范围,但对位于高原、高寒、冻土、沙漠等特殊地区或特殊环境的公路桥涵工程,以及特大型或特殊结构的桥梁工程,其施工的某些特殊要求可能不被本规范的条文所包含,因此规定遇到这种情况时可以依据本规范制定更详细的专用技术标准指导施工。

1.0.4 公路桥涵工程施工应符合设计文件的规定,并应满足安全、耐久、环保和节能减排的要求。

本条的规定是公路桥涵工程施工需要达到的基本要求。

由于施工是具体体现设计思想和设计意图的一个过程,因此条文要求"应符合设计文件的规定",这也是公路桥涵工程施工需要遵循的基本准则。

"安全"的要求在此有两方面的含义:一是在施工期间应保证结构的安全和作业安全;二是桥涵工程交付运营后,正常使用状态下结构本身能在规定的寿命期安全使用。

"耐久"的要求是指桥涵工程结构应满足设计规定的使用年限。

"节能减排"的提法出自《中华人民共和国国民经济和社会发展第十一个五年规划纲要》。广义而言,节能减排是指节约物质资源和能量资源、降低能源消耗、减少废弃物和环境有害物(包括三废和噪声等)排放;狭义而言,节能减排是指节约能源和减少环境有害物排放。节能减排包括节能和减排两大技术领域,二者有联系,又有区别。一般来讲,节能必定减排,而减排却未必节能,所以减排项目需要加强节能技术的应用,以避免因片面追求减排结果而造成能耗激增,注重社会效益和环境效益均衡。《中华人民共和国节约能源法》指出:"节约资源是我国的基本国策。国家实施节约与开发并举、把节约放在首位的能源发展战略。"能源法中所称"节约能源"(简称"节能"),是指加强用能管理,采取技术上可行、经济上合理以及环境和社会可以承受的措施,从能源生产到消费的各个环节,降低消耗、减少损失和污染物排放、制止浪费,有效、合理地利用能源。

2017年1月5日,《国务院关于印发"十三五"节能减排综合工作方案的通知》(国发〔2016〕74号)发布,该通知明确了我国"十三五"节能减排工作的总体要求和主要目标。

"十三五"总体要求:牢固树立创新、协调、绿色、开放、共享的发展理念,落实节约资源和保护环境基本国策,以提高能源利用效率和改善生态环境质量为目标,以推进供给侧结构性改革和实施创新驱动发展战略为动力,坚持政府主导、企业主体、市场驱动、社会参与,加快建设资源节约型、环境友好型社会,确保完成"十三五"节能减排约束性目标,保障人民群众健康和经济社会可持续发展,促进经济转型升级,实现经济发展与环境改善双赢,为建设生态文明提供有力支撑。

"十三五"主要目标:到2020年,全国万元国内生产总值能耗比2015年下降15%,能源消费总量控制在50亿吨标准煤以内。全国化学需氧量、氨氮、二氧化硫、氮氧化物排放总量分别控制在2 001万吨、207万吨、1 580万吨、1 574万吨以内,比2015年分别下降10%、10%、15%和15%。全国挥发性有机物排放总量比2015年下降10%以上。

公路桥涵工程的施工同样有节能减排的要求,原规范仅提及"节能",但"减排"亦不可或缺,故本次修订将其表述修改为"节能减排"。

1.0.5 公路桥涵工程施工应遵守国家建设工程质量方面的法律法规,建立健全质量保证体系,明确质量责任,加强质量管理,保证工程质量。

国务院发布的《建设工程质量管理条例》,交通运输部发布的《公路工程质量管理办法》,都是国家有关建设工程质量方面非常重要的法律法规,因此要求在公路桥涵工程的施工中要得到严格遵守和认真贯彻执行,以保证工程的施工质量。

1.0.6 公路桥涵工程施工应遵守国家安全生产的有关法律法规,建立健全安全生产管理体系,明确安全责任,严格执行安全操作规程,保障施工人员的职业健康,保证施工安全。

新的《中华人民共和国安全生产法》自2014年12月1日起施行,该法制定的目的是加强安全生产工作,防止和减少生产安全事故,保障人民群众生命和财产安全,促进经济社会持续健康发展。在公路桥涵工程的施工中,安全生产是施工企业需要高度重视的大事,因此,安全生产法要得到严格遵守。关于安全操作的要求,本规范在有关章节中,对极易发生安全事故的施工作业作出了必要的规定。

1.0.7 公路桥涵工程施工应遵守国家环境保护的有关法律法规,节约用地,少占农田,减少污染,保护环境。

环境保护是我国的一项基本国策,是关系民族和子孙后代生存的极为重要的问题,也是关系到可持续发展、建立和谐社会的大事。我国除在宪法中对环境保护有专门的条文规定外,还颁发有《中华人民共和国环境保护法》《中华人民共和国水污染防治法》《中华人民共和国固体废物污染环境防治法》《中华人民共和国水土保持法》等法律法规,这些法律法规均需要在公路桥涵工程的施工中得到遵守。规定桥涵工程施工应节约用地、少占农田,主要是指施工时占用的生产和施工人员生活的临时用地。对该类临时用地,在施工结束后,要与弃土等及时进行清理,交还原主,但工程施工所占的临时用地,虽经过处理,有些土地恢复至原来的农产量已较为困难,或需增加大量农业投入,根据国家的国土资源政策,要求桥涵工程施工应节约用地、少占农田是非常必要的。

公路桥涵工程施工时需要注意的环境保护问题有以下几个方面:

(1)最大限度地减少对原有植被和地貌的破坏。

(2)开采土、石、砂料,可能导致水土流失的,要采取水土保持措施;废弃的土、石、砂料和矿渣需妥善处理,不能倒入江河、湖泊、水库;工程交工时,因施工造成的裸露土地,需采取种植措施或必要的工程措施,保护水土资源。

(3)禁止向一切水域倾倒垃圾、废渣,排放的污水要符合国家标准。在钻孔灌注桩施工中所采用的泥浆,为了提高其性能指标,常掺入碳酸钠、硝基腐殖酸钠盐、铬铁木质素黄酸钠盐等化学物质,这些物质含量超过一定限度,有可能使泥浆的pH值偏小或偏大,不符合国家规定的容许排放范围,因此,施工中要引起注意。

(4)在基坑开挖、灌注桩基础或沉井基础施工中,常需挖出大量泥渣;在河中筑岛、筑围堰时,则需填入大量泥土,桥涵竣工后这些土方如不及时清除,将造成河流堵塞或污染水域。对于可溶性有毒废渣,要运至安全场所,并采取防水、防渗措施,不能就地排入水域。

1.0.8 公路桥涵工程施工宜推行标准化、工厂化、装配化和信息化施工,并应积极推广使用可靠的新技术、新工艺、新材料、新设备。

技术创新是国家创新体系的重要组成部分。提倡和鼓励技术创新,对实现公路桥涵工程施工的现代化、推动技术进步不仅是必要的,同时也是公路桥涵施工企业的一种客观要求。但在推广使用"四新"时,"可靠"是非常重要的前提,即要采取既积极又稳妥的方针,如提前做好论证工作,先做试验,确认可靠后方能采用,以防止发生质量、安全事故,对于大型桥梁工程更要慎重。

标准化施工是对施工现场安全生产、文明施工、施工工艺、质量管理、工程监理、队伍管理、合同履行等要素进行整合熔炼、缜密规范,形成密切相关、交织科学的施工现场管理体系。其目标是以实施施工现场管理标准化为突破口,整合管理资源,建立有效的预防与持续改进机制,全面改革现场管理方式和施工组织方式,从而提高企业管理水平,提高政府监管和产业发展水平。推行标准化施工既抓住了建筑业创新的关键点,又是新时期施工现场管理的最低要求,这对转变施工现场管理,提升行业形象,增强产业发展后劲,具有深远的社会意义和现实意义。

工厂化、装配化施工是采用工业化方法将工厂制造的构件在工程现场通过机械化、信息化等手段,按不同要求进行组合、安装,最终形成特定桥涵工程产品的一种建造方式。

信息化施工,原指某一具体的工程实体在施工过程中,通过设置各种监测元件和仪器,实时收集现场实际数据并加以分析,根据分析结果对原施工方案进行必要的调整,并反馈到下一施工过程,对下一阶段的施工过程进行分析和预测,从而保证工程能安全、有效地施工。由于科技水平的提高,互联网和信息技术的极大发展,信息化施工的内涵也在不断拓展。因此,目前的理解是:信息化施工是以企业信息化为总体目标,在工程施工中涉及各部门、各阶段广泛地应用信息技术,开发信息资源,促进施工技术和管理水平不断提高、施工生产效益显著增加的过程,是涉及工程施工和工程管理等的一系列活动。

近年来,随着经济的持续快速发展、产业现代化的升级、节能减排和环保要求的提高、劳动力成本的不断增长以及工程品质的提升,推进公路桥涵工程"标准化、工厂化、装配化和信息化施工"的工业化生产已是大势所趋,亦是时代发展的一种必然。

2 术语

本次修订新增加了"高墩、大节段钢梁箱、钢构件、零件"4条术语，修订后共30条术语。

2.0.1 止水帷幕 curtain wall de-watering

用以减少渗流水量，减小地下水水力坡度，防止流沙、管涌、潜蚀等，在基坑边线外设置的隔水结构。

2.0.2 大直径灌注桩 large diameter pile

直径大于或等于2.5m的灌注桩。

本规范将直径大于或等于2.5m的钻孔灌注桩界定为大直径桩，其含义是相对于公路桥涵工程而言的；在建筑行业，可能直径大于或等于1.5m的钻孔灌注桩就称为大直径桩。换言之，不同行业对大直径桩的定义或有差异。

2.0.3 超长灌注桩 super long pile

桩长大于或等于90m的灌注桩。

在我国的一些大型桥梁工程中，钻孔灌注桩的长度已近150m，大大超出了普通的桩基长度，亦超出了常用钻孔设备的施工能力。超长桩对施工工艺及其他临时设施有特殊的要求，为避免引起对超长桩定义的混乱，有必要对其进行界定，以统一说法。需进一步说明的是：本规范所界定的超长桩的含义仅限于其施工的技术难度与普通桩基有区别，而与桩的受力无关。

2.0.4 高强度混凝土 high strength concrete

强度等级C60及以上的混凝土。

2.0.5 高性能混凝土 high performance concrete

采用混凝土的常规材料、常规工艺，在常温下，以低水胶比、大掺量优质掺合料和严格的质量控制措施制作的，具有良好的施工工作性能且硬化后具有高耐久性、高尺寸稳定性及较高强度的混凝土。

高性能混凝土（HPC）是20世纪80年代末90年代初，一些发达国家基于混凝土结构耐久性设计提出的一种全新概念的混凝土。这种混凝土以耐久性为首要设计指标，有可能为基础设施工程提供100年以上的使用寿命。区别于传统混凝土，高性能混凝土由于具有高耐久性、高工作性、高强度和高体积稳定性等许多优良特性，至今已在不少重要工程中被采用，特别是在桥梁、高层建筑、海港建筑等工程中显示出其独特的优越性，在工程安全使用期、经济合理性、环境条件的适应性等方面产生了明显的效益，因此被各国学者所接受，被认为是今后混凝土技术的发展方向。

但对高性能混凝土的定义或含义，国际上迄今为止尚没有一个统一的理解，各个国家不同人群有不同的理解。一般而言，高性能混凝土是指高强度、高耐久性、高工作性混凝土。一些美国学者更强调高强度和尺寸稳定性（北美型），欧洲学者更注重耐久性（欧洲型），而日本学者则偏重于高工作性（日本型）。在我国，对高性能混凝土的含义也同样存在过争议（详见本规范第6.15.1条的释义）。

1990年5月，由美国国家标准与技术研究所（NIST）与美国混凝土协会（ACI）主办了第一届高性能混凝土的讨论会，高性能混凝土被定义为具有所需性能要求的匀质混凝土，而且是需要采取严格的施工工艺、采用优质材料配制、便于浇筑和振捣、不离析、力学性能稳定、早期强度高、具有韧性和体积稳定性等性能的耐久混凝土。大多数学者承认单纯高强不一定耐久,而提出高性能则希望既高强又耐久。可能是由于发现强调高强后的弊端,1998 年美国 ACI 又发表了一个定义为:"高性能混凝土是符合特殊性能组合和匀质性要求的混凝土,如果采用传统的原材料组分和一般的拌和、浇筑与养护方法,未必总能大量地生产出这种混凝土。"ACI 对该定义所作的解释是:"当混凝土的某些特性是为某一特定的用途和环境而制定时,这就是高性能混凝土。例如下面所举的这些特性对某一用途来说可能是非常关键的:易于浇筑、振捣时不离析、早强、长期的力学性能、抗渗性、密实性、水化热、韧性、体积稳定性、恶劣环境下的较长寿命。因为高性能混凝土的许多特性是相互联系的,改变其中之一常会使其他的特性发生变化,当混凝土为某一用途生产而必须考虑若干特性时,则每一个特性都必须清楚地规定在合同文件中。"1998 年 ACI 定义与 1990 年 NIST、ACI 定义的区别是:前者将早强列入"特殊性能组合"可选性能之一,而不作为必要的规定而强调。

欧洲混凝土学会和国际预应力混凝土协会则将高性能混凝土定义为水胶比低于 0.40 的混凝土。在日本,将高流态的自密实混凝土(即免振混凝土)称为高性能混凝土,强度一般为 40~45MPa,混凝土中除水泥外,还有矿渣粉、粉煤灰及膨胀剂。也有一些部门根据其专业特点对高性能混凝土提出具体的要求,如 1995 年美国联邦公路管理局(FHWA)将高性能混凝土分成 4 级,每级在与强度和耐久性有关的 8 个参数上都规定了定量的指标。美国战略公路研究计划(SHRP)提出高性能混凝土用于公路工程时应满足:①水胶比≤0.35;②300 次冻融循环,相对动弹模≥80%;③4h 抗压强度≥17.2MPa,或 24h 抗压强度≥34.5MPa,或 28d 抗压强度≥68.9MPa。该定义偏重于早强,定义了一个特定的高性能混凝土,缺乏普遍适用性。用于桥梁尤其是大跨径桥梁的高性能混凝土应满足:①水胶比≤0.40;②强度≥41.4 MPa;③徐变率低。

我国著名的混凝土科学家吴中伟院士定义高性能混凝土为一种新型高技术混凝土,是在大幅度提高普通混凝土性能的基础上采用现代混凝土技术制作的混凝土,它以耐久性作为设计的主要指标,针对不同用途要求,对下列性能有重点地予以保证:耐久性、工作性、适用性、强度、体积稳定性以及经济合理性。为此,高性能混凝土在配制上的特点是低水胶比,选用优质原材料,并除水泥、集料外,必须掺加足够数量的矿物细掺料和高效外加剂。1997 年 3 月,吴中伟院士在高强高性能混凝土会议上又指出,高性能混凝土应更多地掺加以工业废渣为主的掺合料,更多地节约水泥熟料,提出了绿色高性能混凝土(GHPC)的概念。

中国土木工程学会高强与高性能混凝土委员会将高性能混凝土定义为以耐久性和可持续发展为基本要求并适合工业化生产与施工的混凝土。与传统的混凝土相比,这种高性能混凝土在配比上的特点是低用水量(水与胶凝材料总量之比低于 0.4,或不超过 0.45),较低的水泥用量,并以化学外加剂和矿物掺合料作为水泥、水、砂、石之外的必需组分。这也是现代高强混凝土的配制途径。实际上,正是现代高强混凝土技术的出现,为解决高性能混凝土的耐久性问题指明了出路。

结合我国推广应用高性能混凝土十几年的情况,2003 年清华大学的廉慧珍教授曾专门撰文,反思了由于对高性能混凝土的理解存在的若干误区而在使用中造成的盲目和混乱,并对高性能混凝土给出了自己的理解:"高性能混凝土不是混凝土的一个品种,而是达到工程结构耐久性的质量要求和目标,是满足不同工程要求的性能和具有匀质性的混凝土。高强不一定耐久,高流动性也不是任何工程都需要的,也不是只要有掺合料就能高性能;混凝土的质量不是试验室配出来的,而是优选配合比的混凝土由生产、设计、施工和管理人员在结构中实现的,开裂的就不是高性能混凝土,除了特殊结构(如临时性结构)外,没有什么混凝土结构不需要耐久。针对不同工程的特点和需要,对混凝土结构进行满足具体要求的性能和耐久性设计,比笼统强调高性能混凝土的名词更要科学。"在这里,高性能混凝土强调的是混凝土的"性能",或者质量、状态、水平,或者说是一种质量目标,对不同的工程,高性能混凝土有不同的强调重点(即"特殊性能组合")。

中国工程院土木水利与建筑学部于 2000 年提出了一个名为"工程结构安全性与耐久性研究"的咨询项目,并于 2004 年 3 月编写了《混凝土结构耐久性设计与施工指南》(CCES 01—2004),作为中国土木工程学会技术标准。该指南对高性能混凝土的定义为："以耐久性为基本要求并用常规材料和常规工艺制造的水泥基混凝土。这种混凝土在配比上的特点是掺和合格的矿物掺合料和高效减水剂,取用较低的水胶比和较少的水泥用量,并在制作上通过严格的质量控制,使其达到良好的工作性、均匀性、密实性和体积稳定性。"

综上所述可以看出,自从美国提出高性能混凝土这一概念以来,国内外对此始终未能确定一个统一的或者标准的定义。目前,不同的学者和技术人员从混凝土性能的不同方面,给出了关于高性能混凝土的不同描述,因此,很难就高性能混凝土确定一个全面、准确、完整的定义。

本规范所给出的定义是在综合考虑各种因素后确定的。

2.0.6 大体积混凝土 mass concrete

体积较大的、可能由胶凝材料水化热引起的温度应力导致有害裂缝的结构混凝土。

对于大体积混凝土,国内外对其定义是不尽相同的。

日本建筑学会标准(JASS5)的定义是:"结构断面最小厚度在800mm以上,同时水化热引起混凝土内部的最高温度与外界气温之差预计超过25℃的混凝土,称为大体积混凝土。"

美国混凝土学会(ACI207)认为:"任何现场浇筑的大体积混凝土,其尺寸之大,必须要求解决水化热及随之引起的体积变形问题,以最大限度减少开裂。"同时还认为:"结构最小尺寸大于0.6m,即应考虑水化热引起的混凝土体积变化与变形问题。"

国际预应力混凝土协会(FIP)的《海工混凝土设计与施工建议》规定:"凡是混凝土一次浇筑最小尺寸大于0.6m,特别是水泥用量大于400kg/m³时,应考虑采用水化放热慢的水泥或其他降温散热措施。"

《普通混凝土配合比设计规程》(JGJ 55—2000)对大体积混凝土的定义是:"混凝土结构物实体最小尺寸等于或大于1m,或预计会因水化热引起混凝土内外温差过大而导致裂缝的混凝土。"《普通混凝土配合比设计规程》(JGJ 55—2011)则修改为:"体积较大的、可能由胶凝材料水化热引起的温度应力导致有害裂缝的结构混凝土。"

《大体积混凝土施工标准》(GB 50496—2018)对大体积混凝土的定义是:"混凝土结构物实体最小几何尺寸不小于1m的大体量混凝土,或预计会因混凝土中胶凝材料水化引起的温度变化和收缩而导致有害裂缝产生的混凝土。"

从以上各种定义可知,导致大体积混凝土没有统一、公认的定义的原因在于:严格来说,大体积混凝土并非专门术语,而仅是一般名词,因此只是相对的概念,难以给出绝对意义上的确切定义。

但如果不对大体积混凝土的含义加以描述和界定,则容易造成混乱并产生两种结果截然相反的极端现象:一种是不属于大体积混凝土的范畴,而按其要求施工,造成不必要的浪费;另一种则是属于大体积混凝土但未按其要求施工,导致结构产生裂缝。

本次修订直接引用了《普通混凝土配合比设计规程》(JGJ 55—2011)中大体积混凝土的定义。

对大体积混凝土的定义宜作如下理解:大体积混凝土与普通混凝土的区别表面上看是结构的尺寸不同,但其实质的区别是由于混凝土中水泥的水化要产生热量,而大体积混凝土内部的热量不如表面的热量散失得快,造成内表温差较大,由此所产生的温度应力可能会使混凝土开裂。因此判断是否属于大体积混凝土,既要考虑结构尺寸这一因素,又要考虑水泥的品种和强度等级、每立方米水泥用量等因素。比较准确的方法是通过计算水泥水化热所引起的混凝土的温升值与环境温度的差值大小来判别。一般情况下,当其差值不大于25℃时,其所产生的温度应力将会小于混凝土本身容许的抗拉强度,不会造成混凝土的开裂;当差值大于25℃时,其所产生的温度应力有可能大于混凝土本身容许的抗拉强度,造成混凝土的开裂,此时就可以判定该混凝土为大体积混凝土。

2.0.7 结构物的表面系数 surface factor of structure

结构物冷却面积(m^2)与结构体积(m^3)的比值。

2 术语

2.0.8 高墩 high pier
高度大于或等于40m的桥墩。
本条术语为新增。将高度大于或等于40m的桥墩界定为高墩的原因为：高度小于40m的桥墩墩身，一般可采用常规的机械设备进行施工，例如采用起重能力50t左右的起重机，即可完成墩身施工中钢筋、模板和混凝土等的垂直起吊作业，作业人员的通道可以采用常规的步梯。当墩身高度达到或超过40m时，通用的机械设备已较难于满足施工的要求，而需要采用一些特殊的方法、手段及机械设备方能进行作业，如钢筋的垂直起吊可能需要塔式起重机；模板可能需要采用液压爬模；混凝土可能需要设置泵管进行泵送；水、电的供应需要在墩身上敷设管线；需要设置电梯供作业人员到达作业点；测量控制亦与一般高度的桥墩有较大的区别。因此，增设"高墩"的术语对保证施工的安全和质量是具有实际意义的。

2.0.9 大节段钢箱梁 large segmental of steel box girder
整跨安装或节段安装长度不小于50m的钢箱梁。

2.0.10 移动模架逐跨现浇法 span by span method with stepping formwork
采用可在墩台上纵向移动的支架及模板，在其上逐跨现浇梁体混凝土，并逐跨施加预应力的施工方法。

2.0.11 悬臂浇筑法 cast-in-place cantilever method
在以桥墩为中心的顺桥向两侧，采用专用设备对称平衡地逐段向跨中浇筑混凝土梁体，并逐段施加预应力的施工方法。

2.0.12 挂篮 movable suspended scaffolding
悬臂法浇筑混凝土梁体时，用于承受梁体自重及施工荷载，能逐段向前移动并经特殊设计的主要工艺设备。主要组成部分有承重系统、提升系统、锚固系统、行走系统、模板与支架系统。

2.0.13 施工缝 construction joint
因设计要求或施工需要分次浇筑，而在先、后浇筑的混凝土之间形成的接缝。

2.0.14 悬臂拼装法 balance cantilever erection method
在以桥墩为中心的顺桥向两侧，采用专用设备对称平衡地逐段向跨中拼装混凝土梁体预制块件，并逐段施加预应力的施工方法。

2.0.15 预制节段逐跨拼装法 segmental construction span by span
将预制好的梁体混凝土块件利用专用设备逐跨进行拼装，并逐跨施加预应力的施工方法。

2.0.16 支架 support
用于支承模板、结构构件或其他施工荷载的临时结构。

2.0.17 托架（牛腿） corbel
在桥梁某些部位施工时，利用预埋件与钢构件拼制联结而成的支架。

2.0.18 顶推施工法 incremental launching method
梁体逐段浇筑或拼装，在梁前端安装导梁，采用专用设备纵向顶推或牵引，使梁体到达各墩顶设计位置的施工方法。

2.0.19 预拱度 camber
为抵消梁、拱、桁架等结构在设计荷载及施工荷载作用下产生的位移（挠度），在施工或制造时所预留的与位移方向相反的校正量。

2.0.20 施工荷载 construction load
施工阶段施加在结构或构件上的临时荷载。

2.0.21 风缆系统 cable-stayed stability system
为保证永久结构或临时结构在施工过程中的稳定而进行专门设计的包括风缆及其附属设施的临时装置。

2.0.22 缆索吊装法 erection with cableway method
利用支承在索塔上的缆索，运输和安装桥梁构件的施工方法。

2.0.23 转体施工法 construction by swing method
利用地形地貌预制两个半孔桥跨结构，在桥墩或桥台上旋转就位跨中合龙的施工方法。

2.0.24 钢构件 steel member
组成钢桥的基本单元。其中整体节点、弦杆、斜杆、竖杆、纵梁、横梁、桥面板单元、底板单元、腹板单元、锚箱、箱形梁主梁、板梁主梁和独立编号的拼接板及节点板为主要钢构件；其余为次要钢构件。

2.0.25 零件 part
组成钢构件的最小单元。其中主要钢构件的盖板、腹板，箱形梁的顶板、底板、横隔板，板单元的面板、纵肋、横肋，拼接板，节点板及圆柱头焊钉为主要零件；其余为次要零件。

2.0.26 试拼装 test assembling
在批量加工生产前，为检验制造精度，选取有代表性的局部钢构件进行的拼装。

2.0.27 猫道 catwalk
为悬索桥上部结构施工需要而架设的，一般由缆索支承的空中施工通道。

2.0.28 空中纺线法 air spinning method
一种将单根钢丝在锚体之间往返编织而形成悬索桥主缆的架设方法。

2.0.29 预制平行钢丝索股法 shop-fabricated parallel wire strand method
以多根平行钢丝预制成带有锚头的索股，并将其从一端锚体向另一端锚体牵引就位锚固而形成悬索桥主缆的架设方法。

2.0.30 顶进施工法 jack-in construction method
利用千斤顶等设备将预制的箱形或圆管形构造物逐渐顶入路基，以构成立体交叉通道或涵洞的施工方法。

3 施工准备和施工测量

3.1 施工准备

施工准备工作的基本任务是为桥涵工程的施工建立必要的技术和资源条件,统筹安排施工力量和施工现场,创造有利的施工环境,使施工能连续、均衡、有节奏地进行。

施工准备通常包括技术准备、劳动组织准备、资源准备和施工现场准备等工作。

3.1.1 桥涵工程施工前应熟悉设计文件,对结构设计尺寸和关键施工参数进行核对,且应由设计单位进行设计交底。

本次修订删除了原规范中"领会设计意图"的表述;增加了"对结构设计尺寸和关键施工参数进行核对"的要求;并将原规范中的"且宜由设计单位进行设计交底"修改为"且应由设计单位进行设计交底",因为工程施工之前由设计单位向施工单位进行技术交底是工程建设中必不可少的一项程序。

在执行本条时需要注意下列事项:

(1)在收到拟建工程的设计图纸和有关技术文件后,要组织工程技术人员熟悉、研究所有技术文件和图纸,以全面地领会设计意图。熟悉、研究技术文件和图纸的过程中,需注重以下几个方面:尺寸、坐标、高程、说明等方面是否一致;技术要求是否正确;与现场的情况是否相符。同时要做详细记录,记录宜包括对设计文件的疑问和有关建议。

(2)设计技术交底一般由建设单位(业主)主持,设计、监理和施工单位参加。先由设计单位说明工程的设计依据、意图和功能要求,并对特殊结构、新技术和新材料提出设计要求,进行技术交底;然后施工单位根据研究图纸记录以及对设计意图的理解,提出对设计文件的疑问、建议和变更;最后在统一认识的基础上,对所探讨的问题逐一做好记录,形成"设计技术交底会议纪要",由建设单位正式行文,参加单位会签,作为与设计文件同时使用的技术文件或指导施工的依据。当工程为设计施工总承包时,则由总承包人主持进行内部设计技术交底。

3.1.2 应在对工程进行施工调查及现场核对后,根据设计要求、合同条件及现场情况等,编制实施性施工组织设计。

施工调查主要是对拟建工程进行实地勘察,进一步获得有关原始数据的第一手资料,这对于正确选择施工方案、采取相应技术措施、合理安排施工顺序和施工进度计划是非常必要的。施工调查一般包括自然条件和技术经济条件两方面内容:自然条件包含地质、水文、气象和施工现场的地形地物;技术经济条件通常包含施工现场的动迁、当地可利用的地方材料、地方能源和交通运输、地方劳动力及技术水平、当地生活资料供应、可提供的施工用水用电、设备租赁以及消防治安等状况。

现场核对是指核对设计图纸与现场实际情况的符合性,如果差异较大,则要及时提出并与设计单位协商解决。

实施性施工组织设计是桥涵工程施工准备工作的重要组成部分,是工程施工全过程中实施各项活动的技术、经济和组织的综合性文件,同时是使施工得以按连续性、均衡性、节奏性、协调性和经济性进行的指导性文件,也是对施工实行科学管理的重要手段。编制实施性施工组织设计的目的在于对工程全面、合理、有计划地组织施工,从而具体实现设计意图,按质、按量、如期完成施工任务。一般中、小桥大多附属在路基的施工范围内,因此中、小桥的实施性施工组织设计需要配合路基施工方案编制,以便路基施工与桥涵施工统一安排。特殊结构桥梁、大桥和特大桥的实施性施工组织设计则需单独编制。

实施性施工组织设计一般包括以下内容：
(1)编制说明；
(2)编制依据；
(3)工程概况(包括对工程施工特点的分析)；
(4)施工准备工作；
(5)施工方案；
(6)施工进度计划；
(7)各项资源(工、料、机)需要量及进场计划；
(8)资金供应计划；
(9)施工平面图设计；
(10)施工管理机构及劳动力组织；
(11)季节性施工的技术组织保证措施；
(12)质量管理与质量控制的组织保证措施；
(13)安全施工的组织保证措施(包括技术安全和安全生产)；
(14)环境保护和文明施工的措施。

3.1.3 对技术复杂或危险性较大的分部分项工程，应制订安全可靠、技术可行、经济合理的专项施工方案。

本条依据2018年3月8日住房和城乡建设部令第37号发布的《危险性较大的分部分项工程安全管理规定》，增加了"危险性较大的分部分项工程"的表述，同时将原规范中的"专项施工技术方案和专项安全技术方案"统一修改为"专项施工方案"。

技术条件复杂的工程施工难度亦较大，对此类工程进行多方案比较，其目的是从中选出相对最优的方案，使之更符合工程的实际情况。专项施工方案主要是针对分部或分项工程而言，编制专项施工方案的目的是更好地保证施工的安全。在评判方案时，"安全、合理、可行"是最基本的原则。

3.1.4 对工程施工中所用的临时受力结构和大型临时设施，应进行专项设计与验算，明确质量和安全的验收标准，并应编制安装、使用、维护和拆除的作业方案。

本条内容为新增。临时受力结构主要指承重支架、作业平台、模板、悬浇挂篮、临时支挡、各种围堰、栈桥或便桥等；大型临时设施主要指混凝土搅拌站、码头、梁板构件的预制场、钢筋加工制作厂房、库房等。这些结构和设施虽然是临时性的，但往往会对施工过程中的安全产生重要影响，故增加本条规定予以强调。

3.1.5 施工前应建立健全质量保证体系和质量管理体系，明确质量方针、质量目标和质量责任；同时应建立质量管理机构，制定质量管理制度和质量检测流程，提出质量保证措施，对工程的施工实施质量控制。

质量体系是实施质量管理的组织机构、职责、程序、过程和资源的有机整体，是一个组织落实、职责明确、有物资保障、有具体工作内容的有机整体，工程项目为了实施其质量管理，实现其质量目标，就需要建立健全质量体系。质量控制是指为了使施工达到合同、规范所规定的质量标准而采取的一系列的措施、手段和方法；施工项目的质量控制是从工序质量到分项工程质量、分部工程质量、单位工程质量的系统控制过程，也是一个由对投入原材料的质量控制开始，直到完成工程质量检验为止的全过程的系统过程，通常情况下可分为事前控制、过程控制和事后控制三个阶段，或分别称为初步控制、生产控制和合格控制。

3.1.6 施工前应建立健全安全生产管理体系,落实安全责任,提出安全技术组织措施。对施工中存在的各种风险源应进行分析、评估,提出防范对策,制订必要的突发事件应急预案,使施工的全过程能安全地进行。

安全管理是为施工项目实现安全生产开展的管理活动。安全生产是施工项目重要的控制目标之一,也是衡量施工项目管理水平的重要标志,因此要将实现安全生产当作组织施工活动时的重要任务。施工现场的安全管理,首先需要建立健全安全生产管理体系,其重点是进行人的不安全行为与物的不安全状态的控制,落实安全管理决策与目标,以消除一切事故、避免事故伤害、减少事故损失为管理目的。条文中所指的"风险源",主要是指自然环境条件或作业过程中存在的可能会给工程施工带来的各种危害,规定对其进行分析、评估,并制订必要的突发事件应急预案,目的是防患于未然,保证施工的安全。

3.1.7 施工前应建立健全环保管理体系,制订保护环境、节能减排和文明施工的实施方案,减少工程施工过程中对环境的污染。

环境保护是我国的一项基本国策。施工现场的环境保护,是指按照国家、地方法规及行业的要求,采取措施控制施工现场的各种粉尘、废水、废气、固体废弃物以及噪声、振动等对环境的污染和危害。环境保护的措施一般有以下几条:

(1)实行环保目标责任制;
(2)加强检查和监控工作;
(3)对需要保护和改善的施工现场环境进行综合治理;
(4)应有技术措施,严格执行国家的法律、法规;
(5)采取有效措施防止各种污染。

3.1.8 施工前应建立健全施工组织机构,施工人员的配备应满足工程施工的需要,并应在进场时对其进行岗前培训和技术、安全交底。

进行岗前培训是提高施工人员操作技能及执行质量、安全规章制度的非常重要的一项工作。条文强调应进行技术、安全交底,是为了使施工人员更好地领会施工意图,并能在施工中严格执行既定的施工方案和施工工艺以及安全生产的各项规定。

3.1.9 应根据工程的规模和有关规定,建立工地试验室。工地试验室配备的试验人员和试验仪器应满足工程施工的需要,且试验仪器应通过国家法定计量机构的检验标定。

在施工现场建立一个合格的工地试验室,是对工程的施工实施质量控制、检验的重要保证,因此,工程在施工前需根据合同条件、设计要求、工程规模及施工管理要求等建立工地试验室。通常情况下,工地试验室须具备对混凝土原材料、钢筋和预应力钢筋、混凝土拌合物性能、混凝土力学性能、混凝土耐久性能、实体混凝土质量进行检验的能力,特殊试验项目则外委有资质的单位检验。工地试验室还需配备足够的试验人员,且须持资格证书上岗;各种试验仪器的配备须能满足工程试验检测的需要,且要进行计量检验标定。

3.1.10 水泥、砂、石、外加剂等施工原材料的选择应在工程开工前通过试验确定。各种原材料进场时,应按本规范的有关规定进行相应的质量检测和试验工作;进场后,应根据不同的品种、规格及用途分别妥善存放,对容易受潮、锈蚀的材料应有防雨、防潮或防锈的措施。

本条是对各种施工原材料在进场前及进场后需做工作的规定。水泥、砂、石和外加剂等的选择主要是指该种材料的料源选择,材料的来源及供应是否能保持稳定,其品质是否能满足工程的质量要求,这些均要在开工前通过试验才能确定。

3.1.11 应结合工程的规模、工期、地形特点等情况,进行标准化施工的策划和实施,合理布置施工场地,所设置的各种临时设施应满足工程施工的需要及安全施工的要求。开工前应完成现场的"四通一平"工作。

施工场地和各种临时设施是工程施工必备的条件,是施工准备工作中的一项重要内容。各种临时设施的建造,要按照施工总平面图的布置要求进行,临时设施主要有生产、办公、生活居住和储存等临时用房,以及临时便道、便桥、码头、混凝土搅拌站、构件预制场地等。

本条新增加了"进行标准化施工的策划和实施"的规定,实施标准化施工还是要坚持实用、节俭和以人为本的原则。"四通"是指水通、电通、通信通、路通;"一平"是指场地平整。

3.1.12 应根据工程施工的需要,配备足够的机械设备和生产工具,且应在施工前对施工机具进行安装调试。

3.1.13 对拟采用新技术、新工艺、新材料和新设备的工程项目,应提前做好试验研究和论证等工作。

采用"四新"的工程,提前做好试验研究和论证工作,对保证工程施工的顺利进行起着非常重要的作用,否则,不仅会延误施工的进度,而且有可能会在施工过程中产生质量事故或安全事故。

3.2 施工测量

本节平面控制测量和高程控制测量的理论依据,主要来源于现行《工程测量规范》(GB 50026)、《公路勘测规范》(JTG C10)和《公路勘测细则》(JTG/T C10)的相关规定。

3.2.1 桥涵工程施工前应根据其结构形式、跨径及精度要求等编制施工测量方案,选定控制测量等级,确定测量方法。

3.2.2 施工前应由勘测设计单位对控制性桩点进行现场交桩,并应在复测原控制网的基础上,根据施工需要适当加密、优化,建立施工测量控制网。

这两条对桥涵工程施工前应进行施工测量的主要工作内容提出了原则性的要求。主要工作内容为编制施工测量方案、选定控制测量等级、确定测量方法、现场交桩、建立施工测量控制网等。

3.2.3 对测量控制点,应编号绘于施工总平面图上,并应采取有效措施妥善保护。施工过程中,应对控制网(点)进行不定期的检测和定期复测,定期复测周期应不超过6个月。当对控制点的稳定性有疑问时,应及时进行局部或全面复测。

3.2.4 施工测量所用的仪器、设备等应经法定计量机构检定和校验,合格后方可使用。测量平差计算时宜采用通过科技鉴定认证的专业软件。

3.2.5 桥涵工程施工的平面控制测量应符合下列规定:

1 各等级平面控制测量,其最弱点点位中误差为±50mm,最弱相邻点间相对点位中误差为±30mm,最弱相邻点边长相对中误差应不大于表3.2.5-1的规定。

表3.2.5-1 平面控制测量精度要求

测量等级	最弱相邻点边长相对中误差	测量等级	最弱相邻点边长相对中误差
二等	1/100 000	四等	1/35 000
三等	1/70 000	一级	1/20 000

2 桥梁工程的平面控制测量等级应不低于表3.2.5-2的规定,同时桥梁轴线精度尚应符合表3.2.5-3的规定。对特大跨径及特殊结构桥梁,应根据其施工允许误差,确定控制测量的精度和等级。

表3.2.5-2　平面控制测量等级

多跨桥梁总长 L(m)	单跨桥梁跨径 L_K(m)	其他构造物	测量等级
$L \geq 3\,000$	$L_K \geq 500$	—	二等
$2\,000 \leq L < 3\,000$	$300 \leq L_K < 500$	—	三等
$1\,000 \leq L < 2\,000$	$150 \leq L_K < 300$	高架桥	四等
$L < 1\,000$	$L_K < 150$	—	一级

表3.2.5-3　桥梁轴线相对中误差

测量等级	桥梁轴线相对中误差	测量等级	桥梁轴线相对中误差
二等	≤1/150 000	四等	≤1/60 000
三等	≤1/100 000	一级	≤1/40 000

3　大桥、特大桥以及特殊结构桥梁的平面控制测量坐标系,其投影长度变形值应不大于10mm/km,投影分带位置不得选在桥址处。

4　当采用独立坐标系、抵偿坐标系时,应确认与国家坐标系的转换关系。

5　在布设平面控制点时,四等及以上平面控制网中相邻点之间的距离不得小于500m;一级平面控制网中相邻点之间的距离在平原、微丘区不得小于200m,重丘、山岭区不得小于100m;最大距离应不大于平均边长的2倍。特大桥及特殊结构桥梁的每一端应至少埋设3个平面控制点。

6　平面控制测量应采用卫星定位测量、导线测量、三角测量或三边测量等方法进行。平面控制测量的技术要求应符合表3.2.5-4～表3.2.5-7的规定。

表3.2.5-4　卫星定位测量主要技术要求

测量等级	固定误差 a(mm)	比例误差系数 b(mm/km)	闭合环或附合线路边数
二等	≤5	≤1	≤6
三等	≤5	≤2	≤8
四等	≤5	≤3	≤10
一级	≤10	≤3	≤10

表3.2.5-5　导线测量主要技术要求

测量等级	附(闭)合导线长度(km)	边数	每边测距中误差(mm)	单位权中误差(″)	导线全长相对闭合差	方位角闭合差
三等	≤18	≤9	≤±14	≤±1.8	≤1/52 000	≤$3.6\sqrt{n}$
四等	≤12	≤12	≤±10	≤±2.5	≤1/35 000	≤$5\sqrt{n}$
一级	≤6	≤12	≤±14	≤±5.0	≤1/17 000	≤$10\sqrt{n}$

注：1.表中 n 为测站数。
　　2.以测角中误差为单位权中误差。
　　3.导线网节点间的长度不得大于表中长度的0.7倍。

表3.2.5-6　三角测量主要技术要求

测量等级	测角中误差(″)	起始边边长相对中误差	三角形闭合差(″)	测回数 DJ1	测回数 DJ2	测回数 DJ6
二等	≤±1.0	≤1/250 000	3.5	≥12	—	—
三等	≤±1.8	≤1/150 000	7.0	≥6	≥9	—
四等	≤±2.5	≤1/100 000	9.0	≥4	≥6	—
一级	≤±5.0	≤1/40 000	15.0	—	≥3	≥4

表 3.2.5-7　三边测量主要技术要求

测量等级	测距中误差(mm)	测距相对中误差
二等	≤±9.0	≤1/330 000
三等	≤±14.0	≤1/140 000
四等	≤±10.0	≤1/100 000
一级	≤±14.0	≤1/35 000

1　本项规定来源于现行《公路勘测规范》(JTG C10)。平面控制测量的各项技术指标都是参考最弱点点位中误差不得大于±50mm 而制定的,施测控制网时只要按照规范要求的技术指标进行,最弱点平面位置的中误差小于±50mm 的要求是完全能够达到的,大量的工程实践也充分证明了这一点。

最弱相邻点边长相对中误差是根据最弱相邻点间相对点位中误差±30mm 和各等级控制网平均边长推算求得的,分别为 1/100 000、1/67 000、1/33 000、1/17 000,取整后分别为 1/100 000、1/70 000、1/35 000、1/20 000。

平面控制测量通常采用导线测量、三角测量、三边测量和卫星定位测量四种比较适合于桥涵施工控制测量的方法。不管采用哪种方法,只要等级相同,精度要求就要相同,并不再区分测量的方法。以最弱相邻点间边长相对中误差表示相应等级所要达到的最低要求作为等级划分的依据,符合公路桥梁控制网的测量特点,即注重点位间的相对精度。平面控制测量采用二、三、四等和一级,基本可以满足公路桥涵控制测量和定位测量的需要。四种方法一般视工程需要及测量设备条件选用,并要力争做到可靠、经济、高效。

2　特大跨径一般指单跨跨径 1 000m 及以上的桥梁。表 3.2.5-2 中的"高架桥"是指跨越建筑物群、地质不良地段等中小跨径的旱地桥。该类型桥梁由于跨径较小,结构简单,施工测量条件相对较好,因此控制网精度要求适中,根据实际应用经验确定高架桥的平面控制测量的等级需达到四等。

桥梁平面控制测量主要用以确定桥轴线长度、位置和方向,因此桥位平面控制测量网需有足够的精度。控制测量等级须满足桥轴线相对中误差的要求。控制测量网的精度由桥长、结构形式、材料、孔径大小、施工方法等因素而定。一般测量时,可按表 3.2.5-2 的要求确定控制网的等级,同时还要满足表 3.2.5-3 的要求。特殊结构桥梁的桥轴线相对中误差与表 3.2.5-2 的等级不一致时,须采用桥轴线中误差所需的控制网等级。精度要求很高的桥梁,则要根据桥梁的结构、跨径等估算桥轴线长度相对中误差,确定控制测量等级。

3　桥梁工程对测量的精度要求较高,其测量控制网最弱相邻点间相对点位中误差按路线控制网 25mm/km 的 1/2 计算,则桥梁构造物平面控制测量坐标系选取投影长度变形值要小于 25mm/km×1/2,取整数值后即为 10mm/km。

5　"平均边长"是指相邻点间的平均距离,其值是根据各个等级适用的范围确定的。一般的桥梁在进行平面控制测量时,点间距为 500m 比较适宜,太长不便于实际施工中使用,太短将不利于控制导线测量的质量。尽管是一个参考值,但实际作业时数值亦不要与规定值相差太大,这样才能保证测量精度、方便使用。

平面控制网的布设需注意以下问题:

布设平面控制网时,为避免意外,布设基线需不少于 2 条。为使桥轴线在整个施工过程中保持稳定,基线的一端要与桥轴线连接,使得桥轴线成为平面控制网的一边,同时也能减少桥轴线测量和计算的工作量。基线与桥轴线连接时近于垂直,这样在利用基线另一端交会测定墩位时,桥轴线、基线和交会线所形成的三角形容易满足三角或三边测量的内角的角度要求。依据理论分析,基线长度与桥轴线长度的比值以 0.7 倍最为合理;有时由于受到桥梁两岸地形的限制,不可能满足这一要求,但在困难地段该比值亦不要小于 0.5 倍。

导线测量中,附合导线长度、导线边数及导线全长相对闭合差均需根据最弱点点位中误差小于

±50mm计算求得。

三角测量中,水平角观测的测回数是根据控制网水平角中误差与测回数的统计资料所采用的指标;同时,同一型号的仪器达到某一精度的测回数,有一定的波动范围。例如DJ_1经纬仪对二等网的测角精度,计算的测回数为9回,但实际有近半数的三角网6测回也达到了±1.0″的精度。《工程测量规范》(GB 50026—2007)规定为12回,留有一定的余地,因此当边长有所减短时,无须再增加测回数。

三边测量中,边长测量的测距中误差是根据测距仪的分级和标称精度、测距仪适用范围计算而求得的,测距相对中误差是根据每边测距中误差和平均边长求得的。

卫星定位测量中,其固定误差a和比例误差系数b,通常根据卫星定位测量的基线测量精度需与激光测距精度相当或高于激光测距精度的原则,结合相应等级的边长以及目前卫星定位接收机的精度水平确定。

水平角观测中,在作业前对测量仪器的检验时,要根据DJ_1、DJ_2和DJ_6三种仪器的精度不同,按照实际需要和三种仪器可能达到的精度,采用不同的指标。当采用方向观测法且方向数少于3个时可以不归零。实践证明,方向数少,观测时间短,不归零对观测精度影响不大;当方向数超过6个时,方向数多,观测时间长,气象等观测条件变化大,不容易使各项观测误差满足质量要求,则需分组观测。

三角网的基线边、测边网及导线网的边长,须采用光电测距仪施测。当施测的测距边明显高于对应等级的控制网的要求时,可以作为无误差的固定基线处理,否则只能作为一般观测边长处理。一级小三角的基线边,当设备受限时,方能采用普通钢尺进行测量;对低等级公路的桥涵工程,其距离的测量也可以采用普通钢尺进行。采用普通钢尺测量时,其主要技术要求须符合表3-1的规定,并要对其尺长、温度、拉力、垂度和倾斜度进行改正计算。

表3-1 普通钢尺丈量导线边长的主要技术要求

定线偏差 (mm)	每尺段往返高差 之差(mm)	最小读数 (mm)	三组读数之差 (mm)	同段尺长差 (mm)	外业手簿计算取值(mm)		
					尺长	各项改正	高差
≤50	≤10	1	≤2	≤3	1	1	1

注:每尺段指2根同向丈量或单尺往返丈量。

距离测量改正及长度计算公式:

(1)尺长改正数(Δl):

$$\Delta l = -\frac{L' \cdot l}{L} \tag{3-1}$$

式中:L——钢尺总长(刻度数);

L'——$L' = L - L_0$;

L_0——钢尺检定时标准长度;

l——实测尺段长度。

(2)温度改正数(Δt):

$$\Delta t = lk(t - t_0) \tag{3-2}$$

式中:l——实测尺段长度;

t_0——钢尺标准长度时的温度;

t——测量时的实际平均温度;

k——经检定的钢尺的线膨胀系数,如不确知时,可用0.000 011 7/℃。

(3)拉力改正数(ΔP),所施拉力不同于标准拉力:

$$\Delta P = \frac{l(P - P_0)}{AE} \tag{3-3}$$

式中:l——实测尺段长度;

P——测量时的实际拉力;

P_0——检定时的标准拉力;

A——钢尺的断面积;

E——钢尺材料的弹性模量。

(4)垂度改正数(Δf):

$$\Delta f = -\frac{d}{24}\left(\frac{md}{P}\right)^2 \tag{3-4}$$

式中:d——量距时钢尺两端支点间距离;

m——钢尺每单位长度的质量;

P——测量时的实际拉力。

(5)倾斜度改正数(Δh):

$$\Delta h = -\left(\frac{h^2}{2L} + \frac{h^4}{8L^3}\right) \tag{3-5}$$

式中:L——倾斜尺段长度;

h——两端高差。

(6)每一尺段之实际长(dn):

$$dn = l + \Delta l + \Delta t + \Delta P + \Delta f + \Delta h \tag{3-6}$$

(7)距离全长(d):

$$d = \sum dn = \sum(l + \Delta l + \Delta t + \Delta P + \Delta f + \Delta h) \tag{3-7}$$

光电测距仪中、短程的划分:中程为3~15km,短程为3km以下。精度分级:当测距长度为1km时,仪器精度分为Ⅰ、Ⅱ、Ⅲ三个级别,分别代表了当前生产的光电测距仪的高、中、低三个等级的仪器水平。光电测距仪按表3-2选用。

表3-2 光电测距仪选用

测距仪精度等级	每千米测距中误差 m_D(mm)	适用的平面控制测量等级
Ⅰ级	$m_D \leq \pm 5$	二、三、四等,一级
Ⅱ级	$\pm 5 < m_D \leq \pm 10$	三、四等,一级
Ⅲ级	$\pm 10 < m_D \leq \pm 20$	一级

基线测量精度为σ,则2次测量的复测基线互差小于$2\sqrt{2}\sigma$。

基线测量精度为σ,则异步环闭合差须小于$2\sqrt{n}\sigma$。根据等影响原则,异步环各分量闭合差须小于$\sqrt{\frac{4n}{3}}\sigma$。同步环相对于异步环,其误差源要小得多,取异步环闭合差的1/5,则同步环基线闭合差须小于$\frac{2\sqrt{n}}{5}\sigma$。基线分量闭合差须小于$\frac{2}{5}\sqrt{\frac{n}{3}}\sigma$,近似取$\frac{\sqrt{n}}{5}\sigma$。

基线测量精度为σ,则约束平差中基线改正数须小于2σ。根据等影响原则,约束平差基线各分量改正数须小于$\sqrt{\frac{4}{3}}\sigma$。考虑到无约束平差中某些基线含有粗差,基线各分量改正数取约束平差相应改正数的$\sqrt{2}$倍,须为$\sqrt{\frac{8}{3}}\sigma$,取近似值$\sqrt{3}\sigma$。

6 本次修订增加了卫星定位测量、导线测量、三角测量和三边测量等的主要技术要求,以方便使用。

3.2.6 桥涵工程施工的高程控制测量应符合下列规定:

1 同一工程项目应采用同一高程系统,并应与相邻工程项目的高程系统相衔接。桥位水准点的高程应与路线控制高程联测。

2 用于跨越水域和深谷的大桥、特大桥的高程控制网最弱点高程中误差为±10mm。

3 高程控制网每千米观测高差中误差应符合表3.2.6-1的规定,附合(环线)水准路线长度应小于表3.2.6-1的规定。

表3.2.6-1 高程控制测量的技术要求

测量等级	每千米高差中数中误差(mm)		附合或环线水准路线长度(km)
	偶然中误差 M_Δ	全中误差 M_W	
二等	±1	±2	100
三等	±3	±6	10
四等	±5	±10	4

注:控制网节点间的长度应不大于表中长度的0.7倍。

4 桥梁工程的高程控制测量等级不得低于表3.2.6-2的规定。

表3.2.6-2 高程控制测量等级

多跨桥梁总长 L(m)	单跨桥梁跨径 L_K(m)	其他构造物	测量等级
L≥3 000	L_K≥500	—	二等
1 000≤L<3 000	150≤L_K<500	—	三等
L<1 000	L_K<150	高架桥	四等

5 施工水准网中的各水准点,对于大桥和特大桥应构成连续闭合水准环。大桥和特大桥的每端应至少设置2个水准点,作为水准网的控制点。

6 高程控制测量应采用水准测量或三角高程测量的方法进行。高程控制测量的技术要求应符合表3.2.6-3、表3.2.6-4的规定。

表3.2.6-3 水准测量的主要技术要求

测量等级	往返较差、附合或环线闭合差(mm)		检测已测测段高差之差 (mm)
	平原、微丘	重丘、山岭	
二等	≤4$\sqrt{l}$	≤4$\sqrt{l}$	≤6$\sqrt{L_i}$
三等	≤12$\sqrt{l}$	≤3.5$\sqrt{n}$或≤15$\sqrt{l}$	≤20$\sqrt{L_i}$
四等	≤20$\sqrt{l}$	≤6.0$\sqrt{n}$或≤25$\sqrt{l}$	≤30$\sqrt{L_i}$

注:计算往返较差时,l为水准点间的路线长度(km);计算附合或环线闭合差时,l为附合或环线的路线长度(km);n为测站数。L_i为检测测段长度(km),小于1km时按1km计算。

表3.2.6-4 光电测距三角高程测量的主要技术要求

测量等级	测回内同向观测高差较差(mm)	同向测回间高差较差(mm)	对向观测高差较差(mm)	附合或环线闭合差(mm)
四等	≤8$\sqrt{D}$	≤10$\sqrt{D}$	≤40$\sqrt{D}$	≤20$\sqrt{\sum D}$

注:D为测距边长度(km)。

1 公路与桥梁同属公路工程的范畴,相互形成交通基础设施的整体,因此统一高程系统是公路与桥梁完美结合的必然。

2 根据《公路工程质量检验评定标准 第一册 土建工程》(JTG F80/1—2017)的规定,桥面检测偏差应小于6mm。上述检测偏差包含控制点之间的相对中误差、检查测量误差。按照测量误差理论和实际经验值推算,控制网最弱点高程中误差为±10mm。

3 根据最弱点高程中误差和各等级每千米高差中数全中误差 M_w,按公式 $L = \left(\dfrac{2 \times M_{弱}}{M_w}\right)^2$(单位:km;式中 $M_{弱}$ 为最弱点高程中误差)可估算出相应等级的水准路线允许长度分别为100km、10km、4km。

当附合(环线)水准路线长度超过规定时,可以采用双摆站的方法进行测量,但其长度不能大于水准路线的2倍。"双摆站"是指使用两台仪器同时观测一对水准尺的水准测量方法,也可以使用一台仪器通过变换仪器高方法观测2次。采用双摆站的方法进行,不仅增加了水准测量的精度,更重要的是增加了水准测量的可靠性,因此可以将水准路线长度放宽至2倍,2次高差测量较差与基辅(黑红)面高差之差容许值相同。也可以采用首先建立高等级的高程控制网,再在其基础上加密的办法。

4 桥梁工程水准测量等级一般情况下按表3.2.6-2的规定选取,即能满足水准测量的精度要求。特殊结构桥梁的水准测量等级要求高时,可以按表3.2.6-2规定的水准测量等级提高一个等级。

5 在桥涵施工现场,施工机械和已完工程对施工测量的障碍和干扰较多。为了减少转测环节,方便使用,增加检核条件,因此规定"每端应至少设置2个水准点"。水准点须根据地质情况和精度要求分别埋设混凝土标石、钢管标石、岩石标石、管桩标石、钻孔桩标石或基岩标石。当工期短、桥式简单、精度要求较低时,可以在附近的构筑物上设立施工水准点标志,但需加强检测。

高程控制测量需注意以下问题:

试验资料证明,光电测距三角高程测量当距离大于600m时,受大气折光的影响将突然增加,考虑到公路桥梁控制点间的实际应用距离,因此在进行光电测距三角高程测量时,边长须小于600m。三角高程测量的误差是由观测高差等引起的,一次同向观测高差的误差仅受距离测量误差影响。根据误差理论,距离观测误差引起的一次同向观测高差中误差按垂直角为15°估算为0.6mm,考虑到气象条件的影响估算值为1.2mm,一测回内同向观测间互差须小于3.6mm,取整数为4mm,允许互差则为8mm;四等三角高程测量对向观测高差较差限差为$40\sqrt{D}$,则单向观测高差中误差为$\pm 10\sqrt{D/2}$,一测回观测高差的中误差为$\pm 5\sqrt{D/2}$,则测回间互差限差为$10\sqrt{D}$。

光电测距三角高程测量,影响高差中误差的主要因素为测角中误差,因此垂直角度不能过大,且在观测时要尽量提高垂直角的测角精度。

跨河水准测量是将河流两岸的水准点联系起来,以便桥位两岸有一个统一的高程系统。在跨河水准测量中,由于前后视距差距悬殊,随着河流宽度的增加,就难于照准和读数,即使勉强读出数来,其精度也将大大降低。因此跨越宽阔河流时,不能采用一般水准测量方法进行观测,而需根据跨河宽度和仪器设备等情况,选用相应等级的光电测距三角高程测量或跨河水准测量方法进行施测。

跨河水准测量中各测回高差互差限差的公式推导:每千米观测高差偶然中误差为M_Δ,S km 的观测高差偶然中误差须为$M_\Delta\sqrt{S}$。另外$M_\Delta\sqrt{S}$也是n个测回平均值的精度,则每一测回观测的精度须为$M_\Delta\sqrt{nS}$,各测回高差互差的限差为$2\sqrt{2}M_\Delta\sqrt{nS}$,取整数为$3M_\Delta\sqrt{nS}$。

3.2.7 对与相邻工程项目接合处的平面位置和高程,应在施工前进行联测校核。

与相邻工程项目接合处的平面位置和高程,在以往的工程施工中经常有衔接不上的情况,特别是相邻工程项目由两家不同的勘测设计单位布设测量控制网时,更容易发生此类问题。如果在施工前对其进行联测校核,则能及时发现问题,在查明原因后进行处理,防止出现差错。

3.2.8 宽阔水域和海上桥梁的基础工程施工测量宜采用卫星定位测量,且宜在水域和海上建立专门的测量平台。

本次修订将原规范中的"GPS测量"修改为"卫星定位测量"。我国自主研发的北斗卫星导航系统(BeiDou Navigation Satellite System,简称BDS)正在逐步推广应用。但由于北斗的民用系统目前还不是很完善和普及,相关的测设仪器、设备和软件尚未得到大规模的全面应用,属于过渡时期。因此,就目前而言,在工程测量领域,北斗尚不能完全替代全球定位系统(GPS)的应用,故称为"卫星定位测量",其中包含了北斗和GPS这两种系统,即现阶段两种系统均可在施工测量中进行应用,这也为今后北斗卫星导航系统的全面应用预留了空间。

同时也明确了卫星定位测量适用于宽阔水域和海上桥梁的基础工程,因为基础工程的位置确定后,桥梁的其他工程可以采用常规的测量方法进行施工放样。

规定在水域和海上建立专门的测量平台,是为了更有效地实施测量作业,增加观测点,避免各种干扰。

3.2.9 宽阔水域和海上桥梁工程的卫星定位测量平面控制网宜分为首级网、首级加密网、一级加密网和二级加密网4个等级,一级和二级加密网的布设和使用应符合下列规定:

1 加密网应采用与全桥统一的坐标系统,且宜由三角形或大地四边形组成,并应一次完成网形设计、施测与平差。加密网应保证至少与最近的2个高级网点为起算点进行联测,任一加密网点应至少与另外2个控制点通视。加密网应按一级卫星定位测量精度施测,其精度应保证最弱相邻点点位中误差为±10mm。

2 控制网点应安全、稳定,在使用过程中应进行定期或不定期检测。当对控制点的稳定性有疑问时,应及时进行局部或全面复测。加密网两次复测的间隔时间应不超过3个月。

3 宜每隔1.5km左右选择一个桥墩先行施工其基础,并应在该基础上设立稳固可靠且带有强制对中观测装置的测量控制点,作为桥梁其他墩台施工放样的基准点。

3.2.10 宽阔水域和海上桥梁工程的高程控制网应采用全桥统一的高程基准。对首级网点、首级加密网点和全桥高程贯通测量,应采用不低于国家二等水准测量的精度进行联测;对一级和二级加密网点,应采用不低于国家三等水准测量的精度进行联测。先行施工桥墩的高程控制宜采用卫星定位测量,其间的其他桥墩、桥塔及上部结构可根据跨海和跨宽阔水域贯通测量的成果,采用常规的高程测量方法进行测量。采用卫星定位进行高程测量时,应符合下列规定:

1 宜选用与桥位区大地水准面较密合的重力场模型,根据高程联测结果,采用曲面拟合法,求取先行施工桥墩或海中和宽阔水域中暂时无法进行水准测量的卫星定位测量点的高程异常值和正常高。跨海水准贯通测量完成后,应根据贯通测量成果对正在施工桥墩的卫星定位测量高程值进行修正。

2 采用拟合法求得的卫星定位测量点的正常高,在其精度情况得到确认后可代替四等以下精度的水准测量或三角高程测量。

这两条是对宽阔水域和海上桥梁工程施工卫星定位测量控制网的布设和使用作出的原则规定。在实际工程中,需要按此原则编制详细的测量规程或细则以及管理办法指导施工。

3.2.11 采用卫星定位测量中的实时动态测量系统进行宽阔水域、海上桥梁工程的施工放样测量时,基准站的设置及测量方法宜符合所用产品的相应技术规定,测量精度应满足本规范的要求。

3.2.12 桥涵工程施工放样测量时,应对桥涵各墩台的控制性里程桩号、基础坐标、设计高程等数据进行复核计算,确认无误后再施测。

桥涵工程的施工放样测量要防止出现差错,这在测量工作中是非常重要的,测量人员对此须高度重视。通常情况下,测量操作中出现误差是正常的,当然该误差不能超出允许范围,但如果出现差错,则后果将非常严重,因此施工放样在施测之前,要对测量的参数和数据等进行计算复核,确认无误后才能施测。另一方面,不论是计算还是施测,都要由他人进行复核或复测,即所谓的"双人复核制",这样做可以减少或避免人为错误,最大限度地防止出现差错。

3.2.13 施工放样测量需设置临时控制点时,其精度应符合相应等级的精度要求,并应与相邻控制点闭合。

3.2.14 桥涵工程的施工测量除应符合本规范的规定外,尚应符合现行《工程测量规范》(GB 50026)和《公路勘测规范》(JTG C10)的规定。

4 钢筋

4.1 一般规定

4.1.1 桥涵工程中采用的普通钢筋应符合现行《钢筋混凝土用钢 第1部分:热轧光圆钢筋》(GB/T 1499.1)、《钢筋混凝土用钢 第2部分:热轧带肋钢筋》(GB/T 1499.2)、《钢筋混凝土用余热处理钢筋》(GB 13014)、《冷轧带肋钢筋》(GB/T 13788)的规定;环氧涂层钢筋应符合现行《钢筋混凝土用环氧涂层钢筋》(GB/T 25826)的规定;其他特殊钢筋应符合其相应产品标准的规定。

2012年1月4日,住房和城乡建设部、工业和信息化部联合发布《关于加快应用高强钢筋的指导意见》,要求"加速淘汰335兆帕级螺纹钢筋,优先使用400兆帕级螺纹钢筋,积极推广500兆帕级螺纹钢筋",并提出"2013年底,在建筑工程中淘汰335兆帕级螺纹钢筋。"

之后,国家质量监督检验检疫总局、国家标准化管理委员会相继批准发布了《钢筋混凝土用余热处理钢筋》(GB 13014—2013)(2013年9月18日发布,2014年7月1日实施)、《冷轧带肋钢筋》(GB/T 13788—2017)(2017年7月12日发布,2018年4月1日实施)、《钢筋混凝土用钢 第1部分:热轧光圆钢筋》(GB/T 1499.1—2017)(2017年12月29日发布,2018年9月1日实施)、《钢筋混凝土用钢 第2部分:热轧带肋钢筋》(GB/T 1499.2—2018)(2018年2月6日发布,2018年11月1日实施)等标准。

为配合国家节能减排和产业调整政策相适应,截至目前,235兆帕级热轧光圆钢筋和335兆帕级螺纹钢筋已不再生产,故本次修订将HPB235、HRB335两种钢筋取消,采用HPB300、HRB400、HRBF400、HRB500、RRB400等5类钢筋,与设计规范保持一致。

本条所指"相应产品标准",要理解为该产品相应的国家标准或行业标准;对国外进口的产品,则是合同规定的标准。

根据《钢筋混凝土用钢 第1部分:热轧光圆钢筋》(GB/T 1499.1—2017)、《钢筋混凝土用钢 第2部分:热轧带肋钢筋》(GB/T 1499.2—2018)、《冷轧带肋钢筋》(GB/T 13788—2017)和《钢筋混凝土用余热处理钢筋》(GB 13014—2013)的规定,钢筋牌号的构成及含义见表4-1~表4-4,钢筋的力学、工艺性能见表4-5。

表4-1 热轧光圆钢筋牌号的构成及含义

产品名称	牌号	牌号构成	英文字母含义
热轧光圆钢筋	HPB300	由HPB+屈服强度特征值构成	HPB——热轧光圆钢筋的英文(Hot rolled Plain Bars)缩写

表4-2 热轧带肋钢筋牌号的构成及含义

产品名称	牌号	牌号构成	英文字母含义
普通热轧钢筋	HRB400	由HRB+屈服强度特征值构成	HRB——热轧带肋钢筋的英文(Hot rolled Ribbed Bars)缩写
普通热轧钢筋	HRB500	由HRB+屈服强度特征值构成	HRB——热轧带肋钢筋的英文(Hot rolled Ribbed Bars)缩写
细晶粒热轧钢筋	HRBF400	由HRBF+屈服强度特征值构成	HRBF——在热轧带肋钢筋的英文缩写后加'细'的英文(Fine)首位字母
细晶粒热轧钢筋	HRBF500	由HRBF+屈服强度特征值构成	HRBF——在热轧带肋钢筋的英文缩写后加'细'的英文(Fine)首位字母

4 钢筋

表 4-3 冷轧带肋钢筋牌号的构成及含义

产品名称	牌号	牌号构成	英文字母含义
冷轧带肋钢筋	CRB550	由 CRB+抗拉强度特征值构成	CRB——冷轧带肋钢筋的英文(Cold rolled Ribbed Steel Bars)缩写

表 4-4 余热处理钢筋牌号的构成及含义

产品名称	牌号	牌号构成	英文字母含义
余热处理钢筋	RRB400	由 RRB+规定的屈服强度特征值构成	RRB——余热处理钢筋的英文缩写

表 4-5 钢筋的力学、工艺性能

品种	牌号	公称直径 (mm)	屈服强度 σ_{Bl} (MPa)	抗拉强度 R_m (MPa)	伸长率(%) A	伸长率(%) A_{gt}	冷弯180° d-弯芯直径；a-钢筋公称直径	反向弯曲 正向弯曲90° 再反向弯曲20°	应力松弛 $\sigma_{\text{con}}=0.7\sigma_b$ 1 000h 不大于(%)	备注
			不小于							
热轧光圆钢筋	HPB300	6~22	300	420	25	10	$d=a$		—	摘自《钢筋混凝土用钢 第1部分：热轧光圆钢筋》(GB/T 1499.1—2017)
热轧带肋钢筋	HRB400 HRBF400	6~25	400	540	16	7.5	$d=4a$	受弯曲部位表面不得产生裂纹	—	摘自《钢筋混凝土用钢 第2部分：热轧带肋钢筋》(GB/T 1499.2—2018)
		28~40					$d=5a$			
		>40~50					$d=6a$			
	HRB500	6~25	500	630	15		$d=6a$			
		28~40					$d=7a$			
		>40~50					$d=8a$			
冷轧带肋钢筋	CRB550	4~12	500	550	11	2.5	$d=3a$			摘自《冷轧带肋钢筋》(GB/T 13788—2017)
	CRB650		585	650	—	2.5	—	反复弯曲次数3 $a=4d=10\text{mm}$	8	
	CRB800		720	800	—	2.5	—	$a=5d=15\text{mm}$ $a=6d=15\text{mm}$	8	
余热处理钢筋	RRB400	8~25	400	540	14	5	90°,$d=4a$		—	摘自《钢筋混凝土用余热处理钢筋》(GB/T 13014—2013)
		28~40					90°,$d=5a$			

注：d-弯芯直径；a-钢筋公称直径。

4.1.2 钢筋应具有出厂质量证明书和试验报告单,进场时除应检查其外观和标志外,应按不同的钢种、等级、牌号、规格及生产厂家分批抽取试样进行力学性能检验,检验试验方法应符合现行国家标准的规定。钢筋经进场检验合格后方可使用。

在执行本条的规定时,需注意下列事项：

(1)为保证工程质量,不论大、中、小桥,使用的钢筋均需具有如条文所规定的出厂质量证明书。无出厂质量证明书的钢筋,不能使用。

(2)钢筋在进场检验时,尚需对其可焊性进行试验,但要注意的是,钢筋的可焊性试验与本规范第4.3.3条所规定的钢筋焊接前应试焊,二者的目的与要求是不同的。可焊性试验是确定钢筋在一定的焊接工艺条件下,能否达到要求的质量标准,如不能满足要求,说明该批钢筋的可焊性差；如果在焊接工艺上采取措施能解决可焊性差的问题，或考虑改用机械接头连接，且能达到要求的质量标准，则予以验收，否则不予验收。钢筋可焊性的好坏，主要取决于钢筋的化学成分，一般含碳低的，可焊性较好，含碳量高的则反之，有时需要采取预热、缓冷等工艺措施以防止产生裂缝等缺陷。此外，合金钢中含锰、硅、镍、铬等元素时，也可能影响可焊性。可焊性试验方法很多，可以参考有关焊接技术资料，一般按照现行《钢筋焊接及验收规程》(JGJ 18)的有关规定进行。第4.3.3条的规定是为了考核焊工的技术水平，看其能否保证焊件的力学性能和质量。

4.1.3 钢筋分批检验时，可由同一牌号、同一炉罐号、同一尺寸的钢筋进行组批，每批的质量应不大于60t，超过60t的部分，每增加40t（或不足40t的余数）应增加一个拉伸和一个弯曲试验试样；钢筋的进场检验亦可由同一牌号、同一冶炼方法、同一浇注方法的不同炉罐号组成混合批进行，但各炉罐号的含碳量之差应不大于0.02%，含锰量之差应不大于0.15%。

4.1.4 钢筋在运输过程中应避免锈蚀、污染或被压弯；在工地存放时，应按不同品种、规格，分批分别堆置整齐，不得混杂，并应设立识别标志，存放的时间宜不超过6个月；存放场地应有防、排水设施，且钢筋不得直接置于地面，应垫高或堆置在台座上，顶部应采用合适的材料予以覆盖，防止水浸和雨淋。

4.1.5 在工程施工过程中，应采取适当的措施，防止钢筋产生锈蚀。对设置在结构或构件中的预留钢筋的外露部分，当外露时间较长且环境湿度较大时，宜采取包裹、涂刷防锈材料或其他有效方式，进行临时性防护。

4.1.6 钢筋的级别、种类和直径应按设计规定采用，当需要代换时，应得到设计认可。

在施工中，当缺乏设计图中所要求的钢筋种类、级别或规格时，可以进行钢筋的代换，但需遵守代换的原则，以满足原结构设计的要求，同时还要得到设计方的同意。在进行代换时，需注意下列事项：

(1)需将两者的计算强度进行换算，并对钢筋截面积作相应的改变。

(2)其直径变化范围最好不超过5mm，变更后的钢筋总截面面积差值不小于-2%，或不大于+5%。

(3)采用高一级钢筋代替低一级钢筋时，一般采用改变直径的方法而不采用变化钢筋根数的方法来减少钢筋截面积，必要时尚需对构件的裂缝和变形进行校核。

(4)以较粗钢筋代替较细钢筋时，需校核握裹力。

(5)当代用钢筋的排数比原来的增多，截面有效高度减少或改变弯起钢筋的位置时，需复核其截面的抵抗力矩或斜截面的抗剪配筋。

4.1.7 预制构件的吊环，必须采用未经冷拉的热轧光圆钢筋制作，且其使用时的计算拉应力应不大于65MPa。

规定本条的目的主要是保证构件在吊装时的安全。因冷拉过的热轧光圆钢筋或未冷拉的带肋钢筋，其冷弯性能较差，用作吊环时易发生脆断，特别在冬季气温较低时更甚，故作此规定。吊环钢筋原规范采用HPB235钢筋，拉应力限值为50MPa，现采用HPB300钢筋，故其拉应力限值相应修改为65MPa，与设计规范的规定保持一致。

4.2 加工

4.2.1 钢筋的表面应洁净、无损伤，使用前应将表面的油渍、漆皮、鳞锈等清除干净，带有颗粒状或片状老锈的钢筋不得使用。

4 钢筋

4.2.2 钢筋应平直、无局部弯折,成盘的钢筋和弯曲的钢筋在加工前均应调直。采用冷拉方法调直钢筋时,HPB300钢筋的冷拉率宜不大于2%;HRB400钢筋的冷拉率宜不大于1%。

将HPB235钢筋修改为HPB300钢筋,取消了HRB335钢筋,其相应的冷拉率保持不变。采用冷拉法调直HPB300钢筋,可以同时去掉钢筋表面锈皮,提高除锈工作效率。冷拉率的大小以能将钢筋调直并去掉锈皮为宜,不必也不需过多地提高冷拉率。因为HPB300钢筋多用于箍筋或构造钢筋,没有必要通过冷拉来提高它的强度,故其冷拉率以不过多超过钢筋的屈服点时的伸长率为宜。

4.2.3 钢筋宜采用数控化机械设备在专用厂房中集中下料和加工,其形状、尺寸应符合设计的规定;加工后的钢筋,其表面不应有削弱钢筋截面的伤痕。

钢筋采用数控化机械设备在专用的厂房中集中下料和加工,近年来已得到了较好的普及应用。工程实践证明,这种做法对于保证工程的质量、提升工程的品质具有良好的促进作用,同时这也是标准化施工的具体体现,故本次修订将此项要求列入。

4.2.4 钢筋的弯制和端部的弯钩应符合设计要求,设计未要求时,应符合表4.2.4的规定。

表4.2.4 受力主钢筋制作和末端弯钩形状

弯曲部位	弯曲角度	形 状 图	钢筋种类	弯曲直径D	平直段长度
末端弯钩	180°		HPB300	≥2.5d	≥3d
末端弯钩	135°		HRB400 HRBF400 HRB500 RRB400	≥5d	≥5d
末端弯钩	90°		HRB400 HRBF400 HRB500 RRB400	≥5d	≥10d
中间弯折	≤90°		各种钢筋	≥20d	—

注:采用环氧涂层钢筋时,除应符合表内规定外,当钢筋直径d≤20mm时,弯钩内直径D应不小于5d;当d>20mm时,弯钩内直径D应不小于6d;平直段长度应不小于5d。

本条删除了HPB235、HRB335两种钢筋,增加了HRBF400、HRB500等钢筋。本条所指钢筋主要是受力主筋,其弯制的形状由设计规定。为了防止弯钩加工时弯钩部分发生裂纹,降低弯钩部分的抗拉强度,规定了各级钢筋弯钩的最小半径。有些受压截面上的变形钢筋,设计上认为其黏结力已够,可以不设弯钩。有些主钢筋在跨径中弯起,规定其弯曲最小半径是为了防止弯曲处的混凝土被钢筋的合成应力压碎。一般主钢筋末端除需做弯钩外,并要有适当的锚固平直长度,以便发挥其受力作用。

4.2.5 箍筋的末端应做弯钩,弯钩的形状应符合设计规定。弯钩的弯曲直径应大于被箍受力主钢筋的直径,且 HPB300 钢筋应不小于箍筋直径的 2.5 倍,HRB400 钢筋应不小于箍筋直径的 5 倍。弯钩平直部分的长度,一般结构应不小于箍筋直径的 5 倍;有抗震要求的结构,应不小于箍筋直径的 10 倍。设计对弯钩的形状未规定时,可按图 4.2.5a)、b)加工;有抗震要求的结构,应按图 4.2.5c)加工。

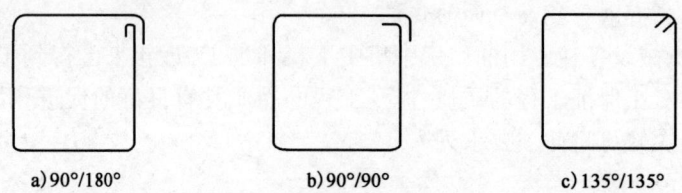

图 4.2.5 箍筋弯钩形式图

本条删除了 HPB235、HBR335 两种钢筋,分别代之以 HPB300、HRB400 钢筋。

4.2.6 钢筋加工的允许偏差应符合表 4.2.6 的规定。

表 4.2.6 钢筋加工的允许偏差

项　目	允许偏差(mm)
受力钢筋顺长度方向加工后的全长	±10
弯起钢筋各部分尺寸	±20
箍筋、螺旋筋各部分尺寸	±5

4.3 连接

4.3.1 钢筋的连接宜采用焊接接头或机械连接接头。绑扎接头仅当钢筋构造复杂施工困难时方可采用,绑扎接头的钢筋直径宜不大于28mm,对轴心受压和偏心受压构件中的受压钢筋可不大于32mm;轴心受拉和小偏心受拉构件不应采用绑扎接头。

4.3.2 受力钢筋的连接接头应设置在内力较小区段,并应错开布置。对焊接接头和机械连接接头,在接头长度区段内,同一根钢筋不得有两个接头;对绑扎接头,两接头间的距离应不小于1.3倍搭接长度。配置在接头长度区段内的受力钢筋,其接头的截面面积占总截面面积的百分率,应符合表 4.3.2 的规定。

表 4.3.2 接头长度区段内受力钢筋接头面积的最大百分率

接头形式	接头面积最大百分率(%)	
	受拉区	受压区
主钢筋绑扎接头	25	50
主钢筋焊接接头	50	不限制

注:1. 焊接接头和机械连接接头长度区段内是指35d(d为钢筋直径)长度范围内,但不得小于500mm;绑扎接头长度区段内是指1.3倍搭接长度范围内。
2. 在同一根钢筋上宜少设接头。
3. 装配式构件连接处的受力钢筋焊接接头可不受此限制。
4. 接头部分钢筋的横向净距不小于钢筋直径且不小于25mm。

4.3.3 钢筋的焊接接头应符合下列规定：

1 钢筋的焊接接头宜采用闪光对焊，或采用电弧焊、电渣压力焊、气压焊，但电渣压力焊仅可用于竖向钢筋的连接，不得用于水平钢筋和斜筋的连接。钢筋焊接的接头形式、焊接方法和焊接材料应符合现行《钢筋焊接及验收规程》(JGJ 18)的规定，质量验收标准应按本规范附录 A 执行。

2 每批钢筋焊接前，应先选定焊接工艺和焊接参数，按实际条件进行试焊，并检验接头外观质量及规定的力学性能，试焊质量经检验合格后方可正式施焊。焊接时，对施焊场地应有适当的防风、雨、雪、严寒的设施。

3 电弧焊宜采用双面焊缝，仅在双面焊无法施焊时，方可采用单面焊缝。采用搭接电弧焊时，两钢筋搭接端部应预先折向一侧，两接合钢筋的轴线应保持一致；采用帮条电弧焊时，帮条应采用与主筋相同强度等级的钢筋，其总截面面积应不小于被焊接钢筋的截面积。电弧焊接头的焊缝长度，对双面焊缝应不小于 $5d$，单面焊缝应不小于 $10d$（d 为钢筋直径）。电弧焊接与钢筋弯曲处的距离应不小于 $10d$，且不宜位于构件的最大弯矩处。

在执行本条的规定时，需注意下列事项：

（1）钢筋焊接的质量与焊工的技术水平关系极大，因此需对焊工进行培训和考核，且要取得考试合格证，考试的内容和方法可以参照《钢筋焊接及验收规程》(JGJ 18—2012)的规定。

（2）钢筋接头如采用搭接或帮条电弧焊接而做成单面焊缝时，钢筋产生偏心应力，对钢筋受力情况不利，故要尽量采用双面焊缝。有时由于钢筋布置密集，双面帮条摆不下去（或其他原因），才允许做成单面帮条焊或单面搭接焊。

（3）电弧焊条选用的主要原则是焊条熔解后形成的金属强度要与被焊接的钢筋强度相同。表 4-6 中焊条型号第 3 位、第 4 位数字为 03 的，是钛钙型焊条，是一种最常用的焊条。在实际生产中，根据具体情况，亦可以选用相同熔敷金属抗拉强度的其他药皮类型焊条。

表 4-6 钢筋电弧焊焊条型号

钢筋级别	电弧焊接接头形式			
	帮条焊、搭接焊	坡口焊、熔槽帮条焊、预埋件穿孔塞焊	窄间隙焊	钢筋与钢板搭接焊、预埋件T形角焊
HRB335	E4303	E5003	E5016 E5015	E4303
HRB400	E5003	E5503	E6016 E6015	E5003

注：窄间隙焊不适用于余热处理 HRB400 钢筋。

当采用低氢型碱性焊条时，需按使用说明书的要求烘焙，且要放入保温筒内保温使用；酸性焊条若在运输或存放中受潮，使用前亦需烘焙后方能使用。

（4）焊剂应按有关要求使用，主要指焊剂要存放在干燥的库房内，当受潮时，在使用前需经 250～300℃ 烘焙 2h。使用中回收的焊剂需清除熔渣和杂物，并要与新焊剂混合均匀后使用。

在电渣压力焊和埋弧压力焊中所用的焊剂，可以采用 HJ431 焊剂，或经技术鉴定，符合国家有关标准规定的专用焊剂。同时，氧气的质量需符合《工业氧》(GB/T 3863—2008)的规定，其纯度需大于或等于 99.5%；乙炔的质量需符合《溶解乙炔》(GB 6819—2004)的规定，其纯度需大于或等于 98.0%。

（5）适用于焊接的钢筋，其性能需符合本规范附录 A 的规定。对于预埋件接头、熔槽帮条焊接头和坡口焊接头中的钢板和型钢，一般采用低碳钢或低合金钢，其性能需符合《碳素结构钢》(GB/T 700—2006)或《低合金高强度结构钢》(GB/T 1591—2018)的规定。

4.3.4 钢筋的机械连接宜采用镦粗直螺纹、滚轧直螺纹或套筒挤压接头，且适用于 HRB400、HRBF400、HRB500 和 RRB400 热轧带肋钢筋。各类接头的性能均应符合现行《钢筋机械连接技术规程》(JGJ 107)的规定，并应符合下列规定：

1 钢筋机械连接接头的等级应选用Ⅰ级或Ⅱ级,接头的性能指标应符合本规范附录B的规定。

2 钢筋机械连接接头的材料、制作、安装施工及质量检验和验收,应符合现行《钢筋机械连接用套筒》(JG/T 163)和《钢筋机械连接技术规程》(JGJ 107)的规定。

3 钢筋机械连接件的最小混凝土保护层厚度,应符合设计受力主筋混凝土保护层厚度的规定,且不得小于20mm;连接件之间或连接件与钢筋之间的横向净距应不小于25mm。

4 连接套筒、锁母、丝头等在运输和储存过程中应采取防护措施,防止雨淋、沾污和损伤。

本条参照《钢筋机械连接技术规程》(JGJ 107—2016)的规定,适用范围有所扩大,且不再限制钢筋直径。本规范推荐采用的钢筋机械连接接头是镦粗直螺纹、滚轧直螺纹和套筒挤压连接三种接头。

1 《钢筋机械连接技术规程》(JGJ 107—2016)中将机械连接接头分为Ⅰ、Ⅱ、Ⅲ级三个性能等级,考虑到桥涵结构基本上都要承受动力荷载并有各级抗震要求,所以规定应选用Ⅰ级或Ⅱ级的接头。对于抗疲劳性能,当设计无明确要求时,亦需满足现行《钢筋机械连接技术规程》(JGJ 107)的规定。

2 《钢筋机械连接用套筒》(JG/T 163—2013)已替换《镦粗直螺纹钢筋接头》(JG 171—2005)和《滚轧直螺纹钢筋连接接头》(JG 163—2004),故本条作出了相应修改。

4.3.5 钢筋机械连接接头在施工现场的检验与验收应符合下列规定:

1 应提交有效的型式检验报告,以及连接件产品合格证、接头加工安装要求等相关技术文件。

2 钢筋连接工程开始前及施工过程中,应对第一批进场钢筋进行接头工艺试验。进行工艺试验时,每种规格钢筋的接头试件应不少于3个,3个接头试件的抗拉强度和残余变形均应满足本规范附录B的要求。

3 现场检验应进行外观质量检查和单向拉伸强度试验。

4 接头的现场检验应按验收批进行。同一施工条件下采用同一批材料的同等级、同形式、同规格接头,以500个为一个验收批进行检验与验收,不足500个时亦作为一个验收批。

5 对接头的每一个验收批,应在工程结构中随机截取3个试件做抗拉强度试验。当3个接头试件的抗拉强度符合相应等级要求时,该验收批评定为合格;如有1个试件的抗拉强度不合格,应再取6个试件进行复检,复检中如仍有1个试件试验结果不合格,则该验收批评定为不合格。

6 在现场连续检验10个验收批,其全部试件抗拉强度试验一次抽样均合格时,验收批接头数量可扩大1倍。

2 规定钢筋机械连接接头开始前及施工过程中,应对每批钢筋进行接头工艺检验,目的是检验接头技术提供单位所确定的工艺参数是否与本工程中的进场钢筋相适应。为了防止某些单位选用面积公差和超强度的钢筋制作接头试件,以满足本规范附录B中表B.0.4的强度要求,造成接头试件的实测数据不能正确反映接头工艺的质量水准和接头对母材强度的削弱状况,故在附录B中的第B.0.4条规定:对Ⅰ级接头,其抗拉强度应不小于被连接钢筋的实际抗拉强度或1.10倍钢筋抗拉强度标准值;Ⅱ级接头的抗拉强度应不小于被连接钢筋的抗拉强度标准值。此项规定除能提高工艺检验的可靠性,减少错判概率外,还可以提高实际工程中抽样试件的合格率,减少工程使用后再发现问题造成的经济损失。

3 现场检验亦称施工检验,是在施工现场进行的抽样检验。一般仅进行外观质量检验和单向拉伸试验。

5 本款规定了单向拉伸试验的数量、检验要求和合格条件,同时又规定了复式抽检时的检验规则。钢筋机械接头的破坏形态有三种:钢筋母材拉断、连接件拉断、钢筋从连接件中滑脱,只要满足附录B中表B.0.4的要求,任何一种破坏形式均可以判为合格。

本款强调应在结构工程中随机截取接头试件作为现场检验的单向拉伸试件,是为了充分保证试件的随机性和代表性。国内工程经验表明,送样或车间抽样和随机在工程结构中抽样,两种方法的试验结果和合格百分率有不少差异。因此,为了提高抽样的代表性,严把质量关,要坚持在工程结构中随机抽取试件。

6 现场连续检验,当10个验收批均一次合格时,表明其质量处于优良且稳定状态,故验收批接头数量可扩大1倍,即可以按不大于1 000个接头为一批,以减少检验的工作量。

4.3.6 钢筋直螺纹接头的连接安装应符合下列规定:

1 安装时可采用管钳扳手施拧紧固,被连接钢筋的端头应在套筒中心位置相互顶紧,标准型、正反丝型、异径型接头在安装后其单侧外露螺纹宜不超过$2p$(p为螺纹的螺距);对无法对顶的其他直螺纹连接接头,应附加锁紧螺母、顶紧凸台等措施紧固。

2 安装完成后,应采用扭力扳手校核其拧紧扭矩,最小拧紧扭矩值应符合表4.3.6的规定。

表4.3.6 直螺纹接头连接安装最小拧紧扭矩值

钢筋直径(mm)	≤16	18~20	22~25	28~32	36~40	50
拧紧扭矩(N·m)	100	200	260	320	360	460

注:校核用扭力扳手的准确度级别可选用10级。

钢筋机械连接直螺纹接头包括镦粗直螺纹接头、剥肋滚轧直螺纹接头和直接滚轧直螺纹接头,其安装的主要注意事项如下:

(1)钢筋丝头在套筒中央位置相互应顶紧,这主要是为了减少接头的残余变形,以保证直螺纹钢筋接头的安装质量。

(2)镦粗直螺纹钢筋接头的最小扭矩值需符合表4.3.6的规定。

(3)校正用扭矩扳手的准确度级别可以选用10级。

4.3.7 钢筋套筒挤压接头的连接安装应符合下列规定:

1 被连接钢筋的端部不得有局部弯曲、严重锈蚀和附着物。

2 钢筋端部应有挤压套筒后可检查钢筋插入深度的明显标记,钢筋端头与套筒长度中点的距离宜不超过10mm。

3 应从套筒中心开始依次向两端挤压;挤压后,对压痕直径或套筒长度的波动范围应采用专用量规进行检验。

4 挤压连接后,压痕处的套筒外径应为原套筒外径的0.80~0.90倍,套筒长度应为原套筒长度的1.10~1.15倍,且套筒不应有可见裂纹。

套筒挤压钢筋接头安装注意事项如下:

(1)套筒挤压钢筋接头依靠套筒与钢筋表面的机械咬合和摩擦力传递拉力或压力,钢筋表面的杂物或严重锈蚀均对接头强度有不利影响,故要清除杂物和锈蚀。

(2)钢筋端部不能有局部弯曲。

(3)对套筒挤压接头,挤压需从套筒中央向两端开始,依次向两端挤压,压痕的波动范围需控制在允许范围内。钢筋端头插入套筒的深度要有明显标记,钢筋端头离套筒长度中点不超过10mm。

(4)挤压后的套筒不能有肉眼可见裂纹,无论出现纵向或横向裂纹都是不允许的。

4.3.8 钢筋的绑扎接头应符合下列规定:

1 绑扎接头的末端距钢筋弯折处的距离,应不小于钢筋直径的10倍,接头不宜位于构件的最大弯矩处。

2 受拉钢筋绑扎接头的搭接长度,应符合表4.3.8的规定;受压钢筋绑扎接头的搭接长度,应取受拉钢筋绑扎接头搭接长度的0.7倍。

表 4.3.8 受拉钢筋绑扎接头的搭接长度

钢筋类型	HPB300	HRB400、HRBF400、RRB400		HRB500
混凝土强度等级	C25	≥C30	≥C30	≥C30
搭接长度(mm)	40d	35d	45d	50d

注:1. 表中 d 为钢筋直径。
　　2. 当带肋钢筋直径 d 大于 25mm 时,其受拉钢筋的搭接长度应按表中值增加 5d 采用;当带肋钢筋直径 d 小于或等于 25mm 时,其受拉钢筋的搭接长度可按表中值减少 5d 采用。
　　3. 当混凝土在凝固过程中受力钢筋易受扰动时,其搭接长度应增加 5d。
　　4. 在任何情况下,纵向受拉钢筋的搭接长度应不小于 300mm,受压钢筋的搭接长度应不小于 200mm。
　　5. 环氧树脂涂层钢筋的绑扎接头搭接长度,受拉钢筋按表值的 1.5 倍采用。
　　6. 两根不同直径钢筋的搭接长度,以较细的钢筋直径计算。

3 受拉区内 HPB300 钢筋绑扎接头的末端应做弯钩;HRB400、HRBF400、HRB500 和 RRB400 钢筋的绑扎接头末端可不做弯钩;直径不大于 12mm 的受压 HPB300 钢筋的末端可不做弯钩,但搭接长度应不小于钢筋直径的 30 倍。钢筋搭接处,应在其中心和两端用绑丝扎牢。

4 束筋施工时,其规格、数量、位置及锚固长度应符合设计要求。束筋的搭接接头应先由单根钢筋错开搭接,接头中距应为表 4.3.8 规定单根钢筋搭接长度的 1.3 倍;再用一根长度为 $1.3(n+1)l_s$ 的通长钢筋进行搭接绑扎,其中 n 为组成束筋的单根钢筋根数,l_s 为单根钢筋搭接长度(图 4.3.8)。

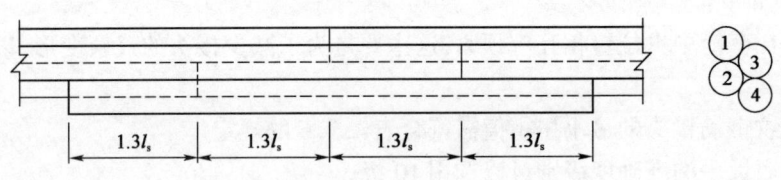

图 4.3.8 束筋的搭接
1、2、3—组成束筋的单根钢筋;4—通长钢筋

本条将 HPB235 钢筋修改为 HPB300 钢筋,取消了 HPB235 钢筋,增加了 HPBF400、HRB500 等钢筋,并对混凝土强度等级及相应的钢筋搭接长度作了修改。

4.4 绑扎与安装

4.4.1 钢筋的绑扎应符合下列规定:
1 钢筋的交叉点宜采用直径 0.7~2.0mm 的铁丝扎牢,必要时可采用点焊焊牢。绑扎宜采取逐点改变绕丝方向的 8 字形方式交错扎结,对直径 25mm 及以上的钢筋,宜采取双对角线的十字形方式扎结。
2 结构或构件拐角处的钢筋交叉点应全部绑扎;中间平直部分的交叉点可交错绑扎,但绑扎的交叉点宜占全部交叉点的 40% 以上。
3 钢筋绑扎时,除设计有特殊规定者外,箍筋应与主筋垂直。
4 绑扎钢筋的铁丝丝头不应进入混凝土保护层内。

4.4.2 对集中加工、整体安装的半成品钢筋和钢筋骨架,在运输时应采用适宜的装载工具,并应采取增加刚度、防止其扭曲变形的措施。

本条为新增内容。在当前的工程施工中,为加快施工进度,提高施工效率,经常有将钢筋加工成半成品或先形成骨架,再运输到现场进行整体安装的做法。但在运输过程中,半成品或骨架钢筋因刚度不足很容易产生变形。故规定在运输时应采用适宜的装载工具,并应采取增加刚度、防止其扭曲变形的措施,目的是保证钢筋安装的最终精度。

4.4.3 安装钢筋时应符合下列规定：

1 钢筋的级别、直径、根数、间距等应符合设计的规定。

2 对多层多排钢筋，宜根据安装需要在其间隔处设立一定数量的架立钢筋或短钢筋，但架立钢筋或短钢筋的端头不得伸入混凝土保护层内。

3 半成品钢筋和钢筋骨架采用整体方式安装时，宜设置专用胎架或卡具等进行辅助定位，安装过程中应采取保证整体刚度及防止变形的措施。

4 当钢筋过密，将会影响到混凝土浇筑质量时，应及时与设计协商解决。

在执行本条的规定时，尚需注意下列事项：

(1)墩、台身和柱中的竖向钢筋搭接时，转角处的钢筋弯钩需与模板成45°，中间钢筋的弯钩需与模板成90°。采用插入式振捣器浇筑小型截面柱时，弯钩与模板的角度不能小于15°，且在浇筑过程中不松动。

(2)箍筋弯钩的叠合处，在梁中需沿梁长方向置于上面并交错布置，在柱中需沿柱高方向交错布置，若为方柱则要位于箍筋与柱角竖向钢筋交接点上。但有交叉式箍筋的大截面柱，其接头可以位于箍筋与任何一根中间纵向钢筋的交接点上。

(3)圆柱或圆管涵中螺旋形箍筋的起点和终点需分别绑扎在纵向钢筋上。

4.4.4 钢筋与模板之间应设置垫块，垫块的制作、设置和固定应符合下列规定：

1 混凝土垫块应具有不低于结构本体混凝土的强度，并应有足够的密实性；采用其他材料制作垫块时，除应满足使用强度的要求外，其材料中不应含有对混凝土产生不利影响的成分。垫块的制作厚度不应出现负误差，正误差应不大于1mm。

2 用于重要工程或有防腐蚀要求的混凝土结构或构件中的垫块，宜采用专门制作的定型产品，且该类产品的质量同样应符合本条第1款的规定。

3 垫块应相互错开、分散设置在钢筋与模板之间，但不应横贯混凝土保护层的全部截面进行设置。垫块在结构或构件侧面和底面所布设的数量应不少于4个/m²，重要部位宜适当加密。

4 垫块应与钢筋绑扎牢固，且绑丝及其丝头均不应进入混凝土保护层内。

5 混凝土浇筑前，应对垫块的位置、数量和紧固程度进行检查，不符合要求时应及时处理，应保证钢筋的混凝土保护层厚度满足设计要求和本规范的规定。

钢筋的混凝土保护层厚度，对防止钢筋锈蚀、保证结构的耐久性具有非常重要的作用。本条就垫块的制作、设置和固定等方面作出了相应规定，其最终目的是要保证钢筋的混凝土保护层厚度满足设计要求。第1款对混凝土垫块的规定修改为"应具有不低于结构本体混凝土的强度，并应有足够的密实性"。

在施工中首先要严格控制垫块的制作质量，设置时其位置和数量要符合条文的规定，且需在浇筑混凝土之前对绑扎的紧固程度进行检查，不符合要求时要及时进行处理。

4.4.5 钢筋骨架的焊接拼装应在坚固的工作台上进行，操作时应符合下列规定：

1 拼装前应按设计图纸放大样，放样时应考虑焊接变形的预留拱度。拼装时，在需要焊接的位置宜采用楔形卡卡紧，防止焊接时局部变形。

2 骨架焊接时，不同直径钢筋的中心线应在同一平面上，较小直径的钢筋在焊接时，下面宜垫以厚度适当的钢板。施焊顺序宜由中到边对称地向两端进行，先焊骨架下部，后焊骨架上部。相邻的焊缝应采用分区对称跳焊，不得顺方向一次焊成。

4.4.6 钢筋网的焊点应符合设计规定，当设计未规定时，应按下列要求进行焊接：

1 在焊接网的受力钢筋为HPB300或冷拉HPB300钢筋的情况下，当焊接网只有一个方向为受力钢筋时,网两端边缘的两根锚固横向钢筋与受力钢筋的全部交叉点必须焊接;当焊接网的两个方向均为受力钢筋时,沿网四周边缘的两根钢筋的全部交叉点均应焊接;其余的交叉点可焊接或绑扎一半,或根据运输和安装条件决定。

2 当焊接网的受力钢筋为冷拔低碳钢丝,而另一方向的钢筋间距小于100mm时,网两端边缘的两根钢筋的全部交叉点必须焊接,中间部分的焊点距离可增大至250mm。

4.4.7 灌注桩钢筋骨架的制作、运输与安装应符合下列规定:

1 制作时应采取必要措施,保证骨架的刚度,主筋的接头应错开布置。大直径长桩的钢筋骨架宜在胎架上分段制作,且宜编号,安装时应按编号顺序连接。

2 应在骨架外侧设置控制混凝土保护层厚度的垫块,垫块的间距在竖向应不大于2m,在横向圆周应不少于4处。

3 钢筋骨架在运输过程中,应采取适当的措施防止其变形。

4 钢筋骨架在安装时,其顶端应设置吊环。

4.4.8 绑扎或焊接的钢筋骨架和钢筋网不得有变形、松脱和开焊。

5 模板、支架

5.1 一般规定

5.1.1 模板宜采用钢材、胶合板或其他适宜的材料制作;支架宜采用钢材或常备式定型钢构件等材料制作。钢材的性能和质量应符合现行《碳素结构钢》(GB/T 700)的规定;胶合板的性能和质量应符合现行《混凝土模板用胶合板》(GB/T 17656)或现行《混凝土模板用竹材胶合板》(LY/T 1574)的规定;其他材料应符合其相应国家或行业标准的规定,常备式定型钢构件应符合该产品相应的技术规定。

对制作模板、支架所使用的材料,根据国家对保护森林资源的方针政策,要尽量不用或少用木材,而是优先采用钢材。但由于诸多原因,现阶段尚不能完全禁止使用木材制作模板和支架,故条文中并未作出禁用木材的规定。优先采用钢材制作模板、支架,主要是由于钢模板和钢支架坚固、耐用,可以多次重复使用,钢模板表面平整光滑,使浇筑成的混凝土结构物外表较美观;钢支架的强度高、刚度大,受力性能要优于木支架。模板的板面采用胶合板的做法目前亦较为流行,胶合板有木材胶合板和竹材胶合板两种,且已有相应的国家标准或行业标准。条文中所提的"其他适宜的材料",是指诸如高分子合成材料、硬塑料或玻璃钢等材料,这些材料一般用作模板的面板。"常备式定型钢构件"是指万能杆件、装配式公路钢桥中的贝雷桁片、六四式军用梁中的桁片以及建筑施工用的各种钢管脚手架等钢制构件,也有型钢或钢管等材料制作的通用钢制构件,这类钢制构件在支架的制作、安装和拆除时较为简便、快速。

为方便读者参考使用,现将有关材料的性能要求摘录如下:

(1) Q235 钢材的主要力学性能要求分别见表 5-1 ~ 表 5-3。

表 5-1 Q235 钢材拉伸和冲击性能

牌号	等级	拉伸试验							冲击试验(V形缺口)	
		屈服强度 R_{eh}(MPa),不小于			抗拉强度 R_m (MPa)	断后伸长率 A(%),不小于			温度 (℃)	冲击吸收功(纵向) (J),不小于
		厚度(或直径)(mm)				厚度(或直径)(mm)				
		≤16	>16~40	>40~100		≤40	>40~60	>40~100		>60~100
Q235	A	235	225	215	370~500	26	25	24	—	—
	B								+20	27
	C								0	27
	D								-20	27

表 5-2 Q235 钢材冷弯弯曲性能

牌号	试样方向	弯曲试验 180°,B = 2a	
		钢材厚度(或直径)(mm)	
		≤60	>60~100
		弯芯直径 d	
Q235	纵	a	2a
	横	1.5a	2.5a

注:1. B 为试样宽度,a 为钢材厚度或直径。
2. 进行拉伸和弯曲试验时,钢板和钢带应取横向试样,断后伸长率允许比上表降低 2%(绝对值)。型钢应取纵向试样。
3. A 级钢的冷弯试验仅在需方有要求时进行。当冷弯试验已合格时,抗拉强度上限可不作为交货条件。
4. 厚度或直径大于 20mm 的钢材做冷弯试验时,试样应经单面刨削,使其厚度达到 20mm,弯芯直径应符合本表规定,未加工面应在外侧。如试样未经刨削,弯芯直径应按本表所列数值增加一个试样厚度 a。

表 5-3　Q235 钢材的物理性能指标

弹性模量 E （N/mm²）	剪变模量 G （N/mm²）	线膨胀系数 α （以每℃计）	密度 ρ （kg/m³）
206×10^3	79×10^3	12×10^{-6}	7 850

（2）常用树种木材的强度设计值及弹性模量，以及钢材、普通螺栓、手工焊缝的强度设计值分别列于表 5-4 ~ 表 5-9。

表 5-4　常用树种木材的强度设计值和弹性模量（MPa）

类别	强度等级	组别	适合树种	抗弯 f_m	顺纹抗压及承压 f_c	顺纹抗拉 f_t	顺纹抗剪 f_v	横纹承压 $f_{c,90}$ 全表面	横纹承压 $f_{c,90}$ 局部表面及齿面	横纹承压 $f_{c,90}$ 拉力螺栓垫板下面	弹性模量 E （×10⁴）
针叶树种木材	TC17	A	柏木、长叶松	17	16	10	1.7	2.3	3.5	4.6	1.0
		B	东北落叶松		15	9.5	1.6				
	TC15	A	铁杉、油杉	15	13	9	1.6	2.1	3.1	4.2	1.0
		B	鱼鳞云杉、西南云杉		12	9	1.5				
	TC13	A	油松、新疆落叶松、云南松、马尾松	13	12	8.5	1.5	1.9	2.9	3.8	1.0
		B	红皮云杉、丽江云杉、红松、樟子松		10	8.0	1.4				0.9
	TC11	A	西北云杉、新疆云杉、云杉、杉木	11	10	7.5	1.4	1.8	2.7	3.6	1.0
		B	冷杉、速生杉木		10	7.0	1.2				0.9
阔叶树种木材	TB20	—	青冈、稠木	20	18	12	2.8	4.2	6.3	8.4	1.2
	TB17	—	栎木	17	16	11	2.4	3.8	5.7	7.6	1.1
	TB15	—	锥栗（栲木）、桦木、水曲柳	15	14	10	2.0	3.1	4.7	6.2	1.0

注：1. 当计算木构件端部（如接头处）的拉力螺栓垫板时，木材横纹承压强度设计值应按"局部表面及齿面"一栏的数值采用。
　　2. 当采用原木时，若验算部位未经切削，其顺纹抗压和抗弯强度设计值和弹性模量可提高 15%。
　　3. 当构件矩形截面的短边尺寸不小于 150mm 时，其抗弯强度设计值可提高 10%。
　　4. 当采用湿材时，各种木材的横纹承压强度设计值和弹性模量，以及落叶松木材的抗弯强度设计值宜降低 10%。

①在不同使用条件下，尚应采用表 5-5 的调整系数。

表 5-5　木材强度设计值和弹性模量调整系数

项次	使 用 条 件	调 整 系 数 强度设计值	调 整 系 数 弹性模量
1	露天结构	0.90	0.85
2	在生产性高温影响下，木材表面温度达 40~50℃	0.80	0.80
3	恒载验算	0.80	0.80
4	木构筑物	0.90	1.00
5	施工荷载	1.30	1.00

注：1. 当仅有恒载或恒载所产生的内力超过全部荷载所产生内力的 80% 时，应单独以恒载进行验算。
　　2. 当若干条件同时出现时，表列各系数应连乘。

②木材斜纹承压的强度设计值，可按下列公式计算：
当 $\alpha \leq 10°$ 时：

$$f_{c\alpha} = f_c \tag{5-1}$$

当 $10° < \alpha \leq 90°$ 时：

$$f_{c\alpha} = \frac{f_c}{1 + \left(\dfrac{f_c}{f_{c,90}} - 1\right)\dfrac{\alpha - 10°}{80°}\sin\alpha} \tag{5-2}$$

式中：α——作用力方向与木纹方向的夹角(°)；

f_c——木材顺纹承压的强度设计值(N/mm^2)；

$f_{c,90}$——木材横纹承压的强度设计值(N/mm^2)；

$f_{c\alpha}$——木材斜纹承压的强度设计值(N/mm^2)，亦可根据 f_c、$f_{c,90}$ 和 α 数值从图 5-1 查得，并见例题。

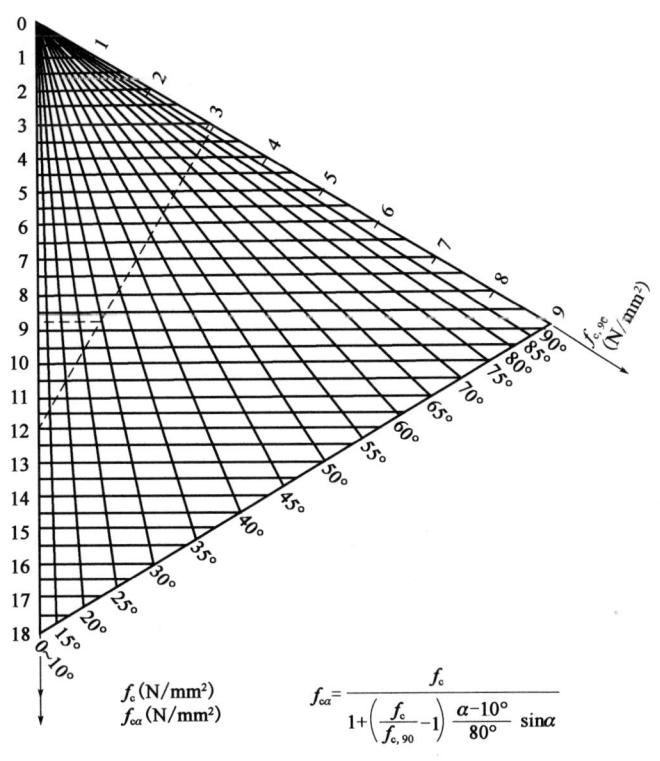

图 5-1 木材斜纹承压强度设计值

例：鱼鳞云杉 $f_c = 12N/mm^2$，若取 $f_{c,90} = 3.1N/mm^2$，查得 $f_{c,30} = 8.83N/mm^2$（如图 5-1 中虚线所示）。

③单、双齿连接（图 5-2、图 5-3）的承压应力：

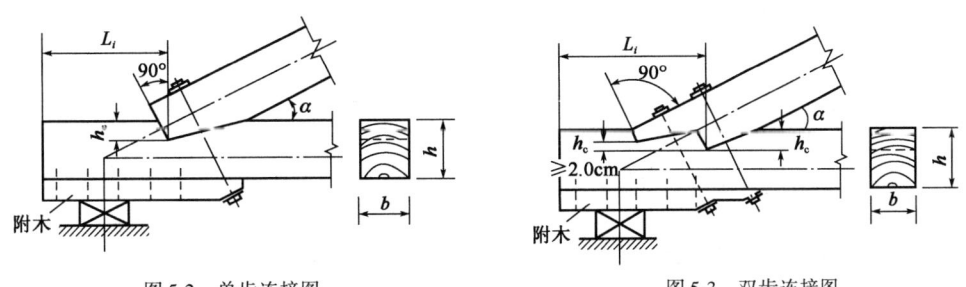

图 5-2 单齿连接图　　　　图 5-3 双齿连接图

$$\sigma_c = N/A_c \leq f_{cu} \tag{5-3}$$

式中：σ_c——承压应力设计值(N/mm^2)；

N——轴心承压设计值(N)；

A_c——齿的承压面积(mm^2)，双齿连接的承压面面积应取两个齿承压面面积之和。

④单、双齿连接的受剪应力:

$$\tau = V/A_v \leq \psi_v f_v \tag{5-4}$$

式中:τ——受剪应力设计值(N/mm^2);

V——剪力设计值(N);

A_v——受剪面的面积(mm^2),$A_v = l_v \cdot b_v$(双齿连接仅验算第二齿的受剪面,但V值应取全部剪力);

l_v——受剪面的计算长度(mm),单齿连接不得大于8倍齿深h_c,双齿连接不得大于10倍齿深h_c;

b_v——受剪面的宽度(mm);

f_v——顺纹抗剪强度设计值(N/mm^2);

ψ_v——考虑沿剪面长度剪应力分布不均的强度降低系数,可按表5-6采用。

表5-6 单、双齿连接强度降低系数

l_v/h_c		4.5	5.0	6.0	7.0	8.0	10.0
ψ_v	单齿	0.95	0.89	0.77	0.70	0.64	—
	双齿	—	—	1.00	0.93	0.85	0.71

⑤钢材、普通螺栓、手工焊缝的强度设计值应符合表5-7~表5-9的规定。

表5-7 钢材强度设计值(MPa)

应力种类	符号	Q235钢
抗拉、抗压和抗弯	f	215
抗剪	f_v	125
端面承压(刨光顶紧)	f_{ce}	325

表5-8 普通螺栓强度设计值(MPa)

应力种类		符号	Q235钢
螺栓	抗拉	f_t^b	170
	抗剪	f_v^b	140
构件	抗压	f_c^b	305

表5-9 手工焊缝强度设计值(MPa)

焊缝种类	应力种类	符号	Q235钢
对接焊缝	抗压	f_c^w	215
	抗拉和抗弯	f_t^w	185
	抗剪	f_v^w	125
角焊缝	抗拉、抗压和抗剪	f_f^w	160

注:1. 上述强度设计值适用于以概率理论为基础的极限状态设计方法,用分项系数的设计表达式进行计算。
    2. 采用工地手工焊缝时的强度设计值应乘以0.9的折减系数。
    3. 单面连接的单角钢:
      (1)按轴心受力计算强度和连接应乘以0.85。
      (2)按轴心受压计算稳定性:
        等边角钢$0.6 + 0.0015\lambda$,但又不大于1.0;短边相连的不等边角钢$0.5 + 0.0025\lambda$,但又不大于1.0;长边相连的不等边角钢不大于0.7。λ为长细比。对中间无联系的单角钢压杆,应按最小回转半径计算。当$\lambda < 20$时,取$\lambda = 20$。
    4. 钢材弹性模量E按206×10^3 MPa计算。

(3)胶合板的规格尺寸和力学性能按现行《混凝土模板用胶合板》(GB/T 17656)和《混凝土模板用竹材胶合板》(LY/T 1574)的规定分别列于表5-10~表5-18。

①《混凝土模板用胶合板》(GB/T 17656—2018)中所指的是采用木材单板制成的混凝土模板用胶合板,分为A等品、B等品两个等级,包括:

素板——未经表面处理的混凝土模板用胶合板;

涂胶板——经树脂饰面处理的混凝土模板用胶合板;

覆膜板——经浸渍胶膜纸贴面处理的混凝土模板用胶合板。

表5-10 规格尺寸(mm)

幅面尺寸				厚 度
模数制		非模数制		
宽度	长度	宽度	长度	
—	—	915	1 880	≥12~<15 ≥15~<18 ≥18~<21 ≥21~<24
900	1 800	1 220	1 830	
1 000	2 000	915	2 135	
1 200	2 400	1 220	2 440	
—	—	1 250	2 500	

注:1. 其他规格尺寸由供需双方协议。
  2. 对模数制的板,其长度和宽度公差为-3mm,0mm;对非模数制的板,其长度和宽度公差为±2mm。

表5-11 厚度公差(mm)

公称厚度	平均厚度与公称厚度间允许偏差	每张板内厚度最大允许偏差
≥12~<15	±0.5	0.8
≥15~<18	±0.6	1.0
≥18~<21	±0.7	1.2
≥21~<24	±0.8	1.4

注:1. 板的垂直度不得超过0.8mm/m。
  2. 板的四边边缘直度不得超过1mm/m。
  3. 板的翘曲面A等品不得超过0.5%,B等品不得超过1%。

表5-12 混凝土模板用胶合板物理力学性能指标值

项 目		单 位	厚度(mm)			
			≥12~<15	≥15~<18	≥18~<21	≥21~<24
含水率		%	6~14			
胶合强度		MPa	≥0.70			
静曲强度	顺纹	MPa	≥50	≥45	≥40	≥35
	横纹		≥30	≥30	≥30	≥25
弹性模量	顺纹	MPa	≥6 000	≥6 000	≥5 000	≥5 000
	横纹		≥4 500	≥4 500	≥4 000	≥4 000
浸渍剥离性能		—	浸渍胶膜纸贴面与胶合板表层上的每一边累计剥离长度不超过25mm			

注:测定胶合强度全部试件的平均木材破坏率超过60%或80%时,胶合强度指标值可比表中规定的指标值分别低0.10MPa或0.20MPa。

在模板工程设计时,混凝土模板用胶合板抗弯性能修正系数见表5-13。

表5-13 使用条件下混凝土模板用胶合板抗弯性能修正系数

使用条件	修正系数	使用条件	修正系数
顺纹静曲强度	0.6	顺纹弹性模量	0.7
横纹静曲强度	0.9	横纹弹性模量	0.7

②《混凝土模板用竹材胶合板》(LY/T 1574—2000)中所指的是以竹片、竹帘、竹席为主要构成单元,经施胶、热压制成的混凝土模板用竹材胶合板。竹材胶合板按表面特征分为A、B两类:

A 类——表面具有浸渍胶膜纸贴面的竹材胶合板,分为优等品、一等品、合格品三个等级;
B 类——表面未经浸渍胶膜纸贴面的竹材胶合板,分为一等品、合格品两个等级。
竹材胶合板按纵向弹性模量分为 75、70、65、60、55、50 型。

表 5-14 竹材胶合板规格尺寸(mm)

长 度	宽 度	长 度	宽 度
1 830	915	2 135	915
1 830	1 220	2 440	1 220
2 000	1 000		

注:1. 各类竹材胶合板的厚度公称尺寸为 12mm、15mm、18mm。
2. 经供需双方协议可生产其他规格。

表 5-15 竹材胶合板厚度允许偏差(mm)

厚度公称尺寸	A 类			B 类	
	优等品	一等品	合格品	一等品	合格品
12	±0.5	±0.8	±1.1	±0.9	±1.2
15	±0.6	±0.9	±1.2	±1.0	±1.3
18	±0.7	±1.0	±1.3	±1.1	±1.4

注:1. 对符合表 5-10 幅面规格尺寸的竹材胶合板,其长度和宽度偏差为 ±3mm。
2. 竹材胶合板的翘曲度优等品不得超过 0.5%,一等品不得超过 1.0%,合格品不得超过 1.5%。

表 5-16 竹材胶合板两对角线允许偏差(mm)

长 度	宽 度	两对角线长度之差
1 830	915	≤3
1 830	1 220	
2 000	1 000	≤4
2 135	915	
2 440	1 220	≤5

表 5-17 A 类竹材胶合板物理力学性能指标

项 目			单 位	75 型	65 型	55 型
含水率			%	5~14		
静曲强度	干状	纵向	MPa	≥90	≥80	≥70
		横向		≥60	≥55	≥50
	湿状	纵向		≥70	≥65	≥60
		横向		≥50	≥45	≥40
弹性模量	干状	纵向	MPa	≥7 500	≥6 500	≥5 500
		横向		≥5 500	≥4 500	≥3 500
	湿状	纵向		≥6 000	≥5 000	≥4 000
		横向		≥4 000	≥3 500	≥3 000
胶合性能			—	无完全脱离		
吸水厚度膨胀率			%	≤5		
表面耐磨(磨耗值)			mg/100r	≤70		
表面耐龟裂			—	≤1 级		

表 5-18 B 类竹材胶合板物理力学性能指标

项　目			单　位	70 型	60 型	50 型
含水率			%	5～14		
静曲强度	干状	纵向	MPa	≥90	≥70	≥50
		横向		≥50	≥40	≥25
	湿状	纵向		≥70	≥55	≥40
		横向		≥45	≥35	≥20
弹性模量	干状	纵向	MPa	≥7 000	≥6 000	≥5 000
		横向		≥4 000	≥3 500	≥2 500
	湿状	纵向		≥6 000	≥5 000	≥4 000
		横向		≥3 500	≥3 000	≥2 000
胶合性能			—	无完全脱离		
吸水厚度膨胀率			%	≤8		

注：纵向指平行于板长方向，横向指垂直于板长方向。

(4)万能杆件、装配式公路钢桥中的贝雷桁片、六四式军用梁中的桁片等常备式定型钢制构件的有关技术参数，可以参考人民交通出版社出版的《公路施工手册 桥涵》中的相关内容。

5.1.2 模板和支架应符合下列规定：

1 模板和支架应具有足够的强度、刚度和稳定性，应能承受施工过程中所产生的各种荷载。
2 模板、支架的构造应简单、合理，结构受力应明确，安装、拆除应方便。
3 模板应能与混凝土结构或构件的特征、施工条件和浇筑方法相适应，应保证结构物各部位形状尺寸和相互位置的准确。
4 模板的板面应平整，接缝处应严密且不漏浆；模板与混凝土的接触面应涂刷隔离剂，但不得采用废机油等油料，且不得污染钢筋及混凝土的施工缝。
5 支架应稳定、坚固，应能抵抗在施工过程中可能发生的振动和偶然撞击。
6 支架不得与应急安全通道相连接。

本条的规定是各类模板、支架均需要达到的最基本的要求，同时也是所有模板、支架需遵循的共性要求。对临时性结构而言，只有具备足够的强度、刚度和稳定性，才能可靠地承受施工过程中所产生的各种荷载。临时性结构的稳定性与其构造是否合理有直接关系，构造上的不合理将会导致结构的受力状态不明确，安装与拆除时不方便，更重要的是有可能会使结构产生失稳甚至坍塌的严重事故，故模板、支架不仅要有足够的强度和刚度，更需注重其稳定性。

模板工程是结构混凝土成型施工中的重要组成部分，由于在公路桥涵工程中结构混凝土的外表面一般情况下均不进行额外装饰(房屋建筑行业称为"清水混凝土")，而仅仅是在拆除模板后对混凝土的外露面进行简单的修整或修饰，因此就对模板的质量提出了较高的要求。在正常施工条件下，模板、混凝土和施工工艺水平是保证结构混凝土表观质量的三大要素，缺一不可，而模板的优劣对混凝土的表观质量起着举足轻重的作用，是三大要素中的首要条件。结构混凝土的表观质量，首先需达到本规范和质量检验评定标准中各项指标的要求，同时要做到构造中心位置准确、外形尺寸及相互位置准确、混凝土表面平整、气泡较少或无气泡、色泽基本一致、接缝处无明显错台，这是成型后的混凝土需满足的基本要求及评判模板优劣的基本原则。

目前隔离剂的种类较多，有些油脂类化合物的隔离剂可能会给结构混凝土性能带来不利影响，因此要慎重采用；废机油等油料会对结构混凝土的表观质量产生严重影响，故不能采用。隔离剂如果污染了钢筋及混凝土施工接缝，将大大降低其互相之间的黏结力，因此要加以限制。

在施工过程中,振动和偶然撞击会对支架产生不利影响,因此要求支架应稳定、坚固,但在实际工程施工时,要采取措施防止对支架的振动和撞击,避免发生事故。

应急安全通道是在发生紧急情况时保证人员能安全、快速撤离的专用设施,而支架一般是用于支承各种施工荷载的临时受力结构,两者的功能不一样,因此不能将其连接在一起。

5.1.3 模板和支架均应进行施工图设计,且经批准后方可用于施工。施工图设计应包括下列内容:
1 工程概况和工程结构简图;
2 结构设计的依据和设计计算书;
3 总装图和细部构造图;
4 制作、安装的质量及精度要求;
5 安装、拆除时的安全技术措施及注意事项;
6 材料的性能质量要求及材料数量表;
7 设计说明书和使用说明书。

规定本条的目的主要是保证工程质量和施工安全。在以往的工程施工中,因模板失效、支架坍塌而造成事故的现象时有发生,其原因多数是仅凭经验设置模板、支架,或盲目套用类似工程的做法,而不对模板、支架的构造和结构进行设计和受力计算,也不履行施工技术管理程序,故在此对模板、支架的设计提出了更高的要求。

在执行本条的规定时,需掌握以下原则:
(1)对承重的模板、支架,要严格执行规定。
(2)对简单工程中的非承重模板,如能根据经验确定材料规格和构造,可以不做结构计算,但仍要绘制施工图。
(3)条文中所指"经批准后方可用于施工",是指要得到监理工程师的批准。

5.1.4 在模板上设置的吊环应采用HPB300钢筋,严禁采用冷加工钢筋制作。每个吊环应按两肢截面计算,在模板自重标准值作用下,吊环的拉应力应不大于65MPa。

冷加工后的钢筋在承受荷载时容易产生脆断,故禁止将其作为模板的吊环使用,否则将会在吊装时产生严重的安全事故;吊环亦不能采用螺纹钢筋,而要采用光圆钢筋。原规范规定吊环的计算拉应力应不大于50MPa,是基于HPB235钢筋的拉应力,现HPB235钢筋已取消,代之以HPB300钢筋,故其计算拉应力相应地修改为应不大于65MPa。

5.2 模板、支架设计

5.2.1 模板、支架的设计应根据工程结构形式、荷载情况、地基土类别、施工设备和材料性能等条件进行,且宜优先采用标准化、定型化的构件。

本次修订增加了模板、支架的设计"宜优先采用标准化、定型化的构件"的表述,这是因为标准化、定型化的构件用于组拼模板、支架可以提高施工效率,且受力较可靠,故规定宜优先采用。

模板、支架的设计内容一般包括选型、选材、构造设计、荷载计算、结构计算、拟订制作安装和拆除方案、绘制图纸、编写设计说明书和使用说明书等。

在进行模板、支架设计时,需注意下列事项:
(1)荷载的计算要准确,需将各种情况考虑周全,不能遗漏。
(2)对地基土的类别、承载能力等要探测清楚,并明确是否需进行处理。
(3)所采用材料的性能是否满足模板、支架的受力要求。
(4)现场的施工设备是否能满足模板、支架在安装和拆除时的需要。

(5)要尽可能利用有定型设计的大型钢模板或定型钢支架作为模板或支架的材料,以提高施工效率。

5.2.2 模板的设计可按现行《建筑施工模板安全技术规范》(JGJ 162)的规定执行,采用冷弯薄壁型钢时应符合现行《冷弯薄壁型钢结构技术规范》(GB 50018)的规定,采用定型组合钢模板时应符合现行《组合钢模板技术规范》(GB/T 50214)的规定。钢支架的设计应符合现行《钢结构设计标准》(GB 50017)的规定。木模板和木支架的设计应符合现行《木结构设计标准》(GB 50005)的规定。采用定型钢管脚手架作为支架材料时,支架的设计应分别符合现行《建筑施工碗扣式钢管脚手架安全技术规范》(JGJ 166)、《建筑施工门式钢管脚手架安全技术标准》(JGJ/T 128)、《建筑施工扣件式钢管脚手架安全技术规范》(JGJ 130)、《建筑施工承插型盘扣式钢管支架安全技术规程》(JGJ 231)或《桥梁用蟹钳式三角钢管支架》(JT/T 1107)的规定。采用其他材料的模板和支架的设计应符合其相应的专门技术规定。

对模板、支架的设计,由于国家标准和行业标准中均无专门针对临时性结构的设计规范,因此还只能规定按永久结构的设计规范执行。但在使用永久结构的设计规范时,需要注意到现行的设计规范均采用以概率理论为基础的极限状态设计方法,容许应力法已基本不用,这对于施工行业已习惯于容许应力法的工程技术人员而言,需要有一个适应的过程。同时要注意的是:虽然本次修订明确模板的设计可按现行《建筑施工模板安全技术规范》(JGJ 162)的规定执行,但需要根据桥涵工程的不同特点合理使用该规范的内容。

为方便读者参考使用,现将《钢结构设计标准》(GB 50017—2017)、《木结构设计标准》(GB 50005—2017)以及《建筑施工碗扣式钢管脚手架安全技术规范》(JGJ 166—2016)中有关计算的规定摘录如下:

一、钢结构的计算规定

1. 受弯构件的计算规定

1)强度

(1)在主平面内受弯的实腹构件,其抗弯强度应按下式计算:

$$\frac{M_x}{r_x W_{nx}} + \frac{M_y}{r_y W_{ny}} \leq f \quad (5\text{-}5)$$

式中:M_x、M_y——同一截面处绕 x 轴和 y 轴的弯矩(对工字形截面:x 轴为强轴,y 轴为弱轴);

W_{nx}、W_{ny}——对 x 轴和 y 轴的净截面模量;

r_x、r_y——截面塑性发展系数;对工字形截面,$r_x = 1.05$,$r_y = 1.20$;对箱形截面,$r_x = r_y = 1.05$;

f——钢材的抗弯强度设计值。

当梁受压翼缘的自由外伸宽度与其厚度之比大于 $13\sqrt{235/f_y}$ 而不超过 $15\sqrt{235/f_y}$ 时,应取 $r_x = 1.0$。f_y 为钢材牌号所指屈服点。

(2)在主平面内受弯的实腹构件,其抗剪强度应按下式计算:

$$\tau = \frac{VS}{It_w} \leq f_v \quad (5\text{-}6)$$

式中:V——计算截面沿腹板平面作用的剪力;

S——计算剪应力处以上毛截面对中和轴的面积矩;

I——毛截面惯性矩;

t_w——腹板厚度;

f_v——钢材的抗剪强度设计值。

(3)当梁上翼缘受有沿腹板平面作用的集中荷载且该荷载处又未设置支承加劲肋时,腹板计算高度上边缘的局部承压强度应按下式计算:

$$\sigma_c = \frac{\psi F}{t_w l_z} \leq f \tag{5-7}$$

式中：F——集中荷载，对动力荷载应考虑动力系数；

ψ——集中荷载增大系数；

l_z——集中荷载在腹板计算高度上边缘的假定分布长度，按下式计算：

$$l_z = a + 5h_y + 2h_R \tag{5-8}$$

a——集中荷载沿梁跨度方向的支承长度，对钢轨上的轮压可取 50mm；

h_y——自梁顶面至腹板计算高度上边缘的距离；

h_R——轨道的高度，对梁顶无轨道的梁 $h_R=0$；

f——钢材的抗压强度设计值。

在梁的支座处，当不设置支承加劲肋时，也应按式(5-7)计算腹板计算高度下边缘的局部压应力，但 ψ 取 1.0。支座集中反力的假定分布长度，应根据支座具体尺寸参照式(5-8)计算。

注：腹板的计算高度 h_0，对轧制型钢梁，为腹板与上、下翼缘相接处两内弧起点间的距离；对焊接组合梁，为腹板高度；对铆接（或高强度螺栓连接）组合梁，为上、下翼缘与腹板连接的铆钉（或高强度螺栓）线间最近距离（见图5-4）。

(4) 在梁的腹板计算高度边缘处，当同时受有较大的正应力、剪应力和局部压应力，或同时受有较大的正应力和剪应力时，其折算应力应按下式计算：

$$\sqrt{\sigma^2 + \sigma_c^2 - \sigma\sigma_c + 3\tau^2} \leq \beta_1 f \tag{5-9}$$

式中：σ、τ、σ_c——腹板计算高度边缘同一点上同时产生的正应力、剪应力和局部压应力，σ 和 σ_c 以拉应力为正值，压应力为负值，τ 和 σ_c 应按式(5-6)和式(5-7)计算，σ 应按下式计算：

$$\sigma = \frac{M}{I_n} y_1 \tag{5-10}$$

I_n——梁净截面惯性矩；

y_1——所计算点至梁中和轴的距离；

β_1——计算折算应力的强度设计值增大系数，当 σ 与 σ_c 异号时，取 $\beta_1=1.2$；当 σ 与 σ_c 同号或 $\sigma_c=0$ 时，取 $\beta_1=1.1$。

2) 整体稳定

(1) 在最大刚度主平面内受弯的构件，其整体稳定性应按下式计算：

$$\frac{M_x}{\varphi_b W_x} \leq f \tag{5-11}$$

式中：M_x——绕强轴作用的最大弯矩；

W_x——按受压纤维确定的梁毛截面模量；

φ_b——梁的整体稳定性系数。

(2) 在两个主平面受弯的 H 型钢截面或工字形截面构件，其整体稳定性应按下式计算：

$$\frac{M_x}{\varphi_b W_x} + \frac{M_y}{r_y W_y} \leq f \tag{5-12}$$

式中：W_x、W_y——按受压纤维确定的对 x 轴和 y 轴的毛截面模量；

φ_b——绕强轴弯曲所确定的梁整体稳定系数。

(3) H 型钢或等截面工字形简支梁受压翼缘的自由长度 l_1 与其宽度 b_1 之比不超过表 5-19 所规定的数值时，可不计算梁的整体稳定性。

5 模板、支架

表5-19 H型钢或等截面工字形简支梁不需要计算整体稳定性的最大 l_1/b_1 值

钢材牌号	跨中无侧向支承点的梁		跨中受压翼缘有侧向支承点的梁,
	荷载作用在上翼缘	荷载作用在下翼缘	不论荷载作用于何处
Q235	13.0	20.0	16.0

对跨中无侧向支承点的梁,l_1 为其跨度;对跨中有侧向支承点的梁,l_1 为受压翼缘侧向支承点间的距离(梁的支座处视为有侧向支承)。

3) 局部稳定

(1) 组合梁腹板配置加劲肋应符合下列规定(图5-4):

① 当 $h_0/t_w \leq 80\sqrt{235/f_y}$ 时,对有局部压应力 ($\sigma_c \neq 0$) 的梁,应按构造配置横向加劲肋;但对无局部压应力 ($\sigma_c = 0$) 的梁,可不配置加劲肋。

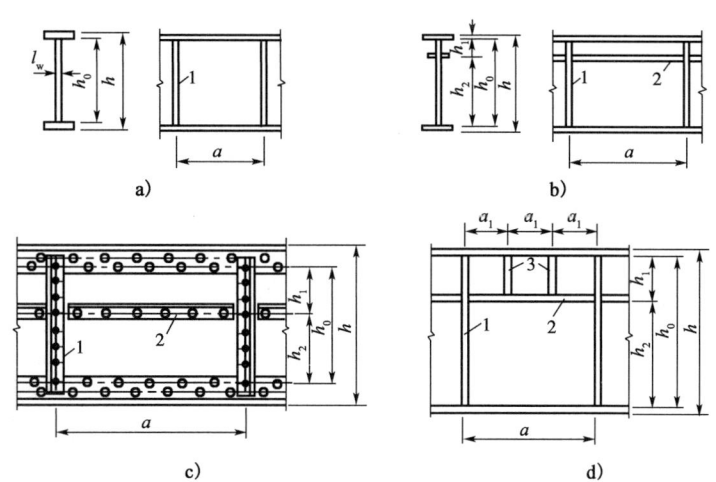

图5-4 加劲肋布置
1-横向加劲肋;2-纵向加劲肋;3-短加劲肋

② 当 $h_0/t_w > 80\sqrt{235/f_y}$ 时,应配置横向加劲肋。其中,当 $h_0/t_w > 170\sqrt{235/f_y}$ (受压翼缘扭转受到约束,如连有刚性铺板、制动板或焊有钢轨时)或 $h_0/t_w > 150\sqrt{235/f_y}$ (受压翼缘扭转未受到约束时),或按计算需要时,应在弯曲应力较大区格的受压区增加配置纵向加劲肋。局部压应力很大的梁,必要时尚宜在受压区配置短加劲肋。

任何情况下,h_0/t_w 均不应超过250。

此处 h_0 为腹板的计算高度(对单轴对称梁,当确定是否要配置纵向加劲肋时,h_0 应取腹板受压区高度 h_c 的2倍),t_w 为腹板的厚度。

③ 梁的支座处和上翼缘受有较大固定集中荷载处,宜设置支承加劲肋。

(2) 仅配置横向加劲肋的腹板[图5-4a)],其各区格的局部稳定应按下式计算:

$$\left(\frac{\sigma}{\sigma_{cr}}\right)^2 + \left(\frac{\tau}{\tau_{cr}}\right)^2 + \frac{\sigma_c}{\sigma_{c,cr}} \leq 1 \tag{5-13}$$

式中: σ——所计算腹板区格内,由平均弯矩产生的腹板计算高度边缘的弯曲压应力;

τ——所计算腹板区格内,由平均剪力产生的腹板平均剪应力,应按 $\tau = V/(h_w t_w)$ 计算,h_w 为腹板高度;

σ_c——腹板计算高度边缘的局部压应力,应按公式(5-7)计算,但取式中的 $\psi = 1.0$;

$\sigma_{cr}、\tau_{cr}、\sigma_{c,cr}$——各种应力单独作用下的临界应力,按下列方法计算:

① σ_{cr} 按下列公式计算:

当 $\lambda_b \leq 0.85$ 时:

$$\sigma_{cr} = f \tag{5-14}$$

当 $0.85 < \lambda_b \leq 1.25$ 时：
$$\sigma_{cr} = [1 - 0.75(\lambda_b - 0.85)]f \tag{5-15}$$

当 $\lambda_b > 1.25$ 时：
$$\sigma_{cr} = 1.1f/\lambda_b^2 \tag{5-16}$$

式中：λ_b——用于腹板受弯计算时的通用高厚比。

当梁受压翼缘扭转受到约束时：
$$\lambda_b = \frac{2h_c/t_w}{177}\sqrt{\frac{f_y}{235}} \tag{5-17}$$

当梁受压翼缘扭转未受到约束时：
$$\lambda_b = \frac{2h_c/t_w}{153}\sqrt{\frac{f_y}{235}} \tag{5-18}$$

式中：h_c——梁腹板弯曲受压区高度，对双轴对称截面 $2h_c = h_0$。

② τ_{cr} 按下列公式计算：

当 $\lambda_s \leq 0.8$ 时：
$$\tau_{cr} = f_v \tag{5-19}$$

当 $0.8 < \lambda_s \leq 1.2$ 时：
$$\tau_{cr} = [1 - 0.59(\lambda_s - 0.8)]f_v \tag{5-20}$$

当 $\lambda_s > 1.2$ 时：
$$\tau_{cr} = 1.1f_v/\lambda_s^2 \tag{5-21}$$

式中：λ_s——用于腹板受剪计算时的通用高厚比。

当 $a/h_0 \leq 1.0$ 时：
$$\lambda_s = \frac{h_0/t_w}{41\sqrt{4 + 5.34(h_0/a)^2}}\sqrt{\frac{f_y}{235}} \tag{5-22}$$

当 $a/h_0 > 1.0$ 时：
$$\lambda_s = \frac{h_0/t_w}{41\sqrt{5.34 + 4(h_0/a)^2}}\sqrt{\frac{f_y}{235}} \tag{5-23}$$

③ $\sigma_{c,cr}$ 按下列公式计算：

当 $\lambda_c \leq 0.9$ 时：
$$\sigma_{c,cr} = f \tag{5-24}$$

当 $0.9 < \lambda_c \leq 1.2$ 时：
$$\sigma_{c,cr} = [1 - 0.79(\lambda_c - 0.9)]f \tag{5-25}$$

当 $\lambda_c > 1.2$ 时：
$$\sigma_{c,cr} = 1.1f/\lambda_c^2 \tag{5-26}$$

式中：λ_c——用于腹板受局部压力计算时的通用高厚比。

当 $0.5 \leq a/h_0 \leq 1.5$ 时：
$$\lambda_c = \frac{h_0/t_w}{28\sqrt{10.9 + 13.4(1.83 - a/h_0)^3}}\sqrt{\frac{f_y}{235}} \tag{5-27}$$

当 $1.5 < a/h_0 \leq 2.0$ 时：
$$\lambda_c = \frac{h_0/t_w}{28\sqrt{18.9 - 5a/h_0}}\sqrt{\frac{f_y}{235}} \tag{5-28}$$

(3)同时用横向加劲肋和纵向加劲肋加强的腹板[图 5-4b)、c)],其局部稳定性应按下列公式计算:

①受压翼缘与纵向加劲肋之间的区格:

$$\frac{\sigma}{\sigma_{cr1}} + \left(\frac{\tau}{\tau_{cr1}}\right)^2 + \left(\frac{\sigma_c}{\sigma_{c,cr1}}\right)^2 \leq 1.0 \tag{5-29}$$

σ_{cr1}、τ_{cr1}、$\sigma_{c,cr1}$ 分别按下列方法计算:

a. σ_{cr1} 按式(5-14)~式(5-16)计算,但式中的 λ_b 改用下列 λ_{b1} 代替。

当梁受压翼缘扭转受到约束时:

$$\lambda_{b1} = \frac{h_1/t_w}{75}\sqrt{\frac{f_y}{235}} \tag{5-30}$$

当梁受压翼缘扭转未受到约束时:

$$\lambda_{b1} = \frac{h_1/t_w}{64}\sqrt{\frac{f_y}{235}} \tag{5-31}$$

式中:h_1——纵向加劲肋至腹板计算高度受压边缘的距离。

b. τ_{cr1} 按式(5-19)~式(5-21)计算,将式中的 h_0 改为 h_1。

c. $\sigma_{c,cr1}$ 按式(5-14)~式(5-16)计算,但式中的 λ_b 改用下列 λ_{c1} 代替。

当梁受压翼缘扭转受到约束时:

$$\lambda_{c1} = \frac{h_1/t_w}{56}\sqrt{\frac{f_y}{235}} \tag{5-32}$$

当梁受压翼缘扭转未受到约束时:

$$\lambda_{c1} = \frac{h_1/t_w}{40}\sqrt{\frac{f_y}{235}} \tag{5-33}$$

②受拉翼缘与纵向加劲肋之间的区格:

$$\left(\frac{\sigma_2}{\sigma_{cr2}}\right)^2 + \left(\frac{\tau}{\tau_{cr2}}\right)^2 + \frac{\sigma_{c2}}{\sigma_{c,cr2}} \leq 1.0 \tag{5-34}$$

式中:σ_2——所计算区格内由平均弯矩产生的腹板在纵向加劲肋处的弯曲压应力;

σ_{c2}——腹板在纵向加劲肋处的横向压应力,取 $0.3\sigma_c$。

a. σ_{cr2} 按式(5-14)~式(5-16)计算,但式中的 λ_b 改用下列 λ_{b2} 代替。

$$\lambda_{b2} = \frac{h_2/t_w}{194}\sqrt{\frac{f_y}{235}} \tag{5-35}$$

b. τ_{cr2} 按式(5-19)~式(5-21)计算,将式中的 h_0 改为 h_2($h_2 = h_0 - h_1$)。

c. $\sigma_{c,cr2}$ 按式(5-24)~式(5-26)计算,但式中的 h_0 改为 h_2,当 $a/h_2 > 2$ 时,取 $a/h_2 = 2$。

(4)在受压翼缘与纵向加劲肋之间设有短加劲肋的区格[图 5-4d)],其局部稳定性按式(5-29)计算。该式中的 σ_{cr1} 仍按(3)-①-a 计算;τ_{cr1} 按式(5-19)~式(5-21)计算,但将 h_0 和 a 改为 h_1 和 a_1(a_1 为短加劲肋间距);$\sigma_{c,cr1}$ 按式(5-14)~式(5-16)计算,但式中 λ_b 改用下列 λ_{c1} 代替。

当梁受压翼缘扭转受到约束时:

$$\lambda_{c1} = \frac{a_1/t_w}{87}\sqrt{\frac{f_y}{235}} \tag{5-36}$$

当梁受压翼缘扭转未受到约束时:

$$\lambda_{c1} = \frac{a_1/t_w}{73}\sqrt{\frac{f_y}{235}} \tag{5-37}$$

对 $a_1/h_1 > 1.2$ 的区格,式(5-36)、式(5-37)右侧应乘以 $1/\left(0.4 + 0.5\dfrac{a_1}{h_1}\right)^{\frac{1}{2}}$。

(5)加劲肋宜在腹板两侧成对配置,也可单侧配置,但支承加劲肋不应单侧配置。

横向加劲肋的最小间距应为 $0.5h_0$,最大间距应为 $2h_0$(对无局部压应力的梁,当 $h_0/t_w \leq 100$ 时,可采用 $2.5h_0$)。纵向加劲肋至腹板计算高度受压边缘的距离应在 $h_c/2.5 \sim h_c/2$ 范围内。

在腹板两侧成对配置的钢板横向加劲肋,其截面尺寸应符合下列要求:

外伸宽度:

$$b_s \geq \frac{h_0}{30} + 40(\text{mm}) \tag{5-38}$$

厚度:

$$t_s \geq \frac{b_s}{15} \tag{5-39}$$

在腹板一侧配置的钢板横向加劲肋,其外伸宽度应大于按式(5-38)算得的1.2倍,厚度不应小于其外伸宽度的1/15。

在同时用横向加劲肋和纵向加劲肋加强的腹板中,横向加劲肋的截面尺寸除应符合上述规定外,其截面惯性矩 I_z 尚应符合下式要求:

$$I_z \geq 3h_0 t_w^3 \tag{5-40}$$

纵向加劲肋的截面惯性矩 I_y,应符合下列公式要求:

当 $a/h_0 \leq 0.85$ 时:

$$I_y \geq 1.5 h_0 t_w^3 \tag{5-41}$$

当 $a/h_0 > 0.85$ 时

$$I_y \geq \left(2.5 - 0.45 \frac{a}{h_0}\right)\left(\frac{a}{h_0}\right)^2 h_0 t_w^3 \tag{5-42}$$

短加劲肋的最小间距为 $0.75h_1$。短加劲肋外伸宽度应取横向加劲肋外伸宽度的 $0.7 \sim 1.0$ 倍,厚度不应小于短加劲肋外伸宽度的1/15。

注:1.用型钢(H型钢、工字钢、槽钢、肢尖焊于腹板的角钢)做成的加劲肋,其截面惯性矩不得小于相应钢板加劲肋的惯性矩。

2.在腹板两侧成对配置的加劲肋,其截面惯性矩应按梁腹板中心线为轴线进行计算。

3.在腹板一侧配置的加劲肋,其截面惯性矩应按与加劲肋相连的腹板边缘为轴线进行计算。

(6)梁的支承加劲肋,应按承受梁支座反力或固定集中荷载的轴心受压构件计算其在腹板平面外的稳定性。此受压构件的截面应包括加劲肋和加劲肋每侧 $15t_w\sqrt{235/f_y}$ 范围内的腹板面积,计算长度取 h_0。

当梁支承加劲肋的端部为刨平顶紧时,应按其所承受的支座反力或固定集中荷载计算其端面承压应力;当端部为焊接时,应按传力情况计算其焊缝应力。

支承加劲肋与腹板的连接焊缝,应按传力需要进行计算。

(7)梁受压翼缘自由外伸宽度 b 与其厚度 t 之比,应符合下式要求:

$$\frac{b}{t} \leq 13\sqrt{\frac{235}{f_y}} \tag{5-43}$$

当计算梁抗弯强度取 $\gamma_x = 1.0$ 时,b/t 可放宽至 $15\sqrt{235/f_y}$。

箱形截面梁受压翼缘板在两腹板之间的无支承宽度 b_0 与其厚度 t 之比,应符合下式要求:

$$\frac{b}{t} \leq 40\sqrt{\frac{235}{f_y}} \tag{5-44}$$

当箱形截面梁受压翼缘板设有纵向加劲肋时,式(5-44)中的 b 取为腹板与纵向加劲肋之间的翼缘板无支承宽度。

注:翼缘板自由外伸宽度 b 的取值为:对焊接构件,取腹板边缘至翼缘板(肢)边缘的距离;对轧制构件,取内圆弧起点至翼缘板(肢)边缘的距离。

2. 轴心受力构件和抗弯、压弯构件的计算规定

1) 轴心受力构件

(1) 轴心受拉构件和轴心受压构件的强度,应按下式计算:

$$\sigma = \frac{N}{A_n} \leqslant f \tag{5-45}$$

式中:N——轴心拉力或轴心压力;

A_n——净截面面积。

(2) 实腹式轴心受压构件的稳定性应按下式计算:

$$\frac{N}{\varphi A} \leqslant f \tag{5-46}$$

式中:φ——轴心受压构件的稳定系数(取截面两主轴稳定系数中的较小者),应根据构件的长细比、钢材屈服强度和表 5-20、表 5-21 的截面分类按表 5-22~表 5-25 采用。

表 5-20 轴心受压构件的截面分类(板厚 $t \leqslant 40$mm)

截面形式			对 x 轴	对 y 轴
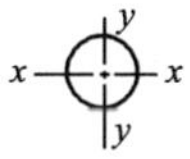 轧制(圆形)			a 类	b 类
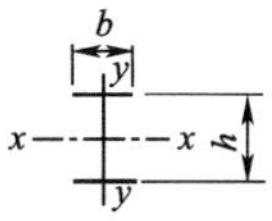 轧制,$b/h \leqslant 0.8$			a 类	b 类
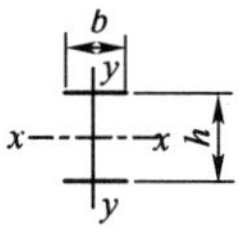 轧制,$b/h > 0.8$ 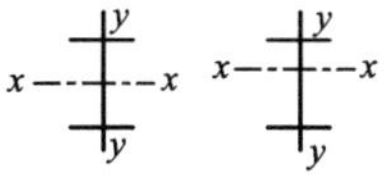	焊接,翼缘为焰切边 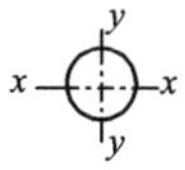	焊接	b 类	b 类
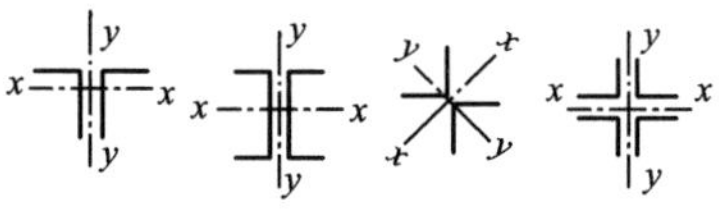 轧制 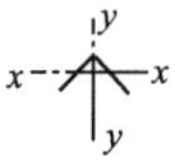		轧制等边角钢		
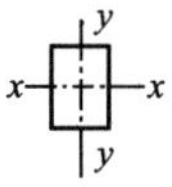 轧制、焊接(板件宽厚比>20) 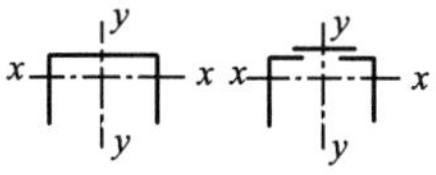	轧制或焊接			
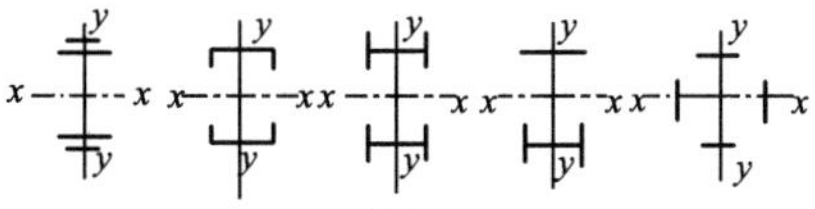 焊接 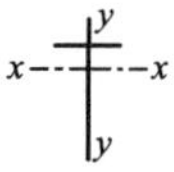		轧制截面和翼缘为焰切边的焊接截面		
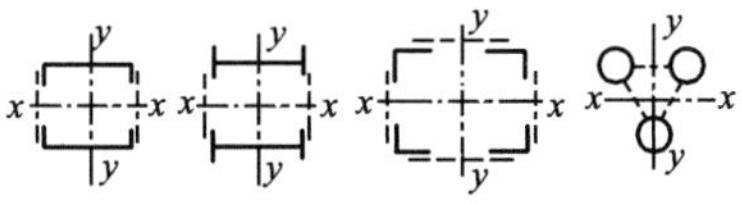 格构式 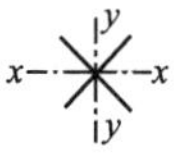		焊接,板件边缘焰切		

续上表

截面形式		对 x 轴	对 y 轴
焊接，翼缘为轧制或剪切边		b 类	c 类
焊接，板件边缘轧制成剪切	焊接，板件宽厚比≤20	c 类	c 类

表 5-21　轴心受压构件的截面分类（板厚 $t \geq 40$ mm）

截面形式		对 x 轴	对 y 轴
轧制工字形或 H 形截面	$l < 80$ mm	b 类	c 类
	$l \geq 80$ mm	c 类	d 类
焊接工字形截面	翼缘为焰切边	b 类	b 类
	翼缘为轧制或剪切边	c 类	d 类
焊接箱形截面	板件宽厚比 > 20	b 类	b 类
	板件宽厚比 ≤ 20	c 类	c 类

表 5-22　a 类截面轴心受压构件的稳定系数 φ

$\lambda\sqrt{\dfrac{f_y}{235}}$	0	1	2	3	4	5	6	7	8	9
0	1.000	1.000	1.000	1.000	0.999	0.999	0.998	0.998	0.997	0.996
10	0.995	0.994	0.993	0.992	0.991	0.989	0.988	0.986	0.985	0.983
20	0.981	0.979	0.977	0.976	0.974	0.972	0.970	0.968	0.966	0.964
30	0.963	0.961	0.959	0.957	0.955	0.952	0.950	0.948	0.946	0.944
40	0.941	0.939	0.937	0.934	0.932	0.929	0.927	0.924	0.921	0.919
50	0.916	0.913	0.910	0.907	0.904	0.900	0.897	0.894	0.890	0.886
60	0.883	0.879	0.875	0.871	0.867	0.863	0.858	0.854	0.849	0.844

续上表

$\lambda\sqrt{\frac{f_y}{235}}$	0	1	2	3	4	5	6	7	8	9
70	0.839	0.834	0.829	0.824	0.818	0.813	0.807	0.801	0.795	0.789
80	0.783	0.776	0.770	0.763	0.757	0.750	0.743	0.736	0.728	0.721
90	0.714	0.706	0.699	0.691	0.684	0.676	0.668	0.661	0.653	0.645
100	0.638	0.630	0.622	0.615	0.607	0.600	0.592	0.585	0.577	0.570
110	0.563	0.555	0.548	0.541	0.534	0.527	0.520	0.514	0.507	0.500
120	0.494	0.488	0.481	0.475	0.469	0.463	0.457	0.451	0.445	0.440
130	0.434	0.429	0.423	0.418	0.412	0.407	0.402	0.397	0.392	0.387
140	0.383	0.378	0.373	0.369	0.364	0.360	0.356	0.351	0.347	0.343
150	0.339	0.335	0.331	0.327	0.323	0.320	0.316	0.312	0.309	0.305
160	0.302	0.298	0.295	0.292	0.289	0.285	0.282	0.279	0.276	0.273
170	0.270	0.267	0.264	0.262	0.259	0.256	0.253	0.251	0.348	0.246
180	0.343	0.241	0.238	0.236	0.233	0.231	0.229	0.226	0.224	0.222
190	0.220	0.218	0.215	0.213	0.211	0.209	0.207	0.205	0.203	0.201
200	0.199	0.198	0.196	0.194	0.192	0.190	0.189	0.187	0.185	0.183
210	0.182	0.180	0.179	0.177	0.175	0.174	0.172	0.171	0.169	0.168
220	0.166	0.165	0.164	0.162	0.161	0.159	0.158	0.157	0.155	0.154
230	0.153	0.152	0.150	0.149	0.148	0.147	0.146	0.144	0.143	0.142
240	0.141	0.140	0.139	0.138	0.136	0.135	0.134	0.133	0.132	0.131
250	0.130	—	—	—	—	—	—	—	—	—

注：见表 5-25 注。

表 5-23 b 类截面轴心受压构件的稳定系数 φ

$\lambda\sqrt{\frac{f_y}{235}}$	0	1	2	3	4	5	6	7	8	9
0	1.000	1.000	1.000	0.999	0.999	0.998	0.997	0.996	0.995	0.994
10	0.992	0.991	0.989	0.987	0.985	0.983	0.981	0.978	0.976	0.973
20	0.970	0.967	0.963	0.960	0.957	0.953	0.950	0.946	0.943	0.939
30	0.936	0.932	0.929	0.925	0.922 2	0.918	0.914	0.910	0.906	0.903
40	0.899	0.895	0.891	0.887	0.882	0.878	0.874	0.870	0.865	0.861
50	0.856	0.852	0.847	0.842	0.838	0.833	0.828	0.823	0.818	0.813
60	0.807	0.802	0.797	0.791	0.786	0.78	0.774	0.769	0.763	0.757
70	0.751	0.745	0.739	0.732	0.726	0.72	0.714	0.707	0.701	0.694
80	0.688	0.681	0.675	0.668	0.661	0.655	0.648	0.641	0.635	0.628
90	0.621	0.614	0.608	0.601	0.594	0.588	0.581	0.575	0.568	0.561
100	0.555	0.549	0.542	0.536	0.529	0.523	0.517	0.511	0.505	0.499
110	0.493	0.487	0.481	0.475	0.470	0.464	0.458	0.453	0.447	0.442
120	0.437	0.432	0.426	0.421	0.416	0.411	0.406	0.402	0.397	0.392
130	0.387	0.383	0.378	0.374	0.370	0.365	0.361	0.357	0.353	0.349
140	0.345	0.341	0.337	0.333	0.329	0.326	0.322	0.318	0.315	0.311
150	0.308	0.304	0.301	0.298	0.295	0.291	0.288	0.285	0.282	0.279
160	0.276	0.273	0.270	0.267	0.265	0.262	0.259	0.256	0.254	0.251

续上表

$\lambda\sqrt{\dfrac{f_y}{235}}$	0	1	2	3	4	5	6	7	8	9
170	0.249	0.246	0.244	0.241	0.239	0.236	0.234	0.232	0.229	0.227
180	0.225	0.223	0.220	0.218	0.216	0.214	0.212	0.210	0.208	0.206
190	0.204	0.202	0.200	0.198	0.197	0.195	0.193	0.191	0.190	0.188
200	0.186	0.184	0.183	0.181	0.180	0.178	0.176	0.175	0.173	0.172
210	0.170	0.169	0.167	0.166	0.165	0.163	0.162	0.160	0.159	0.158
220	0.156	0.155	0.154	0.153	0.151	0.150	0.149	0.148	0.146	0.145
230	0.144	0.143	0.142	0.141	0.140	0.138	0.137	0.136	0.135	0.134
240	0.133	0.132	0.131	0.130	0.129	0.128	0.127	0.126	0.125	0.124
250	0.123	—	—	—	—	—	—	—	—	—

注：见表 5-25 注。

表 5-24　c 类截面轴心受压构件的稳定系数 φ

$\lambda\sqrt{\dfrac{f_y}{235}}$	0	1	2	3	4	5	6	7	8	9
0	1.000	1.000	1.000	0.999	0.999	0.998	0.997	0.996	0.995	0.993
10	0.992	0.990	0.988	0.986	0.983	0.981	0.978	0.976	0.973	0.970
20	0.966	0.959	0.953	0.947	0.940	0.934	0.928	0.921	0.915	0.909
30	0.902	0.896	0.890	0.884	0.877	0.871	0.865	0.858	0.852	0.846
40	0.839	0.833	0.826	0.820	0.814	0.807	0.801	0.794	0.788	0.781
50	0.775	0.768	0.762	0.755	0.748	0.742	0.735	0.729	0.722	0.715
60	0.709	0.702	0.695	0.689	0.682	0.676	0.669	0.662	0.656	0.649
70	0.643	0.636	0.629	0.623	0.616	0.610	0.604	0.597	0.591	0.584
80	0.578	0.572	0.566	0.559	0.553	0.547	0.541	0.535	0.529	0.523
90	0.517	0.511	0.505	0.500	0.494	0.488	0.483	0.477	0.472	0.467
100	0.463	0.458	0.454	0.449	0.445	0.441	0.436	0.432	0.428	0.423
110	0.419	0.415	0.411	0.407	0.403	0.399	0.395	0.391	0.387	0.383
120	0.379	0.375	0.371	0.367	0.364	0.360	0.356	0.353	0.349	0.346
130	0.342	0.339	0.335	0.332	0.328	0.325	0.322	0.319	0.315	0.312
140	0.309	0.306	0.303	0.300	0.297	0.294	0.291	0.288	0.285	0.282
150	0.280	0.277	0.274	0.271	0.269	0.266	0.264	0.261	0.258	0.256
160	0.254	0.251	0.249	0.246	0.244	0.242	0.239	0.237	0.235	0.233
170	0.230	0.228	0.226	0.224	0.222	0.220	0.218	0.216	0.214	0.212
180	0.210	0.208	0.206	0.205	0.203	0.201	0.199	0.197	0.196	0.194
190	0.192	0.190	0.189	0.187	0.186	0.184	0.182	0.181	0.179	0.178
200	0.176	0.175	0.173	0.172	0.170	0.169	0.168	0.166	0.165	0.163
210	0.162	0.161	0.159	0.158	0.157	0.156	0.154	0.153	0.152	0.151
220	0.150	0.148	0.147	0.146	0.145	0.144	0.143	0.142	0.140	0.139
230	0.138	0.137	0.136	0.135	0.134	0.133	0.132	0.131	0.130	0.129
240	0.128	0.127	0.126	0.125	0.124	0.124	0.123	0.122	0.121	0.120
250	0.119	—	—	—	—	—	—	—	—	—

注：见表 5-25 注。

表 5-25　d 类截面轴心受压构件的稳定系数 φ

$\lambda\sqrt{\dfrac{f_y}{235}}$	0	1	2	3	4	5	6	7	8	9
0	1.000	1.000	0.999	0.999	0.998	0.996	0.994	0.992	0.99	0.987
10	0.984	0.981	0.978	0.974	0.969	0.965	0.960	0.955	0.949	0.944
20	0.937	0.927	0.918	0.909	0.900	0.891	0.883	0.874	0.865	0.857
30	0.848	0.840	0.831	0.823	0.815	0.807	0.799	0.790	0.782	0.774
40	0.766	0.759	0.751	0.743	0.735	0.728	0.720	0.712	0.705	0.697
50	0.690	0.683	0.675	0.668	0.661	0.654	0.646	0.639	0.632	0.625
60	0.618	0.612	0.605	0.598	0.591	0.585	0.578	0.572	0.565	0.559
70	0.552	0.546	0.540	0.534	0.528	0.522	0.516	0.510	0.504	0.498
80	0.493	0.487	0.481	0.476	0.470	0.465	0.460	0.454	0.449	0.444
90	0.439	0.434	0.429	0.424	0.419	0.414	0.410	0.405	0.401	0.397
100	0.394	0.39	0.387	0.383	0.380	0.376	0.373	0.370	0.366	0.363
110	0.359	0.356	0.353	0.350	0.346	0.343	0.340	0.337	0.334	0.331
120	0.328	0.325	0.322	0.319	0.316	0.313	0.310	0.307	0.304	0.301
130	0.299	0.396	0.293	0.290	0.288	0.285	0.282	0.280	0.277	0.275
140	0.272	0.270	0.267	0.265	0.262	0.260	0.258	0.255	0.253	0.251
150	0.248	0.246	0.244	0.242	0.240	0.237	0.235	0.233	0.231	0.229
160	0.227	0.225	0.223	0.221	0.219	0.217	0.215	0.213	0.212	0.210
170	0.208	0.206	0.204	0.203	0.201	0.199	0.197	0.196	0.194	0.192
180	0.191	0.189	0.188	0.186	0.184	0.183	0.181	0.180	0.178	0.177
190	0.176	0.174	0.173	0.171	0.170	0.168	0.167	0.166	0.164	0.163
200	0.162	—	—	—	—	—	—	—	—	—

注：1. 表 5-22～表 5-25 中的 φ 值按下列公式算得：

当 $\lambda_n = \dfrac{\lambda}{\pi}\sqrt{f_y/E} \leq 0.215$ 时：

$$\varphi = 1 - a_1 \lambda_n^2$$

当 $\lambda_n > 0.215$ 时：

$$\varphi = \dfrac{1}{2\lambda_n^2}\left[(a_2 + a_3\lambda_n + \lambda_n^2) - \sqrt{(a_2 + a_3\lambda_n + \lambda_n^2)^2 - 4\lambda_n^2}\right]$$

式中：a_1、a_2、a_3——系数，根据表 5-20、表 5-21 的截面分类，按表 5-26 采用。

2. 当构件的 $\lambda\sqrt{f_y/235}$ 值超出表 5-22～表 5-25 的范围时，φ 值按注 1 所列的公式计算。

表 5-26　系数 a_1、a_2、a_3

截面类别		a_1	a_2	a_3
a 类		0.41	0.986	0.152
b 类		0.65	0.965	0.300
c 类	$\lambda_n \leq 1.05$	0.73	0.906	0.595
	$\lambda_n > 1.05$		1.216	0.303
d 类	$\lambda_n \leq 1.05$	1.35	0.868	0.915
	$\lambda_n > 1.05$		1.375	0.432

构件长细比 λ 应按照下列规定确定：

①截面为双轴对称或极对称的构件：

$$\lambda_x = l_{0x}/i_x \qquad \lambda_y = l_{0y}/i_y \tag{5-47}$$

式中:l_{0x}、l_{0y}——构件对主轴 x 和 y 的计算长度;
　　　i_x、i_y——构件截面对主轴 x 和 y 的回转半径。

对双轴对称十字形截面构件,λ_x 或 λ_y 取值不得小于 $5.07b/t$(其中 b/t 为悬伸板件宽厚比)。

②截面为单轴对称的构件,绕非对称轴的长细比 λ_x 仍按式(5-47)计算,但绕对称轴应取计及扭转效应的下列换算长细比代替 λ_y:

$$\lambda_{yz} = \frac{1}{\sqrt{2}}\left[(\lambda_y^2+\lambda_z^2)+\sqrt{(\lambda_y^2+\lambda_z^2)^2-4(1-e_0^2/i_0^2)\lambda_y^2\lambda_z^2}\right]^{\frac{1}{2}} \tag{5-48}$$

$$\lambda_z^2 = i_0^2 A/(I_t/25.7 + I_\omega/l_\omega^2) \tag{5-49}$$

$$i_0^2 = e_0^2 + i_x^2 + i_y^2$$

式中:e_0——截面形心至剪心的距离;
　　　i_0——截面对剪心的极回转半径;
　　　λ_y——构件对对称轴的长细比;
　　　λ_z——扭转屈曲的换算长细比;
　　　I_t——毛截面抗扭惯性矩;
　　　I_ω——毛截面扇性惯性矩,对 T 形截面(轧制、双板焊接、双角钢组合)、十字形截面和角形截面可近似取 $I_\omega = 0$;
　　　A——毛截面面积;
　　　l_ω——扭转屈曲的计算长度,对两端铰接、端部截面可自由翘曲或两端嵌固、端部截面的翘曲完全受到约束的构件,取 $l_\omega = l_{0y}$。

③单角钢截面和双角钢组合 T 形截面绕对称轴的 λ_{yz} 可采用下列简化方法确定:

a. 等边单角钢截面[图 5-5a)]:

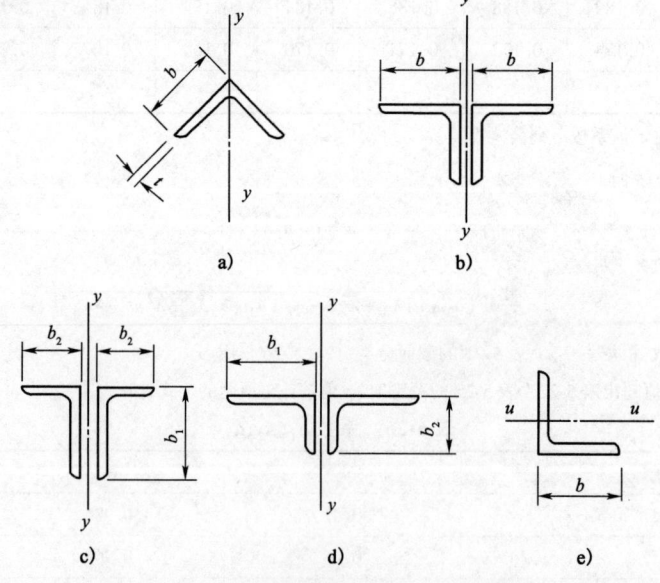

图 5-5　单角钢截面和双角钢组合 T 形截面
b-等边角钢肢宽度;b_1-不等边角钢长肢宽度;b_2-不等边角钢短肢宽度

当 $b/t \leqslant 0.54l_{0y}/b$ 时:

$$\lambda_{yz} = \lambda_y\left(1 + \frac{0.85b^4}{l_{0y}^2 t^2}\right) \tag{5-50}$$

当 $b/t > 0.54l_{0y}/b$ 时:

$$\lambda_{yz} = 4.78\frac{b}{t}\left(1 + \frac{l_{0y}^2 t^2}{13.5b^4}\right) \tag{5-51}$$

式中：b、t——角钢肢的宽度和厚度。

　　b.等边双角钢截面[图 5-5b)]：

　　当 $b/t \leq 0.58 l_{0y}/b$ 时：

$$\lambda_{yz} = \lambda_y \left(1 + \frac{0.475 b^4}{l_{0y}^2 t^2}\right) \tag{5-52}$$

　　当 $b/t > 0.58 l_{0y}/b$ 时：

$$\lambda_{yz} = 3.9 \frac{b}{t} \left(1 + \frac{l_{0y}^2 t^2}{18.6 b^4}\right) \tag{5-53}$$

　　c.长肢相并的不等边双角钢截面[图 5-5c)]：

　　当 $b_2/t \leq 0.48 l_{0y}/b_2$ 时：

$$\lambda_{yz} = \lambda_y \left(1 + \frac{1.09 b_2^4}{l_{0y}^2 t^2}\right) \tag{5-54}$$

　　当 $b_2/t > 0.48 l_{0y}/b_2$ 时：

$$\lambda_{yz} = 5.1 \frac{b_2}{t} \left(1 + \frac{l_{0y}^2 t^2}{17.4 b_2^4}\right) \tag{5-55}$$

　　d.短肢相并的不等边双角钢截面[图 5-5d)]：

　　当 $b_1/t \leq 0.56 l_{0y}/b_1$ 时，可近似取 $\lambda_{yz} = \lambda_z$。否则应取：

$$\lambda_{yz} = 3.7 \frac{b_1}{t} \left(1 + \frac{l_{0y}^2 t^2}{52.7 b_1^4}\right) \tag{5-56}$$

　　④单轴对称的轴心压杆在绕非对称主轴以外的任一轴失稳时，应按照弯扭屈曲计算其稳定性。当计算等边单角钢构件绕平行轴[图 5-5e)的 u 轴]稳定时，可用下式计算其换算长细比 λ_{uz}，并按 b 类截面确定 φ 值：

　　当 $b/t \leq 0.69 l_{0u}/b$ 时：

$$\lambda_{uz} = \lambda_u \left(1 + \frac{0.25 b^4}{l_{0u}^2 t^2}\right) \tag{5-57}$$

　　当 $b/t > 0.69 l_{0u}/b$ 时：

$$\lambda_{uz} = 5.4 b/t \tag{5-58}$$

式中：λ_u——取 $\lambda_u = l_{0u}/i_u$；

　　　l_{0u}——构件对 u 轴的计算长度；

　　　i_u——构件截面对 u 轴的回转半径。

　　注：1.无任何对称轴且又非极对称的截面（单面连接的不等边单角钢除外），不宜用作轴心受压构件。

　　　　2.对单面连接的单角钢轴心受压构件，考虑折减系数后，可不考虑弯扭效应。

　　　　3.当槽形截面用于格构式构件的分肢，计算分肢绕对称轴（y 轴）的稳定性时，不必考虑扭转效应，直接用 λ_y 查出 φ_y 值。

　　(3)格构式轴心受压构件的稳定性仍应按式(5-46)计算，但对虚轴[图 5-6a)的 x 轴和图 5-6b)、c)的 x 轴和 y 轴]的长细比应取换算长细比。换算长细比应按下列公式计算：

　　①双肢组合构件[图 5-6a)]：

　　当缀件为缀板时：

$$\lambda_{0x} = \sqrt{\lambda_x^2 + \lambda_1^2} \tag{5-59}$$

　　当缀件为缀条时：

$$\lambda_{0x} = \sqrt{\lambda_x^2 + 27 \frac{A}{A_{1x}}} \tag{5-60}$$

式中：λ_x——整个构件对 x 轴的长细比；

λ_1——分肢对最小刚度轴1-1的长细比,其计算长度,焊接时取为相邻两缀板的净距离,螺栓连接时取为相邻两缀板边缘螺栓的距离;

A_{1x}——构件截面中垂直于 x 轴的各斜缀条毛截面面积之和。

②四肢组合构件[图5-6b)]:

当缀件为缀板时:

$$\lambda_{0x} = \sqrt{\lambda_x^2 + \lambda_1^2} \tag{5-61}$$

$$\lambda_{0y} = \sqrt{\lambda_y^2 + \lambda_1^2} \tag{5-62}$$

当缀件为缀条时:

$$\lambda_{0x} = \sqrt{\lambda_x^2 + 40\frac{A}{A_{1x}}} \tag{5-63}$$

$$\lambda_{0y} = \sqrt{\lambda_y^2 + 40\frac{A}{A_{1y}}} \tag{5-64}$$

式中:λ_y——整个构件对 y 轴的长细比;

A_{1y}——构件截面中垂直于 y 轴的各斜缀条毛截面面积之和。

③缀件为缀条的三肢组合构件[图5-6c)]:

$$\lambda_{0x} = \sqrt{\lambda_x^2 + \frac{42A}{A_1(1.5-\cos^2\theta)}} \tag{5-65}$$

$$\lambda_{0y} = \sqrt{\lambda_y^2 + \frac{42A}{A_1\cos^2\theta}} \tag{5-66}$$

式中:A_1——构件截面中各斜缀条毛截面面积之和;

θ——构件截面内缀条所在平面与 x 轴的夹角。

注:1. 缀板的线刚度之和不得小于柱较大分肢线刚度的6倍。

2. 同一截面处斜缀条与构件轴线间的夹角应在40°~70°范围内。

(4)对格构式轴心受压构件:当缀件为缀条时,其分肢的长细比 λ_1 应大于构件两方向长细比(对虚轴取换算长细比)的较大值 λ_{max} 的0.7倍;当缀件为缀板时,λ_1 不应大于40,并不应大于 λ_{max} 的0.5倍(当 $\lambda_{max}<50$ 时,取 $\lambda_{max}=50$)。

(5)用填板连接而成的双角钢或双槽钢构件,可按实腹式构件进行计算,但填板间的距离不应超过下列数值:

受压构件:$40i$;

受拉构件:$80i$。

i 为截面回转半径,应按下列规定采用:

①当为图5-7a)、b)所示的双角钢或双槽钢截面时,取一个角钢或一个槽钢对与填板平行的形心轴的回转半径。

②当为图5-7c)所示十字形截面时,取一个角钢的最小回转半径。

受压构件的两个侧向支承点之间的填板数不得少于2个。

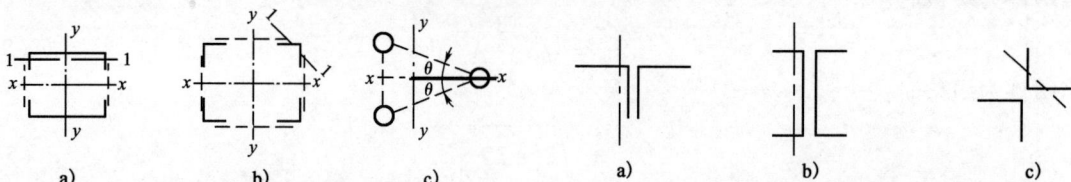

图5-6 格构式组合构件截面   图5-7 计算截面回转半径时的轴线示意图

(6)轴心受压构件应按下式计算剪力：

$$V = \frac{Af}{85}\sqrt{\frac{f_y}{235}} \tag{5-67}$$

剪力 V 值可认为沿构件全长不变。

对格构式轴心受压构件，剪力 V 应由承受该剪力的缀材面（包括用整体板连接的面）分担。

(7)用作减小轴心受压构件(柱)自由长度的支撑，当其轴线通过被撑构件截面剪心时，沿被撑构件屈曲方向的支撑力应按下列方法计算：

①长度为 l 的单根柱设置一道支撑时，支撑力 F_{b1} 为：

当支撑杆位于柱高度中央时：

$$F_{b1} = N/60 \tag{5-68}$$

当支撑杆位于距柱端 αl 处时 $(0 < \alpha < 1)$：

$$F_{b1} = \frac{N}{240\alpha(1-\alpha)} \tag{5-69}$$

式中：N——被撑构件的最大轴心压力。

②长度为 l 的单根柱设置 m 道等间距（或间距不等但与平均间距相比相差不超过20%）支撑时，各支承点的支撑力 F_{bm} 为：

$$F_{bm} = N/[30(m+1)] \tag{5-70}$$

③被撑构件为多根柱组成的柱列，在柱高度中央附近设置一道支撑时，支撑力应按下式计算：

$$F_{bn} = \frac{\sum N_i}{60}\left(0.6 + \frac{0.4}{n}\right) \tag{5-71}$$

式中：n——柱列中被撑柱的根数；

$\sum N_i$——被撑柱同时存在的轴心压力设计值之和。

④当支撑同时承担结构上其他作用的效应时，其相应的轴力可不与支撑力相叠加。

2)拉弯构件和压弯构件

(1)弯矩作用在主平面内的拉弯构件和压弯构件，其强度应按下列规定计算：

$$\frac{N}{A_n} \pm \frac{M_x}{\gamma_x W_{nx}} \pm \frac{M_y}{\gamma_y W_{ny}} \leq f \tag{5-72}$$

式中：γ_x、γ_y——与截面模量相应的截面塑性发展系数，应按表5-27采用。

表5-27 截面塑性发展系数 γ_x、γ_y

项次	截面形式	γ_x	γ_y
1		1.05	1.2
2		1.05	1.05

53

续上表

项次	截面形式	γ_x	γ_y
3		$\gamma_{x1}=1.05$ $\gamma_{x2}=1.2$	1.2
4			1.05
5		1.2	1.2
6		1.15	1.15
7		1.0	1.05
8			1.0

当弯压构件受压翼缘的自由外伸宽度与其厚度之比大于 $13\sqrt{235/f_y}$ 而不超过 $15\sqrt{235/f_y}$ 时,应取 $\gamma_x=1.0$。

需要计算疲劳的拉弯、压弯构件,宜取 $\gamma_x=\gamma_y=1.0$。

(2)弯矩作用在对称轴平面内(绕 x 轴)的实腹式压弯构件,其稳定性应按下列规定计算:

①弯矩作用平面内的稳定性:

$$\frac{N}{\varphi_x A}+\frac{\beta_{mx}M_x}{\gamma_x W_{1x}\left(1-0.8\dfrac{N}{N'_{Ex}}\right)}\leqslant f \tag{5-73}$$

式中:N——所计算构件段范围内的轴心压力;

N'_{Ex}——参数,$N'_{Ex}=\pi^2 EA/(1.1\lambda_x^2)$;

φ_x——弯矩作用平面内的轴心受压构件稳定系数;

M_x——所计算构件段范围内的最大弯矩;

W_{1x}——在弯矩作用平面内对较大受压纤维的毛截面模量;

β_{mx}——等效弯矩系数,应按下列规定采用:

a. 框架柱和两端支承的构件:

a)无横向荷载作用时:$\beta_{mx}=0.65+0.35\dfrac{M_2}{M_1}$,$M_1$ 和 M_2 为端弯矩,使构件产生同向曲率(无反弯点)时取同号;使构件产生反向曲率(有反弯点)时取异号,$|M_1|\geqslant|M_2|$。

b)有端弯矩和横向荷载同时作用时:使构件产生同向曲率时,$\beta_{mx}=1.0$;使构件产生反向曲率时,$\beta_{mx}=0.85$。

c)无端弯矩但有横向荷载作用时:$\beta_{mx}=1.0$。

b.悬臂构件和分析内力未考虑二阶效应的无支撑纯框架和弱支撑框架柱,$\beta_{mx}=1.0$。

对于表 5-27 项次 3、4 中的单轴对称截面压弯构件,当弯矩作用在对称轴平面内且使翼缘受压时,除应按式(5-73)计算外,尚应按下式计算:

$$\left|\frac{N}{A}+\frac{\beta_{mx}M_x}{\gamma_x W_{2x}\left(1-1.25\frac{N}{N'_{Ex}}\right)}\right|\leqslant f \tag{5-74}$$

式中:W_{2x}——对无翼缘端的毛截面模量。

②弯矩作用平面外的稳定性:

$$\frac{N}{\varphi_y A}+\eta\frac{\beta_{tx}M_x}{\varphi_b W_{1x}}\leqslant f \tag{5-75}$$

式中:φ_y——弯矩作用平面外的轴心受压构件稳定系数;

φ_b——均匀弯曲的受弯构件整体稳定系数;

M_x——所计算构件段范围内的最大弯矩;

η——截面影响系数,闭口截面 $\eta=0.7$,其他截面 $\eta=1.0$;

β_{tx}——等效弯矩系数,应按下列规定采用。

a.在弯矩作用平面外有支承的构件,应根据两相邻支承点间构件段内的荷载和内力情况确定。

a)所考虑构件段无横向荷载作用时:$\beta_{tx}=0.65+0.35\frac{M_2}{M_1}$,$M_1$ 和 M_2 是在弯矩作用平面内的端弯矩,使构件段产生同向曲率时取同号;使构件段产生反向曲率时取异号,$|M_1|\geqslant|M_2|$。

b)所考虑构件段内有端弯矩和横向荷载同时作用时:使构件段产生同向曲率时,$\beta_{tx}=1.0$;使构件段产生反向曲率时,$\beta_{tx}=0.85$。

c)所考虑构件段内无端弯矩但有横向荷载作用时:$\beta_{tx}=1.0$。

b.弯矩作用平面外为悬臂的构件,$\beta_{tx}=1.0$。

(3)弯矩绕虚轴(x 轴)作用的格构式压弯构件,其弯矩作用平面内的整体稳定性应按下式计算:

$$\frac{N}{\varphi_x A}+\frac{\beta_{mx}M_x}{W_{1x}\left(1-\varphi_x\frac{N}{N'_{Ex}}\right)}\leqslant f \tag{5-76}$$

式中:W_{1x}——取 $W_{1x}=I_x/y_0$;

I_x——对 x 轴的毛截面惯性矩;

y_0——由 x 轴到压力较大分肢的轴线距离或者到压力较大分肢腹板外边缘的距离,二者取较大者;

φ_x、N'_{Ex}——由换算长细比确定。

弯矩作用平面外的整体稳定性可不计算,但应计算分肢的稳定性,分肢的轴心力应按桁架的弦杆计算。对缀板柱的分肢尚应考虑由剪力引起的局部弯矩。

(4)弯矩绕实轴作用的格构式压弯构件,其弯矩作用平面内和平面外的稳定性计算均与实腹式构件相同。但在计算弯矩作用平面外的整体稳定性时,长细比应取换算长细比,φ_b 应取 1.0。

(5)弯矩作用在两个主平面内的双轴对称实腹式工字形(含 H 形)和箱形(闭口)截面的压弯构件,其稳定性应按下列公式计算:

$$\frac{N}{\varphi_x A}+\frac{\beta_{mx}M_x}{\gamma_x W_x\left(1-0.8\frac{N}{N'_{Ex}}\right)}+\eta\frac{\beta_{ty}M_y}{\varphi_{by}W_y}\leqslant f \tag{5-77}$$

$$\frac{N}{\varphi_y A}+\eta\frac{\beta_{tx}M_x}{\varphi_{bx}W_x}+\frac{\beta_{my}M_y}{\gamma_y W_y\left(1-0.8\frac{N}{N'_{Ey}}\right)}\leqslant f \tag{5-78}$$

式中：φ_x、φ_y——对强轴 x-x 和弱轴 y-y 的轴心受压构件稳定系数；

φ_{bx}、φ_{by}——均匀弯曲的受弯构件整体稳定性系数；

M_x、M_y——所计算构件段范围内对强轴和弱轴的最大弯矩；

N'_{Ex}、N'_{Ey}——参数，$N'_{Ex}=\pi^2EA/(1.1\lambda_x^2)$，$N'_{Ey}=\pi^2EA/(1.1\lambda_y^2)$；

W_x、W_y——对强轴和弱轴的毛截面模量；

β_{mx}、β_{my}——等效弯矩系数；

β_{tx}、β_{ty}——等效弯矩系数。

(6) 弯矩作用在两个主平面内的双肢格构式压弯构件，其稳定性应按下列规定计算：

①按整体计算：

$$\frac{N}{\varphi_x A}+\frac{\beta_{mx}M_x}{W_{1x}\left(1-\varphi_x\dfrac{N}{N'_{Ex}}\right)}+\frac{\beta_{ty}M_y}{W_{1y}}\leqslant f \tag{5-79}$$

式中：W_{1y}——在 M_y 作用下，对较大受压纤维的毛截面模量。

②按分肢计算：

在 N 和 M_x 作用下，将分肢作为桁架弦杆计算其轴心力，M_y 按式(5-80)和式(5-81)分配给两分肢(图5-8)，然后按(2)的规定计算分肢稳定性。

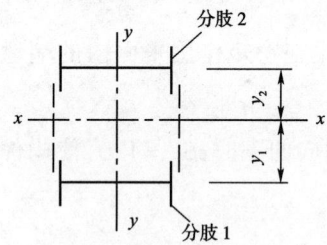

图 5-8　格构式构件截面

分肢1：

$$M_{y1}=\frac{I_1/y_1}{I_1/y_1+I_2/y_2}\cdot M_y \tag{5-80}$$

分肢2：

$$M_{y2}=\frac{I_2/y_2}{I_1/y_1+I_2/y_2}\cdot M_y \tag{5-81}$$

式中：I_1、I_2——分肢1、分肢2对 y 轴的惯性矩；

y_1、y_2——M_y 作用的主轴平面至分肢1、分肢2轴线的距离。

(7) 计算格构式压弯构件的缀件时，应取构件的实际剪力和按式(5-67)计算的剪力两者中的较大值进行计算。

(8) 用作减小压弯构件弯矩作用平面外计算长度的支撑，应将压弯构件的受压翼缘(对实腹式构件)或受压分肢(对格构式构件)视为轴心压杆按(2)~(7)的规定计算各自的支撑力。

3) 受压构件的局部稳定

(1) 在受压构件中，翼缘板自由外伸宽度 b 与其厚度 t 之比，应符合下列要求：

①轴心受压构件：

$$\frac{b}{t}\leqslant(10+0.1\lambda)\sqrt{\frac{235}{f_y}} \tag{5-82}$$

式中：λ——构件两方向长细比的较大值，当 $\lambda<30$ 时，取 $\lambda=30$；当 $\lambda>100$ 时，取 $\lambda=100$。

②压弯构件：

$$\frac{b}{t}\leqslant 13\sqrt{\frac{235}{f_y}} \tag{5-83}$$

当强度和稳定计算中取 $\gamma_x=1.0$ 时，b/t 可放宽至 $\sqrt{235/f_y}$。

注：翼缘板自由外伸宽度 b 的取值为：对焊接构件，取腹板边缘至翼缘板(肢)边缘的距离；对轧制构件，取内圆弧起点至翼缘板(肢)边缘的距离。

(2) 在工字形及 H 形截面的受压构件中，腹板计算高度 h_0 与其厚度 t_w 之比，应符合下列要求：

①轴心受压构件：

$$\frac{h_0}{t_w} \leq (25 + 0.5\lambda)\sqrt{\frac{235}{f_y}} \tag{5-84}$$

②压弯构件：

当 $0 \leq a_0 \leq 1.6$ 时：

$$\frac{h_0}{t_w} \leq (16a_0 + 0.5\lambda + 25)\sqrt{\frac{235}{f_y}} \tag{5-85}$$

当 $1.6 < a_0 \leq 2.0$ 时：

$$\frac{h_0}{t_w} \leq (48a_0 + 0.5\lambda - 26.2)\sqrt{\frac{235}{f_y}} \tag{5-86}$$

$$a_0 = \frac{\sigma_{max} - \sigma_{min}}{\sigma_{max}}$$

式中：σ_{max}——腹板计算高度边缘的最大压应力，计算时不考虑构件的稳定系数和截面塑性发展系数；

　　σ_{min}——腹板计算高度另一边缘相应的应力，压应力取正值，拉应力取负值；

　　λ——构件在弯矩作用平面内的长细比，当 $\lambda < 30$ 时，取 $\lambda = 30$；当 $\lambda > 100$ 时，取 $\lambda = 100$。

(3) 箱形截面受压构件的腹板计算高度 h_0 与其厚度 t_w 之比，应符合下列要求：

①轴心受压构件：

$$\frac{h_0}{t_w} \leq 40\sqrt{\frac{235}{f_y}} \tag{5-87}$$

②压弯构件的 h_0/t_w 不应超过式(5-85)或式(5-86)右侧乘以 0.8 后的值(当此值小于 $40\sqrt{235/f_y}$ 时，应采用 $40\sqrt{235/f_y}$)。

(4) 在 T 形截面受压构件中，腹板高度与其厚度之比，不应超过下列数值：

①轴心受压构件和弯矩使腹板自由边受拉的压弯构件：

热轧剖分 T 型钢：$(15 + 0.2\lambda)\sqrt{235/f_y}$

焊接 T 型钢：$(13 + 0.17\lambda)\sqrt{235/f_y}$

②弯矩使腹板自由边受压的压弯构件：

当 $a_0 \leq 1.0$ 时：$15\sqrt{235/f_y}$

当 $a_0 > 1.0$ 时：$18\sqrt{235/f_y}$

λ 和 a_0 分别按(1)和(2)的规定采用。

(5) 圆管截面的受压构件，其外径与壁厚之比不应超过 $100\sqrt{235/f_y}$。

(6) H 形、工字形和箱形截面受压构件的腹板，其高厚比不符合(2)或(3)的要求时，可用纵向加劲肋加强，或在计算构件的强度和稳定性时将腹板的截面仅考虑计算高度边缘范围内两侧宽度各为 $20t_w\sqrt{235/f_y}$ 的部分(计算构件的稳定系数时，仍用全部截面)。

用纵向加劲肋加强的腹板，其在受压较大翼缘与纵向加劲肋之间的高厚比，应符合(2)或(3)的要求。

纵向加劲肋宜在腹板两侧成对配置，其一侧外伸宽度不应小于 $10t_w$，厚度不应小于 $0.75t_w$。

3. 连接的计算规定

(1) 对接焊缝或对接与角接组合焊缝的强度计算。

①在对接接头和 T 形接头中，垂直于轴心拉力或轴心压力的对接焊缝或对接与角接组合焊缝，其强度应按下式计算：

$$\sigma = \frac{N}{l_w t} \leq f_t^w \text{ 或 } f_c^w \tag{5-88}$$

式中：N——轴心拉力或轴心压力；

l_w——焊缝长度；

t——在对接接头中为连接件的较小厚度，在T形接头中为腹板的厚度；

f_t^w、f_c^w——对接焊缝的抗拉、抗压强度设计值。

②在对接接头和T形接头中，承受弯矩和剪力共同作用的对接焊缝或对接与角接组合焊缝，其正应力和剪应力应分别进行计算。但在同时受有较大正应力和剪应力处（例如梁腹板横向对接焊缝的端部），应按下式计算折算应力：

$$\sqrt{\sigma^2 + 3\tau^2} \leqslant 1.1 f_t^w \tag{5-89}$$

注：1. 当承受轴心力的板件用斜焊缝对接，焊缝与作用力间的夹角 θ 符合 $\tan\theta < 1.5$ 时，其强度可不计算。

2. 当对接焊缝和T形对接与角接组合焊缝无法采用引弧板和引出板施焊时，每条焊缝的长度计算时应各减去 $2t$。

（2）直角角焊缝的强度计算。

①在通过焊缝形心的拉力、压力或剪力作用下：

正面角焊缝（作用力垂直于焊缝长度方向）：

$$\sigma_f = \frac{N}{h_e l_w} \leqslant \beta_f f_f^w \tag{5-90}$$

侧面角焊缝（作用力平行于焊缝长度方向）：

$$\tau_f = \frac{N}{h_e l_w} \leqslant f_f^w \tag{5-91}$$

②在各种力综合作用下，σ_f 和 τ_f 共同作用处：

$$\sqrt{\left(\frac{\sigma_f}{\beta_f}\right)^2 + \tau_f^2} \leqslant f_f^w \tag{5-92}$$

式中：σ_f——按焊缝有效截面（$h_e l_w$）计算，垂直于焊缝长度方向的应力；

τ_f——按焊缝有效截面计算，沿焊缝长度方向的剪应力；

h_e——角焊缝的计算厚度，对直角角焊缝等于 $0.7h_1$，h_1 为焊脚尺寸（图5-9）；

l_w——角焊缝的计算长度，对每条焊缝取其实际长度减去 $2h_1$；

f_f^w——角焊缝的强度设计值；

β_f——正面角焊缝的强度设计值增大系数，对承受静力荷载和间接承受动力荷载的结构，$\beta_f = 1.22$；对直接承受动力荷载的结构，$\beta_f = 1.0$。

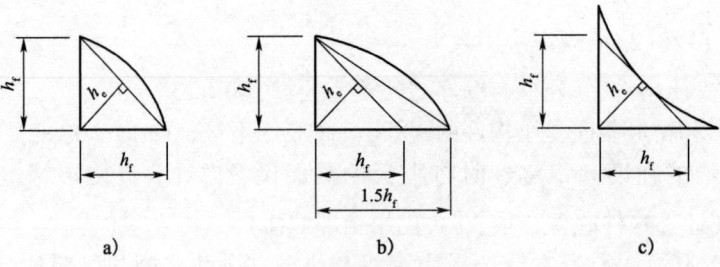

图5-9 直角角焊缝截面

（3）两焊脚边夹角（α）为 $60° < \alpha \leqslant 135°$ 的T形接头，其斜角角焊缝（图5-10、图5-11）的强度应按式（5-90）~式（5-92）计算，但取 $\beta_f = 1.0$。其计算厚度为：$h_e = h_f \cos\dfrac{\alpha}{2}$（根部间隙 b、b_1 或 $b_2 \leqslant 1.5\text{mm}$）或 $h_e = \left[h_f - \dfrac{b(或 b_1、b_2)}{\sin\alpha}\right]\cos\dfrac{\alpha}{2}$（$b$、$b_1$ 或 $b_2 > 1.5\text{mm}$ 且 $\leqslant 5\text{mm}$）。

（4）部分焊透的对接焊缝和T形对接与角接组合焊缝的强度，应按角焊缝的计算公式式（5-90）~式（5-92）计算，在垂直于焊缝长度方向的压力作用下，取 $\beta_f = 1.22$，其他受力情况取 $\beta_f = 1.0$，其计算厚度应采用：

V形坡口[图5-12a)]:当 $\alpha \geqslant 60°$ 时,$h_e = s$;当 $\alpha < 60°$ 时,$h_e = 0.75s$。

单边V形和K形坡口[图5-12b)、c)]:当 $\alpha = 45° \pm 5°$,$h_e = s - 3$。

U形、J形坡口[图5-12d)、e)]:$h_e = s$。

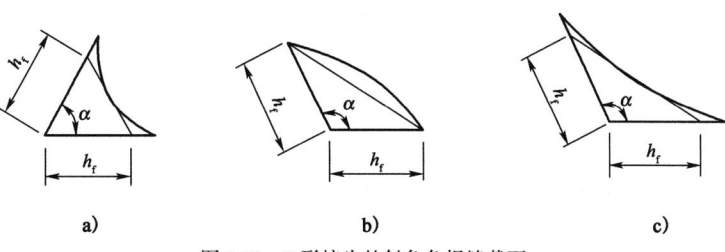

图5-10 T形接头的斜角角焊缝截面

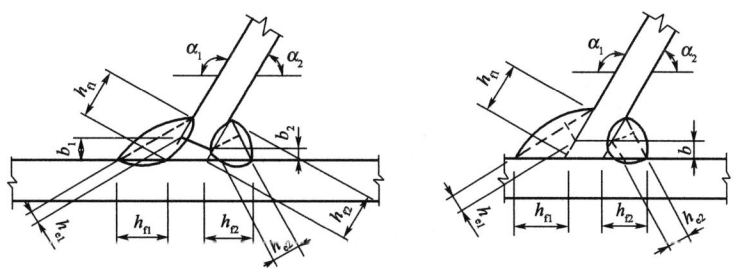

图5-11 T形接头的根部间隙和焊缝截面

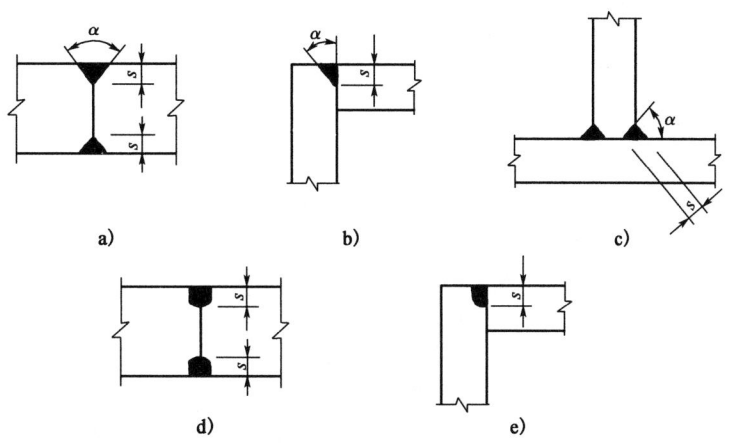

图5-12 部分焊透的对接焊缝和其与角焊缝的组合焊缝截面

s 为坡口深度,即根部至焊缝表面(不考虑余高)的最短距离(mm);α 为V形、单边V形或K形坡口角度。

当熔合线处焊缝截面边长等于或接近于最短距离 s 时[图5-12b)、c)、e)],抗剪强度设计值应取角焊缝的强度设计值乘以0.9。

(5)普通螺栓连接应按下列规定计算:

①在普通螺栓受剪的连接中,每个普通螺栓的承载力设计值应取受剪和承压承载力设计值中的较小者。

受剪承载力设计值:

$$N_v^b = n_v \frac{\pi d^2}{4} f_v^b \tag{5-93}$$

承压承载力设计值:

$$N_c^b = d \sum t f_c^b \tag{5-94}$$

式中:n_v——受剪面数目;

d——螺栓杆直径；

$\sum t$——在不同受力方向中一个受力方向承压构件总厚度的较小值；

f_v^b、f_c^b——螺栓的抗剪和承压强度设计值。

②在普通螺栓杆轴方向受拉的连接中，每个普通螺栓的承载力设计值应按下式计算：

$$N_v^b = \frac{\pi d_e^2}{4} f_t^b \tag{5-95}$$

式中：d_e——螺栓在螺纹处的有效直径；

f_t^b——普通螺栓的抗拉强度设计值。

③同时承受剪力和杆轴方向拉力的普通螺栓承载力设计值，应符合下列公式的要求：

$$\sqrt{\left(\frac{N_v}{N_v^b}\right)^2 + \left(\frac{N_t}{N_t^b}\right)^2} \leq 1 \tag{5-96}$$

$$N_v \leq N_c^b \tag{5-97}$$

式中：N_v、N_t——某个普通螺栓所承受的剪力和拉力；

N_v^b、N_t^b、N_c^b——某个普通螺栓的受剪、受拉和承压承载力设计值。

4. 钢管结构的计算规定

（1）在满足下列情况下，分析桁架杆件内力时可将节点视为铰接：

①符合各类节点相应的几何参数的适用范围；

②在桁架平面内杆件的节间长度或杆件长度与截面高度（或直径）之比不小于12（主管）和24（支管）时。

（2）若支管与主管连接节点偏心不超过式(5-98)限制，在计算节点和受拉主管承载力时，可忽略因偏心引起的弯矩的影响，但受压主管必须考虑此偏心弯矩 $M = \Delta N \times e$（ΔN 为节点两侧主管轴力之差值）的影响。

$$-0.55 \leq e/h (\text{或 } e/d) \leq 0.25 \tag{5-98}$$

式中：e——偏心距，符号如图5-13所示；

d——圆主管外径；

h——连接平面内的矩形主管截面高度。

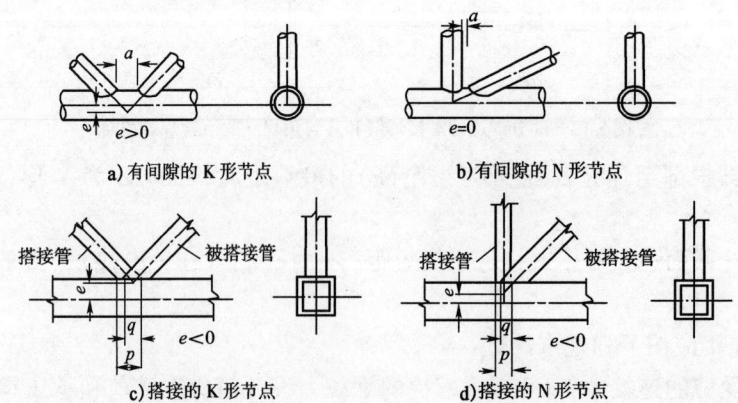

图5-13　K形和N形管节点的偏心和间隙

（3）构造要求。

①钢管节点的构造应符合下列要求：

a. 主管的外部尺寸不应小于支管的外部尺寸，主管的壁厚不应小于支管壁厚，在支管与主管连接处不得将支管插入主管内。

b. 主管与支管或两支管轴线之间的夹角不宜小于30°。

c. 支管与主管的连接节点处，除搭接型节点外，应尽可能避免偏心。

d. 支管与主管的连接焊缝,应沿全周连续焊接并平滑过渡。

②在有间隙的 K 形或 N 形节点中[图 5-13a)、b)],支管间隙 a 应不小于两支管壁厚之和。

③在搭接的 K 形或 N 形节点中[图 5-13c)、d)],其搭接率 O_v ($O_v = q/p \times 100\%$) 应满足 $25\% \leqslant O_v \leqslant 100\%$,且应保证在搭接部分的支管之间的连接焊缝能可靠地传递内力。

④在搭接节点中,当支管厚度不同时,薄壁管应搭在厚壁管上;当支管钢材强度等级不同时,低强度管应搭在高强度管上。

⑤支管与主管之间的连接可沿全周用角焊缝或部分采用对接焊缝、部分采用角焊缝。支管管壁与主管管壁之间的夹角大于或等于 120°的区域宜用对接焊缝或带坡口的角焊缝。角焊缝的焊脚尺寸 h_f 不宜大于支管壁厚的 2 倍。

⑥钢管构件在承受较大横向荷载的部位应采取适当的加强措施,防止产生过大的局部变形。构件的主要受力部位应避免开孔,如必须开孔时,应采取适当的补强措施。

(4)杆件和节点承载力。

①直接焊接钢管结构中支管和主管的轴心内力设计值不应超过杆件承载力设计值。支管的轴心内力设计值亦不应超过节点承载力设计值。

②在节点处,支管沿周边与主管相焊,焊缝承载力应等于或大于节点承载力。

在管结构中,支管与主管的连接焊缝可视为全周角焊缝按式(5-90)进行计算,但取 $\beta_f = 1.0$。角焊缝的计算厚度沿支管周长是变化的,当支管轴心受力时,平均计算厚度可取 $0.7h_f$。焊缝的计算长度可按下列公式计算:

a. 在圆管结构中,取支管与主管相交线长度。

当 $d_i/d \leqslant 0.65$ 时:

$$l_w = (3.25d_i - 0.025d)\left(\frac{0.534}{\sin\theta_i} + 0.466\right) \tag{5-99}$$

当 $d_i/d > 0.65$ 时:

$$l_w = (3.81d_i - 0.389d)\left(\frac{0.534}{\sin\theta_i} + 0.466\right) \tag{5-100}$$

式中:d、d_i——主管和支管外径;

θ_i——支管轴线与主管轴线的夹角。

b. 在矩形管结构中,支管与主管交线的计算长度应按下列规定计算:

对于有间隙的 K 形和 N 形节点:

当 $\theta_i \geqslant 60°$ 时:

$$l_w = \frac{2h_i}{\sin\theta_i} + b_i \tag{5-101}$$

当 $\theta_i \leqslant 50°$ 时:

$$l_w = \frac{2h_i}{\sin\theta_i} + 2b_i \tag{5-102}$$

当 $50° < \theta_i < 60°$ 时,l_w 按插值法确定。

对于 T 形、Y 形和 X 形节点:

$$l_w = \frac{2h_i}{\sin\theta_i} \tag{5-103}$$

式中:h_i、b_i——支管的截面高度和宽度。

当支管为圆管、主管为矩形管时,焊缝计算长度取为支管与主管的相交线长度减去 d_i。

③主管和支管均为圆管的直接焊接节点承载力应按下列规定计算,其适用范围为:$0.2 \leqslant \beta \leqslant 1.0$;$d_i/t_i \leqslant 60$;$d/t \leqslant 100$,$\theta \geqslant 30°$,$60° \leqslant \varphi \leqslant 120°$($\beta$ 为支管外径与主管外径之比;d_i、t_i 为支管的外径和壁厚;d、t 为主管的外径和壁厚;θ 为支管轴线与主管轴线的夹角;φ 为空间管节点支管的横向夹角,即支管轴

线在主管横截面所在平面投影的夹角)。

为保证节点处主管的强度,支管的轴心力不得大于下列规定中的承载力设计值:

a. X形节点[图5-14a)]:

a)受压支管在管节点处的承载力设计值 N_{cX}^{pj} 应按下式计算:

$$N_{cX}^{pj} = \frac{5.45}{(1-0.81\beta)\sin\theta}\psi_n t^2 f \tag{5-104}$$

式中:ψ_n——参数,$\psi_n = 1 - 0.3\frac{\sigma}{f_y} - 0.3\left(\frac{\sigma}{f_y}\right)^2$,当节点两侧或一侧主管受拉时,取 $\psi_n = 1$;

f——主管钢材的抗拉、抗压和抗弯强度设计值;

f_y——主管钢材的屈服强度;

σ——节点两侧主管轴心压应力的较小绝对值。

b)受拉支管在管节点处的承载力设计值 N_{tX}^{pj} 应按下式计算:

$$N_{tX}^{pj} = 0.78\left(\frac{d}{t}\right)^{0.2} N_{cX}^{pj} \tag{5-105}$$

b. T形(或Y形)节点[图5-14b)、c)]:

a)受压支管在管节点处的承载力设计值 N_{cT}^{pj} 应按下式计算:

$$N_{cT}^{pj} = \frac{11.51}{\sin\theta}\left(\frac{d}{t}\right)^{0.2}\psi_n \psi_d t^2 f \tag{5-106}$$

式中:ψ_d——参数,当 $\beta \leq 0.7$ 时,$\psi_d = 0.069 + 0.93\beta$;当 $\beta > 0.7$ 时,$\psi_d = 2\beta - 0.68$。

b)受拉支管在管节点处的承载力设计值 N_{tT}^{pj} 应按下式计算:

当 $\beta \leq 0.6$ 时:

$$N_{tT}^{pj} = 1.4 N_{cT}^{pj} \tag{5-107}$$

当 $\beta > 0.6$ 时:

$$N_{tT}^{pj} = (2-\beta) N_{cT}^{pj} \tag{5-108}$$

c. K形节点[图5-14d)]:

a)受压支管在管节点处的承载力设计值 N_{cK}^{pj} 应按下式计算:

$$N_{cK}^{pj} = \frac{11.51}{\sin\theta_c}\left(\frac{d}{t}\right)^{0.2}\psi_n \psi_d \psi_a t^2 f \tag{5-109}$$

式中:θ_c——受压支管轴线与主管轴线的夹角;

ψ_a——参数,按下式计算:

$$\psi_a = 1 + \frac{2.19}{1+\frac{7.5a}{d}}\left(1-\frac{20.1}{6.6+\frac{d}{t}}\right)(1-0.77\beta) \tag{5-110}$$

a——两支管间的间隙,当 $a<0$ 时,取 $a=0$。

b)受拉支管在管节点处的承载力设计值 N_{tK}^{pj} 应按下式计算:

$$N_{tK}^{pj} = \frac{\sin\theta_c}{\sin\theta_t} N_{cK}^{pj} \tag{5-111}$$

式中:θ_t——受拉支管轴线与主管轴线的夹角。

d. TT形节点[图5-14e)]:

a)受压支管在管节点处的承载力设计值 N_{cTT}^{pj} 应按下式计算:

$$N_{cTT}^{pj} = \psi_g N_{cT}^{pj} \tag{5-112}$$

式中:ψ_g——$\psi_g = 1.28 - 0.64 g/d \leq 1.1$,$g$ 为两支管的横向间距。

b)受拉支管在管节点处的承载力设计值 N_{tTT}^{pj} 应按下式计算:

$$N_{\text{tTT}}^{pj} = N_{\text{tT}}^{pj} \qquad (5\text{-}113)$$

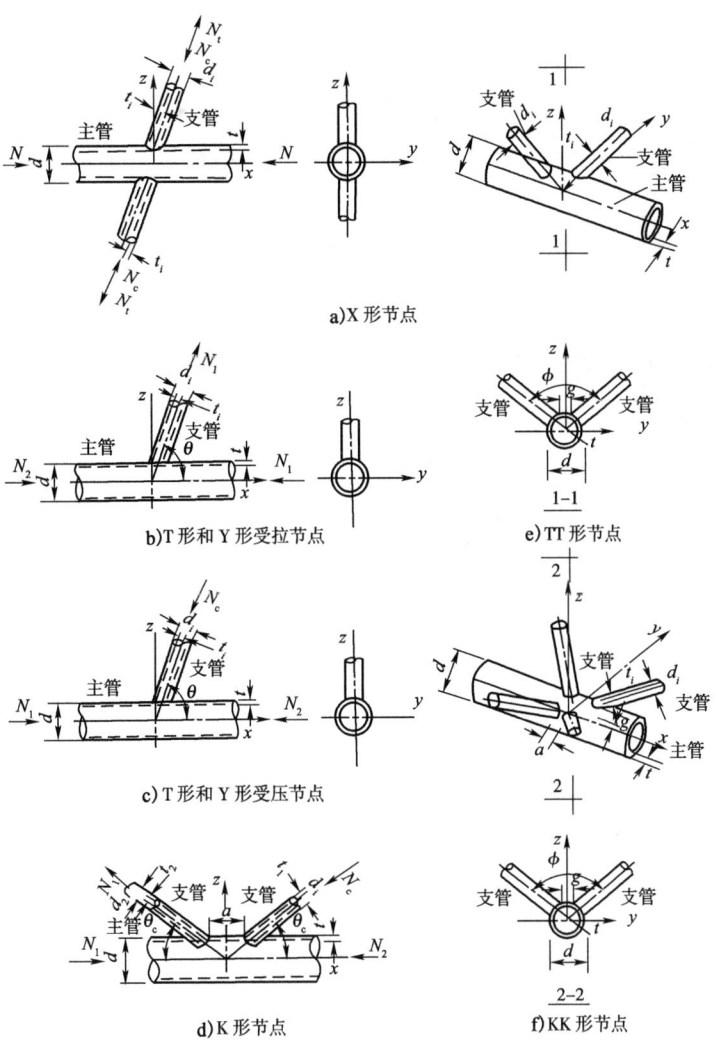

图 5-14 圆管结构的节点形式

e. KK 形节点[图 5-14f)]：

受压或受拉支管在管节点处的承载力设计值 N_{cKK}^{pj} 或 N_{tKK}^{pj} 应等于 K 形节点相应支管承载力设计值 N_{cK}^{pj} 或 N_{tK}^{pj} 的 0.9 倍。

④矩形管直接焊接节点(图 5-15)的承载力应按下列规定计算，其适用范围如表 5-28 所示。

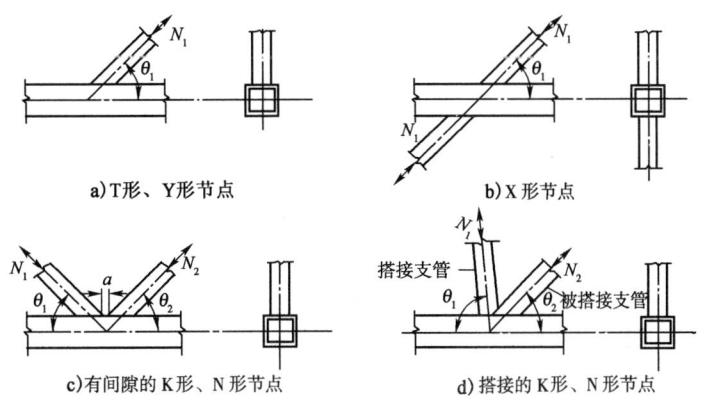

图 5-15 矩形管直接焊接平面管节点

表 5-28 矩形管节点几何参数的适用范围

管截面形式	节点形式		节点几何参数,$i=1$ 或 2,表示支管;j 表示被搭接的支管					
			$\dfrac{b_i}{b}$、$\dfrac{h_i}{b}$(或 $\dfrac{d_i}{b}$)	$\dfrac{b_i}{t_i}$、$\dfrac{h_i}{t_i}$(或 $\dfrac{d_i}{t_i}$)		$\dfrac{h_i}{b_i}$	$\dfrac{b}{t}$、$\dfrac{h}{t}$	a 或 O_v b_i/b_j、t_i/t_j
				受压	受拉			
主管为矩形管	支管为矩形管	T 形、Y 形、X 形	≥0.25	≤$37\sqrt{\dfrac{235}{f_{yi}}}$ ≤35	≤35	$0.5 \leqslant \dfrac{h_i}{b_i} \leqslant 2$	≤35	—
		有间隙的 K 形和 N 形	≥0.1+0.01b/t,$\beta \geqslant 0.35$					$0.5(1-\beta) \leqslant \dfrac{a}{b} \leqslant 1.5(1-\beta)^*$, $a \geqslant t_1+t_2$
		搭接 K 形和 N 形	≥0.25	≤$33\sqrt{\dfrac{235}{f_{yi}}}$			≤40	$25\% \leqslant O_v \leqslant 100\%$ $t_i/t_j \leqslant 1.0$ $1.0 \geqslant b_i/b_j \geqslant 0.75$
	支管为圆管		$0.4 \leqslant \dfrac{d_i}{b} \leqslant 0.8$	≤$44\sqrt{\dfrac{235}{f_{yi}}}$	≤50			用 d_i 取代 b_i 之后,仍应满足上述相应条件

注:1. 标注 * 处若 $a/b > 1.5(1-\beta)$,则按 T 形或 Y 形节点计算。

2. b_i、h_i、t_i 分别为第 i 个矩形支管的截面宽度、高度和壁厚;

d_i、t_i 分别为第 i 个圆支管的外径和壁厚;

b、h、t 分别为矩形主管的截面宽度、高度和壁厚;

a 为支管间的间隙,见图 5-15;

O_v 为搭接率;

β 为参数,对 T 形、Y 形、X 形节点,$\beta = \dfrac{b_i}{b}$ 或 $\dfrac{d_i}{b}$;对 K 形、N 形节点,$\beta = \dfrac{b_1+b_2+h_1+h_2}{4b}$ 或 $\beta = \dfrac{d_1+d_2}{2b}$;

f_{yi} 为第 i 个支管钢材的屈服强度。

为保证节点处矩形主管的强度,支管的轴心力 N_i 和主管的轴心力 N 不得大于下列规定的节点承载力设计值:

a. 支管为矩形管的 T 形、Y 形、X 形节点[图 5-15a)、b)]:

a) 当 $\beta \leqslant 0.85$ 时,支管在节点处的承载力设计值 N_i^{pj} 应按下式计算:

$$N_i^{pj} = 1.8\left(\dfrac{h_i}{bc\sin\theta_i} + 2\right)\dfrac{t^2 f}{c\sin\theta_i}\psi_n \tag{5-114}$$

$$c = (1-\beta)^{0.5}$$

式中:ψ_n——参数,当主管受压时,$\psi_n = 1.0 - \dfrac{0.25}{\beta} \cdot \dfrac{\sigma}{f}$;当主管受拉时,$\psi_n = 1.0$;

σ——节点两侧主管轴心压应力的较大绝对值。

b) 当 $\beta = 1.0$ 时,支管在节点处的承载力设计值 N_i^{pj} 应按下式计算:

$$N_i^{pj} = 2.0\left(\dfrac{h_i}{\sin\theta_i} + 5t\right)\dfrac{tf_k}{\sin\theta_i}\psi_n \tag{5-115}$$

当为 X 形节点,$\theta_i < 90°$ 且 $h \geqslant h_i/\cos\theta_i$ 时,尚应按下式验算:

$$N_i^{pj} = \dfrac{2htf_v}{\sin\theta_i} \tag{5-116}$$

式中:f_k——主管强度设计值,当支管受拉时,$f_k = f$;当支管受压时,对 T 形、Y 形、X 形节点,$f_k = 0.8\varphi f$;

对 X 形节点,$f_k = (0.65\sin\theta_i)\varphi f$;$\varphi$ 为按长细比 $\lambda = 1.73\left(\dfrac{h}{t} - 2\right)\left(\dfrac{1}{\sin\theta_i}\right)^{0.5}$ 确定的轴心受压构件的稳定系数;

f_v——主管钢材的抗剪强度设计值。

c) 当 $0.85 < \beta < 1.0$ 时,支管在节点处承载力的设计值应按式(5-114)与式(5-115)或式(5-116)所

得的值,根据 β 进行线性插值。此外,还不应超过下列两式的计算值:

$$N_i^{pj} = 2.0(h_i - 2t_i + b_e)t_i f_i \tag{5-117}$$

$$b_e = \frac{10}{b/t} \cdot \frac{f_y t}{f_{yi} t_i} \cdot b_i \leqslant b_i$$

当 $0.85 \leqslant \beta \leqslant 1 - 2t/b$ 时:

$$N_i^{pj} = 2.0\left(\frac{h_i}{\sin\theta_i} + b_{ep}\right)\frac{tf_v}{\sin\theta_i} \tag{5-118}$$

$$b_{ep} = \frac{10}{b/t} \cdot b_i \leqslant b$$

式中:h_i、t_i、f_i——支管的截面高度、壁厚以及抗拉(抗压和抗弯)强度设计值。

b. 支管为矩形管的有间隙的 K 形和 N 形节点[图 5-15c)]:

a)节点处任一支管的承载力设计值应取下列各式的较小值:

$$N_i^{pj} = 1.42 \frac{b_1 + b_2 + h_1 + h_2}{b\sin\theta_i}\left(\frac{b}{t}\right)^{0.5} t^2 f_i \psi_n \tag{5-119}$$

$$N_i^{pj} = \frac{A_v f_v}{\sin\theta_i} \tag{5-120}$$

$$N_i^{pj} = 2.0\left(h_i - 2t_i + \frac{b_i + b_e}{2}\right)t_i f_i \tag{5-121}$$

当 $\beta \leqslant 1 - 2t/b$ 时,尚应小于:

$$N_i^{pj} = 2.0\left(\frac{h_i}{\sin\theta_i} + \frac{b_i + b_{ep}}{2}\right)\frac{tf_v}{\sin\theta_i} \tag{5-122}$$

式中:A_v——弦杆的受剪面积,按下列公式计算:

$$A_v = (2h + ab)t \tag{5-123}$$

$$a = \sqrt{\frac{2t^2}{3t^2 + 4a^2}} \tag{5-124}$$

b)节点间隙处的弦杆轴心受力承载力设计值为:

$$N_i^{pj} = (A - a_v A_v)f \tag{5-125}$$

式中:a_v——考虑剪力对弦杆轴心承载力的影响系数,按下式计算:

$$a_v = 1 - \sqrt{1 - \left(\frac{V}{V_p}\right)^2} \tag{5-126}$$

$$V_p = A_v f_v$$

V——节点间隙处弦杆所受的剪力,可按任一支管的竖向分力计算。

c. 支管为矩形管的搭接的 K 形和 N 形节点[图 5-15d)]:

搭接支管的承载力设计值应根据不同的搭接率 O_v 按下列公式计算(下标 j 表示被搭接的支管):

a)当 $25\% < O_v \leqslant 50\%$ 时:

$$N_i^{pj} = 2.0\left[(h_i - 2t_i)\frac{O_v}{0.5} + \frac{b_e + b_{ej}}{2}\right]t_i f_i \tag{5-127}$$

$$b_{ej} = \frac{10}{b_j/t_j} \cdot \frac{t_j f_{yj}}{t_i f_{yi}} b_i \leqslant b_i$$

b)当 $50\% < O_v \leqslant 80\%$ 时:

$$N_i^{pj} = 2.0\left(h_i - 2t_i + \frac{b_e + b_{ej}}{2}\right)t_i f_i \tag{5-128}$$

c)当 $80\% < O_v \leqslant 100\%$ 时:

$$N_i^{pj} = 2.0\left(h_i - 2t_i + \frac{b_i + b_{ej}}{2}\right)t_i f_i \tag{5-129}$$

被搭接支管的承载力应满足下式要求:

$$\frac{N_j^{pj}}{A_j f_{yj}} \leq \frac{N_i^{pj}}{A_i f_{yi}} \tag{5-130}$$

d. 支管为圆管的各种形式的节点:

当支管为圆管时,上述各节点承载力的计算公式仍可使用,但需用 d_i 取代 b_i 和 h_i,并将各式右侧乘以系数 $\pi/4$,同时应将式(5-123)中的 a 取值为零。

二、木结构的计算规定

1. 轴心受拉和轴心受压构件

(1)轴心受拉构件的承载能力,应按下式验算:

$$\frac{N}{A_n} \leq f_t \tag{5-131}$$

式中:f_t——木材顺纹抗拉强度设计值(N/mm²);
$\quad N$——轴心受拉构件拉力设计值(N);
$\quad A_n$——受拉构件的净截面面积(mm²),计算 A_n 时应扣除分布在 150mm 长度上的缺孔投影面积。

(2)轴心受压构件的承载能力,应按下列公式验算:

①按强度验算:

$$\frac{N}{A_n} \leq f_c \tag{5-132}$$

②按稳定验算:

$$\frac{N}{\varphi A_0} \leq f_c \tag{5-133}$$

式中:f_c——木材顺纹抗拉强度设计值(N/mm²);
$\quad N$——轴心受压构件压力设计值(N);
$\quad A_n$——受压构件的净截面面积(mm²);
$\quad A_0$——受压构件截面的计算面积(mm²);
$\quad \varphi$——轴心受压构件稳定系数。

(3)按稳定验算时受压构件截面的计算面积,应按下列规定采用:

①无缺口时,取:

$$A_0 = A$$

式中:A——受压构件的全截面面积(mm²)。

②缺口不在边缘时[图5-16a)],取 $A_0 = 0.9A$。
③缺口在边缘且对称时[图5-16b)],取 $A_0 = A_n$。
④缺口在边缘但不对称时[图5-16c)],应按偏心受压构件计算。
⑤验算稳定时,螺栓孔可不作为缺口考虑。

(4)轴心受压构件的稳定系数,应根据不同树种的强度等级按下列公式计算:

①树种强度等级为 TC17、TC15 及 TB20:

当 $\lambda \leq 75$ 时:

$$\varphi = \frac{1}{1 + \left(\dfrac{\lambda}{80}\right)^2} \tag{5-134}$$

当 $\lambda > 75$ 时:

$$\varphi = \frac{3\,000}{\lambda^2} \tag{5-135}$$

②树种强度等级为 TC13、TC11、TB17、TB15、TB13 及 TB11：

当 $\lambda \leqslant 91$ 时：

$$\varphi = \frac{1}{1 + \left(\dfrac{\lambda}{65}\right)^2} \tag{5-136}$$

当 $\lambda > 91$ 时：

$$\varphi = \frac{2\,800}{\lambda^2} \tag{5-137}$$

式中：φ——轴心受压构件的稳定系数；
λ——构件的长细比。

轴心受压构件的稳定系数亦可根据不同的树种强度等级与木构件的长细比查表求得。

(5)构件的长细比，不论构件截面上有无缺口，均应按下列公式计算：

$$\lambda = \frac{l_0}{i} \tag{5-138}$$

$$i = \sqrt{\frac{I}{A}} \tag{5-139}$$

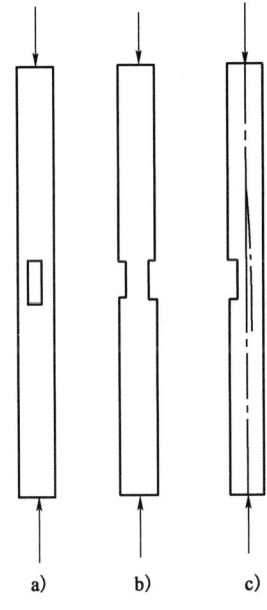

图 5-16 受压构件缺口

式中：l_0——受压构件的计算长度(mm)；
i——构件截面的回转半径(mm)；
I——构件的全截面惯性矩(mm^4)；
A——构件的全截面面积(mm^2)。

受压构件计算长度，应按实际长度乘以下列系数：

两端铰接：1.0；

一端固定，一端自由：2.0；

一端固定，一端铰接：0.8。

2. 受弯构件

(1)受弯构件的抗弯承载能力，应按下式验算：

$$\frac{M}{W_n} \leqslant f_m \tag{5-140}$$

式中：f_m——木材抗弯强度设计值(N/mm^2)；
M——受弯构件弯矩设计值($N \cdot mm$)；
W_n——受弯构件的净截面抵抗矩(mm^3)。

(2)受弯构件的抗剪承载能力，应按下式验算：

$$\frac{VS}{Ib} \leqslant f_v \tag{5-141}$$

式中：f_v——木材顺纹抗剪强度设计值(N/mm^2)；
V——受弯构件剪力设计值(N)；
I——构件的全截面惯性矩(mm^4)；
b——构件的截面宽度(mm)；
S——剪切面以上的截面面积对中性轴的面积矩(mm^3)。

(3)受弯构件的挠度，应按下式验算：

$$w \leqslant [w] \tag{5-142}$$

式中：$[w]$——受弯构件的挠度限值（mm）；

w——构件按荷载效应的标准组合计算的挠度（mm）。

(4) 双向受弯构件，应按下列公式验算：

① 按承载能力验算：

$$\sigma_{mx} + \sigma_{my} \leqslant f_m \tag{5-143}$$

② 按挠度验算：

$$w = \sqrt{w_x^2 + w_y^2} \leqslant [w] \tag{5-144}$$

式中：σ_{mx}、σ_{my}——对构件截面 x 轴、y 轴的弯曲应力设计值（N/mm²）；

w_x、w_y——荷载效应的标准组合计算的对构件截面 x 轴、y 轴方向的挠度（mm）。

对构件截面 x 轴、y 轴的弯曲应力设计值，按下列公式计算：

$$\sigma_{mx} = \frac{M_x}{W_{nx}} \tag{5-145}$$

$$\sigma_{my} = \frac{M_y}{W_{ny}} \tag{5-146}$$

式中：M_x、M_y——对构件截面 x 轴、y 轴产生的弯矩设计值（N·mm）；

W_{nx}、W_{ny}——构件截面沿 x 轴、y 轴的净截面抵抗矩（mm³）。

3. 拉弯和压弯构件

(1) 拉弯构件的承载能力，应按下式验算：

$$\frac{N}{A_n f_t} + \frac{M}{W_n f_m} \leqslant 1 \tag{5-147}$$

式中：N、M——轴向拉力设计值（N）、弯矩设计值（N·mm）；

A_n、W_n——构件的净截面面积（mm²）、净截面抵抗矩（mm³）；

f_t、f_m——木材顺纹抗拉强度设计值、抗弯强度设计值（N/mm²）。

(2) 压弯构件及偏心受压构件的承载能力，应按下列公式验算：

① 按强度验算：

$$\frac{N}{A_n f_c} + \frac{M}{W_n f_m} \leqslant 1 \tag{5-148}$$

$$M = Ne_0 + M_0 \tag{5-149}$$

② 按稳定验算：

$$\frac{N}{\varphi \varphi_m A_0} \leqslant f_c \tag{5-150}$$

$$\varphi_m = (1 - K)^2 (1 - kK) \tag{5-151}$$

$$K = \frac{Ne_0 + M_0}{W f_m \left(1 + \sqrt{\dfrac{N}{A f_c}}\right)} \tag{5-152}$$

$$k = \frac{Ne_0}{Ne_0 + M_0} \tag{5-153}$$

式中：φ、A_0——轴心受压构件的稳定系数、计算面积；

φ_m——考虑轴向力和初始弯矩共同作用的折减系数；

N——轴向压力设计值（N）；

M_0——横向荷载作用下跨中最大初始弯矩设计值（N·mm）；

e_0——构件的初始偏心距（mm）；

f_c、f_m——考虑调整系数后的木材顺纹抗压强度设计值、抗弯强度设计值(N/mm^2)。

(3)当需验算压弯构件或偏心受压构件弯矩作用平面外的侧向稳定性时,应按下式验算:

$$\frac{N}{\varphi_y A_0 f_c} + \left(\frac{M}{\varphi_l W f_m}\right)^2 \leqslant 1 \tag{5-154}$$

式中:φ_y——轴心压杆在垂直于弯矩作用平面 $y\text{-}y$ 方向按长细比 λ_y 确定的轴心压杆稳定系数;

φ_l——受弯构件的侧向稳定系数;

N、M——轴向压力设计值(N)、弯曲平面内的弯矩设计值(N·mm);

W——构件全截面抵抗矩(mm^3)。

4. 木结构连接计算

1)齿连接

(1)单齿连接应按下列公式验算:

①按木材承压:

$$\frac{N}{A_c} \leqslant f_{ca} \tag{5-155}$$

式中:f_{ca}——木材斜纹承压强度设计值(N/mm^2);

N——作用于齿面上的轴向压力设计值(N);

A_c——齿的承压面面积(mm^2)。

②按木材受剪:

$$\frac{V}{l_v b_v} \leqslant \psi_v f_v \tag{5-156}$$

式中:f_v——木材顺纹抗剪强度设计值(N/mm^2);

V——作用于剪面上的剪力设计值(N);

l_v——剪面计算长度(mm),其取值不得大于齿深 h_c 的 8 倍;

b_v——剪面宽度(mm);

ψ_v——沿剪面长度剪应力分布不均的强度降低系数。

(2)双齿连接的承压,按式(5-155)验算,但其承压面面积应取两个齿承压面面积之和。

双齿连接的受剪,仅考虑第二齿剪面的工作,按式(5-156)验算,并应符合下列规定:

①计算受剪应力时,全部剪力 V 应由第二齿的剪面承受。

②第二齿剪面的计算长度 l_v 的取值,不得大于齿深 h_c 的 10 倍。

③双齿连接的计算应考虑沿剪面长度剪应力分布不均的强度降低系数 ψ_v 值。

2)螺栓连接和钉连接

(1)螺栓连接和钉连接中可采用双剪连接(图5-17)或单剪连接(图5-18)。连接木构件的最小厚度应符合表5-29的规定。

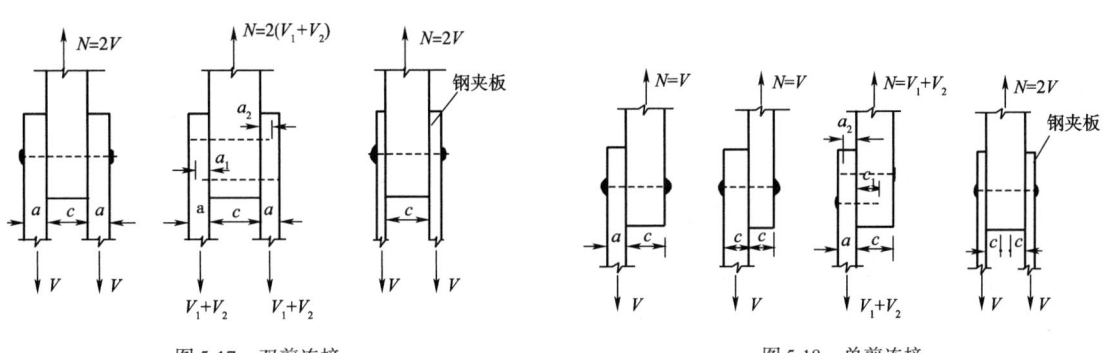

图5-17 双剪连接　　　　图5-18 单剪连接

表 5-29 螺栓连接和钉连接中木构件的最小厚度

连接形式	螺栓连接		钉 连 接
	$d<18\text{mm}$	$d\geq18\text{mm}$	
双剪连接 （图 5-17）	$c\geq5d$ $a\geq2.5d$	$c\geq5d$ $a\geq4d$	$c\geq8d$ $a\geq4d$
单剪连接 （图 5-18）	$c\geq7d$ $a\geq2.5d$	$c\geq7d$ $a\geq4d$	$c\geq10d$ $a\geq4d$

注：c 为中部构件的厚度或单剪连接中较厚构件的厚度；a 为边部构件的厚度或单剪连接中较薄构件的厚度；d 为螺栓或钉的直径。

对于钉连接，构件厚度 a 或 c 值应取钉在该构件中的实际有效长度。在未被钉穿的构件中，计算钉的实际有效长度时，应扣去钉尖长度（按 $1.5c$ 计）。若钉尖穿出最后构件的表面，则该构件计算厚度也应减少 $1.5d$。

(2) 木构件最小厚度符合表 5-29 的规定时，螺栓连接或钉连接顺纹受力的每一剪面的设计承载力应按下式确定：

$$N_v = k_v d^2 \sqrt{f_c} \tag{5-157}$$

式中：N_v——螺栓或钉连接每一剪面的承载力设计值（N）；

f_c——木材顺纹承压强度设计值（N/mm²）；

d——螺栓或钉的直径（mm）；

k_v——螺栓或钉连接设计承载力计算系数，按表 5-30 采用。

表 5-30 螺栓或钉连接设计承载力计算系数 k_v

连接形式	螺栓连接				钉 连 接				
a/d	2.5~3	4	5	≥6	4	6	8	10	≥11
k_v	5.5	6.1	6.7	7.5	7.6	8.4	9.1	10.2	11.1

采用钢夹板时，计算系数 k_v 取表中螺栓或钉的最大值。当木构件采用湿材制作时，螺栓连接的计算系数 k_v 不应大于 6.7。

(3) 单剪连接中，若受条件限制，木构件厚度 c 不能满足表 5-29 的规定时，每一剪面的承载力设计值 N_v 除按式(5-157)计算外，同时不得大于 $0.3cd\psi_\alpha^2 f_c$。

(4) 若螺栓的传力方向与构件木纹成 α 角时，按式(5-157)计算的每一剪面的承载力设计值应乘以木材斜纹承压的降低系数 ψ_α（ψ_α 按表 5-31 确定）。

对于钉连接，可不考虑斜纹承压的影响。

表 5-31 斜纹承压的降低系数 ψ_α

角度 α （°）	螺栓直径（mm）					
	12	14	16	18	20	22
≤10	1	1	1	1	1	1
10<α<80	1~0.84	1~0.81	1~0.78	1~0.75	1~0.73	1~0.71
≥80	0.84	0.81	0.78	0.75	0.73	0.71

注：α 为 10°~80°时，按线性插入法确定。

(5) 螺栓的排列，可按两纵行齐列（图 5-19）或两纵行错列（图 5-20）布置，并应符合下列规定。

①螺栓排列的最小间距，应符合表 5-32 的规定。

②当采用湿材制作时，木构件顺纹端距 s_0 应加长 70mm；

③当构件成直角相交且力的方向不变时,螺栓排列的横纹最小边距:受力边不小于4.5d,非受力边不小于2.5d(图5-21)。

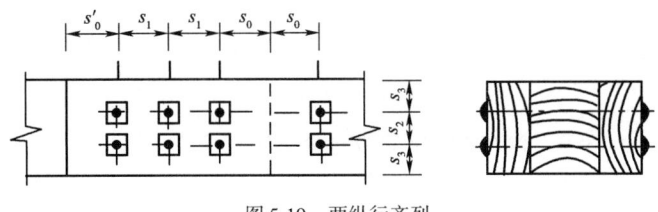

图5-19 两纵行齐列

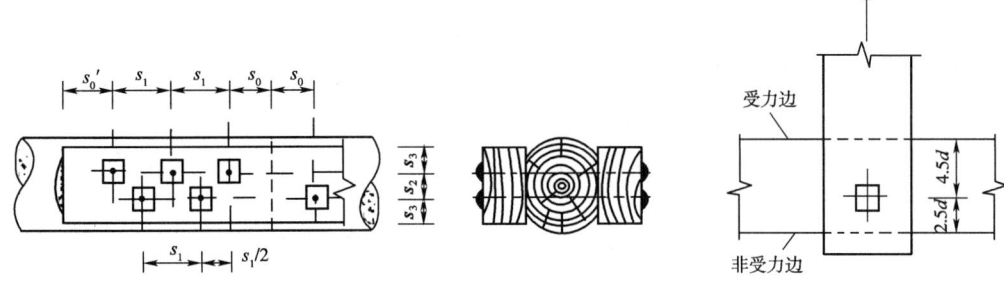

图5-20 两纵行错列

图5-21 横纹受力时螺栓排列

④当采用钢夹板时,钢板上的端距s_0取螺栓直径的2倍,边距s_3取螺栓直径的1.5倍。

表5-32 螺栓排列的最小间距

构造特点	顺 纹			横 纹	
	端距		中距	边距	中距
	s_0	s_0	s_1	s_3	s_2
两纵行齐列	7d		7d	3d	3.5d
两纵行错列			10d		2.5d

注:d为螺栓直径。

三、碗扣式钢管脚手架作为承重支架使用时的计算规定

(1)碗扣式钢管脚手架作为承重支架使用时,多为满布式支架,其支架结构的设计计算应包括下列内容:

①根据梁、板结构图,绘制支架立杆平面布置图;
②绘制架体顶部梁、板结构及顶杆剖面图;
③计算最不利单肢立杆的轴向力及承载力;
④绘制架体风荷载结构计算简图,进行架体抗倾覆验算;
⑤地基承载力验算;
⑥斜杆扣件连接强度验算。

(2)单肢立杆的轴向力和承载力应按下列公式计算:
①不组合风荷载时单肢力杆的轴向力:

$$N = 1.2(Q_1 + Q_2) + 1.4(Q_3 + Q_4)L_x L_y \tag{5-158}$$

式中:Q_1——模板及支架自重标准值(kN);
Q_2——新浇混凝土及钢筋自重标准值(kN);
Q_3——施工人员及设备荷载标准值(kN/m²);
Q_4——浇筑和振捣混凝土时产生的荷载标准值(kN/m²);
L_x——单肢立杆纵向间距(m);

L_y——单肢立杆横向间距(m)。

②组合风荷载时单肢立杆的轴向力：

$$N = 1.2(Q_1 + Q_2) + 0.9 \times 1.4[(Q_3 + Q_4)L_xL_y + Q_5] \tag{5-159}$$

式中：Q_5——风荷载产生的轴向力(kN)。

③单肢立杆的承载力：

$$N \leq \varphi \cdot A \cdot f \tag{5-160}$$

式中：φ——轴心受压杆件的稳定系数；

A——立杆横截面面积(mm^2)；

f——钢材的抗拉、抗压、抗弯强度设计值，Q235A级钢材 $f = 205 N/mm^2$（弹性模量 $E = 2.06 \times 10^5$ N/mm^2）。

(3)支架立杆的计算长度应按下列要求确定：

①在每行每列有斜杆的网格结构中按步距 h 计算。

②当外侧四周及中间设置了纵、横向剪刀撑并满足本规范第5.2.5条的构造要求时，应按 $l_0 = h + 2a$ 计算，a 为立杆伸出顶层水平杆长度。

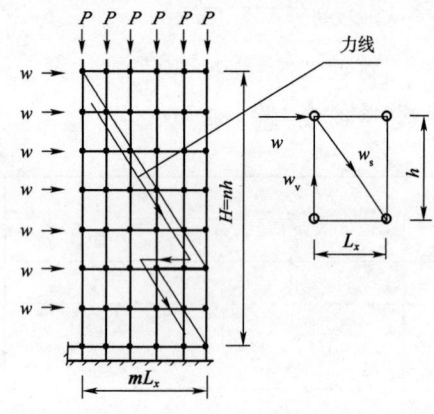

图5-22 斜杆内力计算

(4)当支架有风荷载作用时，应进行内力计算(图5-22)，并应符合下列规定：

①架体内力计算应将风荷载化解为每一节点的集中荷载 w；

②节点集中荷载 w 在立杆及斜杆中产生的内力 w_v、w_s 应按下式计算：

$$w_v = \frac{h}{L_x} w \tag{5-161}$$

$$w_s = \frac{\sqrt{h^2 + L_x^2}}{L_x} w \tag{5-162}$$

③当采用钢管扣件作斜杆时，应验算扣件抗滑承载力并应符合下列要求：

$$\sum_1^n w_s = w_{s1} + (n-1)w_s \leq Q_c \tag{5-163}$$

式中：$\sum_1^n w_s$——自上而下叠加在斜杆最下端处的最大内力(kN)；

w_{s1}——顶端风荷载 w_1 产生的斜杆内力(kN)；

n——支架步数；

Q_c——扣件抗滑移承载力，取8kN。

(5)架体抗倾覆验算转化为立杆拉力计算应符合下列要求：

①当按顶部有安全网进行风荷载计算时，依靠架体自重平衡，使其满足 $P \geq \sum w_v$。

②当顶部梁、板的模板安装完毕时，可组合立杆上的模板及钢筋重量，使其满足 $P \geq \sum w_v$。

③当按上述要求计算后结果仍不能满足要求时，应采取下列措施：

a.架体高度小于或等于7m时，应加设斜撑。

b.架体高度大于7m时，可采用带有地锚和花篮螺栓的缆风绳。

以上列出了钢结构、木结构及碗扣式钢管脚手架作为支架时的有关计算规定，扣件式、门式钢管脚手架作为支架时的计算可以参照其相应技术规范的规定进行，此处不再一一列举。

采用其他材料的支架，如装配式公路钢桥中的贝雷桁片、六四军用梁、万能杆件等定型钢构件，虽没有相应的标准规范，但一般均有专门的技术规定，具体可以参考人民交通出版社出版的《公路施工手册 桥涵》一书。

5 模板、支架

5.2.3 支架的地基与基础设计应符合现行《公路桥涵地基与基础设计规范》(JTG 3363)的规定。

5.2.4 模板的构造要求应符合下列规定：

1 模板背面应设置主肋和次肋作为其支承系统，主肋和次肋的布置应根据模板的荷载和刚度要求进行。次肋的配置方向应与模板的长度方向相垂直，应能直接承受模板传递的荷载，其间距应按荷载数值和模板的力学性能计算确定；主肋应承受次肋传递的荷载，且应能起到加强模板结构的整体刚度和调整平直度的作用，支架或支撑的着力点应设置在主肋上。

2 模板的配板应根据配模面的形状、几何尺寸及支撑形式决定。配板时宜选用大规格的模板作为主板，其他规格的模板作为补充；配板后的板缝应规则，不得杂乱无章。

3 对在墩柱、梁、板的转角处使用的模板及各种模板面的交接部分，应采用连接简便、结构牢固、易于拆除的专用模板。

4 当设置对拉螺杆或其他拉筋，需要在模板上钻孔时，应使钻孔的模板能多次周转使用，并应采取措施减少或避免在模板上钻孔。

(1)本条对模板的构造提出了要求。模板背部所设置的肋(亦称为背楞或钢楞)，有主肋和次肋之分，主要作为模板面板的支承系统，因肋的布置与面板的受力状况有直接关系，故在构造上需要有所要求。对模板支承系统的设计除按条文规定执行外，尚需注意下列事项：

①次肋悬挑部分的端部挠度要与跨中挠度大致相等。

②对一般的柱、梁模板，通常采用柱箍和卡具作为支承件；对断面较大的柱、梁模板，则采用对拉螺栓和肋。

③对在同一工程中可以多次重复使用的预组装模板，通常采用模板和支承系统连成整体的模架，整体模架可以依结构部位及施工方式而采用不同的构造形式。

④支承系统需经过设计计算，保证其具有足够的强度、刚度和稳定性。

⑤在支承系统中，对连续形式和排架形式的支柱要适当配置水平撑与剪刀撑，保证其稳定性。

(2)模板在进行配板设计时，尚需注意下列事项：

①通常选用较大规格的模板作为主板，其他规格的模板作为补充。

②绘制配板图时，需标出模板的位置、规格型号和数量；对预组装的大模板，需标绘出其分界线；有特殊结构时，要加以标明。

③预埋件和预留孔洞的位置需在配板图上标明，并注明其固定方法。

④模板在长度方向上的接缝通常采用错开方式布置，以增加模板的整体刚度。

5.2.5 支架的构造要求应符合下列规定：

1 支架的构造形式宜综合所采用的材料类别、所支承的结构及其荷载、地形及环境条件、地基情况等因素确定。

2 支架的立杆之间应根据其受力要求和结构特点设置水平和斜向等支撑连接杆件，增强支架的整体刚度和稳定性。

3 托架结构宜设置成三角形，且与预埋件的连接固定方式应可靠。

4 采用定型钢管脚手架材料作支架时，其构造应符合相应技术规范的规定。

在对支架进行构造设计时，需注意下列问题：

(1)几何不变体系是支架构造设计中应遵循的最基本的原则，支架构造如设置成几何可变体系，即使杆件的强度足够，亦会导致其稳定性不足，造成失稳、坍塌等事故。

(2)立杆主要承受竖向荷载，在支架的立杆之间设置水平向和斜向的连接杆件，是增强支架整体刚度和稳定性的有效途径，为保证支架的受力和安全，故规定应根据其受力要求和结构特点进行设置。

(3)原规范对碗扣式钢管脚手架的构造要求作了较为详细的规定。这是因为多年来碗扣式钢管脚手架的应用较为广泛,为使用方便而将其单独列出。但近年来除门式、扣件式和碗扣式外,其他类型的换代产品如盘扣式、蟹钳式等钢管脚手架用作桥涵工程的承重支架也在逐渐增多,这些钢管脚手架都有专门的标准,故本次修订统一规定如条文,不再对碗扣式钢管脚手架的构造要求作单独规定。

5.2.6 模板、支架的设计应考虑下列各项荷载,并应按表5.2.6的规定进行荷载组合:
1 模板、支架自重;
2 新浇筑混凝土、钢筋、预应力筋或其他圬工结构物的重力;
3 施工人员及施工设备、施工材料等荷载;
4 振捣混凝土时产生的振动荷载;
5 新浇筑混凝土对模板侧面的压力;
6 混凝土入模时产生的水平方向的冲击荷载;
7 设于水中的支架所承受的水流压力、波浪力、流冰压力、船只及其他漂浮物的撞击力;
8 其他可能产生的荷载,如风荷载、雪荷载、冬季保温设施荷载、温度应力等。

表5.2.6 模板、支架设计计算的荷载组合

模板、支架结构类别	荷载组合	
	强度计算	刚度验算
梁、板的底模板以及支承板、支架等	1+2+3+4+7+8	1+2+7+8
缘石、人行道、栏杆、柱、梁、板等的侧模板	4+5	5
基础、墩台等厚大结构物的侧模板	5+6	5

一、普通模板、支架荷载计算

(1)模板、支架和拱架的自重需按设计图纸计算确定。
(2)新浇筑混凝土自重。
普通混凝土重度可以采用24kN/m³,钢筋混凝土重度可以采用25~26kN/m³(以体积计算的含筋量小于或等于2%时采用25kN/m³,大于2%时采用26kN/m³)。
(3)施工人员和施工材料、机具行走运输或堆放荷载标准值。
①计算模板及直接支承模板的小楞时,均布荷载可以取2.5kPa,另外以集中荷载2.5kN进行验算。
②计算直接支承小楞的梁或拱架时,均布荷载可以取1.5kPa。

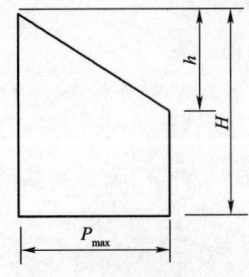

图5-23 混凝土侧压力
计算分布图
h-有效压头高度(m)

③计算支架立柱及支承拱架的其他结构构件时,均布荷载可以取1.0kPa。
④有实际资料时按实际取值。
(4)振捣混凝土时产生的荷载(作用范围在有效压头高度之内):对水平面模板为2.0kPa,对垂直面模板为4.0kPa。
(5)新浇筑混凝土对模板侧面的压力。
采用内部振捣器,当混凝土的浇筑速度在6m/h以下时,新浇筑的普通混凝土作用于模板的最大侧压力可以按式(5-164)和式(5-165)计算,并取两者中的较小值。侧压力分布图如图5-23所示。

$$P_{max} = 0.22\gamma t_0 K_1 K_2 v^{1/2} \quad (5-164)$$
$$P_{max} = \gamma H \quad (5-165)$$

式中:P_{max}——新浇筑混凝土对模板的最大侧压力(kPa);
H——混凝土浇筑层(在水泥初凝时间以内)的厚度(m);
v——混凝土的浇筑速度(m/h);

t_0——新浇混凝土的初凝时间(h),可以按实测确定;

γ——混凝土的重度(kN/m^3);

K_1——外加剂影响修正系数;不掺外加剂时取1.0,掺缓凝作用的外加剂时取1.2;

K_2——混凝土坍落度影响修正系数,当坍落度小于30mm时,取0.85;坍落度为50~90mm时,取1.0;坍落度为110~150mm时,取1.15。

(6)倾倒混凝土时冲击产生的水平荷载。

倾倒混凝土时对垂直面模板产生的水平荷载按表5-33采用。

表5-33 倾倒混凝土时产生的水平荷载

向模板中供料方法	水平荷载(kPa)	向模板中供料方法	水平荷载(kPa)
用溜槽、串筒或导管输出	2.0	用容量0.2~0.8m^3的运输器具倾倒	4.0
用容量小于0.2m^3的运输器具倾倒	2.0	用容量大于0.8m^3的运输器具倾倒	6.0

注:作用范围在有效压头高度以内。

(7)其他可能产生的荷载,如雪荷载、冬季保温设施荷载等,按实际情况考虑。

二、计算模板、支架时的荷载分项系数

计算模板、支架时的荷载设计值,需采用荷载标准值乘以相应的荷载分项系数求得,荷载分项系数可以按表5-34采用。

表5-34 荷载分项系数

项 次	荷 载 类 别	γ
1	模板、支架自重	
2	新浇筑混凝土自重	1.2
3	钢筋自重	
4	施工人员及施工设备荷载	1.4
5	振捣混凝土时产生的荷载	
6	新浇筑混凝土对模板侧面的压力	1.2
7	倾倒混凝土时冲击产生的水平荷载	1.4

三、普通模板的计算

1. 模板面板的计算

模板的面板为受弯结构,主要需计算和验算其抗弯强度及刚度,并根据其肋的间距和板的大小,按单向简支或连续板计算。

2. 支承肋的计算

与模板靠在一起的称为次肋,支承次肋的称为主肋。

1)次肋的计算原则

(1)将模板传来的多点集中荷载简化为均布荷载计算。

(2)主肋的间距l即为次肋的计算跨度,一般2跨以上时要按连续跨计算,当跨度不等时,要按不等跨计算。

(3)当悬臂时需同时验算悬臂端的抗弯强度和刚度。

2)主肋的计算原则

(1)主肋承受次肋传递的集中荷载。

(2)模板或立柱拉杆的间距L即为主肋的计算跨度,根据具体情况可以按连续梁、简支梁或悬臂梁分别进行强度与刚度的验算。

3. 对拉螺栓计算

计算公式：

$$N \leq A_n f \tag{5-166}$$

式中：N——混凝土对模板的侧压力；

A_n——抗拉螺栓面积；

f——抗拉螺栓设计强度。

4. 钢柱箍计算

通常按拉弯构件进行计算。

5. 模板支柱计算

垂直荷载一般按两端铰接的轴心受压杆件计算。工具式钢支柱由于插管与套管之间的间隙，需按偏心受压杆件计算。当支柱间不设水平拉杆时，其计算长度 $L_0 = L$（支柱长度）；当支柱间设水平拉杆支撑时，选被水平支撑分成若干段中的最长的一段作为计算长度 L_0。

1）木支柱计算

强度验算：

$$\frac{N}{A_n} \leq mf_c \tag{5-167}$$

稳定验算：

$$\frac{N}{\varphi A_0} \leq mf_c \tag{5-168}$$

式中：N——轴心压力设计值；

A_n——木立柱的净截面积；

f_c——木材顺纹抗压强度设计值；

A_0——木立柱毛截面面积，当木立柱无缺口时，$A_0 = A_n$；

φ——轴心受压杆件稳定系数；

m——强度设计值调整系数，根据《木结构设计标准》（GB 50005—2017）的规定，按露天临时结构考虑，$m = 0.9 \times 1.3 = 1.17$。

2）钢管支撑计算项目

（1）钢管支撑强度验算：

$$\sigma = \frac{N}{A_0} \leq f \tag{5-169}$$

（2）钢管支撑稳定性验算：

$$\frac{N}{\varphi_x A} + \frac{\beta_{max} M_x}{\gamma_x w_{ix} \left(1 - 0.8 \dfrac{N}{NE_x}\right)} \leq f \tag{5-170}$$

（3）插销抗剪强度验算：

$$N \leq f_v \cdot 2A_0 \tag{5-171}$$

（4）插销处钢管壁承压强度验算：

$$N \leq f_{ce} \cdot 2A_{ce} \tag{5-172}$$

以上式中：N——轴心压力设计值；

A——钢管截面面积；

φ_x——轴心受压构件弯矩作用平面内的稳定系数；

β_{max}——等效弯矩系数，按规定取 $\beta_{max} = 1.0$；

M_x——偏心弯矩值，$M_x = N \cdot e$；

γ_x——截面塑性发展系数，$\gamma = 1.15$；

w_{ix}——弯矩作用平面内,较大受压纤维的毛截面抵抗矩;

NE_x——欧拉临界力,$NE_x = \dfrac{\pi^2 EA}{\lambda_x^2}$;

f——钢管抗压强度设计值,可取为 205MPa;

f_v——钢插销抗剪强度设计值,可取为 125MPa;

A_0——插销截面面积;

f_{ce}——插销孔处管壁端承压强度设计值($f_{ce} = 320$MPa);

A_{ce}——两个插销孔处管壁承压面积。

四、大模板的计算

1. 大模板需计算的项目

(1) 板面、与板面直接焊接的纵横肋、竖向主梁的强度与刚度;
(2) 对拉螺栓的强度;
(3) 操作平台的强度与刚度;
(4) 钢吊环的强度与刚度;
(5) 大模板自稳角的计算。

2. 钢面板的计算

长宽比小于 2 时,按四边支承的双向板计算;长宽比大于 2 时,按单向板多跨连续梁计算。

1) 强度验算

$$\sigma_{\max} = \frac{M_{\max}}{\gamma_x W_x} \leqslant f \qquad (5-173)$$

式中:$\sigma_{\max}$——板面最大正应力;

$M_{\max}$——板面最大计算弯矩设计值;

γ_x——截面塑性发展系数,$\gamma_x = 1$;

W_x——弯矩平面内的净截面抵抗矩。

2) 挠度计算

$$V_{\max} = K_f \frac{PL^4}{B_0} \leqslant [\nu] = h/500 \qquad (5-174)$$

式中:$V_{\max}$——板的计算最大挠度;

P——新浇筑混凝土侧压力的标准值;

K_f——挠度计算系数,根据板面不同的支撑情况,查相应的静力计算图表;

L——计算跨长;

B_0——板的刚度,$B_0 = \dfrac{Eh_2^3}{12(1-\nu^2)}$;

E——钢材的弹性模量,取 $E = 206 \times 10^3$ MPa;

h_2——钢板厚度;

ν——钢板的泊松系数,$\nu = 0.3$。

3. 横肋计算

横肋是支承在竖向主梁上的连续梁。

1) 强度验算

$$\sigma_{\max} = \frac{M_{\max}}{\gamma_x W_x} \leqslant f \qquad (5-175)$$

式中:$M_{\max}$——横肋最大计算弯矩设计值;

γ_x——截面塑性发展系数,$\gamma_x = 1$;

W_x——横肋在弯矩平面内的净截面抵抗矩。

2)挠度验算

(1)悬臂部分挠度:

$$V_{max} = \frac{q_1 a^4}{8EI_x} = [v] = a/500 \tag{5-176}$$

(2)跨中部分挠度:

$$V_{max} = \frac{q_1 a^4}{384EI_x(5-24\lambda^2)} \le l/500 \tag{5-177}$$

式中:q_1——横肋上的均布荷载标准值;

a——悬臂部分的长度;

E——钢材的弹性模量;

I_x——弯矩平面内横肋的惯性矩;

l——竖向主梁间距;

λ——悬臂部分长度与跨中部分长度之比,即 $\lambda = a/l$。

4. 竖向主梁计算

(1)强度验算见横肋计算强度验算公式。

(2)挠度验算。

① 悬臂部分:

$$V_{max} = \frac{q_2 l_3^4}{8EI_x} \le l_3/500 \tag{5-178}$$

② 跨中部分:

$$V_{max} = \frac{q_2 l_1^4}{384EI_x(5-24\lambda^2)} \le l_1/500 \tag{5-179}$$

5. 螺栓与吊环的计算

(1)对拉螺栓的计算前面已介绍。

(2)吊环计算。

根据吊环应采用光圆钢筋制作和严禁使用冷加工钢筋及吊环拉应力应不大于 65MPa 的规定,吊环截面面积计算见下式:

$$A_n = \frac{P_x}{2 \times 65} = \frac{P_x}{130} \tag{5-180}$$

式中:A_n——吊环净截面面积(mm^2);

P_x——吊装时吊环所承受的大模板自重荷载设计值,并乘以承载系数1.3。

5.2.7 普通模板荷载计算应符合本规范附录C的规定。

5.2.8 验算模板、支架的刚度时,其最大变形值不得超过下列允许值:

1 结构表面外露的模板,挠度为模板构件跨度的1/400。

2 结构表面隐蔽的模板,挠度为模板构件跨度的1/250。

3 支架受载后挠曲的杆件(横梁、纵梁),其弹性挠度为相应结构计算跨度的1/400。

4 钢模板的面板变形为1.5mm,钢棱和柱箍变形为$L/500$和$B/500$(其中L为计算跨径,B为柱宽)。

5.2.9 验算模板、支架在自重和风荷载等作用下的抗倾覆稳定性时,其抗倾覆稳定系数应不小于1.3。

5.3 模板的制作与安装

5.3.1 模板的制作应符合下列规定：

1 钢模板应按批准的加工图进行制作，成品经检验合格后方可使用。组装前应对零部件的几何尺寸和焊缝进行全面检查，合格后方可进行组装。面板变形及整体刚度应符合本规范第5.2.8条的规定。

2 制作钢木组合模板时，钢与木之间的接触面应贴紧。面板采用防水胶合板的模板，除应使胶合板与背楞之间密贴外，对在制作过程中裁切过的防水胶合板茬口，应按产品的要求及时涂刷防水涂料。

3 木模板与混凝土接触的表面应刨光且应保持平整。木模板的接缝可制作成平缝、搭接缝或企口缝，当采用平缝时，应有防止漏浆的措施；转角处应加嵌条或做成斜角。

4 采用其他材料（高分子合成材料面板、硬塑料或玻璃钢）制作模板时，其接缝应严密，边肋及加强肋应安装牢固，并应与面板成一整体。

模板的制作除执行条文的规定外，尚需注意下列问题：

（1）由于现有的组合钢模板块件相对较小，因此对有表观质量要求的混凝土外露面，一般不宜采用，而宜采用表面平整、接缝少、光洁度较高、单块面积较大的钢模板。钢模板应尽可能采用新钢板制作，虽一次性投入较大，但其强度高、刚度大，装拆时不易变形，可多次重复使用，且能保证混凝土结构的表观质量，至于是否制作加工成整体式大模板，则应根据施工时的吊装能力来决定。钢模板制作时，应预先提出质量标准，并应注意保证模板的刚度，否则将会因变形过大而导致混凝土结构的质量问题。

（2）钢、木组合模板是指背楞用钢材、面板用木材或防水胶合板的模板。对这种模板，钢与木的紧密结合可保证其整体性好。

（3）为节约森林资源，应尽量不采用木材制作模板，如必须采用，应根据木材遇水膨胀、干燥收缩的特点，处理好模板的接缝，以防止漏浆导致混凝土结构表面产生蜂窝麻面。木模的转角加嵌条或做成斜角（钝角），可使拆模时构造物的转角处不易损伤破裂，且较美观。

（4）玻璃钢模板，是采用不饱和树脂作黏结材料，低碱玻璃布作增强材料，加入引发剂、促凝剂和耐磨材料，经过拌制，在模具上铺贴涂刷而成，可做成不同直径的圆柱模板和其他模板，具有重量轻、强度高、韧性好、耐磨等优点，成型后的混凝土表面光滑平整。玻璃钢板的厚度应根据混凝土的侧压力大小、柱箍及支承的间距，经过计算确定，一般厚度为4～5mm。

5.3.2 模板的安装应符合下列规定：

1 模板应按设计要求准确就位，且不宜与脚手架连接。

2 安装侧模板时，支撑应牢固，应防止模板在浇筑混凝土时产生移位。

3 模板在安装过程中，必须设置防倾覆的临时固定设施。

4 模板安装完成后，其尺寸、平面位置和顶部高程等应符合设计要求，节点联系应牢固。

5 梁、板等结构的底模板宜根据需要设置预拱度。

6 固定在模板上的预埋件和预留孔洞均不得遗漏，安装应牢固，位置应准确。

1 如果模板与脚手架相连接，则由于两者在受力上的不一致，会使模板在使用中偏离设计位置，从而导致混凝土结构的位置和外形尺寸不准确，故一般情况下模板不宜与脚手架连接。当需要在模板上设置脚手平台时，则应将该平台与模板的构造和受力计算在设计中一并考虑。

2 模板的支承部分安装在地基上时应加设垫板，地基上应坚实并有排水措施，对湿陷性黄土，尚应有防水措施；对冻胀性土，应有防冻融措施，应保证结构在施工期间经受冻融循环作用时仍能保持设计位置。

就地浇筑基础的侧模板，因处于基坑内，且其平面尺寸较大，在模板外侧设置斜支撑固定模板位置即可；墩、台、梁、板的侧面模板（包括钢、木模板）因其高度较高，除设置外部支撑外，尚需在两侧模板间设置拉杆。对尺寸较小的结构,拉杆可设在混凝土结构外面;当结构本身较高较大时,拉杆的设置则需要穿过混凝土结构,且不论是钢模板还是木模板,其拉杆位置均应设在模板的加劲肋处。对在施工结束后需要抽拔出来的拉杆,应在其外周设管套,待结构混凝土浇筑完成并达到2.5MPa后,拔出拉杆,再用水泥浆填堵孔眼。不抽出的拉杆,其两端伸出部分应在结构混凝土浇筑完成并达到2.5MPa后切除,或采用两端可拆卸的拉杆,多余拉杆的切除端不应伸入钢筋的混凝土保护层内。

3 本款的规定主要是出于对施工安全的考虑。如果模板在安装过程中不采取防倾覆的临时固定措施,则有可能会造成安全事故。

5 在底模板上设置预拱度的目的是抵消梁、板结构产生的下挠或上拱,使结构的线形符合设计要求,具体的设置要求可参见本规范第5.4.4条、第17.2.3条的规定及说明。

5.3.3 采用提升模板施工时,应设置脚手平台、接料平台、挂吊脚手及安全网等辅助设施。

提升模板是指模板系统在混凝土结构上锚固定位,某一节段施工完成后,由提升架或塔吊等垂直起吊装置提升至下一节段继续施工的一种模板形式。采用这种模板系统时,条文规定应设置的辅助设施必不可少,方能保证施工安全。

5.3.4 采用翻转模板和爬升模板施工时,其结构应满足强度、刚度及稳定性要求。液压爬模应由专业单位设计和制造,并应有检验合格证明及操作说明书。施工应符合下列规定:

1 混凝土的强度应达到规定的数值后方可拆模并进行模板的翻转或爬架爬升。作用于爬模上接料平台、脚手平台和拆模吊篮的荷载应均衡,不得超载,严禁混凝土吊斗碰撞爬模系统。

2 模板沿墩身周边方向应始终保持顺向搭接。在施工过程中,应随时检查爬模的中线、水平位置和高程等,发现问题应及时纠正。

翻转模板简称"翻模",一般由2节或3节模板组成,某一节段的结构混凝土施工完成后,位于最上一节的模板固定在混凝土结构上不予拆除,而将下面的1节或2节模板拆除后依次安装在其上,然后继续进行另一节段混凝土结构的施工。

爬升模板简称"爬模",根据结构的截面形式,一般设计成若干块整体式大模板,其爬升系统可采用爬架,或采用液压千斤顶进行爬升,采用液压千斤顶爬升的模板又称为"液压爬模"。

翻转模板和爬升模板多用于高墩和索塔等高耸混凝土结构的施工,由于是高空作业,因此施工安全是需要注意的关键问题。

5.3.5 采用滑升模板时,除应符合现行《滑动模板工程技术标准》(GB/T 50113)的规定外,尚应符合下列规定:

1 模板的高度宜根据结构物的实际情况确定;模板的结构应具有足够的强度、刚度和稳定性;支承杆及提升设备应能保证模板竖直均衡上升。组装时应使各部尺寸的精度符合设计要求,组装完毕应经全面检查试验合格后,方可正式投入使用。

2 模板的滑升速度宜不大于250mm/h,滑升时应检测并控制其位置。滑升模板的施工宜连续进行,因故中断时,宜在中断前将混凝土浇筑齐平,中断期间模板仍应继续缓慢地滑升,直到混凝土与模板不致粘住时为止。

滑升模板简称"滑模",本条的规定主要针对在高度方向上垂直滑升的模板。《滑动模板工程技术标准》(GB/T 50113—2019)对"滑动模板施工"的定义是:"以滑模千斤顶、电动提升机等为提升动力,带动模板(或滑框)沿着混凝土(或模板)表面滑动而成型的混凝土结构施工方法的总称,简称滑模施工。"

滑模工艺是高墩和索塔等高耸结构混凝土工程的施工方法之一,与其他施工方法相比,有其不同的特点,主要表现在以下几个方面:

5 模板、支架

（1）结构混凝土的成型是靠沿其表面运动着的模板来实现的，成型后很快脱模，结构即暴露在大气环境中，因而受气温条件及操作情况等方面因素的影响较多，对混凝土的配合比和工作性能以及施工工艺水平的要求均较高。

（2）滑模施工中的全部荷载是依靠埋设在混凝土中或体外刚度较小的支承杆承受的，其上部混凝土强度很低，因而在施工中的活动都必须保证与结构混凝土强度增长相协调。

（3）结构混凝土的成型是在动态状况下完成的，为保证工程质量和施工安全，应及时采取有效措施严格控制各项偏差，保证施工操作平台的稳定可靠。

（4）滑模工艺是一种连续成型的快速施工方法，工程所需的原材料准备应满足连续施工的要求。机具设备的性能应可靠，并应保证其能长时间地连续运转。

（5）滑模施工是多工种紧密配合的循环作业，要求施工组织严密，指挥统一，各岗位的职责应明确。

根据以上特点，采用滑模工艺施工时，首先应切实掌握其工艺特点，否则可能会出现工程设计不适用于滑模，造成施工困难而降低综合效益；或因施工不当导致工程质量低劣，出现结构混凝土掉棱掉角，表面粗糙、拉裂、结构偏斜等问题，影响结构的安全使用，甚至在施工过程中发生操作平台坍塌、人身伤亡、财产遭受严重损失等恶性事故。

5.3.6 模板制作、安装的精度应分别符合表5.3.6-1和表5.3.6-2的规定。

表5.3.6-1 模板制作的允许偏差

项 目			允许偏差（mm）
木模板制作	模板的长度和宽度		±5
	不刨光模板相邻两板表面高低差		3
	刨光模板相邻两板表面高低差		1
	平板模板表面最大的局部不平	刨光模板	3
		不刨光模板	5
	拼合板中木板间的缝隙宽度		2
	榫槽嵌接紧密度		2
钢模板制作	外形尺寸	长和高	+0，-1
		肋高	±5
	面板端偏斜		0.5
	连接配件（螺栓、卡子等）的孔眼位置	孔中心与板面的间距	±0.3
		板端中心与板端的间距	+0，-0.5
		沿板长、宽方向的孔	±0.6
	板面局部不平		1
	板面和板侧挠度		±1

注：板面局部不平用2m靠尺、塞尺检测。

表5.3.6-2 模板安装的允许偏差

项 目		允许偏差（mm）
模板高程	基础	±15
	柱、梁	±10
	墩台	±10
模板尺寸	上部结构的所有构件	+5，-0
	基础	±30
	墩台	±20

续上表

项　　目		允许偏差(mm)
轴线偏位	基础	15
	柱	8
	梁	10
	墩台	10
装配式构件支承面的高程		+2，-5
模板相邻两板表面高低差		2
模板表面平整		5
预埋件中心线位置		3
预留孔洞中心线位置		10
预留孔洞截面内部尺寸		+10，-0

5.4 支架的制作与安装

5.4.1 支架的制作应符合下列规定：

1 支架宜采用标准化、系列化、通用化的钢构件制作拼装。

2 制作木支架时，两相邻立柱的连接接头宜分设在不同的水平面上，并应减少长杆件接头。主要压力杆的接长连接，宜使用对接法，并宜采用木夹板或铁夹板夹紧；次要构件的连接可采用搭接法。

1 支架主要有满布式支架、梁式支架及特殊支架等类型。不论采用何种类型的支架，标准化、系列化、通用化都是简化制作拼装工序、加快进度、保证工程质量和施工安全的重要手段，因此在实际施工中应尽量采用。

2 木支架的接头是受力的薄弱点，而且耗用材料多，故规定接头应尽量减少。相邻立柱的接头如设在同一水平面上，对承受水平方向的力不利，故规定应尽量分设在不同的水平面上。压力杆件在接头处应夹紧，以弥补其弱点。

5.4.2 支架的安装应符合下列规定：

1 支架应按施工图设计的要求进行安装。立柱应垂直，节点连接应可靠。

2 高支架应设置足够的斜向连接、扣件或缆风绳，横向稳定应有保证措施。

3 支架在安装完成后，应对其平面位置、顶部高程、节点连接及纵、横向稳定性进行全面检查，符合要求后，方可进行下一工序。

2 支架的稳定性是在设计和使用中应引起高度重视的问题，尤其对高支架更应慎重。支架在构造上的不合理是导致其失稳的一个重要原因，因此规定应加强水平向和斜向的必要连接，以增强其整体稳定，保证施工安全。

5.4.3 支架宜根据其结构形式、所用材料和地基情况的不同，在施工前确定是否对其进行预压，并应符合下列规定：

1 对位于刚性地基上的刚度较大且非弹性变形可确定控制在一定范围内的支架，在经计算并通过一定审核程序，确认其满足强度、刚度和稳定性等要求的前提下，可不预压；但在施工过程中应对支架的材料和安装施工质量采取严格的管控措施。

2 对位于软土地基或软硬不均地基上的支架，宜通过预压的方式，消除地基的不均匀沉降和支架的非弹性变形。

5 模板、支架

3 对支架进行预压时,预压荷载宜为支架所承受荷载的1.05~1.10倍,预压荷载的分布宜模拟需承受的结构荷载及施工荷载。

4 对采用定型钢管脚手架作为承重杆件的满布式支架进行预压时,可按现行《钢管满堂支架预压技术规程》(JGJ/T 194)的规定执行。

对支架进行预压的目的是消除支架地基的不均匀沉降、消除支架的非弹性变形、获取弹性变形参数、检验支架的安全性。

为防止支架沉降过大使浇筑的混凝土结构变形而影响其承受活荷载的能力,支架的立柱应安装在有足够承载力的地基上,若地基承载力达不到要求,则应加固地基或将立柱支承在混凝土的扩大基础上或基桩上,扩大基础和基桩的构造、尺寸应通过计算确定。

5.4.4 支架应结合模板的安装一并考虑设置预拱度和卸落装置,并应符合下列规定:

1 设置的预拱度值,应包括结构本身需要的预拱度和施工需要的预拱度两部分。

2 施工预拱度应考虑下列因素:模板、支架承受施工荷载引起的弹性变形;受载后由于杆件接头的挤压和卸落装置压缩而产生的非弹性变形;支架地基在受载后的沉降变形。

3 专用支架应按其产品的要求进行模板的卸落;自行设计的普通支架应在适当部位设置相应的木楔、木马、砂筒或千斤顶等卸落模板的装置,并应根据结构形式、承受的荷载大小确定卸落量。

梁、板等结构在施工时所设置的预拱度一般包括两部分:

(1)结构本身需要的预拱度;

(2)施工需要设置的预拱度。

前者是结构在规定的使用荷载作用下产生的挠度,为抵消该挠度对结构正常使用的影响,应设置一预留拱度,该部分预拱度的具体量值一般应由设计单位提供;后者是在施工中,由于施工荷载的作用,使得模板、支架产生压缩、变形及地基的沉降等问题,为抵消模板、支架的弹性变形、非弹性变形和地基沉降的影响,则应设置一定的预留拱度,这一部分预拱度的量值应由施工单位通过计算或试验确定。结构本身需要的预拱度值应按现行《公路钢筋混凝土及预应力混凝土桥涵设计规范》(JTG 3362)中的规定计算。预留施工沉落值可参考表5-35选择。

表5-35 预留施工沉落值参考数据

项 目		沉落值(mm)
接头承压非弹性变形	木与木	每个接头顺纹约为2,横纹约为3
	木与钢	每个接头约为2
卸落设备的压缩变形	砂筒	2~4
	木楔与木马	每个接缝1~3
支架基础沉降	置于砂土上	5~10
	置于黏土上	10~20
	置于砌石或混凝土上	约为3
	打入砂土中的桩	约为5
	打入黏土中的桩	5~10(桩承受极限荷载时用10,低于极限荷载时用5)

5.5 模板、支架的拆除

5.5.1 模板、支架的拆除期限和拆除程序等应根据结构物特点、模板部位和混凝土所应达到的强度要求确定,并应严格按其相应的施工图设计的要求进行。

5.5.2 非承重侧模板应在混凝土抗压强度达到2.5MPa,且能保证其表面及棱角不致因拆模而受损坏时方可拆除。

5.5.3 芯模和预留孔道的内模,应在混凝土强度能保证其表面不发生塌陷或裂缝现象时,方可拆除。

5.5.4 钢筋混凝土结构的承重模板、支架,应在混凝土强度能承受其自重荷载及其他可能的叠加荷载时,方可拆除。

5.5.5 对预应力混凝土结构,在符合本规范第5.5.2条规定的条件下,其侧模应在预应力钢束张拉前拆除;底模及支架应在结构建立预应力后方可拆除。

为保证非承重侧模板拆模时混凝土表面及棱角不致因拆模而被损坏、断裂,或混凝土本身不能支持自重而变形、坍塌,这就要求拆模时混凝土的抗拉强度和抗剪强度要大于模板与混凝土间的脱模(黏结)力,其抗压强度则应能支持其自重。试验证明,混凝土的抗拉强度一般为其抗压强度的1/10～1/16,抗剪强度为抗压强度的1/4～1/6。因此,为控制拆模时混凝土的抗拉强度和抗剪强度,拆模前应测定其抗压强度。一般情况下,抗压强度达到2.5MPa时,可满足拆除模板时所需的各项强度,拆模参考时间可参见表5-36。

表5-36 拆除非承重模板的估计期限

混凝土强度等级	水泥		混凝土强度达到2.5MPa所需要的时间(h)及硬化时昼夜平均温度(℃)						
	品种	强度等级	+5	+10	+15	+20	+25	+30	+35
C20	矿渣水泥	32.5	23	16	13	10	9	8	7
C40	矿渣水泥	42.5	22	10	9	7	6	5	5
	矿渣水泥	52.5	15	11	9	8	6	5	4
	硅酸盐水泥	52.5	14	9	7	6	4	4	4

注:1. 本表拆模期限按混凝土达到2.5MPa的时间考虑。
2. 采用火山灰水泥、粉煤灰水泥时,可参照矿渣水泥考虑。
3. 混凝土强度等级低于或等于C15时,拆模时间应酌情予以延长。

钢筋混凝土结构的承重模板和其支架的拆除,原则上应以混凝土实际抗弯、抗剪强度能承受其自身重力及其他可能的叠加荷载为准,拆模参考时间见表5-37。

表5-37 拆除承重模板的估计期限

达到设计强度 (%)	水泥		拆模期限(d)及硬化时昼夜平均温度(℃)						
	品种	强度等级	+5	+10	+15	+20	+25	+30	+35
50	硅酸盐水泥、普通水泥	52.5	6.5	5	4.2	3	3	2.5	2
	矿渣水泥	42.5	17	13	9.5	6	4	3	2.5
	矿渣水泥	32.5	18	15	12	8	6.5	5	3.8
100	硅酸盐水泥、普通水泥	52.5	41	36	32	28	19	15	13
	矿渣水泥	42.5	56	47	39	28	26	19	17
	矿渣水泥	32.5	62	51	41	28	25	22	18

注:1. 本表按C20级以上一般混凝土考虑。
2. 火山灰水泥、粉煤灰水泥可参考表中矿渣水泥考虑。
3. 普通水泥强度等级低于或等于42.5级时,拆模时间应酌情予以延长。
4. 采用干硬性、低流动性或掺有外加剂的混凝土时,拆模期限可通过试验确定。

表5-38、表5-39给出了模板与混凝土的黏结力,可作为活动模板设计和拆卸模板期限的参考。

表 5-38　混凝土与模板的法向黏结力（kPa）

混凝土强度等级	钢 模 板				木 模 板			
	机油		隔离剂		机油		隔离剂	
	平均值	最大值	平均值	最大值	平均值	最大值	平均值	最大值
C50	10.6	21.9	6.6	10.7	11.9	22.1	7.4	15.6
C35	10.0	18.2	4.1	9.6	10.2	18.8	5.7	11.7
C20	7.8	15.1	3.2	8.1	8.7	16.7	4.5	10.2
C12.5	3.6	5.7	2.4	6.0	2.7	4.7	2.9	6.3

表 5-39　混凝土与模板的切向黏结力（kPa）

混凝土强度等级	钢 模 板				木 模 板			
	机油		隔离剂		机油		隔离剂	
	平均值	最大值	平均值	最大值	平均值	最大值	平均值	最大值
C50	15.1	27.5	5.9	18.0	17.6	29.7	8.2	24.2
C35	9.5	23.9	3.4	4.9	10.0	22.6	3.8	7.3
C20	7.5	15.6	2.9	4.6	8.2	19.6	3.3	6.4
C12.5	1.2	2.6	2.7	4.1	2.2	5.4	1.9	3.4

5.5.6 模板、支架的拆除应遵循后支先拆、先支后拆的原则顺序进行。墩、台的模板宜在其上部结构施工前拆除。

5.5.7 拆除梁、板等结构的承重模板时，在横向应同时、在纵向应对称均衡卸落。简支梁、连续梁结构的模板宜从跨中向支座方向依次循环卸落；悬臂梁结构的模板宜从悬臂端开始顺序卸落。

5.5.8 模板、支架拆除时，不得损伤混凝土结构。

卸落模板、支架时，总的原则要求是由变形最大处向变形最小或无变形处过渡，对称、少量、多次、逐渐完成，使结构物逐步承受荷载，其目的是避免结构物在卸落模板、支架的过程中发生开裂等质量事故。

规定墩、台模板在上部结构施工前拆除，是为了便于检查墩、台的尺寸、位置、高程和结构质量，如有问题可及时予以处理。

模板、支架的拆除尚应注意下列事项：

（1）模板和支架的卸落应按拟定的卸落程序进行，分几个循环卸完，卸落量开始宜小，以后逐渐增大，卸落前应在卸落装置上画好每次卸落量的标记。

（2）拆除模板、支架时，不得采用猛烈敲打和强扭等方式进行，并不得将拆下的模板和支架从高处向下抛扔。

（3）拆除时应设专人对结构物变形进行观测。

（4）模板、支架拆除后，应维修整理，分类妥善存放。

6 混凝土工程

6.1 一般规定

6.1.1 本章适用于公路桥涵混凝土施工的原材料选择、配制、拌制、运输、浇筑和养护,预应力混凝土及水下混凝土等的特殊要求尚应分别符合本规范第7章和第9章的规定。

6.1.2 混凝土工程所用的各种原材料,均应符合现行国家标准或行业标准的规定,并应在进场时对其性能和质量进行检验。

如果忽视原材料在使用前和使用过程中的检验和复验,将会给结构带来隐患,故强调混凝土工程所用的各种原材料(水泥、粗集料、细集料、拌和水、外加剂、掺合料等)均应在进场后分批进行检验,检验结果应符合现行国家标准或行业标准的规定。

6.1.3 在进行试配和质量检测时,混凝土的抗压强度应以边长为150mm的立方体标准试件测定,且应取其保证率为95%。试件应以同龄期者3个为一组,每组试件的抗压强度以3个试件测值的算术平均值(计算精确至0.1MPa)为测定值。当有1个测值与中间值的差值超过中间值的15%时,取中间值为测定值;当有2个测值与中间值的差值均超过15%时,该组试件无效。

6.1.4 混凝土的抗压强度,应以标准方式成型的试件置于标准养护条件下(温度20℃±2℃,相对湿度不低于95%)养护28d所测得的抗压强度值(MPa)进行评定。对采用蒸汽养护的混凝土,其测试抗压强度的试件应先随构件同条件蒸汽养护,再转入标准条件下养护,累计养护时间应为28d。

将混凝土在标准养护条件下养护28d的强度作为其进行质量评定的抗压强度,并作为混凝土质量的主要衡量指标是非常必要的。由于蒸养及掺合料的影响,掺加矿物掺合料的混凝土强度增长时间的关系曲线与普通混凝土的关系曲线有较大的出入,与普通混凝土不同的是,掺粉煤灰的混凝土标准养护28d后,强度仍有较大的增长,因此其强度可按设计规定的龄期取值。但有时设计往往不规定相应的龄期,故在本规范第6.13.1条第3款中作出了"大体积混凝土进行配合比设计及质量评定时,可按60d龄期的抗压强度控制"的规定。

6.1.5 公路桥涵混凝土宜使用非碱活性集料,当条件不具备必须使用时,其他材料中的碱含量及混凝土中的最大总碱含量应符合本规范的规定。

碱集料反应(alkali-aggregate reaction, AAR)对一些地区的桥梁结构物曾造成过严重的破坏,特别是近年来部分水泥的含碱量增加及含碱外加剂的应用使得混凝土含碱量剧增,往往会超过引发碱集料反应的临界值。混凝土内的碱含量在超过临界值后会导致化学反应,使混凝土结构发生不均匀膨胀、裂缝、抗压强度和弹性模量下降等不良现象,从而危及结构安全,缩短工程的使用寿命。为了避免这种危害的发生,在条件具备时,公路桥涵的混凝土结构中须使用非碱活性集料,但就现状而言,要完全做到这一点尚存在一定困难,故规定应对结构混凝土中的最大碱含量进行总量控制。

混凝土的碱集料反应大体有以下几种情况:

(1)碱(钠和钾的氧化物)与硅酸(SiO_2)反应,生成硅酸盐凝胶,吸水膨胀,引起混凝土膨胀和开裂。

(2)碱与硅酸盐集料(如千枚岩、粉砂岩、蛭石)反应,生成的化合物使层状硅酸盐层间距离增大,集料发生膨胀,造成混凝土膨胀、开裂。

(3)碱与碳酸盐反应,这种化学反应及生成的结晶造成压力使混凝土膨胀、产生网状开裂。

碱集料反应引起的混凝土表面开裂必然会导致钢筋锈蚀和冻融破坏,从而进一步加剧结构的破坏。

为使读者能更多地了解有关碱集料反应的概念和知识,以及世界各国对碱集料反应研究的情况,在此列出两篇摘录的文章,供参考。

文章1: 碱集料反应研究的新进展

(原载《建筑材料学报》2003年第6卷第1期,作者:唐明述 邓 敏)

1 关于碱的来源

1.1 集料中的碱

一般认为,发生AAR必须具备3个条件:碱、活性集料和水。这里所指的碱主要来源于水泥。特别需要说明的是,有人认为应指的是NaOH(KOH),因为反应的本质是OH^-起着关键作用,因而不了解含碱盐,如NaCl、Na_2CO_3、Na_2SO_4和萘磺酸钠等所起的作用,甚至认为长期浸泡在含有碱(NaCl、KCl)的海水中燧石并未发生化学反应,从而怀疑是否存在碱集料反应。这里特别需要阐明的是,实质上水泥熟料中的碱也并不是以碱的氢氧化物形式存在,而是以含碱盐的形式,如Na_2SO_4、K_2SO_4、$3K_2SO_4 \cdot Na_2SO_4$、NC_8A_3和$KC_{23}S_{12}$等矿物形式存在。只是在水泥水化过程中,液相中存在饱和$Ca(OH)_2$的条件下,所有含碱盐均变成氢氧化物,同时使液相的pH值高达13.0~13.7(氢氧化钙的饱和溶液pH=12.54)。最重要的是,必须了解任何含碱盐在水泥石的饱和氢氧化钙溶液中均会引发AAR。现在的问题是集料中若含有含碱盐的矿物,这些碱在水泥石液相的条件下是否会析出来而引发AAR。根据资料统计,整个地球的岩石圈中均含有一定量的钾、钠。

除此之外,火山玻璃体中也含有大量的K_2O、Na_2O。由此可见,按化学成分,一般集料中的碱含量远大于水泥熟料中的碱含量。在探讨AAR问题时,不得不考虑集料中的碱对碱集料反应的影响。早在20世纪80—90年代,Stark和Goguel已提出集料中的碱会促进AAR。但当时Sims还认为,许多岩石均含有碱,但在混凝土中仅有少量能析出,在英国一般是略而不计的。

但集料中的碱究竟会不会析出来又加剧AAR,仍然是人们一直担心而未得到准确结论的问题,这也是工程要达到百年寿命耐久性必须解决的问题。2000年6月在加拿大魁北克城碱集料反应会议期间,讨论集料碱活性鉴定标准时,Nixon曾提出今后要研究的重点课题之一就是集料中碱的析出。实际上近几年来Berube等已进行了一系列工作,其结论是集料中析出的碱浓度达0.1~12.7kg/m³等当量Na_2O,平均可达2.2kg/m³,足以引起充分重视。Berube等认为,只用石灰溶液和水浸出得出的结果低估了集料中碱的析出。他们用0.7mol/L、38℃的KOH和NaOH溶液来浸出,则集料析出的碱要多得多。当集料粒度为1.25~5mm时,得出578d的结果。另外,他们还从长龄期的大坝中取出混凝土芯样来研究碱的析出以计算出集料中碱的析出,其结果是0~2.70kg/m³之间,这一数量也是可观的。Durand还设法直接证明集料中析出的碱会促进AAR,他用不会析出碱的集料与活性集料(各50%)配制成混凝土试体,其膨胀值比用可析出碱的集料(霞石正长岩,nepheline syenite)配制的混凝土膨胀要小得多。

这些结果表明,在建设重大工程时,仅考虑使用低碱水泥似乎是不够的,若集料中有活性组分,同时集料又会析出碱,则同样会引起AAR而造成破坏。但这一问题还有待进一步深入研究。在一定条件下,集料的碱会析出是肯定的,特别是在建设长寿命的百年工程时更要注意。但这里有这样一个问题,集料可析出碱是事实,但对AAR而言,这种碱是否与水泥熟料水化析出的碱同样有效,这是值得探讨的。水泥熟料中CaO含量高达60%~65%,水化后会有20%的$Ca(OH)_2$固相存在,在水化产物中其酸性氧化物全为CaO所饱和。在这种情况下,可以说K^+、Na^+是完全游离的、不被结合的,因此微量碱就可造成混凝土破坏。现在碱是从集料中来,以钾长石和钠长石($K_2O \cdot Al_2O_3 \cdot 6SiO_2$、$Na_2O \cdot Al_2O_3 \cdot 6SiO_2$)为例,其化学式中$Al_2O_3$、$SiO_2$占有很高比例,从"碱度平衡"而言,它们对碱的亲和力远大于水泥水化产物CSH、$C_3AH_6H_2O$等,除非其中的Al_2O_3和SiO_2完全与水泥水化产物$Ca(OH)_2$化合,也生成碱度(氧化钙与酸性氧化物之比)高的水化产物。但这种反应在长龄期的大坝中能完成多少还不得而知,即使Al_2O_3、SiO_2和$Ca(OH)_2$发生了反应,很有可能形成的产物碱度也比较低,也具有一定的对碱的滞留作用,因此即使集料能析出碱,其有效性尚值得进一步研究。

其次,试验方法是否合理也值得进一步推敲。Berube用0.7mol/L的KOH和NaOH溶液使Na^+、K^+析出,发生的很有可能是离子交换作用。若以长石为例,即是由Na_2O替换了K_2O,或是相反,由K_2O替换了Na_2O。这种交换反应并不能使水泥石液相中的碱含量增加,也不会加剧AAR。

1.2 矿物混合材中的碱

实验室研究和现场试验结果一致证明,矿物混合材可以有效地抑制碱集料反应。但也有试验证明,当用高碱粉煤灰而且掺量太少时,后期反而会促进AAR。更为重要的是,当建设大坝等重要工程时,往往要限制每立方米混凝土中的碱含量。问题是混合材中的碱含量如何计算。过去英国提出,矿渣中的碱按1/2计算,粉煤灰中的碱按1/6计算。但研究证明,混合材中碱的有效性与混合材掺量有关:掺量越大,碱的有效性越小。故1997年英国重新提出标准,即根据混合材的掺量来计算其有效碱。对于矿渣,当其掺量低于25%时,取全部碱有效计算;当掺量为25%~39%时,按1/2计算;当掺量达40%以上时,则略而不计。对于粉煤灰,当其掺量小于20%时,全计;掺量为20%~24%时,按1/5计算;掺量大于25%时,则略而不计。这样的计算比过去的合理多了。早在20世纪80年代初,笔者曾撰文阐述过混合材对AAR的抑制机理,从混合材的酸性(acidity of admixture)、水泥的碱度(basicity of cement)、反应历程(process of reaction)以及电化学(electrochemistry)等方面来分析抑制机理。这在一定程度上能阐明上述标准规定的理论依据。

从水泥石的强度而言,众所周知矿渣优于粉煤灰。但从上述规定看来,要抑制AAR,则对矿渣的要求要严于粉煤灰。原因在于矿渣中含有大量CaO,其酸性低于粉煤灰,因而同样的掺量,矿渣对碱的"滞留"作用将低于粉煤灰。把矿物混合材的碱含量依掺量不同而分别计算,也比过去统一的计算要合理得多。因为掺量少时,由于水泥中有20%的$Ca(OH)_2$,它们将与混合材中的酸性氧化物结合成高碱度的水化产物,因而对碱的"滞留"作用减弱,同时还会使混合材中的碱析出来,从而促进AAR。但当掺量大时,实际上即使数十年之后,混合材也不会全部反应掉,即在水泥石中仍将保留大量的酸性核,使其对碱的滞留作用大大增强。故掺量高时,混合材中的碱可略而不计。以上是按平衡状态从理论上进行的探讨,但在实际工程中往往是不平衡的,因此英国还规定:矿渣中的碱含量应不大于1%,粉煤灰中的碱含量不大于5%。同时,对高钙粉煤灰按矿渣的要求计算可能更为合理。

对重要的大型工程,不仅应考虑混合材、集料、外加剂、水及环境中可能是碱的补充来源,而且还应考虑在不同的环境下,由于混凝土表面的蒸发作用或溶液的迁移作用所造成的局部碱的富集。因此对于重大工程,最好能采用非活性集料及低碱水泥掺混合材,以达到多重保险,保证其长期安全性。

2 分类

1940年,Stanton发现碱集料反应的初期实质上指的就是碱硅酸反应(alkali-silica reaction,ASR)。到了1957年,Swenson又发现了碱碳酸盐反应(alkali-carbonate reaction,ACR)。其后加拿大又提出碱硅酸盐反应(alkali-silicate reaction)。1992年笔者曾撰文论述过碱集料反应的分类,通过收集大量硅酸盐矿物来研究其与碱的反应,证明不会引起膨胀,从而否定了碱硅酸盐反应的存在。近年来大家一致认为,所谓慢膨胀的碱硅酸盐反应,实质上是微晶石英分散分布于岩石之中,从而延缓了反应的历程,而其实质仍为碱硅酸反应。故现在一致认为,碱集料反应可分为碱硅酸反应和碱碳酸盐反应。通过对我国实际工程中碱集料反应破坏事例的研究,发现了众多ASR与ACR同时引起破坏的事例,这些结果也引起了国外学者的注意。这一问题不仅有理论上的意义,同时在工程建设中也必须重视这一结果。因为 ASR 和 ACR 这二者的膨胀机理不同、抑制措施也不同。特别是最近 Sims 和 Nixon 将碱集料反应做了以下分类:第Ⅰ类,非活性集料(very likely to be not alkali-reactive);第Ⅱ类,潜在碱活性或碱活性尚未肯定(potentially alkali-reactive or alkali-reactivity uncertain);第Ⅲ类,活性集料(very likely to be alkali-reactive)。第Ⅱ、Ⅲ类又可细分成:Ⅱ(或Ⅲ)类的碱硅酸反应(Ⅱ$_S$ 或Ⅲ$_S$);Ⅱ(或Ⅲ)类的碱碳酸盐反应(Ⅱ$_C$ 或Ⅲ$_C$);Ⅱ(或Ⅲ)类的碱硅酸反应和碱碳酸盐反应(Ⅱ$_{SC}$ 或Ⅲ$_{SC}$)。这里特别值得注意的是把碱硅酸反应和碱碳酸盐反应的协同效应分为单独的一类,即Ⅱ$_{SC}$ 和Ⅲ$_{SC}$。若再细分的话,还可将其分为以碱硅酸反应为主的Ⅱ$_{SC}$、Ⅲ$_{SC}$ 和以碱碳酸盐反应为主的Ⅱ$_{CS}$、Ⅲ$_{CS}$。这在实践中是很有意义的。当前众多学者和工程师已注意到有的碱碳酸盐反应中含有微晶石英,所以碱硅酸反应也有可能起作用。但更重要的是,在可能被认为是由碱硅酸反应造成破坏的工程中,若集料的化学成分中含有 MgO,则应注意是否存在活性白云石条带。

3 集料碱活性的鉴定方法

鉴定集料碱活性是预防 AAR 的重要措施。鉴定方法很多,各国也不尽相同,为此设在法国巴黎的国际材料与建筑构造研究试验所联合会(RILEM——reunion internationale de laboratories d'essais et de recherches sur les matériaux et les constructions, Paris)成立了一个专门研究 AAR 和制定相应标准的技术委员会,现名为"RILEM Technical Committee TC ARP, Alkali Reactivity & Prevention, Assessment, Specification & Diagnosis"。该委员会由英国科学家 P. J. Nixon 和 I. Sims 领导,有众多国家的科学家参加,笔者也是成员之一。该委员会已工作多年,通过国际实验室共同反复验证,现已形成一整套方法,其中有的方法正在进一步验证修改。这些方法是:

(1)RILEM 建议试验方法 AAR-0,探测集料潜在碱活性。
(2)RILEM 建议试验方法 AAR-1,探测集料潜在碱活性:岩相法。
(3)RILEM 建议试验方法 AAR-2,探测集料潜在碱活性:A——快速砂浆棒法。
(4)RILEM 建议试验方法 AAR-3,探测集料潜在碱活性:B——混凝土柱法。
(5)RILEM 建议试验方法 AAR-4,探测集料潜在碱活性:快速混凝土柱法。
(6)RILEM/TC-ARP/02/11,AAR-5,碳酸盐集料快速初选法。

其中的快速混凝土柱法拟将养护温度从过去的 38℃ 改为 60℃。碱碳酸盐快速法是笔者提供的草案,故标明为基于南京化工大学提出的中国快速混凝土小棒法。该法的主要特点是加大集料尺寸,并采用单一粒径。这可能比传统的借用强度测试方法、采用 5 级配集料更加灵敏,目前正由几个国家的实验室共同测试。根据最近日本 Katayama 提供的数据,用该方法鉴定加拿大 Kingston 的活性碳酸盐集料是成功的。基于对分类的认识和所发展的一系列 RILEM 方法,Sims 提出了鉴定集料碱活性的流程图。

该委员会的工作比较认真,可供应标准非活性集料和活性集料,并进行各实验室的对比试验,再反复进行修改,同时定期开会征求各方面的意见。

4 水分的影响

众所周知,AAR 发生的条件是碱、活性集料和水,但对水的理解可能差异很大。有人认为只有大坝、港湾工程或水下建筑才会发生 AAR,不与水接触的干燥环境或室内混凝土梁柱就没有问题。针对这个问题很多专家都讨论过,Swamy 认为:"现有的现场资料充分证明,绝大部分混凝土构筑物在季节性气候变化的暴露条件下,其内部的相对湿度足以维持膨胀性 AAR,因此在沙漠地带的大多数公路、大坝以及干燥气候条件下的桥面和柱也可能保持内部湿度而断续发生膨胀反应。同时,在控制环境条件下,室内的大型混凝土构件也能长期维持适当的相对湿度"。这是因为当下雨或相对湿度较高时,混凝土的毛细管将充满水,这些水不一定很快蒸发掉。因此不仅大坝、港湾工程等建筑物要注意 AAR 问题,即使是室内混凝土建筑也必须防止 AAR。笔者 1992 年考察英国东南部普利茅斯的圆形停车场,目睹室内梁柱因 AAR 而遭严重破坏。2000 年在加拿大魁北克城考察公路桥梁时,也观察到不受雨水作用的梁柱同样因 AAR 造成的膨胀而严重开裂。因此不能理解为必须是水工建筑才会发生 AAR,当然也应该承认桥梁漏水处往往破坏加剧,所以防水也是减轻 AAR 破坏的重要措施。

5 碱碳酸盐反应

在碱集料反应的破坏事例中,大部分是 ASR,相对而言 ACR 要少得多,因而其研究的深度和广度都远不如 ASR。从 20 世纪 80 年代初开始,笔者对 ACR 进行了近 20 年的研究,这包括膨胀机理、活性鉴定方法以及我国部分具有碱碳酸盐反应的活性集料以及 ACR 对机场、道面和构件的破坏事例等。

在这个研究过程中,长期困惑笔者的问题是活性碳酸盐集料形成的地质条件。所谓活性碳酸盐岩是指具有特征微观结构的碳酸盐岩石,即尺寸小于 $50\mu m$ 的菱形白云石晶体分散分布于基质之中才具有碱活性。晶体之间紧密镶嵌的白云石在工程中长期使用也有良好的记录。若能了解活性碳酸盐集料形成的地质条件,则对避免 ACR 可起重要作用。通过收集国内外大量各种地质条件下的白云岩并在实验室详细研究相应的微观结构,钱光人得出:"具有潜在高 ACR 活性的岩石形成的沉积环境应具备浅水低能、偏离正常海水盐度、毗邻大陆边沿等特点,其中具有高 ACR 膨胀性的泥晶白云质灰岩应形成于局限台地的上潮间古环境,泥质泥晶白云岩则形成于萨哈布模式的潮上带"。此结论可用 Wilson 的相带模型图表示,基于地质科学所得的结论,对寻找和确定新的集料基地是十分有利的。

在 ACR 研究中发现,活性碳酸盐岩往往存在细小的微晶石英。这就分不清膨胀究竟是由 ACR 还是 ASR 引起。甚至有人怀疑是否存在 ACR。因此必须寻找一种能区分 ACR 和 ASR 的方法。通过几年的反复摸索与试验,现已证实可用 LiOH 区分 ASR 与 ACR。因 LiOH 对 ASR 有抑制作用,而 LiOH 同样会促进 ACR。根据这一原理已探索出采用 LiOH 区分 ACR 与 ASR 的试验条件。

6 预防措施

由于 AAR 发生之后的处理难度很大,因此预防就显得特别重要。一般是采用非活性集料、使用低碱水泥和掺混合材。但具体的数值标准各国互不相同,即使在美国各州、各部门也互不相同。最近,Malval 综合了世界各国及美国各部门、各州的经验,认为只采用低碱水泥还不够,还要掺入如下所列数值的粉煤灰、火山灰质混合材或矿渣。

(1)粉煤灰,宜采用低钙 F 级粉煤灰(class F fly ash, low calcium, ASTM C618),掺量要大于 25% ~ 40%。粉煤灰的有效碱小于 1.5%,烧失量小于 6%(<3% 更好),CaO(石灰)含量小于 8%。若粉煤灰掺量大于 30%,CaO 含量可放宽到 10%,特别强调掺少量粉煤灰和采用高钙粉煤灰效果很差。

(2)火山灰质混合材,采用 N 级天然火山灰质混合材(class N raw natural pozzolans, ASTMC618)。这种混合材的 CaO 含量小于 2%,几乎无碱,烧失量小于 4%,其掺量与粉煤灰相同。

(3)矿渣,磨细高炉矿渣掺量为 40% ~ 50%。宜用等级为 100 及 120 的矿渣(grade 100 or grade 120, GGBFS, ASTM C989)。等级 120 矿渣取代水泥后,3d 前强度较纯水泥低,但 7d 后高于后者;等级 100 矿渣取代后,21d 前强度较低,但之后强度超过纯水泥;等级 80 矿渣取代后,任何龄期强度都较低,建议不用。

特别值得一提的是关于鉴定集料碱活性的方法。美国最早采用的是 ASTM C227(砂浆棒法)和 ASTM C289(化学法)。现在欧洲(RILEM)、日本、加拿大均已放弃不用。在美国学者写的文章中也对这两种方法持否定态度,认为 ASTM C227 一般不会产生显著膨胀,特别是对于碳酸盐集料,并认为其结果不可靠(In general, this test method may not produce significant expansion, especially for carbonate aggregate and has been deemed unreliable)。对于化学法,也认为它对很多集料均不适用(This method may not be reliable for many aggregates)。

这些结论以及世界的总趋势,对我国制定标准具有重要参考价值。现在我国有的标准和规范中仍保留 ASTM C227 及 ASTM C289,建议考虑予以取消。

文章2：国际混凝土碱集料反应研究动态

(原载《混凝土》2009年第1期，作者：卢都友)

1 国际碱集料反应会议及第13届国际混凝土碱集料反应会议概况

国际混凝土碱集料反应会议(ICAAR)自1974年首次在丹麦召开以来，已连续召开13届，并一直受到混凝土领域极大关注。出席会议的人数、国别、论文数量和国际声望等均不断攀升，该会议也由最初的每年召开一次发展为本领域四年一次的学术盛会。会议的主题内容也由最初的工程案例鉴定不断扩展到与土木结构工程、材料表征、物理、化学、应用矿物学和计算机模拟等专业领域相融合，研究层次更是深化到各尺度的细观研究。第13届ICAAR的主题涉及碱集料反应研究的各个方面，包括：材料质量和环境控制；结构效应及其评估方法；国家和地区新发现AAR破坏事例；检测、预防和评估方法；破坏结构的修复、修补、延缓和管理以及AAR与矿物学、地球化学、物理和力学等。

2 各国碱集料反应研究动态

2.1 挪威

挪威的碱集料反应研究始于20世纪90年代。1990—1993年Viggo Jensen博士通过对挪威南部468座建于20世纪50—60年代的大坝、水电站和公路桥梁的调查和研究，确定31座大坝和2座服役超过18年的桥梁遭受碱集料反应破坏。通过对混凝土岩芯和集料的广泛取样，采用岩相法、砂浆棒法、快速砂浆棒法、混凝土棱柱体法、丹麦快速砂浆棒法、丹麦化学收缩法(TK 84)、日本新鲜混凝土快速试验法等多种试验室方法研究了混凝土芯样AAR破坏特征和挪威工程用集料的碱活性。证实挪威的活性集料大多为慢膨胀型集料，包括变质流纹岩(rhyolite)、砂岩(sandstone)、粉砂岩(siltstone)、泥质岩(argillite)、杂砂岩(greywacke)、千枚岩(phyllite)、碎裂岩(cataclasite)和糜棱岩(mylonite)，可疑集料为花岗岩(granite)、片麻岩(gneiss)和角页岩(hornfels)，遭受AAR破坏的混凝土50%以上是由碎裂岩(cataclasite)和糜棱岩(mylonite)引起。活性集料基体组分颗粒尺寸普遍为12~20 μm和36~60 μm，集料中应变石英、外延生长石英和重结晶石英普遍存在，石英、长石和绢云母矿物是挪威活性集料中最常见矿物。挪威对集料碱活性试验方法的对比研究表明，上述各种集料碱活性试验方法对挪威集料具有不同的适应性。岩相法结合快速砂浆棒法与混凝土棱柱体法可以可靠检测挪威慢膨胀型集料的碱活性，而上述其他试验方法，即砂浆棒法、丹麦试验方法和日本新鲜混凝土快速试验法，均不能可靠检测挪威集料的碱活性。继Viggo Jensen博士在挪威的开创性工作以后，挪威地质勘测部(Norwegian Geological Survey)、挪威技术大学和挪威皇家科学院(SINTEF)等对全国集料的岩石类型及其碱活性进行了系统普查和研究，建立了全国活性集料分布图，为建设工程中合理安全使用集料提供了依据。

在标准制定方面，在大量研究基础上，挪威混凝土协会于1996年制定出版了挪威预防碱集料反应技术规范NB21，同时加强国际交流并继续开展AAR研究。基于1996年以来的研究和国际上AAR研究的新进展，挪威混凝土协会2002年开始对原NB21内容修订，并于2004年完成。虽然最初的技术规范NB21不是具有法律效力的标准或强制性规范，由使用者自愿使用，仍被视为挪威建筑工程生产非活性混凝土的依据，为避免新建混凝土AAR危害发挥了关键作用。2004修订完成的新版NB21已正式成为挪威混凝土新标准指定参考文件(NS-EN206-1)。另外，挪威学者还依托挪威地质勘测部建立了碱集料反应论坛网站(FARIN)，促进了挪威全国碱集料反应的研究和经验交流。同时，挪威科学家积极参与国际交流和合作，以充分借鉴国际上碱集料反应研究的经验和最新成果。挪威参与了欧洲多个国家为发展可靠集料碱活性检测方法的伙伴项目(PARTNER)，并针对挪威气候条件建立了室外混凝土暴露试验场。此外，挪威科学家在RILEM碱集料反应检测、诊断和防治技术委员会5个分会中的3个分会中任负责人，积极参与集料碱活性检测方法的研究。由于国家的重视和积极有效的应对措施，目前挪威已可以完全保证在新建混凝土中避免AAR破坏，同时在对已破坏工程的监测和修复措施有效性方面积累了宝贵经验。总结挪威AAR破坏研究和防治经验可归结为：破坏严重，及时调研，应对科学，措施得力。

2.2 美国

美国是 AAR 发源之地,自 20 世纪 30 年代发现首例 ASR 破坏案例以来,ASR 破坏案例几乎遍及所有州。ACR 案例仅在 5 个州发现,远没有 ASR 普遍,但随着碳酸盐集料的开发,破坏案例有增长之势。

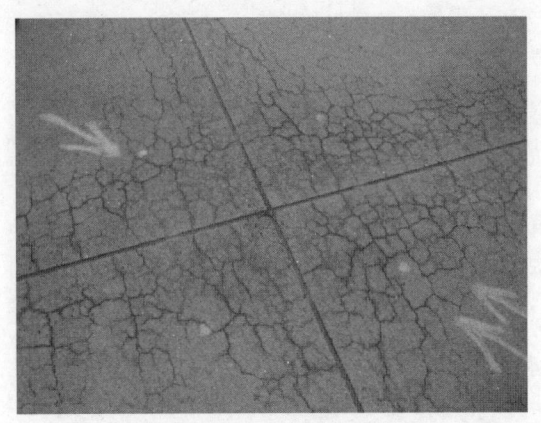

图 1 美国丹佛机场因使用化冰盐引起的 AAR 开裂

美国遭受 AAR 破坏的混凝土结构类型多种多样,包括大坝、桥梁、机场、道路以及各种海工构筑物,其中在交通设施和机场路面尤为严重,为仅次于钢筋锈蚀的第二大混凝土病害。机场路面由于使用新型化冰盐(醋酸钾和醋酸钠)导致的 AAR 破坏是近年来出现的突出问题。据报道,美国有 30 家军用机场因使用化冰盐而导致严重 AAR 破坏,见图 1。此外,AAR 与二次钙矾石(DEF)的共存及相互作用也是美国近年来 AAR 研究的热点。

过去 30 年来,美国曾分别通过不同研究计划持续资助开展 ASR 研究并取得很大进展。20 世纪 80—90 年代通过高速公路战略规划项目(Strategic Highway Research Program,SHRP)开展了 ASR 膨胀机理、快速检测方法和预防措施研究,完善了南非快速砂浆棒法并将其标准化(ASTM C1260),研究了锂盐以及受限条件下的 ASR 膨胀规律。1990 年开展集料碱活性检测方法的试验室联合验证和推动技术转化;2000 年启动研究制定锂盐防治 ASR 标准。2005 年美国国会签署高速公路交通安全法案,斥资 1 000 万美元进行预防和减轻 ASR 专项研究计划(Projects and programs related to furthering the development and deployment of techniques to prevent and mitigate ASR),围绕破坏产物和机理、制定规范和培训相关人员更好利用现有技术预防和减轻 AAR 破坏等课题开展研究。该项目投入也是美国迄今为止针对 AAR 研究的最大资助。

困扰美国科学与工程界以及管理部门的问题是:为什么经过近 70 年的研究,美国和国际 AAR 研究在多个方面均取得重要进展的同时,新破坏案例仍在 AAR 发源地美国不断发生,甚至有些桥梁还没投入使用(在建设期)就发生 AAR 开裂破坏,参见图 2、图 3。除一些客观原因外,如近年来为追求快速施工导致的混凝土水泥用量增加、过去 20 年来水泥碱含量提高和一些地区非活性集料资源的枯竭等,美国各州 AAR 标准的混乱、一些地区相关工程师对 AAR 及其检测、预防知识的缺乏也是重要原因。因此在新的高速公路交通安全法案中,不仅将 AAR 视为一个混凝土耐久性问题,而且上升到交通安全的高度,并在其中设专项进行国家级的标准制定,并培训相关人员掌握现有预防 AAR 技术。

 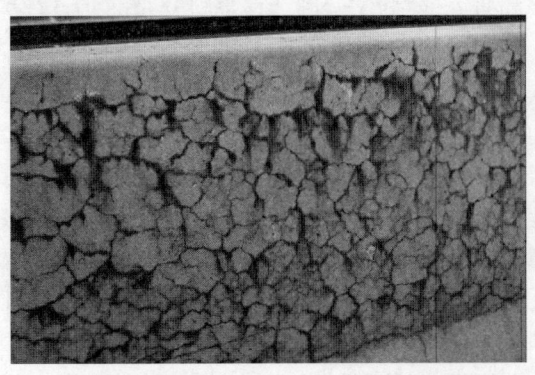

图 2 世界首例美国 Ash Creek 桥梁 AAR 破坏的照片　　图 3 使用 8 年的美国某高速公路隔音墙 AAR 开裂照片

2.3 德国

新型化冰盐的使用导致路面破坏严重。与美国类似,外部碱源在德国同样是主要问题。据统计,德国有 10% 的高速路面遭受 ASR 破坏。此外,新的活性岩石类型也相继被发现。活性岩石种类初期主要为燧石(flint)和蛋白石质石灰石(opaline limestone)。近年来,杂砂岩、流纹岩、莱茵河流域砾石等活性岩石相继被发现。AAR 标准方面,由于长期使用的化学法(ASTM C289)不能正确评定德国某些有害集料的碱活性,德国和其他遭受 AAR 破坏严重的国家一样围绕快速砂浆棒法和混凝土棱柱体法开展了大量研究工作,并积极参与欧洲的 PARTNER 合作项目,发展可靠、快速的集料碱活性检测方法和混凝土 AAR 性能检测方法。1997 年,德国结构混凝土协会颁布标准,首次将混凝土棱柱体法列入标准(并于 2001 年和 2007 年两次修订)。目前德国推荐两种快速砂浆棒法和混凝土棱柱体法。其中一种快速砂浆棒法类似 RILEM AAR-2,另一种是德国研究的方法。德国快速砂浆棒法主要是养护方式与传统快速砂浆棒法不同,采用水上 70℃养护 21d,膨胀限值为 0.2%;基于该快速砂浆棒法的替代方法是在 20℃测量,采用 28d 膨胀限值 0.15% 作判据。但有研究结果表明,德国两种快速砂浆棒法对同种集料给出不同结果的情况占 30%。

如前所述,德国学者近年来除积极参加欧洲的合作项目,发展可靠的集料碱活性检测和实际混凝土 AAR 性能检测方法外,随着杂砂岩等活性岩石在德国的发现,德国学者围绕杂砂岩活性的可靠判定开展了大量工作,在锂盐抑制 AAR 方面也开展了研究。

2.4 日本

和法国、英国等发达国家类似,日本在新建混凝土中已基本避免了 AAR 危害。近年来其主要工作是对遭受破坏结构的维护和修复。突出的问题是日本近年来报道桥梁结构混凝土因为 AAR 而导致钢筋的脆性断裂问题,见图 4。日本土木工程学会于 2005 年 8 月成立专门工作组研究因 AAR 导致的钢筋脆性断裂和混凝土结构的修复和维护。另一方面,集料中碱溶出及海水、化冰盐等外部碱源对 AAR 的影响也持续受到关注。值得关注的是,日本学者无论是提交的论文还是出席代表数量均居各国之冠,其中有相当比例的年轻学者,显示日本在本领域研究中的持续推动力。

图 4 日本某桥梁混凝土因 AAR 导致的钢筋脆性断裂

2.5 巴西

2004 年以前只有大坝和桥梁遭受 AAR 破坏的报道,但 2005 年以来,在一些地区,特别是巴西某东北部港口城市,新发现大量建筑物基础因 AAR 而开裂。此前该地区没有开展任何有关集料碱活性的研究,2004 年底对服役 3~21 年不等的商用和民用建筑物调查发现,大批建筑物基础发生从结构设计角度无法解释的开裂。图 5 为一座服役 9 年的 24 层大楼的基础,一些裂缝宽度达 25 mm。现场调查和试验室研究证实,这些建筑物基础混凝土发生了严重的 AAR,涉及活性集料种类有变质碎裂片麻岩、变质糜棱岩、变质碎裂岩和花岗斑岩(Metamorphic Cataclastic gneiss, Metamorphic Mylonite, Metamorphic Cataclasite, Igneous/Porphyritic granite),主要的活性组分为微晶质石英、应变石英和重结晶石英(Microcrystalline quartz and silica from strained quartz, recrystallized)。据巴西参会人员介绍,由于 AAR 在巴西该地区破坏严重,且该问题涉及一系列赔偿和居民安抚,该地区所有人都在研究,包括学者、律师、政府官员和居民,AAR 在该地区不仅是科学研究问题,也是社会问题。

图 5 巴西一座使用 9 年的 24 层大楼的混凝土基础 AAR 开裂(裂缝宽度达 25 mm)

巴西迅速采取措施加强 AAR 研究,如与 AAR 研究较多的加拿大、美国和欧洲科学家进行广泛合作(召开学术研讨会并建立联合试验室),研究制定国家标准,某些地区规定能源销售额的1%用于资助AAR的研究和预防等。在制定标准方面，巴西主要是基于RILEM和加拿大国家标准CSA或ASTM，但同时参照本国的研究经验，而非照搬已有标准。如对快速砂浆棒法，经过300多组(种)巴西集料的检测结果，现有判据(16d膨胀0.1%)不能正确判定巴西集料的碱活性，但采用30d膨胀0.19%则可以正确判定集料在混凝土中的膨胀行为。同时为满足工程快速决策要求，研究了80℃养护条件下的快速混凝土棱柱体试验方法。

2.6 其他国家和地区概况

早期遭受AAR破坏严重的发达国家，如法国、英国、日本、德国、加拿大等，经过多年持续研究已基本完成对国内常用集料的全面调查研究。总体而言，不同国家发现的活性岩石种类相对确定且为数不多，各国对本国有害岩石AAR的预防措施也有充分研究。近年来这些国家几乎没有新建混凝土结构遭害的报道，其AAR研究主要集中在受害建筑物和构筑物的诊断、监测、模拟、维护和修复，目的是延长受害混凝土结构的服役寿命。在发展中国家，除巴西近年来出现的前述建筑物基础严重受害这一突出问题外，阿根廷及土耳其由于近年来不断出现新的AAR破坏事例，分别加强了对集料碱活性检测方法的研究。从无AAR事例报道的韩国，近年来一些地区的交通设施出现了严重开裂破坏，也有学者出席本次会议并呼吁帮助指导韩国AAR研究。

3 碱集料反应研究需要解决的若干问题

经过近70年的研究，已经建立ASR机理的基本理论和预防技术，但由于不断在新的国家或地区出现新的破坏事例、现代材料的应用工程实践以及混凝土整体组分及其相互作用的复杂性变化，在世界范围内，AAR相关问题的研究一直方兴未艾。为满足不断变化的材料和工程需要，专家们认为需要持续在以下方面开展基础研究和应用技术研究工作：①除化冰盐等外部环境碱源外，集料溶出碱对AAR的影响及其检测；②从岩石学、矿物学和地球化学等基础学科研究集料AAR行为和特征，此为解决实践中矛盾现象和建立合理模型预测ASR工程结构效应的基础；③研究集料碱活性程度的确定和分类方法，这是工程中确定合理预防措施的基础；④实际混凝土配合比AAR性能评价方法及其验证；⑤受害混凝土结构寿命预测模型及其实用性；⑥锂盐抑制ASR的效果及其工程适用性；⑦其他胶凝材料体系中的AAR问题等。

此外，随着含白云石碳酸盐集料在欧洲引起破坏事例的增多，碱碳酸盐反应近年来持续受到关注，在含白云石碳酸盐集料与碱反应的膨胀机理及其抑制措施、碱碳酸盐活性集料的岩相判定等方面仍需进一步研究。

4 思考与建议

4.1 集料碱活性检测方法和标准

综观在碱集料反应预防方面取得成功的国家，其主要经验之一是这些国家无不重视集料碱活性检测方法的研究和相关标准的制定与更新。在工程建设之初，可靠地检测集料碱活性是预防碱集料反应的关键，发达国家遭受严重的AAR破坏最重要的原因是当时(20世纪80年代之前)采用的碱活性检测方法(主要是砂浆棒法ASTM C227、化学法ASTM C289)不可靠。这些方法后来被证实在检测不同岩石种类集料碱活性方面有很大局限性，而在当时并没有被各国学者和广大工程人员所认识。因此，这些国家后来都在研究快速、可靠的集料碱活性检测方法以及检测方法对本国集料的适应性方面投入大量人力和经费。如加拿大曾在20世纪80年代中期至90年代中期先后投入1 000多万加元组织大学和研究院相关试验室开展检测方法的研究和验证，并成立有学者和工程人员组成的全国碱集料反应学术委员会，负责组织、协调全国的碱集料反应研究工作。ASTM中的快速砂浆棒法(ASTM C1260)和混凝土棱柱体法(ASTM C1293)的标准化主要是基于加拿大学者的贡献。如前所述，美国也不断通过不同的研究计划持续资助这方面的研究。20世纪90年代几乎和我国同期报道AAR破坏事例的挪威，其重要经验之一也是首先研究当时不同国家采用的碱活性检测方法对本国集料的适应性，确定了在工程中检测集料的主要方法是岩相法、快速砂浆棒法和混凝土棱柱体法，快速制定并结合国内外研究进展及时更新标准。

我国碱集料反应相关标准主要是沿袭 ASTM 方法,如早期的化学法和砂浆长度法。近年来,我国的电力和铁路交通部门将国际上应用最广泛的快速砂浆棒法列入行业标准,因其是为克服砂浆长度法缺陷而发展的方法,一定程度上可提高筛选的可靠性。值得注意的是,国际上一直将快速砂浆棒法作为筛选方法与混凝土法配合使用,但也发现不少问题。特别是被普遍认为偏严的该方法,可能漏判某些类型集料的碱活性,如某些砂岩、片麻岩等。我国由于缺少负责或协调研究和制定标准的组织或机构,以及历史原因长期形成的"行业"隔离,国内外研究和工程实践的成果和经验在我国标准中往往不能及时采纳和更新。某些国际上普遍认为存在严重缺陷并弃用的方法仍在我国使用,如早期的化学法和砂浆长度法,甚至因其为国家标准而被工程界认为高于其他行业标准作为最终判定方法。这种多种行业标准或方法共存和更新滞后,常常导致在工程中出现矛盾结果而让使用者无所适从。建议有关部门结合国内外的研究和工程经验,尽快修订国家标准,删除砂浆长度法和化学法等存在严重缺陷的方法,同时加强对现行方法的研究和评价。

事实上,我国在 AAR 检测方法研究方面具有很好的传统和研究基础,如20世纪80年代,唐明述等研究提出的压蒸法,被法国验证列为国家标准并在欧洲其他一些国家被一直使用。近年来研究提出的集料碱碳酸盐活性检测方法经 RILEM 组织多个国家的试验室验证后被 RILEM 列为筛选集料碱碳酸盐活性的标准方法。在结合压蒸法和快速砂浆棒法基础上新提出的集料 ASR 活性检测方法,对国际上40余种不同类型集料的对比研究表明,改进后的新方法可以更可靠地检测集料在混凝土中的膨胀行为。但这些方法尚需经多个试验室联合验证,以推进其标准化和工程应用。

4.2 混凝土长期室外试验场

实际混凝土中 AAR 的发生是一个长期缓慢的过程,目前所有试验室 AAR 检测方法都是强化某些反应因素的加速试验。试验室快速方法判据建立的基础是与实际混凝土中集料行为的相关性。不同气候条件下的大尺寸混凝土试体室外暴露试验数据是欧洲和北美发展可靠的集料碱活性检测方法和工程实际配合比混凝土 AAR 性能评价方法的基础和途径。如北美地区有位于渥太华的加拿大能源与矿物技术中心 AAR 反应专项试验场和位于美国缅因州 Treat Island 的混凝土综合性能试验场。这些试验场有长达20年甚至30年的试验数据,可为建立各种试验室快速检测方法提供依据。近年来,欧洲通过伙伴项目,在西班牙、意大利、德国、英国、挪威、瑞典等国家建立了能够全面反映欧洲气候特点的8座室外混凝土试验场。选择欧洲地区典型的集料及其他混凝土资源(水泥、各种辅助性胶凝材料等),研究不同配合比的混凝土在不同气候条件下的 AAR 行为。研究结果将为发展可靠的试验室快速检测方法提供依据。

已有研究表明,我国发现的活性集料种类复杂,来源广泛,在我国不同气候地区都有出现。如能选择不同气候特征地区建立长期试验场,将对提高我国试验室快速检测方法的发展和标准化水平、确定合理的混凝土 AAR 耐久性设计基准产生深远影响。

4.3 碱集料反应知识的普及

国际上预防碱集料反应的另一经验是在正视该问题的基础上,通过宣传、培训普及 AAR 相关知识。加拿大、日本、挪威等国在发现 AAR 问题不久都曾成立全国碱集料反应委员会,一方面在碱集料反应研究方面统筹规划、协同研究;另一方面负责组织报告会、学术研讨会、各种碱活性检测方法培训班等,普及 AAR 知识和培训工程人员。美国虽然最早发现 AAR 问题,也相继投入开展大量研究,但仍在不断出现破坏事例。美国学者总结其教训主要是两条:一是一些检测方法本身的缺陷和缺少强制性的国家标准,因而各州自行其是,采用的标准混乱;二是由于各州遭受破坏的严重程度不同,相应工程人员对 AAR 的认识有很大差异,选择检测方法和预防措施方面也往往各行其是。因此,2005年美国高速公路交通安全法案对 AAR 研究投入1 000万美元的史上最大专项资助,其主要目标是:一方面加强集料碱活性的可靠检测和评价方法,形成强制性国家标准;另一方面是聘任学者组成咨询委员会,加强对工程人员的培训,普及 AAR 检测和预防知识。

近年来我国工程界对碱集料反应不可谓不重视,特别是一些大型基础设施建设都规定了相关条款,以保证工程不发生 AAR。但由于一些工程设计、管理和技术人员对 AAR 知识缺少系统、深入的了解,谈之色变者有之、避之大吉甚或掩耳盗铃者有之,往往造成对 AAR 的重视停留在口头或程序上。集料碱活性的检测不同于混凝土强度等性能检测,由于集料涉及岩石种类的多样性、复杂性和单一检测方法的局限性,依靠单一检测方法通常不能给出可靠的结果,往往需要、有时甚至必须采用多种方法综合判定。此外,国外经验也表明,不同试验室采用同种检测方法有时也会出现不同的结果,除严格规定方法的程序外,相关人员的试验技能也是重要影响因素。ASTM 和 RILEM 相关方法的标准化都经过多个试验室的联合验证程序。

无论是检测方法的研究验证及其标准化,还是相关知识的普及推广以及不同检测方法或试验技能的培训都非个别单位所能完成,需要试验室和工程应用单位的通力合作。

6.2 水泥

6.2.1 桥涵工程采用的水泥应符合现行《通用硅酸盐水泥》(GB 175)的规定,水泥的品种和强度等级应通过混凝土配合比试验选定,且其特性应不会对混凝土的强度、耐久性和工作性能产生不利影响。当混凝土中采用碱活性集料时,宜选用含碱量不大于 0.6% 的低碱水泥。

我国的水泥按《通用硅酸盐水泥》(GB 175—2007)的分类有:硅酸盐水泥、普通硅酸盐水泥、矿渣硅酸盐水泥、火山灰质硅酸盐水泥、粉煤灰硅酸盐水泥和复合硅酸盐水泥等。其中矿渣硅酸盐水泥、火山灰质硅酸盐水泥、粉煤灰硅酸盐水能、复合硅酸盐水泥等四种硅酸盐水泥允许掺入 20% 以上的不同矿物混合物等量取代熟料,掺加后其性能随之产生变化。为了有效控制混凝土的质量,当采用掺入外加剂与掺合料来配制桥涵结构的混凝土时,适用的水泥一般为硅酸盐水泥或普通硅酸盐水泥;大体积混凝土适用的水泥为中热硅酸盐水泥、低热矿渣硅酸盐水泥、粉煤灰硅酸盐水泥或矿渣硅酸盐水泥。对于粉煤灰硅酸盐水泥、矿渣硅酸盐水泥,不需要再掺入相应的矿渣、粉煤灰。

混凝土的强度与水胶比、集料的配合比等多种因素有关,而关系最大的是水泥的强度。选用水泥强度须与需要配制的混凝土的强度相适应,若以低强度的水泥配制高强度混凝土,而每立方米混凝土需用的水泥量(kg/m^3)大为增加,不仅不经济,而且水泥用量多,水化热大,易发生收缩裂纹,影响混凝土的质量;若以较高强度的水泥配制低强度混凝土,虽然可以少用水泥,但不能少于规范的要求,否则,混凝土的和易性不好,容易离析,浇筑质量差。

由于混凝土强度是结构混凝土质量的主要衡量指标,在施工中有些施工单位往往为了满足混凝土强度而加大水泥用量或采用早强水泥,而不愿使用粉煤灰等掺合料,忽视了结构对混凝土其他性能的要求,给混凝土的耐久性带来了不利影响。因此,在选用水泥时需根据结构物的情况综合考虑。

水泥含碱量的控制主要是从碱集料反应的角度考虑。工程实践中发现有的结构混凝土的开裂是由于水泥的高含碱量所引起的收缩所致,为防止碱促进混凝土的开裂,根据现行《通用硅酸盐水泥》(GB 175)的规定及公路桥涵结构使用的实际情况,规定了当混凝土中使用碱活性集料时,水泥的含碱量宜不大于 0.6% 的要求,水泥的碱含量按氧化钠当量计($Na_2O + 0.658K_2O$),这个碱含量的限值是国际上公认的安全指标。

6.2.2 水泥进场时,应附有生产厂的品质试验检验报告等合格证明文件,并应按批次对同一生产厂、同一品种、同一强度等级及同一出厂日期的水泥进行强度、细度、安定性和凝结时间等性能的检验,散装水泥应以每 500t 为一批,袋装水泥应以每 200t 为一批,不足 500t 或 200t 时,亦按一批计。当对水泥质量有怀疑或受潮或存放时间超过 3 个月时,应重新取样复验,并应按其复验结果使用。水泥的检验试验方法应符合现行《公路工程水泥及水泥混凝土试验规程》(JTG E30)的规定。

6.2.3 公路桥涵混凝土工程宜采用散装水泥,散装水泥在工地应采用专用水泥罐储存;采用袋装水泥时,在运输和储存过程中应防止受潮,且不得长时间露天堆放,临时露天堆放时应设支垫并覆盖。不同品种、强度等级和出厂日期的水泥应分别按批存放。

6.3 细集料

6.3.1 细集料宜采用级配良好、质地坚硬、颗粒洁净的河砂;当河砂不易得到时,可采用符合规定的其他天然砂或机制砂;细集料不得采用海砂。细集料的技术指标应符合表6.3.1的规定。

表6.3.1 细集料技术指标

项 目			技 术 要 求		
			Ⅰ类	Ⅱ类	Ⅲ类
有害物质限量	云母(按质量计,%)		≤1.0		≤2.0
	轻物质(按质量计,%)		≤1.0		
	有机物		合格		
	硫化物及硫酸盐(按SO_3质量计,%)		≤0.5		
	氯化物(以氯离子质量计,%)		≤0.01	≤0.02	≤0.06
天然砂	含泥量(按质量计,%)		≤1.0	≤3.0	≤5.0
	泥块含量(按质量计,%)		0	≤1.0	≤2.0
机制砂	MB值≤1.4 或快速法试验合格	MB值	≤0.5	≤1.0	≤1.4 或合格
		石粉含量(按质量计,%)	≤10.0		
		泥块含量(按质量计,%)	0	≤1.0	≤2.0
	MB值>1.4 或快速法试验不合格	石粉含量(按质量计,%)	≤1.0	≤3.0	≤5.0
		泥块含量(按质量计,%)	0	≤1.0	≤2.0
坚固性	硫酸钠溶液法试验,砂的质量损失(%)		≤8		≤10
	机制砂单级最大压碎指标(%)		≤20	≤25	≤30
表观密度(kg/m^3)			≥2 500		
松散堆积密度(kg/m^3)			≥1 400		
空隙率(%)			≤44		
碱集料反应			经碱集料反应试验后,试件应无裂缝、酥裂、胶体外溢现象,在规定试验龄期的膨胀率应小于0.10%		

注:1. 砂按产源分为天然砂、机制砂两类;按技术要求分为Ⅰ类、Ⅱ类、Ⅲ类。
   2. 石粉含量系指机制砂中粒径小于75μm的颗粒含量。
   3. 当工程有要求时,含水率和饱和面干吸水率应采用实测值。
   4. 砂中不应混有草根、树叶、树枝、塑料、煤块、炉渣等杂物。
   5. 当对砂的坚固性有怀疑时,应做坚固性试验。
   6. 当碱集料反应不符合表中要求时,应采取抑制碱集料反应的技术措施。

本条按《建设用砂》(GB/T 14684—2011)的规定对相关技术指标进行了修改。本次修订取消了原规范表6.3.1中注1"Ⅰ类宜用于强度等级大于C60的混凝土;Ⅱ类宜用于强度等级C30~C60及有抗冻、抗渗或其他要求的混凝土;Ⅲ类宜用于强度等级小于C30的混凝土和砌筑砂浆"的要求;并将原规范表6.3.1中的注2修改为现注1"砂按产源分为天然砂、机制砂两类"。

对细集料中的有害物质含量需要进行限制。砂中云母过多时,会削弱水泥的胶结力,降低混凝土的强度;有机物和轻物质过多时,将延缓水泥的硬化过程,降低混凝土的强度,特别是早期强度;含泥量过多时,将引起混凝土的拌合物需水量和水泥用量增加,并且会降低混凝土的强度和抗渗性、抗冻性;硫化物会与水泥中的铝酸三钙发生化学反应,体积膨胀2.5倍,影响混凝土的强度和耐久性并腐蚀钢筋。

6.3.2 细集料宜按同产地、同规格、连续进场数量不超过400m³或600t为一验收批,小批量进场的宜以不超过200m³或300t为一验收批进行检验;当质量稳定且进料量较大时,可以1000t为一验收批。检验内容应包括外观、筛分、细度模数、有机物含量、含泥量、泥块含量及机制砂的石粉含量等;必要时尚应对坚固性、有害物质含量、氯离子含量、碱活性及放射性等指标进行检验。检验试验方法应符合现行《公路工程集料试验规程》(JTG E42)的规定。

使用本条时各项要求均须得到严格执行,特别是混凝土要求较高时,更要注意对细集料的细度、含泥量、有害物质含量和坚固性等指标的检验控制,以在工程施工中达到节省水泥并获得符合要求的混凝土的目的。

6.3.3 砂的分类应符合表6.3.3的规定。

表6.3.3 砂 的 分 类

砂组	粗砂	中砂	细砂
细度模数	3.7~3.1	3.0~2.3	2.2~1.6

注:细度模数主要反映全部颗粒的粗细程度,不完全反映颗粒的级配情况,混凝土配制时应同时考虑砂的细度模数和级配情况。

6.3.4 细集料的颗粒级配应符合表6.3.4-1的规定,级配类别应符合表6.3.4-2的规定。

表6.3.4-1 细集料的颗粒级配

细集料的分类	天 然 砂			机 制 砂		
级配区	1区	2区	3区	1区	2区	3区
方孔筛	累计筛余(%)					
4.75mm	10~0	10~0	10~0	10~0	10~0	10~0
2.36mm	35~5	25~0	15~0	35~5	25~0	15~0
1.18mm	65~35	50~10	25~0	65~35	50~10	25~0
600μm	85~71	70~41	40~16	85~71	70~41	40~16
300μm	95~80	92~70	85~55	95~80	92~70	85~55
150μm	100~90	100~90	100~90	97~85	94~80	94~75

注:1. 表中除4.75mm和600μm筛档外,其余可略有超出,但各级累计筛余的超出值总和应不大于5%。
2. 对砂浆用砂,4.75mm筛孔的累计筛余量应为0。

表6.3.4-2 级 配 类 别

类别	Ⅰ类	Ⅱ类	Ⅲ类
级配区	2区	1、2、3区	

细度模数仅反映了砂的全部颗粒粗细程度,而不能反映颗粒级配程度,细度模数相同而级配不同的砂,会具有不同的混凝土配制性质。有关资料表明,合格粒径与良好级配的集料可以使混凝土用水量降低约20%,有可能减小收缩值约100×10⁻⁶。因此,条文列入了各种级配区的级配,如表6.3.4-1所示,其中1区基本属于粗砂范畴,2区基本属于中砂范畴,3区基本属于细砂范畴。为了保证混凝土结构物的质量,重要工程的混凝土用砂通常选用中砂,细度模数一般为2.9~2.6。

按《建设用砂》(GB/T 14684—2011)的规定对相关技术指标进行了修改,增加了表6.3.4-2。

6.4 粗集料

6.4.1 粗集料宜采用质地坚硬、洁净、级配合理、粒形良好、吸水率小的碎石或卵石,其技术指标应符合表 6.4.1 的规定。

表 6.4.1 粗集料技术指标

项 目		技 术 要 求		
		Ⅰ类	Ⅱ类	Ⅲ类
碎石压碎指标(%)		≤10	≤20	≤30
卵石压碎指标(%)		≤12	≤14	≤16
坚固性(硫酸钠溶液法试验质量损失值,%)		≤5	≤8	≤12
吸水率(%)		≤1.0	≤2.0	
针片状颗粒总含量(按质量计,%)		≤5	≤10	≤15
含泥量(按质量计,%)		≤0.5	≤1.0	≤1.5
泥块含量(按质量计,%)		0	≤0.2	≤0.5
有害物质限量	有机物	合格		
	硫化物及硫酸盐(按 SO_3 质量计,%)	≤0.5	≤1.0	
岩石抗压强度(水饱和状态,MPa)		火成岩≥80;变质岩≥60;水成岩≥30		
表观密度(kg/m³)		≥2 600		
连续级配松散堆积空隙率(%)		≤43	≤45	≤47
碱集料反应		经碱集料反应试验后,试件应无裂缝、酥裂、胶体外溢等现象,在规定试验龄期的膨胀率应小于0.10%		

注:1. 粗集料中不应混有草根、树叶、树枝、塑料、煤块、炉渣等杂物。
　　2. 混凝土强度等级为 C60 及以上时应进行岩石抗压强度检验,其他情况下,如有必要也可进行岩石的抗压强度检验。岩石的抗压强度除应满足表中要求外,其抗压强度与混凝土强度等级之比对于 C60 及以上的混凝土,应不小于 2,其余应不小于 1.5。岩石强度首先应由生产单位提供,工程中可采用压碎值指标进行质量控制。
　　3. 当粗集料中含有颗粒状硫酸盐或硫化物杂质时,应进行专门检验,确认能满足混凝土耐久性要求后,方可采用。
　　4. 采用卵石破碎成碎石时,应具有两个及以上的破碎面,且其破碎面应不小于 70%。
　　5. 卵石和碎石混合使用时,压碎值应分别按卵石和碎石控制。

本条按《建设用卵石、碎石》(GB/T 14685—2011)的规定对相关技术指标进行了修改。

对表 6.4.1 中的注作了下列修改:删除了原表注 1 "Ⅰ类宜用于强度等级大于 C60 的混凝土;Ⅱ类宜用于强度等级 C30～C60 及有抗冻、抗渗或其他要求的混凝土;Ⅲ类宜用于强度等级小于 C30 的混凝土和砌筑砂浆"的要求;对原表注 3 进行了修改(现为注 2);增加了现表注 5 "卵石和碎石混合使用时,压碎值应分别按卵石和碎石控制"的规定,放宽了对卵石应用的限制,以充分利用资源。

集料的表观密度、松散堆积密度和空隙率等指标,间接地反映了集料的级配情况。在集料中,均要求"采用吸水率小的集料"。根据有关资料,在集料中须注意吸水率的问题,考虑到混凝土的耐久性,采用吸水率大的集料所配制的混凝土会有较大的长期收缩,影响混凝土的抗裂性,如砂岩集料的吸水率是石灰岩的 20 倍,用它制成的混凝土 1 年收缩率是石灰岩的 3～4 倍。

关于破碎砾石,在一些卵石资源较为丰富的地区,往往将卵石破碎加工后,按砾石使用,作为粗集料用以配制混凝土。由于卵石一般是在河道天然状态下经水流的多年冲刷、磨砺而形成的一种自然材料,且其基岩岩性的差异较大,具体表现在力学强度、坚固性等指标存在较大的变异,因此在采用破碎砾石配制混凝土时需要注意下列问题:

(1)注重料源的选择。一般在河道的上游因冲刷搬运距离短,卵石的粒径大,采集和破碎时较困难,而且卵石中的软弱成分多,变异大;而下游则因沉积作用,卵石的粒径较小,加工时不易形成要求的破碎面。因此,要尽量选择河道中游卵石储量丰富的地段进行采集。

(2)对卵石进行破碎加工时,须采取二级破碎的方式,一级破碎可以采用颚式破碎机,但二级破碎则要采用反击破破碎机,使其在破碎后能形成两个及以上的破碎面,且破碎面须不小于70%,并要保证其具有良好的颗粒形状。

(3)破碎加工后须进行水洗筛分分级,筛分分级的设备采用多层振动筛,使破碎加工后的集料分档清楚、颗粒洁净、消除杂质。

(4)破碎砾石在满足粗集料的技术标准和混凝土的性能要求后,方能按碎石使用,但一般不要用于高强度混凝土中。

6.4.2 当混凝土结构物处于不同环境条件下时,粗集料坚固性试验的结果除应符合表6.4.1的规定外,尚应符合表6.4.2的规定。

表6.4.2 粗集料的坚固性试验

混凝土所处环境条件	在硫酸钠溶液中循环5次后的质量损失(%)
寒冷地区,经常处于干湿交替状态	<5
严寒地区,经常处于干湿交替状态	<3
混凝土处于干燥条件,但粗集料风化或软弱颗粒过多	<12
混凝土处于干燥条件,但抗疲劳、耐磨、抗冲击要求高或强度等级大于C40	<5

注:有抗冻、抗渗要求的混凝土用硫酸钠法进行粗集料坚固性试验不合格时,可再进行直接冻融试验。

对混凝土处于表6.4.2所列环境中时,对粗集料的抗腐蚀、抗磨损等均很不利,特别当风化或软弱颗粒过多时更为严重。因此规定在这种情况下,应采用硫酸钠法对粗集料进行坚固性即耐久性试验,以保证结构物的使用寿命。

6.4.3 粗集料的颗粒级配应符合表6.4.3的规定。粗集料宜根据混凝土最大粒径采用连续两级配或连续多级配。单粒粒级宜用于组合成满足要求的连续粒级;亦可与连续粒级混合使用,改善其级配或配成较大粒度的连续粒级。

表6.4.3 粗集料的颗粒级配

公称粒级 (mm)	累计筛余(按质量计,%)											
	方孔筛筛孔边长尺寸(mm)											
	2.36	4.75	9.50	16.0	19.0	26.5	31.5	37.5	53.0	63.0	75.0	90.0
连续粒级 5~16	95~100	85~100	30~60	0~10	0							
连续粒级 5~20	95~100	90~100	40~80		0~10	0						
连续粒级 5~25	95~100	90~100		30~70		0~5	0					
连续粒级 5~31.5	95~100	90~100	70~90		15~45		0~5	0				
连续粒级 5~40		95~100	70~90		30~65			0~5	0			
单粒粒级 5~10	95~100	80~100	0~15	0								
单粒粒级 10~16		95~100	80~100	0~15								
单粒粒级 10~20		95~100	85~100		0~15	0						
单粒粒级 16~25			95~100	55~70	25~40	0~10						
单粒粒级 16~31.5		95~100		85~100			0~10	0				
单粒粒级 20~40			95~100		80~100			0~10	0			
单粒粒级 40~80					95~100			70~100		30~60	0~10	0

本条按《建设用卵石、碎石》(GB/T 14685—2011)的规定对粗集料的颗粒级配进行了修改,修改后包含5个连续粒级、7个单粒粒级。

粗集料的级配和粒径不好,必然要加大混凝土的胶凝材料总量和用水量,从而增加混凝土的收缩、增加混凝土的渗透性等不良性。为了提高混凝土的耐久性,要求采用良好的级配,粗集料的良好级配是孔隙小、水泥用量少、不易离析及和易性好。连续级配粗集料的分级尺寸互相衔接,每级均占一定数量,天然卵石属此种级配,拌制混凝土时和易性好,不易发生离析;单粒级的集料分级尺寸不相衔接,拌制混凝土时用水泥多,易离析,捣固较困难,故一般不考虑采用单粒级配。本次修订将原规范"不宜采用单粒级或间断级配配制,必须使用时,应通过试验验证"的规定修改为"单粒粒级宜用于组合成满足要求的连续粒级;亦可与连续粒级混合使用,改善其级配或配成较大粒度的连续粒级"。

6.4.4 粗集料最大粒径宜按混凝土结构情况及施工方法选取,但最大粒径不得超过结构最小边尺寸的1/4和钢筋最小净距的3/4;在两层或多层密布钢筋结构中,最大粒径不得超过钢筋最小净距的1/2,同时不得超过75.0mm。混凝土实心板的粗集料最大粒径不宜超过板厚的1/3且不得超过37.5mm。泵送混凝土时的粗集料最大粒径,除应符合上述规定外,对碎石不宜超过输送管径的1/3,对卵石不宜超过输送管径的1/2.5。

粗集料最大粒径的规定,主要是防止集料过大被卡在钢筋的间隙、施工运输设备内,同时也为了保证混凝土结构物的密实度和外观质量。

6.4.5 施工前应对所用的粗集料进行碱活性检验,在条件许可时宜避免采用有碱活性反应的粗集料,必须采用时应采取必要的抑制措施。

本条的规定是基于对检测为有潜在危害的集料须及时采取措施,防止混凝土因碱集料的活性反应对结构造成破坏。施工前对所用的粗集料进行碱活性检验是非常必要的,"碱集料反应"被称为"混凝土癌症",混凝土内一旦发生"碱集料反应"将严重影响结构的耐久性,引起的破坏要花大量的人力、物力、财力来修补或重建,有些损失甚至是永远不可弥补的。随着混凝土高强化的趋势,硅酸盐水泥、普通硅酸盐水泥大批量使用,水泥用量的不断增加、外加剂的多样化,导致单位体积混凝土的总碱量成倍增加,这一切为"碱集料反应"创造了"物质基础"。工程建设界之所以对集料的碱活性如此重视,是因为国内外已有多起受碱集料反应而破坏的工程实例。专家估计,全世界每年因碱集料反应而造成的工程损失高达1 500亿美元。

我国由碱集料反应引起混凝土结构破坏的实例很多,举例如下:

(1)北京市的三元立交桥建成于1984年,投资1亿多元,在20世纪80年代末发现开裂,盖梁及桥台开裂十分严重,裂缝宽度最大达14mm,不得不采取措施将桥墩扩大以支撑悬臂盖梁。三元桥的水泥用量为300~400kg/m³,使用北京地区含碱较高的砾石作为集料,施工中为了防冻和缩短凝固时间,又掺入了防冻剂和早强剂,使部分混凝土中的碱含量(即当量Na_2O)高达15kg/m³,碱与混凝土集料中某些成分发生反应,从而导致混凝土膨胀开裂与破坏。

(2)天津市的八里台立交桥,使用含活性硅成分的灰岩作为集料。有许多潮湿部位的墩柱、支撑梁发生网状开裂和顺筋开裂,有的桥台潮湿处的混凝土胀裂,裂缝表面不平。天津市长江道立交桥墩柱、支承梁和主梁梁端在潮湿处发生顺筋开裂,有些墩柱表面发生网状裂缝。

(3)1982—1984年由北京某构件厂生产的预应力混凝土铁路桥梁188孔,用于山东兖石线上。1991年调查了183孔,其中无裂缝的仅6孔,裂缝宽度一般在0.2~0.4mm之间,最大的达0.7mm。预制构件系采用高碱纯硅酸盐水泥,混凝土的碱含量约为6.5kg/m³,虽然混凝土的强度非常高,但仍然开裂严重。

(4)采用北京地区的碱活性集料与高碱水泥生产的预制构件在河北的京秦线、陕西三原铁路工务段和江西景德镇的铁路桥梁上使用时破坏同样严重。同时生产的铁路轨枕用于北京站、上海站、贵阳站、镇江站也是同样结果。

(5)山东潍坊机场建于1984年,混凝土的碱含量约为3.9kg/m³。20世纪90年代初调查发现,开裂的跑道达33.3%。经鉴定证明,该机场跑道的开裂主要为碱碳酸盐反应引起的破坏。

(6)在广西红水河岩滩地区水电站的修建中发现,集料使用了含钙质石英质燧石,这种燧石砂浆试件膨胀率超过0.1%,属碱活性集料。

(7)内蒙古通辽电厂冷却塔,使用1年后完全破坏,原因是使用的集料砂浆试件膨胀率超过0.1%,属碱活性集料。

预防混凝土工程发生碱集料反应破坏需要采取的措施包括:

(1)控制水泥的含碱量。

由于混凝土工程发生AAR损坏是由于混凝土内部的碱与活性集料反应所致,世界各国为了避免AAR造成混凝土工程破坏的巨大经济损失,均以预防为主,即配制混凝土时控制活性集料数量和含碱量。在20世纪四五十年代,当时混凝土的单方水泥用量不多,也基本不使用含碱外加剂,主要控制水泥含碱量;今天在建造混凝土工程时,也要控制水泥含碱量。

(2)控制混凝土中的碱含量。

进入20世纪六七十年代,随着混凝土强度等级的提高,单方水泥用量增加,外加剂的应用比较普遍,加上英国、日本等国由于砂资源不足,大量使用海砂配制混凝土,这样预防AAR就需要限制混凝土的总碱量。英国认为控制在3kg/m³是安全的;新西兰提出低出3.5kg/m³是无害的;南非规定限值为2.1kg/m³。中国工程建设标准化协会批准的《混凝土碱含量限值标准》(CECS 53:93)规定:干燥环境,一般工程结构、重要工程结构不限制,特殊工程结构3.0kg/m³;潮湿环境,一般工程结构3.5kg/m³,重要工程结构3.0kg/m³,特殊工作结构2.1kg/m³;含碱环境,一般工程结构3kg/m³,重要和特殊工程结构采用非活性集料。我国香港规定重要工作结构限值标准为3kg/m³。

(3)对集料选择使用。

我国水利部从20世纪50年代就规定,要建一座大中型水利工程,例如需使用几十万方砂石,是从南山取石或北山取石或西边河中取砂石,需提前一年做试验,经专家论证,选用其中碱活性较低的集料,并采取使用低碱水泥或掺合料等措施后才开采集料。因而新中国成立以来,我国建设了几百座大中型水利工程,未发生一起"碱集料反应"损坏,这在世界上也是少有的。我国地域辽阔,活性集料的种类及分布很复杂。例如北京地区经过普查,永定河产集料配制混凝土时的安全含碱量限值为3kg/m³,潮白河产集料限值为6kg/m³。因此,要做到有效地预防"碱集料反应"对混凝土工程的破坏,需要先对本地区产的集料活性进行调研,明确每种集料的安全含碱量限值。

(4)掺混合材。

掺某些活性混合材可缓解、抑制混凝土的AAR,根据各国的试验资料,掺5%~10%的硅灰可以有效抑制"碱集料反应"。冰岛自1979年以来,一直在生产水泥时掺5%~7.5%的硅灰,以预防"碱集料反应"对工程的损害。另外掺粉煤灰也很有效,粉煤灰的含碱量不同,经试验,即使含碱量高的粉煤灰,如果取代30%的水泥,也可以有效抑制"碱集料反应"。另外常用的抑制性混合材还有高炉矿渣,但用量须大于50%才能有效地抑制"碱集料反应"对工程的破坏,现在美国、英国、德国对高炉矿渣的推荐掺量均为50%以上。

(5)隔绝水和湿空气的来源。

如果在担心混凝土工程发生"碱集料反应"的部位能有效地隔绝水和空气的来源,也可以起到缓和"碱集料反应"对工程破坏的效果。

6.4.6 粗集料的进场检验组批应符合本规范第6.3.2条的规定。检验内容应包括外观、颗粒级配、针片状颗粒含量、含泥量、泥块含量、压碎值指标等,必要时尚应对坚固性、有害物质含量、氯离子含量、碱活性及放射性等指标进行检验。检验试验方法应符合现行《公路工程集料试验规程》(JTG E42)的规定。

原规范对粗集料的检验试验方法虽然采用《公路工程集料试验规程》(JTG E42—2005)的规定,但在执行过程中,粗集料的压碎值指标成为其中最突出的问题。该规程的检验试验方法更多考虑的是沥青混凝土和水泥混凝土路面工程中使用的粗集料,而对结构混凝土中使用的粗集料较少顾及,且其在检验压碎值指标时的试验荷载为 400kN,与国家标准和其他行业标准中采用 200 kN 的试验荷载有着较大的区别,使得桥涵工程结构混凝土中的粗集料压碎值指标要求偏高,难以达到规定的指标要求。本次修订经与《公路工程集料试验规程》(JTG E42—2005)修订编制组协调后达成共识,在该规程中对粗集料压碎值的检验试验方法作出了调整,增加了结构混凝土中粗集料的压碎值检验试验方法,其试验荷载为 200 kN,如此则与《建设用卵石、碎石》(GB/T 14685—2011)中的检验试验方法相一致。但由于新修订的《公路工程集料试验规程》尚未正式颁布实施,因此在执行本条的规定时,对于粗集料压碎值的检验试验方法,可以暂按现行《建设用卵石、碎石》(GB/T 14685)的规定采用。

6.4.7 粗集料在生产、运输与储存过程中,不得混入影响混凝土性能的有害物质。粗集料应按品种、规格分别堆放,不得混杂。在装卸及储存时,应采取措施,使集料颗粒级配均匀,并保持洁净。

6.5 水

6.5.1 符合国家标准的饮用水可直接作为混凝土的拌制和养护用水;当采用其他水源或对水质有疑问时,应对水质进行检验。水的品质指标应符合表 6.5.1 的规定。

表 6.5.1 混凝土用水的品质指标

项 目	拌制用水			养护用水
	预应力混凝土	钢筋混凝土	素混凝土	
pH 值	≥5.0	≥4.5	≥4.5	≥4.5
不溶物(mg/L)	≤2 000	≤2 000	≤5 000	—
可溶物(mg/L)	≤2 000	≤5 000	≤10 000	—
氯化物(以 Cl^- 计,mg/L)	≤500	≤1 000	≤3 500	≤3 500
硫酸盐(以 SO_4^{2-} 计,mg/L)	≤600	≤2 000	≤2 700	≤2 700
碱含量(mg/L)	≤1 500	≤1 500	≤1 500	≤1 500

注:1. 对设计使用年限为 100 年的结构混凝土,氯离子含量不得超过 500mg/L;对使用钢丝或经热处理钢筋的预应力混凝土,氯离子含量不得超过 350mg/L。
    2. 碱含量按 $Na_2O + 0.658K_2O$ 计算值表示。采用非碱活性集料时,可不检验碱含量。

本条的主要依据为《混凝土用水标准》(JGJ 63—2006)的相关规定。

6.5.2 混凝土用水尚应符合下列规定:
  1 水中不应有漂浮明显的油脂和泡沫,且不应有明显的颜色和异味。
  2 严禁采用海水用于结构混凝土的拌制和养护。

6.5.3 混凝土用水的检验试验方法应符合现行《混凝土用水标准》(JGJ 63)的规定。

6.6 外加剂

6.6.1 公路桥涵工程使用的外加剂,与水泥、矿物掺合料之间应具有良好的相容性。

6.6.2 所采用的外加剂,应是经过具备相关资质的检测机构检验并附有检验合格证明的产品,且其质量应符合现行《混凝土外加剂》(GB 8076)的规定。外加剂使用前应按现行《混凝土外加剂》(GB 8076)

的规定进行复验,复验结果满足要求后方可用于工程中。外加剂的品种和掺量应根据使用要求、施工条件、混凝土原材料的变化等通过试验确定。

与水泥和矿物掺合料之间的良好相容性是选用外加剂时的首要条件,需要引起高度重视,不相容的外加剂不能使用。不同品种的外加剂有其各自的特性,故需要根据工程材料和施工条件等因素,通过试验确定其品种及适宜的掺量。

2006年交通部以交工便字[2006]02号文颁布了《公路工程水泥混凝土外加剂与掺合料应用技术指南》,该指南对公路混凝土工程中最常用的10类19种外加剂和4类掺合料,从主要品种、使用范围、性能指标、施工注意事项、检验要求和质量监控等各个环节均有较详细的规定,在公路桥涵的混凝土工程中,可以参照该指南的规定执行。

掺有外加剂的混凝土性能指标见表6-1。

表6-1 掺有外加剂的混凝土性能指标

项目		高性能减水剂 HPWR			高效减水剂 HWR		普通减水剂 WR			引气减水剂 AEWR	泵送剂 PA	早强剂 Ac	缓凝剂 Re	引气剂 AE
		早强型 HPWR-A	标准型 HPWR-S	缓凝型 HPWR-R	标准型 HWR-S	缓凝型 HWR-R	早强型 WR-A	标准型 WR-S	缓凝型 WR-R					
减水率(%),不小于		25	25	25	14	14	8	8	8	10	12	—	—	6
泌水率比(%),不大于		50	60	70	90	100	95	100	100	70	70	100	100	70
含气量(%)		≤6.0	≤6.0	≤6.0	≤3.0	≤4.5	≤4.0	≤4.0	≤5.5	≥3.0	≤5.5	—	—	≥3.0
凝结时间之差(min)	初凝	-90~+90	-90~+90	>+90	-90~+120	>+90	-90~+90	-90~+120	>+90	-90~+120	—	-90~+90	>+90	-90~+120
	终凝			—		—			—					
1h经时变化量	坍落度(mm)	—	≤80	≤60						—	≤80			—
	含气量									-1.5~+1.5				-1.5~+1.5
抗压强度比(%),不小于	1d	180	170		140		135				135			
	3d	170	160		130	—	130	115		115		130		95
	7d	145	150	140	125	125	110	115	110	110	115	110	110	95
	28d	130	140	130	120	120	100	110	110	100	110	100	100	90
收缩率比(%),不大于	28d	110	110	110	135	135	135	135	135	135	135	135	135	135
相对耐久性(200次)(%),不小于		—	—	—	—	—	—	—	—	80	—	—	—	80

注:1. 表中抗压强度比、收缩率比、相对耐久性为强制性指标,其余为推荐性指标。
　　2. 除含气量和相对耐久性外,表中所列数据为掺外加剂混凝土与基准混凝土的差值或比值。
　　3. 凝结时间之差性能指标中的"-"号表示提前,"+"号表示延缓。
　　4. 相对耐久性(200次)性能指标中的"≥80"表示将28d龄期的受检混凝土试件快速冻融循环200次后,动弹性模量保留值≥80%。
　　5. 1h含气量经时变化量指标中的"-"号表示含气量增加,"+"号表示含气量减少。
　　6. 其他品种的外加剂是否需要测定相对耐久性指标,由供需双方协商确定。
　　7. 当用户对泵送剂等产品有特殊要求时,需要进行的补充试验项目、试验方法及指标,由供需双方协商决定。

使用外加剂时需要注意下列事项：

(1)需根据工程特点选用合适的外加剂。

几乎各种混凝土都可以掺用外加剂，但需要根据工程需要、施工条件和施工工艺等选择合适的外加剂，同时还要注意外加剂对不同的水泥有一个相容性问题。

(2)注意外加剂的质量。

须详细了解产品的实际性能，注意生产厂所提供的技术资料和应用说明。在工程应用前，须按照质量标准对选择好的减水剂进行掺外加剂混凝土性能要求(与基准混凝土相比)的检验，为了确定掺量，对液态减水剂要测定溶液密度，对粉剂减水剂要测定固体物含量。

在粉剂产品中，有些由于烘干不彻底或包装不符合要求而受潮，致使产品中的固体含量大多在75%~80%，在这种情况下切勿将固体物质以100%用作计算掺量的依据。

须对每批进料按要求进行检验，符合要求后方能用于施工。

(3)注意水泥品种的选择。

在原材料中，水泥对外加剂的影响最大，水泥品种不同，将影响减水剂的减水、增强效果，其中对减水效果影响更明显。

(4)使用前须进行试验。

为了保证工程质量，根据现有的标准，对减水剂在使用前首先要做匀质性试验，一般要测定表面张力和含固量两项，当测定表面张力有困难时，可以用起泡性代替，然后进行混凝土试配。检验减水剂混凝土的性能时，一般要测定坍落度损失、减水率、含气量和抗压强度四项指标。

(5)注意掌握掺量。

每种外加剂都有适宜的掺量，即使同一种外加剂，不同的用途有不同的适宜的掺量。掺量过大，不仅在经济上不合理，而且可能造成质量事故，对有引气、缓凝作用的减水剂，尤其要注意不能超掺量。木钙掺量大于水泥质量的0.5%时，会引入过量空气而使初凝缓慢，降低混凝土强度。高效减水剂如掺量过小，会失去高效能作用；而掺量过大(大于1.5%)，则会由于泌水而影响质量。对氯盐的限制是众所周知的，过量会引起钢筋锈蚀。防冻剂的掺量与温度有关。影响外加剂掺量的因素较多，因此需注意掌握其掺量。

(6)采用适宜的掺加方法。

在混凝土搅拌过程中，外加剂的掺加方法对外加剂的使用效果影响较大。如减水剂的掺加方法大体可以分为先掺法(在拌和水之前掺入)、同掺法(与拌和水同时掺入)、滞后法(在搅拌过程中减水剂滞后于水2~3min加入)、后掺法(在拌和后经过一定的时间才按1次或几次加入具有一定含量的混凝土拌合物中，再经2次或多次搅拌)。不同的掺加方法将会带来不同的使用效果；不同品种的减水剂，由于作用机理不同，其掺加方法也不一样。如对于萘系高效减水剂，为了避开水泥中的铝酸三钙(C_3A)、铁铝酸四钙(C_4AF)矿物成分的选择性吸附，以后掺法为好；又如木钙类减水剂，由于其作用机理是大分子保护作用，故不同的掺加方法影响不显著。影响减水剂掺加方法的因素主要有水泥品种、减水剂品种、减水剂掺量、掺加时间及复合的其他外加剂等，均需通过试拌确定。

(7)注意调整混凝土的配合比。

一般地说，外加剂对混凝土配合比没有特殊要求，可以按普通方法进行设计，但在减水或节约水泥的情况下，对砂率、水泥用量、水胶比等作适当调整，还是有必要的。

6.6.3 采用膨胀剂时应符合下列规定：

1 在公路桥涵混凝土工程中采用的膨胀剂，其性能应符合现行《混凝土膨胀剂》(GB/T 23439)的规定。

2 膨胀剂的品种和掺量应通过试验确定。

3 掺入膨胀剂的混凝土宜采取有效的持续保湿养护措施，且宜按不同结构和温度适当延长养护时间。

膨胀剂应用于混凝土工程中能够更好地发挥其补偿收缩效能,可以有效地抑制混凝土早期裂缝的产生,进一步提高混凝土的使用性能并改善混凝土的耐久性,有效地延长混凝土建筑物的使用寿命。

混凝土膨胀剂按水化产物主要可以分为三类,即硫铝酸钙类混凝土膨胀剂、硫铝酸钙-氧化钙类混凝土膨胀剂、氧化钙类混凝土膨胀剂。我国目前使用的绝大多数混凝土膨胀剂的膨胀源为钙矾石。

选用膨胀剂时,首先其性能须符合现行《混凝土膨胀剂》(GB/T 23439)的规定;其次要走出混凝土膨胀剂的使用误区,施工中不能过分强调膨胀剂的作用,要消除"一掺就灵"的盲目思想,施工者对混凝土结构的裂缝十分头痛,但那种认为在混凝土中加入膨胀剂后所有裂缝问题就能迎刃而解的想法是不可取的;另外还需注意到,混凝土膨胀剂是有一定使用范围的,须保证一定的温度和湿度,钙矾石性能才能稳定,具体使用时不仅需要对混凝土的坍落度、强度和抗渗等级进行测定,还要测试混凝土的限制膨胀率。

施工中使用膨胀剂需注意下列问题:

(1)须按混凝土配合比掺入足够的膨胀剂,保证其掺量的准确性。

(2)现场拌制混凝土的搅拌时间需比普通混凝土延长30s,以保证膨胀剂和水泥、减水剂搅拌均匀,提高其匀质性。

(3)膨胀混凝土需进行充分的保湿养护才能更好地发挥其膨胀效应,因此要特别重视养护工作。保湿养护的时间不小于14d。

(4)防止混凝土出现裂缝是个难题,这就要求混凝土须振捣密实、匀质,做好保湿养护工作,适当推迟拆模时间,并酌情延长养护时间。

6.7 掺合料

6.7.1 掺合料应保证其产品品质稳定,来料均匀。掺合料应由生产单位专门加工,进行产品检验并出具产品合格证书。掺合料的技术要求应符合本规范附录D的规定。

常用的掺合料有粉煤灰、矿渣粉,此外还有沸石粉、硅灰等。

活性掺合料在混凝土中的主要作用是:

(1)提高混凝土的密实度,提高抗冻、抗渗性能。

(2)增加混凝土的含灰量,提高流动性,可以用作泵送混凝土。

(3)用于配制高强度、高性能混凝土。

此处将混凝土常用的两种掺合料介绍如下:

(1)粉煤灰。

根据《用于水泥和混凝土中的粉煤灰》(GB/T 1596—2017)中的规定,按产生粉煤灰的煤种不同,可以分为F类粉煤灰和C类粉煤灰两种:由无烟煤或烟煤煅烧收集的粉煤灰称为F类粉煤灰,F类粉煤灰是低钙灰;由褐煤或次烟煤煅烧收集的粉煤灰称为C类粉煤灰,C类粉煤灰是高钙灰,其氧化钙含量一般大于10%。用于拌制混凝土和砂浆的粉煤灰,可以分Ⅰ级、Ⅱ级、Ⅲ级三个等级。大部分火电厂的粉煤灰在用于混凝土的配制时基本都能满足指标要求,但进料时须按规定进行检验,并要与所需等级相符。

混凝土中掺加粉煤灰的作用主要有:节约水泥和细集料、减少用水量、改善混凝土拌合物的和易性、增强混凝土的可泵性、减少混凝土的徐变、减少水化热和热膨胀性、提高混凝土的抗渗能力。粉煤灰混凝土是今后需重点研究和推广的新型环保型建筑材料。

(2)矿渣粉。

粒化高炉矿渣粉(简称矿渣粉、矿粉)是将符合国家标准规定的粒化高炉矿渣(简称矿渣)经干燥、粉磨(或添加少量石膏一起粉磨)达到相当细度且符合活性指数要求的粉体。《用于水泥、砂浆和混凝土的粒化高炉矿渣粉》(GB/T 18046—2017)对粒化高炉矿渣粉的定义是：以粒化高炉矿渣为主要原料，可掺加少量石膏磨制成一定细度的粉体，称作粒化高炉矿渣粉，简称矿渣粉。

矿渣是将高炉冶炼生铁时产生的熔融态炉渣经过急冷得到的且来不及结晶而大部分形成玻璃态的物质，主要组分为硅铝酸钙，具有较高的潜在活性。

矿渣以前一直主要用作水泥生产中的活性混合材，与水泥熟料共同粉磨制备成矿渣水泥、复合水泥等。由于矿渣的易磨性比水泥熟料差，两者共同粉磨时，矿渣比水泥熟料颗粒粗得多，矿渣活性并未得到充分发挥。为了使水泥中的矿渣活性得到充分发挥，可以将矿渣、水泥熟料分别粉磨至一定细度后，再进行混合制成水泥。

《高强高性能混凝土用矿物外加剂》(GB/T 18736—2017)将矿渣微粉命名为"矿物外加剂"纳入混凝土第六组分，比表面积在 $400m^2/kg$ 以上，从而使矿渣粉作为一个独立的产品出现在建筑市场，广泛应用于混凝土中。矿粉以等量取代部分水泥的方式掺入混凝土中，可以改善混凝土的工作性、延缓凝结时间、提高强度、增加混凝土的耐久性。由于矿渣粉是配制高性能混凝土的理想材料，且因大型粒磨矿渣技术在我国的迅速发展，矿渣粉的应用已逐渐成熟，并被广泛接受和使用。矿渣粉分为三个级别：S105、S95、S75。

随着混凝土技术的不断发展，工程界对混凝土的耐久性越来越重视，而配制高性能耐久性混凝土的途径主要有掺加矿物掺合料、掺加引气剂等。矿渣粉的大量应用，改变了以往仅以粉煤灰为主要掺合料的局面，随着对矿渣粉研究和应用的不断深入，混凝土的性能质量逐步提高；同时，矿渣粉的应用可以克服仅掺粉煤灰时取代水泥量有限的弱点，进一步降低水泥用量，不仅可以减少混凝土的水化热、增加强度、改善耐久性，而且能够降低生产成本、节约能源、保护环境，实现混凝土技术的可持续发展。

6.7.2 混凝土中需要掺用粉煤灰、粒化高炉矿渣粉、硅灰等掺合料时，其掺入量应在使用前通过试验确定。

6.7.3 掺合料在运输与储存中，应有明显标识，严禁与水泥等其他粉状材料混淆。

6.8 配合比

6.8.1 混凝土的配合比应以质量比表示，并应通过计算和试配选定。试配时应采用施工实际使用的材料，配制的混凝土拌合物应满足和易性、凝结时间等施工技术条件；制成的混凝土应满足配制强度、力学性能和耐久性能的设计要求。

混凝土所用的各种原材料质量差异很大，故配合比除需按规定进行设计计算外，更重要的是须通过实际配制试验确定。

6.8.2 普通混凝土的配合比，可按现行《普通混凝土配合比设计规程》(JGJ 55)的规定进行设计，并应通过试配确定。混凝土的试配强度，应根据设计强度等级，并考虑施工条件的差异和变化以及原材料质量可能的波动，按本规范附录 E 计算确定。混凝土的坍落度和工作性能宜根据结构物情况和施工工艺要求确定。通过设计和试配确定的配合比，应经批准后方可使用，且应在混凝土拌制前将理论配合比换算为施工配合比。

由于公路桥涵施工的技术水平、材料质量等的变异较大，因此对混凝土的配制强度在条文中未作统一规定，可以根据施工单位的具体情况确定，但验收批强度须具有不低于95%的保证率并满足评定标准的要求。在本规范附录 E 中，按数理统计方法列出了配制强度的计算方法。

配制同样强度的混凝土时，坍落度越小，可以节约越多的水泥；但坍落度越小，则和易性越差，越不容易捣实，易产生蜂窝、麻面等缺陷，故坍落度的大小须适当，且需根据混凝土捣实条件的难易、含钢筋的稀密情况而定。对高强度和高性能混凝土，尚需考虑其良好的工作性能。

6.8.3 混凝土进行耐久性设计时,环境类别和作用等级、原材料的选用、配合比设计等均应符合现行《公路工程混凝土结构耐久性设计规范》(JTG/T 3310)的规定。不同强度等级混凝土的最大水胶比、胶凝材料用量宜符合表6.8.3的规定。

表6.8.3 混凝土的最大水胶比和胶凝材料用量

混凝土强度等级	最大水胶比	最小胶凝材料用量(kg/m^3)	最大胶凝材料用量(kg/m^3)
C25	0.55	275	400
C30	0.55	280	400
C35	0.50	300	400
C40	0.45	320	450
C45	0.40	340	450
C50	0.36	360	480
C55	0.32	380	500
C60	0.30	400	530

注:1. 表中数据适用于最大粗集料粒径为20mm的情况,粒径较大时可适当降低胶凝材料用量,粒径较小时可适当增加胶凝材料用量。
  2. 大掺量矿物掺合料混凝土的水胶比应不大于0.42。
  3. 引气混凝土的胶凝材料用量与非引气混凝土要求相同。
  4. 封底、垫层及其他临时工程的混凝土,可不受本表的限制。

原规范最大水胶比、最小水泥用量及最大氯离子含量的指标,是根据《公路钢筋混凝土及预应力混凝土桥涵设计规范》(JTG D62—2004)表1.0.7对结构混凝土耐久性的基本要求拟定的。本次修订主要依据《公路工程混凝土结构耐久性设计规范》(JTG/T 3310—2019)的规定,并参照《混凝土结构耐久性设计标准》(GB/T 50476—2019)和《铁路混凝土结构耐久性设计规范》(TB 10005—2010)的规定,对相关指标作了相应调整。

新颁布的《公路工程混凝土结构耐久性设计规范》(JTG/T 3310—2019)代替《公路工程混凝土结构防腐蚀技术规范》(JTG/T B07-01—2006),该规范在耐久性设计要求中将公路桥涵混凝土结构及构件所处的环境类别划分成7类,作用等级分为6种,同时规定了各类环境作用下混凝土强度等级的最低要求、原材料选择以及耐久性设计的控制指标。

6.8.4 混凝土处于不同环境与作用等级时,矿物掺合料的掺用量宜按表6.8.4的规定选用。

表6.8.4 混凝土中的矿物掺合料用量

混凝土类型	环境类别与作用等级		水 胶 比	粉煤灰(%)	粒化高炉矿渣粉(%)
钢筋混凝土	一般环境	Ⅰ	≤0.4	≤30	≤50
			>0.4	≤20	≤30
	冻融环境	Ⅱ	≤0.4	≤30	≤40
			>0.4	≤20	≤30
	近海或海洋氯化物环境/除冰盐等其他氯化物环境	Ⅲ/Ⅳ	≤0.4	30~50	50~80
			>0.4	20~40	30~60
	盐结晶环境	Ⅴ	≤0.4	≤40	≤50
			>0.4	≤30	≤40
	化学腐蚀环境	Ⅵ	≤0.4	30~50	40~60
			>0.4	20~40	30~50
	磨蚀环境	Ⅶ	≤0.4	≤30	≤40
			>0.4	≤20	≤30
预应力混凝土				≤30	≤50

注:1. 表中用量值为矿物掺合料占胶凝材料质量的百分比。
  2. 本表仅限于硅酸盐水泥或普通硅酸盐水泥。
  3. 以硫酸盐为主的化学腐蚀环境和近海或海洋氯化物环境,宜掺用粒化高炉矿渣粉。
  4. 近海或海洋氯化物环境下,矿物掺合料复掺时取单掺的最大值。
  5. 采用普通硅酸盐水泥、矿渣水泥时,应将水泥中原有的矿物掺合料与配置混凝土时加入的矿物掺合料用量一并计算。

本条为新增内容，主要依据新颁布的《公路工程混凝土结构耐久性设计规范》(JTG/T 3310—2019)的规定。

6.8.5 在混凝土中掺入外加剂时，除应符合本规范第6.6节的规定外，尚应符合下列规定：

1 在钢筋混凝土和预应力混凝土中，均不得掺用氯化钙、氯化钠等氯盐。
2 减水剂宜采用聚羧酸类减水剂。
3 各种外加剂中的氯离子总含量宜不大于混凝土中胶凝材料总质量的0.02%，硫酸钠含量宜不大于减水剂干重的15%。
4 从各种组成材料引入的氯离子总含量（折合氯盐含量）应不超过表6.8.5规定的限值。
5 掺入引气剂的混凝土，其含气量应按不同环境类别和作用等级确定。

表6.8.5 混凝土中游离氯离子含量最大限值（%）

环境类别与作用等级	钢筋混凝土	预应力混凝土
Ⅱ、Ⅲ、Ⅳ	0.10	
Ⅰ-B、Ⅰ-C、Ⅴ、Ⅵ	0.20	0.06
Ⅰ-A、Ⅶ	0.30	

注：1. 表中氯离子含量以胶凝材料质量百分数计。
2. 环境类别和作用等级应符合现行《公路工程混凝土结构耐久性设计规范》(JTG/T 3310)的规定。

本条按新颁布的《公路工程混凝土结构耐久性设计规范》(JTG/T 3310—2019)的规定进行了修改。

拌制每立方米混凝土的水泥用量太多，则产生的水化热量很大，混凝土凝结时易产生很多的收缩裂缝，影响混凝土质量，特别是养护条件较差时更甚。一般在配制高强度预应力混凝土时，最易超过最大水泥用量，解决的办法是合理采用强度等级较高的水泥，选择优良的外加剂，掺加适宜的掺合料，配合比设计合理，并在施工中加强振捣和养护等。

掺加掺合料、外加剂的混凝土进行配合比设计时需注意下列事项：

1. 普通混凝土的配合比设计

可以按现行《普通混凝土配合比设计规程》(JGJ 55)的规定进行计算。

2. 高强度混凝土的配制

高强度混凝土的概念并没有一个确切的定义，在不同时期高强混凝土的含义是不同的，呈增加的趋势。从我国目前平均的设计和施工技术实际出发，及根据《普通混凝土配合比设计规程》(JGJ 55—2011)的定义：强度等级为C60及以上的混凝土，称为高强度混凝土。

国内外大量试验表明：如果混凝土中掺加水泥过多，对混凝土强度增长的作用并不显著，还会使其产生大量的水化热和较大的温度应力，使混凝土产生较大的收缩，导致开裂。配制高强度混凝土的水泥用量要适宜，不能将增加水泥用量作为提高混凝土强度的唯一途径，可以通过掺加外加剂，掺加粉煤灰、矿渣粉、硅灰等矿物料来实现。

3. 掺粉煤灰混凝土的配制

总体而言，配制泵送混凝土、大体积混凝土、抗渗混凝土、抗硫酸盐和抗软水侵蚀混凝土、蒸养混凝土、轻集料混凝土、地下工程混凝土、水下工程混凝土、压浆混凝土及碾压混凝土等通常可以掺用粉煤灰。

各等级粉煤灰的适用范围如下：

Ⅰ级粉煤灰适用于钢筋混凝土和预应力混凝土；
Ⅱ级粉煤灰适用于钢筋混凝土和无筋混凝土。

根据各类工程和各种施工条件的不同，粉煤灰可与各类外加剂同时使用。外加剂的适应性和合理性需通过试验确定。

粉煤灰用于下列混凝土时，需注意下列事项：

(1) 粉煤灰用于抗冻性要求高的混凝土时，须掺用引气剂。

(2) 粉煤灰混凝土在低温条件下施工时,可以掺入对粉煤灰混凝土无害的早强剂并采取适当的保温措施。

(3) 用于早期脱模、提前负荷的粉煤灰混凝土,可以掺用高效减水剂、早强剂等外加剂。

(4) 掺有粉煤灰的钢筋混凝土,对含有氯盐外加剂的限制,须符合现行《混凝土外加剂》(GB 8076)的规定。

普通混凝土采用单掺粉煤灰(Ⅱ级)内掺时一般采用超量取代法;高强度混凝土采用单掺时,通常以Ⅰ级粉煤灰为主,且能采用超量取代法或等量取代法,但均须通过试验调整确定。

粉煤灰混凝土在配合比设计中,因粉煤灰的密度比水泥小,又是超量取代,计算时一般采用体积法调整每立方米混凝土的砂石用量,试配或取样时需装模实测换算出单方质量,砂石用量通常在 2 350 ~ 2 450 kg/m³ 范围内(轻、重集料混凝土除外)。

4. 掺矿渣粉混凝土的配制

在有适用的粉煤灰时,可以优先掺粉煤灰;在缺少适用的粉煤灰时,可以单掺矿渣粉或与粉煤灰、硅灰复掺。掺粉煤灰和矿渣粉会降低混凝土的早期强度,掺粉煤灰时混凝土的早期强度增长较慢,因此其评定强度可以按 60d 或 90d 龄期计。粉煤灰在降低水化热方面的效果比矿渣粉要好,且粉煤灰更经济,超量取代还可以增加胶凝材料总量,改善混凝土的工作性。

单掺矿渣粉时混凝土的配合比计算可以采用质量法或体积法。矿渣粉用于混凝土时,需注意下列事项:

(1) 控制矿渣粉的细度;

(2) 保证养护到位;

(3) 调整凝结时间;

(4) 调整用水量。

5. 粉煤灰与矿渣粉复掺的配制

1) 矿渣粉与Ⅰ级粉煤灰复合掺加

两种材料的火山灰效应、形态效应和微集料效应可以相互叠加,形成"工作性能互补效应"和"强度互补效应",使混凝土具有良好的抗渗性和可泵性。

工作性能互补效应:对新拌混凝土,发挥粉煤灰的"形态效应"。粉煤灰中富含的球状玻璃体对浆体起到"润滑作用",增加拌合物的流动性,减小泵送阻力,改善由于矿渣粉的掺入所导致的混凝土拌合物黏聚性,使新拌混凝土得到最佳的流动性和黏聚性。

粉煤灰等量取代水泥时,混凝土的 28d 强度基本都比不掺时要低,而矿渣粉在合适的掺量下会使混凝土的 28d 强度稍有提高,因此,二者有较好的"强度互补效应"。二者复合使用还可宜兼顾混凝土的早期强度与后期强度,早期发挥矿渣粉的火山灰效应,改善浆体和集料的界面结构,弥补由于粉煤灰的火山灰效应滞后于水泥熟料水化,而使得火山灰反应生成物和水泥水化生成的胶凝数量不足,导致与未反应的粉煤灰之间界面黏结不牢引起的早期强度损失;后期发挥Ⅰ级粉煤灰的火山灰效应所带来的孔径细化作用以及未反应的粉煤灰颗粒的"内核作用",使混凝土后期强度持续得到提高。

矿渣粉与Ⅰ级粉煤灰复合使用是最佳组合。混凝土配比中可以掺加不大于 20% 的粉煤灰和不大于 40% 的矿渣粉,它们之间的比例可以根据不同强度等级和不同技术要求进行调整。由于细度达到 400 m²/kg 以上的矿渣粉会增加预拌混凝土的黏度,因此它有利于低强度等级混凝土而不利于高强度等级混凝土的配制。配制高强度等级混凝土时需要矿渣粉与可以降低预拌混凝土黏度的优质Ⅰ级粉煤灰复合使用。

2) 矿渣粉与Ⅱ级粉煤灰复合掺加

矿渣粉与Ⅱ级粉煤灰复合使用时,粉煤灰的取代量最好在 15% 以内,矿渣粉掺加量最好在 30% 以内。由于Ⅱ级粉煤灰比Ⅰ级粉煤灰供应量充足,因此使用较多。在条件允许的情况下,要多掺矿渣粉少掺Ⅱ级粉煤灰,以降低Ⅱ级粉煤灰质量波动给混凝土带来的不利影响,复掺时总取代量不要超过 50%。

试验资料表明,当矿渣粉与Ⅱ级粉煤灰复合总取代水泥40%,二者比例为1:2时,水泥基料最致密,表现为强度最高。另外,由于Ⅱ级粉煤灰和矿渣粉同样具有增加混凝土黏度的趋势,因此不适合配制高强度混凝土。

6. 粉煤灰或矿渣粉与硅粉复掺的配制

C60~C100掺硅粉高强度混凝土的配制,由于超细矿渣粉和硅粉的复合使用,其强度来源从内部组成看,第一部分由水泥水化形成的c-s-h凝胶产生;第二部分是超细矿渣粉产生的微粉填充叠加效应,使硬化砂浆结构更加致密,提高了混凝土强度;第三部分是由于硅粉填充到水泥水化后的孔隙和矿粉没有填充到的部位,产生硅微粉微集料填充效应,使混凝土的强度大大提高。

6.8.6 除应对由各种组成材料带入混凝土中的碱含量进行控制外,尚应控制混凝土的总碱含量。每立方米混凝土的总碱含量,对一般桥涵宜不大于$3.0kg/m^3$,对特大桥、大桥和重要桥梁宜不大于$2.1kg/m^3$。当混凝土结构处于受严重侵蚀的环境时,不得使用有碱活性反应的集料。

混凝土中产生碱集料反应一般认为有三个必备条件:集料具有碱活性、混凝土中总碱含量大于$3.0kg/m^3$、结构处在有足够湿度的环境中。在三个条件共同作用下混凝土会发生碱集料反应,对此施工中需要特别引起重视,严加控制。混凝土总碱含量不宜超过$3.0kg/m^3$,是防止碱集料反应的一个重要临界控制指标,对特大桥、大桥、重要桥梁的含碱量则需更加严格一些,但原规范中"对特大桥、大桥和重要桥梁不宜大于$1.8kg/m^3$"的规定,在当前天然砂、石资源相对缺乏的情况下较难做到,故本次修订参照《铁路混凝土结构耐久性设计规范》(TB 10005—2010)的规定,将其调整为"对特大桥、大桥和重要桥梁宜不大于$2.1kg/m^3$"。

研究认为采用大掺量的矿物掺合料可以抑制碱集料反应。但由于混合材料的品质有较大差异,混凝土使用状况不同,采用大掺量矿物掺合料时其品种、掺量须进行试验研究后才能确定。

6.8.7 泵送混凝土的配合比宜符合下列规定:

1 胶凝材料用量宜不小于$300kg/m^3$。水泥宜选用硅酸盐水泥、普通硅酸盐水泥、矿渣硅酸盐水泥或粉煤灰硅酸盐水泥;细集料宜采用中砂,且其通过$300\mu m$筛孔的颗粒含量宜不少于15%,砂率宜为35%~45%;粗集料宜采用连续级配,其针片状颗粒含量宜不大于10%,粗集料的最大公称粒径与输送管径之比宜符合表6.8.7的规定。

2 应通过试验掺用适量的泵送剂或减水剂,且宜掺用矿物掺合料。

3 试配时应考虑坍落度经时损失。

表6.8.7 粗集料的最大公称粒径与输送管径之比

粗集料品种	泵送高度(m)	粗集料的最大公称粒径与输送管径之比
碎石	<50	≤1:3.0
	50~100	≤1:4.0
	>100	≤1:5.0
卵石	<50	≤1:2.5
	50~100	≤1:3.0
	>100	≤1:4.0

本条参照《普通混凝土配合比设计规程》(JGJ 55—2011)的规定作了相应调整。

6.9 拌制

6.9.1 混凝土的配料宜采用自动计量装置,各种衡器的精度应符合要求,计量应准确。计量器具应定期标定,迁移后应重新进行标定。拌制混凝土所用的各项固体原材料应按质量进行计量投料,水和液体外加剂可按体积进行计量投料,配料数量的允许质量偏差应符合表6.9.1的规定。

表6.9.1 配料数量的允许质量偏差

材料类别	允许偏差(%)	
	现场拌制	预制场或集中搅拌站拌制
水泥、干燥状态的掺合料	±2	±1
粗、细集料	±3	±2
水、外加剂	±2	±1

本条将原规范的"拌制混凝土所用的各项材料应按质量投料"修改为"拌制混凝土所用的各项固体原材料应按质量进行计量投料,水和液体外加剂可按体积进行计量投料"。

本条规定混凝土的配料宜采用自动计量装置,但不能认为采用了自动计量就可以放松对各种计量装置的检测控制,施工中需经常检查,发现异常须及时处理。特别是对水及外加剂须进行准确计量。

试验室试配混凝土配合比是以集料表面干燥时计算的理论配合比。工地进行混凝土的拌制施工时,试验室需根据砂、石集料的实际含水率换算成实际施工拌制的材料用量配合比(以质量比计),以配料通知单通知工地执行。一般每日开工前需测定砂、石表面含水率一次,以后每隔4h再测定一次;如因下雨或其他原因导致含水率发生变化,须立即测定。每次测定含水率后,须由试验人员填写配料通知单通知工地执行。

6.9.2 外加剂应以稀释溶液加入,其稀释用水和原液中的水量,应从拌和加水量中扣除。加入搅拌筒的外加剂溶液应充分溶解,并搅拌均匀。掺合料应采用与水泥相同的输送、计量方式加入。

本条将原规范的"外加剂宜以稀释溶液加入"修改为"外加剂应以稀释溶液加入"。

6.9.3 混凝土应采用机械拌制。拌制时,自全部材料装入搅拌筒开始搅拌至开始出料的最短搅拌时间,应按搅拌机产品说明书的要求和混凝土搅拌的技术要求经试验确定。

执行本条时需注意:对混凝土的搅拌时间须严格控制,不允许小于最短搅拌时间的情况出现,否则会影响混凝土的均匀性和混凝土的性能。

6.9.4 混凝土拌合物应搅拌均匀、颜色一致,不得有离析和泌水现象,对在施工现场集中拌制的混凝土,应检测其拌合物的均匀性。检测时,应在搅拌机的卸料过程中,从卸料流的1/4~3/4之间部位取试样进行试验,试验结果应符合下列规定:
1 混凝土中砂浆密度两次测值的相对误差应不大于0.8%。
2 单位体积混凝土中粗集料含量两次测值的相对误差应不大于5%。

6.9.5 混凝土搅拌完毕后,应按下列要求检测混凝土拌合物的各项性能:
1 混凝土拌合物的坍落度及其损失,宜在搅拌地点和浇筑地点分别取样检测,每一工作班或每一单元结构物应不少于两次,评定时应以浇筑地点的测值为准。当混凝土拌合物从搅拌机出料起至浇筑入模的时间不超过15min时,其坍落度可仅在搅拌地点取样检测。
2 必要时,尚宜对工作性能、泌水率及含气量等混凝土拌合物的其他指标进行检测。

由于工地混凝土的运输路途远近不同,出站时的混凝土坍落度与实际浇筑时的坍落度是不一样的,一般出站时的坍落度要比实际浇筑时的坍落度大,取样留置混凝土试件的强度也是不一样的,所以条文规定宜在搅拌地点和浇筑地点分别取样检测,评定时则应以浇筑地点的实测值为准。

6.10 运输

6.10.1 运输能力应与混凝土的凝结速度和浇筑速度相匹配,应使浇筑工作不间断且混凝土运到浇筑地点时仍能保持其均匀性及适宜浇筑的坍落度。混凝土的运输宜采用搅拌运输车,或在条件允许时采用泵送方式输送,对寒冷、严寒或炎热的天气情况,搅拌运输车的搅拌罐和泵送管应有保温或隔热措施;采用吊斗或其他方式运输时,运距宜不超过100m且不得使混凝土产生离析。

目前混凝土的施工基本采用集中搅拌的方式,运输能力能否满足浇筑要求是保证混凝土质量的重要因素。施工中需根据道路、运输时间长短、天气等情况,确定合适的混凝土坍落度,同时须充分考虑到运输过程中的坍落度损失。混凝土在运输过程中还需注意环保,应根据施工现场的情况采取防漏浆的措施,制订运输过程中的各种应急预案。

混凝土拌合物运输时间过长,将增加离析和降低坍落度,从而影响拌合物的质量,故混凝土运到浇筑地点时需要仍能保持其均匀性及适宜浇筑的坍落度。本次修订增加了"对寒冷、严寒或炎热的天气情况,搅拌运输车的搅拌罐和泵送管应有保温或隔热措施"的规定。

6.10.2 采用搅拌运输车运输混凝土时,途中应以2～4r/min的慢速进行搅动,卸料前应采用快挡旋转搅拌罐不少于20s。混凝土运至浇筑地点后发生离析、泌水或坍落度不符合要求时,应进行第二次搅拌,二次搅拌时不宜加水,确有必要时,可同时加水、相应的胶凝材料和外加剂并保持其原水胶比不变;二次搅拌仍不符合要求时,不得使用。

混凝土在运输过程中出现离析、泌水或坍落度不符合要求时,允许进行二次搅拌,但不能采用改变水胶比的办法进行处理,因为这样会降低混凝土的强度等性能。

6.10.3 混凝土采用泵送方式时应符合下列规定:
1 混凝土的供应宜使输送混凝土的泵能连续工作,泵送的间歇时间宜不超过15min。在泵送过程中,受料斗内应具有足够的混凝土,应防止吸入空气产生阻塞。
2 输送管应顺直,转弯处应圆缓,接头应严密不漏气。
3 向低处泵送混凝土时,应采取必要措施,防止混凝土离析或堵塞输送管。

6.11 浇筑

6.11.1 浇筑混凝土前应进行下列准备工作:
1 应根据待浇筑结构物的情况、环境条件及浇筑量等制订合理的浇筑工艺方案,工艺方案应对施工缝设置、浇筑顺序、浇筑工具、防裂措施、保护层的控制等作出明确规定。
2 应对支架、模板、钢筋和预埋件等进行检查,模板内的杂物、积水及钢筋上的污物应清理干净。模板如有缝隙或孔洞时,应堵塞严密且不漏浆。
3 应对混凝土的均匀性和坍落度等性能进行检测。

6.11.2 自高处向模板内倾卸混凝土时,应防止混凝土离析。直接倾卸时,其自由倾落高度宜不超过2m;超过2m时,应通过串筒、溜管(槽)或振动溜管(槽)等设施下落;倾落高度超过10m时,应设置减速装置。

自高处倾卸混凝土需注意的问题是防止混凝土离析。当自由倾落高度超过2m时,采用串筒或振动溜管(斜管)可以降低混凝土的降落速度,限制混凝土的倾落范围,且能防止混凝土的离析。高墩台、索塔或挖孔灌注桩等倾落高度超过10m时,需在串筒内设置各个方向不同的斜挡板,以减低混凝土的下落速度。串筒料口下面的混凝土,须随落随即转运到各模板内,如堆积高超过1m,则后落的混凝土拌合物中粗集料向远方滚去,将造成严重离析。如采用振动器分混凝土则会造成混凝土的分离,砂浆向远处流,将造成边缘缺少粗集料而影响混凝土的质量。

6.11.3 混凝土应按一定的厚度、顺序和方向分层浇筑,且应在下层混凝土初凝或能重塑前浇筑完成上层混凝土;上下层同时浇筑时,上层与下层的前后浇筑距离应保持1.5m以上;在倾斜面上浇筑混凝土时,应从低处开始逐层扩展升高,并保持水平分层。混凝土分层浇筑厚度宜不超过表6.11.3的规定。

表6.11.3 混凝土分层浇筑厚度

振捣方式		浇筑层厚度(mm)
采用插入式振动器		300
采用附着式振动器		300
采用表面振动器	无筋或配筋稀疏时	250
	配筋较密时	150

混凝土一般是分层浇筑,但为使上下层成为整体,避免形成接缝,浇筑上层时插入式振动器须伸入到下层一定深度(50~100mm),同时下层混凝土需仍保持一定的塑性,因此规定应在下层混凝土初凝或重塑以前浇筑完成上层混凝土。

用插入式振动器振捣混凝土时,浇筑层的最大厚度以往多规定不超过振动器作用部分长度的1.25倍,但所称"作用部分长度"比较费解,浇筑层厚度不明确,根据一些插入式振动器规定的浇筑层厚度不超过振动棒长2/3~3/4以及振动棒长多为500mm左右的情况,本条在表6.11.3中规定采用插入式振动器时,浇筑层厚度一般不超过300mm。当振动棒长不是500mm时,浇筑层厚度可以作适当调整。

6.11.4 采用振动器振捣混凝土时,应符合下列规定:

1 插入式振动器的移位间距应不超过振动器作用半径的1.5倍,与侧模应保持50~100mm的距离,且插入下层混凝土中的深度宜为50~100mm。

2 表面振动器的移位间距应使振动器平板能覆盖已振实部分不小于100mm。

3 附着式振动器的布置距离,应根据结构物形状和振动器的性能通过试验确定。

4 每一振点的振捣延续时间宜为20~30s,以混凝土停止下沉、不出现气泡、表面呈现浮浆为度。

1 插入式振动器移动时插点若相距过远,则两次振动作用半径之间的混凝土可能未得到振实;若相距过近,则一方面施工进度较慢,另一方面可能造成重复振捣而使混凝土产生离析。

振动器的作用半径除与本身的功率、性能有关外,还与混凝土的工作度或坍落度(前者对干硬性混凝土,后者对塑性混凝土)大小有关,最好由工地试验确定。

振动器与侧模板保持50~100mm距离,是为了防止侧模板受振动影响而变形或振动器碰撞模板、钢筋、预埋件等。振动器插入下层混凝土50~100mm可以使上下层结合成整体,防止产生工作缝。振动完毕后振动棒不能急速提出,因为此时振捣器周围的混凝土来不及填补其孔洞,通常需边振捣边缓慢提出振动棒。

2 表面振动器仅能用于振捣混凝土表面和薄板结构。表面振动器功率较小,覆盖已振实部分100mm左右可以避免发生竖向工作缝。

3 钢筋较密的构件,用插入式振动器有困难时,可以采用附着式振动器,但模板结构须坚固,并有固定振动器的装置。振动器的布置最好经过试验,使构件任何部位新浇混凝土均能受到振动为准。

6.11.5 混凝土的浇筑宜连续进行,因故中断间歇时,其间歇时间应小于前层混凝土的初凝时间或能重塑时间。混凝土的运输、浇筑及间歇的全部时间宜不超出表6.11.5的规定;超出时应按浇筑中断处理,并应留置施工缝,同时应作出记录。

6 混凝土工程

表 6.11.5 混凝土的运输、浇筑及间歇的全部允许时间(min)

混凝土强度等级	气温≤25℃	气温>25℃
≤C30	210	180
>C30	180	150

注：当混凝土中掺有促凝剂或缓凝剂时,其允许时间应通过试验确定。

混凝土的浇筑工作在正常情况下要尽可能连续进行(操作人员用餐、休息时须轮班,不能间断浇筑),但遇到停电、搅拌机故障、下雨等意外情况时,有可能会中断浇筑,间歇时间如超过已浇筑前层混凝土的初凝时间或重塑时间,则要按工作缝处理。如不做处理继续浇筑,上下两层或前后两段结合不好,浇筑振动还会破坏下层刚凝结的混凝土,影响混凝土的整体质量。允许间歇时间是从混凝土加水搅拌起计,包括拌和及运输时间、前层混凝土浇筑时间和后一层混凝土浇筑振捣时间。

混凝土的初凝时间与水泥品种、外加剂、配合比及气温环境有关。一般混凝土的初凝时间与重塑时间很接近,但前者须在试验室测试,后者在施工现场做较方便和可靠,故重塑试验最好在现场做。有条件时,也可以先在试验室做初凝试验,后与现场做的重塑试验进行对比。

重塑试验方法:用插入式振动器靠自重插入混凝土中,振动 15s 后,周围 100mm 内能泛浆,并在拔出振动器时,不留孔沿者即认为能重塑。

6.11.6 施工缝的位置应在混凝土浇筑之前确定,且宜设置在结构受剪力和弯矩较小且便于施工的部位。对施工缝的处理应符合下列规定:

1 施工缝处混凝土表面的光滑表层、松弱层应予凿除,凿毛的最小深度应不小于8mm。对施工缝处混凝土的强度,采用水冲洗凿毛时,应达到 0.5MPa;人工凿除时,应达到 2.5MPa;采用风动机凿毛时,应达到 10MPa。

2 经凿毛处理后的混凝土面,新混凝土浇筑前,应采用洁净水冲洗干净。

3 对重要部位及有抗震要求的混凝土结构或钢筋稀疏的钢筋混凝土结构,宜在施工缝处补插适量的锚固钢筋,补插的锚固钢筋直径可比结构主筋小一个规格,间距宜不小于150mm,插入和外露的长度均不宜小于300mm;有抗渗要求的混凝土,其施工缝宜做成凹形、凸形或设置止水带;施工缝为斜面时应浇筑成或凿成台阶状。

施工缝不可避免时,须按条文的规定进行表面处理。

1 凿除松弱层是为了避免影响混凝土的整体强度。所谓"松弱层","松"是指"松散","弱"是指"达不到规定强度的混凝土"。本次修订对凿毛的深度进行了量化规定,以方便执行。条文根据凿除机具和方法规定了凿毛时施工缝处混凝土应达到的强度,是为了避免结构混凝土受到损伤。

3 施工缝的抗剪强度较差,在重要部位和有抗震要求的施工缝处插埋锚固钢筋,是为增强其抗剪强度。本次修订具体规定了补插锚固钢筋的规格、间距、插入和外露的长度等,以方便执行。斜面凿成台阶状是为了防止滑移,增强抗剪力。

对于钢筋混凝土连续梁分段浇筑时的横向工作缝、箱梁或梁悬臂板边需现浇混凝土的纵向垂直工作缝、大体积混凝土的分块垂直工作缝、大型悬索桥锚碇外墙口内侧模板等,施工时可以采用一次性金属网模板做工作缝。这种一次性使用的金属网能提供良好的粗粒结构结合面,不再需要仔细凿除打毛。

6.11.7 在环境相对湿度较小、风速较大的条件下浇筑混凝土时,应采取适当措施防止混凝土表面过快失水。浇筑混凝土期间,应随时检查支架、模板、钢筋、预应力管道和预埋件等的稳固情况,并应及时填写混凝土施工记录。新浇筑混凝土的强度达到 2.5MPa 之前,不得使其承受行人、运输工具、模板、支架及脚手架等荷载。

浇筑中混凝土发生泌水较多时,需及时研究其原因并采取减少泌水的措施。泌水原因可以从配合比、运输方法和机具、间歇时间等方面考虑,针对其原因采取措施,防止泌水继续增多。已发生的泌水可以从上部采用吸管等方法排除,禁止在模板侧面开孔放走泌水,因这样做可能会带走水泥砂浆。泌水过多时须设法排除,否则混入后层混凝土中,增大其水胶比,会降低混凝土的使用性能,这是不允许的。排净表面泌水后,最好再捣实一遍。

6.12 养护

6.12.1 对新浇筑混凝土的养护,应根据施工对象、环境条件、水泥品种、外加剂或掺合料以及混凝土性能等因素,制订具体的养护方案,并严格实施。

混凝土的养护方式包括自然养护和蒸汽养护。

混凝土养护期间,须重点加强对混凝土湿度和温度的控制,尽量减少表面混凝土的暴露时间,及时对混凝土暴露面进行紧密覆盖,防止表面水分蒸发。暴露面保护层混凝土初凝前,需卷起覆盖物,用抹子搓压表面至少2遍,使之平整后再次覆盖,并洒水进行养护。

保湿是混凝土自然养护的重点,带模养护期间,须在模板外部采取包裹、喷淋洒水等措施进行保湿养护,保证混凝土不致失水干燥。混凝土去除表面覆盖物或拆模后,须对混凝土采取蓄水或覆盖洒水等措施继续进行潮湿养护。对于不易洒水养护的异型或大面积混凝土结构也可适当喷洒薄膜养生液进行养护。

混凝土养护期间需注意采取保温措施,防止混凝土表面温度受环境因素影响(如曝晒、气温骤降等)而发生剧烈变化。养护期间混凝土的内部与表层、表层与周围环境之间的温差不要超过20℃。

混凝土在冬期和热期拆模后,若天气产生骤然变化,须采取适当的保温或隔热措施,防止混凝土产生过大的温差应力。

总之,对新浇混凝土需根据施工的各种因素,制订具体的养护方案并严格实施,保证其需要的湿度、温度和时间。

6.12.2 混凝土浇筑完成后,应在其收浆后尽快予以覆盖并洒水保湿养护。对干硬性混凝土、高强度和高性能混凝土、炎热天气浇筑的混凝土以及桥面等大面积裸露的混凝土,应加强初始保湿养护,具备条件的可在浇筑完成后立即加设棚罩,待收浆后再予以覆盖和洒水养护,覆盖时不得损伤或污染混凝土表面。

混凝土浇筑成型后,由于其中水泥的水化作用,逐渐开始凝结硬化。混凝土拌合物中所含水分足够满足水化作用的需要,但由于硬化是逐渐进行的,当空气中相对湿度较小时,混凝土中的水分就会不断地被蒸发掉,造成混凝土由表及里逐渐脱水(失水),极易产生干燥收缩裂纹。尤其对低水胶比的密实混凝土,养护时须保持水分不流失。养护期间水不能间断,一旦间断,毛细孔被堵塞后,即使再补水也不会再有用;同时,失水过多还会阻滞混凝土的继续硬化甚至造成硬化停止。为使混凝土有适宜的硬化条件,使强度不断增长,并避免发生干燥收缩裂纹,按照条文规定,对混凝土进行适当的养护,保持始终湿润是不容忽视的。

6.12.3 混凝土表面有模板覆盖时,应在养护期间使模板保持湿润。拆除模板后,仍应对混凝土进行覆盖和洒水养护,直至达到规定的养护期限;尤其在低温、干燥或大风环境下拆除模板时,应采取必要的覆盖、保温等措施,防止混凝土表面产生裂缝。

在低温、干燥或大风环境下拆除模板时,外界的不良环境会使混凝土的内表温差过大或使混凝土的表面过快失水,从而导致混凝土的表面出现裂纹,严重者会产生裂缝,故需要采取必要的措施予以防止。

6.12.4 混凝土的养护严禁采用海水。混凝土的洒水保湿养护时间应不少于7d,对重要工程或有特殊要求的混凝土,应根据环境湿度、温度、水泥品种以及掺用的外加剂和掺合料等情况,酌情延长养护时间,并应使混凝土表面始终保持湿润状态。当气温低于5℃时,应采取保温养护措施,不得向混凝土表面洒水。当采用喷洒养护剂对混凝土进行养护时,所使用的养护剂应不会对混凝土产生不利影响,且应通过试验验证其养护效果。

水仍然是混凝土最好的养护剂。决定混凝土养护所需时间的原则,是以混凝土获得正常强度、停止养护后表面不再产生干缩裂纹时为标准,正常强度值大小与水泥品种、气候条件及养护方法有关。规定"洒水保湿养护时间应不少于7d"是根据《混凝土结构工程施工质量验收规范》(GB 50204—2015)确定的。为了保证养护质量,要求混凝土表面需要始终处在湿润状态下而非干湿交替状态。当气温低于5℃时,混凝土的水泥水化凝结速度大为降低,其中的水分也不易蒸发出来,混凝土不会发生脱水(失水)现象,故不能向混凝土表面洒水,而需要覆盖保温,以加快混凝土中水泥水化凝结速度。

6.12.5 新浇筑的混凝土与流动的地表水或地下水接触时,应采取临时防护措施,保证混凝土在7d以内且强度达到设计强度的50%以前,不受水的冲刷侵袭;当环境水具有侵蚀作用时,应保证混凝土在10d以内且强度达到设计强度的70%以前,不受水的侵袭。混凝土处于冻融循环作用的环境时,宜在结冰期到来4周前完成浇筑施工,且在混凝土强度未达到设计强度等级的80%前不得受冻,否则应采取技术措施,防止发生冻害。

当混凝土未达到一定强度之前,与流动的地表水或地下水接触的混凝土结构有被冲刷、侵蚀的危险,需要采取如临时排水、堵塞水流、设置防水围堰、设置防水层或其他防水措施。混凝土强度达到设计强度的50%和7d时间的规定,是考虑到此时混凝土已有抗水流冲刷的能力;如果水的流速过大,使用缓凝性水泥或水温低,则临时防水时间需要酌予延长。条文中提及的侵蚀性地下水,系指一般有海水渗入的地下水。如果地下水中含有硫酸盐等侵蚀性较强的物质,则除按条文规定的时间和混凝土强度要求外,结构混凝土尚可能需要采用抗硫酸盐水泥。

6.13 大体积混凝土、抗冻混凝土、抗渗混凝土和自密实混凝土

6.13.1 大体积混凝土在选用原材料和进行配合比设计时,应按降低水化热温升的原则进行,并应符合下列规定:

1 宜选用低水化热和凝结时间长的水泥品种。粗集料宜采用连续级配,细集料宜采用中砂。宜掺用可降低混凝土早期水化热的外加剂和掺合料,外加剂宜采用缓凝剂、减水剂;掺合料宜采用粉煤灰、粒化高炉矿渣粉等。

2 进行配合比设计时,在保证混凝土强度、和易性及坍落度要求的前提下,宜采取改善粗集料级配、提高掺合料和粗集料的含量、降低水胶比等措施,减少单方混凝土胶凝材料中的水泥用量。

3 大体积混凝土进行配合比设计及质量评定时,可按60d龄期的抗压强度控制。

本条为桥涵工程大体积混凝土在选用原材料、进行配合比设计时需要遵循的一般原则。

第3款中,由于矿物掺合料的影响,掺加矿物掺合料的混凝土强度增长时间的关系曲线与普通混凝土的关系曲线有较大的出入,与普通混凝土不同的是,掺加粉煤灰等矿物掺合料的混凝土标准养护28d后,强度仍有较大的增长,因此其强度按60d龄期取值是合理的。

大体积混凝土在选用原材料、进行配合比设计时需遵循的一般原则如下:

1. 材料要求

(1)通常选用中、低热硅酸盐水泥或低热矿渣硅酸盐水泥。大体积混凝土施工所用的水泥其3d的水化热不大于240kJ/kg,7d天的水化热不大于270kJ/kg。当混凝土有抗渗指标要求时,所用水泥的铝酸三钙含量不大于8%,所用水泥在搅拌站的入机温度不大于60℃。

(2)细集料采用中砂,其细度模数大于2.3,含泥量不大于3%。粗集料的粒径为5~31.5mm,且采

用连续级配,含泥量不大于1%;当采用非泵送施工时,粗集料的粒径可以适当增大。选用非碱活性的粗集料。

(3)外加剂的品种和掺量需根据工程所用胶凝材料经试验确定;提供外加剂对硬化混凝土收缩等性能的影响;耐久性要求较高或寒冷地区的大体积混凝土,一般采用引气剂或引气减水剂。

(4)粉煤灰和粒化高炉矿渣粉,其质量须符合现行国家标准的规定。

2. 配合比设计要求

(1)采用混凝土60d或90d强度作为指标时,将其作为混凝土配合比的设计依据。

(2)所配制的混凝土拌合物,到浇筑工作面的坍落度不小于160mm。

(3)拌和水用量不大于175kg/m³。

(4)粉煤灰掺量不超过胶凝材料用量的40%;矿渣粉的掺量不超过胶凝材料用量的50%;粉煤灰和矿渣粉掺合料的总量不大于混凝土中胶凝材料用量的50%。

(5)水胶比不大于0.55。

(6)砂率为38%~42%。

(7)拌合物泌水量小于10L/m³。

在混凝土制备前,需进行常规配合比试验,并进行水化热、泌水率、可泵性等对大体积混凝土控制裂缝所需的技术参数的试验;必要时其配合比设计通过试泵送确定。

在确定混凝土配合比时,需根据混凝土的绝热温升、温控施工方案的要求等,提出混凝土制备时对粗细集料、拌和用水及入模温度控制的技术措施。

6.13.2 大体积混凝土的施工应提前制订专项施工方案,并应对混凝土采取温度控制措施。大体积混凝土的浇筑、养护和温度控制应符合下列规定:

1 施工前应根据原材料、配合比、环境条件、施工方案和施工工艺等因素,进行温控设计和温控监测设计,并应在浇筑后按该设计要求对混凝土内部和表面的温度实施监测和控制。对大体积混凝土进行温度控制时,应使其内部最高温度不高于75℃,内表温差不大于25℃,混凝土表面与大气温差不大于20℃。

2 大体积混凝土可分层、分块浇筑,分层、分块的尺寸宜根据温控设计的要求及浇筑能力合理确定;当结构尺寸相对较小或能满足温控要求时,可全断面一次浇筑。

3 分层浇筑时,在上层混凝土浇筑之前应对下层混凝土的顶面作凿毛处理,且新浇混凝土与下层已浇筑混凝土的温差宜小于20℃,并应采取措施将各层间的浇筑间歇期控制在7d以内。

4 分块浇筑时,块与块之间的竖向接缝面应平行于结构物的短边,并应在浇筑完成拆模后按施工缝的要求进行凿毛处理。分块施工所形成的后浇段,应在对大体积混凝土实施温度控制且其温度场趋于稳定后方可浇筑;后浇段宜采用微膨胀混凝土,并应一次浇筑完成。

5 大体积混凝土的浇筑宜在气温较低时进行,但混凝土的入模温度应不低于5℃;热期施工时,宜采取措施降低混凝土的入模温度,且其入模温度宜不高于28℃。

6 大体积混凝土的温度控制宜按照"内降外保"的原则,对混凝土内部采取设置冷却水管通循环水冷却,对混凝土外部采取覆盖蓄热或蓄水保温等措施进行。在混凝土内部通水降温时,进出口水的温差宜小于或等于10℃,且水温与内部混凝土的温差宜不大于20℃,降温速率宜不大于2℃/d;利用冷却水管中排出的降温用水在混凝土顶面蓄水保温养护时,养护水温度与混凝土表面温度的差值应不大于15℃。

7 大体积混凝土采用硅酸盐水泥或普通硅酸盐水泥时,其浇筑后的养护时间宜不少于14d,采用其他品种水泥时宜不少于21d。在寒冷天气或遇气温骤降天气时浇筑的混凝土,除应对其外部加强覆盖保温外,尚宜适当延长养护时间。

1 大体积混凝土在浇筑初期水泥产生大量水化热,内部温度迅速升高,体积膨胀,此时在凝结后的混凝土表面就会出现开裂,而新浇筑的混凝土底部虽然由于受基岩或先期混凝土的约束随即产生压应力,但在混凝土硬化后期冷却收缩时,将产生拉应力,且拉应力将大于升温膨胀产生的压应力值。当拉应力超过混凝土的极限抗拉应力时,也就会在其内部产生裂缝,并可能发展成为贯穿裂缝,对结构造成较大的危害,因此大体积混凝土的施工需要进行温度控制,使内部的最高温度及内表温差控制在设计要求以内,避免大体积混凝土内部产生裂缝。

大体积混凝土内出现的裂缝按深度的不同,分为贯穿裂缝、深层裂缝及表面裂缝三种。贯穿裂缝是由混凝土表面裂缝发展为深层裂缝,最终形成贯穿裂缝。它切断了结构的断面,可能破坏结构的整体性和稳定性,其危害性是较严重的;而深层裂缝部分地切断了结构断面,也有一定危害性;表面裂缝的危害性一般相对较小。大体积混凝土施工阶段所产生的温度裂缝,一方面是混凝土内部因素,由于内外温差而产生的;另一方面是混凝土的外部因素,结构的外部约束和混凝土各质点间的约束阻止混凝土收缩变形,混凝土抗压强度较大,但受拉力却很小,所以温度应力一旦超过混凝土能承受的抗拉强度时,即会出现裂缝。裂缝的宽度在允许限值内,一般不会影响结构的强度,但却对结构的耐久性有所影响,因此需要予以重视和加以控制。产生裂缝的主要原因有以下几方面:

(1)水泥水化热

水泥在水化过程中要释放出一定的热量,这种热量引起结构内部的最高温度,多数发生在浇筑后的最初3~5d。

(2)外界气温变化

在施工阶段,大体积混凝土的温度随着外界气温变化而变化,特别是气温骤降,会大大增加内外层混凝土温差。温度应力是由于温差引起温度变形造成的,温差越大,温度应力也越大。同时,在高温条件下,大体积混凝土不易散热,混凝土内部的最高温度一般可达60~65℃,并且有较长的延续时间。因此,大体积混凝土的温度控制需按照"内降外保"的原则,采取温度控制措施,防止混凝土内表温差引起的温度应力。

(3)混凝土的收缩

混凝土中约20%的水分是水泥硬化所需要的,而约80%的水分要蒸发,多余水分的蒸发会引起混凝土体积的收缩,即混凝土收缩主要是由于内部水蒸发而引起的。影响混凝土收缩的因素,主要有水泥品种、混凝土配合比、外加剂和掺合料的品种以及施工工艺(特别是养护条件)等。

因此,施工前需根据以上产生裂缝的原因,采取有效预防措施对大体积混凝土加以控制。

2 大体积混凝土的浇筑是否分层或分块,需考虑施工工艺、浇筑能力的大小及是否能满足温控的要求综合确定,本规范对此未作硬性规定。

3 混凝土浇筑的间歇期越短,则各层混凝土的龄期差越小,对结构越有利,因此,在大体积混凝土的浇筑施工中,需要加强施工的组织管理,使其间歇期尽可能缩短。

4 在结构相对薄弱的部位设置后浇段,对防止因拉应力过大而产生温度应力裂缝是必要的。要求后浇段在先行施工混凝土的温度场趋于稳定后浇筑,是为使其不承受额外的拉应力。

6 "内降外保"是大体积混凝土实施温度控制的基本原则,其目的是使混凝土的内部温度与外表温度之间的差值不致偏离过大,过大则将产生温度应力裂缝,进而发展成贯通裂缝。蓄水保温可以利用内部冷却降温的循环水,因经内部循环后的水,其温度可以基本满足外表混凝土保温的要求。

6.13.3 有抗冻性要求的混凝土,应符合下列规定:

1 宜选用硅酸盐水泥或普通硅酸盐水泥,不宜使用火山灰质硅酸盐水泥;粗集料宜选用连续级配,并应进行坚固性试验。

2 抗冻混凝土的配合比设计除应符合本规范第6.8节的规定外,同时应进行抗冻融性能试验。混凝土抗冻性试验方法应符合现行《公路工程水泥及水泥混凝土试验规程》(JTG E30)的规定。

3 位于水位变动区有抗冻要求的混凝土,其抗冻等级指标应不低于表6.13.3-1的规定。

表 6.13.3-1　水位变动区混凝土抗冻等级选定标准

结构物所在地区	海水环境	淡水环境
严重受冻地区(最冷月的月平均气温低于-8℃)	F350	F250
受冻地区(最冷月的月平均气温在-4~-8℃之间)	F300	F200
微冻地区(最冷月的月平均气温在0~-4℃之间)	F250	F150

注:试验过程中试件所接触的介质应与结构物实际接触的介质相近。

4　有抗冻要求的混凝土宜掺入适量引气剂,同时宜掺入减水剂,其拌合物的适宜含气量应符合表 6.13.3-2 的规定。

表 6.13.3-2　有抗冻要求的混凝土拌合物含气量控制范围

集料最大粒径(mm)	含气量范围(%)	集料最大粒径(mm)	含气量范围(%)
10.0	5.0~8.0	31.5	3.5~6.5
20.0	4.0~7.0	40.0	3.0~6.0
25.0	3.5~7.0		

注:1. 泵送混凝土含气量应控制在 5.0%~7.0%。
2. 当要求的含气量为某一定值时,其检测结果与要求值的允许偏差范围应为±1.0%;当含气量要求值为某一范围时,检测结果应满足规定范围的要求。

本条主要参照《水运工程混凝土质量控制标准》(JTS 202-2—2011)的规定拟定。

6.13.4　有抗渗要求的混凝土应符合下列规定:

1　混凝土的抗渗等级应符合设计规定。

2　水泥宜采用普通硅酸盐水泥;粗集料宜选用连续级配,其最大粒径宜不大于40.0mm;细集料宜采用中砂。抗渗混凝土宜掺用外加剂和矿物掺合料;粉煤灰应采用 F 类,并不应低于Ⅱ级。

3　胶凝材料总量宜不小于320kg/m³;砂率宜为35%~45%;最大水胶比应符合表 6.13.4 的规定。

4　掺引气剂的抗渗混凝土,应做含气量试验,其含气量宜控制在3%~5%之间。

5　混凝土抗渗性试验方法应符合现行《公路工程水泥及水泥混凝土试验规程》(JTG E30)的规定。试配时要求的抗渗水压值应比设计值提高0.2MPa。

表 6.13.4　抗渗混凝土最大水胶比

抗渗等级	最大水胶比	
	C25~C30 混凝土	C30 以上混凝土
P6	0.60	0.55
P8~P12	0.55	0.50
P12 以上	0.50	0.45

本条参照《普通混凝土配合比设计规程》(JGJ 55—2011)的规定作了相应调整。

6.13.5　自密实混凝土应符合下列规定:

1　自密实混凝土宜采用硅酸盐水泥或普通硅酸盐水泥;粗集料宜采用连续级配或采用两个及以上单粒粒级组成的连续级配,最大公称粒径宜不大于20mm,对形状复杂或有特殊要求的结构,最大公称粒径宜不大于16mm;细集料宜采用中砂;矿物掺合料宜采用粉煤灰、粒化高炉矿渣粉和硅灰。

2　进行配合比设计时,应充分考虑自密实混凝土的流动性、抗离析性、填充性、浆体用量、体积稳定性及其相互关系。

3　自密实混凝土的配合比设计宜采用绝对体积法,水胶比宜小于0.45,胶凝材料用量宜控制在400~550kg/m³,砂率宜为46%~52%,用水量宜控制在150~200kg/m³,并宜掺加高效减水剂或高性能减水剂。

4 自密实混凝土的自密实性能、要求及适用条件应符合表6.13.5的规定。自密实混凝土拌合物的性能试验方法、试件成型方法等应符合现行《自密实混凝土应用技术规程》(JGJ/T 283)的规定。

表6.13.5 自密实混凝土的自密实性能、要求及适用条件

自密实性能	性能指标	技术要求	性能等级	适 用 条 件	重 要 性
填充性	坍落扩展度(mm)	550~655	SF1	无筋或少筋结构、泵送混凝土结构、无须长距离水平流动的竖向结构	控制指标
		650~755	SF2	一般的钢筋混凝土结构	
		750~850	SF3	结构紧密的竖向构件、形状复杂的结构(集料最大粒径宜不大于16mm)	
	扩展时间 T_{500} (s)	≥2	VS1	一般的钢筋混凝土结构	
		<2	VS2	配筋较多或有较高外观要求的钢筋混凝土结构	
间隙通过性	坍落扩展度与J环扩展度差值(mm)	25<PA1≤50	PA1	钢筋净距80~100mm	
		0~25	PA2	钢筋净距60~80mm	
抗离析性	离析率(%)	≤20	SR1	流动距离小于5m、钢筋净距大于80mm的薄板结构或竖向结构	可选指标
		≤15	SR2	流动距离大于5m、钢筋净距大于80mm的竖向结构;或流动距离小于5m、钢筋净距小于80mm的竖向结构(流动距离大于5m时SR值宜小于10%)	
	粗集料振动离析率(%)	≤10	f_m		

注:1. 钢筋净距小于60mm时宜进行浇筑模拟试验;对钢筋净距大于80mm的薄板结构,或钢筋净距大于100mm的其他结构可不作间隙通过性指标要求。
2. 高填充性(坍落扩展度指标为SF2和SF3)的自密实混凝土,应有抗离析性要求。
3. 对抗离析试验结果有争议时,以离析率筛析法试验结果为准。

5 用于浇筑自密实混凝土的成型模板应拼装紧密,不得漏浆。新浇混凝土对模板的侧压力应按流体计算。

6 自密实混凝土应采用集中搅拌方式生产,搅拌时间应不少于60s。

7 自密实混凝土浇筑时的最大水平流动距离应根据浇筑部位的具体情况确定,且最大宜不超过7m。混凝土的最大自由倾落高度,浇筑基础、实心墩、承台等无筋或少筋结构时,宜不大于9m;浇筑薄壁墩、梁等钢筋较密的结构时,宜不大于5m,超过时应采用串筒、溜槽或溜管等辅助装置进行浇筑。

8 自密实混凝土的养护方案应根据混凝土的性能、现场条件、环境温度和湿度、结构特点、技术要求、施工操作等因素综合确定,养护时间应不少于14d。

本条为新增,规定了自密实混凝土配合比设计、生产、施工的主要内容和要求,主要依据《自密实混凝土应用技术规程》(JGJ/T 283—2012)拟定。

6.14 高强度混凝土

6.14.1 本节适用于按常规工艺生产的C60及以上强度等级混凝土的施工。

按目前的技术水平,采用常规工艺配制和生产较高强度的混凝土是可行的,且已有成功应用的工程实例。

6.14.2 高强度混凝土原材料的选用应符合下列规定:

1 水泥宜选用硅酸盐水泥或普通硅酸盐水泥。

2 细集料除应符合本规范第6.3节的规定外,尚宜选用质地坚硬、级配良好的中砂,细度模数应为2.6~3.0,含泥量应不大于2.0%,泥块含量应不大于0.5%;配制C70及以上强度等级混凝土时,含泥量应不大于1.5%,且不应有泥块存在,必要时应冲洗后使用。

3 粗集料宜选用质地坚硬、级配良好、无风化颗粒的碎石。其质量指标除应符合本规范第6.4节的规定外,粗集料的最大粒径尚不宜大于25.0mm,含泥量应不大于0.5%,泥块含量应不大于0.2%,针片状颗粒含量宜不大于5.0%;配制C80及以上强度等级混凝土时,最大粒径宜不大于20.0mm。

4 外加剂的性能应符合本规范第6.6节的规定。所采用的减水剂应为高效减水剂或高性能减水剂,其掺量应根据试验确定。

5 掺合料可选用粉煤灰、粒化高炉矿渣粉和硅灰等,粉煤灰等级应不低于Ⅱ级,其技术条件应符合本规范第6.7节的规定,掺量应根据试验确定。

6 拌制与养护用水应符合本规范第6.5节的规定。

1 本次修订取消了原规范"水泥宜选用强度等级不低于52.5级的硅酸盐水泥和普通硅酸盐水泥"的限制。

2~3 本次修订参照《普通混凝土配合比设计规程》(JGJ 55—2011)的规定对集料的相关指标作了相应调整。配制高强度混凝土时,对集料的含泥量指标须按条文规定严格控制,当泥为非黏土质石粉时,允许含量可以适当放宽。

5 本款增加了"粉煤灰等级应不低于Ⅱ级"的规定。用作高强度混凝土掺合料的粉煤灰一般选用Ⅰ级灰,且尽可能选用需水量较小且烧失量低的粉煤灰;对强度等级相对较低的高强度混凝土,必要时通过试验也可以使用Ⅱ级灰。

6.14.3 高强度混凝土的配合比应有利于减少温度收缩、干燥收缩和自身收缩引起的体积变形,避免早期开裂,配合比设计除应符合本规范第6.8节的规定外,尚应符合下列规定:

1 配制高强度混凝土所用砂率及所采用的外加剂和矿物掺合料的品种、掺量等,均应通过试验确定。

2 高强度混凝土的水泥用量宜不大于500kg/m³,胶凝材料总量宜不大于600kg/m³。

3 当采用3个不同的配合比进行混凝土强度试验时,其中一个应为基准配合比,另外两个配合比的水胶比宜较基准配合比分别增加和减少0.02~0.03。

4 高强度混凝土的设计配合比确定后,尚应采用该配合比进行不少于6次的重复试验进行验证,其平均值应不低于配制强度。

高强度混凝土的配合比,需根据施工工艺要求的拌合物工作性和结构设计要求的强度,充分考虑施工运输和环境温度等条件进行设计,通过试配并经现场试验确认满足要求后方能正式使用。

高强度混凝土的优点是:在保证结构强度要求的前提下,可以显著减小截面尺寸,减轻结构自重。由于高强度混凝土的抗压强度标准值要大于普通混凝土,对其组成材料的单位质量要求更严,因此高强度混凝土的配合比设计有别于普通混凝土。

对原材料的精心选择是高强度混凝土的前提和基础,而合理地确定高强度混凝土的配合比,是保证高强度混凝土达到设计要求的另一个重要方面。

在进行高强度混凝土的配合比计算时,需注意以下事项:

1. 确定混凝土的施工配制强度 $f_{cu,0}$

可以根据强度标准差的历史平均水平按下式计算确定:

$$f_{cu,0} \geq f_{cu,k} + 1.645\sigma \tag{6-1}$$

式中:$f_{cu,0}$——混凝土配制强度(MPa);

$f_{cu,k}$——混凝土立方体抗压强度标准值(MPa);

σ——混凝土强度标准差(MPa)。

2. 水胶比的确定

高强度混凝土水胶比的计算不能采用普通混凝土强度的公式,须根据试验资料进行统计,提出混凝土强度和水胶比的关系式,然后用作图法或计算法求出与混凝土配制强度($f_{cu,0}$)相对应的水胶比。也可以利用经验公式按$f_{cu,0}$计算出要求的水胶比:

碎石高强度混凝土:

$$f_{cu,0} = 0.40 R_{cb}(C/W + 0.31)$$

式中:R_{cb}——水泥强度等级。

当采用多个不同的配合比进行混凝土强度试验时,其中一个须为基准配合比,其他配合比的水胶比,一般较基准配合比分别增加和减少0.02~0.03。例如C60混凝土可以采用0.30、0.33、0.36三个水胶比进行试拌,来确定最佳水胶比。可以选取0.33作为基准水胶比。

3. 集料用量

(1) 每立方米碎石用量G_0。

高强度混凝土每立方米的碎石用量VS为$0.9 \sim 0.95 m^3$,则每立方米中的碎石质量为:

$$G_0 = VS \times 碎石松散密度$$

式中:G_0——每立方米高强度混凝土的碎石用量(kg)。

(2) 每立方米砂用量:

$$S_0 = [G_0/(1-Q_s)]Q_s$$

式中:Q_s——砂率,应经试验确定,当水胶比为0.25~0.4时,一般控制在28%~36%范围内;

S_0——每立方米高强度混凝土的砂用量(kg)。

4. 用水量和水泥用量

计算高强度混凝土的配合比时,其用水量可以在普通混凝土用水量的基础上用减水率法加以修正。在不掺外加剂的混凝土用水量中扣除按外加剂减水率计算得出的减水量,即为掺减水剂时混凝土的用水量。此时需注意一定要通过试验来确定外加剂的减水率。

水泥的用量至关重要,它直接影响到水泥胶砂与集料的黏结力。为了增加砂浆中胶质结料的比例,水泥含量要比较高,但需注意的是,水泥用量又不能过高,否则会引起水化期间放热速度过快或收缩量过大等问题。高强度混凝土的水泥用量一般不超过$500 kg/m^3$。

5. 试拌调整

对计算所得的配合比结果须通过试配、试拌来验证。拌制高强度混凝土时须使用强制式搅拌机,振捣时须高频加压振捣,保证拌合物的密实。要注意试拌量须不小于拌和机额定量的1/4,混凝土的搅拌方式及外加剂的掺法,须与实际生产时使用的方法一致。对试拌得出的拌合物要进行实测和仔细观察,检验坍落度是否满足要求,黏聚性和保水性是否良好。试拌得出的拌合物坍落度不能满足要求或黏聚性和保水性不好时,须在保证水胶比不变的条件下,调整用水量和外加剂的掺量或砂率,用水量调整的幅度不能过大,因高强度混凝土的水胶比低,用水量的增加会使水泥用量也大幅度增加。如通过以上调整,混凝土拌合物仍不能满足施工工艺和性能的要求,则要考虑重新选择水泥或外加剂。

6. 配合比的确定

当拌合物实测密度与计算值之差的绝对值不超过计算值的2%时,可以不调整;大于2%时按现行《普通混凝土配合比设计规程》(JGJ 55)的规定进行相应的调整。混凝土配合比确定后,须对配合比进行不少于6次的重复试验进行验证,其平均值不能低于配制的强度值,确保其稳定性。

总之,高强度混凝土的配制技术要求较严格,对各种原材料的质量和用量亦有较严格的要求。要想获得优质的高强度混凝土,首先须对原材料进行优选,除了要求有良好的性能指标外,还须质量稳定,即在施工期内主要性能不能产生较大波动;其次,一些在普通情况下不太敏感的因素,在低水胶比的情况下会变得相当敏感,这就要求在配合比设计时须对各种原材料及外加剂的用量进行合理选取、仔细计算;最后,对设计结果须进行试拌验证,保证其在实际施工时的质量。

6.14.4 高强度混凝土的施工技术要求除应符合本章普通混凝土的规定外,尚应符合下列规定:

1 混凝土应采用强制式搅拌机拌制,不得采用自落式搅拌机搅拌。配料数量的允许偏差应符合本规范表 6.9.1 中预制场或集中搅拌站拌制的规定。

2 应准确控制用水量,粗、细集料的含水率应及时测定,并应按测定值调整用水量和集料用量,不得在拌合物出机后再加水。

3 搅拌混凝土时高效减水剂或高性能减水剂宜采用后掺法,且宜制成溶液后再加入,并应在混凝土用水量中扣除溶液用水量。加入减水剂后,混凝土拌和料在搅拌机中继续搅拌的时间宜不少于30s。

4 高强度混凝土的入模温度应根据环境状况和结构所受的内、外约束程度加以限制。保湿养护的时间应不少于7d。

6.15 高性能混凝土

6.15.1 本节适用于高性能混凝土的原材料选用、配合比设计、拌制、浇筑和养护施工。

对高性能混凝土(HPC)与高强度混凝土(HSC),国内外工程界存在两种不同的观点:第一种观点认为两者是等同一致的;第二种观点则认为两者是有区别的,不可混淆其概念。出现第一种观点的主要原因是近年来在高强度混凝土的配制中,不仅加入了超塑化剂,往往也掺入一些活性磨细矿物掺合料,与高性能混凝土的组分材料相似,因此国内外有些学者将两者的概念等同一致。而第二种观点则认为高性能混凝土是在高强度混凝土基础上的发展和提高,也可以说是高强度混凝土的进一步完善。高强度混凝土仅仅是以强度的大小来表征或确定其何谓普通混凝土、高强度混凝土或超高强度混凝土,且其强度指标随着混凝土技术的进步而不断有所变化和提高;高性能混凝土则由于其技术物性的多元化,诸如良好的工作性、体积稳定性、耐久性及物理力学性能等,而难以用定量的性能指标给其非常准确的定义。同时认为:尽管高强度混凝土具有较高的强度和较低的渗透性,但并不具有所需要的综合耐久性,即单纯的高强度不一定具有高耐久性,如果强调高性能混凝土强度等级必须在C50以上,则必然大大限制了高性能混凝土的应用范围,大量处于严酷环境中的结构物,有些对混凝土强度的要求并不高(C30左右),但对耐久性要求却很高,而高性能混凝土恰能满足此要求。

本规范认同上述的第二种观点,因为混凝土的技术进步不能仅以高强为目标,而应是高性能,单纯以高抗压强度来表征混凝土的高性能是不确切的,需根据工程结构的要求,采用包括不同强度等级的高性能混凝土,如普通强度的高性能混凝土及高强高性能混凝土,故将高强混凝土和高性能混凝土分别单列为一节。

高性能混凝土是在大幅度提高普通混凝土性能的基础上,采用现代混凝土技术制作的混凝土,它以耐久性作为设计的主要指标。针对不同用途要求,高性能混凝土对下列性能有重点地予以保证:耐久性、工作性、强度、体积稳定性、经济性。高性能混凝土在配制上的特点是低水胶比、选用优质原材料、掺加优质掺合料和高效外加剂或高性能减水剂。

混凝土的耐久性指标一般包括混凝土的抗裂性、护筋性(电通量)、耐蚀性、抗冻性、耐磨性及抗碱集料反应性等。

混凝土的工作性主要指混凝土的和易性(坍落度、黏聚性、保水性),及良好的施工性能。混凝土的工作性可以用坍落度、扩展度、含气量、泌水率等指标来衡量。

混凝土的高体积稳定性主要是指混凝土的收缩、徐变小。

实现高性能混凝土的技术途径包括:

(1)选择优质原材料。

①选用低水化热和低碱含量的水泥,尽可能避免使用早强水泥和高 C_3A 含量的水泥。

②选用球形粒形、吸水率低、空隙率小的洁净集料,严格控制集料的针片状颗粒含量和空隙率,粗集料通常采用二级或多级级配。

③适量掺用规定品质的优质粉煤灰、磨细矿渣粉等矿物掺合料或复合矿物掺合料。

④采用具有高效减水、适量引气、能细化混凝土孔结构、能明显改善或提高混凝土耐久性能的复合外加剂,尽量降低拌和水用量。

(2)严格进行混凝土配合比的设计,严格控制混凝土的最大水胶比、最小胶凝材料用量和最大胶凝材料用量,尽可能减少混凝土胶凝材料中的水泥用量。

(3)加强混凝土施工的过程控制。

通过施工前对原材料品质和混凝土耐久性进行检验,施工过程中对原材料品质和混凝土耐久性进行批量抽检以及各工艺流程的控制,施工后对实体混凝土的表观质量进行检查,实现对混凝土施工全过程的质量监控,从而保证混凝土的长期耐久性能。

6.15.2 高性能混凝土的原材料和配合比除应符合本规范的规定外,尚应符合现行《公路工程混凝土结构耐久性设计规范》(JTG/T 3310)的规定。

6.15.3 配制高性能混凝土时,应选用优质水泥和级配良好的优质集料,同时应掺加与水泥相匹配的高性能减水剂或高效减水剂及优质掺合料。

6.15.4 水泥宜选用品质稳定、标准稠度需水量低、强度等级不低于42.5的硅酸盐水泥或普通硅酸盐水泥,不宜采用矿渣硅酸盐水泥、火山灰质硅酸盐水泥、粉煤灰硅酸盐水泥或复合硅酸盐水泥,亦不宜采用早强水泥。水泥的技术要求除应符合现行《通用硅酸盐水泥》(GB 175)的规定外,尚应符合表6.15.4的规定。

表6.15.4 水泥技术要求

项 目	技 术 要 求	检 验 标 准
比表面积(m^2/kg)	≤350(硅酸盐水泥、抗硫酸盐硅酸盐水泥)	《水泥比表面积测定方法 勃氏法》(GB/T 8074)
游离氧化钙含量(%)	≤1.5	《水泥化学分析方法》(GB/T 176)
碱含量(%)	≤0.60	
熟料中的C_3A含量(%)	≤8;海水环境下≤5	按《水泥化学分析方法》(GB/T 176)检验后计算求得
氯离子含量(%)	≤0.03	《水泥化学分析方法》(GB/T 176)

6.15.5 细集料宜选用级配良好、质地均匀坚固、吸水率低、空隙小、细度模数2.6~3.2的洁净天然中粗河砂,或符合要求的机制砂,不得使用山砂和海砂。细集料的技术要求除应符合本规范第6.3节的规定外,其有害物质含量的限值尚应符合表6.15.5的规定。

表6.15.5 细集料中有害物质含量限值

项 目	有害物质含量限值		
	混凝土强度等级		
	<C30	C30~C45	≥C50
含泥量(%)	≤3.0	≤2.5	≤2.0
泥块含量(%)	≤0.5		
云母含量(%)	≤0.5		
轻物质含量(%)	≤0.5		
氯离子含量(%)	<0.02		
有机物含量	合格		
硫化物及硫酸盐含量(按SO_3质量计,%)	≤0.5		

注:对可能处于干湿循环、冻融循环下的混凝土,细集料的含泥量应小于1.0%。

6.15.6 粗集料宜选用质地均匀坚硬、粒形良好、级配合理、线胀系数小的洁净碎石或卵石,不宜采用砂岩加工成的碎石,且应采用连续两级配或连续多级配。粗集料的技术要求除应符合本规范第 6.4 节的规定外,其压碎指标尚应不大于 10%;坚固性试验结果失重率对钢筋混凝土结构应小于 8%,对预应力混凝土结构应小于 5%。粗集料的吸水率应小于 2%,当用于干湿循环、冻融循环下的混凝土时应小于 1%。粗集料的最大粒径宜不超过 26.5mm(大体积混凝土除外),且不得超过保护层厚度的 2/3。粗集料中有害物质含量的限值应符合表 6.15.6 的规定。

表 6.15.6 粗集料中有害物质含量限值

项 目	有害物质含量限值		
	混凝土强度等级		
	<C30	C30~C45	≥C50
含泥量(%)	≤1.0		≤0.5
泥块含量(%)	≤0.25		
针片状颗粒含量(%)	≤7		
硫化物及硫酸盐含量(按 SO_3 质量计,%)	≤0.5		
氯离子含量(%)	<0.02		
有机物含量(比色法)	合格		

6.15.7 外加剂应选用高性能减水剂、高效减水剂或复合减水剂,并应选择减水率高、坍落度损失小、适量引气、与水泥之间具有良好的相容性、能明显改善或提高混凝土耐久性能且质量稳定的产品。引气剂或引气型外加剂应有良好的气泡稳定性。用于提高混凝土抗冻性的引气剂、减水剂和复合外加剂中均不得掺有木质磺酸盐组分,并不得采用含有氯盐的防冻剂。外加剂的性能指标应符合表 6.15.7 的规定。

表 6.15.7 外加剂性能指标

项 目		指 标	检验标准
硫酸钠含量(%)		≤5.0	《混凝土外加剂匀质性试验方法》(GB/T 8077)
碱含量($Na_2O + 0.658K_2O$,%)		≤10.0	
氯离子含量(%)		≤0.02	
减水率(%)		≥25	《混凝土外加剂》(GB 8076)
常压泌水率比(%)		≤20	
压力泌水率比(%)		≤90	《普通混凝土拌合物性能试验方法标准》(GB/T 50080)
抗压强度比(%)	3d	≥160	《混凝土外加剂》(GB 8076)
	7d	≥150	
	28d	≥140	
收缩率比(%)		≤110	
相对耐久性指标(200 次,%)		≥80	

注:1. 表中压力泌水率比仅适用于泵送混凝土用外加剂。
    2. 高性能混凝土用外加剂,应保证配制的混凝土具有适宜施工的坍落度保留值与凝结时间,满足混凝土耐久性要求的含气量。

6.15.8 矿物掺合料应选用品质稳定、来料均匀的粉煤灰、粒化高炉矿渣粉和硅灰等。所用掺合料的技术要求除应符合本规范第 6.7 节的规定外,尚应分别符合表 6.15.8-1~表 6.15.8-3 的规定。

6 混凝土工程

表 6.15.8-1　粉煤灰技术要求

项　目		技　术　要　求		检　验　标　准
		C50 以下混凝土（Ⅱ级粉煤灰）	C50 及以上混凝土（Ⅰ级粉煤灰）	
细度(%)		≤25	≤12	《用于水泥和混凝土中的粉煤灰》（GB/T 1596）
需水量比(%)		≤105	≤95	
含水率(%)		≤1.0		
烧失量(%)		≤8.0	≤5.0	
SO_3 含量(%)		≤3.0		《水泥化学分析方法》（GB/T 176）
CaO 含量(%)		≤10		
游离 CaO 含量(%)		F 类粉煤灰≤1.0 C 类粉煤灰≤4.0		
氯离子含量(%)		≤0.06		
活性指数(%)	7d	≥75	≥80	《用于水泥和混凝土中的粉煤灰》（GB/T 1596）
	28d	≥85	≥90	
安定性(雷氏夹沸煮后增加距离,mm)		C 类粉煤灰≤5.0		《水泥标准稠度用水量、凝结时间、安定性检验方法》（GB/T 1346）

注：1. 粉煤灰中的 CaO 含量大于 5% 时，应经试验证明其安定性合格。
2. 预应力高性能混凝土或浪溅区的钢筋混凝土应采用Ⅰ级粉煤灰或烧失量不大于 5%、需水量比不大于 100% 的Ⅱ级粉煤灰。

表 6.15.8-2　粒化高炉矿渣粉技术要求

项　目	技　术　要　求	检　验　标　准
比表面积(m^2/kg)	350~450	《水泥比表面积测定方法 勃氏法》（GB/T 8074）
需水量比(%)	≤100	《高强高性能混凝土用矿物外加剂》（GB/T 18736）
含水率(%)	≤1.0	《用于水泥、砂浆和混凝土中的粒化高炉矿渣粉》（GB/T 18046）
烧失量(%)	≤3.0	《水泥化学分析方法》（GB/T 176）
SO_3 含量(%)	≤4	
MgO 含量(%)	≤14	
氯离子含量(%)	≤0.06	
28d 活性指数(%)	≥95	《用于水泥、砂浆和混凝土中的粒化高炉矿渣粉》（GB/T 18046）

表 6.15.8-3　硅灰技术要求

项　目		技　术　要　求	检　验　标　准
比表面积(m^2/kg)		≥15 000	《高强高性能混凝土用矿物外加剂》（GB/T 18736）
需水量比(%)		≤125	
含水率(%)		≤3.0	
烧失量(%)		≤6.0	《水泥化学分析方法》（GB/T 176）
氯离子含量(%)		≤0.10	
SiO_2 含量(%)		≥85	
活性指数(%)	3d	≥90	《高强高性能混凝土用矿物外加剂》（GB/T 18736）
	7d	≥95	
	28d	≥115	

第6.15.4~6.15.8条是对高性能混凝土所用的水泥、集料、外加剂和矿物掺合料等原材料品质的要求,施工中选用这些材料时须严格按条文的规定执行和控制。原材料的品质不佳,是难以配制出质量优良的高性能混凝土的。

本次修订参照《高强高性能混凝土用矿物外加剂》(GB/T 18736—2017)、《矿物掺合料应用技术规范》(GB/T 51003—2014)、《用于水泥和混凝土中的粉煤灰》(GB/T 1596—2017)、《砂浆和混凝土用硅灰》(GB/T 27690—2011)、《海港工程高性能混凝土质量控制标准》(JTS 257-2—2012)等标准的规定,对部分相关指标作出了修改。

选择原材料时需注意下列事项:

(1)掺合料、集料的氯离子含量不大于0.02%,考虑到混凝土的总氯离子含量还有限制,当工程上不得不采用氯离子含量大于0.02%的粗细集料、掺合料时,须严格控制混凝土的总氯离子含量满足下列要求:

①钢筋混凝土结构中各种原材料引入的氯离子含量不超过胶凝材料总量的0.1%。

②预应力混凝土结构中各种原材料引入的氯离子含量不超过胶凝材料总量的0.06%。

(2)矿物掺合料在高性能混凝土中的作用为:

①提高抗化学侵蚀的能力,增强混凝土耐久性。矿物掺合料可以显著地提高混凝土的抗离子渗透性,增强对混凝土的护筋性。掺入掺合料的混凝土对硫酸盐和海水的腐蚀有较好的抵抗能力,并对碱集料反应也有抑制作用。

②改善混凝土拌合物的和易性。掺入矿物掺合料的高性能混凝土有很好的流动性、黏聚性、保水性。

③降低混凝土的温升。

④增加混凝土的后期强度。掺入矿物掺合料时,混凝土的早期强度随掺量的增加而降低,但后期强度会有较大幅度的增长。

6.15.9 高性能混凝土的配合比应根据原材料品质、设计强度等级、耐久性以及施工工艺对工作性能的要求,通过计算、试配和调整等步骤确定。进行配合比设计时应符合下列规定:

1 对不同强度等级混凝土的胶凝材料总量应进行控制,C40以下宜不大于400kg/m^3;C40~C50宜不大于450kg/m^3;C60及以上的非泵送混凝土宜不大于500kg/m^3,泵送混凝土宜不大于530kg/m^3;且胶凝材料浆体体积宜不大于混凝土体积的35%。

2 水胶比应根据混凝土的配制强度、抗氯离子渗透性能、抗渗性能和抗冻性能等要求确定。在满足混凝土工作性能的前提下,宜降低用水量,并控制在130~160kg/m^3。

3 混凝土中宜适量掺加优质的粉煤灰、粒化高炉矿渣粉或硅灰等矿物掺合料,用以提高其耐久性、改善其施工性能和抗裂性能,其掺量宜根据混凝土的性能要求通过试验确定,且宜不小于胶凝材料总量的20%。当混凝土中粉煤灰掺量大于30%时,混凝土的水胶比不得大于0.45;在预应力混凝土及处于冻融环境的混凝土中,粉煤灰的掺量宜不大于30%,且粉煤灰的含碳量宜不大于2%。对暴露于空气中的一般构件混凝土,粉煤灰的掺量宜不大于20%,且单方混凝土胶凝材料中的硅酸盐水泥用量宜不小于240kg。

4 对耐久性有较高要求的混凝土结构,试配时应进行混凝土和胶凝材料抗裂性能的对比试验,并从中优选抗裂性能良好的混凝土原材料和配合比。

5 混凝土中宜适量掺加符合本规范表6.15.7规定的外加剂,且宜选用质量可靠、稳定的多功能复合外加剂。

6 冻融环境下的混凝土宜采用引气混凝土。冻融环境作用等级D级及以上的混凝土必须掺用引气剂;对处于其他环境作用等级的混凝土,亦可通过掺加引气剂(含气量不小于4%)提高其耐久性。混凝土的抗冻耐久性指数应符合现行《公路工程混凝土结构耐久性设计规范》(JTG/T 3310)的规定。

7 处于近海环境或海洋氯化物环境、除冰盐等其他氯化物环境下的混凝土结构,其混凝土抗氯离子渗透性能应符合现行《公路工程混凝土结构耐久性设计规范》(JTG/T 3310)的规定。

8 对混凝土中游离氯离子的总含量控制,应符合本规范第6.8.5条的规定。

9 对混凝土中总碱含量的控制,应符合本规范第6.8.6条的规定。

10 混凝土的坍落度宜根据施工工艺的要求确定,条件允许时宜选用低坍落度的混凝土。

本条规定了高性能混凝土配合比设计与配制的一般原则。本次修订对原条文的内容进行了适当修改,主要依据来源于《公路工程混凝土结构耐久性设计规范》(JTG/T 3310—2019)、《混凝土结构耐久性设计与施工指南》(CCES 01—2004)、《海港工程高性能混凝土质量控制标准》(JTS 257-2—2012)等的相关规定。

高性能混凝土配合比的设计及选定:

(1)高性能混凝土须满足的技术指标:和易性指标(坍落度、含气量、泌水率等),力学性能指标(抗压强度、弹性模量等),耐久性指标(电通量、抗渗性、抗冻性、抗裂性等)。

(2)高性能混凝土配合比设计及选定需遵循的基本原则:

①适量掺加优质的粉煤灰、磨细矿渣粉等矿物掺合料。

②满足最大胶凝材料用量要求。

③满足碱活性试验要求。

④满足混凝土的最大水胶比、最小胶凝材料用量要求。

⑤满足氯离子总含量要求(包括水泥、矿物掺合料、粗集料、细集料、水、外加剂等所含氯离子含量之和)。

(3)高性能混凝土配合比的建议设计程序:

①初步选定混凝土的各种原材料。

②根据环境作用等级选择水胶比、胶凝材料总量、矿物掺合料与外加剂的掺量。

③计算基准配合比混凝土各原材料的单方用量,并核算单方混凝土的总碱含量和氯离子含量是否满足要求。如不满足,重新选择原材料或调整计算配合比,至满足要求为止[按现行《普通混凝土配合比设计规程》(JGJ 55)的相关规定]。

④试拌混凝土,调配出坍落度、含气量、泌水率、表观密度符合要求的混凝土配合比;调整外加剂用量、砂率、用水量。

⑤试配拌合物性能与要求基本接近的3~5个配合比。改变水胶比、胶凝材料用量和矿物掺合料掺量。

⑥制作力学性能和抗裂性能对比试件;标准养护到1d、3d、28d、56d时试压。

⑦制作混凝土耐久性试件,养护至规定龄期进行耐久性试验。

⑧从上述配合比中选出拌合物性能、抗裂性优良且抗压强度适宜的一个或多个配合比成型。

⑨确定理论配合比,最后对理论配合比进行校正(按工程实际原材料)。

(4)以下介绍一种高性能混凝土配合比设计的简易算法,供参考。

美国P. K. Mehta和加拿大P. C. Aitein在对高性能混凝土进行了大量的研究后认为:要使HPC同时达到最佳的施工和易性和强度性能,单位立方米混凝土中水泥浆与集料需有一个最佳体积比,建议取350∶650。这一研究成果事实上是确定了HPC配合比设计中水泥浆体体积与集料体积间的定量关系。

根据这一结论,得出:

①单位立方米混凝土用水量计算公式。

根据已知的混凝土配制强度($f_{cu,0}$)及所用水泥的实测强度(f_{ce})或水泥强度等级,由水胶比定则得:

$$W/B = (a_a \times f_{ce})/(f_{cu,0} + a_a a_b \times f_{ce}) \tag{6-2}$$

式中:a_a、a_b——回归系数,对碎石混凝土,$a_a = 0.46$,$a_b = 0.07$;对卵石混凝土,$a_a = 0.48$,$a_b = 0.33$;

f_{ce}——水泥的实测强度,当没有水泥的实测强度值时,可取 $f_{ce} = y_c \cdot f_{ce,g}$;
$f_{ce,g}$——水泥强度等级;
y_c——水泥强度富余系数;
$f_{cu,0}$——混凝土配制强度。

$$m_w = V_W = (V_E - V_A)/\{1 + 1/(1-\theta)P_c\}(f_{cu,0}/a_a f_{ce} + a_a)$$
$$= 330/\{1 + 1/[(1-\theta)P_c + \theta P_c]\}[(f_{cu,0}/a_a f_{ce}) + a_b] \tag{6-3}$$

由上面提到的水泥浆体积为 350L 左右,(气体体积)取 20L 为经验值,则有:

在上式中水的质量(kg)与水的体积(L)在数值上相等,并设掺合料在胶结材料中的体积掺量为 θ。

由于考虑到掺合料对混凝土强度、流动性能的影响,因此 θ 对不同的掺合料有不同的取值范围,一般粉煤灰不超过胶结料的40%,高炉矿渣粉的掺量为30%~70%,硅粉的掺量为10%,其他活性矿物掺合料不超过30%。由用水量可计算各胶结材料组成的用量:

$$m_b = mw/(W/B) \tag{6-4}$$

$$m_c = \{(1-\theta)P_c/[(1-\theta)P_c + \theta P_c]\}m_b \tag{6-5}$$

$$m_f = \{\theta P_f/[(1-\theta)P_c + \theta P_f]\}m_b \tag{6-6}$$

式中:m_b——胶结材料的总用量;
m_c——水泥用量;
m_f——掺合料用量;
P_c、P_f——水泥、掺合料堆积密度。

②砂胶体积计算公式。

根据模型,单位体积粗集料的孔隙正好被砂胶填充,则得砂胶体积为:

$$V_{SB} = 1\,000\,(1 - p'_o/p_o) \times 100\% \tag{6-7}$$

式中:p_o——粗集料堆积密度;
p'_o——粗集料表观密度。

因在实际配制高性能混凝土时,通常采用粗集料最大粒径为 10~20mm,其表观密度大约为 2.70kg/L,堆积密度为 1.55kg/L,故可得

$$V_{SB} = 1\,000 \times (1 - 1.55/2.70) = 430L \tag{6-8}$$

若考虑到新拌混凝土应具有良好的流变性,可以将砂胶体积适当增加3%~5%。

细集料的表观密度:

$$V_S = V_{SB} - V_E + V_W; m_s = (V_{SB} - V_E + V_W)p_s \tag{6-9}$$

粗集料的表观密度:

$$V_G = 1\,000 - V_{SB} - V_W(M_w); m_g = (1\,000 - V_{SB} - V_W)p_g \tag{6-10}$$

将有关数据代入式(6-9)、式(6-10)中可求得细集料(m_s)、粗集料(m_g)的用量。至此,高性能混凝土的各组分(除外加剂)的用量都已计算出来。

③高效减水剂的选择及其用量。

选用高效减水剂首先要解决外加剂和水泥的适应性问题,同一种减水剂对不同品种水泥的减水流化效果不尽一致,故只能通过试验来得到它的最佳掺量及应用效果。

④试配调整配合比。

用20L试配混凝土检验混凝土拌合物性能和硬化后的各种物理力学性能是否满足要求,如不满足要求,则调整砂胶混合料富余量、水胶比、外加剂用量,直到满足要求为止,然后按标准方法测得混凝土拌合物的表观密度,对以上配合比进行修正后作为正式混凝土配合比。

⑤实例。

预配C60高性能混凝土,所用原材料为42.5级万年青普通硅酸盐水泥;中粗河砂,细度模数为

2.65；碎石，最大粒径20mm，压碎值δ=7.4；湛江外加剂厂生产的FDN粉剂；掺合料采用珍珠岩掺合料，80μm筛余量为2.2%。

C60高性能混凝土的配合比计算结果见表6-2，混凝土实测性能见表6-3。

表6-2 C60高性能混凝土配合比

水泥 (kg/m³)	掺合料 (kg/m³)	细集料 (kg/m³)	粗集料 (kg/m³)	水 (kg/m³)	FDN粉剂 (kg/m³)	水胶比	V_{SB} (L)	$f_{cu,0}$ (MPa)
430	90	650	1 095	156	5	0.3	430	66.6

表6-3 混凝土实测性能

坍落度(mm)	扩散度(mm)	3d抗压强度(MPa)	28d抗压强度(MPa)
210	515	50.1	71.5

显然，试验结果与配合比设计吻合得相当好。

（5）结论。

在P.K.Mehta和P.C.Aitein提出的高性混凝土中水泥浆与集料最佳体积比（350∶650）的基础上，通过由砂胶混合料填充粗集料模型，建立了砂胶混合料与水泥浆、集料之间的联系，使得解出混凝土的配合比成为可能。同时，加入活性掺合料、外加剂能比较方便地配制出所需要的高性能混凝土。通过实例验证，这一设计方法不失为一种可行而又简易的方法。

6.15.10 高性能混凝土的施工对原材料的质量应严格控制，并应保证配料设备称量准确。所有混凝土原材料，除水可按体积计外，其余均应按质量进行称量，集料称量的允许偏差应为±2%，其他原材料称量的允许偏差应为±1%。

由于高性能混凝土是用混凝土的常规材料与施工工艺、加矿物掺合料及化学外加剂配制而成的，为使其性能达到设计配合比的要求，对原材料质量的控制及保证配料称量的准确性尤为重要。

6.15.11 高性能混凝土的搅拌应采用搅拌效率高且均质性好的卧轴式、行星式或逆流式强制式搅拌机。搅拌时，宜先投入细集料和掺合料干拌均匀，再加水泥和部分拌和用水搅拌，最后加入粗集料、外加剂溶液及余额拌和用水，搅拌至均匀为止。上述每一阶段的搅拌时间均应不少于30s，总搅拌时间应比常规混凝土延长40s以上。混凝土中掺加钢筋阻锈剂溶液时，拌合物的搅拌时间应延长1min，采用粉剂时应延长3min。

因高性能混凝土的拌合物比较黏稠，为保证其搅拌均匀，故需要采用性能良好、搅拌效率高的搅拌机，且投料的顺序与常规混凝土相比需有所区别，并适当延长搅拌时间。

6.15.12 高性能混凝土浇筑前，应根据工程特点和施工环境条件确定浇筑方案，并应认真检查钢筋的混凝土保护层垫块的位置、数量及其紧固程度。在结构或构件侧面和底面所布设的垫块数量应不少于4个/m²，用于绑扎垫块和钢筋的绑丝头不得伸入混凝土保护层内。垫块的尺寸应能保证混凝土保护层厚度的准确性，其形状宜为工字形或截头锥形且应有利于钢筋的定位；高性能混凝土的结构或构件中不得采用普通砂浆垫块，当采用细石混凝土制作时，其抗腐蚀的能力和强度应高于结构或构件本体混凝土，且水胶比应不大于0.40。对钢筋的净混凝土保护层厚度，其施工的允许误差应为正偏差，对现浇结构其最大允许误差应不大于10mm，对预制构件应不大于5mm。

钢筋的混凝土保护层厚度，是指箍筋外缘至混凝土表面的距离。保护层厚度的施工偏差不能出现负误差，这是高性能混凝土与常规混凝土的不同之处，在执行条文时需重视。

6.15.13 高性能混凝土的入模温度宜不超过28℃，新浇混凝土与已浇并硬化混凝土或岩土介质之间的温差应不大于20℃，混凝土表面的接触物与混凝土表面温度之差应不大于15℃。高性能混凝土的浇筑应连续进行，在振捣过程中应控制混凝土的均匀性和密实性，同时应在浇筑及静置过程中采取防止裂缝的有效措施，对混凝土的沉降及塑性干缩产生的表面裂纹，应及时予以处理。混凝土的振捣应采用高频振捣器，且宜采用二次振捣及二次抹面的方式施工；每点的振捣时间宜不超过30s，并应防止过振和过度抹面，严禁通过洒水辅助抹面。

高性能混凝土浇筑时对振捣质量的控制是施工中的一项重要工作，既要保证振捣均匀密实，又要防止过度振捣。这需要预先制订振捣方案、加强现场的施工管理及采取适宜的措施来予以保证。

6.15.14 新浇筑的混凝土应及早养护，并应减少暴露时间，防止表面水分的蒸发；终凝后，应立即开始对混凝土进行持续潮湿养护。洒水养护时不得采用海水，应采用淡水。缺乏淡水时可采用养护剂喷涂养护，养护剂应符合现行《水泥混凝土养护剂》(JC 901)的规定。持续潮湿养护在养护期内不应间断，且不得形成干湿循环，在常温下养护应不少于14d，气温较低时应适当延长潮湿养护的时间。

养护对任何混凝土都是至关重要的，而高性能混凝土的质量更依赖于其养护的质量，特别是对抗氯离子渗透性能的影响十分明显。在执行本条规定对高性能混凝土进行养护时，需要注重以下几个方面：及时；保持适当的温度、湿度；保证足够的时间。

6.15.15 高性能混凝土的质量除应进行常规检验外，尚应对其耐久性质量进行检验。耐久性质量应根据不同要求和处于不同环境作用下的工程，对混凝土的拌合物及实体结构分别进行相应的检验。质量检验的结果应符合设计的规定，同时应符合本规范的相关规定；当质量检验评定结果不合格时，应委托专门的咨询机构就其耐久性质量进行评价，并应按其评价结论采取措施进行处理。耐久性的质量检验应符合下列规定：

1　对高性能混凝土的拌合物，宜进行抗渗、抗冻和电通量等耐久性指标的检验；对引气混凝土，尚应抽检其含气量。抗渗、抗冻和电通量检验的试验方法应符合现行《公路工程水泥及水泥混凝土试验规程》(JTG E30)的规定，高性能混凝土的56d龄期电通量应不大于1 000C。检验结果应满足设计和经批准的施工配合比的要求。

2　实体结构在拆模且养护结束后，应对钢筋的混凝土保护层厚度，保护层混凝土的密实性、渗透性等进行检验。必要时，可从实体结构的混凝土中取芯制作试件，测定混凝土的含气量和气泡间距系数、抗冻等级或耐久性指数、氯离子扩散系数等指标。

3　高性能混凝土的保护层厚度，宜采用专用的钢筋保护层厚度检测仪进行无损检测；当对保护层厚度检测结果有怀疑时，可采用局部破损的方法进行复核，但复核结束后应对破损部位进行及时修复。

4　保护层混凝土的密实性宜采用标准预埋件的拔出试验或回弹仪试验，通过测定表层混凝土的强度并间接估计其质量。测定宜在达到28d龄期时进行，测得的强度平均值应不低于预先规定的数值。采用回弹仪测定时，应在试验室内通过标定对比试验确定。

5　高性能混凝土的渗透性检验宜采用混凝土渗透性测试仪，测定结构物表层混凝土的抗渗性，其结果应不低于设定值。

对高性能混凝土，主要是对耐久性质量指标的检验，且分为对混凝土拌合物的抽检及对实体结构混凝土的检验。

对实体结构混凝土主要检验其混凝土保护层的厚度、密实性和渗透性三项指标，因该三项指标是混凝土耐久性的具体标志。钻芯取样测定混凝土的含气量和气泡间距系数、抗冻等级或耐久性指数、氯离子扩散系数等指标，只有在对上述三项指标有怀疑时方进行。

7 预应力混凝土工程

7.1 一般规定

7.1.1 本章适用于预应力混凝土现浇结构和预制构件的施工。

7.1.2 预应力混凝土工程中的钢束张拉和后张孔道压浆宜采用信息化施工。

信息化已在预应力混凝土工程的施工中特别是在张拉和压浆两个关键工序中得到普遍应用,主要是在施工过程中能自动采集相关的数据和参数,对有效地控制预应力混凝土工程的质量具有良好效果,值得推广应用,故本次修订增加了本条规定。

7.1.3 预应力混凝土工程施工时,应采取必要的安全防护措施,防止发生事故。

预应力混凝土工程施工时,需要特别注意加强安全技术防护的措施。安全防护措施包括三个方面的内容:作业人员的人身安全、操作设备的安全以及结构物本身的安全。为保证施工作业安全地进行,须制定安全作业操作细则,创造良好的工作环境。实际上,为预应力混凝土工程施工提供良好的工作作环境也是保证最终产品优质的前提。施工前,要对所有工作人员进行必要的培训,使之掌握安全操作所需的知识和技能。张拉预应力筋时,须由专人负责指挥,禁止任何人站在千斤顶的后方,或踏踩、碰撞预应力筋;量测力筋的伸长值及拧紧螺母时,须停止开动千斤顶;孔道压浆时,作业人员须佩戴防护眼镜,以防水泥浆喷出而射伤眼睛。

预应力混凝土工程施工安全技术要求:

1. 先张法施工的安全技术要求

(1)张拉时,张拉工具与预应力筋须在一条直线上;顶紧锚塞时,用力不要过猛,以防钢丝折断;拧紧螺母时,须注意压力表的读数,保持所需的张拉力。

(2)预应力筋放张的顺序须按下列要求进行:

①对轴心受压的构件(如拉杆、桩等),所有预应力筋须同时放张。

②对偏心受压的构件(如梁等),须先同时放张预压力较小区域的预应力筋,然后放张预压力较大区域的预应力筋。

(3)切断钢丝时须严格测定钢丝向混凝土内的回缩情况,且要先从靠近生产线中间处切断,然后再按剩下段的中点处逐次切断。

(4)台座两端须设有防护设施,并需在张拉预应力筋时,沿台座长度方向每隔4~5m设置一个防护架,两端禁止站人,更不准进入台座。

(5)预应力筋放松时,混凝土强度须符合设计规定,设计未规定时,则不能低于设计强度的80%。

(6)预应力筋放张时,须分阶段、对称、交错地进行;对配筋多的钢筋混凝土构件,所有的钢丝要同时放松,禁止采用逐根放松的方法。

(7)放张时,须拆除侧模,保证放松时构件能自由伸缩。

(8)预应力筋的放张工作,须缓慢进行,防止冲击。

2. 后张法施工的安全技术要求

(1)孔道直径。

①粗钢筋:其孔道直径须比预应力筋直径、钢筋对焊接头处外径、需穿过孔道的锚具或连接器外径大10~15mm。

②钢丝或钢绞线:其孔道须比预应力束外径大5~10mm,其孔道面积须大于预应筋面积的2倍。

③预应力筋孔道之间的净距不小于25mm;孔道至构件边缘的净距不小于25mm,且不小于孔道直径的一半。

(2)采用分批张拉时,先批张拉的预应力筋,其张拉应力 σ_{con} 需增加一定值(混凝土的弹性模量压缩值对先批张拉的预应力筋影响值和张拉后批预应力筋时在其重心处预应力对混凝土所产生的法向应力的影响值),或者每批采用同一张拉值,然后逐根复拉补足。

(3)张拉时须认真做到孔道、锚环与千斤顶三对中,以保证张拉工作能顺利进行。

(4)在进行预应力张拉时,任何人不得站在预应力筋的两端,同时在千斤顶的后方须设立安全防护装置。

(5)操作千斤顶和测量伸长值的人员,须严格遵守操作规程,站在千斤顶侧面操作。油泵开启过程中,不能擅自离开岗位,如需离开,须将油泵阀门全部松开或切断电路。

(6)预应力筋张拉完成后,为减少应力松弛损失和防止锈蚀,须尽快对孔道进行压浆。

(7)预应力筋的切断禁止采用电弧切割。

7.2 预应力筋及制作

7.2.1 预应力混凝土结构所采用的钢丝、钢绞线、螺纹钢筋等材料的性能和质量,应符合现行国家标准的规定。钢丝应符合现行《预应力混凝土用钢丝》(GB/T 5223)的规定;钢绞线应符合现行《预应力混凝土用钢绞线》(GB/T 5224)的规定;螺纹钢筋应符合现行《预应力混凝土用螺纹钢筋》(GB/T 20065)的规定。有涂层的预应力筋应符合相应的现行国家标准的规定。进口材料的性能和质量应符合合同规定标准的要求。

公路桥涵预应力混凝土结构主要采用钢丝、钢绞线和螺纹钢筋三大类产品作为预应力筋,本条对不同材料明确了需要分别符合相应国家标准的规定。

7.2.2 预应力筋进场时应分批验收,验收时,除应按合同要求对其质量证明书、包装、标志和规格等进行检查外,尚应按下列规定进行检验:

1 钢丝分批检验时每批质量应不大于60t。检验时应先从每批中抽查5%且不少于5盘,进行表面质量检查,如检查不合格,则应对该批钢丝逐盘检查。在表面质量检查合格的钢丝中抽取5%,但不少于3盘,在每盘钢丝的两端取样进行抗拉强度、弯曲和伸长率的试验。试验结果如有一项不合格,则不合格盘报废,并从同批未试验过的钢丝盘中取双倍数量的试样进行该不合格项的复验;如仍有一项不合格,则该批钢丝为不合格。

2 钢绞线分批检验时每批质量应不大于60t。检验时应从每批钢绞线中任取3盘,并从每盘所选的钢绞线端部正常部位截取一组试样进行表面质量、直径偏差和力学性能试验。如每批少于3盘,则应逐盘取样进行上述试验。试验结果如有一项不合格,则不合格盘报废,并再从该批未试验过的钢绞线中取双倍数量的试样进行该不合格项的复验;如仍有一项不合格,则该批钢绞线为不合格。

3 螺纹钢筋分批检验时每批质量应不大于100t。对表面质量应逐根目视检查,外观检查合格后在每批中任选2根钢筋截取试件进行拉伸试验。试验结果如有一项不合格,则应另取双倍数量的试件重做全部各项试验;如仍有一根试件不合格,则该批钢筋为不合格。

4 预应力筋的实际强度不得低于现行国家标准的规定。预应力筋的检验试验方法应按现行国家标准的规定执行,用作拉伸试验的试件,不得进行任何形式的加工。在对预应力筋的拉伸试验中,应同时测定其弹性模量。

5 对特大桥、大桥或重要桥梁工程中使用的钢丝、钢绞线和螺纹钢筋,进场时应按上述规定进行检验;对预应力材料用量较少的一般桥梁工程,其预应力钢材的力学性能,可仅进行抗拉强度检验,或由生产厂提供力学性能试验报告。

为保证用于工程中的预应力材料的品质能达到相应国家标准的要求,在进场时对其进行质量验收是有必要的。

5 重要桥梁工程是指高速公路和一级公路上、国防公路上及城市附近交通繁忙公路上的桥梁。条文中"用量较少的一般桥梁工程",用量较少是指其用量远少于验收批的质量,如不足正常验收批的20%;一般桥梁工程是指二级及以下等级公路中的中、小桥,且设计无特殊要求的桥梁工程。

7.2.3 预应力筋应保持清洁,在存放和搬运过程中应避免使其产生机械损伤和有害的锈蚀。进场后的存放时间宜不超过6个月,且宜存放在干燥、防潮、通风良好、无腐蚀气体和介质的仓库内;在室外存放时,不得直接堆放在地面,应支垫并遮盖,防止雨露和各种腐蚀性介质对其产生不利影响。

预应力材料要尽量缩短在工地的存放时间,有可能在腐蚀、潮湿等特殊环境中临时存放时,须在订货时明确要求生产厂家采用防锈包装。通常情况下,预应力筋表面的轻微浮锈不影响使用,但锈蚀成目视可见的"麻坑"时则会影响其力学性能。

7.2.4 预应力筋制作时的下料应符合下列规定:

1 下料长度应通过计算确定,计算时应考虑结构的孔道长度或台座长度、锚夹具厚度、千斤顶长度、镦头预留量、冷拉伸长值、弹性回缩值、张拉伸长值和张拉工作长度等因素。
2 钢丝束两端采用镦头锚具时,宜采用等长下料法对钢丝进行下料。
3 预应力筋的下料,应采用切断机或砂轮锯切断,严禁采用电弧切割。

2 钢丝束两端采用镦头锚具时,同束钢丝长度的相对差值对钢丝的张拉控制应力是否均匀关系很大,因此下料长度需特别严格控制。
3 如采用电弧切断预应力筋,在高温下将使力筋的抗拉强度降低,故作此规定。

7.2.5 高强钢丝的镦头宜采用液压冷镦,镦头前应确认钢丝的可镦性。钢丝镦头的强度不得低于钢丝强度标准值的98%。

7.2.6 制作挤压锚时,应符合下列规定:

1 模具与挤压锚应配套使用,挤压锚具的外表面应涂润滑介质,挤压力和挤压操作应符合产品使用说明书的规定。
2 挤压后的预应力筋外端应露出挤压套筒2~5mm。
3 应从每一工作班制作的成型挤压锚中抽取至少3个试件,进行握裹力试验。
4 钢绞线压花锚挤压成型时,表面应清洁、无油污,梨形头的尺寸和直线段长度应不小于设计值。
5 环氧涂层钢绞线不得用于制作压花锚。

1 不同生产厂所生产的挤压锚具其尺寸是有差异的,挤压力亦有差异,因此规定模具与挤压锚应配套使用。
3 对成型的挤压锚抽取试件做握裹力试验,目的是检验其可靠性。
4 钢绞线压花锚具是依靠梨形花头及直线段裸露的钢绞线与混凝土的黏结而锚固的,因此要求钢绞线的表面应保持清洁,不能有污物,更不能有油脂,否则将会影响其锚固性能。
5 规定"环氧涂层钢绞线不得用于制作压花锚",是因为其锚固力不能满足锚固的要求。

7.2.7 预应力筋由多根钢丝或钢绞线组成且当采取整束穿入孔道内时应预先编束,编束时应将钢丝或钢绞线逐根理顺,防止缠绕,并应每隔1~1.5m捆绑一次,使其绑扎牢固、顺直。

编束时梳理顺直,可以防止钢丝或钢绞线在穿束、张拉时由于互相缠绕紊乱而导致的受力不均匀现象。当受力不均匀时,将使有的钢丝达不到张拉控制应力,而有的则可能被拉断。

7.3 锚具、夹具和连接器

7.3.1 锚具、夹具和连接器应按设计规定采用,其性能和质量应符合现行《预应力筋用锚具、夹具和连接器》(GB/T 14370)的规定。

7.3.2 锚具应满足分级张拉、补张拉以及放松预应力的要求;锚固多根预应力筋的锚具除应具有整束张拉的性能外,尚应具有单根张拉的性能;用于承受低应力或动荷载的夹片式锚具应具有防松性能;锚具的锚口摩阻损失率宜不大于6%。

本条规定了锚具的锚口摩阻损失率宜不大于6%。需要注意的是:该规定是针对生产厂的锚具产品提出的要求,而不是针对施工操作的,在锚具材料订货及进场检验时,需作为一项重要指标进行控制。

张拉端锚具处的预应力筋由孔道伸入喇叭管时将有一个转角,安装锚具后再次出现一个转角,因而张拉时在转角处均会产生摩擦损失;当采用限位自锚张拉工艺时,尚存在由于夹片逆向刻划预应力筋而引起张拉应力的损失,上述损失统称为锚口摩阻损失。锚口摩阻损失集中在锚圈口,直接降低了预应力混凝土结构或构件的有效预应力,所以需设法降低该值。锚口摩阻损失的大小通常由生产厂通过产品体系试验获得并明示。

7.3.3 夹具应具有良好的自锚性能、松锚性能和安全的重复使用性能,主要锚固零件应具有良好的防锈性能,可重复使用的次数应不少于300次。需敲击才能松开的夹具,必须保证其对预应力筋的锚固没有影响,且对操作人员的安全不造成危险。

7.3.4 在混凝土结构或构件中的永久性预应力筋连接器,应符合锚具的性能要求;用于先张法施工且在张拉后还需进行放张和拆卸的连接器,应符合夹具的性能要求。

7.3.5 锚垫板应具有足够的强度和刚度,且宜设置锚具对中止口以及压浆孔或排气孔,压浆孔的内径宜不小于20mm。与后张预应力筋用锚具或连接器配套的锚垫板和局部加强钢筋,在规定的局部承压试件尺寸及混凝土强度下,应满足传力性能要求。

本条对锚垫板和锚下的局部加强钢筋(如螺旋筋)的性能提出了要求,并强调需要与锚具或连接器配套使用,《预应力筋用锚具、夹具和连接器》(GB/T 14370—2015)已将锚垫板和螺旋筋作为锚具或连接器配套的产品。传力性能是指通过传力性能试验检验,预加力从锚具通过垫板传递到混凝土结构时的局部承压区的性能,实际上就是对预应力体系的性能要求。锚固区传力性能试验一般在产品定型时由生产厂委托有资质的检测机构进行。

7.3.6 锚具、夹具和连接器进场时,应按合同核对其型号、规格和数量,以及适用的预应力筋品种、规格和强度等级,且生产厂应提供产品质保书、产品技术手册、锚固区传力性能型式检验报告,以及夹片式锚具的锚口摩阻损失测试报告或参数。产品按合同核对无误后,应按下列规定进行进场检验:

1 外观检验:应从每批产品中抽取2%且不少于10套样品,检验表面裂纹及锈蚀情况。表面不得有裂纹及锈蚀。当有1个零件不符合要求时,本批全部产品应逐件检验,符合要求者判定该零件外观合格。对配套使用的锚垫板和螺旋筋可按上述方法进行外观检验,但允许表面有轻度锈蚀。

2 尺寸检验:应从每批产品中抽取2%且不少于10套样品,检验其外形尺寸。外形尺寸应符合产品质保书所示的尺寸范围。当有1个零件不符合规定时,应另取双倍数量的零件重新检验;如仍有1个零件不符合要求,则本批全部产品应逐件检验,符合要求者判定该零件尺寸合格。

3 硬度检验:应从每批产品中抽取3%且不少于5套样品(对多孔夹片式锚具的夹片,每套抽取6片),对其中有硬度要求的零件进行硬度检验,每个零件测试3点,其硬度应符合产品质保书的规定。当有1个零件不合格时,应另取双倍数量的零件重做检验;如仍有1个零件不合格,则应对本批产品逐个检验,合格者方可使用或进入后续检验。

4 静载锚固性能试验:应在外观检验和硬度检验均合格的同批产品中抽取样品,与相应规格和强度等级的预应力筋组成3个预应力筋-锚具组装件,进行静载锚固性能试验。如有1个试件不符合要求,则应另取双倍数量的样品重做试验;如仍有1个试件不符合要求,则该批锚具为不合格。静载锚固性能试验方法应符合现行《预应力筋用锚具、夹具和连接器》(GB/T 14370)的规定。

5 对特大桥、大桥和重要桥梁工程中使用的锚具产品,应进行上述4项检查和检验;对锚具用量较少的一般中、小桥梁工程,如生产厂能提供有效的静载锚固性能试验合格的证明文件,则可仅进行外观检验和硬度检验。

6 进场检验时,同种材料、同一生产工艺条件下、同批进场的产品可视为同一验收批。锚具的每个验收批宜不超过2 000套;夹具、连接器的每个验收批宜不超过500套;获得第三方独立认证的产品,其验收批可扩大1倍。检验合格的产品,在现场的存放期超过1年,再用时应进行外观检验。

本条所指的进场检验,实际上是对生产厂已进行出厂检验合格后的复验,复验有四项主要内容:外观检验、尺寸检验、硬度检验和静载锚固性能试验。

1 外观检验中,对表面有裂纹的锚具、夹具和连接器须特别予以注意,因为有裂纹的零件可能会导致在张拉锚固时产生严重的后果。经验表明,抽检的样品中如目测发现1件有裂纹或关键部位有锈蚀,则该批产品中出现类似情况的可能性极大,故在这种情况下须逐件检验。

3 锚夹具的零件一般均有硬度要求,但有些零件对硬度要求的目的在于适当提高钢材的机械性能,并非重点要求的内容。条文规定"有硬度要求的零件",系指夹片式锚具的夹片、镦头锚具的锚杯和锚板等,且硬度须按产品质保书或产品使用技术手册中注明的测定位置及范围进行检验;当缺少明确规定时,夹片在背面或大头端面,锚板在锥孔小头端面,每个零件测试3点,取后两点的平均值。

5 "锚具用量较少"的含义为锚具的用量远少于验收批的数量,如不足正常验收批的20%;"一般中、小桥梁工程"是指二级及以下等级公路中的且设计无特殊要求的中、小桥梁;"有效的静载锚固性能试验合格的证明文件"是指试验时间不超过1年,且由具有资质的检测单位提供的试验报告。

6 扩大验收批数量的原因:产品的进场检验是在生产厂出厂已经验收合格的产品中再次进行抽检复验,其质量的保证率较高;对经第三方独立认证的产品,由于其质量保证体系较为健全、完善,生产厂的产品质量保证能力较强,本着鼓励优质产品、节约社会成本和降低工程成本的原则,在质量有保证的前提下,可以简化验收检验的环节。

7.3.7 锚具、夹具和连接器在存放、搬运及使用期间均应妥善防护,避免锈蚀、沾污、遭受机械损伤、混淆和散失,临时性的防护措施应不影响其安装和永久性防腐的实施。

7.3.8 预应力筋用锚具产品应配套使用,同一结构或构件中应采用同一生产厂的产品,工作锚不得作为工具锚使用。夹片式锚具的限位板和工具锚宜采用与工作锚同一生产厂的配套产品。

预应力筋用锚具、夹具、连接器、锚垫板和螺旋筋等产品,是生产厂通过锚固区荷载传递试验得到的能够保证其工作性能和安全性的匹配性组合,并能在工程应用中保证锚固区的性能,因此需要配套使用。规定"同一结构或构件中应采用同一生产厂的产品",主要是为了保证受力的一致以及在工程产生质量问题后产品的可追溯性。

由于工作锚和工具锚的设计性能不同,工作锚的重复使用会导致其锚固效率降低,形成工程隐患,故规定"工作锚不得作为工具锚使用"。

不同生产厂的产品,其设计参数是有区别的,特别是夹片式锚具,张拉时限位板的限位槽深度直接影响预应力的施加效果,因此需要配套使用。

7.4 管道

7.4.1 在后张有黏结预应力混凝土结构或构件中,预应力筋的孔道宜由浇筑在混凝土中的刚性或半刚性管道构成,或采取钢管抽芯、胶管抽芯及金属伸缩套管抽芯等方法进行预留。设置于混凝土中的刚性或半刚性管道不应有漏浆现象,且应具有足够的强度和刚度,应能在浇筑混凝土重力的作用下保持原有的形状,并能按要求传递黏结应力。

7.4.2 管道的性能要求应符合下列规定:
1 刚性管道应是壁厚不小于2mm的平滑钢管,且应具有光滑的内壁并可被弯曲成适当的形状而不出现卷曲或被压扁;半刚性管道应是波纹状的金属管或高密度聚乙烯塑料管,且金属波纹管宜采用镀锌钢带制作,壁厚宜不小于0.3mm。
2 金属波纹管的性能和质量应符合现行《预应力混凝土用金属波纹管》(JG 225)的规定;塑料波纹管的制作材料、性能和质量应符合现行《预应力混凝土桥梁用塑料波纹管》(JT/T 529)的规定。

条文中要求金属波纹管宜采用镀锌钢带制作,是基于提高管道及预应力筋的防锈蚀性能来考虑的。规定平滑钢管的壁厚不小于2mm和金属波纹管的壁厚不小于0.3mm的理由是:防止空管在安置和浇筑混凝土的过程中变形和挠曲;抵抗较高的压浆压力;防止由于特殊的环境造成管道损坏。

7.4.3 管道的进场检验应符合下列规定:
1 进场时除应按合同检查出厂合格证和质量保证书,核对其类别、型号、规格及数量外,尚应对其外观、尺寸、集中荷载下的径向刚度、荷载作用后的抗渗漏及抗弯曲渗漏等进行检验。检验试验方法应分别符合现行《预应力混凝土用金属波纹管》(JG 225)和《预应力混凝土桥梁用塑料波纹管》(JT/T 529)的规定。
2 管道应按批进行检验。金属波纹管每批应由同一钢带生产厂生产的同一批钢带所制造的产品组成,每批数量应不超过50 000m;塑料波纹管每批应由同一配方、同一生产工艺、同设备稳定连续生产的产品组成,每批数量应不超过10 000m。
3 检验时应先进行外观质量的检验,合格后再进行其他指标的检验。当其他指标中有不合格项时,应取双倍数量的试件对该不合格项进行复验;复验仍不合格时,该批产品为不合格。

7.4.4 波纹管在搬运时应采用非金属绳捆扎,或采用专用框架装载,不得抛摔或在地面上拖拉。波纹管在存放时应远离热源及可能遭受各种腐蚀性气体、介质影响的地方,存放时间宜不超过6个月,在室外存放时不得直接堆于地面,应支垫并遮盖。

7.5 混凝土浇筑

7.5.1 浇筑混凝土前,除应符合本规范第6.11.1条的规定外,尚应对预埋于混凝土中的锚具、管道和钢筋等进行全面检查验收,符合要求后方可开始浇筑。

7.5.2 浇筑混凝土时,宜根据结构或构件的不同形式选用插入式、附着式或平板式等振动器进行振捣。

对箱梁腹板与底板及顶板连接处的承托、预应力筋锚固区及其他预应力钢束与钢筋密集的部位,应采取有效措施加强振捣;对先张构件应避免振动器碰撞预应力筋;对后张结构应避免振动器碰撞预应力筋的管道、预埋件等。浇筑过程中应随时检查模板、管道、锚固端垫板等的稳固性,保证其位置及尺寸符合设计要求。

7.5.3 用于判断现场预应力混凝土结构或构件强度的混凝土试件,应置于现场与结构或构件同环境、同条件养护。

规定将判断强度的试件放在施工现场与混凝土结构或构件同环境、同条件养护,其目的是使之更符合现场的实际情况,同时对结构或构件混凝土的强度判断更准确。

7.6 施加预应力

7.6.1 预应力张拉用的机具设备和仪表应符合下列规定:

1 预应力筋的张拉宜采用穿心式双作用千斤顶,整体张拉或放张宜采用具有自锚功能的千斤顶;张拉千斤顶的额定张拉力宜为所需张拉力的1.5倍,且不得小于1.2倍。与千斤顶配套使用的压力表应选用防振型产品,其最大读数应为张拉力的1.5~2.0倍,标定精度应不低于1.0级。张拉机具设备应与锚具产品配套使用,并应在使用前进行校正、检验和标定。

2 张拉用的千斤顶与压力表应配套标定、配套使用,标定应在经国家授权的法定计量技术机构定期进行,标定时千斤顶活塞的运行方向应与实际张拉工作状态一致。当处于下列情况之一时,应重新进行标定:

1)使用时间超过6个月;
2)张拉次数超过300次;
3)使用过程中千斤顶或压力表出现异常情况;
4)千斤顶检修或更换配件后。

3 采用测力传感器测量张拉力时,测力传感器应按相关国家标准的规定每年送检一次。

2 张拉设备(千斤顶、油泵和压力表等)标定后,即确定相互之间的关系曲线,这种关系曲线对应于特定的一套张拉设备,故需要配套标定、配套使用。由于千斤顶主动工作和被动工作时,压力表读数与千斤顶输出力之间的关系是不同的,因此在标定时,活塞的运行方向要求与实际张拉工作状态一致。

7.6.2 施加预应力之前,施工现场的准备工作及结构或构件需达到的要求应符合下列规定:

1 施工现场已具备经批准的张拉顺序、张拉程序和施工作业指导书,经培训掌握预应力施工知识和正确操作的施工人员,以及能保证操作人员和设备安全的防护措施。

2 锚具安装正确,结构或构件混凝土已达到要求的强度和弹性模量(或龄期)。

本条强调的是施加预应力之前除了张拉用的机具设备和混凝土的强度和弹性模量(或龄期)等应满足要求外,施工现场还须具备经批准的张拉顺序、张拉程序和施工作业指导书,经培训掌握预应力施工知识并有上岗证书能正确操作的施工人员,以及能保证操作人员和设备安全的防护措施。只有周密地考虑到在张拉施工过程中可能会产生的种种不利情况,充分做好准备工作,各项安全技术措施落实到位后,才能保证施工的安全和工程的质量。

7.6.3 对预应力筋施加预应力时,应符合下列规定:

1 千斤顶安装时,工具锚应与前端的工作锚对正,工具锚和工作锚之间的各根预应力筋不得错位、扭绞。实施张拉时,千斤顶与预应力筋、锚具的中心线应位于同一轴线上。

2 预应力筋的张拉顺序和张拉控制应力应符合设计规定。当施工中需要对预应力筋实施超张拉或计入锚圈口预应力损失时,可比设计规定提高5%,但在任何情况下不得超过设计规定的最大张拉控制应力。

3 预应力筋采用应力控制方法张拉时,应以伸长值进行校核。实际伸长值与理论伸长值的差值应符合设计规定;设计未规定时,其偏差应控制在±6%以内,否则应暂停张拉,待查明原因并采取措施予以调整后,方可继续张拉。对环形筋、U形筋等曲率半径较小的预应力束,其实际伸长值与理论伸长值的偏差宜通过试验确定。

4 预应力筋的理论伸长值 $\Delta L_L(mm)$ 可按式(7.6.3-1)计算:

$$\Delta L_L = \frac{P_P L}{A_P E_P} \tag{7.6.3-1}$$

式中:P_P——预应力筋的平均张拉力(N),直线筋取张拉端的拉力;两端张拉的曲线筋,计算方法应符合本规范附录F的规定;

L——预应力筋的长度(mm);

A_P——预应力筋的截面面积(mm^2);

E_P——预应力筋的弹性模量(N/mm^2)。

5 预应力筋张拉时,应先调整到初应力 σ_0,该初应力宜为张拉控制应力 σ_{con} 的10%~25%,伸长值应从初应力时开始量测。预应力筋的实际伸长值除量测的伸长值外,尚应加上初应力以下的推算伸长值。预应力筋张拉的实际伸长值 $\Delta L_S(mm)$ 可按式(7.6.3-2)计算:

$$\Delta L_S = \Delta L_1 + \Delta L_2 \tag{7.6.3-2}$$

式中:ΔL_1——从初应力至最大张拉应力间的实测伸长值(mm);

ΔL_2——初应力以下的推算伸长值(mm),可采用相邻级的伸长值。

6 预应力筋张拉控制应力的精度宜为±1.5%。

7 预应力筋的锚固,应在张拉控制应力处于稳定状态下进行。锚固阶段张拉端锚具变形、预应力筋的回缩量和接缝压缩值,应不大于设计规定或不大于表7.6.3所列容许值。

表7.6.3 锚具变形、预应力筋回缩和接缝压缩容许值

锚具、接缝类型		变形形式	容许值 ΔL_R(mm)
钢制锥形锚具		预应力筋回缩、锚具变形	6
夹片式锚具	有顶压时	预应力筋回缩、锚具变形	4
	无顶压时		6
镦头锚具		缝隙压密	1
带螺帽锚具的螺帽缝隙		缝隙压密	1~3
每块后加垫板的缝隙		缝隙压密	2
水泥砂浆接缝		缝隙压密	1
环氧树脂砂浆接缝		缝隙压密	1

注:带螺帽锚具采用一次张拉锚固时,ΔL_R 宜取2~3mm;采用二次张拉锚固时,ΔL_R 可取1mm。

8 张拉锚固后,建立在锚下的实际有效预应力与设计张拉控制应力的相对偏差应不超过±5%,且同一断面中预应力束的有效预应力的不均匀度应不超过±2%。

9 在预应力筋张拉、锚固过程中及锚固完成后,均不得大力敲击或振动锚具。预应力筋锚固后需要放松时,对夹片式锚具宜采用专门的放松装置松开;对支撑式锚具可采用张拉设备缓慢地松开。

10 预应力筋在实施张拉或放张作业时,应采取有效的安全防护措施,预应力筋两端的正面严禁站人和穿越。

11 预应力筋张拉、锚固及放松时,均应填写施工记录。

12 施加预应力时宜采用信息化数据处理系统对各项张拉参数进行采集。

2 对于后张法结构或构件,设计通常会给出锚下预应力筋的张拉控制应力,如果要实施超张拉或计入锚圈口的预应力损失,就需要对其最大张拉应力进行控制。因为张拉如超过设计规定的最大张拉控制应力,则其钢束预应力筋的安全储备为零,对结构是非常不利的。

3 对某些特殊部位(如索塔的拉索锚固区)且曲率半径较小的预应力束,工程实践表明其预应力筋的实际伸长值与计算伸长值的相对偏差不能满足±6%的规定,故规定此类力筋宜通过试验确定其实际控制伸长值。

4 条文中式(7.6.3-1)及附录F为后张法预应力筋张拉理论伸长值的精确计算公式,公式中考虑了孔道局部偏差的摩阻影响和曲线孔道的摩阻影响。当预应力筋为直线且无摩阻影响时,$P_p=P$,L为预应力筋长度,得公式$\Delta L_L=PL/(A_pE_p)$;对由多曲线组成的曲线预应力筋,或由直线与曲线混合组成的预应力筋,其伸长值宜分段计算,然后叠加。

5 最初张拉时各根预应力筋的松紧、弯曲程度不一定一致,所以初应力时的伸长值不能采用量测方法,而要采用推算的方法。推算时,可以采用相邻级的伸长值,例如初应力σ_0为10%σ_{con}时,其伸长值可以采用由10%张拉到20%的伸长值。预应力筋张拉时,一般先张拉到初应力后再正式分级张拉和量测预应力筋伸长值,而量测的伸长值并未包括从零张拉到初应力时的伸长值,因此,在确定实际伸长值时,除量测的伸长值外,还要计入初应力时的伸长值,以便与理论伸长值相对应。

对多根力筋的预应力钢束实施张拉时,其程序一般为从零开始,先张拉调整到一定的初应力状态后,再正式分级张拉至设计要求的控制应力。初应力阶段的目的是:由于最初张拉时,钢束中各根力筋的松紧、弯曲程度不一致,如果在不一致的情况下即正式张拉至控制应力,则依此在结构中所建立的预应力值是不准确的,无法保证结构的安全度。因此,在正式分级张拉的初始阶段,就需要使钢束中所有力筋的张紧程度能调整到一致,且应力基本相同,以建立起最终的、准确的、设计要求的预应力值。

对初应力的确定,条文给出了一个10%~25%的范围,但在实际张拉操作中,需根据实际情况进行取舍:钢束长度在30m以下时,初应力一般取10%~15%;钢束长度为30~60m时,一般取15%~20%;钢束长度大于60m时,一般取上限25%控制应力作为初应力;钢束长度超过100m时,25%的上限亦有可能达不到初应力的目的,对这种情况,则需要通过现场试验来确定其初应力的大小。这样的取值处理,更能符合结构的实际情况,保证设计要求的有效预应力的建立。

9 预应力筋锚固后,如需要放松,无论后张法或先张法,都须使用专门的放松设备缓慢地放松,如此规定是为了保证施工的安全。

10 本款的规定主要是为保证施工的安全,防止发生人员伤亡事故。

12 信息化数据处理系统能对各项张拉参数进行自动采集,且能保证各项数据的准确性和可靠性,有利于对施工质量进行有效控制。

在执行本条的规定时,尚需注意下列问题:

1. 预应力筋张拉的参数取值与伸长值

从式(7.6.3-1)可以看出,弹性模量E_p是影响实测伸长值的重要因素,它的取值是否准确对计算值影响很大。因此对于大桥等重要的预应力混凝土结构须对弹性模量事先经检验测定,并采用测定值进行计算,使计算的力筋伸长量相对准确。

对于两端张拉的曲线预应力筋,条文要求计算方法按本规范附录F的规定进行。在附录F的公式中有两个重要的参数μ和k,其取值决定于诸多因素,例如所用预应力筋的类型(钢丝、钢绞线、螺纹钢筋);表面特征(凹纹的、波纹的);表面有锈还是除锈过的或是镀锌的;管道成型的材料、钢束的支承间距以及浇筑工艺等,都会对参数的取值产生影响。在不同的情况下,参数μ和k数值的变化较大,而且诸多因素是不可能预先确定的,因此,参数μ和k的取值在很大程度上取决于施工的质量管理。在工程实践中要想获得比较准确的μ和k值,最好的办法是对孔道摩阻进行现场测试,并在施工中加强对μ和k等参数的管理,特别对重要的预应力混凝土结构,是非常有必要的。

预应力筋张拉时，力筋的实际伸长值与理论计算值之间存在一定的误差，条文规定"实际伸长值与理论伸长值的差值应符合设计规定；设计未规定时，其偏差应控制在±6%以内"。产生误差的原因主要有：

(1) 力筋的实际弹性模量与计算取值不一致；
(2) 千斤顶的误差；
(3) 孔道摩阻损失有变化；
(4) 预应力筋截面面积和量测有误差。

施工中，通过对伸长量的校核，可以综合反映张拉力是否足够，孔道摩阻损失是否偏大，预应力筋是否有异常现象等。

2. 关于超张拉的问题

对预应力混凝土结构而言，最重要的是如何在结构中建立准确的、符合设计要求的有效预应力值。在工程实践中，有不少工程技术人员在未能真正准确理解施工规范条文含义的情况下，不论工程采用何种预应力体系、何种材料和机具设备，一律采用超张拉方法，而且为了保险起见，对张拉时的控制应力采取了一种"宁大勿小"的错误做法。实际上，在预应力混凝土结构中建立的有效预应力值距设计值过小或过大都是不利的，而盲目滥用超张拉方法的直接后果是会给结构带来严重的安全隐患。有效预应力值过小(或张拉阶段预应力值损失过大)，结构可能过早出现裂缝，固然是不安全的；而有效预应力值过大，超过设计值越多，虽然结构的抗裂性较好，但因抗裂度过高，预应力筋在承受使用荷载时经常处于过高的应力状态，与结构出现裂缝的荷载很接近，往往在破坏前没有明显的预兆，即产生脆性破坏，将严重危及结构的使用安全。另一方面，如果控制应力过大，会导致结构的反挠度过大或张拉区出现裂缝，对结构同样也是不安全的。因此，为使预应力能最有效地发挥作用，就需要在结构中建立与设计要求值相符的、准确的预应力值。

滥用超张拉方法，会使结构处于不安全的状态。超张拉方法并不是在任何场合都适用，更不能盲目滥用，需根据设计要求、规范条文的有关规定及工程的实际情况来决定是否采用，这就要求包括设计、施工和监理各方的所有工程技术人员对此都要有正确的认识和准确的理解。本规范在条文中对预应力张拉的程序已有较明确的规定，如能严格遵照执行，则预应力混凝土结构的工程质量就能得到保证。

总之，在预应力混凝土结构中，预应力张拉的质量好坏，建立的预应力是否准确，关系到结构的安全与否，故对此需要引起足够重视，施工须严格按条文的规定执行。

7.7 先张法

7.7.1 先张法的墩式台座结构应符合下列规定：

1 承力台座应进行专门设计，并应具有足够的强度、刚度和稳定性，其抗倾覆安全系数应不小于1.5，抗滑移系数应不小于1.3。

2 锚固横梁应有足够的刚度，受力后挠度应不大于2mm。

7.7.2 预应力筋的安装宜自下而上进行，并应采取措施防止其被台座上涂刷的隔离剂污染。预应力筋与锚固横梁间的连接，宜采用张拉螺杆。

7.7.3 先张法预应力筋的张拉除应符合本规范第7.6节的相关规定外，尚应符合下列规定：

1 张拉前，应对台座、锚固横梁及各项张拉设备进行详细检查，符合要求后方可进行操作。

2 同时张拉多根预应力筋时，应预先调整其单根力筋的初应力，使相互之间的应力一致，再整体张拉。张拉过程中，应使活动横梁与固定横梁始终保持平行，并应检查预应力筋的预应力值，其偏差的绝对值不得超过按一个构件全部预应力筋预应力总值的5%。

3 先张法预应力筋的张拉程序应符合设计规定;设计未规定时,其张拉程序可按表7.7.3-1的规定进行。

表7.7.3-1 先张法预应力筋张拉程序

预应力筋种类		张拉程序
钢丝、钢绞线	夹片式等具有自锚性能的锚具	低松弛预应力筋:0→初应力→σ_{con}(持荷5min锚固)
	其他锚具	0→初应力→1.05σ_{con}(持荷5min)→0→σ_{con}(锚固)
螺纹钢筋		0→初应力→1.05σ_{con}(持荷5min)→0.9σ_{con}→σ_{con}(锚固)

注:1. 表中σ_{con}为张拉时的控制应力值,包括预应力损失值。
2. 超张拉数值超过本规范第7.6.3条规定的最大超张拉应力限值时,应按该条规定的限制张拉应力进行张拉。
3. 张拉螺纹钢筋时,应在超张拉并持荷5min后放张至$0.9\sigma_{con}$时再安装模板、普通钢筋及预埋件等。

4 张拉时,预应力筋的断丝数量不得超过表7.7.3-2的规定。

表7.7.3-2 先张法预应力筋断丝限制

预应力筋种类	检查项目	控制数
钢丝、钢绞线	同一构件内断丝数不得超过钢丝总数的百分比	1%
螺纹钢筋	断筋	不容许

5 预应力筋张拉完毕后,其位置与设计位置的偏差应不大于5mm,同时应不大于构件最短边长的4%,且宜在4h内浇筑混凝土。

2 多根预应力筋同时张拉时,须按本条的规定采用应力测定仪等仪具抽查预应力筋的应力值。考虑到构件受力的整体性,按构件全部力筋的预应力总值计算,如偏差不大于5%即认为合格,否则须检查原因,予以处理。

3 本次修订删除了表7.7.3-1中的普通松弛预应力筋,因此类材料多年来已不采用,亦不再生产。使用夹片式等具有自锚性能的锚具时,在力筋按$1.05\sigma_{con}$施行超张拉后,由于该类锚具具有的自锚性能,在千斤顶回程时力筋即被锚固而不便放松回零,故规定低松弛力筋从初应力分级张拉至σ_{con}且持荷5min后即可锚固。初应力程序的目的是在多根预应力筋同时张拉时,调整其每根预应力筋的应力,使其一致。表7.7.3-1中注2规定超张拉值超过本规范第7.6.3条的限值时,应按该条规定的限值进行张拉,这主要是安全起见,以避免预应力筋被拉过屈服点或屈服强度。表7.7.3-1中注3的目的主要是保证施工安全。

7.7.4 先张法预应力筋的放张应符合下列规定:
1 预应力筋放张时构件混凝土的强度和弹性模量(或龄期)应符合设计规定;设计未规定时,混凝土的强度应不低于设计强度等级值的80%;弹性模量应不低于混凝土28d弹性模量的80%,当采用混凝土龄期代替弹性模量控制时应不少于5d。
2 在预应力筋放张之前,应将限制位移的侧模、翼缘模板或内模拆除。
3 预应力筋的放张顺序应符合设计规定;设计未规定时,应分阶段、均匀、对称、相互交错地放张。
4 多根整批预应力筋的放张,采用砂箱放张时,放砂速度应均匀一致;采用千斤顶放张时,放张宜分数次完成;单根钢筋采用拧松螺母的方法放张时,宜先两侧后中间,并不得一次将一根力筋松完。
5 放张后,预应力筋在构件端部的内缩值宜不大于1.0mm。
6 预应力筋放张后,对钢丝和钢绞线,应采用机械切割的方式进行切断;对螺纹钢筋,可采用乙炔-氧气切割,但应采取必要措施防止高温对其产生不利影响。
7 长线台座上预应力筋的切断顺序,应由放张端开始,依次向另一端切断。

1 工程实践表明,放张时仅强调强度而忽视混凝土的弹性模量的做法对构件而言是不利的,故混凝土的弹性模量亦需要作为一项控制指标,且规定在不低于28d弹性模量的80%时才能进行放张作业,即预应力筋能否放张需要由构件混凝土的强度和弹性模量两项指标进行双控制。对混凝土的弹性模量,在工地试验室对该指标进行试验检测时较为复杂,存在一定困难,因此也可以龄期代替弹性模量指标,其理由为:对混凝土早期抗压强度和弹性模量的试验研究表明,混凝土的弹性模量随龄期单调增长,与龄期呈指数函数关系,但其增长速度渐减并趋于收敛,混凝土的强度等级越高则早期弹性模量发展越快,但差异不是很大,且其变异系数有随龄期的增长而减小的趋势。通常情况下,C40混凝土3d弹性模量约为28d弹性模量的84%,7d弹性模量能达到28d弹性模量的95%;C50混凝土3d弹性模量约为28d弹性模量的90%,7d弹性模量能达到28d弹性模量的95%。因此,通过对混凝土龄期的控制代替对弹性模量的控制是可行的。但采用多长的龄期进行控制,这既要满足弹性模量的要求,同时也要防止早期混凝土长时间不放张或不张拉而导致开裂,规定不少于5d是适宜的。

3~4 先张法构件放张的原则,就是要防止在放张过程中构件发生翘曲、裂纹及预应力筋断折等现象,按条文规定放张时,一般可以防止发生这些现象。预应力筋放松时,不能采用骤然切断的方法,骤然切断会使构件两端受到冲击力而出现裂纹,均匀地放松可以防止发生这些现象。一般可以采用千斤顶、砂箱、螺杆张拉架和混凝土缓冲块等工具使预应力筋的拉应力逐渐减小,然后再用砂轮锯、钢丝钳(锯)等工具切断预应力筋。

7 规定由放张端开始逐次切向另一端,是为防止切断过程中发生预应力筋自行拉断现象。

7.8 后张法

7.8.1 采用金属或塑料管道构成后张预应力混凝土结构或构件的孔道时,应符合下列规定:

1 管道的规格、尺寸应符合设计规定,且其内横截面积应不小于预应力筋净截面积的2倍;对长度大于60m的管道,宜通过试验确定其面积比是否可以进行正常的压浆作业。

2 管道应按设计规定的坐标位置进行安装,并应采用定位钢筋固定,使其能牢固地置于模板内的设计位置,且在混凝土浇筑期间不产生位移。管道与普通钢筋重叠时,应移动普通钢筋,不得改变管道的设计坐标位置。固定各种成孔管道用的定位钢筋的间距,对钢管宜不大于1.0m,波纹管宜不大于0.8m;位于曲线上的管道和扁平波纹管道应适当加密。定位后的管道应平顺,其端部的中心线应与锚垫板相垂直。

3 管道接头处的连接管宜采用大一级直径的同类管道,其长度宜为被连接管道内径的5~7倍。连接时不应使接头处产生角度变化及在混凝土浇筑期间发生管道的转动或移位,并应缠裹紧密,防止水泥浆的渗入。塑料波纹管应采用专用焊接机进行热熔焊接或采用具有密封性能的塑料结构连接器连接。当采用真空辅助压浆工艺进行孔道压浆时,管道的所有接头应具有可靠的密封性能,并应满足真空度的要求。

4 所有管道均应在每个顶点设排气孔,以及需要时在每个低点设排水孔,在每个顶点和两端设检查孔。压浆管、排气管和排水管应是最小内径为20mm的标准管或适宜的塑性管,与管道之间的连接应采用金属或塑料结构扣件,长度应足以从管道引出结构物以外。

5 管道安装完毕后,其端口应采取可靠措施临时封堵,防止水或其他杂物进入。

1 管道内横截面积的大小与穿束的难易程度和是否能正常压浆作业有关,既不能过小亦不能过大,过小则穿束与压浆均较困难,过大则会削弱结构或构件的正常断面,因此需要采用适宜的内横截面积。

2 为保证管道定位准确,安装时要采用定位钢筋固定,使之平顺,并在浇筑混凝土时不产生位移,因此其定位钢筋的间距不能过大,条文对各种管道的定位钢筋间距作出了具体规定。对于曲线管道和扁平管道,需视实际情况适当加密。

3 管道的接头如处理不当,很容易造成漏浆,因此连接管需具有一定长度,并需要有足够的密封性能,以防止水泥浆浸入。

4 压浆孔用于将水泥浆注入管道内;排气孔用于排出空气、水、水泥浆和泌水。当认为需要时,可以在管道的每个低点设置排水孔以防止水的积存,排水孔须保持开放直至压浆开始。压浆孔和排气孔的位置与浆体流动的方向、管道的倾斜度、锚具和接头及允许的压浆压力有关,在某些情况下,它们可以互换使其能用以压浆和再次压浆。本次修订增加了设置检查孔的规定,目的是在压浆完成后能通过其对某些重点部位的密实性进行检查,如发现压浆不密实,则需要进行补压浆或其他后续处理。

7.8.2 采用胶管抽芯法制孔时,胶管内应插入芯棒或充以压力水增加刚度;采用钢管抽芯法制孔时,钢管表面应光滑,焊接接头应平顺。抽芯时间应通过试验确定,以混凝土抗压强度达到 0.4～0.8MPa 时为宜,抽拔时不得损伤结构混凝土。抽芯后,应采用通孔器或压气、压水等方法对孔道进行检查,如发现孔道堵塞或有残留物或与邻孔有串通,应及时处理。

采用胶管或钢管抽芯法制孔时,抽管时间需根据水泥品种、水胶比、气温和养护方法等条件,通过试验确定。抽管以能顺利抽出来且孔道不坍塌为原则,故抽管时间以在混凝土初凝后终凝前为宜,一般可以在 100 温度小时左右时进行。

钢管抽芯法只能用于直线孔道的成型;采用充水或充气的胶管抽芯法,对直线和曲线孔道成型均能适用。胶管充水后管径膨胀,放水后管径缩小,抽管省力,且对抽管时间的要求不如钢管抽芯法严格,稍迟仍能抽出。采用充水或充气胶管抽芯时,需预先进行充水充气试验,胶管外径须符合孔道直径要求,管内压力不低于 0.5MPa,并须保持不变,直至抽拔。

7.8.3 预应力筋的安装应符合下列规定:

1 预应力筋可在浇筑混凝土之前或之后穿入孔道,穿束前应检查锚垫板和孔道,锚垫板的位置应准确。孔道内应畅通,无水和其他杂物。

2 宜将一根钢束中的全部预应力筋编束后整体穿入孔道中,整体穿束时,束的前端宜设置穿束网套或特制的牵引头,应保持预应力筋顺直,且仅应前后拖动,不得扭转。对钢绞线,可采用穿束机逐根将其穿入孔道内,但应保证其在孔道内不发生相互缠绕。

3 对在混凝土浇筑之前安装在孔道中但在表 7.8.3 的规定时限内未压浆的预应力筋,应采取防止锈蚀或其他防腐蚀措施,直至压浆。

表 7.8.3 未采取防腐蚀措施的预应力筋在安装后至压浆时的容许间隔时间

暴露条件	安装后至压浆时的容许间隔时间(d)
空气湿度大于70%或盐分过大时	7
空气湿度为40%～70%时	15
空气湿度小于40%时	20

4 预应力筋安装在管道中后,应将管道端部开口密封防止湿气进入。采用蒸汽养护混凝土时,在养护完成之前不应安装预应力筋。

5 在任何情况下,当在安装有预应力筋的结构或构件附近进行电焊作业时,均应对全部预应力筋、管道和附属构件进行保护,防止溅上焊渣或造成其他损坏。

6 对在混凝土浇筑之前穿束的管道,预应力筋安装完成后,应进行全面检查,查出可能被损坏的管道。在混凝土浇筑之前,应将管道上所有非有意留的孔、开口或损坏之处修复,并应在浇筑混凝土过程中随时检查预应力筋能否在管道内自由移动。

1~2 在混凝土浇筑之前或浇筑之后穿束,将预应力筋逐根穿入或编束后整体装入管道中,这些方式都是允许的,但要优先采用编束后整体穿入的方法,因为梳理编束后能有效防止预应力筋之间的相互缠绕,而单根穿入时,存在相互缠绕的可能性。对浇筑混凝土之后穿束的孔道,要首先用压力水冲洗,将可能黏附于孔壁的杂物冲洗掉,同时可以检查出有无串孔现象,然后用不含油的压缩空气吹干孔道内水分,并用检孔器检查孔道是否畅通,检孔器不能通过的地方,需画上标记,作特殊处理。

3 尽管如本条第1款所规定,预应力筋可以在混凝土浇筑之前穿入管道,但要注意在穿束期间和穿束后需对预应力筋进行保护,使其力学性能保持不变。因此在施工中由于管道和力筋安装后放置时间过长而需采取额外的防锈蚀措施时,穿束要尽量推迟,以使穿束与压浆之间的间隔尽可能缩短。当在某种特殊情况下一定要这样做时,则须严格执行条文规定的时限,否则要对预应力筋采取防止锈蚀或其他防腐蚀的措施。

4 预应力筋装入管道后,湿气的大量进入将会加速其锈蚀,故规定如条文。

5 被电火花损伤的钢丝或钢绞线在张拉时可能会产生断裂,故作此规定。

6 在浇筑混凝土之前穿束,需防止损坏管道,如检查发现有损坏,须及时进行修复。为防止力筋卡在管道内,要在浇筑混凝土之前、浇筑过程中、浇筑后检查力筋能否在管道内自由滑动,发现问题须及时处理。

7.8.4 锚具、夹具和连接器在安装前,应擦拭干净,安装时应符合下列规定:

1 锚具和连接器的安装位置应准确,且应与孔道对中。锚垫板上设置有对中止口时,应防止锚具偏出止口。安装夹片时,应使夹片的外露长度基本一致。

2 采用螺母锚固的支撑式锚具,安装时应逐个检查螺纹的配合情况,应保证在张拉和锚固过程中能顺利旋合拧紧。

1 锚垫板上的对中止口易于保证锚具与垫板对中,有利于锚具和预应力筋的受力,但如使锚板偏出止口,则反而会形成不利的支撑状态。

2 凡利用螺母锚固的锚具,一般是张拉至规定控制应力时在负荷状态下拧紧螺母,所以要求在安装锚具之前应逐个检查螺纹的配合情况,保证在张拉锚固时能顺利拧紧。

7.8.5 后张法预应力筋的张拉和锚固应符合下列规定:

1 预应力张拉之前,宜对不同类型的孔道进行至少一个孔道的摩阻测试,通过测试所确定的 μ 值和 k 值宜用于对设计张拉控制应力的修正,对长度大于60m的孔道宜适当增加摩阻测试的数量。摩阻损失的测试方法宜符合本规范附录G的规定。

2 张拉时,结构或构件混凝土的强度、弹性模量(或龄期)应符合设计规定;设计未规定时,混凝土的强度应不低于设计强度等级值的80%,弹性模量应不低于混凝土28d弹性模量的80%,当采用混凝土龄期代替弹性模量控制时应不少于5d。

3 预应力筋的张拉顺序应符合设计规定;当设计未规定时,宜采用分批、分阶段的方式对称张拉。

4 预应力筋应整束张拉锚固。对扁平管道中平行排放的预应力钢绞线束,在保证各根钢绞线不会叠压时,可采用小型千斤顶逐根张拉,但应考虑逐根张拉时预应力损失对控制应力的影响。

5 预应力筋张拉端的设置应符合设计要求;当设计未要求时,应符合下列规定:

1)对钢束长度小于20m的直线预应力筋可在一端张拉;对曲线预应力筋或钢束长度大于或等于20m的直线预应力筋,应采用两端张拉。

2)当同一截面中有多束一端张拉的预应力筋时,张拉端宜分别交错设置在结构或构件的两端。

3)预应力筋采用两端张拉时,宜两端同时张拉;或先在一端张拉锚固后,再在另一端补足预应力值进行锚固。

6 两端张拉时,各千斤顶之间同步张拉力的允许误差宜为±2%。

7 后张预应力筋的张拉程序应符合设计规定;设计未规定时,可按表7.8.5-1的规定进行。

表 7.8.5-1 后张法预应力筋张拉程序

锚具和预应力筋类别		张 拉 程 序
夹片式等具有自锚性能的锚具	钢绞线束、钢丝束	低松弛力筋:0→初应力→σ_{con}(持荷5min锚固)
其他锚具	钢绞线束	0→初应力→1.05σ_{con}(持荷5min)→σ_{con}(锚固)
	钢丝束	0→初应力→1.05σ_{con}(持荷5min)→0→σ_{con}(锚固)
螺母锚固锚具	螺纹钢筋	0→初应力→σ_{con}(持荷5min)→0→σ_{con}(锚固)

注:1. 表中 σ_{con} 为张拉时的控制应力,包括预应力损失值。
 2. 两端同时张拉时,两端千斤顶升降压、画线、测伸长等工作应基本一致。
 3. 超张拉数值超过本规范第7.6.3条规定的最大超张拉应力限值时,应按该条规定的限值进行张拉。

8 后张预应力筋断丝及滑移的数量不得超过表7.8.5-2的控制数。

表 7.8.5-2 后张预应力筋断丝、滑移限制

类 别	检查项目	控 制 数
钢丝束、钢绞线束	每束钢丝断丝或滑丝	1根
	每束钢绞线断丝或滑丝	1丝
	每个断面断丝之和不超过该断面钢丝总数的百分比	1%
螺纹钢筋	断筋或滑移	不容许

注:1. 钢绞线断丝系指单根钢绞线内钢丝的断丝。
 2. 超过表列控制数时,原则上应更换;当不能更换时,在许可的条件下,可采取补救措施,如提高其他束预应力值,但必须满足设计各阶段极限状态的要求。

9 预应力筋在张拉控制应力达到稳定后方可锚固。对夹片式锚具,锚固后夹片顶面应平齐,其相互间的错位宜不大于2mm,且露出锚具外的高度应不大于4mm。锚固完毕并经检验确认合格后方可切割端头多余的预应力筋,切割时应采用砂轮锯,严禁采用电弧进行切割,同时不得损伤锚具。

10 切割后预应力筋的外露长度应不小于30mm,且应不小于1.5倍预应力筋直径。锚具应采用封端混凝土保护,当需长期外露时,应采取防止锈蚀的措施。

1 本款增加了"对长度大于60m的孔道宜适当增加摩阻测试的数量"的规定。

2 对本款的解释见本规范第7.7.4条第1款。

3 后张法多根(束)预应力筋张拉时,要使张拉的合力作用线处在结构或构件的核心截面以内,以防止截面产生过大的偏心受压和边缘拉力,因此,张拉需分批、分阶段、对称地进行。分批先后张拉时,按控制应力先张拉的预应力筋会因后批预应力筋张拉时所产生的混凝土弹性压缩而引起应力损失,但如设计时在安排张拉顺序时已考虑到这种应力损失的补偿问题,则须按设计规定的顺序和张拉控制应力进行。

4 在各种预应力体系中,对同一束中的预应力筋均须采用整束张拉锚固的方式,以使所建立的预应力达到均匀。对扁平管道中平行排放的预应力筋,因不会产生相互叠压,故允许采用单根张拉,但单根张拉时会产生分批张拉预应力损失,因此在确定张拉力时要将此损失计算在内。

5 曲线预应力筋锚固时由于孔道反向摩擦的影响,张拉端的预应力损失最大,并沿构件长度逐步减小至零,因此,是否采用两端张拉,主要依照锚固损失的影响长度来确定。原规范本款的第1项规定了对确定一端张拉或两端张拉的计算原则,但在执行过程中普遍反映不好掌握,故本次修订将其修改为按不同钢束长度来确定一端张拉或两端张拉。

7 对本款的解释见本规范第7.7.3条第3款。

10 预应力筋锚固后的外露长度,主要是考虑热影响不波及锚固部位,以及外露部分不影响构件的安装。

7.8.6 对长度较小的竖向或横向预应力钢束,可采用低回缩锚具。低回缩锚具的张拉和锚固施工要求宜符合相应产品标准的规定。

对长度较小的钢束而言,张拉后的力筋伸长值本身就不大,而回缩又抵消了大部分的伸长,导致在结构或构件中建立的有效预应力偏低甚至过小,因此部分生产厂根据这种情况,研究开发了低回缩锚具。工程实践证明,这种低回缩锚具的应用较好地解决了短钢束有效预应力偏低甚至过小的问题,值得推广应用,故本次修订增加了本条规定。

7.9 后张孔道压浆及封锚

7.9.1 预应力筋张拉锚固后,孔道应尽早压浆,且应在48h内完成,否则应采取避免预应力筋锈蚀的措施。

后张预应力孔道压浆的目的主要有:
(1)保护预应力筋不致锈蚀。
(2)使预应力筋束与混凝土黏结成为整体,从而减少预应力损失。
(3)提高结构或构件的整体抗弯刚度。

对防锈蚀而言,孔道的压浆越早越好,且能防止预应力筋的松弛,使构件尽快安装。条文规定张拉锚固后的48h内完成孔道的压浆在实际施工中是可以做到的。

后张预应力孔道压浆的主要目的之一是防止预应力筋的锈蚀,这是预应力混凝土结构中非常重要的一个方面,也是后张预应力混凝土结构体系中一道非常关键的工序,如何保证压浆的质量、提高结构的耐久性,始终是桥梁工程界关注的焦点问题。

为有效防止预应力筋的锈蚀,首先对结构的细部设计要予以充分重视,加强桥面防水及预应力筋锚固部位的防水处理,以防止侵蚀介质侵入预应力筋中;其次,压入孔道内的水泥浆在结硬后须有可靠的密实性,且能充满整个孔道,无空洞现象产生,能起到对预应力筋有效防护的作用。

由于预应力筋的锈蚀而导致桥梁突然坍塌的典型实例是1985年9月在英国威尔士的Ynas-Y-Gwas桥上发生的事故,加上另有其他几座桥梁亦存在类似问题,为此,英国运输部曾在1992年9月发布紧急通知,宣布由于后张预应力体系在压浆方法上不能确保其安全性,在安全性得不到保证之前,在英国不得使用压浆的后张预应力混凝土结构。之后,英国混凝土学会会同混凝土桥梁发展研究小组,就后张预应力混凝土桥梁的耐久性问题进行了大量的研究,并在取得研究成果后对后张预应力混凝土结构的防护提出了以下几条技术措施:
(1)加强桥面及锚头部位的防水处理;
(2)选择合理的孔道成型材料,形成多层防护体系;
(3)改进压浆材料及压浆工艺。

只有在满足以上三方面要求的情况下,才允许在英国继续使用有黏结的后张预应力混凝土桥梁。由于这一事件的影响,国际预应力协会(FIP)在1996年的学术交流会上,将"后张预应力混凝土结构"列为中心议题进行了研讨,世界各国及一些大的预应力专业公司随后对于后张预应力体系中的管道材料、压浆材料和压浆工艺等进行了大量的研究改进。近年来,塑料管道、真空辅助压浆技术和工艺已广泛应用于工程实践中。

我国后张预应力孔道压浆的工程质量一直是一个薄弱环节,这是因为多年来我们所沿用的传统压浆方法和工艺存在着很多不确定因素。结构的细部设计、管道材料和成型的方式、水泥浆所用材料品质的优劣、技术与工艺的合理性、机具设备的可靠性,以及施工中的组织与管理是否得当,都会直接或间接地对压浆的质量产生影响,而这些影响最终必然会在结构的耐久性方面反映出来。早期由于技术相对落后,对孔道多采用抽拔管和白铁皮制管的方式成型,随着技术的不断进步,现多采用优质带钢在制管机上卷制而成的波纹状金属螺旋管。虽然金属螺旋管较之抽拔管和白铁皮管有着更好的使用性能,但长期防腐的效果依然较差,在混凝土开裂或使用时间过长的情况下,仍有锈蚀的可能,往往不能对管道内的预应力筋起到良好的防护作用。因此希望有一种不会被侵蚀、能抵抗侵蚀物质侵入、甚至在压浆被破坏后仍能防止侵蚀物质侵入的材料来制成管道,高密度聚乙烯管和聚丙烯管等塑料管道是一种比较理想的材料,它们具有不腐蚀、能有效地防止氯离子侵入、不导电、有较高的线膨胀系数和较低的弹性模量等基本性能。

成功的压浆须建立在有可靠的材料品质和性能、先进技术和合理工艺的基础上,传统的压浆方法经大量工程实践证明并不十分可靠,如果水泥浆的性能不佳、操作上稍有疏忽,很容易在管道内产生空洞,即使采用二次压浆的方法,也不能完全保证管道内水泥浆的密实性。而且,水泥浆泌水现象的存在,会在管道内长期积水,有可能使预应力筋和锚具产生锈蚀。

常规的压浆工艺是通过压浆泵进行压力压浆,压力一般控制在 0.3~1.0MPa 范围内,但常规压浆工艺有一定的局限性,主要表现为:压入孔道内的浆体中常会含有气泡,当浆体硬化后,气泡的积存处会变为孔隙或空洞,成为渗透雨水的聚积地,而这些水可能含有害成分,容易导致对预应力筋的应力腐蚀;水泥浆浆体容易泌水离析,结硬后收缩,泌水处可能会产生空洞,导致结硬后的浆体强度不够,与预应力筋之间的黏结不好,为结构留下隐患。

真空辅助压浆技术,经国内外一些工程的应用,证明其效果良好,与传统的压浆方法相比有更高的可靠性,能在一定程度上起到保证工程质量和提高结构耐久性的作用,因此在我国的预应力混凝土桥梁结构中得到了广泛的推广应用。

严格来说,真空辅助压浆技术是传统压浆工艺的一种补充和改进,真空辅助压浆工艺是采用真空泵抽吸孔道中的空气,使孔道内达到负压 0.1MPa 左右的真空度,然后在孔道的另一端以不小于 0.5MPa 的正压力将水泥浆压入孔道中,以此来提高孔道压浆的密实度。

真空辅助压浆工艺与传统的常规压浆工艺相比,其压浆过程连续迅速,减小了曲线孔道中浆体自身引起的压力差,特别对一些异形、曲率半径较小及较长的孔道,压浆效果较好。

但有关试验研究表明:真空辅助压浆虽然可以提高孔道压浆的质量,但是对于倾角处浆体的先流现象仍无法克服,因此,采用真空辅助压浆工艺并不能完全解决后张孔道压浆中出现的所有质量问题。

要真正提高后张预应力孔道压浆的质量,需要从多方面进行综合考虑:首先须保证压浆材料的品质和性能;其次要使用满足拌制水泥浆浆液要求的机具设备;最后须采用正确的压浆技术工艺。但不论采用何种压浆材料、机具设备和技术工艺,都与施工的精心程度有着极大的关系,换言之,材料、机具设备和技术工艺仅是保证后张预应力孔道压浆质量的必要条件,而精心管理、精心施工则是其充分条件。

后张预应力孔道压浆的施工需满足以下要求:

1. 及时性

由于张拉后预应力筋内的碳晶体重新分布,晶体间的间隙加大,水分子和不良气体极易侵入,此时预应力筋的锈蚀速度要比未张拉时快得多(通常在 6 倍左右),尤其是沿海地区,因潮湿的海风中含有大量的氯离子,使预应力筋的锈蚀会更加严重,而预应力筋的锈蚀将引起预应力损失过大,造成有效预应力的不足。因此,在预应力筋张拉、锚固后,孔道的压浆要尽早进行,以保护预应力筋不致锈蚀。但在以往的施工中,有些施工单位对此并不重视,甚至在张拉完成后长达数月才对孔道进行压浆,孔道漏压浆的情况亦时有发生,这样做的后果必然会使预应力筋锈蚀速度加快,导致对预应力筋的保护不够,有效预应力不足。此外,在预应力筋刚刚完成张拉锚固时,结构或构件的抗裂性能最差,及时压浆则可以加速水泥浆浆液的凝固,增加与混凝土之间的黏结,提高结构或构件的抗弯刚度,从某种程度上增强结构或构件抵抗开裂的能力。

2. 密实性

密实性是后张预应力孔道压浆施工中最关键的问题,压浆的不密实会使预应力筋产生锈蚀,而力筋的锈蚀又进一步削弱了浆体对力筋的黏结力,使有效预应力下降。为避免孔道压浆不密实、黏结力不够的情况发生,需注意以下问题:

(1)压浆材料:须保证压浆材料的品质和性能满足本规范条文的要求。
(2)压浆设备:使用的设备须满足拌制压浆浆液所需要的性能要求。
(3)压浆工艺:须采用合理的压浆工艺,且优先考虑采用真空辅助压浆工艺。
(4)组织管理:须加强对压浆施工的管理,只有精心管理、精心施工才能保证压浆的质量优良。

孔道压浆是一道非常重要的工序,只有满足了压浆的及时性和密实性要求,才能有效地防止预应力筋的锈蚀,减少预应力损失,保证后张预应力混凝土结构在使用过程中的安全性和耐久性。对此,须引起每一位工程管理者和施工技术人员的充分重视。

7.9.2 后张预应力孔道应采用专用压浆料或专用压浆剂配制的浆液进行压浆。所用原材料应符合下列规定:

1 水泥应采用性能稳定、强度等级不低于42.5的低碱硅酸盐或低碱普通硅酸盐水泥,水泥的性能要求应符合本规范第6.15.4条的规定。

2 外加剂应与水泥具有良好的相容性,且不得含有氯盐、亚硝酸盐或其他对预应力筋有腐蚀作用的成分。减水剂应采用高效减水剂或高性能减水剂,且应满足现行《混凝土外加剂》(GB 8076)中高效减水剂一等品的要求,其减水率应不小于20%。

3 矿物掺合料的品种宜为Ⅰ级粉煤灰、粒化高炉矿渣粉或硅灰,并应符合本规范第6.15.8条的规定。

4 水不应含有对预应力筋或水泥有害的成分,每升水中不得含有350mg以上的氯化物离子或任何一种其他有机物,宜采用符合国家卫生标准的清洁饮用水。

5 膨胀剂宜采用钙矾石系或复合型膨胀剂,不得采用以铝粉为膨胀源的膨胀剂或总碱量0.75%以上的高碱膨胀剂。

6 压浆材料中的氯离子含量应不超过胶凝材料总量的0.06%,比表面积应大于$350m^2/kg$,三氧化硫含量应不超过6.0%。

"专用压浆料"是指由水泥、高效减水剂、膨胀剂和矿物掺合料等多种材料干拌而成的混合料,在施工现场按一定比例加水并搅拌均匀后,用于充填后张预应力孔道的压浆材料。

"专用压浆剂"是指由高效减水剂、膨胀剂和矿物掺合料等多种材料干拌而成的混合剂,在施工现场按一定比例与水泥、水混合并搅拌均匀后,用于充填后张预应力孔道的压浆材料。

"专用"是指专门用于后张预应力孔道的压浆,且由工厂化制造生产。

传统的后张预应力孔道压浆施工,所使用的传统压浆材料一般为纯水泥浆,施工时,采用水泥、水、减水剂、膨胀剂、增稠剂等进行现场配制。由于压浆材料的组成较为复杂,现场添加的粉体组分较多,计量准确性要求很高,加上现场施工人员的素质参差不齐,缺乏有效的质量管理手段,无法保障压浆材料的性能,通常存在各种外加剂兼容性不良、水泥与减水剂适应性差等现象,造成后张预应力孔道压浆存在以下严重问题:

(1)浆液的质量稳定性和流动性差,流动度损失快,体积稳定性不良。
(2)新拌浆液泌水率大、易离析分层,使孔道内很难形成饱满状态。
(3)硬化后的浆体不密实、空隙多。

上述问题不仅影响施工和工程质量,而且直接关系到桥梁结构使用的安全性和耐久性。通过对有关工程的梁体预应力孔道部位的破损检验测试,发现多数预应力混凝土结构的孔道内存在孔隙、空洞甚至有积水,孔道压浆不密实引起预应力筋锈蚀的现象严重,个别预应力混凝土桥梁孔道压浆的工程质量问题十分突出。

因此,本规范规定在后张预应力孔道压浆的施工中应采用专用压浆料或专用压浆剂,目的在于使用该类材料更能保证压浆的质量、可靠性和耐久性,以从源头上切实保障后张预应力孔道压浆的工程质量。

实际上,本条对后张孔道压浆所用原材料品质的要求与高性能混凝土所用原材料的品质要求是一致的。

近年来通过推广采用专用压浆材料对后张预应力孔道的压浆,在保证工程质量方面取得了良好效果,故本次修订将原规范条文中的"宜采用"修改为"应采用"。

7.9.3 采用压浆材料配置的浆液,其性能应符合表7.9.3的规定。

表7.9.3 后张预应力孔道压浆浆液性能指标

项 目		性能指标	检验试验方法/标准
水胶比		0.26~0.28	《水泥标准稠度用水量、凝结时间、安定性检验方法》(GB/T 1346)
凝结时间(h)	初凝	≥5	
	终凝	≤24	
流动度(25℃)(s)	初始流动度	10~17	《公路工程水泥及水泥混凝土试验规程》(JTG E30)
	30min流动度	10~20	
	60min流动度	10~25	
泌水率(%)	24h自由泌水率	0	
	3h钢丝间泌水率	0	
压力泌水率(%)	0.22MPa（孔道垂直高度≤1.8m时）	≤2.0	
	0.36MPa（孔道垂直高度>1.8m时）		
自由膨胀率(%)	3h	0~2	
	24h	0~3	
充盈度		合格	
抗压强度(MPa)	3d	≥20	《水泥胶砂强度检验方法(ISO法)》(GB/T 17671)
	7d	≥40	
	28d	≥50	
抗折强度(MPa)	3d	≥5	
	7d	≥6	
	28d	≥10	

注:1. 有抗冻性要求时,宜在压浆材料中掺用适量引气剂,且含气量宜为1%~3%。
 2. 有抗渗性要求时,抗氯离子渗透的28d电通量指标宜小于或等于1 500C。

为保证后张预应力孔道压浆的质量和耐久性,所用水泥浆浆液的性能须具备以下特征:
(1)较好的流动度,具有一定的保塑性能;
(2)低泌水率,不离析,无沉降;
(3)适宜的凝结时间;
(4)在塑性阶段具有良好的补偿收缩能力,且硬化后产生微膨胀;
(5)具有一定的强度。

原规范对后张预应力孔道压浆浆液的性能指标提出了较高的技术要求,通过几年来的推广应用和工程实践,证明这些技术要求在实际工程中不仅能做到,而且对提高桥梁预应力混凝土结构的安全性、可靠性和耐久性,保证工程质量,均具有良好的促进作用,故本次修订除将流动度、泌水率、压力泌水率、自由膨胀率和充盈度等相关参数指标的试验方法统一修改为符合现行《公路工程水泥及水泥混凝土试验规程》(JTG E30)的规定外,对压浆浆液性能指标仍保留了原规范的规定。

执行本条规定时需要注意的是:在实际施工中,压浆浆液的性能指标不能仅满足强度的要求,而是

表7.9.3中所列的所有指标均需要满足。

本条表7.9.3后张预应力孔道压浆浆液的性能指标有如下特点：

(1)浆液的水胶比限制在0.26~0.28，初始流动度要求在10~17s之间。

当水泥强度等级相同时，混凝土的强度等级和耐久性主要决定于水胶比。通过理论计算，水泥完全水化时所需的水胶比为0.237。由于不同类型水泥的生产工艺和矿物组分不尽相同，水泥的理论水胶比在0.24~0.28之间；压浆材料的主要成分是强度等级较高的水泥，其理论水胶比也在0.24~0.28之间。对于强度等级相同的水泥，在满足水泥水化用水量（即理论水胶比的用水量）的情况下，水胶比越小，水泥石结构越完整，强度越高，其与预应力筋的黏结力越大，耐久性越好。国内外的大量理论和试验研究结果表明：水胶比大于0.28时，必然会产生泌水。

传统的后张预应力孔道压浆过程中，为了满足压浆施工的工艺要求，在现场施工中往往通过加大用水量来改善压浆浆液的流动性，施工中常用的水胶比在0.33~0.45之间，较水泥水化的理论用水量高出很多。采用这种水胶比，在压浆材料的水化过程中，多余的水必然泌出，泌出的同时在体系中形成泌水通道和水泡，泌水通道和水泡中的水蒸发后形成孔隙，导致结构缺陷，这将大大减少水泥石抵抗荷载的实际有效断面，而且可能在孔隙周围产生应力集中，影响浆液硬化后的后期强度和耐久性。空隙的存在降低了水泥石强度，也降低了水泥石对预应力筋的黏结力，影响了梁体结构与预应力筋受力传递的均匀性，造成安全隐患，从而影响工程质量。因此可以认为，为了获得需要的压浆浆液的流动性和可灌性等工艺性能，以牺牲结构的力学性质和使用寿命而采用较高的水胶比是不可取的。

本规范对压浆材料的水胶比要求较为严格，就是基于压浆材料的用水量在能满足水泥完全水化所需水的基础上，尽量降低水胶比。近年来，随着高效聚羧酸减水剂等新材料、高速搅拌机等新设备的开发，使得低水胶比成为可能。同时，本规范在修订过程中参照了欧盟及美国标准对后张预应力孔道压浆材料的要求，特别是对水胶比的限制，因此将水胶比限制在0.26~0.28之间，这样既能满足压浆施工工艺的需要，又能保证工程结构的质量。

传统的后张预应力孔道压浆过程中，还存在着压浆不饱满、断浆、孔道高点处无浆等一些问题，这除了与压浆所采用的工艺有关外，其实与压浆材料的流动度也有密切的关系，即流动度越好则施工越容易，压浆效果越好。因此，本规范对压浆材料的流动度作出了更严格的规定，规定初始流动度在10~17s之间，30min在10~20之间，60min在10~25之间。这一规定特别考虑到目前特大型、大型桥梁在建设过程中后张预应力孔道设计的复杂性，以及考虑了大型梁体中孔道波形高差过大的压浆保障问题。

本条对压浆材料水胶比和流动度的规定，是既要保证压浆的顺利进行（即浆液有好的流动性），同时又不能以牺牲预应力混凝土结构的强度和耐久性为代价，基本解决了压浆材料的性能指标要求与施工工艺之间的矛盾。

(2)规定了采用压浆材料配置的浆液须达到零泌水的要求。

实际上，压浆浆液的泌水问题亦与水胶比的大小密切相关，泌水对预应力混凝土结构的危害是非常严重的。孔道压浆完成后，浆液中泌出的水会集中在孔道的上部，对于弯曲孔道则可能导致断浆。一旦泌出的水蒸发后形成孔隙或空洞，腐蚀性介质如氯离子等会渗入压浆不密实的孔道内，将使预应力筋失去应有的保护而遭受严重的腐蚀甚至断裂，当受损的预应力筋所能承载的荷载减小到无法承受外加荷载时，就会导致预应力混凝土结构桥梁的突然坍塌。

基于上述原因，本条规定了压浆浆液的24h自由泌水率和3h钢丝间泌水率应为零；压力泌水率应不大于2.0。

(3)规定了压浆浆液在塑性阶段和硬化后须有微膨胀性。

在孔道压浆的过程中，预应力筋之间的缝隙是很难被浆液填充的，又由于水泥浆浆液完全水化后体积减缩量非常大，导致硬化后的浆体内部产生较大的收缩应力，一旦应力大于抗拉强度，则会产生收缩裂缝，加速预应力筋的锈蚀。因此，如果浆液在塑性阶段存在膨胀，则其在应力的作用下更容易进入钢丝间，保证浆液可以完全充填整个孔道，从而实现对预应力筋更有效的保护。压浆浆液在硬化后的适度膨胀,可以抵消水泥后期自身收缩产生的收缩应力,而不至于产生收缩裂缝。所以,在表7.9.3中规定了压浆浆液3h的膨胀率为0~2%,24h膨胀率为0~3%。

(4)其他性能指标。

水胶比、流动度、泌水率是后张预应力孔道压浆浆液中非常关键的3项性能指标,条文对此3项关键性能指标的规定原则是要实现"低水胶比、高流动度、零泌水"的目标,以达到全面提高后张预应力孔道压浆的质量、可靠性和耐久性,从根本上解决孔道压浆中存在的压浆不饱满、不密实等问题,真正延长预应力混凝土结构桥梁使用寿命的目的。

7.9.4 用于后张孔道压浆的设备性能应符合下列规定:

1 搅拌机的转速应不低于1 000r/min,搅拌叶的形状应与转速相匹配,其叶片的线速度宜不小于10m/s,最高线速度宜限制在20m/s以内,且应能满足在规定的时间内搅拌均匀的要求。

2 用于临时储存浆液的储料罐亦应具有搅拌功能,且应设置网格尺寸不大于3mm的过滤网。

3 压浆机应采用活塞式可连续作业的压浆泵,其压力表的最小分度值不大于0.1MPa,最大量程应使实际工作压力在其25%~75%的量程范围内。不得采用风压式压浆泵进行孔道压浆。

4 真空辅助压浆工艺中采用的真空泵应能达到0.10MPa的负压力。

采用性能良好的设备是保证压浆质量的重要手段和前提,因此在实际施工时须选择满足性能要求的压浆设备。

3 压浆泵有活塞式和风压式两类,后者可能使空气窜入水泥浆中产生气孔,故条文要求须使用前者,不使用后者。

7.9.5 孔道压浆前的准备工作应符合下列规定:

1 应在工地试验室对压浆材料加水进行试配验证,各种材料的称量(均以质量计)应精确到±1%。经试配的浆液其各项性能指标均满足表7.9.3的要求后方可用于正式压浆。

2 应对孔道进行清洁处理。对抽芯成型的孔道应冲洗干净并应使孔壁完全湿润,金属和塑料管道在必要时亦应冲洗清除附着于孔道内壁的有害材料。对孔道内可能存在的油污等,可采用已知对预应力筋和管道无腐蚀作用的中性洗涤剂或皂液,用水稀释后进行冲洗;冲洗后,应使用不含油的压缩空气将孔道内的所有积水吹出。

3 应对压浆设备进行清洗,清洗后的设备内不应有残渣和积水。

2 压浆前将孔道用高压水冲洗,可以冲走杂物并将孔道内壁予以湿润,还可以防止干燥的孔壁吸收水泥浆中的水分而降低浆体的流动度。对于金属和塑料管道亦有必要进行冲洗,以清除管道内可能有的杂物。中性洗涤剂或皂液须对预应力筋和管道无腐蚀作用,方能用于清洗管道内可能存在的油污。曲线孔道内低凹处的积水,可以采用不含油的压缩空气排除。

7.9.6 压浆时,对曲线孔道和竖向孔道应从最低点的压浆孔压入;对水平直线孔道可从任意一端的压浆孔压入;对结构或构件中以上下分层设置的孔道,应按先下层后上层的顺序进行压浆。同一孔道的压浆应连续进行,一次完成。压浆应缓慢、均匀地进行,不得中断,并应将所有最高点的排气孔依次一一打开和关闭,使孔道内排气通畅。

因为空气和水的密度较水泥浆小,压浆时由最低的压浆孔压入,可以使空气和水聚集在水泥浆上面,逐步由最高点的排气孔排除。如从高点压入,则空气易窜入水泥浆内形成气塞,阻碍水泥浆的流动,并在水泥浆凝结后产生气孔。先压注下层孔道的好处是下层的预应力筋抗弯力矩较大,先压浆,使其松弛损失少一些,对结构较为有利。

7.9.7 浆液自拌制完成至压入孔道的延续时间宜不超过40min,且在使用前和压注过程中应连续搅拌,对因延迟使用所致流动度降低的水泥浆,不得通过额外加水增加其流动度。

压浆材料加水拌制成浆液后,需尽快使用,如延续时间过久,将降低其流动度,增加压注时的压力,且不易密实。条文规定在压注前和压注过程中对浆液应连续搅拌,是为防止其流动度降低。

7.9.8 对水平或曲线孔道,压浆的压力宜为 0.5~0.7MPa;对超长孔道,最大压力宜不超过 1.0MPa,当超过时可采用分段的方式进行压浆;对竖向孔道,压浆的压力宜为 0.3~0.4MPa。压浆的充盈度应达到孔道另一端饱满且排气孔排出与规定流动度相同的水泥浆为止。关闭出浆口后,宜保持一个不小于 0.5MPa 的稳压期,该稳压期的保持时间宜为 3~5min。

压浆泵需要的压力,以能将浆液压入并充满孔道孔隙为原则,一般在出浆口需要先后排出空气、水、稀浆及浓浆,为保证孔道压浆的充盈度符合要求,需要保持不小于 0.5MPa 的压力 3~5min 后再对压浆口进行封闭。对 3~5min 的稳压时间,当孔道长度小于 60m 时,一般取中间值或下限;孔道长度大于或等于 60m 时,则需取上限。本次修订增加了"对超长孔道,最大压力宜不超过 1.0MPa,当超过时可采用分段的方式进行压浆"的表述,是指对于如长度超过 100m 的孔道,从一端向另一端压浆时,有可能会产生过大的压力而导致事故,故采用分段压浆的方式是可行的,既能满足施工要求,又能保证压浆的质量和施工安全。

7.9.9 采用真空辅助压浆工艺时,在压浆前应对孔道进行抽真空,真空度宜稳定在 -0.06~-0.10MPa 范围内。真空度稳定后,应立即开启孔道压浆端的阀门,同时启动压浆泵进行连续压浆。

真空辅助压浆技术的原理是:压浆前在出浆口采用真空泵抽吸预应力孔道中的空气,使孔道内达到 -0.06~-0.10MPa 的真空度,然后在孔道的另一端采用压浆泵将水泥浆浆液压入孔道中,以此提高孔道压浆的充盈度和密实度。但需指出的是:真空压浆并不能解决压浆的所有质量问题,工程实践证明,在孔道的两端高差较大时,真空压浆的效果甚至要差于采用常规压浆工艺的效果,即孔道最高点的顶部仍有可能会出现空洞;孔道有倾角时,在倾角处浆体会产生先流现象。因此,尽管采用了真空辅助压浆工艺,仍需对其工艺进行严格控制,方能获得良好的压浆效果。

7.9.10 压浆时,每一工作班应制作留取不少于 3 组尺寸为 40mm×40mm×160mm 的试件,标准养护 28d,进行抗压强度和抗折强度试验,作为评定质量的依据。试验方法应按现行《水泥胶砂强度检验方法(ISO 法)》(GB/T 17671)的规定执行;质量检验评定方法应符合《公路工程质量检验评定标准 第一册 土建工程》(JTG F80/1—2017)附录 M 的规定。

原规范对水泥浆的质量检验评定未作明确规定,主要参照水泥混凝土的检验评定方法,本次修订予以明确。

7.9.11 压浆过程中及压浆后 48h 内,结构或构件混凝土的温度及环境温度不得低于 5℃,否则应采取保温措施,并应按冬期施工的要求处理,浆体中可适量掺用引气剂,但不得掺用防冻剂。当环境温度高于 35℃时,压浆宜在夜间进行。

温度对压浆的影响主要有两个方面:

其一是对浆液流动度的影响。通常情况下,温度对初始流动度无明显影响,但对 30min 后的流动度有明显影响,且不同温度条件下其影响程度亦不同。常温时(如 10℃左右),水泥的水化速度较慢,随着时间的延长,高性能减水剂仍然在发挥其减水功能,浆液中自由水增多,流动性的变化幅度较小;而在高温时(如 50℃左右),随着时间的延长,水泥的水化速度加快,水化量较常温时相同时间内的水化量多,由于水化作用会消耗浆体中的水,导致自由水减少,浆液的流动性将大幅度降低。

其二是对浆体强度的影响。浆液的硬化在于水泥的水化作用,周围的环境温度对水泥的水化速度影响显著,温度升高则水化速度加快;温度降低则水化速度亦降低,浆体的强度增长缓慢。当温度降至

0℃以下时,浆体中的水大多数已结冰,水泥颗粒不能继续水化,强度停止增长,且孔隙内的水分结冰会引起膨胀而作用在空隙毛细管的内壁,导致浆体内部的结构遭到破坏,已经获得的强度亦受到损失,在反复冰融的情况下,浆体内部的微裂将逐渐扩大,使其强度逐渐降低。

因此,为保证压浆浆液的性能指标及压浆的质量和耐久性,须严格执行条文的规定。

7.9.12 压浆后应通过检查孔抽查压浆的密实情况,如有不实,应及时进行补压浆处理。

7.9.13 压浆完成后,应及时对锚固端按设计要求进行封闭保护或防腐处理,需要封锚的锚具,应在压浆完成后对梁端混凝土凿毛并将其周围冲洗干净,设置钢筋网浇筑封锚混凝土;封锚应采用与结构或构件同强度的混凝土并应严格控制封锚后的梁体长度。长期外露的锚具,应采取防锈措施。

后张预应力筋的锚具一般布置在结构或构件的端部,是受环境影响较大的部位,且锚具又处于高应力状态,因此对其进行封闭保护是非常重要的一项工作。

7.9.14 对后张预制构件,在孔道压浆前不得安装就位;压浆后,应在浆液强度达到规定的强度后方可移运和吊装。

本条是针对将构件安装就位后再压浆的错误施工方法的一项限制性规定。

7.9.15 孔道压浆宜采用信息化数据处理系统对相关参数进行采集,并填写施工记录,记录的项目宜包括压浆材料、配合比、压浆日期、搅拌时间、出机初始流动度、浆液温度、环境温度、压浆量、稳压压力及时间;采用真空辅助压浆工艺时尚应包括真空度。

信息化数据处理系统应用于孔道压浆时对相关施工参数进行采集,所采集数据的准确性、可靠性均有保证,对孔道压浆的质量能实施有效控制,故提出此项要求。

7.10 无黏结预应力

无黏结预应力施工的主要工艺为:预应力筋沿全长外表涂刷润滑防腐材料→包上塑料纸或套管,使预应力筋与混凝土不产生黏结力→浇筑混凝土并养护→张拉预应力筋→锚固。施工时将预应力筋放入设计位置后可以直接浇筑混凝土,不必预留孔道、穿束和压浆,可以简化施工程序。

无黏结预应力混凝土受弯构件的受力性能与有黏结预应力混凝土受弯构件的受力性能是有所区别的。

无黏结预应力混凝土受弯构件裂缝的展开情况为:随着裂缝的迅速展开,截面中性轴上升,混凝土受压应变增加很快,挠度增加亦较快,但预应力筋的应变增加较慢,最后无黏结预应力混凝土受弯构件产生类似带拉杆的扁拱的破坏形式。

7.10.1 无黏结预应力所采用的材料应符合下列规定:

1 无黏结预应力筋的性能和质量应符合现行《无粘结预应力钢绞线》(JG/T 161)的规定;制作无黏结预应力筋的钢绞线,其质量应符合现行《预应力混凝土用钢绞线》(GB/T 5224)的规定。

2 无黏结预应力筋的护套应采用挤塑型高密度聚乙烯管,其性能和质量应符合现行《聚乙烯(PE)树脂》(GB/T 11115)的规定。护套表面应光滑,无裂缝、凹陷、可见钢绞线轮廓、气孔及机械损伤等缺陷。

3 防腐润滑脂应符合现行《无粘结预应力筋用防腐润滑脂》(JG/T 430)的规定。

无黏结预应力筋适用于后张预应力混凝土结构。这种预应力筋是采用专用防腐润滑油脂和塑料涂包的单根预应力钢绞线,其规格和性能见表7-1。

表7-1 无黏结预应力钢绞线规格和性能

钢绞线			防腐润滑油质量(g/m)，不小于	护套厚度(mm)，不小于	μ	k
直径(mm)	截面积(mm²)	公称强度(MPa)				
9.50	54.8	1 720	32	0.8	0.04~0.10	0.003~0.004
		1 860				
		1 960				
12.70	98.7	1 720	43	1.0	0.04~0.10	0.003~0.004
		1 860				
		1 920				
15.20	140.0	1 570	50	1.0	0.04~0.10	0.003~0.004
		1 670				
		1 720				
		1 860				
		1 920				
15.70	150.0	1 770	53	1.0	0.04~0.10	0.003~0.004
		1 860				

注：经供需双方协商也可生产供应其他强度和直径的无黏结预应力钢绞线。

7.10.2 无黏结预应力筋的下料长度应经计算确定。下料宜采用砂轮锯成束切割，且宜采用先粗后精、略长于计算长度的二次下料法。无黏结预应力筋在运输、存放和安装过程中应采取可靠措施，防止对其产生任何损伤。

7.10.3 无黏结预应力筋的铺放和安装应符合下列规定：
1 铺放前应检查其规格、数量及是否有破损，并应在逐根确认其端部组装配件可靠无误后，方可铺放。
2 安装时应按设计规定的位置，采用定位钢筋控制定位，并应保持其顺直、牢固，浇筑混凝土时不应出现移位和变形。
3 当与其他构件位置有矛盾时，不应将无黏结预应力筋垂直位置抬高或降低。
4 当集束配置多根无黏结预应力筋时，应保持平行走向，宜适当增加分丝器，防止其相互扭绞。
4 当集束配置多根无黏结预应力筋时，如出现相互扭绞将会影响到预应力张拉的效果，故需要保持平行走向；增加分丝器能避免扭绞。

7.10.4 无黏结预应力筋的张拉和防护应符合下列规定：
1 施加预应力之前，应对结构或构件进行检验，符合要求后方可进行张拉。张拉应符合本规范第7.6节和第7.8节的规定。
2 张拉完毕后应及时对锚固区进行保护处理，应采用防腐油脂通过灌注孔将张拉形成的空腔全部灌注密实。将多余的预应力筋切割后，应先在锚具部位套上内涂防腐油脂的塑料封端罩，再采用细石混凝土或微膨胀砂浆进行封堵。
3 对不能使用细石混凝土或微膨胀砂浆封堵的部位，应将锚具全部涂以与无黏结预应力筋涂料层相同的防腐油脂，并采用具有可靠防腐和防火性能的保护罩将锚具全部密封。
2 对无黏结预应力筋，锚固区的保护处理是非常关键的，因此须按条文的规定认真做好此项工作。

7 预应力混凝土工程

7.11 体外预应力

7.11.1 体外预应力所采用的材料应符合下列规定：

1 体外预应力筋选用高强度低松弛预应力钢绞线时，其性能和质量应符合现行《预应力混凝土用钢绞线》(GB/T 5224)的规定。

2 体外束的外套管选用高密度聚乙烯管或镀锌钢管时，其性能和质量应符合相应产品标准的规定。外套管和连接接头应完全密闭防水，在使用期应有可靠的耐久性；外套管应与预应力筋和防腐蚀材料具有良好的兼容性，且应能抵抗运输、安装和使用过程中所受的各种作用力而不被损坏。

3 防腐蚀材料的耐久性能应与体外束所处的环境类别和使用年限一致；防腐蚀材料在加工、运输、安装及张拉过程中应能保持其稳定性、柔性且不产生裂缝，并在所要求的温度范围内不流淌。

体外预应力是后张预应力体系的重要分支之一，体外预应力混凝土结构有很多优点：预应力筋套管布置简单，调整容易，简化了后张法的操作程序，大大缩短了施工时间；同时由于预应力筋布置于腹板外面，浇筑混凝土较为方便；由于预应力筋的位置，减少了施工过程中的摩擦损失且更换预应力筋方便易行。

体外与体内预应力结构在结构构造上的根本区别是预应力筋位于混凝土结构的外部，仅在锚固及转向块处可能与结构相连，因此，体外预应力钢束的应力是由结构的整体变形所决定的；而在体内有黏结预应力结构中，预应力筋位于混凝土结构的内部，与结构完全黏结，在任意截面处都与结构变形协调，因此预应力筋的应力是与某个混凝土截面息息相关的。传统上来说，体内预应力筋是不被看作一个单独构件的；而体外预应力钢束在混凝土结构体外，自然成为一个相对于组成结构整体的单独构件，其较体内预应力筋要重要许多。所以在承受动力荷载的体外预应力结构设计中，须考虑到体外预应力筋与结构是独立振动的，要防止二者共振，而且当体外预应力筋在动力荷载（如车辆等）作用下发生共振时，就易发生锚具的疲劳破坏和转向构件处的预应力筋的弯折疲劳破坏；在地震区时设计还须考虑采取相应措施，提高体外预应力结构的抗震性能。

7.11.2 外套管的安装应连接平滑且应完全密封，在安装过程中应防止外套管受到机械损伤。

7.11.3 体外预应力束的锚固区和转向块应与主体结构同时施工，预埋的锚固件及管道的位置和方向应符合设计规定。

7.11.4 体外预应力束的端部应垂直于承压板，穿束时应采取保护措施，严禁在混凝土面上拖拽预应力筋，防止损坏其保护层而减弱防腐能力。

7.11.5 体外预应力束的张拉顺序应严格按设计规定进行，张拉时应保证结构或构件对称均匀受力，避免发生侧向弯曲或失稳。

7.11.6 体外预应力束张拉完成后，应对其锚具设置全密封防护罩，并应在防护罩内灌注油脂或其他可清洗的防腐蚀材料。

8 钢结构工程

8.1 一般规定

8.1.1 本章适用于工厂化制造并在现场安装的公路桥梁钢结构工程的施工。

公路桥梁钢结构工程的施工分制造和安装两大部分,本次修订除将工地连接的内容列入本章外,安装部分的内容列入了相应的章节中。公路桥梁钢结构的构件、梁段在工厂内制造多以焊缝连接;工地连接时分为焊接、铆接和高强度螺栓连接三大类。

8.1.2 钢结构在制造前,制造厂应对设计图进行工艺性审查,且应绘制加工图,编制制造工艺;当需要修改设计时,应取得原设计单位的同意,并应签署设计变更文件。

由制造厂对设计文件和设计图进行工艺性审查并转化为加工图,将结构分解为钢构件和零件,以便于生产加工,是桥梁钢结构制造前需要履行的一项必要的程序。编制制造工艺的目的是使钢结构的生产加工更加符合实际情况,制造厂对设计文件进行的工艺性审查主要包括以下内容:

(1)选用钢材的品种规格是否能够满足供货条件;
(2)工厂现有的设备和条件是否满足生产加工的需要;
(3)钢构件是否标准化、通用化,以减少工装的制造量;
(4)焊缝布置是否合理以及焊接变形对质量的影响;
(5)钢构件发送单元是否符合运输条件;
(6)制造数量、质量要求、发送方法等是否明确。

加工图及工艺文件是桥梁钢结构制造的依据,需要在制造过程中严格执行。

8.1.3 钢结构的制造应按确定的加工图和制造工艺进行。制造及验收应使用经检定合格的计量器具,并应按有关规定进行操作。

加工图及工艺文件是桥梁钢结构制造的依据,因此制造需要按确定的加工图和制造工艺进行。桥梁钢结构的制造,其零件和构件的精确度要求较高,若制造时使用的计量器具精度不符合要求,极易发生工地无法安装的事故。

8.1.4 钢结构的制造宜推广采用数字化、自动化和信息化的先进技术、工艺和设备。

本条为新增内容。随着技术的发展,特别是信息技术的日新月异,各种数字化、信息化的手段不断增强,制造业和工程建设领域正在经历前所未有的变革,建筑信息模型(BIM)技术、三维建模、数控设备以及工业机器人已在制造业和工程建设领域中越来越多地得到应用。本规范鼓励和提倡在桥梁钢结构的制造中积极推广应用这些先进的技术、工艺和设备,以提高效率,保证制造精度和工程质量。

8.2 材料

8.2.1 制造钢结构桥梁所用材料的品种、规格、性能等应符合设计文件的要求和现行国家标准的规定。进场材料除应有生产厂家的质量证明书外,制造厂还应按相关标准的规定对其进行抽样检验,检验合格后方可使用。

8 钢结构工程

桥梁钢结构制造所用材料的质量如不合格,将直接影响到结构的受力和耐久性,故需要按照相关标准的规定进行抽样检验,并在检验合格后才能使用。

8.2.2 钢材应按同一厂家、同一材质、同一板厚、同一出厂状态,每10个炉(批)号抽验一组试件。若订货为探伤钢板,尚应抽取每种板厚的10%(至少一块)进行超声波探伤。

为使钢结构制造所用钢材质量得到保证,本条对钢材抽验的数量给予明确规定。

8.2.3 进口钢材产品的质量应符合设计和合同规定标准的要求,并应进行进口商检及按规定标准进行抽样检验,检验不合格的钢材不得使用。

执行本条时,需要注意以下几点:进口钢材须符合设计文件的要求;需要进行正常的进口商检;需按合同指定的标准对其进行抽样检验。

8.2.4 当钢材表面有锈蚀、麻点或划痕等缺陷时,其深度不得大于该钢材厚度允许偏差值的1/2。钢材表面的锈蚀等级应符合现行《涂覆涂料前钢材表面处理 表面清洁度的目视评定 第1部分:未涂覆过的钢材表面和全面清除原有涂层后的钢材表面的锈蚀等级和处理等级》(GB/T 8923.1)规定的C级及C级以上。钢材端边或断口处不应有分层、夹渣等缺陷。

8.2.5 焊接材料原则上应与设计选用的钢材相匹配。焊接材料的质量及检验应符合现行国家和行业相关标准的规定。制造厂首次使用的焊接材料应按相关标准进行化学成分和熔敷金属力学性能检验;同一型号焊接材料在更换厂家后,首个批号亦应进行化学成分和熔敷金属力学性能检验。

规定对首次使用的焊材应进行化学成分和熔敷金属力学性能试验,是为了保证焊材满足使用要求。

8.2.6 涂装材料的质量及检验应符合现行国家标准的规定。每个品种的涂装材料应按不同生产批号各抽取一组样品进行检验,检验结果中有某项指标存在争议时,允许在该批涂装材料中再随机抽取一个样品,重新进行检验。

8.2.7 高强度螺栓连接副材料的质量及检验应符合现行《钢结构用高强度大六角头螺栓》(GB/T 1228)、《钢结构用高强度大六角螺母》(GB/T 1229)、《钢结构用高强度垫圈》(GB/T 1230)、《钢结构用高强度大六角头螺栓、大六角螺母、垫圈技术条件》(GB/T 1231)及《钢结构用扭剪型高强度螺栓连接副》(GB/T 3632)的规定。

8.2.8 圆柱头焊钉、焊接瓷环材料的质量及检验应符合现行《电弧螺柱焊用圆柱头焊钉》(GB/T 10433)的规定。

8.2.9 钢结构工程材料的存放和管理应符合下列规定:

1 焊接材料的管理应符合现行《焊接材料质量管理规程》(JB/T 3223)的规定。
2 涂装材料应存放在专用仓库内,涂装时不得使用超出保质期的涂料。
3 高强度螺栓连接副进场后应按包装箱上注明的批号、规格分类存放保管,不得混淆;在室内应架空存放,不得直接置于地面上,并应采取措施防止受潮生锈。高强度螺栓连接副在安装使用前不得任意开箱。

3 本款规定了高强度螺栓连接副在保管过程中需要注意的事项,目的是保证高强螺栓连接副能同批使用,且在使用时尽可能保持出厂状态,以使扭矩系数或紧固轴力不发生变化。

8.3 零件制造

8.3.1 放样、作样及号料应符合下列规定：
1 放样、作样及号料应根据加工图和工艺文件进行，应预留制作和安装时的焊接收缩余量及切割、刨边和铣平等加工余量。
2 对形状复杂、在图中不易确定尺寸的零件，应通过放样校对或利用计算机作图校对后确定。
3 放样或号料应严格按配料单指定的钢料材质、规格进行；当钢料不平直或有锈蚀、油漆等污物时，应矫正清理后再放样或号料。号料外形尺寸的允许偏差应为±1mm。

直接在钢板上划出零件的切割线称为放样。当相同零件数量较大时，用薄铁皮或硬纸板制作样板，用来在钢板上划出切割线位置，此项工作称为作样。利用下料样板在钢板上划出零件切割线称为号料。

条文对样板(样条)的制作规定了允许偏差，可以作为号料加工时的依据。具体制作时，一般根据加工图尺寸做实样，并预留加工余量。钻孔时须将样板卡紧，以防错位。

8.3.2 切割与剪切应符合下列规定：
1 钢板在下料前应进行辊平、抛丸除锈、除尘及涂防锈底漆等处理。主要受力零件下料时，应使钢板的轧制方向与其主要应力方向一致；当钢板的纵横向力学性能相近，并满足设计要求时，可不受此限。
2 切割前应将钢料表面的浮锈、污物清除干净。钢料应放平、垫稳，割缝下面应留有空隙。切割工艺应根据其评定试验结果编制，切割表面不应产生裂纹。
3 零件宜采用精密(数控、自动、半自动)切割下料。在数控切割下料编程时除应考虑焊接收缩量之外，尚应考虑切割热变形的影响；剪切仅可用于次要零件或剪切后仍需加工的零件；手工气割仅可用于工艺特定的或切割后仍需加工的零件。
4 采用剪切工艺时，钢板厚度宜不大于12mm，剪切边缘应平整，无毛刺、反口、缺肉等缺陷。剪切的尺寸允许偏差应为±2mm，边缘缺棱应不大于1mm，型钢端部垂直度应不大于2mm。采用手工气割时，其尺寸的允许偏差应为±2mm。
5 精密切割表面硬度应不超过HV350，切割面垂直度应不大于0.05倍板厚，且不大于2.0mm。主要零件的切割边缘表面不应有崩坑，表面粗糙度Ra应不大于25μm。

3 "工艺特定"是指不能采用自动或半自动切割的零件。
5 工程实例和试验表明，精密切割面的质量达到规定，硬度不超过HV350时，钢材(热轧或正火状态)的疲劳强度和其他力学性能不低于加工时的水平。

8.3.3 矫正和弯曲应符合下列规定：
1 零件矫正前，剪切的反口应修平，切割的挂渣应铲净。
2 零件矫正宜采用冷矫，冷矫时的环境温度宜不低于-12℃。矫正后的零件表面不应有明显的凹痕或损伤。
3 采用热矫时，温度应控制在600~800℃。矫正后零件温度应缓慢冷却，降至室温以前，不得锤击钢料或用水急冷。
4 主要受力零件冷作弯曲时，环境温度宜不低于-5℃，内侧弯曲半径不得小于板厚的15倍，小于者应热煨，热煨的加温温度、高温停留时间、冷却速率应与所加工钢材的性能相适应。冷作弯曲后的零件边缘不得产生裂纹。
5 板件矫正平面度在每米范围内应小于或等于1mm。
6 U形肋可采用辊轧或弯曲成型。

2 对冷矫正和冷弯曲的最低环境温度进行限制，是为了保证钢材在低温加工时，不致产生冷脆裂。

8 钢结构工程

在低温下钢材进行矫正或弯曲而脆断比冲孔和剪切加工更敏感,故环境温度限制较严。

3 热矫温度的控制是指低于此温度时不要进行热矫正。实践证明,加工温度低于700℃时,加工困难;低于600℃加工,钢材容易出现蓝脆。

4 冷矫正和冷弯曲的最小半径是为了保证成型后的外观质量和防止产生裂纹而规定的。

8.3.4 零件机加工应符合下列规定:

1 零件边缘的加工深度应不小于3mm,当边缘硬度不超过HV350时,加工深度不受此限;加工面的表面粗糙度Ra不得大于25μm;顶紧加工面与板面垂直度偏差应小于0.01倍板厚,且不得大于0.3mm。

2 零件应根据预留加工量及平直度要求,两边均匀加工,并应磨去边缘的飞刺、挂渣,使端面光滑匀顺。

1 规定"零件边缘的加工深度应不小于3mm",是为了消除切割加工对钢材造成的冷作硬化和热影响区的不利影响。

8.3.5 制孔应符合下列规定:

1 螺栓孔应钻制成正圆柱形,孔壁表面粗糙度Ra应不大于25μm,孔缘应无损伤和不平,且无刺屑。螺栓孔不得采用冲孔、气割孔。

2 螺栓孔孔径的允许偏差应符合表8.3.5-1的规定;孔距允许偏差应符合表8.3.5-2的规定,有特殊要求的孔距偏差应符合设计文件的规定。

表8.3.5-1 螺栓孔孔径加工允许偏差

螺栓直径	螺栓孔径 (mm)	允许偏差(mm)	
		孔径	孔壁垂直度
M20	22	+0.7 0	板厚t≤30mm时,不大于0.3; 板厚t>30mm时,不大于0.5
M22	24	+0.7 0	
M24	26	+0.7 0	
M27	29	+0.7 0	
M30	33	+0.7 0	
>M30	>33	+1.0 0	

表8.3.5-2 螺栓孔距允许偏差

项 目		允许偏差(mm)		
		主要钢构件		次要钢构件
		桁梁构件	板梁主梁	
两相邻孔距		±0.4	±0.4	±0.4(±1.0)[b]
同一孔群任意两孔距		±0.8	±0.8	±0.8(±1.5)[b]
多组孔群两相邻孔群中心距		±0.8	±1.5	±1.0(±1.5)[b]
两端孔群中心距	l≤11m	±0.8	±4.0[a]	±1.5
	l>11m	±1.0	±8.0[a]	±2.0
孔群中心线与构件 中心线的横向偏移	腹板不拼接	2.0	2.0	2.0
	腹板拼接	1.0	1.0	—
构件任意两面孔群纵、横向错位		1.0	—	—

注:[a] 连接支座的孔群中心距允许偏差。
  [b] 括号内数值为附属结构的允许偏差。

本次修订在表8.3.5-2中增加了"同一孔群任意两孔距"的要求,目的是提高现场安装精度。

制孔时需要注意下列事项：

（1）组装件可预钻小孔,然后扩钻。预钻孔孔径至少须较设计孔径小3mm。扩钻孔时,禁止飞刺和铁屑进入板层。

（2）使用卡板（卡样）时,须按施工图检查零件的规格尺寸,核对所用钻孔样板无误后,方能钻孔。对卡固定式样板钻孔的杆件,须检查杆件外形尺寸和制造偏差,并将误差均分。卡固限度需符合下列要求：

①工形杆件腹板中心与样板中心的允许偏差为1mm。

②纵向偏差以两端部边距相等为原则。

③箱形杆件两竖板水平中线与样板中线的允许偏差为1.5mm,但有水平拼接时,其允许偏差为1mm。

8.4 组装

8.4.1 组装前,应熟悉图纸和工艺文件,并应按图纸核对零件编号、外形尺寸和坡口方向,确认无误后方可组装。

8.4.2 对采用埋弧焊、CO_2气体保护焊及低氢型焊条手工焊等方法焊接的接头,在组装前应将待焊区域的铁锈、氧化皮、污垢、水分等有害物清除干净,使其表面露出金属光泽。清除范围应符合图8.4.2的规定。

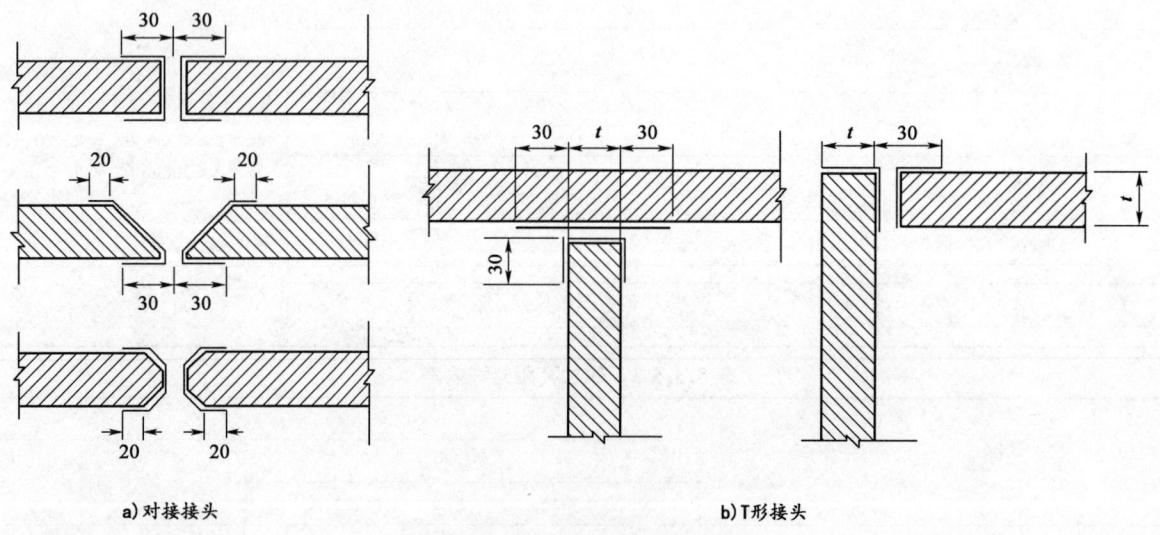

a) 对接接头　　　　　　　　　　　b) T形接头

图8.4.2　清除范围（尺寸单位:mm）

8.4.3 采用埋弧焊焊接的焊缝,应在焊缝的端部连接引出板,引出板的材质、厚度、坡口应与所焊件相同；引出板长度应不小于100mm。

引出板是指引弧板和熄弧板。除无法放置引出板外,埋弧焊均需要放置引出板,当放置了产品试板时,只要试板长度足够,则不需要另加引出板。

8.4.4 需做产品试板检验时,应在焊缝端部连接试板,试板的材质、厚度、轧制方向及坡口应与所焊对接板材相同,试板尺寸应满足试验取样要求。

由于产品试板的低温冲击试验仅对焊缝金属有要求,钢构件为不等厚对接时,产品试板允许用较薄的等厚对接代替不等厚对接。

8.4.5 钢构件的组装应在胎架或平台上完成,每次组装前均应对胎架或平台进行检查,确认合格后方可组装。组装时应将相邻焊缝错开,错开的最小距离应符合图8.4.5的规定。

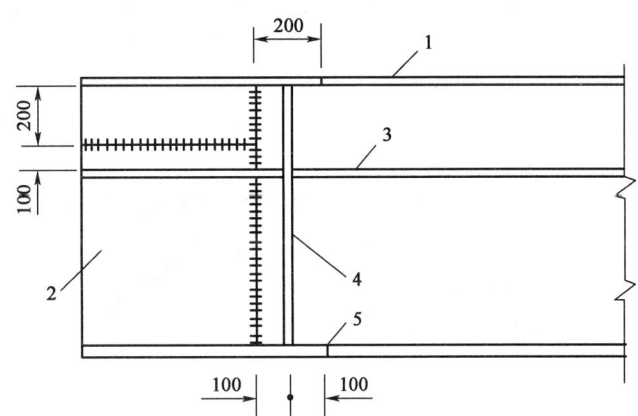

图8.4.5 焊缝错开的最小距离(尺寸单位:mm)
1-盖板;2-腹板;3-板梁水平肋或箱形梁纵肋;4-板梁竖肋或箱形梁横肋;5-盖板对接焊缝

8.4.6 采用先孔法的钢构件,组装时必须以孔定位;采用胎型组装时,每一孔群应打入的定位冲钉不得少于2个,冲钉直径应不小于设计孔径0.1mm。

钢构件组装按条文规定的顺序和在工艺装备内进行,能减少焊接变形和矫正工作量。

8.4.7 大型钢箱梁的梁段应在胎架上组装,胎架应具有足够的刚度和几何尺寸精度,且在横向应预设上拱度,组装前应按工艺文件要求检测胎架的几何尺寸,监控测量应避开日照的影响。

大型钢箱梁露天组装时,日照所产生的温差对钢梁的精度会有影响,因此在监控测量时需要避开。

8.5 焊接

8.5.1 焊接的一般要求应符合下列规定:

1 在工厂或工地焊接工作之前,对首次使用的钢材和焊接材料应进行焊接工艺评定。焊接工艺评定应符合本规范附录H的规定。

2 焊接工艺应根据焊接工艺评定报告编制,施焊时应严格遵守焊接工艺,不得随意改变焊接参数。焊接材料应根据焊接工艺评定确定,焊剂、焊条应按产品说明书烘干使用,对储存期较长的焊接材料,使用前应重新按标准检验。CO_2气体保护焊的气体纯度应大于99.5%。

3 焊接工作宜在室内进行,焊接环境的相对湿度应小于80%;焊接环境的温度,对低合金高强度结构钢应不低于5℃,普通碳素结构钢应不低于0℃。主要钢构件应在组装后24h内焊接。

4 钢构件在露天焊接时,除应满足本条第3款的要求外,必须采取防风和防雨措施;主要钢构件应在组装后12h内焊接,当钢构件的待焊部位结露或被雨淋后,应采取相应措施去除水分和浮锈。

5 施焊前应按本规范第8.4.2条的规定,清除焊接区的有害物。施焊时母材的非焊接部位严禁焊接引弧,焊接后应及时清除熔渣及飞溅物。多层焊接时宜连续施焊,且应控制层间温度,每一层焊缝焊完后应及时清理检查,应在清除药皮、熔渣、溢流和其他缺陷后,再焊下一层。

6 焊前预热温度应通过焊接性试验和焊接工艺评定确定;预热范围宜为焊缝每侧100mm以上,且宜在距焊缝30~50mm范围内测温。

1　焊接工艺评定是保证钢结构焊缝质量的前提。通过焊接工艺评定选择最佳的焊接材料、焊接方法、焊接工艺参数、焊后热处理等，以保证焊接接头的力学性能达到设计要求。

2　由于桥梁钢结构所选用的钢材种类不断增加，新的焊接材料也不断出现，故规定焊接材料需要通过焊接工艺评定确定。

3　在工厂内制造桥梁的钢构件时，规定要在室内或在条文规定的环境条件下进行焊接，是可以做到的，这样做焊接质量容易得到保证。当焊接施工环境低于本规范规定的温度时，可以采取对焊接接头焊前预热及焊后缓冷的措施，这样可以降低焊接接头的冷却速度，防止接头产生冷裂纹。但是焊前预热温度需根据试验确定，尤其需特别注意定位焊的预热。主要钢构件在组装后24h内焊接能够防止焊缝坡口锈蚀，保证焊接质量。

5　焊接时禁止在母材的非焊接部位引弧，是为了防止电弧烧伤、弧坑及裂纹出现在母材上，而影响焊件的质量。多层焊焊接如连续施焊，能防止因焊件温度降低而需预热焊件的麻烦。为清理焊接熔渣或缺陷，可能会出现间断，操作时需要使这种间断的次数和时间降低到最低程度。清理药皮、熔渣、溢流等缺陷的目的是防止产生夹渣，影响焊缝质量。

6　预热包括焊缝、定位焊、返修焊的焊前预热，预热温度需要通过焊接工艺评定试验确定。

8.5.2　定位焊应符合下列规定：

1　所采用焊接材料的型号应与焊接材质相匹配。施焊前应按施工图及工艺文件检查坡口尺寸、根部间隙等，如不符合要求应处理改正。

2　定位焊焊缝应距设计焊缝端部30mm以上，焊缝长应为50~100mm，间距应为400~600mm，焊缝的焊脚尺寸不得大于设计焊脚的1/2。定位焊缝不得有裂纹、气孔、夹渣、焊瘤等缺陷，否则应处理改正；如有焊缝开裂应查明原因，清除后重焊。

定位焊的难度较大，易出现裂纹和未焊透、气孔等缺陷，故条文对坡口尺寸、焊接材料、定位焊的位置和长度等均有严格规定。如发现焊接缺陷，要按照条文规定，查明原因，清除缺陷后重焊。

低合金高强度结构钢的较厚板材在焊接前一定宽度范围内进行预热，可以减少施焊时的钢材变形和残余应力。厚度25mm以上的低合金高强度结构钢进行定位焊、手弧焊及埋弧焊时须进行预热，预热温度为80~120℃，预热范围为焊缝两侧，宽度为50~80mm。厚度大于50mm的碳素结构钢焊接前亦要进行预热。

8.5.3　埋弧自动焊应在距设计焊缝端部80mm以外引出板上起弧、熄弧。焊接中不宜断弧，如有断弧应将停弧处刨成1:5斜坡，并搭接50mm再引弧施焊，焊后搭接处应修磨圆顺。

规定"埋弧自动焊应在距设计焊缝端部80mm以外引出板上起弧、熄弧"，是为了防止弧坑缺陷出现在钢构件应力集中的端部。

8.5.4　圆柱头焊钉的焊接应符合下列规定：

1　圆柱头焊钉焊接的工艺参数应通过焊接工艺评定确定，并应采用确定的工艺参数在试板上焊接10个圆柱头焊钉，其中5个做拉伸试验，5个做弯曲试验，全部试验结果应符合现行《电弧螺柱焊用圆柱头焊钉》(GB/T 10433)的规定。

2　焊接前应清除圆柱头焊钉头部及钢板待焊部位(大于2倍圆柱头焊钉直径)的铁锈、氧化皮、油污、水分等有害物，使钢板表面显露出金属光泽。受潮的瓷环在使用前应在150℃的烘箱中烘干2h。

3　圆柱头焊钉应采用专用焊接设备平位施焊，少量立位及其他位置的焊钉可采用手工焊接。

4　施焊前焊工应检查所用设备、工具，保证能正常工作时方可施焊。

5　每台班开始焊接圆柱头焊钉前或更换焊接条件时，应按规定的焊接工艺在试板上试焊2个圆柱头焊钉,焊后应按本规范第8.6节的规定进行检验,合格后方可在构件上正式焊接。

圆柱头焊钉零件尺寸小、数量多,焊接作业时其焊接质量容易被忽视,为此对圆柱头焊钉的施焊条件、环境和操作要求作出了较严格的规定。

8.5.5 焊缝磨修和返修焊时应符合下列规定:

1 焊件上的引出板、产品试板或临时连接件应采用气割切除,并磨平切口,且不应损伤母材。

2 焊脚尺寸、焊波或余高等超出表8.6.1规定上限值的焊缝及不超差的咬边应修磨匀顺。所有表面的修磨均应沿主要受力方向进行,使磨痕平行于主要受力方向。

3 焊缝咬边超差或焊脚尺寸不足时,可采用手工电弧焊或CO_2气体保护焊进行返修焊。采用自动焊返修焊缝时,应将清除焊缝部位的两端刨成1∶5的斜坡后再进行焊接。返修焊缝应按原焊缝质量要求检验,同一部位的返修焊不宜超过两次。

4 焊接缺陷宜采用碳弧气刨清除,在清除缺陷时应刨出利于返修焊的坡口,并采用砂轮磨去坡口表面的氧化皮,露出金属光泽。焊接裂纹的清除范围除应包括裂纹全长外,尚应由裂纹端外延50mm。

5 缺焊焊缝长度超过周长的1/4或因其他项点不合格的圆柱头焊钉应予更换重新焊接。缺焊长度未超过周长的1/4时,可采用小直径低氢焊条补焊,补焊时应预热50~80℃,并应从缺焊焊缝端部10mm外引、熄弧,焊脚尺寸应不小于6mm。

焊接完毕需要对焊缝表面磨修平整,本条第2款规定了磨修焊缝表面的具体要求;焊缝表面和内部如发现质量缺陷则要按本条第3、4款进行返修焊。焊缝返修影响了焊缝整体质量,会增加局部应力,故规定"同一部位的返修焊不宜超过两次"。

8.6 焊接检验

8.6.1 焊接完毕且待焊缝冷却至室温后,应对所有焊缝进行外观检查,焊缝不应有裂纹、未熔合、夹渣、未填满弧坑、漏焊以及超出表8.6.1规定的缺陷。

表8.6.1 焊缝外观质量标准

项目	简图	质量标准(mm)	
气孔		横向对接焊缝	不允许
		纵向对接焊缝、主要角焊缝	直径小于1.0	每米不多于3个,间距不小于20,但焊缝端部10mm之内不允许
		其他焊缝	直径小于1.5	
咬边		受拉构件横向对接焊缝、桥面板与U形肋角焊缝及竖加劲肋角焊缝(腹板侧受拉区)	不允许
		受压构件横向对接焊缝及竖加劲肋角焊缝(腹板侧受压区)	$\Delta \leq 0.3$
		纵向对接及主要角焊缝	$\Delta \leq 0.5$
		其他焊缝	$\Delta \leq 1.0$
焊脚尺寸		主要角焊缝	$K^{+2.0}_{0}$
		其他角焊缝	$K^{+2.0}_{-1.0}$

续上表

项目	简图		质量标准(mm)
焊波		角焊缝	任意25mm范围内高低差Δ≤2.0
余高		不铲磨余高的对接焊缝	焊缝宽b>20mm时,Δ≤3.0
			焊缝宽b≤20mm时,Δ≤2.0
余高铲磨后表面		横向对接焊缝	不高于母材0.5
			不低于母材0.3
			粗糙度50μm

注:a 手工角焊缝全长10%区段内允许$K_{-1.0}^{+3.0}$。

8.6.2 焊缝经外观检查合格后方可进行无损检测,无损检测应在焊接24h后进行。箱形构件棱角焊缝探伤的最小有效厚度为$\sqrt{2t}$(t为水平板厚度,以mm计),当设计有熔深要求时应从其规定。焊缝无损检测的质量分级、检验方法、检验部位和等级应符合表8.6.2的规定。

表8.6.2 焊缝无损检测质量等级及探伤范围

焊缝名称		质量等级	探伤方法	检验等级	探伤比例	探伤部位
横向对接焊缝(顶板、底板、腹板、横隔板等)		Ⅰ级	超声波探伤(UT)	B(单面双侧)	100%	焊缝全长
纵向对接焊缝(顶板、底板、腹板等)		Ⅰ级				端部1m范围内为Ⅰ级,其余部位为Ⅱ级
T形接头和角接头熔透角焊缝				B		焊缝全长
横隔板纵向对接焊缝		Ⅱ级		B	100%	焊缝全长
部分熔透角焊缝				B		焊缝两端各1m
焊脚尺寸≥12mm的角焊缝				A		焊缝两端各1m
纵向对接焊缝	顶板		射线探伤(RT)	B	10%	中间250~300mm
	底板、腹板					焊缝两端各250~300mm
横隔板横向对接焊缝					5%	下部250~300mm
横向对接焊缝(顶板、底板、腹板等)		Ⅱ级			10%	两端各250~300mm,长度大于1 200mm中间加探250~300mm
梁段间对接焊缝	顶板十字交叉焊缝				100%	纵、横向各250~300mm
	底板十字交叉焊缝				30%	
	腹板				100%	焊缝两端各250~300mm

续上表

焊缝名称	质量等级	探伤方法	检验等级	探伤比例	探伤部位
连接锚箱或吊耳板的熔透角焊缝	Ⅱ级	磁粉探伤（MT）	—	100%	焊缝全长
U形肋对接焊缝					焊缝全长
横隔板与腹板角焊缝					焊缝两端各500mm
U形肋与顶（底）板角焊缝					每条焊缝两端各1 000mm，其中行车道范围的顶板角焊缝为两端各2 000mm
横隔板与顶（底）板角焊缝					行车道范围总长的20%
腹板与底板角焊缝					焊缝两端各1 000mm，中间每隔2 000mm探1 000mm
临时连接（含马板）					拆除临时连接的部位

注：探伤比例指探伤接头数量与全部接头数量之比。

8.6.3 进行局部超声波探伤的焊缝，当发现裂纹或较多其他缺陷时，应扩大该条焊缝探伤范围，必要时可延至全长。进行射线探伤或磁粉探伤的焊缝，当发现超标缺陷时应加倍检验。

8.6.4 采用超声波、射线、磁粉等多种方法检验的焊缝，应达到各自的质量要求，该焊缝方可认为合格。焊缝的射线探伤应符合现行《金属熔化焊焊接接头射线照相》（GB/T 3323）的规定，射线透照技术等级采用B级（优化级），焊缝内部质量应达到Ⅱ级；磁粉探伤应符合现行《焊缝无损检测 磁粉检测》（GB/T 26951）和《焊缝无损检测 焊缝磁粉检测 验收等级》（GB/T 26952）的规定。

8.6.5 对构造复杂或厚板钢构件的焊缝，可采用相控阵或TOFD等作为辅助技术手段进行探伤检测。

本条为新增内容。采用相控阵或TOFD（超声波衍射时差法）等对焊缝进行探伤检测，在其他制造行业已多有应用。对于构造复杂钢构件的焊缝，相控阵探伤检测方法有其独特的优势；而对于厚板钢构件的焊缝，TOFD探伤检测方法更为有效。为促进钢结构桥梁制造中无损检测的技术发展，本次修订将其列入，但在执行本条时需注意的是：公路行业尚无这两种检测方法的标准，因此如要采用这两种检测技术，可以参照相关行业的相应标准。

8.6.6 圆柱头焊钉焊接后应保证焊钉底角在360°范围内焊缝饱满，焊缝无气孔、夹渣、裂纹等缺陷，咬边深度应不大于0.5mm，且最大长度应不大于1倍的焊钉直径。焊缝外观检验合格后应随机抽取各部位圆柱头焊钉总数的1%进行30°弯曲检验，弯曲后圆柱头焊钉的焊缝和热影响区不应有肉眼可见的裂纹，检验合格的圆柱头焊钉可保留其弯曲状态。

8.6.7 产品试板检验应符合下列规定：

1 焊缝应按表8.6.7规定的焊缝类型确定产品试板数量，接头数量少于表中数量时，应做1组产品试板。产品试板焊缝的外观应符合表8.6.1的规定，并应按Ⅰ级对接焊缝要求进行超声波探伤。经外观和探伤检验合格后应进行接头拉伸、侧弯和焊缝金属低温冲击试验，试样数量和试验结果应符合焊接工艺评定的有关规定。

表8.6.7 产品试板数量

焊缝类型	接头数量	产品试板数量
受拉横向对接焊缝	30条	1组
桥面板横向对接焊缝	10条	1组
桥面板纵向对接焊缝	30条	1组
全断面对接焊缝	10个断面	平立仰各1组

2 若试验结果不合格,则应先查明原因,然后对该试板代表的接头进行处理,并重新进行检验。

2 产品试板试验结果不合格需处理和重新检验时,一般有两种情况:如果是共性问题,需要对其代表焊缝作同样处理;如是特殊原因造成的,则需对与试板同时焊接的焊缝进行处理。

8.7 钢构件矫正

8.7.1 钢构件矫正时应符合下列规定:

1 冷矫的环境温度宜不低于5℃,矫正时应缓慢加力,冷矫的总变形量应不大于变形部位原始长度的2%。时效冲击值不满足要求的拉力钢构件,不得矫正。

2 热矫时加热温度应控制在600~800℃,严禁过烧,且不宜在同一部位多次重复加热。

1 钢构件在焊接时,由于焊接受热的高温区金属产生膨胀力,而使相距较远的低温区金属产生压应力,导致钢构件在两力交界处的组织松疏;一旦高温区急冷,无热量供给,松疏组织使其收缩复原而产生拉应力,有时会出现应力大于金属材料屈服点的变形。冷矫是在室温下对变形的钢构件施加外力,使其恢复原状,有一定的局限,因此对钢构件的冷矫要求要严格一些。

8.7.2 矫正后的钢构件表面不应有凹痕和其他损伤。

8.7.3 当设计对钢构件矫正有特殊要求时,矫正的方法和温度应符合其规定。

8.8 高强度螺栓连接副与摩擦面处理

8.8.1 公路钢结构桥梁所用的高强度螺栓连接副可选用大六角形和扭剪型两类,并应在专业螺栓厂制造,其规格、质量应符合现行《钢结构用高强度大六角头螺栓》(GB/T 1228)、《钢结构用高强度大六角螺母》(GB/T 1229)、《钢结构用高强度垫圈》(GB/T 1230)、《钢结构用高强度大六角头螺栓、大六角螺母、垫圈技术条件》(GB/T 1231)及《钢结构用扭剪型高强度螺栓连接副》(GB/T 3632)的规定。高强度螺栓、螺母、垫圈的表面宜进行表面防锈处理;垫圈两面应平直,不得翘曲,其维氏硬度HV30应为329~436(HRC35~45)。

高强度螺栓连接副的制造精度要求高,使用数量较大,故需要在专业螺栓厂制造。高强度螺栓、螺母和垫圈在工地拼装使用后,其孔内部分难于涂装防护,因此需要进行防锈处理。

8.8.2 高强度螺栓连接副应由制造厂按批配套供货,并应提供出厂质量保证书。运输或搬运时应轻装轻卸,防止损伤螺纹。进场后除应检查出厂质量保证书外,尚应从每批螺栓中抽取8副进行检验,检验试验方法和结果应符合现行《钢结构用高强度大六角头螺栓、大六角螺母、垫圈技术条件》(GB/T 1231)或《钢结构用扭剪型高强度螺栓连接副》(GB/T 3632)的规定,合格者方可使用。

8.8.3 摩擦面处理应符合下列规定:

1 在工地以高强度螺栓栓接的构件和梁段板面(摩擦面)应进行处理,处理后抗滑移系数值应符合设计规定;设计未规定时,抗滑移系数出厂时应不小于0.55,工地安装前的复验值应不小于0.45。

2 抗滑移系数试验用的试件应按制造批每批制作6组,其中3组用于出厂试验,3组用于工地复验。抗滑移系数试件应与构件同材质、同工艺、同批制造,并应在同条件下运输、存放且试件的摩擦面不得损伤。抗滑移系数的试验应符合本规范附录J的规定。

8.9 试拼装

8.9.1 钢结构桥梁应按试装图进行厂内试拼装,未经试拼装检验合格,不得成批生产。

选择有代表性的钢构件进行试拼装或者逐节段连续预拼装,在本规范中统称为试拼装。试拼装的目的是校核桥梁钢结构各部位的制造尺寸、精度和配合能否满足设计要求和工地安装的要求,是桥梁钢结构制造过程中一项非常重要的工序,故需要按试装图进行厂内试拼装。

8.9.2 试拼装应在胎架上进行,胎架应有足够的刚度,其基础应有足够的承载力。胎架顶面(梁段底)纵、横向线形应与设计要求的梁底线形相吻合。试拼时钢构件应解除与胎架间的临时连接,处于自由状态。

8.9.3 板梁应整孔试拼装;简支桁梁的试拼装长度宜不小于半跨,且桁梁宜采用平面试拼装;连续梁试拼装应包括所有变化节点;对大跨径桥的钢梁,每批梁段制造完成后,应进行连续匹配试拼装,每批试拼装的梁段数量应不少于3段,试拼装检查合格后,应留下最后一个梁段并前移参与下一批次试拼装。

8.9.4 钢桥墩和钢索塔的塔柱、钢锚箱应采取两节段立位匹配试拼装,合格后还应进行多节段水平位置的试拼装,每一批次的多节段水平位置试拼装应不少于5个节段。

8.9.5 试拼装时应使板层密贴,冲钉宜不少于螺栓孔总数的10%,螺栓宜不少于螺栓孔总数的20%;有磨光顶紧要求的构件,应有75%以上面积密贴,采用0.2mm的塞尺检查时,其塞入面积应不超过25%。

8.9.6 试拼装时,应采用试孔器检查所有螺栓孔,桁梁主桁的螺栓孔应能100%自由通过较设计孔径小0.75mm的试孔器,桥面系和联结系的螺栓孔应100%自由通过较设计孔径小1.0mm的试孔器,板梁和箱梁的螺栓孔应100%自由通过较设计孔径小1.5mm的试孔器,方可认为合格。

8.9.7 试拼装检验应在无日照影响的条件下进行,并应有详细的检查记录。

8.10 涂装

8.10.1 桥梁的钢构件在涂装前,应对其表面进行除锈处理。除锈应采用喷丸或抛丸的方法进行,除锈等级应符合设计规定;设计未规定时,应达到现行《涂覆涂料前钢材表面处理 表面清洁度的目测评定 第1部分:未涂覆过的钢材表面和全面清除原有涂层后的钢材表面的锈蚀等级和处理等级》(GB/T 8923.1)规定的Sa2.5级,表面粗糙度Ra应达到25~60μm;对高强度螺栓连接面,除锈等级应达到Sa3级,表面粗糙度Ra应达到50~100μm,且除锈后的连接面宜进行喷铝处理或涂装无机富锌防滑涂料,同时应清除高强度螺栓头部的油污及螺母、垫圈外露部分的皂化膜。涂装前,应对钢构件的自由边双侧倒弧,倒弧半径应不小于2.0mm。

8.10.2 涂装方案应符合设计文件要求,并应符合现行《公路桥梁钢结构防腐涂装技术条件》(JT/T 722)的规定。

为防止锈蚀,保证其使用寿命,钢桥需要进行涂装,涂装分为厂内涂装和工地涂装两道工序,涂装方案一般由设计提出。

8.10.3 涂装施工时,钢构件表面不应有雨水或结露,相对湿度应不高于80%;环境温度对环氧类漆不得低于10℃,对水性无机富锌防锈底漆、聚氨酯漆和氟碳面漆不得低于5℃。在风沙天、雨天和雾天不应进行涂装施工;涂装后4h内应采取保护措施,避免遭受雨淋。

8.10.4 底漆、中间漆涂层的最长暴露时间宜不超过7d,两道面漆的涂装间隔时间亦宜不超过7d;若超过,应先采用细砂纸将涂层表面打磨成细微毛面,再涂装后一道面漆。喷铝应在表面清理后4h内完成,涂层间隔的时间要求应符合现行《热喷涂 金属零部件表面的预处理》(GB/T 11373)的规定。

8.10.5 涂装后,应在规定的位置涂刷钢构件标记。钢构件码放必须在涂层干燥后进行,对局部损伤的涂层,应按本规范第8.10.1条的规定进行表面处理,并按原设计涂层补涂各层涂料。

8.10.6 涂料涂层的表面应平整均匀,不应有漏涂、剥落、起泡、裂纹和气孔等缺陷,颜色应与比色卡一致;金属涂层的表面应均匀一致,不应有起皮、鼓包、大熔滴、松散粒子、裂纹和掉块等缺陷。每涂完一道涂层应检查干膜厚度,出厂前应检查漆膜总厚度。

8.10.7 面漆的工地涂装宜在桥梁钢结构安装施工完成后进行。对在施工过程中将厂内涂装层损伤的部位,应进行表面清理并按设计涂装方案规定的涂料、层数和漆膜厚度重新补涂。

8.11　包装、存放与运输

8.11.1 桥梁的钢构件应在涂层干燥后对高强度螺栓连接部位进行包装,包装和存放时应采取措施避免损坏摩擦面。拼接板、螺栓、螺母、垫圈等小件应分类装箱,并加标记。

8.11.2 存放场地应坚实、平整、有排水设施。存放时,钢构件的支承处不应产生不均匀沉降,所有支承点均应受力均匀。

8.11.3 运输应符合相应运输方式的有关安全规定。采用船舶运输时,装船前应进行稳定性验算,其抗倾覆安全系数应不小于1.5。提供工地抗滑移系数试验用的试件,应随同构件运至工地。

8.11.4 在包装、存放和运输过程中,应采取有效措施,保证钢构件不变形、不损坏、不散失。

8.12　工地连接

8.12.1 桥梁钢结构安装时的高强度螺栓连接施工应符合下列规定:

1 由制造厂处理的钢结构构件的摩擦面,在安装前应复验所附试件的抗滑移系数,合格后方可安装,并应符合设计要求。

2 高强度螺栓连接副的安装应在钢构件中心位置调整准确后进行,高强度螺栓、螺母和垫圈应按制造厂提供的批号配套使用。安装时钢构件的摩擦面应保持清洁、干燥,并不得在雨中进行安装作业。

3 高强度螺栓连接副组装时,应在板束外侧各设置一个垫圈,有内倒角的一侧应分别朝向螺栓头和螺母支承面。高强度螺栓的长度应与安装图一致,安装时其穿入方向应全桥一致,且应自由穿入孔内,不得强行敲入;对不能自由穿入螺栓的孔,应采用铰刀进行铰孔修整,铰孔前应将该孔四周的螺栓全部拧紧,使板层密贴,防止钢屑或其他杂物掉入板层缝隙中,铰孔的位置应做施工记录。严禁采用气割方法扩孔。

4 安装施工时,高强度螺栓不得作为临时安装螺栓使用,亦不得采用塞焊对螺栓孔进行焊接。

5 高强度螺栓连接副施拧前,应在施工现场按出厂批号分批测定其扭矩系数。每批号的抽验数量应不少于8套,其平均值和标准偏差应符合设计要求;设计未要求时,平均值偏差应在0.11~0.15范围内,其标准偏差应小于或等于0.01。测定数据应作为施拧的主要参数。

6 高强度螺栓的设计预拉力、施工预拉力应符合表8.12.1的规定。

表8.12.1 高强度螺栓的预拉力

性能等级	螺纹规格 d(mm)	M20	M22	M24	M27	M30
8.8S	设计预拉力 P(kN)	125	150	175	230	280
	施工预拉力 P_c(kN)	140	165	195	255	310
10.9S	设计预拉力 P(kN)	155	190	225	270	355
	施工预拉力 P_c(kN)	170	210	250	300	390

7 施工高强度螺栓时,应按一定顺序,从板束刚度大、缝隙大之处开始,对大面积节点板应从中间部分向四周的边缘进行施拧,并应在当天终拧完毕;施拧时,不得采用冲击拧紧和间断拧紧的方式作业。大六角头高强度螺栓的施拧,仅应在螺母上施加扭矩。

8 高强度螺栓施拧采用的扭矩扳手,在作业前后均应进行校正,其扭矩误差不得超过使用扭矩值的±5%。

9 采用扭矩法施拧高强度螺栓连接副时,初拧、复拧和终拧应在同一工作日内完成。初拧扭矩宜为终拧扭矩的50%,复拧扭矩等于初拧扭矩,终拧扭矩应按式(8.12.1)计算:

$$T_c = K \cdot P_c \cdot d \quad (8.12.1)$$

式中:T_c——终拧扭矩(N·m);

K——高强度螺栓连接副的扭矩系数平均值,按本条第5款要求测得;

P_c——高强度螺栓的施工预拉力(kN),见表8.12.1;

d——高强度螺栓公称直径(mm)。

10 高强度螺栓终拧完成后,应按下列规定进行质量检查:

1)检查应由专职质量检查员进行,检查用的扭矩扳手必须标定,其扭矩误差不得超过使用扭矩的±3%,且应进行扭矩抽查。

2)采用松扣、回扣法检查时,应先在螺栓与螺母上做标记,然后将螺母退回30°,再用检查扭矩扳手将螺母重新拧至原来位置测定扭矩,该值不小于规定值的10%时为合格。

3)对主桁节点、板梁主体及纵、横梁连接处,每栓群应以高强度螺栓连接副总数的5%抽检,但不得少于2套,其余每个节点不少于1套进行终拧扭矩检查。扭矩检查应在螺栓终拧1h以后、24h之前完成。

4)每个栓群或节点检查的螺栓,其不合格者宜不超过抽验总数的20%;如果超过此值,则应继续抽验,直至累计总数80%的合格率为止。对欠拧者应补拧,不符合扭矩要求的螺栓应更换后重新补拧。

5)高强度螺栓拧紧检查验收合格后,连接处的板缝应及时采用腻子封闭,并应按设计要求涂漆防锈。

1 高强度螺栓连接处节点的各钢构件的应力都是通过摩擦力传递的,如果抗滑移系数达不到设计要求,会使节点处的安全和稳定发生问题,故钢构件摩擦面处的抗滑移系数不论是厂内处理的或工地处理的,在组拼安装前都需要进行复验,以求达到设计要求。

3 对于大六角头高强螺栓连接副,垫圈带倒角的一侧朝向螺栓头是为了使螺栓头能更好地与垫圈密贴;对螺母侧垫圈,因倒角侧的表面平整、光滑,拧紧时扭矩系数较小。螺栓长度过长不仅浪费钢材,且有时螺栓虽长,而螺纹长度不够,螺母拧不到板面。螺栓穿入方向一致时便于扳手操作,且较美观。强行穿入螺栓会损伤螺纹,改变扭矩系数,甚至螺母不能拧上。

4 规定"高强度螺栓不得作为临时安装螺栓使用",是由于该螺栓从构件组装到螺栓拧紧要经过一段时间,在此期间高强度螺栓的扭矩系数可能会发生变化而影响高强度螺栓终拧预拉力的准确性,同时也为防止屡次穿入板束又拔出来而损伤螺纹。

6 本次修订依据《公路钢结构桥梁设计规范》(JTG D64—2015)的规定,对表8.12.1的内容作了相应修改。

7 螺栓群由中间部分向四周的边缘顺序施拧,是为使高强度螺栓连接处的板层能更好地密贴。

8 大六角头高强度螺栓,采用扭矩法施工时,影响预拉力的因素除扭矩系数外,还有拧紧机具及扭矩值,所以规定了施拧用扭矩扳手的误差。对高强度螺栓施拧用的扳手,班前校正是为保证施拧的扭矩可靠,班后校正是确认该班使用的此扳手在操作过程中的扭矩未发生变化。如班后校正时发现扭矩误差超过允许范围,则该班用此扳手施拧的螺栓将会全部判为不合格,需要重新校正扳手,并重新施拧。

9 由于连接板的不平整,先拧和后拧的高强度螺栓其预拉力可能存在较大差别,为使各高强度螺栓的受力均匀,高强度螺栓的拧紧分为初拧和终拧;对高强度螺栓数量较多的大型接头,则需要进行复拧。

10 高强度螺栓连接副在工厂制造时虽经表面防锈处理,但远不能满足长期使用的防锈要求,故对其也需要按照设计要求的防腐体系进行防锈涂装。

8.12.2 桥梁钢结构在工地焊接连接时应符合下列规定:

1 钢构件的工地施焊连接应按设计规定的顺序进行。

2 箱形梁梁段间的焊接连接,应按顶板、底板、纵隔板的顺序对称进行;梁段间的焊缝经检验合格后,应按先对接后角接的顺序焊接U形肋嵌补件。

3 当桥梁钢结构为焊接与高强度螺栓合用连接时,栓接结构应在焊缝检验合格后再终拧高强度螺栓连接副。

4 工地焊接前应做工艺评定试验,施焊应严格按已评定的焊接工艺进行。焊接前应对接头坡口、焊缝间隙和焊接板面高低差等进行检查,并对焊缝区域进行除锈,且工地焊接应在除锈后的12h内进行。

5 工地焊接时应设立防风、防雨设施,遮盖全部焊接处。工地焊接的环境要求为:风力应小于5级;温度应大于5℃;相对湿度应小于80%;在箱梁内焊接时应有通风防护安全措施。

6 焊接施工时的技术要求应符合本规范第8.5节的规定;工地焊接接缝应按本规范第8.6节的规定检验。

桥梁的钢构件在工厂焊接后运到工地,再全部采用焊接组装成钢结构桥梁,称为工地全焊连接;若在工地将部分钢构件采用高强度螺栓连接,另一部分采用焊接组装成钢结构桥梁,则称为合用连接。

9 灌注桩

9.1 一般规定

9.1.1 本章适用于采用钻机机械成孔和人工开挖成孔的灌注桩施工。

9.1.2 灌注桩施工前应具有工程地质和水文地质资料,对地质情况复杂地区的大直径嵌岩桩,宜适当增加地质钻孔数量。

9.1.3 施工前应制订专项施工方案。对工程地质、水文地质或技术条件特别复杂的灌注桩,宜在施工前进行工艺试桩,获得相应的工艺参数后再正式施工。

本条将原规范中的"施工前应制订专项施工技术方案和安全技术方案"修改为"施工前应制订专项施工方案"。

对工程地质、水文地质或技术条件特别复杂的钻孔灌注桩,在施工前选择有代表性的桩位进行工艺试桩,这对于获取相应的工艺参数、采取正确的施工处置策略、减少施工过程中的事故隐患、加快施工进度、保证工程质量是非常有必要的。

9.1.4 钻孔灌注桩施工前应制订环境保护方案,施工过程中产生的泥浆应妥善处理,不得随意排放,污染环境。

9.1.5 邻近堤防及其他水利、防洪设施进行灌注桩施工时,应符合相关部门的有关规定。

9.1.6 施工至一定深度但暂时不进行作业的桩孔,应对其孔口进行遮蔽防护,防止人员或物件坠入孔内。

9.1.7 钻孔或挖孔时,相邻两桩孔不得同时施工,应间隔交错进行作业。

本条的目的是进一步明确钻孔或挖孔时施工作业的要求,以避免相邻两桩孔同时施工可能产生的不良后果。

9.2 钻孔灌注桩

9.2.1 桩位位于旱地时,可在原地适当平整并填土压实形成工作平台;位于浅水区时,宜采用筑岛法施工;位于深水区时,宜搭设钢制平台,当水位变动不大时,亦可采用浮式工作平台,但在水流湍急或潮位涨落较大的水域,不应采用浮式平台。各类施工平台的平面面积大小,应满足钻孔成桩作业的需要;其顶面高程应高于桩施工期间可能的最高水位1.0m以上,在受波浪影响的水域,尚应考虑波高的影响。

浮式平台一般用于静水中较为适宜,水流速度过大、水位变化频繁均会对平台的稳定和准确定位造成不利影响,故在这些水域中不适合采用浮式平台。

9.2.2 钢制固定式施工平台应牢固、稳定,应能承受钻孔桩施工期间的全部静荷载和动荷载。平台应

进行专项施工设计,并应符合下列规定:

  1 对钢管桩施工平台,钢管桩的位置偏差宜在300mm以内,倾斜度宜在1%以内;平台的顶面应平整,各连接处应牢固。

  2 利用双壁钢围堰或钢套箱等作为钻孔桩的施工平台时,应验算平台结构的刚度和稳定性;利用钢护筒搭设钻孔施工平台时,除应对钢护筒的受力情况进行验算外,应使其位置保持准确、相互连接稳定、倾斜度不超过允许偏差;采用冲击钻成孔时,钢护筒不宜兼作工作平台。

  3 平台位于有冲刷的河流或水域,且当有超过设计允许冲刷深度的风险时,应采取必要的措施对其基础进行冲刷防护;位于有流冰、漂浮物的河段时,应设置临时防撞设施,保证平台在施工期间的稳定。

  4 在通航水域中搭设的平台,除应有临时防撞措施外,尚应设置明显的安全警示标志。

  5 水中施工平台均应配备水上救生设施。

  2 本次修订增加了"采用冲击钻成孔时,钢护筒不宜兼作工作平台"的规定。在采用冲击钻机钻孔时,如将钢护筒兼作工作平台,由于冲孔时的冲击振动较大,可能会使钢护筒产生变形、偏位或倾斜等不良后果,影响到成孔施工的质量和安全。

  4 本款将原规范中的"尚应设置明显的通航标志"修改为"尚应设置明显的安全警示标志"。

9.2.3 组成浮式平台的船舶大小宜根据水流情况、平台尺寸及作用荷载等因素确定,所有船舶均应在四个方向抛锚定位,并应在钻孔桩施工期间每天进行监测,控制其位置的准确性。

9.2.4 护筒的设置应符合下列规定:

  1 护筒宜采用钢板卷制。在陆上或浅水区筑岛处的护筒,其内径应大于桩径至少200mm,壁厚应能使护筒保持圆筒状且不变形;在水中以机械沉设的护筒,其内径和壁厚的大小,应根据护筒的平面、垂直度偏差要求及长度等因素确定,并应在护筒的顶、底口处采取适当的加强措施,保证其在沉设过程中不变形;对参与结构受力的护筒,其内径、壁厚及长度应符合设计的规定。

  2 护筒在埋设定位时,除设计另有规定外,护筒中心与桩中心的平面位置偏差应不大于50mm,护筒在竖直方向的倾斜度应不大于1%;对深水基础中的护筒,在竖直方向的倾斜度宜不大于1/150,平面位置的偏差可适当放宽,但应不大于80mm。在旱地和筑岛处设置护筒时,可采用挖坑埋设法实测定位,且护筒的底部和外侧四周应采用黏质土回填并分层夯实,使护筒底口处不致漏失泥浆;在水中沉设护筒时,宜采用导向架定位,并应采取有效措施保证其平面位置、倾斜度的准确,以及护筒接长连接处的焊接质量,焊接连接处的内壁应无突出物,且应耐拉、压,不漏水。

  3 护筒顶宜高于地面0.3m或水面1.0~2.0m,同时应高于桩顶设计高程1m。在有潮汐影响的水域,护筒顶应高出施工期最高潮水位1.5~2.0m,并应在施工期间采取稳定孔内水头的措施;当桩孔内有承压水时,护筒顶应高于稳定后的承压水位2.0m以上。

  4 护筒的埋置深度在旱地或筑岛处宜为2~4m,在水中或特殊情况下应根据设计要求或桩位的水文、地质情况经计算确定。对有冲刷影响的河床,护筒宜沉入施工期局部冲刷线以下1.0~1.5m,且宜采取防止河床在施工期过度冲刷的防护措施。

  5 永久钢护筒的制作、运输和沉入应符合本规范第10章中钢管桩的相关规定。

  1 护筒亦可以采用钢筋混凝土制作,但与钢护筒相比,其使用效果和成本均不如钢护筒,故规定"护筒宜采用钢板卷制"。护筒内径的大小与钻头在桩孔内的摆动程度有关,条文规定护筒"内径应大于桩径至少200mm",是在一般情况下的最低要求,实际施工时需要视情况确定是否酌情增大。护筒的壁厚与护筒的直径大小、入土的深度和方式有关,因此在确定壁厚时需要区别对待。虽然本规范对护筒的壁厚不作硬性规定,仅要求其需满足施工要求,但在有些实际工程中往往过于偏重节约成本,选择的护筒壁厚太小,导致在施工过程中护筒产生变形,直接影响到成孔的质量,故本次修订除保留了原规范

9 灌注桩

的规定外,对在水中以机械沉设的护筒,增加了"并应在护筒的顶、底口处采取适当的加强措施,保证其在沉设过程中不变形"的规定。

2 在深水中设置护筒时,其定位的准确性较陆地上差,施工难度亦较大,故规定其在"平面位置的偏差可适当放宽",但对其倾斜度的要求则需要适当提高。采用挖坑埋设法设置护筒时,护筒的底部和外侧四周如填压不实,很容易在施工过程中造成穿孔,因此需要采用不透水的黏质土回填并分层夯实。

3 护筒顶的高程主要与施工期间的最高水位有关,因此要按施工期最高水位再加上安全高度来确定,对有波浪的水域,尚需要考虑波浪的高度。本次修订增加了护筒顶的高程"应高于桩顶设计高程1m"的规定,目的是为保证桩头混凝土的灌注质量。孔内有承压水时,护筒顶端的高度通常按稳定后的承压水位考虑,否则容易造成坍孔;若孔内承压水位时高时低或高低差很大或承压水位高出地面2m以上时,一般要先做试桩,鉴定在该地区采用钻孔灌注桩基础的可行性,试桩若不成功,则要考虑改用其他基础形式。

9.2.5 钻孔施工应符合下列规定:

1 钻机的选型宜根据孔径、孔深、桩位处的水文和地质情况、施工环境条件等因素综合确定,所选用的钻机及钻孔方法应能满足施工质量和施工安全的要求。

2 钻机就位前,应对钻孔的各项准备工作进行检查;钻机安装后,其底座和顶端应平稳。不论采用何种方法钻孔,开孔的孔位必须准确;开钻时应慢速钻进,待导向部位或钻头全部进入地层后,方可正常钻进。钻机在钻进施工时不应产生位移或沉陷,否则应及时处理。分级扩孔钻进施工时应保持桩轴线一致。

3 采用正、反循环回旋钻机(含潜水钻)钻孔时,宜根据成孔的不同阶段、不同地层及岩层坡面等情况,采取不同的钻进工艺。减压钻进时,钻机的主吊钩始终应承受部分钻具的重力,孔底承受的钻压应不超过钻具重力之和(扣除浮力)的80%。

4 采用冲击钻机冲击成孔时,应小冲程开孔,并应使初成孔的孔壁坚实、竖直、圆顺,能起到导向的作用。待钻进深度超过钻头全高加冲程后,方可进行正常的冲击。冲击钻进过程中,应采取有效措施防止坍孔;掏取钻渣和停钻时,应及时向孔内补浆,保持水头高度。

5 采用全护筒法钻进时,钻机应安装平正,压进的首节护筒应竖直。钻孔开始后应随时检测护筒的水平位置和竖直线,如发现偏移超出容许范围,应将护筒拔出,调整后重新压入钻进。

6 采用旋挖钻机钻孔时,应根据不同的地质条件选用相应的钻头。钻进过程中应采取有效措施严格控制钻进速度,避免进尺过快造成坍孔埋钻事故。钻头的升降速度宜控制在0.75~0.80m/s,在粉砂层或亚砂土层中,升降速度应更加缓慢。泥浆初次注入时,应垂直向桩孔中间进行注浆。

7 在钻孔排渣、提钻头除土或因故停钻时,应保持孔内具有规定的水位及要求的泥浆相对密度和黏度。处理孔内事故或因故停钻时,必须将钻头提出孔外。

1 钻机的选型是钻孔桩施工前一项非常重要的工作,合理选型对保证工程质量、加快施工进度具有重要作用,因此要重视此项工作。

2 各种钻孔方法的开孔都具有导向作用,若在开孔时孔位偏移,竖直度、孔径超过允许偏差,则继续钻进时,偏差会越来越大。

3 本次修订增加了"宜根据成孔的不同阶段、不同地层及岩层坡面等情况,采取不同的钻进工艺"的表述。减压钻进可使钻杆在整个钻进过程中维持竖直状态,使钻进回转平稳,避免或减少斜孔、弯孔和扩孔等现象。

5 全护筒下压至挖掘面下多深,或挖掘面深入到护筒底端多少,需要按土质硬度和是否易于坍塌确定。

7 规定本款的目的是防止坍孔时将钻头埋在孔内。

钻孔灌注桩的施工尚需注意下列事项:

(1)施工前,须按专项施工方案的要求,做好测量定位放样、平整场地或搭设施工平台、布设便道或便桥、设置供电供水系统、配备施工机具和水下混凝土配合比试验等准备工作。

(2)钻孔作业须分班连续进行,并填写完整的施工记录。钻孔过程中须经常注意土层地质情况的变化,在地质变化处均需捞取渣样,判明后进行记录并与地质剖面图核对。

(3)变截面桩的施工可以全断面一次成孔或分级扩孔钻进,但分级扩孔钻进时须保持桩轴线一致。

9.2.6 钻孔泥浆应符合下列规定:

1 泥浆的配合比和配制方法宜通过试验确定,其性能应与钻孔方法、土层情况相适应。当缺乏泥浆的性能指标参数时,可按表9.2.6选用。泥浆各种性能指标的测定方法应符合本规范附录K的规定。

表9.2.6 泥浆性能指标

钻孔方法	地层情况	泥浆性能指标							
		相对密度	黏度(Pa·s)	含砂率(%)	胶体率(%)	失水率(mL/30min)	泥皮厚(mm/30min)	静切力(Pa)	酸碱度pH
正循环	一般地层	1.05~1.20	16~22	9~4	≥96	≤25	≤2	1.0~2.5	8~10
	易坍地层	1.20~1.45	19~28	9~4	≥96	≤15	≤2	3.0~5.0	8~10
反循环	一般地层	1.02~1.06	16~20	≤4	≥95	≤20	≤3	1.0~2.5	8~10
	易坍地层	1.06~1.10	18~28	≤4	≥95	≤20	≤3	1.0~2.5	8~10
	卵石土	1.10~1.15	20~35	≤4	≥95	≤20	≤3	1.0~2.5	8~10
旋挖	一般地层	1.02~1.10	18~22	≤4	≥95	≤20	≤3	1.0~2.5	8~11
冲击	易坍地层	1.20~1.40	22~30	≤4	≥95	≤20	≤3	3.0~5.0	8~11

注:1. 地下水位高或其流速大时,指标取高限,反之取低限。
  2. 地质状态较好,孔径或孔深较小的取低限,反之取高限。

2 钻孔过程中,应随时对孔内泥浆的性能进行检测,不符合要求时应及时调整。

3 钻孔泥浆宜进行循环处理后重复使用,减小排放量。对重要工程的钻孔桩施工,宜采用泥沙分离器进行泥浆的循环。

4 施工完成后废弃的泥浆应采取先集中沉淀再处理的措施,严禁随意排放,污染环境。

1 本款的原则是不硬性规定泥浆的各项性能指标,因为硬性规定可能并不利于施工,强调的是其性能指标需要与钻孔方法和土层情况相适应,并通过现场试验来确定。泥皮的厚薄与失水量大小有很大关系。泥浆失水量小者,泥皮薄而致密,有利于巩固孔壁;失水量大者易形成厚泥皮,在泥(页)岩地层易造成地层软化膨胀,产生缩径或坍孔。

2 泥浆的性能在钻进中是不断变化的,为了使泥浆的性能指标随时都符合钻孔的要求,以加快钻孔速度,避免或减少孔壁坍塌事故,就需要经常对泥浆进行检测试验。

3 泥沙分离器是目前普遍应用在钻孔中泥浆循环净化过程中的设备,能有效排除泥沙,提高钻孔排渣的效率。

9.2.7 清孔应符合下列规定:

1 钻孔深度达到设计高程后,应对孔径、孔深和孔的倾斜度进行检验,符合要求后方可清孔。

2 清孔方法应根据设计要求、钻孔方法、机具设备条件和地层情况决定。不论采用何种清孔方法,在清孔排渣时,必须保持孔内水头,防止坍孔。

3 清孔后,泥浆的相对密度宜控制在1.03~1.10,对冲击成孔的桩可适当提高,但宜不超过1.15,黏度宜为17~20Pa·s,含砂率宜小于2%,胶体率宜大于98%。孔底沉淀厚度应不大于设计的规定;设计未规定时,对桩径小于或等于1.5m的摩擦桩宜不大于200mm,对桩径大于1.5m或桩长大于40m以及土质较差的摩擦桩宜不大于300mm,对支承桩宜不大于50mm。

　　4　在吊入钢筋骨架后,灌注水下混凝土之前,应再次检查孔内泥浆的性能指标和孔底沉淀厚度,如超过本条第3款的规定,应进行第二次清孔,符合要求后方可灌注水下混凝土。

　　5　不得采用加深钻孔深度的方式代替清孔。

　　2　本款不硬性规定采用何种清孔方法,但强调在清孔时需要严格控制孔内水头,目的是防止在清孔过程中产生坍孔。

　　3　清孔后的泥浆指标,一般指从桩孔的顶、中、底部分别取样检测的平均值。对清孔后的泥浆指标进行控制,其目的是保证灌注水下混凝土前泥浆指标符合各项要求,以保证水下混凝土的灌注质量。

　　5　加深钻孔深度,以较厚的孔底沉淀来满足设计桩底高程,减少或避免清孔,这种做法是本规范所不允许的,故作此规定。

9.2.8　钢筋骨架的制作、运输要求应符合本规范第4.4.7条的规定。安装钢筋骨架时,不得直接将钢筋骨架支承在孔底,应将其吊挂在孔口的钢护筒上,或在孔口地面上设置扩大受力面积的装置进行吊挂,且不应采用钢丝绳或其他容易变形的材料进行吊挂。安装时应采取有效的定位措施,减小钢筋骨架中心与桩中心的偏位,使钢筋骨架的混凝土保护层满足要求。

　　规定在孔口地面上设置扩大受力面积的装置吊挂钢筋骨架,主要是指在陆上或筑岛处设置的护筒,因在这种情况下设置的护筒其长度一般较短,如将钢筋骨架吊挂在其上,骨架的重力会使护筒产生沉陷;而在孔口地面上设置吊挂装置时,同样有使地面产生沉陷的可能,所以需要扩大受力面积。本次修订增加了"安装时应采取有效的定位措施,减小钢筋骨架中心与桩中心的偏位,使钢筋骨架的混凝土保护层满足要求"的表述。

9.2.9　灌注水下混凝土前的准备工作应符合下列规定:

　　1　应按水下混凝土灌注数量和灌注速度的要求配齐施工机具设备,设备的能力应能满足桩孔在规定时间内灌注完毕的要求,且应保证其完好率,对主要设备应有备用。

　　2　水下混凝土宜采用钢导管灌注,导管内径宜为200~350mm。导管使用前应进行水密承压和接头抗拉试验,严禁采用压气试压。进行水密试验的水压应不小于孔内水深1.3倍的压力,亦应不小于导管壁和焊缝可能承受灌注混凝土时最大内压力p的1.3倍,p可按式(9.2.9)计算:

$$p = \gamma_c h_c - \gamma_w H_w \tag{9.2.9}$$

式中:p——导管可能受到的最大内压力(kPa);

　　　γ_c——混凝土拌合物的重度(取24kN/m³);

　　　h_c——导管内混凝土柱最大高度(m),以导管全长或预计的最大高度计;

　　　γ_w——桩孔内水或泥浆的重度(kN/m³);

　　　H_w——桩孔内水或泥浆的深度(m)。

　　准备工作充分,对避免或减少灌注过程中的事故至关重要,故需要按本条的规定做好灌注前的各项准备工作。

　　1　灌注设备的完好率对施工有直接影响,但为防万一,仍需要配备必要的备用设备。

　　2　"导管内径宜为200~350mm"的规定适用于一般情况,施工时需要视桩径的大小酌情增减。

9.2.10　水下混凝土的配制应符合下列规定:

　　1　水泥可采用火山灰水泥、粉煤灰水泥、普通硅酸盐水泥或硅酸盐水泥,采用矿渣水泥时应采取防离析的措施;粗集料宜选用卵石,如采用碎石宜适当增加混凝土配合比中的含砂率,粗集料的最大粒径应不大于导管内径的1/6~1/8和钢筋最小净距的1/4,同时应不大于37.5mm;细集料宜采用级配良好的中砂。

2 混凝土的配合比,可在保证水下混凝土顺利灌注的条件下,按本规范第6章的有关规定计算确定。掺用外加剂、粉煤灰等材料时,其技术条件及掺用量亦应符合本规范第6章的规定。混凝土的初凝时间应根据气温、运距及灌注时间长短等因素确定,并满足现场使用要求。混凝土可经试验掺配适量缓凝剂。

3 混凝土拌合物应具有良好的和易性,灌注时应能保持足够的流动性,坍落度宜为160~220mm,且应充分考虑气温、运距及施工时间的影响导致的坍落度损失。

配制水下混凝土时,尚需注意下列事项:

(1)混凝土配合比的含砂率一般为0.4~0.5,水胶比一般为0.5~0.6。这是因为混凝土拌合物中含砂率较大时,其和易性较好,而灌注水下混凝土要求有较好的和易性,故需采用较大的含砂率。

(2)混凝土拌合物中可以掺用外加剂、粉煤灰等材料,以提高其和易性和缓凝性能。

9.2.11 灌注水下混凝土应符合下列规定:

1 水下混凝土的灌注时间不得超过首批混凝土的初凝时间。

2 混凝土运至灌注地点时,应检查其均匀性和坍落度等,不符合要求时不得使用。

3 首批灌注混凝土的数量应能满足导管首次埋置深度1.0m以上的需要,所需混凝土数量可按式(9.2.11)和图9.2.11计算:

$$V = \frac{\pi D^2}{4}(H_1 + H_2) + \frac{\pi d^2}{4}h_1 \qquad (9.2.11)$$

式中: V——灌注首批混凝土所需数量(m^3);

D——桩孔直径(m);

H_1——桩孔底至导管底端间距(m),一般为0.3~0.4m;

H_2——导管初次埋置深度(m);

d——导管内径(m);

h_1——桩孔内混凝土达到埋置深度 H_2 时,导管内混凝土柱平衡导管外(或泥浆)压力所需的高度(m),即 $h_1 = H_w \gamma_w / \gamma_c$;

H_w、γ_w、γ_c——意义同式(9.2.9)。

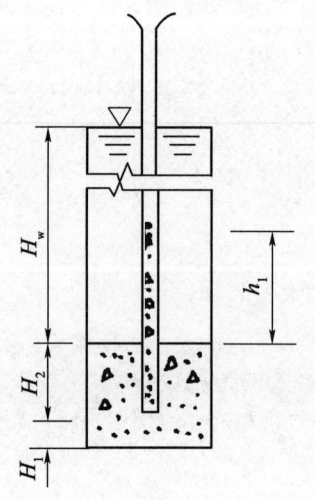

图9.2.11 首批混凝土数量计算简图

4 首批混凝土入孔后,应连续灌注,不得中断。

5 在灌注过程中,应保持孔内的水头高度。导管的埋置深度宜控制在2~6m,并应随时测探桩孔内混凝土面的位置,及时调整导管埋深;在确保能将导管顺利提升的前提下,方可根据现场的实际情况适当放宽导管的埋深,但最大埋深应不超过9m。应将桩孔内溢出的水或泥浆引流至适当地点处理,不得随意排放。

6 灌注时应采取措施防止钢筋骨架上浮。当灌注的混凝土顶面距钢筋骨架底部以下1m左右时,宜降低灌注速度;混凝土顶面上升到骨架底部4m以上时,宜提升导管,使其底口高于骨架底部2m以上后再恢复正常灌注速度。

7 对变截面桩,应在灌注过程中采取措施,保证变截面处的水下混凝土灌注密实。

8 采用全护筒钻机施工的桩在灌注水下混凝土时,护筒应随导管的提升逐步上拔,上拔过程中除应保证导管的埋置深度外,同时应使护筒底口始终保持在混凝土面以下。施工时应边灌注、边排水,并应保持护筒内的水位稳定。

9 混凝土灌注至桩顶部位时,应采取措施保持导管内的混凝土压力,避免桩顶泥浆密度过大而产生泥团或桩顶混凝土不密实、松散等现象;在灌注将近结束时,应核对混凝土的灌入数量,确定所测混凝土的灌注高度是否正确。灌注桩桩顶高程应比设计高程高出不小于0.5m,当存在地质条件较差、孔内泥浆密度过大、桩径较大等情况时,应适当提高其超灌的高度;超灌的多余部分在承台施工前或接桩前应凿除,凿除后的桩头应密实、无松散层,混凝土应达到设计规定的强度等级。

  10 灌注中发生故障时,应尽快查明原因,确定合适的处置方案,进行处理。

  5 灌注水下混凝土时,特别在潮汐地区或水位涨落甚急的河流和有承压力地下水地区,其水位高涨时,将使护筒内水头不足,而导致孔壁坍塌,故需要保持孔内的水头高度。水下混凝土在灌注过程中导管的最小埋置深度,从理论上说需与灌注深度(漏斗底口至混凝土表面深度)成正比,灌注深度较大时,超压力和冲击力也较大,导管最小埋深需要较大一些,以缓和超压力和冲击力,使冲出导管底口的混凝土拌合物缓缓上升,否则,新灌注的混凝土有可能冲破首批混凝土,冒到其上面,将泥浆沉淀物裹入桩中,形成夹层而导致断桩。条文规定的最小埋深2m是根据文献《水下灌注预防断桩夹层及钢筋顶托上升技术研究报告》的试验结果并考虑适当的安全系数确定的,与常用的经验数据相符。灌注后期,虽然灌注深度小,超压力减小,但最小埋深也不要小于2m,这是因为灌注后期,首批混凝土表面的泥浆沉淀增厚,有时还夹有少量坍土,若导管埋深太小,特别是在探测混凝土表面高度不精确时,容易造成导管提漏、进水,造成夹层而断桩。为了防止发生埋管事故,导管的埋深不能过大,条文规定为6m,这是通常情况下需要控制的埋置深度。条文同时规定,现场实际施工时根据桩径、混凝土供应能力、混凝土性能、混凝土灌注速度等情况,允许适当放宽导管的埋深,但适当放宽也需要有一定的限度,故本次修订将最大埋深限定为不超过9m,以方便执行。需要特别注意的是:放宽埋置深度的前提是确保能将导管顺利提升,否则将会造成埋管事故。

  6 规定本款的目的是防止钢筋骨架被混凝土拌合物从漏斗向下灌注混凝土的冲击力转化为向上的顶托力而上升。

  7 对变截面桩,灌注至扩大截面处时,导管要提升至扩大截面下约2m,且要加大混凝土灌注速度和混凝土的坍落度;当混凝土面高于扩大截面处3m后,则将导管提升至扩大截面处以上1m,继续灌注至桩顶。采取这些措施后,基本能保证变截面处的水下混凝土灌注密实。

  8 护筒底口以上积存的混凝土高度不能太小,因为筒外与井壁之间有一定的空隙,护筒壁本身也有一定的体积,护筒提升后,护筒内的混凝土要填充此空隙,可能使混凝土表面突然下降,甚至降至护筒底口以下,使护筒进水或涌入泥沙,故对护筒内的混凝土灌注高度,不仅要考虑导管及护筒将提升的高度,还要考虑因上拔护筒引起的混凝土面的降低。

  9 混凝土灌注接近桩顶时,导管内混凝土的压力趋小,如不采取措施,则桩顶部分混凝土的密实性会较差,甚至可能出现松散等现象。

9.3 岩溶、采空区和其他特殊地区的钻孔灌注桩

9.3.1 对岩溶和采空区的钻孔灌注桩,施工前应核对桩位处的地质勘察资料;当对地质情况有疑问时,宜适当补充地质钻孔,探明情况。

  在岩溶地区和采空区进行钻孔灌注桩的施工时,对地质情况的了解程度是施工成败的关键,地质情况不明确就盲目施工,将会给工程带来灾难性的后果,故需要探明情况后再施工。

9.3.2 施工前应根据实际地质钻探资料确定钻机的类型和钻孔工艺;并应制订可行的应对意外情况的预案,配备足够的抢险机具设备和材料。

  有应急预案及适当的抢险准备,在发生小事故后方可以迅速地进行处理,避免事故扩大,保证施工安全。

9.3.3 钻孔施工时,护筒底部宜进入不透水层;泥浆的密度可比一般地区所用泥浆密度稍大;并应加强对

钻进过程和孔内泥浆面高程的检测,避免发生坍塌、埋钻等事故。

9.3.4 当发生漏浆及坍孔等问题时,应按应急预案及时进行补浆或回填,避免出现大面积坍塌,并应采取措施保证平台、钻机和施工人员的安全。

9.3.5 清孔作业应在确认孔壁稳定安全后方可进行。

9.3.6 灌注水下混凝土时应符合下列规定:
1 安装钢筋骨架并清孔后,应尽快进行混凝土的灌注施工。
2 对岩溶特别发育的部位,应采取措施防止因混凝土压力增大而出现坍孔。
3 对出现过严重坍孔的桩孔,应适当控制混凝土的灌注速度。

9.3.7 其他特殊地区钻孔灌注桩的施工应符合下列规定:
1 在山坡上进行钻孔灌注桩的施工时,应清除坡面上的危石和浮土;若坡面有裂缝或可能坍塌时,应采取必要的防护措施。
2 在砂性土或粉性土层较厚的地区,钻孔施工应采取防止地层液化、缩颈、坍孔的有效措施;在软土地区,应采取防止缩颈、坍孔的有效措施。
3 多年冻土地区的钻孔灌注桩施工,宜采用能减少对冻土层扰动的钻机成孔,且宜采用低温或负温早强耐久性混凝土。
1 对桥跨走向与山坡坡角平行的部分桥墩,在进行钻孔灌注桩施工时,需注意间隔跳开施工,并采取必要的防护措施,防止引起坡角整体滑移。

9.4 大直径、超长灌注桩

从钻孔灌注桩的施工原理上讲,大直径桩和超长桩与普通桩相比并无本质上的区别,但由于桩径大、桩孔深,其施工的难度要比普通桩大得多,所采用的机具设备、施工方法和施工工艺也不尽相同。因此本节的内容是针对大直径桩和超长桩的一些特殊需要进行规定的,常规的做法仍要符合本章的相关规定。

9.4.1 钢护筒的制作和设置应符合下列规定:
1 钢护筒的内径宜根据设计桩径,考虑护筒的长度、设置倾斜率和平面位置允许误差等因素综合确定。
2 钢护筒的壁厚宜按刚度要求经计算确定。当钢护筒长度大于10m,需要锤击或振动下沉时,其径厚比宜不大于120。
3 钢护筒制作加工时,其椭圆度应小于$d/100$,且不大于30mm;直径的允许偏差应为±10mm;筒体端面的倾斜度最大允许偏差为3mm;纵轴线弯曲矢高应不大于护筒长的0.1%,且不大于30mm;钢护筒对接时的错边量应不大于0.2倍钢板厚度,且不大于4mm。
4 在制作、运输时,每节钢护筒上下口内壁的径向宜布置一组或多组单向临时加劲撑架,且撑架本身应具有足够的刚度。

2 钢护筒的直径和长度越大,则其壁厚也需要厚一些,才能满足施工时不变形的要求,壁厚尺寸的大小按刚度要求经计算确定是比较可靠的方法。如果钢护筒较长、直径较大,则要按近似的钢管桩来设计,其壁厚通常为直径的1/80~1/100;一般情况下,钢护筒的径厚比可以为1/120~1/150,当需要锤击或振动下沉时,则其径厚比以不大于120为宜。例如,某工程的桩长70m,钢护筒长37m,直径2.85m,

壁厚25mm,径厚比为1/114,下沉时采用液压振动锤,最大激振力达6 400kN,均无变形。

9.4.2 钻孔宜采用高性能优质泥浆,泥浆的配合比应通过试验确定,配制时膨润土或聚丙烯酰胺(PHP)水解后宜静置24h。在钻孔过程中,宜采用泥水分离装置进行泥浆的循环。

高性能优质泥浆是一个笼统的概念,规范的条文不对泥浆的性能指标作硬性规定,只要对桩孔的护壁能起到有效的、良好的作用,以及对桩身混凝土不会产生不利影响,各种类型的泥浆均能采用。采用泥水分离装置对泥浆进行循环,其目的是保证泥浆的重复使用性能,并减少排放量。

钻孔施工时不同阶段的泥浆性能指标可以参照表9-1选用。

表9-1 钻孔施工不同阶段的泥浆性能指标

性　能	类　型					
	①基浆	②鲜浆	③钻进	④回流	⑤清孔	⑥弃用
	膨润土+碱	①+PHP	②与钻屑混合	③净化+②	④+②	④沉淀中
相对密度	<1.05	<1.04	<1.2	<1.08	<1.06	>1.3
黏度(Pa·s)	20~22	26~35	25~28	24~26	22~24	>42
含砂率(%)	<0.3	<0.3	<4	0.5~1.0	<0.3	>10
胶体率(%)	>98	100	96	98	100	<90
失水率(mL/30min)	15	<10	<18	<15	<10	>25
泥皮厚(mm/30min)	1.5	≤1	2	1.5	≤1	>5
酸碱度pH	9~10	10~12	9~10	9~10	8~9	<7 >14
静切力(Pa)	2~4	4~6	3~5	3~5	3~5	<1
说明	可以少量掺用钠羧甲基纤维素(CMC)改善性能	要用专门的制浆设备及储存设备,并采用泵输送	钻进中出口处的泥浆指标较差时,在回流泥浆中调整	通过除砂器后在循环池中沉淀,再加新浆回流孔内	清孔后用正循环法在桩底注入5m高鲜浆作隔离层	在循环池中清除固相沉淀

例:苏通长江大桥在试桩中采用了普通泥浆、"台湾超二代"泥浆、PHP优质泥浆。通过试桩后的比较,发现PHP优质泥浆的质量优于另两种泥浆,使用PHP优质泥浆的试桩,孔壁稳定性好、成孔施工速度快、孔壁泥皮厚度薄,具体的性能指标对比情况见表9-2。

表9-2 苏通长江大桥陆域二期试桩泥浆性能比较

试验项目	普通泥浆	"台湾超二代"泥浆	PHP优质泥浆
黏度(s)	20~25	29~32	22~28
含砂率(%)	0.5~3	0	≤0.3
泥皮厚度(mm)	1~2	≤1	1~2
孔底沉淀(mm)	≥200	≥200	≤200
孔壁稳定性	一般	稳定	稳定

通过试桩比较,以及在该桥的施工实践,验证了PHP泥浆具有以下优点:

(1)可变性好

配置合格的PHP泥浆呈嫩白色,由于黏度大,在静止状态时呈果冻状。泥浆从流动到静止时,其黏度可恢复其悬浮作用,阻止钻渣下沉;当钻头钻动时,泥浆流动可以改变泥浆的结构使其黏度减少,流动性增加,从而减少钻头阻力。

(2)相对密度小、含砂率低

通过试验发现,PHP泥浆的相对密度小,含砂率低,一般为0~0.3%。

(3)黏度高、不分散、失水量少

聚丙烯酰胺是一种特效增黏剂,可大大增加泥浆的黏度,且制出的泥浆不分散,失水量少。

(4)泥皮薄

泥皮越薄,成孔时钻孔桩的质量越高,泥皮厚度是衡量泥浆质量的重要标志。

(5)环保性好

PHP泥浆采用水、钠质膨润土、纯碱(Na_2CO_3)、钠羧甲基纤维素(CMC)、聚丙烯酰胺(PHP)、锯木屑等按照一定比例配制而成。泥浆的制备采用强制式搅拌机配制,造浆时PHP需事先充分水解,膨润土需充分搅拌,且要先加水再加膨润土,最后加外加剂搅拌。钻孔时泥浆根据不同的地质情况和不同的钻孔深度对配比进行适当的调整;在不同的钻孔施工阶段,对钻孔泥浆的指标进行不同的调整。

9.4.3 大直径灌注桩和超长灌注桩的成孔宜采用大扭矩反循环回旋钻机,钻孔作业时,应根据不同土层、不同钻孔深度采用不同的钻压、转速、配重、进尺速度及泥浆指标。当岩石强度较高时,可选用冲击钻机,或根据地质及施工条件选用大型旋挖钻机进行钻孔施工。

对大直径桩和超长灌注桩,钻杆扭矩的大小是进行钻机选型的一个关键技术参数。反循环有泵吸反循环和气举反循环两种类型,通常根据施工的具体情况进行选用。

9.4.4 钢筋骨架宜在同一胎架上分节加工制作,主筋的连接宜采用机械连接接头。钢筋骨架吊装时,应制作专门的吊具,并应防止钢筋骨架的变形。

9.4.5 水下混凝土的灌注应符合下列规定:

1 混凝土灌注前,宜采用相对密度小于1.05的优质泥浆循环置换孔内泥浆。

2 采用搅拌船或水上搅拌站拌制混凝土时,材料的储备应满足一根桩连续灌注的需要。

3 首批混凝土灌注时,宜采用大、小储料斗同时储料,料斗的出口应能方便快捷地开启或关闭,储料斗的体积应大于或等于首批灌注混凝土的体积,并应满足混凝土能完全充满导管连续灌注的要求。

3 对大直径灌注桩,因首批灌注混凝土数量大,为保证其灌注后能有效地埋住导管1m以上,有必要采用大、小储料斗同时储料,在满足灌注数量的前提下进行灌注。

9.5 灌注桩后压浆

9.5.1 本节适用于灌注桩成桩后对桩底和桩侧进行后压浆的施工。

灌注桩成桩后,通过预设在桩身内的压浆管,向桩底、桩侧压注水泥浆的方式称为灌注桩后压浆,其目的是增加桩的承载力,减少桩的沉降。原规范中本节的节名为"桩底后压浆",未包含桩侧,本次修订将其修改为"灌注桩后压浆",包含了对桩底和桩侧进行后压浆的施工。

9.5.2 后压浆宜采用普通硅酸盐水泥,其强度等级宜不低于42.5;压浆材料中可掺入适量的微膨胀剂、膨润土或减水剂等外加剂;后压浆所用水泥浆的配合比应经试验确定。

条文规定"压浆材料中可掺入适量的微膨胀剂、膨润土或减水剂等外加剂",并非一定要掺加所有的外加剂,而是需要通过试验来确定是否掺加某一种或几种外加剂。

9.5.3 后压浆所用的压浆管应符合设计规定。设计未规定时,宜采用低压液体输送管或其他适宜的材料制作,低压液体输送管的质量应符合现行《低压流体输送用焊接钢管》(GB/T 3091)的规定;当桩内有声测管时,可利用其兼作压浆管。压浆管的内径宜为25~38mm,壁厚宜不小于2.5mm。

桩身内已有的用于超声波无损检测的声测管,一般多采用钢管,完全可以满足后压浆的需要,故能利用其兼作压浆管。

9.5.4 压浆阀应能承受至少1MPa的静水压力,并应具有逆止的功能,其外部的保护层应能抵抗砂、石等或其他硬物的刮碰而不致受损。

压浆阀的作用是:压浆前阻止水或泥浆进入压浆管内,压浆时将其打开使水泥浆通过并压入土层。因此对其需要有一定的压力和功能方面的要求,压浆阀如果被损坏,则不可能进行顺利压浆。

9.5.5 后压浆所用的压浆设备应符合下列规定:

1 浆液搅拌机的转速宜大于1 000r/min,其容量应与额定压浆流量相匹配,并应在浆液的出口处或储浆桶的入口处设置滤网。

2 储浆桶的容量宜根据压浆流量的大小和其他施工条件综合考虑确定。

3 压浆泵的额定压力宜为6~12MPa,且应大于施工要求压浆终止压力的1.5倍;额定流量宜为30~100L/min。压浆泵应配备有压力表和流量计,并具有自动计量、实时显示和实时传输的功能,压力表的量程宜为额定泵压的1.5~2.0倍。

4 压浆设备宜配备必要的备用件。

1 要求"浆液搅拌机的转速宜大于1 000r/min",是为了对水泥浆能进行充分搅拌,慢速搅拌机所搅拌的水泥浆浆液不能满足压浆要求。规定"应在浆液的出口处或储浆桶的入口处设置滤网",是为了防止水泥浆中可能有的结块或其他杂物进入压浆管内造成堵塞,滤网一般采用16目的纱网。

3 后压浆时,其压力一般较大,故压浆泵的能力需有可靠保证。规定压浆泵配备的压力表和流量计"应具有自动计量、实时显示和实时传输的功能",是为了实现对施工的远程控制。

4 规定"压浆设备宜配备必要的备用件",是为了保证在施工过程中不致因机械故障而产生压浆的中断。

9.5.6 压浆管路的布设应符合设计要求,设计未要求时应符合下列规定:

1 位于地面的压浆管路输送系统应具有良好的密封性,输送管应采用能承受2倍以上最大压浆压力的高压胶管或无缝钢管,其长度应不大于50m。采用开式压浆时,输送管与桩内压浆管的连接处应设泄压阀;采用闭式压浆时,输送管与桩内压浆管的连接处应设止浆阀。

2 位于灌注桩内的压浆管及其压浆阀应沿灌注桩钢筋骨架的圆周均匀布置,其布置应能保证压浆的均匀性。

3 桩底后压浆时,对直径小于1 200mm的桩,宜布置2根压浆管;直径大于或等于1 200mm、小于2 500mm的桩,宜布置3根压浆管;直径大于或等于2 500mm的桩,宜布置4根压浆管。压浆阀宜布设在压浆管的底部。压浆管底部进入桩底土层的深度宜根据不同类别土确定,对黏性土、粉土和砂土层宜不小于100mm;对碎石土和全风化、强风化岩层宜不小于50mm;桩基持力层为较软弱土层或桩底沉渣较厚时宜适当加深,持力层强度较高时可适当减小进入的深度。

4 桩侧后压浆时,可在距离桩顶8m以下、桩底5~15m以上,每隔5~12m设置一处压浆阀。当桩侧有粗粒土层时,压浆阀宜位于该土层底面以下0.5m处;对采取干作业方式成孔的灌注桩,压浆阀宜设于粗粒土层的中部。

5 桩侧后压浆时,压浆管弧形部分的外切圆直径应大于桩孔直径200mm。对直径小于2 500mm的桩,压浆管与桩孔壁接触的压浆点宜不少于4个;对直径大于或等于2 500mm的桩,宜随桩径的增大而适当增加压浆点的数量。

6 压浆管应固定在灌注桩钢筋骨架上并随其一起下放,安装时应保证其固定牢靠。管的接头处应密封,不漏水。

1 "开式压浆"是指水泥浆通过压浆管直接注入桩底或其他需要补强的部位,并与桩底沉渣、周围土体混合的压浆方式。"闭式压浆"是指将预制的弹性良好的腔体或压力注浆室随钢筋骨架放入灌注桩孔底,灌注水下混凝土成桩后,在压力作用下将水泥浆注入腔体内;随着压浆压力和压浆量的增加,弹性腔体逐渐膨胀、扩张,在桩底土层中形成浆泡;然后浆泡逐渐扩大,压密桩底的沉渣和土体,取代或置换部分桩底土层的压浆方式。

2~3 桩底压浆管沿灌注桩钢筋骨架圆周均匀布置的目的是保证压浆后浆液扩散的均匀性和可靠性,其设置的数量一般根据桩径的大小来确定。要求压浆管底部进入桩底土层一定的深度,是因为这样做可保证水泥浆能顺畅外溢并能加固较大范围的土体。

4 桩侧后压浆的作用,一是可固化桩侧的泥皮并加固桩周一定范围内的土体,提高桩侧的摩阻力,减小桩周土体的剪切变形;二是可对桩底压浆起到一定的封堵作用。桩侧后压浆按压浆管的埋设方式分为桩身预埋管压浆法和钻孔埋管压浆法两种方法;按压浆装置的形式不同分为沿钢筋骨架纵向设置压浆花管方式、根据桩径大小沿钢筋骨架环向设置压浆花管方式、沿钢筋骨架纵向设置桩侧压力注浆器方式。

5 规定桩侧后压浆时"压浆管弧形部分的外切圆直径应大于桩孔直径200mm",是为了保证其能与桩壁土体的表面接触,甚至嵌入土体一定深度,实现顺利压浆。

6 压浆管的接头如不密封而漏水,将会导致压浆失败,因此在安装时需要注意检查,保证可靠。

9.5.7 灌注桩后压浆的施工应符合下列规定:

1 桩身混凝土灌注后应及时采用高压水冲洗压浆管,打开压浆阀,疏通压浆通道。

2 压浆作业应在桩身混凝土达到设计强度等级的75%后,且桩身的无损检测合格后方可进行。正式压浆前,宜选取至少一根桩做压浆工艺试验,获得相关的经验参数后再进行大面积施工。

3 对群桩基础的桩实施压浆作业时,宜按先周边、后中间的顺序,且宜按对称、间隔的原则依次进行。

4 采取桩底和桩侧组合方式压浆时,应按先桩侧、后桩底的顺序进行。在桩的多个断面实施桩侧压浆时,应按先上、后下的顺序进行。

5 在压浆施工的影响范围内,不得同时进行其他灌注桩的施工作业。压浆作业与其他灌注桩作业点的距离宜不小于10m或10倍桩径。

6 拌制浆液时,应先加水,然后加入外加剂,混合均匀后再加入水泥进行充分搅拌。浆液搅拌的时间应不少于3min,拌制好的浆液应具有良好的流动性、不离析、不沉淀。

7 压浆时,宜遵循"细流慢注"的原则,最大压浆流量宜不超过100L/min。同一根桩中的全部压浆管宜同时均匀压入水泥浆,并应随时监测桩顶的位移和桩周土层的变化情况。

8 桩底压浆时,对同一根桩的压浆宜分3次进行,且宜依次按40%、40%、20%的压浆量循环等量压入。

9 采用U形管法压浆时,每次循环压浆完成后,应立即采用清水将压浆软管清洗干净,再关闭阀门;压浆停顿时间超过30min,应对管路进行清洗。压浆完成后,应在阀门关闭40min后,方可拆卸阀门。

10 对多根桩进行压浆时,各桩压浆的间隔时间宜不少于2h。

11 压浆作业时,实际的压浆压力应小于控制压力。

12 灌注桩后压浆的施工应记录压浆的起止时间、压浆量、压浆流量、压浆压力及桩的上抬量等参数。

1 规定本款的目的是:设置在压浆管底部的单向阀门需要及时开启,否则在桩身混凝土凝固后将会无法打开,但打开的时机需要掌握好。

2 压浆工艺试验的目的是:获取压浆施工的各项工艺参数,据以调整设计指标;为指导压浆的大面积施工提供工艺依据。

3 对群桩基础,按先周边、后中间的顺序进行压浆作业,能在群桩的周边先形成一个压浆隔离带,并使水泥浆的压密、填充、固结等作用逐步施加于其他桩上。

4 采用先桩侧后桩底或先上后下的顺序进行压浆,能避免下部的水泥浆沿桩周土体界面上升而产生的冒浆现象。

10 本款的规定,是为了保证先压浆的桩的水泥浆已达到初凝的强度,避免下部的水泥浆沿桩周土体界面上升而产生冒浆现象。

11 "控制压力"是指单向压浆阀处水泥浆浆液注入的最大压力,由计算确定。压浆施工中,当实际的压浆压力大于或等于控制压力时,可能会使地层结构发生破坏,或导致桩基础有明显上抬等,上抬量过大将会对结构产生不利影响;另外,压力过大还可能会导致安全事故。

9.5.8 灌注桩后压浆的施工控制应符合下列规定:

1 宜采用压浆量与压力双控,以压浆量控制为主,压力控制为辅。

2 压浆量和压浆压力均应按单个回路或单个管路分别控制。

3 符合下列条件之一时,可终止压浆:

1)压浆量满足设计要求,同时压浆的平均压力达到设计要求的终止压力并持荷5min;

2)压浆量满足设计要求,但压浆的平均压力未达到设计要求的终止压力,在大于或等于0.8倍设计要求终止压力的情况下,增加压浆量至120%后;

3)压浆量满足设计要求,但压浆的平均压力未达到设计要求的终止压力,在小于0.8倍设计要求终止压力的情况下,增加压浆量至150%后;

4)压浆的平均压力大于设计要求的终止压力,当压浆总量大于设计要求的80%时。

4 当一根桩中某一压浆管的压浆量达不到设计要求,而压力值过大无法继续正常压浆时,其不足的量可通过该桩中的其他压浆管均匀分配压入。

1 最佳压浆量是保证桩基础达到预定要求承载力的重要因素,过量的压浆会增加不必要的消耗,提高工程的成本;而且在达到设计的压浆量后,对提高桩基础承载力的贡献幅度有限,因而存在一个最优的压浆量。压浆压力是灌注桩后压浆施工效果优劣的关键因素之一,决定压浆压力的因素较多,主要与压浆的顺序和节奏、砂砾层的含泥量等相关,一般在持力层较厚、含泥量越少、渗透性越好的土层中,压浆压力较小,反之则较大。因此,在对后压浆进行施工控制时,通常采取压浆量与压力双控的方式,且以压浆量控制为主,压力控制为辅。采取这种双控方式的另外一个原因是为了保证压浆施工的安全,因为压浆量虽不够但压力过大时,容易发生安全事故。

压浆时的压力可按式(9-1)计算:

$$P = (2 \sim 4) P_0 \tag{9-1}$$

式中:P——压浆压力(MPa);

P_0——桩底静水压力(MPa)。

3 规定终止压浆的条件是为了保证后压浆的预期效果,并避免导致过量的无效压浆。"压浆终止压力"是指"压浆结束并持荷5min的平均压力",在实际施工中,为保证施工安全和结构的安全,终止压力一般要小于控制压力。

9.5.9 在后压浆的施工过程中,应对其各项工艺参数进行检查,当压浆量或压浆压力等主要参数达不到设计要求值时,应根据工程的具体情况采取相应措施进行处置。

9.6 挖孔灌注桩

9.6.1 在无地下水或有少量地下水且较密实的土层或风化岩层中,或无法采用机械成孔或机械成孔非常困难且水文、地质条件允许的地区,可采用人工挖孔施工;岩溶地区和采空区不宜采用人工挖孔施工;孔内空气污染物超过现行《环境空气质量标准》(GB 3095)规定的三级标准浓度限值,且无通风措施时,不得采用人工挖孔施工；桩径或最小边宽度小于1 200mm时不得采用人工挖孔施工。

本条为挖孔灌注桩的适用范围。当地下水位过高、流量太大，挖孔时的排水较困难，操作人员常在水中作业不安全，且进度亦慢；而在松散的土层中挖孔则有坍塌的危险；孔内空气如有超过规定的有害气体，将会危及操作人员的生命安全。因此对上述情况均不能采用人工挖孔施工，"岩溶地区和采空区不宜采用人工挖孔施工"的规定同样是出于安全的考虑。

人工挖孔时要考虑到孔壁的支护空间及操作人员在孔内便于挖掘，同时需要保证安全，因此挖孔桩的平面尺寸不能过小，小于1 200mm时操作困难，且不安全。

9.6.2 人工挖孔的施工安全应符合下列规定：

1 施工前应编制专项施工方案，并应对作业人员进行安全技术交底。

2 挖孔作业前，应详细了解地质、地下水文等情况，不得盲目施工。

3 桩孔内的作业人员必须戴安全帽、系安全带，人员上下时必须系安全绳。

4 桩孔内应设防水带罩灯泡照明，电压应为安全电压，电缆应为防水绝缘电缆，并应设置漏电保护器。当需要设置水泵、电钻等动力设备时，应严格接地。

5 人工挖孔作业时，应始终保持孔内空气质量符合本规范第9.6.1条的规定。孔深大于10m或空气质量不符合要求时，孔内作业必须采取机械强制通风措施。

6 桩孔内遇岩层需爆破作业时，应进行爆破的专门设计，且宜采用浅眼松动爆破法，并应严格控制炸药用量，在炮眼附近应对孔壁加强防护或支护。孔深大于5m时，必须采用导爆索或电雷管引爆。桩孔内爆破后应先通风排烟15min并经检查确认无有害气体后，施工人员方可进入孔内继续作业。爆破作业的安全管理应符合现行《爆破安全规程》(GB 6722)的有关规定。

本条的内容主要针对施工安全，特别是作业人员的安全，施工时需要严格执行。

5 人工挖孔的深度一般不要过大，因为孔深达10m时，孔底空气的自然流动条件变坏，空气中CO_2含量逐渐积累，当达到3%时，会导致人的呼吸系统紊乱，产生头疼、呕吐等症状。为保证安全和提高工效，当孔内的CO_2含量达到3%时，就需要采取机械通风的措施，但一般工地很少配备气体化学分析仪器，因此在挖掘深度达10m时，即采用机械通风。孔深大于15m时，一方面通风较为困难，操作人员施工危险性大；另一方面，工效亦大为降低，故超过15m时一般不主张采用人工挖孔，如一定要采用，则需要制定加强机械通风和施工安全的可靠措施，保证空气质量符合要求，达不到要求时就要考虑改为机械钻孔。

9.6.3 挖孔桩施工应符合下列规定：

1 人工挖孔施工应根据工程地质和水文地质情况，因地制宜选择孔壁支护方式。

2 孔口处应设置高出地面不小于300mm的护圈；并应设置临时排水沟，防止地表水流入孔内。

3 挖孔施工时相邻两桩孔不得同时开挖，宜间隔交错跳挖。

4 采用混凝土护壁支护的桩孔，护壁混凝土的强度等级，当桩径小于或等于1.5m时应不小于C25，桩径大于1.5m时应不小于C30。挖孔作业时必须挖一节浇筑一节护壁，护壁的节段高度必须严格按专项施工方案执行，严禁只挖不及时浇筑护壁的冒险作业。护壁外侧与孔壁间应填实，不密实或有空洞时，应采取措施进行处理。

5 桩孔直径应符合设计规定，孔壁支护不得占用桩径尺寸。挖孔过程中，应经常检查桩孔尺寸、平面位置和竖轴线倾斜情况，如偏差超出规定范围应随时纠正。

6 挖孔的弃土应及时转运，孔口四周作业范围内不得堆积弃土及其他杂物。

7 挖孔达到设计高程并经确认后，应将孔底的松渣、杂物和沉淀泥土等清除干净。当孔底地质条件复杂且与设计条件不符时，应进一步探明孔底以下的地质能否满足设计要求，并采取适当的处置措施。

8 孔内无积水时,混凝土的灌注可按本规范第6章的有关规定进行干施工;孔内有积水且无法排净时,宜按水下混凝土灌注的要求施工。

1 对孔壁的支护方式,一般多采用钢筋混凝土或混凝土护圈,钢护筒亦可采用。不论采用何种方式,均需要通过计算确定其护壁的厚度。为保证操作人员的安全,均需要设置孔壁支护。

2 规定"孔口处应设置高出地面不小于300mm的护圈",是为了防止施工时物体掉入孔内,危及操作人员的安全。

4 冒险作业可能会带来严重后果,故需要严格禁止。

9.7 成孔、成桩检验

9.7.1 钻孔灌注桩在终孔后,应对桩孔的孔位、孔径、孔形、孔深和倾斜度进行检验;清孔后,应对孔底的沉淀厚度进行检验。挖孔桩终孔并对孔底处理后,应对桩孔孔位、孔径、孔深、倾斜度及孔底处理情况等进行检验。

9.7.2 孔径、孔形、倾斜度和孔底沉淀厚度宜采用专用仪器检测,孔深可采用专用测绳检测。采用钻杆测斜法量测桩的倾斜度时,量测应从钻孔平台顶面起算至孔底。

钻杆测斜法的量测方法为:将带有钻头的钻杆放入孔内封底,在孔口处的钻杆上装一个与孔径或护筒内径一致的导向环,使钻杆保持在桩孔中心线位置。然后采用带有扶正圈的钻孔测斜仪对钻杆进行分点测斜,并将测得的各点数值在坐标仪上描点作图,即求得桩孔的偏斜值。

9.7.3 灌注桩成孔的质量标准应符合现行《公路工程质量检验评定标准 第一册 土建工程》(JTG F80/1)的规定。

9.7.4 灌注桩的混凝土质量检验应符合下列规定:

1 桩身混凝土和后压浆中水泥浆的抗压强度应符合设计规定。每桩的试件取样组数、混凝土和水泥浆的检验要求均应符合现行《公路工程质量检验评定标准 第一册 土建工程》(JTG F80/1)的规定。

2 对桩身的完整性进行检验时,检测的数量和方法应符合设计或合同的规定。宜选择有代表性的桩采用无破损法进行检测,重要工程或重要部位的桩宜逐桩进行检测;设计有规定或对无破损法检测和桩的质量有疑问时,应采用钻取芯样法对桩进行检测;当需检验柱桩的桩底沉淀与地层的结合情况时,其芯样应钻至桩底0.5m以下。

3 经检验桩身质量不符合要求时,应研究处理方案,报批处理。

2 规定对柱桩钻取芯样时钻至桩底0.5m以下,主要是为检验桩底沉淀及桩与地层的结合情况,如果仅为检验桩本身的局部缺陷(如断桩、空洞、夹层等),则不一定钻至桩底以下。

10 沉入桩

10.1 一般规定

10.1.1 本章适用于预制钢筋混凝土桩、预应力混凝土桩和钢管桩等的制作、连接、吊运、存放、运输及沉入的施工,其他类型桩的施工可参照执行。

10.1.2 沉桩施工前应具备工程地质、水文等资料,并应制订专项施工方案,配置合理的沉桩设备;沉桩施工过程中如发现实际地质情况与勘测报告出入较大时,宜补充地质钻探。

10.1.3 制作、连接和沉桩的施工过程应有完整的施工记录。

10.2 桩的制作

10.2.1 用以制作桩的原材料应符合设计和本规范相关章节的规定。外购或自行制作的成品桩,每节或每段均应有出厂合格证明、质量检验等资料。

本条的最后一句将原规范中的"均应有出厂合格证明、质量检验等资料"修改为"每节或每段均应有出厂合格证明、质量检验等资料",进一步强调对成品桩质量控制的重要性。

10.2.2 钢筋混凝土桩和预应力混凝土桩制作时,预制场的设置、模板、钢筋、混凝土和预应力的施工除应符合本规范相关章节的规定外,尚应符合下列规定:

1 钢筋混凝土桩的主筋宜采用整根钢筋,如需接长时,宜采用对焊连接或机械连接,接头应相互错开,在桩尖、桩顶各2m长范围内的主筋不应有接头。箍筋或螺旋筋与纵筋的交接处宜采用点焊焊接;当采用矩形绑扎筋时,箍筋末端应为135°弯钩或90°弯钩加焊接;桩两端的加密箍筋均应采用点焊焊成封闭箍。

2 采用焊接连接的混凝土桩,应按设计要求准确预埋连接钢板。采用法兰盘连接的混凝土桩,法兰盘应对准位置连接在钢筋或预应力筋上;先张法预应力混凝土桩采用法兰盘连接时,应先将法兰盘连接在预应力筋上,然后再进行张拉;法兰盘应保证焊接质量。

3 每根或每一节桩的混凝土应连续浇筑,不得留施工缝。混凝土浇筑完毕后,应及时覆盖养护,并应在桩上标明编号、浇筑日期和吊点位置,同时应填写制桩记录。

1 冷拉的预应力筋需要焊接时,须在冷拉前焊接,这是因为冷拉后钢筋的强度增高,伸长率降低,脆性增大,焊接性能较差,且在冷拉后再进行焊接,将使经冷拉后提高了的强度又降低,在冷拉前焊接则可避免上述缺点。对已张拉的预应力筋则不允许进行任何焊接。

2 混凝土方桩或矩形桩连接用的法兰盘,一般采用角钢增焊加劲肋钢板制成,制作时将角钢的一肢焊接在纵向主钢筋上,另一肢位于桩的连接平面端上,桩连接时利用法兰盘两连接端的连接肢采用螺栓连接。

3 本款旨在强调混凝土需要连续浇筑,一次完成,而不必强调浇筑方向,故删除了原规范中的"由桩顶向桩尖方向"。

10 沉入桩

10.2.3 预制钢筋混凝土桩和预应力混凝土桩的制作质量应符合现行《公路工程质量检验评定标准 第一册 土建工程》(JTG F80/1)的规定;采用法兰盘接头的预制桩,其法兰盘制成后的允许偏差应符合表10.2.3的规定。同时应符合下列规定:

1 钢筋混凝土桩的横向收缩裂缝宽度不得大于0.2mm,深度不得大于20mm,裂缝长度不得大于1/2桩宽;预应力混凝土桩不得有裂缝。

2 桩的表面出现蜂窝麻面时,其深度不得大于5mm,每面的蜂窝面积不得超过该面总面积的0.5%。

3 有棱角的桩,棱角破损深度应在5mm以内,且每10m长的边棱角上只能有一处破损,在一根桩上边棱破损的总长度不得大于500mm。

4 预制桩出场前应进行检验,出场时应具备出场合格检验记录。

表10.2.3 法兰盘的允许偏差

项 目	允许偏差(mm)	项 目	允许偏差(mm)
法兰盘顶面任意两点高差	≤2	法兰盘相邻两孔间距偏差	±0.5
螺栓孔中心对法兰盘中心径向偏差	±0.5	法兰盘任意不相邻两孔间距偏差	≤1

表10.2.3中法兰螺栓孔间距偏差要求删除了原规范的"顺圆周"。

10.2.4 先张法预应力混凝土管桩的制作应符合现行《先张法预应力混凝土管桩》(GB 13476)的规定;后张法预应力混凝土大直径管桩的制作应符合现行《码头结构施工规范》(JTS 215)的规定。用于水上沉设的大直径管桩宜在预制场内按设计桩长拼接成整根长桩。

10.2.5 钢管桩的制作应符合下列规定:

1 制作钢管桩的材料应符合设计要求,并应有出厂合格证明和质量检验报告。钢管桩的分节长度应满足桩架的有效高度、制作场地条件、运输与装卸能力等要求。

2 钢管桩可采用成品钢管或自制钢管,焊接钢管的制作工艺应符合相应标准规范的规定。对焊接钢管的管节制作,管端平整度应不超过2mm,管端平面倾斜应小于1%。对管节的对口拼装,当管径小于或等于700mm时,其相邻管节管径的允许偏差应小于或等于2mm;管径大于700mm时,其相邻管节管径的允许偏差应小于或等于3mm;板边高差应符合表10.2.5的规定。相邻管节的竖向焊缝应错开1/8周长以上。

表10.2.5 相邻管节对口板边的允许偏差

板厚δ(mm)	相邻管节对口的板边高差Δ(mm)	板厚δ(mm)	相邻管节对口的板边高差Δ(mm)
$\delta \leq 10$	<1.0	$\delta > 20$	<δ/10,且不大于3
$10 < \delta \leq 20$	<2.0		

3 钢管桩的防腐处理应符合设计要求及现行《公路桥梁钢结构防腐涂装技术条件》(JT/T 722)的规定。

本次修订删除了原规范中的表9.2.5-1和表9.2.5-2,统一执行现行《公路工程质量检验评定标准 第一册 土建工程》(JTG F80/1)的规定。

10.2.6 钢管桩的焊接应符合设计要求;设计未要求时,除应符合本规范第8章的相关规定外,尚应符合下列规定:

1 焊接前,应将焊缝上下30mm范围内的铁锈、油污、水气和杂物清除干净,并应将焊丝、焊条和焊剂烘干。

2 管节拼接所用的辅助工具(如夹具等)不应妨碍管节焊接时的自由伸缩。

3 焊接定位点和施焊应对称进行。露天焊接时,应考虑由于阳光照射所造成的桩身弯曲。环境温度低于 -10℃ 时不宜焊接。

4 钢管桩应采用多层焊,焊完每层焊缝后,应及时清除焊渣,并做外观检查,每一层焊缝应错开。

5 焊缝的探伤检验应满足Ⅱ级要求,焊缝外观的允许偏差应符合表 10.2.6 的规定。

表 10.2.6 焊缝外观的允许偏差

缺 陷 名 称	允 许 偏 差
咬边(mm)	深度不超过 0.5,累计总长度不超过焊缝长度的 10%
超高(mm)	3
表面裂缝、未熔合、未焊透	不允许
弧坑、表面气孔、夹渣	不允许

10.3 桩的吊运、存放和运输

10.3.1 钢筋混凝土桩和预应力混凝土桩的吊运、存放和运输应符合下列规定:

1 桩在厂(场)内吊运时,桩身混凝土强度应符合设计规定,否则应经验算,确认不会对桩身混凝土产生损伤时方可进行。吊桩时桩身上的吊点位置距设计规定位置的允许偏差应不超过 ±20mm,并应使各吊点同时均匀受力;吊点处应采取适当措施进行保护,避免绳扣或桩角的损伤。

2 桩的存放场地应平整、坚实,不应有不均匀沉降,且场地应有防排水设施。堆放时应设置垫木,支垫位置宜按设计吊点位置确定,其偏差宜不超过 200mm;多层堆放时,各层垫木应位于同一垂直面上,且层数宜不超过 3 层。

3 桩在运输时,应采用多支垫堆放,垫木应均匀放置且其顶面应在同一平面上;桩的堆放形式应使装载工具在装卸和运输过程中保持平稳。采用驳船装运时,对桩体应采取加撑和系绑等措施,防止在风浪的影响下发生倾斜;对管桩应采用特殊支架进行固定,防止其滚动和坠落。

10.3.2 钢管桩的吊运、存放和运输应符合下列规定:

1 吊运时吊点的位置应符合设计规定。

2 钢管桩应按不同规格分别堆放,堆放的形式和层数应安全可靠,并应避免产生纵向变形和局部压曲变形;长期存放时,应采取防腐蚀等保护措施。

3 钢管桩在运输时,宜放置在半圆形专用支架上,必要时应采用缆索紧固;采用船舶装运多根不同规格的桩时,应考虑沉桩顺序的要求。

4 钢管桩在吊运、存放和运输过程中,应采取适当措施,防止对其产生碰撞或摩擦而导致防腐涂料破损、管身变形和其他损伤。

10.4 试桩与桩基承载力

10.4.1 沉桩工程应在施工前进行工艺试桩和承载力试桩,确定沉桩的施工工艺、技术参数和检验桩的承载力。

沉桩施工前先进行试桩,主要是解决下列问题:

(1)提供桩-土体系荷载承载力的正确资料,以检验所需要的桩长是否适宜,桩尖进入持力层的深度和最后的贯入度,且在经济与技术上是否达到合理。

(2)了解采用的沉桩工艺及配套的沉桩机具是否合适。

(3)有无假极限或吸入情况,确定是否复打等。

10.4.2 试桩附近应有钻探资料;试桩的规格应与工程桩一致,所用船机应与正式施工时相同。试桩试验办法应符合本规范附录L的规定。

10.4.3 特大桥和地质复杂的大、中桥,宜采用静压试验方法确定单桩容许承载力;一般大、中桥的试桩,可采用静载试验法,在条件适宜时,亦可采用可靠的动力检测法;锤击沉入的中、小桥试桩,在缺乏上述试验条件时,可结合具体情况,选用适当的动力公式计算单桩容许承载力。当确定的单桩容许承载力不能满足设计要求时,应会同监理和设计单位研究处理。

静压试验是确定单桩承载力方法中最基本、最可靠的方法,各种测定方法(如静力触探、动测法等)的成果,均需要与静压试验相比较,才能判明其准确性。国内外规范一致规定,对重点工程都需要通过静载试验,故本条规定对特大桥和地质复杂的大、中桥的试桩,宜采用静载试验确定单桩承载力。静载试验的方法主要与试桩要求有关,国内外采用的试验方法主要有慢速维持荷载法、快速维持荷载法、等贯入速率法、循环加卸载法等。

试桩确定沉桩工艺和检验桩的承载力时,试验项目一般包括工艺试验和冲击试验;单桩承载力试验,若采用静载试验,一般分为静压、静拔和静推试验。

试桩的单桩容许承载力通常按下列方法确定:

(1)单桩抗压容许承载力。

①采用静压试验得到的极限荷载除以设计规定的安全系数后,可以作为单桩容许承载力;对结构上要求限制桩顶沉降值的基桩,可以在静压试验曲线中,按设计要求的允许沉降值(应适当考虑长期荷载效应)取其对应的荷载作为单桩抗压容许承载力。静压试验方法见本规范附录L。

②采用可靠的动测法,检测单桩的抗压容许承载力。

③根据锤击沉桩的贯入度,选用适当的动力公式计算单桩抗压容许承载力。

(2)单桩抗拔容许承载力,按本规范附录L静拔试验方法确定。

(3)单桩抗推容许承载力,按本规范附录L静推试验方法确定。

10.5 沉桩

10.5.1 沉桩前应在陆域或水域建立平面测量与高程测量的控制网点,桩基础轴线的测量定位点应设置在不受沉桩作业影响处;应根据桩的类型、地质条件、水文条件及施工环境条件等确定沉桩的方法和机具,并应对地上和地下的障碍物进行妥善处理。

10.5.2 沉桩顺序宜由一端向另一端进行,当基础尺寸较大时,宜由中间向两端或四周进行;如桩埋置有深浅,宜先沉深的,后沉浅的;在斜坡地带,应先沉坡顶的,后沉坡脚的。在桩的沉入过程中,应始终保持锤、桩帽和桩身在同一轴线上。

在一定范围内沉入较多的桩时,桩会将土体挤紧或使土体上拱,因此沉桩的顺序对能否正常施工是非常重要的。如采用先由四周向中间沉桩,由于中间土被挤紧,可能中间桩很难沉入到要求的高程,甚至沉不下去,导致工后基础的不均匀下沉,故在一般情况下由一端向另一端连续进行,这样做还可减少桩架的迁移工作量,加快沉桩速度。当桩基平面较大时,桩数较多或桩距较小时,则由中间向两端或四周沉入,以减少后续桩沉入的困难,并减小土体被挤紧或上拱的现象。先沉深的后沉浅的桩,能防止后沉桩极限承载力的降低,否则需要对先沉桩进行复打。在斜坡地带,先沉坡顶后沉坡脚的桩,能使坡顶先沉入的桩在土中起加固作用,以减小土的侧向总压力。

10.5.3 桩的连接应符合设计要求,并应符合下列规定:

1 在同一墩、台的桩基中,同一水平面内的桩接头数不得超过基桩总数的1/4,但采用法兰盘按等强度设计的接头,可不受此限制。

2 接桩时,应保持各节桩的轴线在同一直线上,接好后应进行检查,符合要求方可进行下道工序。

3 接桩可采用焊接或法兰盘连接。当采用焊接连接时,焊接应牢固,位置应准确;采用法兰盘接桩时,法兰盘的结合处应密贴,法兰螺栓应对称逐个拧紧,并加设弹簧垫圈或加焊,锤击时应采取有效措施防止螺栓松动。

4 在宽阔水域沉设的大直径管桩和钢管桩,宜在厂内制作时按设计桩长拼接成整根,不宜在现场连接接长;必须在现场连接时,每根桩的接头数不得超过1个。

10.5.4 锤击沉桩施工应符合下列规定:

1 预制钢筋混凝土桩和预应力混凝土桩在锤击沉桩前,桩身混凝土强度应达到设计要求。

2 桩锤的选择宜根据地质条件、桩身结构强度、单桩承载力、锤的性能并结合试桩情况确定,且宜选用液压锤和柴油锤。其他辅助装备应与所选用的桩锤相匹配。

3 开始沉桩时,宜采用较低落距,且桩锤、送桩与桩宜保持在同一轴线上;在锤击过程中,应采用重锤低击。

4 沉桩过程中,若遇到贯入度剧变,桩身突然发生倾斜、移位或有严重回弹,桩顶出现严重裂缝、破碎,桩身开裂等情况时,应暂停沉桩,查明原因,采取有效措施后方可继续沉桩。

5 锤击沉桩应考虑锤击振动对其他新浇筑混凝土结构物的影响,当结构物混凝土强度未达到5MPa时,距结构物30m范围内,不得进行沉桩;锤击能量超过280kN·m时,应适当加大沉桩处与结构物的距离。

6 锤击沉桩控制,应根据地质情况、设计承载力、锤型、桩型和桩长综合考虑,并应符合下列规定:

1)设计桩尖土层为一般黏性土时,应以高程控制。桩沉入后,桩顶高程的允许偏差为+100mm,0。

2)设计桩尖土层为砾石、密实砂土或风化岩时,应以贯入度控制。当沉桩贯入度已达到控制贯入度,而桩端未达到设计高程时,应继续锤击贯入100mm或锤击30~50击,其平均贯入度应不大于控制贯入度,且桩端距设计高程宜不超过1~3m(硬土层顶面高程相差不大时取小值)。超过上述规定时,应会同监理和设计单位研究处理。

3)设计桩尖土层为硬塑状黏性土或粉细砂时,应以高程控制为主,贯入度作为校核。当桩尖已达到设计高程而贯入度仍较大时,应继续锤击使其贯入度接近控制贯入度,但继续下沉时,应考虑施工水位的影响;当桩尖距离设计高程较大,而贯入度小于控制贯入度时,可按本款第2)项执行。

7 对发生"假极限""吸入""上浮"现象的桩,应进行复打。

6 锤击沉桩(包括振动沉桩)控制贯入度的确定原则,是以试桩求得的控制贯入度为准,因试桩的目的之一是判断桩的承载力。沉桩经过试验,其承载力符合设计要求,则试桩时的最后贯入度,即作为控制贯入度;若试桩承载力比设计承载力相差较大,则需要将修正桩长后的相应贯入度作为控制贯入度。

7 在饱和的细、中、粗砂中连续沉桩时,易使流动的砂紧密挤实于桩的周围,妨碍砂中水分沿桩上升,在桩尖下形成水压很大的"水垫",使桩产生暂时的极大贯入阻力,休息一定时间之后贯入阻力降低,这种现象称为桩的"假极限"。在黏性土中连续沉桩时,由于土的渗透系数小,桩周围水不能渗透扩散而沿桩身向上挤出,形成桩周围的滑润套,使桩周围摩阻力大为减小,但休息一定时间后,桩周围水消失,桩周围摩阻力恢复增大,这种现象称为"吸入"。锤击沉桩发现上述两种情况时,均需进行复打,以确定桩的实际承载力。桩的上浮有两种情况,被锤击的桩上浮和附近的桩上浮,对于前者,如使用桩锤时,可以将桩锤停留在桩头时间长一些;当用柴油锤时,如为空心管桩,桩尖不要封闭,将桩内土排除,可以减少桩的上浮。锤击沉桩发现上述情况时,均需进行复打,以确定桩的实际承载力。

锤击沉桩施工时尚应需注意下列事项:

(1)桩锤的选择原则尚需包括桩形、土的密实程度和施工条件等因素;锤垫、桩垫的弹性和厚度应与锤、桩相匹配,在施工过程中如有损坏须及时修理或更换,避免损坏桩身。

(2)在斜坡上沉桩时,须掌握桩的外移规律,并根据土质、坡度、水深、水流等情况,斜桩尚须考虑自重的影响,结合施工实践经验,可以将桩身向岸移一定距离下桩,使沉桩后桩位符合设计要求。

(3)锤击沉桩须考虑锤击振动和挤土等对岸坡稳定和邻近建筑物位移的影响,可以根据情况采取措施,并对岸坡和邻近建筑物位移和沉降等进行观察,及时记录;如有异常变化,须停止沉桩,并进行研究处理。

10.5.5 振动沉桩施工应符合下列规定:

1 振动沉桩在选锤或换锤时,应验算振动上拔力对桩身结构的影响。振动沉桩机、机座、桩帽应连接牢固,与桩的中心轴线应保持在同一直线上。

2 开始沉桩时,宜利用桩自重下沉或射水下沉,待桩身入土达一定深度确认稳定后,再采用振动下沉。每一根桩的沉桩作业,宜一次完成,不宜中途停顿过久,避免土的阻力恢复,使继续下沉困难。

3 振动沉桩时,应以设计规定的或通过试桩验证的桩尖高程控制为主,以最终贯入度(mm/min)作为校核。当桩尖已达到设计高程,而与最终的贯入度相差较大时,应查明原因,会同监理和设计单位研究处理。

4 在沉桩过程中,如发生类似本规范第10.5.4条第4款中的情况,或振动沉桩机的振幅有异常现象时,应立即暂停沉桩,查明原因,采取有效措施后再恢复施工。

10.5.6 射水沉桩施工应符合下列规定:

1 在砂类土层、碎石类土层中,锤击沉桩困难时,可采用射水锤击沉桩,以射水为主,锤击配合;在黏性土、粉土中采用射水锤击沉桩时,应以锤击为主,射水配合;在湿陷性黄土中采用射水沉桩时,应按设计要求进行。

2 射水锤击沉桩时,应根据土质情况随时调节射水压力,控制沉桩速度。当桩尖接近设计高程时,应停止射水,改用锤击,保证桩的承载力。停止射水的桩尖高程,可根据沉桩试验确定的数据及施工情况决定,当缺乏资料时,距设计高程不得小于2m。

3 钢筋混凝土桩或预应力混凝土桩采用射水配合锤击沉桩时,宜采用较低落距锤击。

4 采用中心射水法沉桩时,应在桩垫和桩帽上留有排水通道;采用侧面射水法沉桩时,射水管应对称设置。

5 采用射水锤击沉桩后,应及时与邻桩或稳定结构夹紧固定,防止桩倾斜位移。

1 在黏性土中采用射水法沉桩,土经射水后破坏严重,即使经过长期恢复,也远不能达到原来的强度。曾经在黏性土中采用射水法沉下的桩周围,钻孔取土样进行试验(经过60~120d恢复期),射水后桩侧土比射水前原状土性质要差很多。因此规定在黏性土中需以锤击为主,只有在锤击困难时,方能酌情射水辅助沉桩。

10.5.7 水上沉桩施工应符合下列规定:

1 水上沉桩应根据地形、水深、风向、水流和船舶性能等具体情况,充分利用有利条件,使沉桩施工能正常进行。沉桩应根据水上施工的特点采取有效措施,保证作业安全。

2 在浅水中沉桩,可采用设置筑岛围堰或固定平台等方法进行施工;在深水或有潮汐影响的水域沉桩,宜采用打桩船施打,在宽阔水域宜采用具有卫星测量定位功能的打桩船;在风浪条件恶劣的深水水域,宜采用自升式平台进行施工。

3 沉桩应设置导向设施,防止桩发生偏移或倾倒。若桩的自由长度较大,应适当增设支点。

4 采用固定平台沉桩施工应符合本规范第10.5.4条、第10.5.5条和第10.5.6条的规定;采用打桩船沉桩可按现行《码头结构施工规范》(JTS 215)的规定执行。

5　已沉好的水中桩，应及时采用钢制杆件夹桩，将相邻桩连成一体加以防护，并应在水面设置标志。严禁在已沉好的桩上系缆。

　　在深水中沉桩，若桩身露出河床面较长，则桩受波浪、水流、漂流物、恒载（指斜桩）和突然的冲击等，均可能导致桩身产生过大的力矩，故需要采用临时支承等方法予以防护，直至桩最后连接到承台等构造物上为止。

10.5.8　钢管桩沉桩施工应符合下列规定：

　　1　钢管桩锤击沉桩时，锤的选择除应符合本规范第10.5.4条的相关规定外，尚应考虑钢管桩桩尖形式的影响因素。沉入封闭式桩尖的钢管桩时，应采取必要措施防止其上浮；在砂土中沉入开口或半封闭桩尖的钢管桩时应防止管涌。

　　2　环境温度在 -10℃ 以下时，应暂停钢管桩锤击沉桩和焊接接桩施工。

　　2　本款的规定是为保证钢管桩的焊接连接质量。

10.5.9　钢管桩在水上接桩时应符合下列规定：

　　1　接桩前应做好充分准备，应避免接桩时间过长。

　　2　沉桩平台或打桩船应保持平稳，上、下节钢管桩应保持在同一轴线上；焊接工作平台应牢固，并应避免受潮水及波浪的影响；对口定位点焊应对称进行。

　　3　沉桩锤击后，如有变形和破损，接桩前应将变形和破损的部分割除，并采用砂轮机磨平。

11 沉井

11.1 一般规定

11.1.1 本章适用于钢筋混凝土沉井和钢沉井的施工，需下沉入土的双壁钢围堰、无底钢套箱围堰可参照执行。

近年来，在长江中下游地区及覆盖层、软弱土层覆盖较厚的地区，随着沉井、埋入地下(河床下)承台基础等构造物的大量应用，沉井基础、施工用的围堰基础也逐渐增多。有关这类型工程的施工，需要遵守本规范的规定。

沉井基础常用于软弱地层，国内从20世纪90年代后期，长江中下游多座特大跨径悬索桥，包括江阴长江大桥、泰州长江大桥、南京长江四桥、马鞍山长江大桥、温州北口大桥等，均采用特大型沉井基础，沉井规模均为世界级，施工效果良好。

11.1.2 沉井施工前，应根据设计文件提供的工程地质和水文地质资料及现场的实际情况决定是否补充地质钻探，并应对洪汛、凌汛、河床冲淤变化、通航及漂流物等进行调查，制订专项施工方案。需要在施工中度汛、度凌的沉井，应制定防护措施，保证安全。对水中特大型沉井的施工，应在施工前进行河床冲淤变化的数学模型分析计算，必要时应进行物理模型的模拟试验。

沉井施工前补充地质钻探，是为了查清下沉沉井时可能遇到诸如大孔隙漏水土层、承压水层、硬质胶结层，或大孤石、树根、铁件等障碍物，以及岩面高差、断层、溶洞等情况，以防施工时临时采取措施进行处理，延误施工工期。此类事例在以往的沉井施工中时有发生，故予以强调。水中特大型沉井的施工，受水流影响很大，在下沉及着床过程中，水流断面受到压缩或阻挡，局部流速增大，河床冲刷和淤积现象较为严重，为保证沉井着床的准确及下沉过程中尽可能减少冲淤的影响，有必要进行一些分析计算和模拟试验，从而保证沉井施工的质量。

11.1.3 沉井下沉前，应对周边的堤防、建筑物和施工设备采取有效的防护措施，并应在下沉过程中对其沉降及位移进行监测。

沉井下沉时，对邻近的土体可能会产生影响，土体影响范围内的堤防、建筑物和施工设备将受到危害，因此需要采取有效的防护措施。一般情况下，不主张采用排水除土下沉的施工方法，因为井外与井内的水位压力差太大时，井外的土、沙容易涌进井内而使附近的地面产生下沉，即使采用不排水除土的下沉方法，亦需要维持沉井内水位不低于沉井外水位，防止井外的土、沙涌进井内而使地面下沉，对沉井附近堤防、建筑物等的沉降和位移进行监测的目的是保证其安全。

11.2 制作

11.2.1 沉井位于浅水或可能被水淹没的岸滩上时，宜就地筑岛制作；位于无水的陆地时，若地基承载力满足设计要求，可就地整平夯实形成平台制作，地基承载力不足时应对地基采取加固措施；在地下水位较低的岸滩，土质较好时，可在开挖后的基坑内制作。制作沉井的岛面、平台面和开挖基坑的坑底高程，应比施工期可能的最高水位(包括波浪影响)高出0.5~0.7m；有流冰时，应再适当加高。

本条是对陆上或浅水区筑岛就地制作下沉沉井适用条件的规定。

11.2.2 在水中筑岛除应符合本规范第13章的有关规定外,尚应符合下列规定:

1 筑岛的尺寸应满足沉井制作及抽垫等施工的要求,对无围堰的筑岛,应在沉井周围设置不小于1.5m宽的护道;有围堰的筑岛,其护道宽度可按式(11.2.2)计算。当实际采用的护道宽度 b 小于按式(11.2.2)计算的值时,应考虑沉井重力等对围堰所产生的侧压力的影响。

$$b \geq H\tan\left(45° - \frac{\varphi}{2}\right) \tag{11.2.2}$$

式中: b——护道宽度(m);

H——筑岛顶面至围堰底的高度(m);

φ——筑岛土饱和水时的内摩擦角(°)。

2 筑岛材料应采用透水性好、易于压实的砂性土或碎石土等,且不应含有影响岛体受力及抽垫下沉的块体。在斜坡上筑岛时应进行设计计算,并应有抗滑措施;在淤泥等软土上筑岛时,应将软土挖除,换填或采取其他加固措施。

3 岛面及地基承载力应满足设计要求;无围堰筑岛的临水面坡度宜为1:1.75~1:3。在施工期内,应采取必要的防护措施保证岛体的稳定,坡面、坡脚不应被水冲刷损坏。

1 无围堰筑岛是指带边坡的土岛;有围堰筑岛是指在设有钢板桩、钢筋混凝土板桩等防护围堰内的筑岛。有围堰筑岛的护道宽度比无围堰的护道宽度规定为小,这是考虑有围堰时其边缘比无围堰边缘坚固的原因。

2 在斜坡上筑岛时,因新筑土体易沿斜坡下滑,使筑成的岛不稳定,因此须进行设计及采取抗滑措施,如将斜坡表面开挖成台阶状等。

11.2.3 在支垫上立模制作钢筋混凝土沉井底节时,应符合下列规定:

1 支垫的布置应满足设计要求并应使抽垫方便。支垫顶面应与钢刃脚底面紧贴,应使沉井重力均匀分布于各支垫上。模板及支撑应具有足够的强度和刚度。内隔墙与井壁连接处的支垫应连成整体,底模应支承于支垫上,并应防止不均匀沉陷;外模应平直且光滑。

2 沉井的混凝土强度满足抽垫后受力的要求时方可将支垫抽除。支垫应分区、依次、对称、同步地向沉井外抽出,并应随抽随用砂土回填捣实;抽垫时应防止沉井偏斜。定位支点处的支垫,应按设计要求的顺序尽快抽出。

1 沉井下设支垫是为了将沉井荷载均匀分布在垫层上,并便于均衡下沉沉井。调整支垫顶面高程时,不能在其下垫塞木片、石块等,以防止受力不均现象。支垫要便于抽除,铺设方向须与刃脚垂直。

要求支垫连续通过隔墙与井壁连接处,是为了防止浇筑混凝土时,引起岛面不均匀沉降,使井壁与隔墙连接处发生开裂。若支垫不够长时,其搭接缝须交错分设在连接处两侧一定距离处,使隔墙与井壁下的支垫具有一定的整体性。

2 抽垫顺序一般是先抽除隔墙下的支垫,然后分区、依次、对称、同步地向沉井壁外抽出刃脚下的支垫。在抽出一批支垫的同时,须立即在刃脚和隔墙下回填适当高度的砂土(或砂砾),使沉井压力从支垫上逐步转移到砂土上,防止压力集中在后抽的支垫上,而使沉井倾斜。支垫下土体承受的压力以不超过岛面土层的极限承压应力为准,回填土不要从沉井内或筑岛土中挖取,以防沉井倾斜。

底节沉井支点处的支垫与垫层间的压应力较大,故需要按设计要求的顺序,最后尽快地抽出。

11.2.4 沉井的分节制作高度,应能保证其稳定,且有适当重力便于顺利下沉。底节沉井的最小高度,应能抵抗拆除支垫后的竖向挠曲,土质条件许可时,可适当增加高度。混凝土浇筑前应检查沉井纵、横向中轴线位置是否符合设计要求。

沉井分节太高,不仅施工不便,且易失稳;太低则重力小,下沉慢,且又增加接高次数,影响施工进度。特别对于底节沉井的高度更需注意,若太低,在抽除支垫或下沉沉井时,沉井部分被搁支,部分悬空,可能会使沉井开裂,故底节沉井的高度需要满足在最不利的刃脚支承条件下,能有足够的竖向抗挠强度。一般情况下,在稳定条件许可时,沉井分节制作高度需要尽可能高一些,通常为3~5m;对位于松软地基上的底节沉井,其高度通常不超过0.8倍沉井宽度。

陆地上的沉井基础首次下沉前,需要根据沉井接高的高度,对地基承载力进行计算,原状土地基承载力不够时,则要对地基采取加固措施,常用的加固方法有砂桩、换填法等。

沉井的分节或分次接高的高度,需以施工组织、结构受力、操作方便程度等多方面的因素综合考虑,不合理的分节高度将会严重影响施工的效率和效益。

11.2.5 钢沉井的制作除应符合本规范第8章的要求外,尚应符合下列规定:

1 钢沉井宜在工厂内加工,并应根据设计文件编制制造工艺,绘制加工图和拼装图。
2 钢沉井的分段、分块吊装单元应在胎架上组装、施焊。
3 首节钢沉井应在坚固的台座上或支垫上进行整体拼装,台座表面的高度误差应小于4mm,并应有足够的承载能力,在拼装过程中不得发生不均匀沉降。

本条内容是针对钢沉井的加工、焊接等制作工艺提出的要求。

11.2.6 位于深水中的沉井,宜采用浮式沉井。浮式沉井的制作应根据沉井规模、河岸地形、设备条件等,进行技术经济比较,确定制作场地及下水方案。在浮船上或支架平台上制作沉井时,浮船、支架平台的承载力应满足制作的要求。

11.3 浮运、定位与着床

11.3.1 沉井在浮运前应进行下列准备工作:

1 应制订专项施工方案,并应对沉井的定位系统以及浮运、就位的稳定性进行验算;当沉井的实际重力与设计重力不符时,应对其重新进行验算。各类浮式沉井在下水、浮运前,均应进行水密性检查,对底节尚应根据其工作压力进行水压试验,合格后方可下水。
2 应根据浮运沉井的具体情况确定相应的浮运设备,浮运前应对拖运、定位、导向、锚碇、潜水、起吊及排、灌水等相关设备设施进行检查。
3 应掌握水文、气象和航运等情况,并应与海事或航道管理部门取得联系、配合,必要时宜在浮运及定位施工过程中进行航道管制。

1 浮式沉井在浮运、就位、下沉和着床时,受到风力或其他外力因素的影响,易倾斜而丧失稳定,故需要对其稳定性进行验算。沉井浮运时的受力情况如图11-1所示。图11-1a)中沉井重心G在浮心B之上,且G与B处于平衡位置(浮力作用总是通过浮心B),在此种情况下,风浪作用时所产生的力偶易使沉井倾覆;图11-1b)中沉井重心G在浮心B之下,风浪作用时沉井发生倾斜,沉井重力W通过G点作用,总浮力F_w通过瞬时新浮心B'作用,则产生一扶正力矩$M=We$,使稳定沉井。

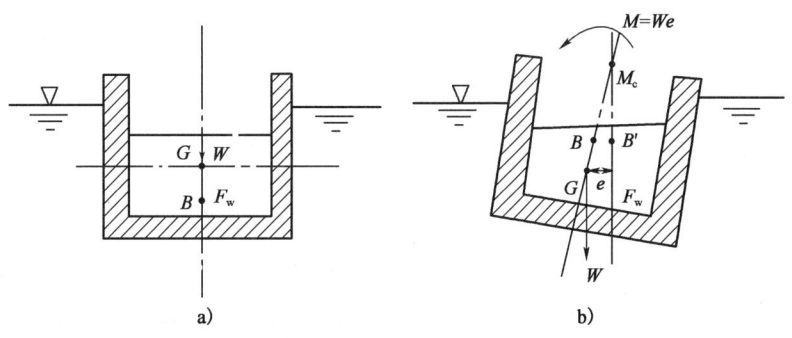

图11-1 浮式沉井浮运时的受力情况

沉井重心 G 可以由沉井的全部构件对沉井顶或底力矩之和求得;沉井浮心 B 可以由沉井外侧的水面到被浸没面积中心的垂直距离求得;沉井的定倾中心 M_c 是通过瞬时的新浮心位置 B' 作用的总浮力和沉井的原始中线相交点求得;定倾中心至重心的距离 M_cG 可以按式(11-1)和式(11-2)求得:

$$M_cB = \frac{I}{V_s} \quad (11\text{-}1)$$

式中:M_cB——沉井定倾中心至浮心的距离(m);
　　　I——沉井平面面积对旋转轴的惯性矩(m^4);
　　　V_s——沉井沉没部分的体积(m^3)。

$$M_cG = M_cB \pm GB \quad (11\text{-}2)$$

式中:GB——沉井重心至浮心的距离(m)。如果 G 在 B 以上,则用"-"号;G 在 B 以下,则用"+"号。

当 M_c 在 G 以上时,沉井是稳定的;当 M_c 在 G 以下时,沉井是不稳定的。

沉井底节在入水前需按其工作压力进行水压试验,以防止底节入水下沉时产生渗水现象。其他节段需灌水下沉各节,因不便做水压试验,故规定仅做水密性试验。

11.3.2 浮式沉井的底节可采用滑道、气囊、干坞或直接起吊等方法下水。入水后,对其悬浮接高时的初步定位位置,应根据下水方法、沉井的结构形式、环境条件等情况综合分析确定。

浮式沉井的底节入水后,对其悬浮接高时的初步定位位置的确定,还要考虑底节沉井的高度、大小、形状与水深、流速、河床土质以及沉井接高和下沉过程中墩位处河床受冲淤等的影响。浮式沉井在悬浮状态下接高时,需要注意下列事项:

(1)沉井底节下水后接高前,需按设计要求向沉井内灌水或从气筒内排气,使沉井入水深度增加到沉井接高所要求的深度;在接高过程中,要同时向沉井外排水或向气筒内补气,保持沉井的入水深度不变。

(2)在灌水或排气过程中,须检查并调整固定沉井位置的锚碇系统。

(3)在灌水、排气或排水、补气及接高过程中,加载须均匀对称地进行。

(4)带临时性井底的浮式沉井和空腔井壁沉井,须严格控制各灌水隔舱间的水头差不超过设计规定。

11.3.3 沉井的浮运、定位应符合下列规定:

1 沉井的浮运宜在气象和水文条件有利于施工时,以拖轮拖运或绞车牵引进行。对水深和流速大的河流,可在沉井两侧设置导向船增加其稳定性。在浮运、定位的任何时间内,沉井露出水面的高度应不小于1.5m。

2 定位前应对所有缆绳、锚链、锚碇和导向设备进行检查调整,使定位工作能顺利进行,并应考虑水位涨落时对锚碇的影响。布置锚碇体系时,应使锚绳受力均匀,并应采取适当措施避免导向船和沉井产生过大摆动或折断锚绳。

1 沉井采用高水位浮运时,要增加悬浮状态下接高沉井的工作量,或增加沉井底节的高度,因此沉井的浮运和就位要尽可能安排在气象和水文条件有利于施工,且能保证浮运工作顺利完成的低水位或水流平稳时进行。

沉井的浮运和就位尚需注意下列事项:

(1)钢筋混凝土沉井的浮运、定位须在其混凝土达到设计要求的强度后方可进行。

(2)沉井的浮运一般在白昼无风或小风时,以拖轮拖运或绞车牵引进行。对水深和流速大的河流,可以在沉井两侧设置导向船增加其稳定性,下沉前须将沉井初步锚定于墩位的上游处。

(3)准确定位后,须向井孔内或在井壁腔格内迅速、对称、均衡地灌水,使沉井落至河床。在水中拆除底板时,要注意防止沉井偏斜。薄壁空腔沉井着床后,可以对称、均衡地灌水、灌筑混凝土或加压下沉。

11 沉井

11.3.4 浮式沉井在水中着床时,除应充分考虑风力、浮力、水流压力、波浪力、冰压力等对沉井的作用外,尚应符合下列规定:

1 沉井准确定位并接高后,应向井壁腔格内对称、均衡地灌水,使沉井迅速落至河(海)床着床。

2 应随时监测由于沉井水中下沉的阻力和压缩流水断面后引起流速增大而造成的河(海)床局部冲刷及因冲淤引起的河(海)床高差,必要时可在沉井位置处采用卵、碎石垫填整平,增加沉井着床后的稳定;或在着床后利用沉井外弃土进行调整,但弃土应避免对沉井形成偏压。

11.4 下沉与接高

11.4.1 应根据水文、地质情况和沉井的结构特点确定其下沉的施工方法,并应按下沉的不同工况进行必要的验算。沉井的下沉应符合下列规定:

1 宜采用不排水的方式除土下沉;在稳定的土层中,可采用排水方式除土下沉,但应有安全措施,防止发生事故。

2 下沉过程中,宜对下沉的状况进行信息化管理,应随时掌握土层情况,进行下沉的监测和控制,及时分析和检验土的阻力与沉井重力的关系,采取最有利的下沉措施。下沉困难时,可采用空气幕、泥浆润滑套、井外高压射水、压重或接高沉井等方法助沉。

3 正常下沉时,应自井孔中间向刃脚处均匀对称除土。采取排水除土下沉的底节沉井,对设计支承位置处的土,应在分层除土中最后同时挖除;由数个井室组成的沉井,应控制各井室之间除土面的高差,使下沉不发生倾斜,并应避免内隔墙底部在下沉时受到下面土层的顶托。采用吸泥吹砂等方法下沉时,必须备有向井内补水的设施,应保持井内外的水位平衡或井内水位略高于井外水位;吸泥吹砂在井内应均匀进行,应防止局部吸吹过深导致沉井的偏斜。

4 下沉时应随时进行纠偏,保持竖直下沉,每下沉1m至少应检查一次;当沉井出现倾斜时,应及时校正。下沉至设计高程以上2m左右时,应适当放慢下沉速度并控制井内的除土量和除土位置,使沉井能平稳下沉,准确到位。

5 特大型沉井在下沉时,宜对沉井井壁的中心点进行高程监测。

1 沉井不排水进行挖基,是沉井下沉的基本方法,故条文推荐优先采用。在稳定的土层中也可以采用排水人工开挖下沉沉井的方法,但首先要确定是在稳定的土层中,而且需采取必要的安全措施方能实施。还有一种"降排水下沉"的方法,即先采用井点降水法降低井内的水位,井内干开挖到一定高程后,再在井内水中开挖下沉,当采用这种方法时,同样需要采取保证施工安全的措施。采用排水人工开挖时,若抽水机需放在井内抽水时,须采用电动水泵,不能采用内燃机水泵,以免废气排入井内,危害人身健康;沉井较深时,还需设置通风设备。

下沉沉井时,一般不要使用爆破方法助沉,只有在特殊情况下,如遇大漂石、硬层(包括风化石)等,用一般方法无法清除或清除困难,或当刃脚下土已掏空,采取其他措施不能克服井壁土的摩阻力时,不得已方采用爆破方法。

附1:陆地上的沉井首次下沉前的地基加固计算

沉井在下沉过程中,地基为整体剪切破坏,此时的地基承载力为地基的极限承载力P_u。对于地基极限承载力的取值P_u主要依据两点:①根据现有地质资料采用太沙基公式对地基极限承载力进行计算;②依据以往的施工经验,选取地基容许承载力的2~3倍作为地基的极限承载力。

1. 采用太沙基公式的计算

已知沉井的井壁和隔墙厚度、隔墙之间的最小间距、井壁的长宽比,故沉井下沉过程中采用太沙基公式按条形基础进行地基极限承载力的计算:

$$P_u = C \times N_c + q \times N_q + 0.5 \times \gamma \times b \times N_\gamma \qquad (11\text{-}3)$$

式中：C——快剪试验中测得土体黏聚力，当地基属于软弱土层时，采用 $C' = \dfrac{2}{3}C$ 代替 C；

N_c、N_q、N_γ——无量纲承载力系数，仅与土的内摩擦角 φ 有关系，可查施工手册获得，当地基属于软弱土层时，采用内摩擦角 $\varphi' = \arctan\left(\dfrac{2}{3}\tan\varphi\right)$ 代替 φ，并根据从图中查得的 N'_c、N'_q、N'_γ，代替 N_c、N_q、N_γ；

q——回填土对地基产生的附加荷载；

γ——土体重度，采用不排水下沉时，采取其浮重度代替；

b——沉井刃脚支撑面宽度，按 1m 进行计算。

2. 经验值的选取

根据施工经验，地基的极限承载力一般为地基容许承载力的 2~3 倍。

根据以上两种方法，分别对地基极限进行计算，计算结果汇总后，一般表层土的地基极限承载力介于 2 倍的地基容许承载力和 3 倍的地基容许承载力之间。因此，可以太沙基公式计算的为准，为地基加固所需的强度得出依据。

沉井下沉时的助沉措施多种多样，但不论采取何种措施，其原理都是减少侧摩阻力、增大下沉重力。

沉井在下沉时的助沉措施主要有：高压射水、井内抽水、压重、炮振、空气幕和泥浆润滑套等，施工中需要根据其特点和不同的条件选择采用。

(1)高压射水：开动射水设备时，不能进行除土或其他起吊作业。射水水压需根据地层土的情况、沉井入土深度等因素确定，可以取 1~2.5MPa。

(2)抽水助沉：对于易引起翻砂、涌水的地层，一般不采用抽水助沉的方法。

(3)压重助沉：沉井圬工尚未接筑完毕时，可以利用接筑圬工压重助沉，也可以在井壁顶部用钢铁块件或其他重物压重助沉。除为纠正沉井偏斜外，压重须均匀对称旋转。采用压重助沉时，需结合具体情况及实际效果选用。

(4)空气幕法是通过沉井井壁内预埋管路上的喷气孔向壁外喷射压缩空气，使井壁外的土液化以降低井壁与土层的摩阻力，使沉井加速下沉，特别对水深流急或下沉深度较深的沉井，更为适用。空气幕助沉适用于砂类土、粉质土及黏性土地层，不适用于卵石土、砾石土、硬黏土及风化岩等地层。

(5)泥浆润滑套助沉是在沉井外壁与土层之间设置泥浆隔离层，以减少井壁与土之间的摩阻力。泥浆润滑套助沉法不适用于空隙大、易翻砂坍塌的土层。

泥浆的原料主要是膨润土和水，两者占泥浆成分的 95% 以上。为了使泥浆的性能达到各种指标值，可以采用化学药剂处理，一般使用的处理剂有碳酸钠、苛性钠、煤减剂、塑化剂等。泥浆固壁性能是指泥浆由于液柱压力支承土壁及泥皮的护壁作用，使土壁不致坍塌的性能；泥浆触变性是指泥浆在静止时形成蜂窝形的具有一定机械强度网状结构的胶凝体，搅动时又能流动的性能。泥浆的胶凝与胶溶（流动）的反应是全部可逆的，即它的网状结构强度经搅动破坏后可以在静止时恢复。泥浆的胶体率是指泥浆不会产生聚沉离析，不致失水过多或为地下水所稀释的性能。对泥浆的配合比和性能指标，当缺少经验数据时，可以参照下列数据选用：

——一般采用的泥浆配合比（质量比）：膨润土 23%~30%；水 70%~77%；另加化学处理剂碳酸钠（Na_2CO_3）0.4%~0.6%（按泥浆总质量计）。

泥浆性能指标：相对密度 1.1~1.3；黏度 >110s；失水量 <8mL；泥皮厚度 <3mm；静切力 >110MPa；胶体率为 110%；含砂量 <4%；pH 值（泥浆液氢离子浓度）为 6~8。

均匀抽垫、均匀取土是沉井下沉施工的基本原则，要做到同步、对称、均匀，防止沉井出现位移或者偏斜、扭转，特别是沉井刚开始下沉时，土体的导向作用尚未形成，容易出现各种不良现象。对沉井外的弃土地点应合理安排，避免对沉井形成偏压。

需采取措施使沉井尽快下沉,并要加强对沉井平面位置及偏斜的检查,发现问题时须立即采取措施予以调整。在水中下沉时,须注意河床因冲淤引起的土面高差,必要时可以利用沉井外弃土来调整。

水中特大沉井的施工,受水流影响很大,在下沉及着床过程中,水流断面受到压缩或阻挡,局部流速增大,河床冲刷现象较为严重,为确保沉井着床的准确及下沉过程中尽可能减少冲刷影响,需事先进行数学模型或水工模型分析计算,必要时做模拟试验,从而保证沉井施工的质量。

附2:沉井下沉系数的计算

首先需确定沉井所在位置的地质和水文情况,再按设计图纸,求出每节沉井的重量、体积等参数进行列表。

计算下沉系数时一般取4种工况:
(1)全截面支承,即刃脚及隔墙踏面共同受力。
(2)全刃脚支承,即刃脚全部入土,隔墙踏面不受力。
(3)半刃脚支承,刃脚埋入土中一半,隔墙踏面不受力。
(4)沉井接高,即在沉井下沉到预定位置后,对全截面支撑条件下的沉井接高稳定性系数进行计算。

根据不同的工况,对沉井的下沉系数进行计算,所采用的计算公式如下:

$$K = \frac{G + G' - F}{R_1 + R_2} \tag{11-4}$$

式中:G——已浇筑沉井的总自重;

G'——施工荷载,按$0.2 t/m^2$进行计算;

F——水的浮力;

R_1——刃脚及隔墙底面的正面反力,$R_1 = S \times P_u$,S为与地面接触的沉井投影面积,P_u为地基的极限承载力;

R_2——沉井的侧壁外摩阻力,$R_2 = \sum \tau_i \times A_i$,$\tau_i$为地基的极限摩阻力,$A_i$为沉井进入土体的侧壁外接触面积。

沉井下沉所需的起动下沉系数K一般为$1.05 \sim 1.25$。计算中仍按沉井下沉到位时在全截面支承时下沉系数$K<1$,在半刃脚支承时下沉系数K大于起动下沉系数进行控制计算。

附3:水中沉井首节高度的确定

由于沉井基础处的河床表面存在着自然河床坡,所以沉井在首次着床前须利用仪器扫描河床面平整度并疏浚整平,以保证钢壳沉井首次着床时其全部刃脚截面均能受力。水中沉井首节高度计算见表11-1。

表11-1 水中沉井首节高度计算表

计算条件	参数取值	备注
最高施工水位(m)	H_1	20年一遇最高设计通航水位
河床高程(m)	H_2	
冲刷深度(m)	H_3	着床时对河床进行防冲刷处理
入土稳定深度(m)	H_4	不小于$h = 2.4H/a$
浪高(m)	H_5	
高出水面工作高度(m)	H_6	
第二节钢沉井接高后下沉量	H_7	
合计	首节高度H确定为$(H_2 - H_1) + H_3 + H_4 + H_5 + H_6 + H_7$	

11.4.2 沉井的接高应符合下列规定：

1 接高前应将沉井的倾斜纠正到允许偏差范围内，接高各节的竖向中轴线应与前一节的中轴线相重合。

2 水中沉井着床前的接高应均匀、对称地进行，并应采取措施防止沉井在悬浮状态接高过程中发生倾斜。

3 对水中沉井着床后的接高，应结合沉井下沉所需要的重力确定接高的适宜高度，并不得提前将刃脚下部的土层掏空。

4 陆上沉井在地面上接高时，井顶露出地面应不小于0.5m；水中沉井在水上接高时，井顶露出水面应不小于1.5m。

1 沉井接高时，每一节在接高后均需经过检验并符合规定，如果检验不合格而通过下一节接高时进行纠正，容易导致沉井错台、出现折线等现象。

11.4.3 沉井下沉到倾斜岩层上时，沉井刃脚的2/3以上宜嵌搁在岩层上，嵌入深度最小处宜不小于0.25m，其余未到岩层的刃脚部分，可采用袋装混凝土等填塞缺口。对刃脚以内井底岩层的倾斜面，应凿成台阶或榫槽后再清渣封底。当必须采用爆破方法清除岩层时，爆破作业应符合现行《爆破安全规程》(GB 6722)的规定。

沉井下沉遇到倾斜岩层时，为了防止沉井滑移，要将层面尽量整平。但实际上要全部整平岩层是很难办到的，所以对于刃脚部分至少需要使刃脚周长2/3以上搁在岩层上，且嵌入岩层深度不要小于0.25m，目的是为防止沉井产生滑移。刃脚以内井底岩层须凿成台阶或榫槽；对于刃脚搁空部分，可以人工(潜水工)袋装混凝土等物填塞缺口，以防清底后在缺口处渗入砂土等，对于表面松软或风化的岩层需凿除(若风化岩层较厚和设计不要求凿除的除外)。

11.5 基底检验与沉井封底

11.5.1 沉井下沉至设计高程后，应检验基底的地质情况是否与设计相符。不排水下沉的沉井基底面应整平，基底为岩层时，岩面残留物应清除干净，清理后的有效面积不得小于设计要求，岩面倾斜时的处理应符合本规范第11.4.3条的规定；排水下沉沉井的基底处理应符合本规范第13章的有关规定。井壁隔墙及刃脚与封底混凝土接触面处的泥污亦应清除干净。对下沉至设计高程后的沉井尚应进行沉降观测，沉降稳定且满足设计要求后方可封底。

沉井基底的处理，对于非岩石地基须处理平整；对于岩石地基若全部整平有困难时，可以整理成台阶状。为了保证封底混凝土的浇筑质量和基底承载力不小于设计的要求，要尽量清除基底面的陡坎、浮泥或岩面残留物等，使清除后基底的有效面积(即沉井底面积扣除在刃脚下一定宽度不可能完全清除干净的面积)不小于设计要求。

基底检验，特别对于水下沉井，可以采用先进的无人设备，包括水下摄像机、水下机器人等电子设备，通过几座大桥上的应用来看，实际投入并不高，但却能取得非常直观的效果，相对于传统的潜水员去摸排的方法，更准确、全面、安全。

11.5.2 沉井基底检验合格及沉降稳定后，应及时封底。不排水下沉的沉井应采用水下混凝土进行封底；对排水下沉的沉井，基底渗水的上升速度不大于6mm/min时，可按本规范第6章普通混凝土的浇筑方法进行封底，但应设置引流排水设施，及时排除明水，且应采取可靠措施使混凝土强度在达到5MPa前不受到压力水的作用；渗水上升速度大于上述规定时，宜采用水下混凝土进行封底。沉井的封底设计为水下压浆混凝土时，应按设计要求施工。

本条规定沉井封底时若渗水量上升速度不大于6mm/min，可按一般无水浇筑混凝土的方法进行封底,这是因为渗水量不大,浇筑混凝土的上升速度可以堵住渗水上升的水头压力;否则需采用灌注水下混凝土的方法进行封底。

11.5.3 沉井的水下混凝土封底宜全断面一次连续灌注完成;对特大型沉井,可划分区域进行封底,但任一区域的封底工作应一次连续灌注完成。

一般情况下,沉井底部持力岩层的强度越高,封底混凝土的强度相对也要予以提高,但最低不要低于C25。

在确定沉井封底混凝土的厚度时,需根据沉井是空心的还是实心的而定。空心沉井是在井孔内用砂等填充料填满,或不填填充料,其封底厚度按沉井基础全部荷载所产生的基底反力计算确定,井孔内填砂时要扣除其重力;实心沉井是在井孔内浇筑混凝土(或片石混凝土),其封底厚度按基础设计的最大基底反力,并计入井孔内填充物的重力计算确定。封底后在施工抽水时,封底混凝土承受基底水和土的向上反力,此时混凝土因龄期不足,要考虑其强度的降低。由计算所确定的封底厚度,除需满足其顶面高出刃脚根部至少0.5m外,一般不要小于1.5倍井孔直径或短边边长。

沉井封底的工艺要求需要注意下列事项:

根据设计要求,沉井下沉至设计高程后,须检验基底高程及地质情况,待12h沉降量小于11mm时,经监理工程师批准后,方能进行封底前的准备。

为保证封底混凝土的施工质量,沉井的封底施工要全断面一次完成,大型沉井封底则可以分区进行,以沉井内分区隔墙为分隔,各个区域须对称进行灌注。

水下混凝土封底前,须在监理工程师在场时对导管逐根进行水密性和压力试验,试验合格的导管方能用于施工;对于分区隔墙刃脚可以采用回填砂封堵,分区隔墙须埋住刃脚至少1m,防止封底时混凝土串通至相邻分区。

混凝土的封底施工须在静水条件下进行水下混凝土灌注,灌注前要取得监理工程师的同意。

每次同一分区的所有隔仓须同时进行封底施工,并要避免因不对称、未分格施工造成沉井不均匀下沉而引起倾斜;分区封底时,不能竖向分层,均要一次灌注完成。

在封底混凝土灌注过程中,为准确掌握混凝土顶面高程及流动范围,施工前在导管下方及周围需布设多个测点,对水下混凝土灌注的高度、扩展度等进行及时测量。

封底施工完成后,所有分区内的混凝土强度达到设计强度的85%后,即可开始抽水试验。

11.5.4 采用刚性导管法进行水下混凝土封底时,应符合下列规定:

1 封底混凝土的原材料、配合比等可按钻孔灌注桩水下混凝土的相关规定执行。每根导管开始灌注时所用的混凝土坍落度宜采用下限,首批混凝土需要数量应通过计算确定。

2 灌注封底水下混凝土时,需要的导管间隔及根数,应根据导管作用半径及封底面积确定。采用多根导管灌注时,其灌注的顺序应进行专门设计,并应采取有效措施防止发生混凝土夹层;若同时灌注,当基底不平时,应逐步使混凝土保持大致相同的高程。

3 在灌注过程中,导管应随混凝土面升高而逐步提升,导管的埋深宜与导管内混凝土下落深度相适应,且宜不小于表11.5.4-1的规定;采用多根导管灌注时,导管的埋深宜不小于表11.5.4-2的规定。同时应根据混凝土的堆高和扩展情况,调整坍落度和导管埋深,使每盘混凝土灌注后形成适宜的堆高和不陡于1:5的流动坡度。抽拔导管时应防止导管进水。

4 水下混凝土面的最终灌注高度,应比设计值高出150mm以上。

表11.5.4-1 不同灌注深度导管的最小埋深

灌注深度(m)	≤10	11~15	16~20	>20
导管最小埋深(m)	0.6~0.8	1.1	1.3	1.5

表11.5.4-2 导管不同间距的最小埋深

导管间距(m)	≤5	6	7	8
导管最小埋深(m)	0.6~0.9	0.9~1.2	1.2~1.4	1.3~1.6

1 要求每根导管开始灌注混凝土时采用较小的坍落度,是因为沉井底面积大,若坍落度大,则落下的混凝土流动范围大,不能使水下混凝土面形成一定的坡率,甚至埋不住管底口,难以保证水下混凝土的质量。

3 要求导管的最小埋入深度与灌注深度相适应,是因为若灌注深度大,而导管埋入深度过浅,则后灌注的混凝土将冲破先灌注的混凝土而与水接触,产生夹层,导致质量事故,故规定如表11.5.4-1。导管埋深还需要与两根导管的间距相适应,若导管间距过远,而导管埋入过浅,则由于混凝土表面的流动坡度为1/6~1/4,两根导管间会流布不到或混凝土厚度不够,故规定如表11.5.4-2。施工时需要根据具体情况,对导管的埋入深度采用两表的最大值;但导管埋深也不要过大,过大时,混凝土流布速度降低,延长灌注时间,甚至使超压力过小,混凝土从导管中流不出来(参见本规范第9.2.11条的说明)。

附:沉井封底每根导管首批混凝土方量计算

首批灌注混凝土的数量应能满足导管首次埋置深度和填充导管底部的需要,所需灌注量按下式计算:

$$V = \frac{\pi R^2}{3}h + \frac{\pi d^2}{4}h_1 \tag{11-5}$$

式中:V——灌筑首批混凝土所需的数量(m^3);

R——圆锥体坡率为i的扩散半径,从管中心一般为2.5~4.0m;

i——圆锥体坡率,一般不陡于1:5;

h——导管混凝土埋置深度不小于1.6m;

h_1——桩孔内混凝土达到埋置深度时,导管内混凝土柱平衡导管外压力所需要的高度(m)。

$$h_1 = H_w \gamma_w / \gamma_c \tag{11-6}$$

式中:H_w——井内水或泥浆深度;

γ_w——井内水或泥浆的重度,取11kN/m^3;

γ_c——混凝土拌合物重度,取24 kN/m^3。

将各参数代入上式,可求得首批混凝土方量V。

11.5.5 封底混凝土在灌注过程中发生事故或对封底施工的质量有疑问时,应对其进行检查鉴定,必要时可钻孔取芯检验。

沉井封底完成后,需进行抽水检验。对比其他规范,常规做法要求在24h内沉井仓内水面上升的高度不超过限值,例如110mm。

11.5.6 封底混凝土应在强度满足设计要求后方可进行井内抽水,进行下一道工序。

11.6 井孔填充与顶板浇筑

11.6.1 井孔填充时,所采用的材料、数量及填充顺序等应符合设计规定。

11.6.2 沉井顶部钢筋混凝土顶板的浇筑施工应符合设计要求及本规范相关章节的规定。

12 地下连续墙

12.1 一般规定

12.1.1 本章适用于用作公路桥梁基础和基坑临时支护结构的现浇混凝土地下连续墙的施工。

现行《公路桥涵地基与基础设计规范》(JTG 3363)已将地下连续墙列入其中,并将其分为两类:一类用作基坑开挖时的临时支护结构;另一类用作桥梁结构的基础,故本章的适用范围包含这两种形式。

地下连续墙适于作为地下挡土墙、挡水围堰、承受竖向和侧向荷载的桥梁基础,以及平面尺寸大、形状较为复杂的地下构筑物等。对施工而言,地下连续墙适用于除溶岩和地下承压水水位很高处的其他各类土层中的施工,在岩溶地区,因有溶洞,挖掘土层时,施工需要的护壁泥浆易从溶洞中流失,使其上面的槽壁坍塌,且处理较困难;地下承压水位很高处的土层多为砂类土,且在承压水的作用下其壁槽极易坍塌,因此,除上述两种地层外,其他各类土层均适用于以护壁泥浆成槽地下连续墙的施工。

地下连续墙正在代替很多传统的施工方法,而被用于基础工程的很多方面,包括临时工程的防渗墙或临时挡土墙,以及用作结构物的一部分或用作主体结构。近年来,更被大范围用于大型的深基坑工程中,目前世界上最大的地下连续墙工程的最大开挖深度已超过100m,最薄的墙体厚度仅为200mm。

12.1.2 地下连续墙工程施工前,应具备水文、地质、区域内障碍物和有关试验等资料,必要时应补充地质勘察,并应制订专项施工方案。

本次修订将原规范的"并应制订专项施工技术方案"修改为"并应制订专项施工方案"。

12.1.3 在堤防等水利、防洪设施及其他既有构筑物周边进行地下连续墙工程施工时,应就施工可能会导致对其不利的影响进行评估,必要时应采取有效措施进行保护。

12.2 施工平台与导墙

12.2.1 施工平台应坚固、平整,适合于重型设备和运输车辆通行,平面尺寸及高度应满足施工需要。

施工平台的"平面尺寸及高度应满足施工需要"系指须满足施工设备作业、运输车辆通行及人员作业和行走的需要。其中施工设备的选择受地层、工期等客观条件的影响,不同的施工设备和工艺对平台平面尺寸特别是宽度的要求差别较大,故对平台宽度无法作出统一的规定,而是要根据施工的需求来确定。

施工平台的高程须能满足施工期内抵御最高水位和施工的需要,并能保证固壁泥浆的静压力,支撑土和地下水的侧压力,以保持槽孔的稳定。

平台的布设需充分考虑后期成槽施工、内部基坑开挖阶段的出渣、泥浆、排水等要求。施工平台一般位于地连墙的导墙外围,考虑到平台的使用贯穿于整个基础施工期间,因此平台的处理需确保其承载力、排水、尺寸等各方面的要求。如有必要,还要对导墙和平台范围的土体进行加固,常用的加固方式有搅拌桩等。

12.2.2 采用泥浆护壁挖槽构成的地下连续墙应先构筑导墙。导墙的材料、平面位置、形式、埋置深度、

墙体厚度、顶面高程应符合设计要求;设计未要求时,应符合下列规定:

1 导墙宜采用钢筋混凝土构筑,混凝土强度等级宜不低于C20。导墙的形式根据土质情况可采用板墙形、匚形或倒L形,墙体的厚度应满足施工需要。

2 导墙的平面轴线应与地下连续墙轴线平行,两导墙的内侧间距宜比地下连续墙墙体的厚度大40~60mm。导墙应每隔1~1.5m距离设置一道支撑。

3 导墙底端埋入土内的深度宜大于1m;基底土层应夯实,地基土较松散或较软弱时,构筑导墙前应采取加固措施;导墙顶端应高出地面,遇地下水位较高时,导墙顶端应高于稳定后的地下水位1.5m以上。

导墙具有施工导向、蓄积泥浆并维持其表面高度、支承挖槽机械设备和其他荷载、维护槽顶表土层的稳定及阻止地面水流入沟槽等功能,因此当采用泥浆护壁挖槽构成地下连续墙时,需要先构筑导墙。

1 板墙形导墙断面最简单,适用于表层土质良好(如紧密的黏质土等)和导墙较矮的情况;匚形导墙使用较多,适用于填土、软黏质土等承载力较弱的土层;倒L形导墙适用于其上竖直荷载很大时,可以根据荷载大小计算确定墙下端伸出部分的长度。

2 导墙内侧间距须比地下连续墙墙体稍宽,是考虑用各种形式的成槽机挖槽时,虽然挖槽机上部一般都设有导向装置,但仍难免有些摆动。为了避免机械摆动时导致槽壁坍塌,导墙内侧间距比地下连续墙墙体厚度需要稍增大些。增大的尺度,通常根据使用的成槽机械的类别而定,机械锥头上部装有导向板的,增大尺度可以小一些,否则要大一些。导墙内部每隔1~1.5m设置一道支撑,可以防止导墙被外侧土压力挤垮。

3 对导墙底部土层的要求是为了防止导墙沉陷和漏失护壁泥浆。基底土为软弱土层或松散砂类土时,一般需要进行地基加固或换土处理,对松散土通常采用振冲碎石桩,对软弱土则采用深层搅拌桩或粉喷桩,其他方法还有水泥灌浆和高压喷射灌浆等,加固深度视地质条件而定。导墙顶面要求高出原地面是为了防止地面污水流入槽坑,破坏泥浆的性能;要求高出地下水位1.5m以上是为了增加泥浆水头,加大槽壁的抗坍塌能力。

12.2.3 导墙的施工及质量要求应符合下列规定:

1 导墙分段施工时,段落的划分应与地下连续墙划分的节段错开。安装预制导墙块时,应按设计要求施工,并应保证连接处的质量,防止渗漏。混凝土导墙在浇筑及养护时,应避免重型机械、车辆在附近作业和行驶。施工过程中,应对导墙的沉降和位移进行监测。

2 导墙平面轴线与地下连续墙平面轴线的偏差应不大于10mm;导墙内墙面应竖直,顶面应水平,墙后应回填并压实;两导墙内墙面间距离的允许偏差为-5mm,+20mm;导墙顶面高程的允许偏差为±10mm。

1 导墙尽管是成槽施工的辅助性工程,但很多工程在设计时均将其列入了设计图纸中,而不仅仅是施工临时结构物,可见其重要程度,因此导墙的施工需要严格按照条文的要求,保证其质量满足检验标准的要求。

2 规定导墙顶面应水平是为防止护壁泥浆从低处流失;导墙内墙要求竖直,一是为挖槽正确导向,二是防止导墙在挖槽施工时倾倒。

12.3 地下连续墙施工

12.3.1 地下连续墙的槽孔施工,应根据水文、地质情况和施工条件选用能满足成槽要求的机具与设备,必要时可选用多种设备组合施工。桩排式地下连续墙的施工可按本规范第9章的相关规定执行;桩排间的土层采用压力注浆法予以加固和防渗透时,其施工可按本规范第13章的相关规定执行。

近年来,越来越多的先进设备应用于地下连续墙施工中,但任何先进设备均有其局限性,同一设备不可能在所有地层中都可以达到高效施工,如先进的液压铣槽机在均质砂层中成槽效率明显高于抓斗,但不能处理地层中的孤石,所以,在地质条件复杂的地层中构筑地下连续墙,有必要选用多种设备组合施工,以发挥各自优势,提高施工效率。目前,可采用的成槽方法主要有钻劈法、钻抓法、抓取法和铣削法等,钻劈法、钻抓法和抓取法是当前地下连续墙成槽施工的常用方法;钻劈法属于传统的成槽施工方法,对地层适应性强,多用于砂卵石或含漂石地层中,但工效较低,其设备是冲击钻机或冲击反循环钻机;钻抓法由钻机和抓斗配合施工,适用于多数复杂地层,总体工效高于钻劈法,钻机可以是冲击钻机、冲击反循环钻机或回旋钻机,抓斗可以是液压抓斗或机械式抓斗;抓取法为纯抓斗施工,目前在国内属于较新的成槽施工工艺,多适用于细颗粒地层,工效高于上述两种方法,但成槽精度相对稍低,施工设备可以是液压抓斗或机械抓斗,机械抓斗配以重凿也可用于复杂地基处理甚至嵌岩作业;铣削法是采用液压铣槽机铣削地层形成槽孔的一种方法,是最新的成槽施工方法,多用于砾石以下细颗粒松散地层和软弱岩层,该法施工效率高、成槽良好,但成本较高。

根据设计的槽段划分,对于异型槽段,比如矩形地下连续墙的四个角的位置、倒"8"字形地连墙的"Y形接头"槽段(南京长江第四大桥采用此种槽段),建议要编制针对性的施工组织设计,保证这些关键性槽段部位的施工质量。

12.3.2 槽壁式地下连续墙的槽孔开挖应符合下列规定:

1 槽孔宜分段施工,开挖前应按已划分的单元槽段,决定各段开挖的先后次序,且相邻槽孔之间应留有足够的安全距离。挖槽施工开始后应连续进行,直到槽段完成。

2 成槽机械开挖一定深度后,应立即输入调制好的泥浆,并宜保持槽内的泥浆面不低于导墙顶面300mm。挖掘的槽壁及接头处保持竖直,其倾斜率应不大于0.5%;接头处相邻两槽段的挖槽中心线在任一深度的偏差值均不得大于墙厚的1/3;槽底高程不得高于墙底的设计高程。

3 挖槽时应加强观测,如遇槽壁发生坍塌或槽孔偏斜超过允许偏差时,应查明原因,采取相应措施后,方可继续施工。槽段开挖达到槽底设计高程后,应对成槽质量进行检验,合格后方可进行下一工序。

4 挖槽施工应做好施工记录,并应妥善处理废弃泥浆及钻渣,防止污染环境。

12.3.3 采用钻劈法施工槽孔时,钻头直径应满足设计墙厚的要求,且开孔钻头的直径应大于终孔钻头的直径。副孔长度应合理选择,且宜在主孔终孔后再劈打副孔。

选择钻头直径时需考虑地层特点,既能满足墙厚的要求,又不加大扩孔系数,以避免造成混凝土严重超方。如两期槽孔同时施工并相距过近,在成槽施工或槽孔浇筑过程中,两槽间的土体可能会坍塌或被混凝土挤穿,造成槽孔连通的事故,因此需要合理选择副孔的长度且宜在主孔终孔后再劈打副孔。

12.3.4 采用钻抓法施工槽孔时,宜先采用钻机钻进主孔,再采用抓斗抓取副孔;采用两钻一抓法时,主孔的中心距宜不大于抓斗的开度。

采用钻抓法施工时,在槽孔的两端需要钻凿主孔,其目的主要是保证墙段连接的质量。槽孔中间则需要根据地层情况决定是否再钻凿主孔,其目的是为抓斗导向,便于切割土体。

12.3.5 采用抓取法和铣削法施工槽孔时,主孔长度宜等于抓斗开度和一次铣削长度,副孔长度宜为主孔长度的1/2~2/3。当采用铣削法进行Ⅱ期槽施工时,宜根据槽孔的深度、斜率要求以及先期地下连续墙混凝土的强度,确定铣削先期墙段的长度和铣削接头的施工时间,且应对先期墙段混凝土铣削后的端部进行清理。施工槽孔时应随时测量接缝处端孔的孔斜率,并进行控制。接缝的位置应准确,并应将其标记在导墙上。

采用抓取法和铣削法施工时,规定"副孔长度宜为主孔长度的1/2~2/3",是为了使抓斗施工副孔时,便于切割土体,并能保证槽孔的连通。

12.3.6 槽孔如需嵌入基岩，宜通过地质补勘在成槽前与设计单位事先确定槽段终孔高程。基岩面的确定应符合下列规定：

1 依照地下连续墙中心线地质剖面图，当孔深接近预计基岩面时，宜留取岩样，并根据岩样的性质确定基岩面。

2 当邻孔基岩面已确定时，亦可对照邻孔基岩面的高程，分析本槽孔的钻进情况，确定基岩面。

3 当采用上述方法难以确定基岩面，或对基岩面有怀疑时，应补充钻孔钻取芯样进行验证和确定。

本次修订增加了"宜通过地质补勘在成槽前与设计单位事先确定槽段终孔高程"的规定。

12.3.7 槽孔的清底工作应在吊放接头装置之前进行。清底工序应包括清除槽底沉淀的泥渣和置换槽中的泥浆。清底应符合下列规定：

1 清底之前应检测槽段的平面位置、横截面和竖面；当槽壁的竖向倾斜、弯曲和宽度超出允许偏差时，应进行修槽工作，使其符合要求。修槽后的槽段接头处应进行清理。

2 清底的方法宜根据槽孔的形状、尺寸、施工环境条件及设备条件等确定，施工可参照本规范第9章的相关规定执行。

3 清理槽底和置换泥浆工作结束1h后，应进行检验，槽底以上200mm处的泥浆相对密度应不大于1.15，槽底沉淀物厚度应符合设计要求。

12.3.8 接头的结构形式应符合设计要求，施工应符合下列规定：

1 对管式接头，当初期的单元槽段开挖完成并清底后，应将钢制接头管竖直吊放入槽内，紧靠单元槽段两端。接头管可分节在管内用销子连接固定；管外应平顺无凸出物，管外径宜比墙厚小50mm。灌注水下混凝土时，应经常转动及小量提升接头管，待混凝土初凝后将接头管拔出，拔管时不得损坏接头处的混凝土。

2 对箱式和隔板式接头，在其吊放的钢筋骨架一端应带堵头钢板，堵头钢板向外伸出的水平钢筋应插入接头箱与槽壁之间的空隙处。灌注水下混凝土时，应使混凝土不流入接头箱管内；混凝土初凝后，应逐步吊出接头箱管，且先灌节段骨架的外伸钢筋应伸入邻段混凝土内。

3 当地下连续墙设计与梁、承台或墩柱连接时，结构接头的施工应在连接处按设计要求埋设连接钢筋，预埋的连接钢筋应与后浇的梁、承台或墩柱上的主钢筋可靠连接。

地下连续墙的接头分为施工接头和结构接头两大类。设置施工接头可以将地下连续墙划分成若干单元节段，分段挖槽、分段灌注水下混凝土，但在接头处需具有整体性，能传递竖向荷载、横向各项压力和防止渗漏；此类接头有多种形式，如设计有规定时，须按照设计施工；设计未规定时，则要按照本条的各款规定执行。

2 本次修订将原规范的"堵头钢板向外伸出的水平钢筋应插入接头箱管中"修改为"堵头钢板向外伸出的水平钢筋应插入接头箱与槽壁之间的空隙处"。

3 结构接头是地下连续墙与梁、承台、墩柱连接时的接头，连接处的钢筋、预埋件等构造和施工要求，须符合设计规定。

12.3.9 地下连续墙钢筋骨架的制作和吊放除应符合本规范第4章的相关规定外，尚应符合下列规定：

1 钢筋骨架应根据设计图和单元槽段的划分长度制作，并宜在胎架上试装配成型；骨架主筋的接长宜采用机械连接，骨架中间应留出上下贯通的导管位置。

2 对钢筋骨架的刚度及吊点位置设置，应在制作前进行必要的验算。

3 吊放钢筋骨架时，应使其中心对准单元槽段中心。钢筋骨架应竖直、不变形并能顺利地下放插入槽内，下放时不得使骨架发生摆动。

4 全部钢筋骨架入槽后，应固定在导墙上，并应使骨架顶端高程符合设计要求。

12 地下连续墙

　　5　当钢筋骨架不能顺利插入槽内时,应将骨架吊起,查明原因并采取措施后,重新放入,不得强行压入槽内。

　　2　因钢筋骨架的刚度及吊点位置的设置对吊装而言很重要,刚度不足或吊点位置不合理均有可能使钢筋骨架产生变形,影响到安装施工。

12.3.10　水下混凝土应采用导管法灌注。单元槽段长度小于或等于4m时,可采用1根导管灌注;单元槽段长度超过4m时,宜采用2根或3根导管同时灌注。采用多根导管灌注时,导管间净距宜不大于3m,导管距节段端部宜不大于1.5m;各导管灌注的混凝土表面高差宜不大于0.3m;导管内径宜不小于200mm。

　　地下连续墙的墙体截面都是窄而长的矩形,而导管灌注的水下混凝土从导管底部流出以后,向周围成圆形状分布。规定"单元槽段长度超过4m时,宜采用2根或3根导管同时灌注",是按灌注半径为2.5m时考虑的。采用多根导管灌注时,导管间的混凝土宁使其重叠,也不要脱节成凹形,故要求"导管间净距宜不大于3m";规定"导管距节段端部宜不大于1.5m",是考虑接头管(箱)拔出来后留下的空隙,需要以混凝土填充。

13 基坑

13.1 一般规定

13.1.1 基坑施工前,应全面了解水文、地质、周边构筑物和地下管线等情况,确定开挖方式,制订专项施工方案。

13.1.2 基坑开挖前应根据水文、地质、开挖方式及施工环境条件等因素,验算基坑边坡的稳定,确定是否对坑壁采取支护措施。当基坑深度较小且坑壁土层稳定时,可直接放坡开挖;坑壁土层不易稳定且有地下水影响,或放坡开挖场地受到限制,或放坡开挖工程量过大时,应按设计要求对坑壁进行支护,设计未要求时,应结合实际情况选择适宜的坑壁支护方案,并应进行支护的专项设计。

基坑开挖时其坑壁是否需要采取支护措施,需要在施工前确定,否则不仅会影响施工的工期,且容易发生坑壁坍塌的安全事故。施工前进行基坑边坡稳定的验算和基坑的支护专项设计,对确定合理的开挖和支护方案、加快施工进度、保证施工安全具有重要作用,尤其是深大基坑的开挖,更需要通过施工前的验算以确定合理的施工方案和施工工艺。

13.1.3 基坑开挖时,应根据其等级和规模,对基坑结构的受力、变形、稳定性、坑外重要构筑物和地下管线的位移变形等进行监测控制,保证施工安全以及周边重要构筑物和地下管线的安全。对危险性较大的基坑,除应按边开挖、边支护的原则进行施工外,尚应建立信息化实时监控系统,指导施工。

不论基坑大小,在施工过程中对其进行监测控制都是有必要的,只不过采用的方法和手段可以视现场的实际情况区别对待。基坑较小时,一般安排有经验的施工人员目测或采用简易的观测手段进行监测;对危险性较大的基坑,则需要建立较完善的实时监控系统对其进行监测和控制,其目的是保证施工安全。

13.1.4 基坑的开挖施工如需爆破,爆破作业的安全管理应符合现行《爆破安全规程》(GB 6722)的规定。

13.1.5 开挖基坑所产生的弃土应进行妥善处置,不得阻塞河道,影响泄洪,污染环境。

13.2 土石围堰

13.2.1 土石围堰工程应符合下列规定:
1 围堰顶面的高程应高出施工期间可能出现的最高水位(包括浪高)0.5~0.7m。
2 围堰的外形和尺寸应考虑河流断面被压缩后流速增大导致水流对围堰本身和河床的集中冲刷,以及对河道泄洪、通航和导流的影响等不利因素。堰内的平面尺寸应满足基础施工作业的需要。
3 围堰的填筑应分层进行,应达到防水严密,减少渗漏,并应满足堰身强度和整体稳定的要求。
1 "施工期间"是指从围堰填筑完成,进行挖基、排水、构筑基础直至墩台身的施工高出施工水位后,可以拆除围堰时为止,在此期间可能出现的最高水位即可作为决定堰顶高程的依据。确定最高水位时,可以依据设计文件中提供的有关水位参数,未提供时,则需要向该河流(海域)桥位附近的水文站索取历年的水位记录、降雨量记录及未来气象中期预报等资料,分析并考虑一定的安全预留量确定,对堰顶可随水位上涨而增高的,其预留量可以小些,否则需要大些。墩台基础的施工要尽量安排在枯水期进行,这样,围堰高度可以降低,断面可以减小,挖基时排水工作量也可以减少。

2 对围堰外形的选择,不仅要考虑条文所述的因素,尚需按围堰的类型和所处位置来选择适当的外形,不同的外形对水流产生的影响是不同的,土石围堰的影响主要有:压缩河床断面、改变水流的方向和增加流速、增加对河床的冲刷、缩小航道宽度等。土石围堰的堰身断面较大,压缩河床断面过多,故填筑时需要满足河道的泄洪等要求。

3 围堰的施工质量关系到围堰堰身的使用和安全,特别是对有水流的高大堰身更需要重视。渗水不仅增加了抽水量,还大大增加了施工难度和施工安全风险,给工程带来不必要的损失,因此围堰的填筑需要严格按要求分层填筑、分层夯实。

13.2.2 土围堰的填筑施工应符合下列规定:
1 水深1.5m以内,流速0.5m/s以内,河床土质渗水性较小且满足泄洪要求时,可筑土围堰。
2 堰顶的宽度宜根据施工需要确定;边坡的坡度应按围堰位置的不同、高度及基坑开挖深度等条件确定。
3 在筑堰之前,应将堰底河床处的树根、石块及其他杂物清除干净。筑堰材料宜采用黏性土或砂夹黏土,填筑应自上游开始至下游合龙,超出水面之后应进行夯实。堰外坡面有受水流冲刷的危险时,应采用合适的材料对其进行防护。

2 土围堰是完全依靠堰体本身的重力获得稳定和强度的,因此在填筑土围堰时,内外均要放坡。
3 因混有树根、石块、杂物的填筑土不易夯压并易形成渗水孔道,故施工前需要将其清除。筑堰土料的采用原则是不渗水、易压实,遇水不致泡软成泥浆,因此纯黏土并非最理想的土料;砂土亦不适宜作为筑堰土料,因为砂性土不仅渗水量大,增加挖基时排水的工作量,而且排水时,因其黏聚力小,堰下砂土极易发生管涌、翻砂,使堰下基底沉陷,毁坏围堰。填筑围堰的程序从上游开始至下游合龙,这样可减小围堰填筑过程中的水流冲刷,易于填筑牢固。

13.2.3 土袋围堰的填筑应符合下列规定:
1 水深在3m以内,流速在1.5m/s以内,河床土质渗水性较小且满足泄洪要求时,可筑土袋围堰。
2 袋内填土宜采用黏性土,装填量宜为60%左右;水流流速较大时,在过水面及迎水面,袋内可装填粗砂或卵石。堆码时土袋的上下层和内外层应相互错缝,搭接长度宜为1/2~1/3,堆码应密实平整。
3 围堰的中心部分可填筑黏土及黏性土芯墙。堰外边坡宜为1:0.5~1:1,堰内边坡宜为1:0.2~1:0.5。

1 采用草袋、麻袋、玻璃纤维袋和无纺塑料袋等装土码叠而成的围堰统称为土袋围堰。对填筑土袋围堰的条件,是考虑到超过条文的规定后,施工难度增大,亦不经济。
2 土袋中以装不渗水的黏性土为宜,且袋口需缝合。土袋装土过少,用袋太多,不经济;装土过多,则堆码不平稳、空隙多、易渗漏,因此,装填量在60%左右时较为适宜。若采用黏土心的土袋围堰时,也可采用砂土装袋;当流速较大时,外围的土袋可装小卵石或粗砂,以免袋内土粒被淘空,而使土袋冲走。

13.2.4 竹笼、木笼、铅丝笼及钢笼围堰的填筑应符合下列规定:
1 水深在4m以内,流速较大,且能满足泄洪要求时,可筑竹笼、木笼或铅丝笼围堰;水深超过4m时可筑钢笼围堰。
2 各种笼体的制作应坚固,并应满足使用要求。围堰的层数宜根据水深、流速、基坑大小及防渗要求等因素确定;宽度宜为水深的1.0~1.5倍。
3 宜在堰底外围堆填土袋,防止堰底渗漏。

2 竹笼、木笼、铅丝笼及钢笼围堰适用于较大水深,钢笼是指采用型钢制作的笼体。随着水深增加,水流冲击增大,竹笼、木笼、铅丝笼及钢笼的高度与宽度相应增加,围堰的侧压力亦增大,故笼体的制作需要坚固。采用钢筋、螺栓、铁丝等钢材予以加固是非常必要的;采用铅丝笼时,也需采用钢筋等加固。

水深在3m以下时,亦可以采用单层竹笼围堰,笼内填筑土夹石防水,并在堰外堆以土袋或填土防渗漏;水深超过3m时,则可以采用双层围堰,在两层之间填土防水,此时围堰较宽,抵抗水流的冲击力亦加强。

13.2.5 膜袋围堰的填筑应符合下列规定:
1 水深在5m以内,流速在3.0m/s以内,且河床较平缓时,可筑膜袋围堰。
2 堰床处理除应符合本规范第12.2.2条第3款的规定外,还应将河床的陡坎整平。
3 膜袋的缝合应牢固严密,袋内可采用砂或水泥固化土材料填充,填充后应采取有效措施减少膜袋内的水分。
4 围堰沉降稳定后方可进行基坑的排水,排水时应控制水位降速。

1 膜袋围堰的应用扩大了围堰的适用性,但在桥梁工程中的应用相对较少,在某些特定的环境条件下,这种围堰的形式有其独特的优势。
3 膜袋围堰亦称为"大型土工织物充填袋围堰",与其他围堰相比,其适用于更大的水深,由于围堰承受较大的水压,因此要求袋的缝合需要牢固严密,并尽可能降低膜袋内充填物中的水分,保证围堰的稳定。
4 围堰沉降稳定后,抵抗外力的能力可以得到提高;同时控制排水时的水位降速,有利于基坑内的安全。

13.3 基坑开挖

13.3.1 基坑边缘的顶面应设置防止地面水流入基坑的设施。

在基坑的顶面设置挡水设施,可以防止地面水集中冲刷基坑的边坡,同时还可以减少基坑内排出的水量。

13.3.2 基坑开挖时,应对基坑边缘顶面的各种荷载进行严格限制,并应在基坑边缘与荷载之间设置护道,基坑深度小于或等于4m时护道的宽度应不小于1m;基坑深度大于4m时护道的宽度应按边坡稳定计算的结果进行适当加宽,水文和地质条件较差时应采取加固措施。

本次修订对护道的设置作了进一步的量化规定,对基坑边缘顶面的各种荷载亦规定应进行严格限制。基坑顶面的荷载是指从基坑中挖出的弃土和各种作业设备,这些荷载离基坑顶面边缘越近,则对基坑边坡稳定性的影响就越大,但排水设备如放置过远,则其排水管道延长过多,将会影响抽水的效率。

13.3.3 基坑的开挖施工应符合下列规定:
1 挖基施工宜安排在枯水或少雨季节进行。基坑的开挖应连续施工,对有支护的基坑应采取防碰撞的措施;基坑附近有其他结构物时,应有可靠的防护措施。
2 在开挖过程中进行排水时,应不对基坑的安全产生影响;确认基坑坑壁稳定的情况下,方可进行基坑内的排水。排水困难时,宜采用水下挖基方法,但应保持基坑中的原有水位高程。
3 采用机械开挖时应避免超挖,宜在挖至基底前预留一定厚度,再由人工开挖至设计高程;如超挖,则应将松动部分清除,并应对基底进行处理。
4 基坑开挖施工完成后不得长时间暴露、被水浸泡或被扰动,应及时检验其尺寸、高程和基底承载力,检验合格后应尽快进行基础工程的施工。

1 在枯水位或少雨季节开挖基坑,地下水位相对较低,且土的含水率较小,可以减少排水量,降低施工难度。无论哪种基坑的开挖,开工后都需要连续不断地快速施工,比较而言,天然地基的挖基和排水对连续快速施工的要求尤为重要,因为基坑排水时如水泵停止工作,水将会渗满基坑,重新排水不仅费工费时,且基坑壁经水浸泡后极易坍塌。为此,就需要在开工前做好准备工作,即安排足量的轮班劳动力、备齐各种建筑材料(水泥、砂、石子)和配全各种机具(水泵、吊机、搅拌机)等,才能做到连续快速施工。

2 随着基坑内水位的降低,坑壁失去了水压的作用,对于不良地质条件的基坑坑壁,有可能失衡引起坑壁坍塌,因此排水前需要确认坑壁及坑壁支护的稳定性。排水困难或可能会发生严重流沙、涌泥现象,且在具有水中挖基机具时,则需放弃排水挖基改用水中挖基的方法。水中挖基达到设计高程后,可以灌注水下混凝土封底,但封底后能否排干水施工墩台基础,还要看封底高程以上基坑壁的土质是否稳定。若是易于翻砂的细砂、粉砂土,则需要采用板桩或套箱围堰等方式进行支护以完成基础的施工。

3 人工开挖仅适宜在无机械设备且基坑较小时采用;对深大基坑,需采用挖掘机、抓斗或挖土机等设备进行挖基,但机械挖基容易超挖,因此通常在机械挖到基底高程以上200mm时改用人工挖基。当已出现超挖时,则要按条文的规定执行。

4 无论何种土质,一经暴露于空气中或浸泡在水中很容易降低其承载力,故挖到基坑的设计高程,经检验符合要求后,需要尽快进行基础工程的施工。

13.3.4 不支护坑壁进行基坑开挖施工时应符合下列规定:

1 基坑坑壁坡度宜按地质条件、基坑深度、施工方法等情况确定。当为无水基坑且土层构造均匀时,基坑坑壁坡度可按表13.3.4确定;当土质较差有可能使坑壁不稳定而引起坍塌时,基坑坑壁坡度应适当缓于表13.3.4的坡度。

表13.3.4 基 坑 坑 壁 坡 度

坑壁土类别	坑壁坡度		
	坡顶无荷载	坡顶有静荷载	坡顶有动荷载
砂类土	1:1	1:1.25	1:1.5
卵石、砾类土	1:0.75	1:1	1:1.25
粉质土、黏质土	1:0.33	1:0.5	1:0.75
极软岩	1:0.25	1:0.33	1:0.67
软质岩	1:0	1:0.1	1:0.25
硬质岩	1:0	1:0	1:0

注:1. 坑壁有不同土层时,基坑坑壁坡度可分层选用,并酌设平台。
   2. 坑壁土的类别按现行《公路土工试验规程》(JTG E40)划分;岩面单轴抗压强度小于5MPa、为5～30MPa、大于30MPa时,分别定为极软、软质、硬质岩。
   3. 当基坑深度大于5m时,基坑坑壁坡度可适当放缓或加设平台。

2 当有地下水时,地下水位以上的基坑部分可放坡开挖;地下水位以下部分,若土质易坍塌或水位在基坑底以上较高时,应采用加固土体或降低地下水位等方法开挖。

3 基坑为渗水性的土质基底时,坑底的平面尺寸应根据排水要求(包括排水沟、集水井、排水管网等)和基础模板所需基坑大小确定。

1 根据土力学原理,斜坡的稳定与斜坡度大小、地质条件、斜坡高度、坡顶有否附加荷载及荷载类别等因素有关。若其余因素相同,则各因素影响斜坡的稳定规律为:斜坡度越平缓越稳定,越陡峭越易坍塌;土的黏聚力大的(如岩石、稳定土)比黏聚力小的(如砂土)较稳定;土的含水率较小的较稳定;坡顶有荷载特别是动荷载的较不稳定。表13.3.4是根据土力学斜坡稳定理论、施工经验和适当的安全系数规定的,适用于基坑深度在5m以内的情况。因为常用的离心式抽水机的吸水高度理论上虽能达

10m,但由于机器效率和各种水头摩阻损失,实际吸水高度仅约 6m;当坡顶至基坑底高 5m 时,抽水机置于坡顶,则其吸水高度等于抽水机进水管口至坡顶地面高,再加工作水位降至基坑底面以下约 0.5m,即约 6m,与抽水机吸水高大致相同。当渗水基坑深度达到 8m 或以上,采用明挖基坑以抽水机排水是否合算,需要与其他方法如井点法排水进行技术经济比较决定。在天然含水率范围内时,砂类土的天然坡度大致等于其计算的内摩擦角;黏性土在天然含水率范围内的天然坡度,除考虑其计算的内摩擦角外,还要考虑黏聚力、孔隙比、塑限含水率、重度等因素。

本款强调了基坑坑壁的坡度宜按实际情况确定,表 13.3.4 中提供的坡度是在一般情况下可以采用的数据;在实际施工时建议采用的坡度宜缓不宜陡。在施工中还需要密切注意边坡的稳定性,发现问题时要及时处理。

13.3.5 对坑壁采取支护措施进行基坑的开挖时,应符合下列规定:

1 基坑较浅且渗水量不大时,可采用竹排、木板、混凝土板或钢板等对坑壁进行支护;基坑深度小于或等于 4m 且渗水量不大时,可采用槽钢、H 型钢或工字钢等进行支护;地下水位较高,基坑开挖深度大于 4m 时,宜采用锁口钢板桩或锁口钢管桩围堰进行支护,其施工要求应符合本规范第 14.3 节的规定;在条件许可时亦可采用水泥土墙、混凝土围圈或桩板墙等支护方式。

2 支护结构应进行设计计算,支护结构受力过大时应加设临时支撑,支护结构和临时支撑的强度、刚度及稳定性应满足基坑开挖施工的要求。

13.3.6 基坑坑壁采用喷射混凝土、锚杆喷射混凝土、预应力锚索和土钉支护等方式进行加固时,其施工应符合下列规定:

1 对基坑开挖深度小于 10m 的较完整中风化基岩,可直接喷射混凝土加固坑壁,喷射混凝土之前应将坑壁上的松散层或岩渣清理干净。

2 对锚杆、预应力锚索和土钉支护,均应在施工前按设计要求进行抗拉拔力的验证试验,并确定适宜的施工工艺。

3 采用锚杆挂网喷射混凝土加固坑壁时,各层锚杆进入稳定层的长度、间距和钢筋的直径应符合设计要求。孔深小于或等于 3m 时,宜采用先注浆后插入锚杆的施工工艺;孔深大于 3m 时,宜先插入锚杆后注浆。锚杆插入孔内后应居中固定,注浆应采用孔底注浆法,注浆管应插至距孔底 50~100mm 处,并随浆液的注入逐渐拔出,注浆的压力宜不小于 0.2MPa。

4 采用预应力锚索加固坑壁时,预应力锚索(包括锚杆)编束、安装和张拉等的施工应符合本规范第 7 章的规定,其他施工可参照现行《建筑边坡工程技术规范》(GB 50330)的规定执行。

5 采用土钉支护加固坑壁时,施工前应制订专项施工方案和施工监控方案,配备适宜的机具设备。土钉支护中的开挖、成孔、土钉设置及喷射混凝土面层等的施工可按现行《基坑土钉支护技术规程》(CECS 96)的规定执行。

6 不论采用何种加固方式,均应按设计要求逐层开挖、逐层加固,坑壁或边坡上有明显出水点处应设置导管排水。施工要求应符合现行《公路路基施工技术规范》(JTG/T 3610)的相关规定。

13.4 基坑降排水

13.4.1 采用集水坑排水时应符合下列规定:

1 基坑开挖时,宜在坑底基础范围之外设置集水坑并沿坑底周围开挖排水沟,使水流入集水坑内,排出坑外。集水坑的尺寸宜视渗水量的大小确定。

2 排水设备的能力宜为总渗水量的 1.5~2.0 倍。

1 集水坑设置的距离一般以不超过 30m 为宜,直径或宽度为 0.6~0.8 m,集水坑的深度要随基坑加深而加深,始终保持至少低于挖土面0.7m,并要大于吸水龙头的高度。当基坑开挖到设计高程后,集水坑坑底要低于基底至少1m,并铺设碎石滤水层。排水沟的宽度需视土壤渗流量决定,但其深度一般不要小于300mm,且要有一定的流水坡度。排水沟边缘距离坡脚通常不要小于300mm。基坑开挖较深且有多层土质时,对于渗水较强的土层可以在坑壁边坡上设置多层明沟,分层排除土中的地下水。

2 需要的排水设备的能力需按基坑中渗水量多少确定,而渗水量与基坑之大小、围堰种类、工程地质与水文地质条件、距河水远近等情况有关,预先准确测定或精确计算是困难的,一般可以在类似基坑条件下的试坑中做抽水试验得出,或根据基坑各类土质的渗透系数按照经验公式计算得出,在选择排水设备时还需考虑施工期间可能的大气降水影响。

13.4.2 采用井点降水法排水时应符合下列规定:

1 井点降水法宜用于粉砂、细砂、地下水位较高、有承压水、挖基较深、坑壁不易稳定的土质基坑,在无砂的黏质土中不宜采用。井点类别的选择,宜按土层的渗透系数、要求降低水位的深度以及工程特点确定。

2 井管的成孔可根据土质分别采用射水成孔或冲击钻机、旋转钻机及水压钻探机成孔。井点降水曲线应低于基底设计高程或开挖高程至少0.5m。

3 应做好沉降及边坡位移监测,保证水位降低区域内构筑物的安全,必要时应采取防护措施。

1 井点降水有多种方法,表13-1列出了各种井点法的适用范围,供选择采用。

表 13-1 各种井点法的适用范围

井点类别	土层渗透系数(m/d)	降低水位深度(m)	井点类别	土层渗透系数(m/d)	降低水位深度(m)
一级轻型井点法	0.1~80	3~6	电渗井点法	<0.1	5~6
二级轻型井点法	0.1~80	6~9	管井井点法	20~200	3~5
喷射井点法	0.1~50	8~20	深井泵法	10~80	>15
射流泵井点法	0.1~50	<10			

注:1. 降低土层中地下水位时,应将滤水管埋没于透水性较大的土层中。
　　2. 井点管的下端滤水长度应考虑渗水土层的厚度,但不得小于1m。

3 采用井点降水法排水时,地基的沉降及边坡位移有可能危及邻近构筑物的安全,故需要进行监测并在必要时采取防护措施,保证其安全。

13.4.3 采用止水帷幕法防渗时应符合下列规定:

1 采用帷幕防渗方法施工时应进行施工设计。帷幕防渗层的厚度应满足基坑防渗的要求,止水帷幕的渗透系数宜小于10×10^{-6}mm/s。

2 采用防水土工膜在围堰外侧铺底防渗时,应将河床面杂物清除干净并整平。土工膜应从围堰外侧的水位以上铺起,并超过堰脚不小于3m;土工布之间的接头应搭接严密。铺底土工膜上应满压不小于300mm厚的砂土袋。

1 渗透系数是表示岩土透水性能的数量指标,亦称为水力传导系数,可由达西(Darcy)定律:$q = KI$求得,式中q为单位渗流量,也称渗流速度(m/d);K为渗透系数(m/d);I为水力坡度,无量纲。当$I = 1$时,表明渗透系数在数值上等于水力坡度,即通过单位面积的渗流量。岩土的渗透系数越大,透水性越强,反之越弱。

所谓帷幕防渗,就是在基坑边线外设置一圈隔水帷幕,用以减少渗流水量,减小地下水水力坡度,防止流砂、管涌、潜蚀等地下水的作用。具体的方法有隔水帷幕注浆、深层搅拌桩隔水墙、砂浆防渗板桩、高压喷射注浆、冻结帷幕法等。

(1)隔水帷幕注浆,是在基坑周围钻地质孔,并在孔内压入"水泥+水玻璃"浆液,使孔周围、孔与孔之间在基坑周围引成一圈隔水墙。

(2)深层搅拌桩隔水墙,是采用专用机械对土层进行深层搅拌成桩,使搅拌桩相互搭接组成隔水墙的隔水方法。搅拌桩之间的搭接宽度需大于100mm。搅拌桩使用的固化剂可以采用水泥及水泥浆、生石灰粉,其掺量需按设计要求的强度通过试验确定;当基坑为含水率较大的黏土层时,亦可以采用水泥、生石灰粉末混合料作为固化剂。一般情况下,固化剂的掺量不要低于土方量的8%。

(3)砂浆防渗板桩,系将设有注浆管的钢管或型钢,按隔水帷幕的位置和所需深度,彼此相连地打入地基周边的土中,之后一边拔钢管或型钢,一边注入砂浆,形成砂浆隔水帷幕墙。打入的钢管或型钢要垂直且接触紧密。砂浆的强度须符合设计要求,但一般不低于M15。

(4)高压喷射注浆,主要采用水泥浆,亦可以采用水玻璃、氯化钙或水泥与水玻璃及水玻璃与氯化钙混合液等材料,用作帷幕时须按防渗的要求确定加固剂的用量。

(5)冻结帷幕法,适用于气候严寒地区或采取冷冻法施工的其他地区,当为严寒地区时适用于平均气温低于 -15℃ 的各种土质地基及河床水深小于2m的地基。

13.5 基底处理

13.5.1 对符合设计要求的细粒土、特殊土等基底,经修整完成后,应尽快设置混凝土垫层并进行基础的施工,不得使基底浸水或长期暴露;基坑开挖后如基底的地质情况与设计不符,则应按程序进行设计变更并应对地基进行处理。地基处理应根据地基土的种类、强度和密度,按照设计要求,并结合现场情况,采用相应的处理方法。地基处理的范围应宽出基础之外不小于0.5m。

13.5.2 对强度低、稳定性差的细粒土及特殊土地基,如饱和软弱黏土层、粉砂土层、湿陷性黄土、膨胀土、季节性冻土等,处理时应视该类土的处治深度和含水率等情况,采取固结、换填等措施,使之满足设计要求。

13.5.3 粗粒土和巨粒土地基的处理应符合下列规定:
1 对于强度和稳定性满足设计要求的粗粒土及巨粒土基底,应将其承重面平整夯实。
2 基底有水不能彻底排干时,应先将水引至排水沟,然后再在其上进行基础的施工。

13.5.4 岩层基底的处理应符合下列规定:
1 对风化岩层,应在挖至设计高程并满足地基承载力要求后尽快进行封闭,防止其继续风化。
2 在未风化的平整岩层上,基础施工前应先将淤泥、苔藓及松动的石块清除干净,并凿出新鲜岩面。
3 对坚硬的倾斜岩层,宜将岩层面凿平;倾斜度较大无法凿平时,可按设计要求凿成多级台阶,台阶的宽度宜不小于0.3m。
1 风化岩层暴露在空气或水中后将加速其风化,故基坑底(包括基础外围的土体)的风化岩层均需要以混凝土封闭,防止其在基础施工之前继续风化。
3 倾斜大于15°的岩层,基底一般要凿成台阶;不大于15°的倾斜岩层则需要凿平,使承重面与重力线垂直,以防止基础产生滑动。

13.5.5 多年冻土地基的处理应符合下列规定:
1 基础不应置于季节性冻融土层上,并不得直接与冻土接触。
2 基础位于多年冻土层(即永冻土)上时,基底之上应设置隔温层或保温层材料,其铺筑宽度应在基础外缘加宽1m。
3 按保持冻结原则设计的明挖基坑的地基,其多年平均地温大于或等于-3℃时,应在冬季施工;多年平均地温低于-3℃时,可在其他季节施工,但应避开高温季节,并应按下列规定处理:

1)严禁地表水流入基坑;

2)应及时排除季节冻层内的地下水和冻土本身的融化水;

3)必须搭设遮阳棚和防雨棚;

4)施工前应做好充分准备,组织快速施工。施工完成的基础应立即回填封闭,不宜间歇;必须间歇时,应采用保温材料加以覆盖,防止热量侵入。

4 施工期间如有明水,应在距坑顶边缘10m之外设置排水沟,并应将水引向远离基坑的位置排出;有融化水时亦应及时排除。

2 隔温材料可以采用煤渣、中粗砂或其他材料,其厚度一般为300mm或稍厚一些。

附:地基加固处理方法

对地基加固处理的方法很多,施工中需根据设计要求和地基的土体性质选用适当的方法。地基加固主要有以下几种方法:

1. 换填法

(1)深度小于2m的基坑中,淤泥、淤泥质土、湿陷性黄土等需要全部挖除,挖除宽度须比基础各边宽出0.5m。当渗水难以排干时,则要换填水稳性好的中砂、粗砂、砂(砾)石、碎石等材料,并分层夯实,压实度须达到90%~95%;当渗水能排干时,可以换填强度较高的土或灰土。

(2)单独使用砂砾垫层、矿渣垫层或灰土垫层,其厚度须由软弱下卧土层的容许承压力决定。垫层厚度一般不大于3m,亦不小于0.5m,并要分层施工,分层夯实。

(3)砂和砂砾垫层需选用级配良好、质地坚硬的中、粗砂。砂石中石料的最大粒径不要大于50mm;采用矿渣垫层时,通常采用分级矿渣,粒径一般为8~40mm,矿渣的稳定性要好,松散密度不小于$1.1t/m^3$,泥土与有机质含量一般不大于5%。

(4)灰土要采用新鲜的消石灰及塑性指数不小于7的黏质土,石灰块的粒径不大于5mm,并不能夹有生石灰块,不要使用有机土及冻土,黏质土须过筛。

2. 挤密桩和导排水法

(1)挤密桩加固地基,需根据设计的要求和地基的土质、水文情况,分别采用土类和砂石桩挤密。土类挤密桩适用于处理地下水位以上的湿陷土地基;当要求增加土层的密度时,一般采用素土桩;当要求提高强度、消除湿陷性时,可以采用灰土桩;当为松散砂类土、素填土以及饱和黏土地基时,不以变形控制的工程,可以采用砂石桩法挤密。

挤密桩要及时进行抽样检查,抽样数一般不少于20%,且不得少于3根。对挤密桩主要检查桩和桩间土的密度,必要时可以进行荷载试验。

(2)导排水桩,一般为砂井、袋装砂井、排水塑料板桩,适用于软土较厚的地基,主要起竖向排水的固结作用。

①袋装砂井,直径多为70mm,深度和间距无设计要求时,砂井须穿透软土层,井径比通常为15~25。砂袋采用聚丙烯和聚乙烯塑料编织袋或其他伸缩性大且抗拉强度高的袋子;砂料要干燥、洁净,装袋量须适度,不鼓破漏砂。砂井可以采用振动沉管法、螺旋钻孔法及射水法成孔,孔深达到设计深度后,将砂袋用设备插入孔中。

②排水塑料板的底部须有管靴,靴与塑带需连接牢固。排水塑料板宽度一般为100mm,厚度为3~4mm,插入长度和间距须符合设计规定。插入塑板一般采用插板机或其他机械,插入后拔起插板机时,须防止塑板排水带被带出或脱离设计高程位置。

(3)在加固有机质饱和土层时,可以采用生石灰块桩或混合适量粉煤灰的生石灰桩,桩径可以用200~300mm,间距可以用800mm。桩的成孔与袋装砂井相同,孔内注有一定级配的生石灰块,其粒径为5~50mm。如果掺粉煤灰,其掺量一般少于生石灰级配量的空隙率而不形成体积。桩顶采用黏质土封闭夯实。

3. 预压法加固地基

在沉插好袋装砂井(含砂井)和塑板排水带,或直接填厚度小于3m的砂及砂砾垫层的软土地基上(砂井和塑板,一般填砂垫层可用600mm),整理好砂垫层,使砂袋或塑带上端上部多余的部分埋入砂垫层厚度的中心部位,然后进行预压。

预压加固分堆载和真空预压两类,两者的目的相同,施工中可以根据施工现场条件采用。

1) 堆载预压

须分级逐渐加载,每级加载土的厚度一般为300~500mm。加载前,事先须设立观测点进行观测,并根据观测的资料控制加载速率。其变形控制要求如下:

(1) 堆载施工中,竖向垂直变形小于10mm/d。

(2) 边坡坡脚的横向位移不大于4mm/d。

(3) 堆载的厚度,按设计的规定,一般情况下大于2m。预压的总沉降量须满足设计规定,在无设计规定时,预压期需大于6个月。

2) 真空预压

在砂层中铺设真空滤水管,管上一般采用厚100~200mm的砂进行覆盖,滤水管按要求钻孔,可以采用钢管或硬塑管,管外包滤水材料,并用铁丝缠紧。滤水管可以采用条状、梳齿等形状,并通过集水管、真空泵将水吸出去。各种管子安装须牢固,并能适应地基的变形。预压期间须及时观测,及时整理变形曲线,用以推算地基的最终沉降量以及不同时期的相应变形量;在预压期间,膜下真空度须不小于80kPa。预压后的地基须进行室内土工试验及抗剪强度试验。

4. 强夯法

此法适用于地下水位以上的巨粒土、粗粒土、细粒土及特殊土地基。

(1) 强夯施工前,需选取一个或几个试验区,进行试夯。

(2) 强夯的影响深度与施工工艺密切相关,需根据试夯确定,在缺少资料时,可以按表13-2预估。

表13-2 强夯法有效加固深度(m)

单击夯击能(kN·m)	巨粒土、粗粒土	细粒土、特殊土
1 000	5.0~6.0	4.0~5.0
2 000	6.0~7.0	5.0~6.0
3 000	7.0~8.0	6.0~7.0
4 000	8.0~9.0	7.0~8.0
5 000	9.0~9.5	8.0~8.5
6 000	9.5~10.0	8.5~9.0

注:有效加固深度从起夯面算起。

5. 电渗法

(1) 电渗法适用于有机质土和饱和黏质土。

(2) 采用冲枪埋设套管并将其作为阴极,以钢管或钢筋垂直打设,作为阳极,两极分别用电线连成通路,阳极施加强直流电,从阴极井点管抽水。

6. 振动水冲法

振动水冲法分为振冲置换法和振冲密实法两类。

振冲置换法适用于处理不排水、抗剪强度不小于20kPa的细粒土、特殊土地基,置换率一般为10%~30%,桩的直径为0.7~1.2m,每米桩长填料量为0.3~0.7m³,孔内分批填入坚硬碎石等材料,其粒径为5~50mm,最大不要超过80mm。

振冲密实法仅适用于黏粒含量小于10%的砂类土和粉质土地基。依靠振冲器振密填料或使砂层重新排列挤压加密。

7. 深层搅拌、高压喷射注浆固化剂法

（1）深层搅拌法：适用于加固黏质土和有机质土等地基。

固化剂需参照地基土质和固结后要求的地基强度选用，一般采用水泥浆、水泥砂浆或其他固化剂。固化剂的掺量为加固土量的7%～15%；外掺剂可以根据需要选用早强、缓凝、减水等性能的材料，固化剂的用量及外掺剂的用量一般通过试验确定。

（2）高压喷射注浆：适用于黏质土、有机质土、特殊土及粗粒土等土体。

①使用高压喷射注浆前，须了解工程的水文地质资料以及地下是否有埋设物，同时要在现场做试验性施工，检验桩的直径，确定施工参数及工艺。

②高压喷射有单管法、二重管法及三重管法。对于重要工程，喷射直径及其强度需通过试验确定，对无试验资料的一般工程，可以按表13-3所列的经验数值选用。

表13-3 喷射桩估计直径参数值(m)

土 质		方 法		
		单管法	二重管法	三重管法
黏质土	0 < N < 5	0.5～0.8	0.8～1.2	1.2～1.8
	6 < N < 10	0.4～0.7	0.7～1.1	1.0～1.6
	11 < N < 20	0.3～0.6	0.6～0.9	0.7～1.2
砂质土	0 < N < 10	0.6～1.0	1.0～1.4	1.5～2.0
	11 < N < 20	0.5～0.9	0.9～1.3	1.2～1.8
	21 < N < 30	0.4～0.8	0.8～1.2	0.6～1.5

注：N值为标准贯入击数。

8. 化学固化溶剂加固法

化学固化溶剂加固地基有硅化剂加固法和碱化法等几种方法。

（1）硅化剂加固适用于被油脂和石油之类化合物污染之外的任何土类，同时该法不适用于地下水pH值大于9地区的任何土类。

①注浆孔布置：通常在基础周边布1～3排注浆孔，排距为1.5R（R为加固半径，见表13-4），孔距为1.73R，砂类土可以适当增大。

表13-4 硅化法加固半径

土的种类及加固方法	渗透系数(m/d)	加固半径(m)
砂类土、双液硅化法	2～10	0.3～0.4
	10～20	0.4～0.6
	20～50	0.6～0.8
	50～80	0.8～1.0
粉质土、单液硅化法	0.3～0.5	0.3～0.4
	0.5～1.0	0.4～0.6
	1.0～2.0	0.6～0.8
	2.0～5.0	0.8～1.0
黄土、单液硅化法	0.1～0.3	0.3～0.4
	0.3～0.5	0.4～0.6
	0.5～1.0	0.6～0.9
	1.0～2.0	0.9～1.0

注：m/d表示米/每昼夜。

②硅化加固的主要材料为水玻璃(硅酸钠)和氯化钙。注入土体之前,须进行稀释,稀释程度需根据孔隙大小而定。采用双液法时,水玻璃的浓度可以用 $1.32\sim1.44 g/cm^3$;采用单液法时,水玻璃的浓度可以用 $1.13\sim1.25 g/cm^3$。双液法使用氯化钙的浓度可以用 $1.26\sim1.28 g/cm^3$。

(2)碱化法系使用一定浓度和温度的碱液借助自重灌入黄土中而生成牢固胶结土颗粒。加固分单液(NaOH)(烧碱)、双液(NaOH 和 $CaCl_2$ 溶液)两种。

13.5.6 岩溶地基的处理应符合下列规定:
1 处理岩溶地基时,不得堵塞溶洞的水路。
2 对干溶洞可采用砂砾石、碎石、干砌或浆砌片石、灰土、混凝土等回填密实;基底的干溶洞较大,回填处理有困难时,可设置桩基进行处理,桩基的设置应履行设计变更手续,并应由设计单位进行设计。

13.5.7 泉眼地基的处理应符合下列规定:
1 可采用有螺口的钢管紧密打入泉眼,盖上螺帽并拧紧,阻止泉水流出;或向泉眼内压注速凝的水泥砂浆,再打入木塞堵眼。
2 堵眼困难时,可采用管子塞入泉眼,将水引流至集水坑排出;亦可在基底下设盲沟引流至集水坑排出,待基础施工完成后,再向盲沟压注水泥浆堵塞。采用引流方式排水时,应防止砂土流失,引起基底沉陷。
3 不论采用何种方法处理基底的泉眼,均不应使基底饱水。

13.6 基底检验

13.6.1 地基基底的检验应包括下列内容:
1 基底的平面位置、尺寸和基底高程;
2 基底的地质情况和承载力是否与设计资料相符;
3 基底处理和排水情况是否符合本规范要求;
4 施工记录及有关试验资料等。

13.6.2 特大桥或特殊结构桥梁的地基基底检验应符合设计规定,其余可按桥涵大小、地基土质复杂情况及结构对地基有无特殊要求等,采用下列方法进行地基的检验:
1 小桥涵的地基检验可采用直观或触探方法,必要时可进行土质试验。
2 大、中桥和地基土质复杂、结构对地基有特殊要求的地基检验,宜采用触探和钻探(钻深至少 4m)取样做土工试验,亦可按设计的特殊要求进行荷载试验。

本条所指的触探,包括动力触探和静力触探两种,动力触探又分轻型、中型和重型三种。重型动力触探按触探头不同分为Ⅰ型(管式贯入器)和Ⅱ型(圆锥头),前者为标准贯入用具,适用于细粒砂类土、黏性土;后者适用于砂类土和圆砾、卵石层。静力触探是利用电测原理确定力学性质的一种原位测试方法,试验时利用静压力装置将探头压入土层,适用于黏性土及砂类土。土工试验仅在特殊地基处理(如软土地基等)时才有必要。荷载试验是研究和取得地基承载力 $[f_a]$、形变模量 E_0 的基本方法之一,但做此试验很费时间,一般仅在大、中桥的特殊地基处理时,应设计部门的要求才做。

13.6.3 基底的平面位置应符合设计要求,且应满足基础施工作业的需要。基底高程的允许偏差应符合现行《公路工程质量检验评定标准 第一册 土建工程》(JTG F80/1)的规定。

14 浅基础、承台

14.1 一般规定

14.1.1 本章适用于浅基础、承台现场浇筑和预制安装以及钢围堰的施工。

因现行《公路桥涵地基与基础设计规范》(JTG 3363)将原"扩大基础"改称为"浅基础",故本规范亦作出相应修改,与设计规范保持一致。

14.1.2 浅基础、承台结构属大体积混凝土的,应按本规范有关大体积混凝土的规定组织施工。

14.2 浅基础

14.2.1 浅基础的基底为非黏性土或干土时,在施工前应将其润湿,并应按设计要求浇筑混凝土垫层,垫层顶面不得高于基础底面设计高程;地基为淤泥或承载力不足时,应按设计要求处理后方可进行基础的施工;基底为岩石时,应采用水冲洗干净,且在基础施工前应铺设一层不低于基础混凝土强度等级的水泥砂浆。

在天然地基上浇筑墩台基础混凝土时,过干的地基将吸收混凝土中的水分,直接影响混凝土的性能。浇筑混凝土垫层的目的:一是方便基础支模施工和绑扎钢筋的需要,不致发生局部沉降;二是保证基础底面的平整。

14.2.2 浅基础的施工宜采用钢模板。混凝土宜在全平截面范围内水平分层进行浇筑,且机械设备的能力应满足混凝土浇筑施工的要求;当浇筑量过大设备能力难以满足施工要求,或大体积混凝土温控需要时,可分层或分块浇筑。

14.3 承台

14.3.1 本节适用于在现场浇筑的承台施工。

14.3.2 承台施工采用钢围堰作为挡水(土)设施时,应根据承台的结构特点、水文、地质和施工条件等因素确定适宜的围堰形式,并应对围堰进行专项设计;施工期间环境条件发生较大变化时,应对围堰设计方案重新进行论证。钢围堰的设计与施工应符合下列规定:

1 围堰的平面尺寸宜根据承台的结构尺寸、安装及放样误差等确定,且宜满足承台施工操作空间的需要,围堰内侧距承台边缘的净距宜不小于1m(围堰内侧兼作模板时除外)。围堰的顶面高程应高出施工期间可能出现的最高水位(包括浪高)0.5~0.7m;在有潮汐的水域,应同时考虑最高和最低施工潮位对围堰的不利影响。

2 围堰除应满足自身的强度、刚度和稳定性要求外,尚应考虑河床断面被压缩后,流速增大导致的河床冲刷和对通航、导流等的影响。

3 对围堰结构进行计算时,除应考虑施工荷载及结构重力、水流压力、浮力、土压力等荷载外,尚应根据现场的具体情况考虑可能出现的冲刷、风力、波浪力、流冰压力、施工船舶或漂浮物撞击力等作用。

4 围堰结构应根据施工过程中的各种工况,按最不利荷载组合进行强度、刚度及稳定性计算。在围堰内设置支撑的,除应对内支撑结构本身进行局部验算外,尚应将其与围堰作为整体进行总体稳定性验算;设置内支撑时,对支撑与堰壁的连接处应设置纵横向分配梁予以局部加强,并应考虑其对承台及后续墩身施工的干扰影响。

5 钢围堰的混凝土封底厚度应符合设计规定;设计未规定时,应根据桩周摩擦力、浮力、围堰结构自重及封底混凝土自身强度等因素经计算后确定。

6 钢围堰在施工前应制订专项施工方案,明确施工工艺流程。

7 围堰钢结构的制造可按照本规范第8章的相关规定执行,并应保证其在施工过程中防水严密,不渗漏。

8 在岸上整体加工制造的钢围堰,当通过滑道或其他装置下水时,其进入的水域面积和水深应足够,并应采取措施控制其下水的速度;采用起重船吊装时,起重船的吊装能力应能满足整体吊装的要求,各吊点的受力应控制均匀,必要时宜进行监控。

9 钢围堰在灌注封底混凝土之前,应将桩身和堰壁上附着的泥浆冲洗干净,经检验合格后方可进行封底混凝土的施工。封底的施工要求可按本规范第11.5节的规定执行。

10 钢围堰拆除时,除应采取措施防止撞击墩身外,对水下按设计规定可不拆除的结构,尚应保证其不会对通航产生不利的影响。

钢围堰是承台等基础施工时重要的挡水或挡土的临时结构,虽然是临时结构,但在水文、地质条件相对较为复杂的地区,其实施效果的好坏会直接影响到桥梁主体工程施工的成败。鉴于其在基础工程中的重要性,故需要进行专项设计。

本次修订增加了"施工期间环境条件发生较大变化时,应对围堰设计方案重新进行论证"的规定,所谓"较大变化",是指实际施工时的水文、地质、施工水位等环境和条件与原设计方案产生了非常大的差别,将会严重影响到围堰临时结构的安全。

1 在潮汐地区,潮位的不断变化对围堰结构的受力影响较大,对施工亦会造成不利影响,故在设计时需要充分考虑这些因素。

4 内支撑的设置会对承台及墩身的施工产生不便,但内支撑是钢围堰中最有效的支撑方式,因此在设计时,需要考虑到内支撑对施工的干扰和影响,合理布置,方便施工。本次修订增加了"对支撑与堰壁的连接处应设置纵横向分配梁予以局部加强"的规定,目的是强调在进行施工设计时需要注重临时结构构造的合理性,构造上的不合理将会导致受力的不合理。

14.3.3 钢板桩围堰的施工应符合下列规定:

1 钢板桩的材质、性能和尺寸应符合产品的相应规定。钢板桩在存放、搬运和起吊时,应采取措施防止其变形及锁口损坏。经过整修或焊接后的钢板桩,应采用同类型的短桩进行锁口通过试验,合格者方可继续使用。

2 钢板桩施打前应设置测量观测点,控制其施打的定位。

3 钢板桩在施打前,其锁口宜采用止水材料捻缝,防止在使用过程中漏水。

4 施打钢板桩应有导向装置,应能保证桩的位置准确。施打顺序应按既定的施工技术方案进行,并宜从上游开始分两头向下游方向合龙。施打时应随时检查其位置和垂直度是否准确,不符合要求的应立即纠正或拔起重新施打。施打完成后所有钢板桩的锁口均应闭合。

5 同一围堰内采用不同类型的钢板桩时,宜将不同类型桩的各半拼焊成一根异型钢板桩,分别与相邻桩进行连接。接长的钢板桩,其相邻桩的接头位置应上下错开。

6 拔除钢板桩之前,应向堰内注水使堰内外的水位保持平衡。拔桩应从下游侧开始逐步向上游侧进行,拔除的钢板桩应对其锁口进行检修并涂油,堆码妥善保存。

14 浅基础、承台

14.3.4 锁口钢管桩围堰的施工除应符合本规范第14.3.3条的相关规定外,尚应符合下列规定:
1 钢管的材质和截面特性应满足围堰受力的要求。锁口的形式应根据土层地质情况和止水要求确定,当用于水中或透水性土层中的围堰时,应对锁口采取可靠的止水处理措施。
2 施打钢管时,如土层中有孤石、片石或其他障碍物,其底口应作加强处理。

采用锁口钢管桩围堰时,锁口的止水效果如何,是这种围堰的关键所在,因此不仅锁口的方式需要合理设计,还需要采取可靠的措施对锁口进行止水处理。

钢板桩围堰和锁口钢管桩围堰是水中承台基础最常用的施工方法之一,其施工程序基本相同,但锁口钢管桩围堰的刚度比钢板桩围堰要大很多,因此能承受更大的外力。现就有关锁口钢管桩的施工工艺标准介绍如下,供读者参考使用。

锁口钢管桩围堰施工工艺标准(摘要)

1 适用范围

钢管桩围堰根据其是否具有防水性,可分为锁口与不锁口(平行)两种。锁口钢管桩为任意两根钢管桩之间采取联结措施,联结措施既起横向联结又起止水作用;平行钢管桩为每根钢管桩互相独立,不予联结,无止水作用。

锁口钢管桩围堰适用于桥梁工程中承台基础的挡水、挡土和基坑开挖的施工。

2 施工准备

2.1 技术准备

2.1.1 熟悉和分析施工现场的地质、水文资料,确定用钢管桩围堰开挖承台方案。

2.1.2 通过受力分析、计算,选择壁厚、直径、长度合适的锁口钢管桩。编制钢管桩围堰及承台开挖单项施工组织设计,向施工班组进行技术安全一级交底。

2.1.3 施工放样:放出承台边线、中线及钢管桩中心线所在位置。

2.1.4 插打钢管桩前对施工人员进行全面的技术、操作、安全二级交底,确保施工过程的工程质量和人身安全。

2.1.5 在全面插打钢管桩以前,先试打2根,试打是为了核对水文、地质情况,检验选择的施工工艺是否符合相关质量、安全要求,必要时进行修正。

2.2 机具准备

2.2.1 打桩设备

打桩设备有桩锤、桩架、桩帽或桩垫。

桩锤可分为落锤、单作用气锤、双作用气锤、柴油机打桩锤、振动打桩锤,施工时应依桩径、桩长及现场地质情况选用适当桩锤,锁口钢管桩常选用振动锤。振动锤的激振力大小主要根据桩长和地质条件而定。

桩架须架设于稳定的台架上或悬吊于吊车之桁架上,用于导向。

桩帽或桩垫,打桩前应先将下端内径略大于桩径的钢制桩帽套入桩头内,以避免因打桩时的转动扭坏桩身,如是锁口钢管桩,则不用桩帽或桩垫,直接用振动锤夹具夹在钢管桩桩壁。

2.2.2 吊装设备

根据钢管桩和振动锤的起吊重量选择吊车。

2.2.3 开挖设备

挖掘机、自卸车等。

2.2.4 其他:抽水机、跳板、电焊机、气割设备、小型起重设备等。

2.3 材料准备

2.3.1 钢管桩系指由无缝钢管或经电弧电焊(含螺旋接缝管)所制成之钢管,施工前应查看制造厂出具的质量证明书。

2.3.2 工字钢、角钢、电焊条。

2.3.3 在钢管桩一侧焊接工字钢,形成公扣,在钢管桩的另一侧距阳口180°角处焊接两角钢,形成母扣。

2.3.4 绘制钢管桩加工的断面形状图。

2.4 作业条件

2.4.1 施工现场完成三通一平,硬化、排水等工作。完成临时电力布置,安全设施准备就绪。

2.4.2 涉及的机械设备使用良好。

2.4.3 围堰用的材料经检验合格,材料满足需要。

2.4.4 施工作业人员要求

对施工人员进行培训,技术和安全现场交底。使施工人员熟练掌握吊起、定位、插打、移动等相关技术。在现场管理中保持熟练操作工人的相对稳定。

3 施工操作工艺

3.1 工艺流程

测量放线定出钢管中心线位置→插打钢管桩→第一次开挖→破除部分灌注桩桩头→清理混凝土及土渣→安装围图→第二次开挖→破除剩余灌注桩桩头→设置竖向内支撑→浇筑封底混凝土→绑扎钢筋→支立模板→浇筑混凝土→承台成品验收→拔除钢管桩。

3.2 施工方法

3.2.1 平整场地及放样

施工前对施工场地进行平整,在吊车位进行硬化平整处理,便于吊车工作;锁口钢管桩位进行整平便于钢管桩位的放样和插打。

根据设计图纸放出钢管桩的具体位置,机械设备及钢管桩等有关材料全部到位。

3.2.2 插打钢管桩

插打钢管桩是整个承台基坑围堰施工的关键工序,施工难度较大,以下主要叙述锁口钢管桩(钢管桩分平行和锁口两种)的插打施工。

(1)设置导向桩。

导向桩采用壁厚5mm、直径52.9mm、长度为12m的钢管制成。

先根据第一根锁口钢管桩的位置对辅助导向桩进行放样,然后用履带吊吊起电动振动桩锤,通过电动振动桩锤的夹具起吊辅助导向桩,按放样位置将两根辅助导向桩打入地下。

(2)第一根锁口钢管桩插打。

辅助导向桩插打完成后设置导向架,最后用履带吊吊起电动振动桩锤,通过电动振动桩锤的夹具起吊第一根锁口钢管桩,插入导向架,启动电动振动桩锤,将其打入地下,完成第一根锁口钢管桩的插打施工。

(3)拆除导向架,拔除辅助导向桩。

(4)第二根锁口钢管桩插打。

放样后重新插打辅助导向桩,设置横向导向横梁,采用与第一根锁口钢管桩同样的起吊方式吊起第二根锁口钢管桩,将第二根锁口钢管桩的公扣插入第一根桩的母扣,另一侧在导向横梁上焊接临时导向卡,启动电动振动桩锤,将其打入地下,完成第二根锁口钢管桩的插打施工。

(5)第二根锁口钢管桩施工完毕后,解除临时导向卡,按第二根桩的施工方法进行其余钢管桩的插打施工,直至全部锁口钢管桩插打完毕。施工过程中要注意角桩的变化情况。

(6)锁口钢管桩的合龙。

为使锁口钢管桩的插打正直、顺利合龙,导向卡应随时纠正偏斜,当偏斜过大能用拉挤方法调整时,应拔起重插,如重插无效时,可用特制的钢管桩进行合龙。

3.2.3 围囹和内支撑设置

锁口钢管桩插打完毕形成围堰后即进行围囹和内支撑的施工。

(1) 将基坑一级干开挖至计算需要高程,凿除桩头至计算需要高程,便于围囹和内支撑的设置。

(2) 按照设计位置和间距进行围囹支撑牛腿的焊接施工,要求焊缝饱满,高程一致。

(3) 支撑牛腿施工完毕后,进行围囹的设置施工。围囹采用工字钢平置于支撑牛腿上,与锁口钢管桩焊接连接,焊接过程中要保证围囹与锁口钢管桩的紧密结合,如遇围囹与锁口钢管桩不能贴紧的情况,要采取加垫钢板的方式进行处理,确保围堰的整体受力效果。

(4) 围囹施工完成后,进行纵横向水平内支撑的设置。水平内支撑采用钢管(或其他型钢),与围囹工字钢顶紧后焊接牢固,实现对顶对拉的效果,水平内支撑放置于桩头上,防止水平内支撑的下挠变形和失稳。

(5) 围囹和水平内支撑施工完成后,全面检查围囹与锁口钢管桩、围囹和水平内支撑的连接质量。

3.2.4 基坑开挖

(1) 采用机械挖掘的方法进行基坑的开挖,选用挖掘机作为开挖机械,运输采用自卸翻斗车,弃土运至选定的弃土场规范堆放。

(2) 开挖方式为由一台挖掘机在开挖平台上主挖,另设置2台挖掘机向基坑外倒土。干开挖至计算所需高程(钢管桩围堰与内支撑钢管之间的空隙过于狭小,由人工挖掘)。

3.2.5 垫层混凝土、钢筋绑扎及混凝土浇筑

整个围堰基坑开挖完后由人工找平基底,设置好内支撑的竖向临时支撑,钢管桩用油毛毡覆盖,其他地方用模板支撑,施工平台设置在内支撑钢管上,采用泵送混凝土方式进行垫层混凝土的浇筑,至设计高程(根据需要也可分块浇筑垫层混凝土),完成垫层混凝土的浇筑施工。然后按施工设计方案进行模板施工,钢筋绑扎,浇筑大体积混凝土,回填等工序,完成承台施工

3.2.6 在进行模板施工,钢筋绑扎,浇筑大体积混凝土时加强安全检查,防止意外事故的发生。

3.2.7 钢管桩拔除

承台施工完成后用振拔锤把围堰钢管桩拔起,方法同钢管桩打设类似,逐一拔除,按要求堆放在固定场所。

3.2.8 季节性施工

(1) 雨季应对现场做好排水工作,确保道路畅通。围堰周围应有挡水措施,防止雨水流入围堰内。

(2) 雨季施工期间,对现场供电线路、设备进行全面检查,预防触电事故的发生。

4 质量标准

4.1 施工前应对原材料进行检查,并有合格签证记录。对施工程序、工艺流程进行检查。

4.2 施工过程中严格控制钢管桩的打入长度。

4.3 施工过程中,要对钢管桩的沉降、垂直度、变形及钢管桩周围土体进行观测。

4.4 施工过程中,要对围囹、内支撑及焊缝进行检查及验算。

5 成品保护

5.1 钢管桩围堰外侧一定范围内不要堆大体积土或放置重型机具及施工用的钢筋、模板、支架等。

5.2 在竖向内支撑未加设前严禁在横向内支撑上放置过重的物件,以防横向内支撑变形不能保证轴向受力。

5.3 严禁开挖机具在施工过程中碰撞钢管桩围堰。

5.4 严禁基坑内及四周积水影响土体受力。

5.5 应对突发事件(洪水、船只碰撞等)有应急措施。

6 质量记录

6.1 原材料(钢管、型钢)应有原制造厂出具的品质证明书。

6.2 现场放样及复核记录。

6.3 现场必须作好打桩记录,记录内容至少应包括桩号、位置、打桩设备概述、每单位长度打击数、作业起始时间、每打一次贯入量、桩位偏移量、倾斜度、最后长度之锤击度等。

6.4 开挖记录,如下表:(或按监理工程师要求进行)

施工单位:_____ 工程名称:_____
施工班组:_____ 工程负责人:_____
钢管桩桩长:_____ 钢管桩桩顶高程:_____
基底高程:_____ 基坑长度:_____
基坑宽度:_____ 基坑深度:_____

钢管桩编号	施工时间	桩长	桩顶高程	单位长度打击数	每打一次贯入量	桩位偏移量	倾斜度	出现情况

7 安全、环保措施

7.1 基坑内应设置爬梯供施工人员上下基坑。

7.2 基坑四周钢管桩上必须设置围栏及安全网,挖出的土及时用自卸车运走,不得就近堆放危及基坑围堰安全。

7.3 施工现场的电工、电焊工必须持证上岗。

7.4 围堰四周必须有好的排水措施,以确保围堰安全。

7.5 围堰四周夜间必须有好的照明。

14.3.5 钢套箱围堰的施工应符合下列规定:

1 对有底钢套箱,除应进行结构的计算和验算外,尚应针对套箱内抽干水后的工况进行抗浮验算。钢套箱采用悬吊方式安装时,应验算悬吊装置及吊杆的强度是否满足受力要求。

2 钢套箱应根据现场设备的起吊能力和移运能力确定采用整体式或装配式制作,制作时应采取防止接缝渗漏的措施。

3 钢套箱下沉就位时,在下沉过程中应保持平稳,当采用多个千斤顶吊放时,应使各千斤顶的行程同步,且宜设置导向装置或利用已成桩作为导向的承力结构进行准确定位。钢套箱就位后应对其平面位置和高程进行精确调整,并应及时予以固定;当水流速度过大会使套箱的位置发生改变时,应具有稳定套箱的可靠措施。

4 有底钢套箱在浇筑封底混凝土之前,应对底板和钢护筒的表面进行清理,并应采用适宜的止水装置或材料对底板与桩基之间的缝隙进行封堵。

5 钢套箱内的排水应在封底混凝土符合设计规定的强度后或达到设计强度的80%及以上时方可进行,在封底混凝土未达到规定强度之前,应打开套箱上设置的连通器,保持套箱内外水头一致,排水时不应过快,并应在排水过程中加强对套箱情况变化的监测;对有底钢套箱,必要时可设反压装置抵抗过大的浮力。

6 钢套箱侧壁兼作承台模板时,其位置和尺寸应符合承台结构的允许偏差规定。

1 有底钢套箱围堰的底面一般高于河床面,故会产生较大的浮力,在套箱内排干水后的工况下,其浮力达最大值,因此施工设计时需要对该工况进行抗浮验算。

4 有底的围堰可能会在施工过程中淤积泥沙,钢护筒可能会在钻孔施工期间产生锈蚀以及附着贝壳之类的水生物,从而影响止水效果以及降低封底混凝土与钢护筒之间的握裹力,故强调在浇筑封底混凝土之前,需要将底板和钢护筒的表面清理干净。

5 在水位变动区域,若未设置连通器或连通器未打开,水位上涨带来的水头差可能会破坏尚未达到强度要求的封底混凝土,通过连通器保持套箱内外水头一致可以避免这种现象产生。

钢套箱围堰的施工工艺及注意事项:

(1)钢套箱围堰适用于水中承台基础的施工。钢套箱具有可靠的整体性和良好的防水性,亦有利于分块拼装重复使用,与土石围堰相比不仅可以节约填筑工程量,而且可以减少对河流的污染,减少挖基数量。钢套箱围堰虽主要应用于水中承台基础的施工,但亦可以在钢套箱顶部搭设钻机的工作平台进行钻孔灌注桩的钻孔施工,同时钢套箱围堰既是围水设施又可以作为基础或承台施工的模板使用。如果相同结构形式的墩台基础数量较多,钢套箱能周转使用时,则更不失为一种工程费用低、工期短的施工方法。

(2)钢套箱通常采用钢板、型钢等材料制作。根据现场起吊和移运的能力,钢套箱可以制成整体式或装配式。制作中需采取措施,防止钢套箱接缝处产生渗漏。

(3)在下沉无底钢套箱前,需清理河床,若钢套箱设置于岩层上时,需整平岩面;如果基岩岩面倾斜,需将套箱底做成与岩面相同的倾斜度,以增加套箱的稳定并减少渗漏。

(4)钢套箱的平面尺寸:当兼做承台模板时,钢套箱的周边尺寸可以与承台尺寸一致;当不做承台模板时,一般比承台每边大0.1~0.2m。

(5)钢套箱的总高度需根据各施工阶段的最高水位、河床冲刷深度、基坑需要开挖的深度以及基底地基稳定程度(如涌水、翻砂、拱起的可能性等)综合考虑确定。

(6)钢套箱的施工一般分制作、下沉、就位、清基和浇筑水下封底混凝土等几个主要工序:

①制作。

钢套箱的制作通常在工厂进行,制作完成后需进行试拼,然后分组、编号,运送至工地待用。

②下沉就位。

下沉套箱之前,需清除河床表面的障碍物。当套箱位于岩层上时,需整平岩面;如果基岩岩面倾斜,可以先钻探探清倾斜角度或根据探测资料,将套箱底部做成与岩面相同倾斜度,以增加套箱的稳定并减少渗漏。

钢套箱就位安装之前,须先按受力要求在施工点四角打设定位桩,边打边测量,符合要求后再在其顶部加设纵横梁形成操作平台。

③清基封底。

清基可以采取水下挖基,采用吹砂吸泥或静水挖抓泥沙的办法。清基完毕,基底经过检验合格后,即可进行水下封底混凝土的灌注;待混凝土强度达到要求后,进行抽水等工作。

14.3.6 双壁钢围堰的施工应符合下列规定:

1 围堰的双壁间距应根据下沉时需要克服的浮力、土层摩阻力及基底抗力等经计算确定,并应在双壁之间分设多个对称的、横向互不相通的隔水仓。

2 双壁钢围堰兼作钻孔平台时,应将钻孔施工产生的全部荷载及各种工况加入围堰结构的最不利荷载组合中进行设计和验算。钢围堰需度汛或度凌施工时,应制订稳定和防撞击、防冲刷的可靠方案,并应进行相应的验算。

3 双壁钢围堰结构的制作宜在工厂按设计要求进行,各节、块应按预定的顺序对称组装拼焊,制作完成后应进行焊接质量检验,并应进行水密性试验。

4 围堰应根据现场的水文、地质和通航等情况,设置可靠的定位系统和导向装置,其浮运、下沉、定位等工序的施工及允许偏差应符合本规范第11章的相关规定。

5 围堰下沉至设计高程,在灌注封底混凝土之前,应对河床面进行清理和整平。围堰置于岩面上时,宜将岩面整平;基岩岩面倾斜或凹凸不平时,宜将围堰底部制作成与岩面相应的异形刃脚,增加其稳定性并减少渗漏。

1 在双壁之间设互不相通的隔水仓,是为了钢围堰在下沉过程中分仓对称地进行注水、加砂砾石或浇筑混凝土,增加钢围堰的自重,利于下沉。

双壁钢围堰施工注意事项:

(1)双壁钢围堰的制作,须在工厂中按互换件或对号入座的办法制成块件,其分节分块的大小需按工地设备能力确定。各节、块之间的接缝须安设防水胶条。

(2)双壁钢围堰拼焊后,须具有一定的刚度。

(3)双壁钢围堰的内外壁须满缝施焊,无伤痕、漏焊及砂眼。对钢板与角钢水平杆的焊缝长度,须大于100mm,间距一般小于80mm。角钢骨架间的焊接亦须满焊,并须在骨架块的外壁板上焊接起吊吊环。组装成型后,要对围堰的尺寸、高度、倾斜度以及焊接质量进行检查验收。

(4)双壁钢围堰在陆地拼装时的高度,需满足浮运的要求,其底节可以采用滑道入水,入水后与动力船相连,浮运到设计位置固定后,再对称焊接接高。

(5)双壁钢围堰的底节亦可以在拼装船上组拼,由导向船运至墩位锚定,再起吊围堰下水,在悬浮的状态下分别接高。围堰的纵横向须牢固地固定于前后定位船和导向船中间,并要保持定位船与导向船的稳定。

(6)双壁钢围堰的定位和着床,受水流速度、河床土质、河床冲刷等诸多因素控制,着床前需采取措施,如在仓内对称注水、在冲刷区抛撒片石;下沉阻力较大时,可以在仓中对称灌填砂石或浇筑混凝土,增加自重助沉。

(7)采用吸泥下沉双壁钢围堰时,需及时向堰内补水,以保持堰内水位不低于堰外。吸泥机需旋转于围堰中心,当下沉效果不好时,可以在离围堰内壁一定距离处,对称吸泥,但要防止吸泥机直接伸到刃脚下吸泥或在刃脚附近吸泥过深。

(8)围堰的清基可以按方格网坐标划分区域,逐块吸泥。基底经检查合格后方能灌注水下混凝土封底。

双壁钢围堰的制作工艺、施工工艺和质量控制、水下封底混凝土施工示例:

1. 双壁钢围堰的制作工艺

(1)整体预制吊装对接,此种方法需要大型吊装运输设备,成本费用较高。

(2)分节分块预制拼装下沉,此法工艺要求较高,工作量较大。

(3)在墩位处散件拼装接高下沉,此法方便灵活,但现场水上作业量大、施工干扰大、安全性较差。

(4)在墩位处设置工作平台,在平台上拼装,再利用多点起吊同时均匀下沉。施工单位可以根据自身的条件及现场情况确定具体的施工方法。

2. 施工工艺和质量控制

(1)对于围堰骨架的主要结构尺寸,须控制好围堰的内外直径的偏差及围堰壁的垂直度,同一平面相互垂直的直径偏差须不大于20mm。对垂直度的检查,可以在底节上的基准面选点随接高将基准面上移的办法来检验。

(2)焊缝的焊接质量须符合设计要求,其中水平环肋接头、竖肋接头及联接处的接头,建议按本规范第8章钢结构工程的规定进行检验,以保证焊接质量。

(3)拼装完成后须进行水密性试验。

(4)就位时需进行准确的测量定位,定位可以采用精度较高的测量仪器。因实际的中心位置是不易标出的,可以利用三点归圆原理推求出钢围堰的中心位置。

(5)须密切注意各施工阶段堰内外水面高差的平衡,防止出现翻砂现象。

(6)水下封底混凝土灌注施工时,需根据封底面积设计好导管的布置及灌注的顺序,防止灌注的混凝土表面高差太大及出现导管进水现象。

3. 双壁钢围堰水下封底混凝土施工示例

内径33m、外径36m的圆形双壁钢围堰,内圆面积为855m^2,扣除护筒面积后封底面积为665m^2。灌注水下混凝土的工作在钢架平台上进行,共均匀布设14根导管和24个测点,以便控制混凝土的数量。

水下混凝土的拌制、输送与普通钻孔灌注桩的施工相同,在此不作介绍,但需注意混凝土的供应不得间断,以保证能连续灌注。

(1) 灌注导管的试压按 $0.8\mathrm{MPa} \times 1.5 = 1.2\mathrm{MPa}$ 进行。

(2) 导管选在附近岩面最低处压水(剪球),随时进行适当调整。

(3) 采用砍球法压水,由专人制作球体。

(4) 导管下口超压力将达到 0.8MPa,混凝土的扩散半径根据以往经验按 6m 考虑。

(5) 压水时首批混凝土数量 $V = \frac{1}{3}\pi R^2 h$(R 取 6m,h 取 1.5m,此时流动坡比为 1∶4),即:

$$V = \frac{1}{3} \times \pi \times 6^2 \times 1.5 = 57\mathrm{m}^3$$

(6) 混凝土灌注的原则:由低向高,由边向中,严格控制混凝土灌注的高差,密切注意混凝土的扩散情况;灌注时,须严格防止附近未灌注的导管进入混凝土,导管停止灌注的间隔时间不超过 30min。

(7) 须保证储料能足够埋置导管,设专人进行测深检测和记录,随时报告,防止导管脱空。在平台上设 24 个测点位置标出高程;布设测绳,将 24 个测点分 5 个区,每区每班配置 2 人(1 人测量,1 人记录、计算、上报),另每班专设 1 人负责通知提升导管及压水;每小时统计一次生产输送量和测量一次舱面混凝土上升情况,数据汇总到指挥台,利用计算机及时整理,上报施工负责人。

(8) 逐管压注,视量而行(同时灌注时,最多 4 根管)。

(9) 压水顺序视情况调整;灌注时控制混凝土的高差小于 1m,灌注完毕,总体平面控制高差需小于 500mm。

(10) 经 32h,水下封底混凝土灌注完毕,经检测,混凝土的强度、密实性、整体性、水密性和平整度等各方面均达到了设计要求。

14.3.7 承台施工前应进行桩基等隐蔽工程的质量验收,桩顶的混凝土面应按水平施工缝的要求凿毛,桩头预留钢筋上的泥土及鳞锈等应清理干净。承台基底为软弱土层时,应按设计要求采取措施,避免在浇筑承台混凝土过程中产生不均匀沉降。

14.3.8 承台的钢筋和混凝土应在无水条件下进行施工,施工时应根据地质、地下水位和基坑内的积水等情况采取防水或排水措施。应采取有效措施,使承台钢筋的混凝土保护层厚度符合设计规定。桩伸入承台的长度以及边桩外侧与承台边缘的净距应不小于设计规定值。

14.4 预制安装承台

14.4.1 承台预制施工的场地规划、预制台座和存放台座设置、场内起吊移运、陆上和水上运输,以及临时设施、临时受力装置和受力结构等应符合本规范第 15.4 节的规定。

14.4.2 承台单独预制或承台与底节墩身整体预制时,可根据桩基施工后的实际平面位置偏差适当调整承台上的桩孔预留位置,但应得到设计认可。

承台的预制安装有两种方式,一种是承台单独预制、单独安装;另一种是底节墩身与承台一起整体预制、整体安装。对安装而言,两种方式的安装施工方法是相同的,并不存在什么区别。由于桩基础在施工时,其平面位置不可避免地会产生偏差,有可能与预制承台上预留的桩孔位置不一致,因此允许进行适当调整,但这种调整需经设计人员认可后方能进行。在实际施工中,如果预制在桩基础施工之前即已完成,则无法调整,这就要求不论何种部位的施工,均需要保证其施工的精度达到质量标准的要求,特别对预制安装的工程更需重视。

14.4.3 预制承台应在桩基础施工完成并经质量检验合格后方可进行安装,安装前应采取有效措施将桩基或钢护筒表面的淤泥等附着物清洗干净。

桩基或钢护筒表面有可能会存在淤泥和牡蛎等带壳水生物,对这些附着物需要在安装前清洗干净,方能使桩基与承台之间的湿接头连接可靠。

14.4.4 在陆地上安装承台时,应先开挖基坑至规定的基底高程,必要时浇筑封底或垫层混凝土,然后再起吊、就位进行安装。

14.4.5 在水上采用围堰止水后安装承台时,可先设置围堰、开挖基坑至规定的基底高程、浇筑封底混凝土,排除堰内的水后,再起吊、就位进行安装。

14.4.6 在水上采用止水胶囊安装承台时,应符合下列规定:

1 胶囊宜为专用产品,耐压能力和止水效果应满足施工的要求,且应在使用前对胶囊充气进行压力和止水的模拟试验检测,其承受压力的能力应不小于实际使用位置的1.3倍水深。

2 胶囊不论是预先设置在桩基础上或设置在承台的桩孔壁上,应尽可能与桩保持同心,且在承台起吊下放安装的过程中,均不得对其产生任何碰撞、摩擦或其他形式的损伤。

3 采用止水胶囊安装承台时,承台顶部的围堰宜在预制完成后设置,并应随承台一并运输和安装。

4 承台在起吊下放安装时,应通过导向装置保持其位置相对准确且姿态平稳,不得产生过大的摆动,当过大时应有止摆的可靠措施;下放接近预定安装高程时,应通过定位装置使其准确就位,就位后应采用调位装置对其进行三维调节、精确定位,并应启用锁定装置将其及时锁定。

5 承台精确定位并锁定后,应对其位置和高程等进行检查,确认满足要求后,应尽快对胶囊内充气进行止水,充气时的充气量与充气速度宜按模拟试验的结果进行控制。

6 在排除湿接头预留孔内的水之前,应先在承台和桩基的适当位置设置抗浮的反压装置,防止排水后产生的浮力导致承台上浮;排除湿接头预留孔内的水之后,仍应对承台采取可靠的防止摆动或振动的措施。

7 湿接头预留孔内的钢筋设置应符合设计规定,必要时宜适当加密连接钢筋。

8 承台预留孔与桩基之间的湿接头应采用符合设计规定的混凝土,其配合比应进行专门设计并经试验验证。对连接面混凝土应进行严格凿毛处理,并应将连接界面清理干净,浇筑前应采用淡水充分湿润或涂刷界面剂。湿接头混凝土宜在一天中气温相对较低的时段在无水状态下浇筑,浇筑后的养护时间应不少于14d。

9 湿接头混凝土应达到设计规定的强度等级,设计未规定时,应在不低于设计强度等级的80%后,方可进行结构的体系转换,转换时其卸载过程应逐级进行。

预制承台的安装通常有三种形式:陆上墩的承台安装(第14.4.4条),水上墩的承台采取先围堰止水后再安装(第14.4.5条),水上墩的承台采用胶囊止水安装(第14.4.6条)。前两种形式的施工难度相对较小,后一种形式的施工要求较高。

1 胶囊的耐压能力如果不足,将会大大影响其止水效果,因此需要采用满足施工要求的专用产品;同时胶囊承受压力的能力尚需具有一定的安全储备,才能保证其使用的可靠性,这就需要在使用前进行必要的模拟试验检测予以验证。

2 胶囊与桩之间保持一致的同心度可以保证其止水效果。如果胶囊在承台起吊下放安装的过程中受到损伤,将会使其丧失止水的功能。

3 由于湿接头的混凝土是在无水状态下进行浇筑施工,因此需要在承台的顶部设置围堰挡水。围堰在预制完成后设置,连同承台一并安装,可以简化施工工艺,降低施工难度。

4 承台在起吊下放安装和就位时,不可避免地会产生摆动,这时就需要采取可靠的措施进行止摆,防止承台对桩基产生碰撞。安装一般采取初步定位和精确定位两个步骤,导向装置用于初步定位;调位装置用于精确定位;锁定装置是在精确定位后启用,将承台的位置及时锁定。

5 对胶囊内充气时,充气量与充气速度等参数是不能随意确定的,充气量过大或充气速度过快,均有可能损坏胶囊,因此需要按照模拟试验的结果进行控制。

6 设置反压装置的目的是抵抗排除湿接头预留孔内的水之后作用在承台上的浮力。排除湿接头预留孔内的水之后,如果不继续采取防止承台摆动或振动的措施,有可能会对后续的施工如浇筑湿接头混凝土时产生不利影响,故规定如条文。

8 湿接头混凝土对预制安装结构的重要性是不言而喻的,设计对此一般均会作出较为严格的要求,因此施工时亦需要按条文的规定认真对待,才能保证工程的质量。

9 结构的体系转换需要在湿接头混凝土浇筑完成并达到一定强度、能承受结构的受力要求后才能进行,而且需要按照一定的程序和步骤平缓地进行转换。如果突然转换,有可能会对结构的关键受力部位产生冲击,导致严重后果。

15 桥墩、桥台

15.1 一般规定

15.1.1 本章适用于桥墩墩身、桥墩盖梁、系梁、墩帽、桥台台身、台帽及耳背墙、挡块等的施工。

15.1.2 桥墩、桥台等的施工除应符合本章的规定外,对钢筋、预应力、模板支架和混凝土等的施工要求尚应符合本规范相应章节的规定。

15.1.3 圬工墩台的砌筑施工应符合本规范第 16 章的规定。

15.1.4 桥墩、桥台属大体积混凝土的,应按本规范有关大体积混凝土的规定组织施工。

15.2 桥墩

15.2.1 本节适用于在现场就地整体浇筑和分节段浇筑的桥墩施工。

15.2.2 对高度小于 40m 的桥墩,其施工应符合下列规定:
　　1 桥墩施工前,应对其施工范围内基础顶面的混凝土进行凿毛处理,并应将表面的松散层、石屑等清理干净;对分节段施工的桥墩,其接缝亦应作相同的凿毛和清洁处理。
　　2 应尽量缩短首节桥墩墩身与承台之间浇筑混凝土的间隔时间,间歇期宜不大于 10d,当不能满足间歇期要求时,应采取防止墩、台身混凝土开裂的有效措施。墩身平面尺寸较大时,首节墩身可与承台同步施工。
　　3 桥墩高度小于或等于 10m 时可整体浇筑施工;高度超过 10m 时,可分节段施工,节段的高度宜根据施工环境条件和钢筋定尺长度等因素确定。上一节段施工时,已浇节段的混凝土强度应不低于 2.5MPa。各节段之间浇筑混凝土的间歇期宜控制在 7d 以内。
　　4 桥墩的钢筋可分节段制作和安装,且应保证其连接精度;条件具备时,亦可采用整体制作、整体安装的方式施工,但在制作、存放、运输和安装时应采取有效措施保证其刚度,避免产生过大的变形。
　　5 在模板安装前,应在基础顶面放出桥墩的轴线及边缘线;对分节段施工的桥墩,其首节模板安装的平面位置和垂直度应严格控制。模板在安装过程中应通过测量监控措施保证桥墩的垂直度,并应有防倾覆的临时措施;对风力较大地区的墩身模板,应考虑其抗风稳定性。
　　6 浇筑混凝土时,串筒、溜槽等的布置应便于混凝土的摊铺和振捣,并应明确划分工作区域。混凝土浇筑完成后,应及时进行养护,养护时间应不少于 7d。
　　7 作业人员的上下步梯宜采用钢管脚手架或专用产品搭设,并应进行专项设计,设置时应固定在已浇筑完成的墩身上。
　　8 桥墩高处作业的施工安全应符合本规范第 26 章的规定。
　　2 对承台基础上的首节墩台身,如在施工中不采取有效措施,该处的混凝土非常容易产生裂缝,尤其为薄壁墩身时更易发生。因此除设计上需要考虑将该处的墩身设计为实心段,并逐渐过渡到空心段外,施工时尚需要将首节墩台身与承台之间的施工间歇期尽量缩短,以避免因混凝土龄期相差过大而产生裂缝。

对悬索桥、斜拉桥的索塔和其他一些桥梁的高墩，现大多采用空心薄壁结构，虽然这种结构形式有很多优点，但普遍存在墩身混凝土开裂的问题。裂缝一般位于接近实心混凝土的部位，特别是与承台连接的墩身底部附近更易产生，而且这种裂缝是对称出现的，类似的现象已经为数座桥梁所证实。空心薄壁墩身多为普通钢筋混凝土结构，结构的特性决定了其在与实体混凝土连接的附近容易产生裂缝，例如在与承台连接的墩身底部附近，由于承台一般为大体积混凝土结构，其温度应力的变化、混凝土龄期的不同都会对墩身结构的变形产生影响，加之在连接处构造尺寸上的突变，这些因素使得墩身薄壁结构的变形与承台结构的变形产生了不一致，当墩身混凝土因变形过大而产生的拉应力超过其容许值时，裂缝就不可避免而随之产生，对称裂缝的出现更说明了这一点。要解决这个问题，防止出现裂缝，首先要从设计着手，对于空心薄壁结构与实心混凝土连接处，要有一个构造尺寸上的过渡段，即从实心混凝土逐渐过渡到空心结构，而不是从实心混凝土段突变到空心结构；对于空心薄壁结构的配筋，需布置细而密的防裂钢筋和箍筋，不能仅满足受力钢筋的要求，而忽视构造钢筋的要求。其次，施工时亦需注意选择确定合理的混凝土配合比，水泥用量不能过大，加强对混凝土搅拌和振捣工艺的管理，注意对混凝土的养护，减少其内表温差，或将一定高度的墩身与承台混凝土同步浇筑。认真做好这些工作，则空心薄壁墩墩身的裂缝就不会发生。

3 墩身的高度不大于 10m 时，一般多采用整体一次浇筑成型的方式施工，当然也可以根据不同的条件分节段施工；但高度超过 10m 时，整体一次浇筑成型可能会存在一定困难，因此分节段施工更为合理一些。

4 桥墩墩身的钢筋采用在厂内整体制作、运输到现场整体安装的方法，不仅可以保证钢筋骨架制作的质量，同时也能提高施工效率，是一种很好的施工方式，但这种方式对运输和安装的要求相对较高，如果刚度不足，很容易导致骨架的变形，因此条文规定在条件具备时允许采用这种方式，但同时也强调在施工过程中需要采取有效措施保证其刚度，避免产生过大的变形。

5 对分节段施工的墩台身，如首节模板定位不准确，将会给后续节段的模板安装造成困难，且不易保证墩台身的外形尺寸和垂直度；对风力较大地区，风力的作用会使模板的稳定性降低，严重者可能会导致坍塌事故。故条文对此予以强调。

7 桥墩施工时，作业人员的上下通道是一项很重要的临时设施，有些工地对此的重视程度不足，有的甚至发生过严重的安全事故，故本款予以强调，目的是加强桥墩施工时对作业人员的安全防护。

15.2.3 对高度大于或等于 40m 的高墩，其施工除应符合本规范第 15.2.2 条的规定外，尚应符合下列规定：

1 施工前应编制专项施工方案，对各项临时受力结构和临时设施应进行必要的施工设计计算和验算。

2 宜设置塔吊或其他可靠的起重设备，用于施工期间钢筋或其半成品材料以及其他材料的垂直起吊运输。

3 宜设置施工电梯作为运送作业人员和小型机具、操作工具的垂直运输设施。

4 对塔吊和施工电梯的平面位置宜根据环境条件和桥墩的结构特点进行比较选择，其布置除应方便施工操作外，亦不应影响到其他作业的安全。塔吊和施工电梯均应有可靠的附墙安全措施。

5 模板体系宜根据施工的环境条件、桥墩截面形式的特点、分节段施工高度、施工作业人员的经验等因素综合选择确定。模板的施工要求应符合本规范第 5 章的规定。

6 绑扎和安装钢筋时，应在作业面设置具有外围护的操作平台。当采用劲性骨架辅助钢筋安装时，劲性骨架宜在地面上制作好后再起吊就位安装。整体制作安装的钢筋应有保证刚度防止变形的可靠措施。钢筋的主筋宜采用机械方式连接，机械连接的施工要求应符合本规范第 4 章的规定。

7 混凝土的垂直输送宜采用泵送方式，泵管可沿已施工完成的墩身或搭设专用支架进行布设，而不应布设在塔吊和施工电梯上。

8　混凝土的浇筑施工要求应符合本规范第6章的规定，每一节段混凝土的养护时间应不少于7d。养护用的水管可布设在墩身上，且应与电缆分开设置。

9　高墩施工前应编制测量控制方案，施工过程中应对墩身的平面位置和垂直度进行监控，条件具备时宜采用激光铅垂仪进行控制。施工测量中应考虑日照对墩身扭转的影响，当日照影响较大时，测量宜在夜间气温相对稳定的时段进行。

严格来说，高墩的施工与普通高度桥墩的施工并不存在本质上的区别，但高墩相对于普通高度的桥墩而言，其施工需要采取的手段和措施更多，施工的风险也更大，因此增加对高墩施工的规定是有必要的。

1　强调"对各项临时受力结构和临时设施应进行必要的施工设计计算和验算"，主要是出于对施工技术安全的考虑，因为高墩的施工均为高空作业，各类临时受力结构和临时设施的受力安全需要可靠，如果忽视此项工作，将可能导致严重后果。

2　高墩施工时，最有效的垂直起吊运输设备是塔吊，比较实用且使用效率较高，故推荐优先采用。其他起重设备当然也能采用，但其功能、适用性和安全性等需要可靠。

3　高度达到或超过40m时，步梯已不能满足作业人员和小型机具、操作工具等往返作业面的需要，因此需要设置施工电梯。

4　塔吊和施工电梯的平面位置布置不合理时，可能会影响到施工过程中的其他作业，降低施工效率且不安全，故规定如条文。规定"塔吊和施工电梯均应有可靠的附墙安全措施"，是为保证设备在运行过程中的稳定和安全。

5　模板在高墩施工中的作用非常重要，常用的模板体系有液压爬模、翻模、提升模板、滑模等，近年来亦有滑翻结合模板、辊模等模板体系的实际应用，各种模板体系均有其自身的特点和优势，如何进行选择确定，以保证施工的效率和安全，是高墩施工前需要认真考虑的问题，故需要根据各种因素综合选择确定。

6　本款主要针对钢筋施工时的作业安全、劲性骨架制作、保证整体制作安装钢筋的刚度及防止变形、钢筋连接等进行规定。

7　泵送混凝土时，由于泵管的振动较大，如果布设在塔吊或电梯上，会对塔吊或电梯的稳定产生较大的影响，容易发生安全事故。

9　高墩在施工时，由于日照对墩身扭转的影响较大，因此其测量控制需要考虑该影响。

15.3　桥台

15.3.1　桥台在施工前应在基础顶面测量放样出台身的纵横向轴线和内外轮廓线，其平面位置应准确。当台身较长需要设置沉降缝时，应在施工前确定其设置位置。

规定沉降缝"应在施工前确定其设置位置"，是为杜绝随意设置的错误做法。

15.3.2　桥台后背的回填除应符合本节的规定外，尚应符合本规范第16.5节的规定。

15.3.3　重力式桥台的施工应符合下列规定：

1　混凝土或钢筋混凝土台身宜一次连续浇筑完成，当台身较长或截面积过大，一次连续浇筑完成难以保证混凝土质量时，可分段或分层浇筑。分段浇筑时，其接缝宜设置在沉降缝处；分层浇筑时应采取有效措施控制接缝的外观质量，防止产生过大的层间错台。

2　采用片石混凝土浇筑圬工台身时，应选用无裂纹、无夹层、未煅烧过并具有抗冻性的石块，片石混凝土的施工要求应符合本规范第16.7节的规定。

3 采用石料砌筑圬工台身时,其施工要求应符合本规范第16.3节的规定。
4 翼墙、八字墙施工时,其顶面坡度的变化应与台后边坡的坡度相适应。
5 桥台后背与回填土接触面的防水处理应符合设计规定。

15.3.4 肋板式埋置式桥台施工时,肋板的斜面方向应符合设计规定的方向,避免反置。柱式和肋板式等埋置式桥台施工完成后的填土要求均应符合本规范第16.5节的规定,台前溜坡的坡度及其坡面防护应符合设计的规定。

15.3.5 薄壁轻型桥台施工时,对混凝土的浇筑应采取有效措施,保证其浇筑质量。施工完成后台背的填土要求除应符合本规范第16.5节的规定外,对设置有支撑梁的,尚应在支撑梁安装完成后再填土。

在轻型桥台的施工中,如果支撑梁尚未安装即进行台背填土,有可能会使桥台产生推移。

15.3.6 组合式桥台应按其各组成部分的相应要求进行施工。锚碇(拉)板式组合桥台可按本规范第15.3.7条的规定进行施工;挡土墙组合桥台中挡土墙的施工应符合现行《公路路基施工技术规范》(JTG/T 3610)的规定;后座式组合桥台中的后座可按本规范第15.3.3条重力式桥台的规定进行施工,台身与后座之间的构造缝应严格按设计要求施工。

15.3.7 加筋土桥台施工应符合下列规定:
1 混凝土面板的预制施工应符合本规范第6章的规定。露于面板混凝土外面的钢拉环、钢板锚头应作防锈处理,加筋带与钢拉环的接触面应作隔离处理。筋带的强度和受力后的变形应满足设计要求,筋带应能与填料产生足够的摩擦力,接长和与面板的连接应简单。
2 面板应按要求的垂度挂线安砌,安砌时单块面板可内倾1/100~1/200,作为填料压实时面板外倾的预留度。不得在未完成填土作业的面板上安砌上一层面板。
3 钢带应平顺铺设于已压实整平的填料上,不得弯曲或扭曲;钢筋混凝土带可直接铺设在已压实整平的填料上或在填料上挖槽铺设;加筋带应呈扇形辐射状铺设,不宜重叠,不得卷曲或折曲,并不得与尖锐棱角的粗粒料直接接触。在与桥台立柱或肋板相互干扰时,筋带可适当避让。
4 台背筋带锚固段的填筑宜采用粗粒土或改性土等填料。当填料为黏性土时,宜在面板后不小于0.5m范围内回填砂砾材料。
5 填料摊铺厚度应均匀一致,表面平整,并应设置不小于3%的横坡。当采用机械摊铺时,摊铺机械距面板应不小于1.5m。机械的运行方向应与筋带垂直,并不得在未覆盖填料的筋带上行驶或停车。
6 台背填料应严格分层碾压,碾压时宜先轻后重,并不得使用羊足碾。压实作业应先从筋带中部开始,逐步碾压至筋带尾部,再碾压靠近面板部位,且压实机械距面板应不小于1.0m。台背填筑施工过程中应随时观测加筋土桥台的变化。

15.3.8 对位于软土地基处的桥台,可先填筑路堤并待其沉降基本稳定后,再以反开挖的方式进行基础和台身的施工。

15.3.9 桥台的耳墙和背墙宜在台背回填之前施工,但在后续的其他工序施工中应采取有效措施对其进行保护,防止产生碰撞、挤压等损伤。

桥台的耳墙和背墙施工完成后,在后续的其他工序施工中,特别是台背回填施工时,如果不采取措施对其进行保护,很容易对其产生碰撞、挤压等损伤,故规定如条文。

15.4 预制安装墩台身、盖梁

15.4.1 本节适用于桥墩墩身、桥台台身及盖梁等的预制安装施工。

15.4.2 预制安装墩台身和盖梁的施工应制订专项施工方案,其施工方法、施工工艺、临时设施和设备等宜根据结构的构造特点和施工环境条件综合确定,对施工中使用的受力装置和受力临时结构应进行专门设计和验算。

预制安装墩台身和盖梁的施工具有较高的技术难度和施工风险,各种临时设施、受力装置和受力临时结构较多,因此需要制订专项施工方案,并对施工中使用的受力装置和受力临时结构进行专门设计和验算,目的是保证施工安全。

15.4.3 墩台身和盖梁的预制场地应进行专门规划和设计,并应符合下列规定:
1 场地的布置应有利于预制、存放、移运和装车(船)的施工作业。
2 场地内的道路、料场等均应硬化处理,且场地应有防排水设施。
3 场地内各种临时设施的地基应具有足够的承载能力,不满足要求时应对地基进行加固处理。
4 对在水域中安装的墩台身,应在预制场地设置构件的出运线路和出运码头。

工厂化、大型化、标准化、装配化是墩台身预制安装施工的显著特点。规定墩台的预制场地需要进行专门规划和设计,是由于墩台身构件体大量重,对地基承载力有较高要求;施工中各工序的施工工艺较复杂,相互间的组织与配合需要紧密衔接。如果不对场地进行周密的规划和布置,容易造成施工效率低下,也不易保证施工的质量和安全。

15.4.4 预制台座的设置应符合下列规定:
1 台座的地基应具有足够的承载能力、稳定性和抗变形能力,必要时应对地基进行加固处理,施工过程中应定期监测台座的整体和不均匀沉降量。
2 预制台座可采用混凝土结构和钢结构组合而成,并应与墩台预制节段底部的预留钢筋和预埋件相适应,以及进行必要的受力分析计算。
3 采用混凝土底座时,宜在混凝土结构中通过计算配置必要的受力钢筋,底座的基础宜采用整体式钢筋混凝土板。
4 钢结构台座宜采用钢板和型钢进行制作,且可将墩台预制节段的底模与台座连接成整体,并在底模处开孔,开孔处应采取局部加强的措施,开孔位置应准确,应使预制节段底部的预留钢筋和预埋件能顺利通过。
5 预制台座的设置数量宜根据墩台身安装施工的规模和进度要求综合考虑确定。

1 预制台座的地基具有足够的承载能力和稳定性,是台座在设置时首先需要考虑的问题,地基的承载能力不足或稳定性和抗变形能力不够,在预制施工时将会产生沉陷,进而影响到预制构件的质量,甚至导致构件倾倒。

2 预制台座的形式多种多样,本款的规定并不排斥采用其他更好的形式。

3 在混凝土结构中通过计算配置必要的受力钢筋,对底座的受力更有利;整体式钢筋混凝土板的受力状况较均匀,适宜作为底座的基础。

5 预制与安装是一对相辅相成的关系,在能满足安装进度要求的前提下,预制台座的数量越少越好,这样可节省工程施工的成本,因此预制台座的数量需要根据墩台安装施工的规模和进度要求综合考虑确定。

15.4.5 存放台座的设置除应符合本规范第15.4.4条的相关规定外,尚应满足地基不沉陷和稳定的要求。当能满足预制和安装的进度要求时,可不设存放台座。

15.4.6 墩台身预制的节段尺寸划分应符合设计规定。设计未规定时,宜根据墩台结构的构造特点、运输能力、安装时的起重能力以及施工的方便性等因素综合考虑确定;对海上桥梁,尺寸划分时宜将节段之间的接缝设置在浪溅区以上。高度不大或运输能力和安装起重能力足够时,宜进行整体预制、整体安装。

墩台身预制的节段尺寸主要是指在高度方向上的划分。节段尺寸的划分是否合理,将会对施工产生重大影响,因此需要根据施工中的诸多因素综合考虑确定。

15.4.7 墩台身和盖梁的预制宜采用整体式定型钢模板,模板应具有足够的强度、刚度和稳定性。模板的制作、安装和拆除除应符合本规范第5章的规定外,尚应符合下列规定:
1 模板应以刚度控制设计,并应满足多次重复使用不变形的要求。
2 模板安装时位置应准确,各部位的连接应牢固可靠,接缝应严密不漏浆。
3 底模应平整,其平整度在2m长度范围的允许偏差应不超过2mm,并应垂直于预制墩身的中轴线;侧模的平整度在1m长度范围的允许偏差应不超过2mm。
4 剪力键(槽)处的模板尺寸应准确,表面应平整。

1 预制所用的模板需要多次重复使用,为满足不变形的要求,在设计时就需要以刚度控制,而不是以强度控制。在某种程度上,模板的优劣可以决定混凝土构件预制质量的优劣。

15.4.8 钢筋宜在专用胎架上制作成钢筋骨架或分片钢筋网后再进行整体起吊安装,必要时可增设劲性骨架增强其整体刚度。钢筋的下料、加工制作、安装、绑扎、连接等应符合本规范第4章的规定,采用特殊钢筋时应符合本规范第22章的规定。

15.4.9 墩台身和盖梁设置有预应力钢束时,其施工应符合设计的要求,设计未要求时应符合本规范第7章的规定。

15.4.10 墩台身和盖梁预制混凝土的施工除应符合本规范第6章的规定外,尚应符合下列规定:
1 每一预制节段的混凝土应一次浇筑完成。
2 浇筑混凝土时,应采取有效措施保证预应力管道和各种预埋件的位置准确,不产生移位。
3 混凝土浇筑完成后,带模洒水养护的时间宜不少于3d,对混凝土的外露面应覆盖、保湿和保温;拆除模板后仍宜对混凝土表面进行覆盖并保湿养护至少7d。对高性能混凝土,其保湿养护的时间宜适当延长。

15.4.11 墩台身宜采用立式的方式在台座上预制,并应符合下列规定:
1 对多节段预制的墩台身,当节段安装采用湿接缝连接时,可将节段分别预制;节段安装采用胶接缝连接时,应按底节、中间节、顶节的顺序从下至上匹配预制,或采用工具式端模匹配预制。
2 各节墩台身预制时,应采取有效措施保证其线形和外形尺寸准确,其垂直度的精度应满足设计要求,设计未要求时,垂直度误差应不超过其高度的0.1%且不大于10mm。
3 各节墩台身在预制时均应设置吊装孔,孔的位置和形式应符合设计规定,并应在设置前对吊点的受力进行必要的复核和验算。安装施工所用导向装置和锁定装置的位置应准确,并应满足设计规定的精度要求。
4 墩台身整体预制或顶节墩台身预制时,支座垫石的位置应准确,锚栓孔的位置、直径和深度应满足支座安装就位的精度要求,锚栓孔的位置相对于墩中轴线的偏差应不大于5mm,且在安装时不得改变锚栓的直径和形状。

采用立式的方式进行预制、运输和安装,是墩台预制安装施工区别于梁、板等其他预制构件施工的显著特点,但立式预制、运输、安装的施工风险更大,因此更需要精心组织、精心施工。

1 按照墩台身节段连接方式的不同,节段的安装施工有湿接缝和胶接缝两种方式。采用湿接缝连接时,不需要具有非常平整的匹配面,故能将节段分别进行预制;采用胶接缝连接时,对匹配面的要求非常高,因此需要按底节、中间节、顶节的顺序从下至上匹配预制,或采用工具式端模匹配预制,安装时亦需要按预制时的匹配顺序依次连接。

2 对预制安装的工程,安装的精度取决于预制的精度,没有高精度的预制,不可能实现高精度的安装,因此本款对节段预制的精度要求较高。

3 对于不同的墩台身节段,吊装孔的位置和形式有可能不尽相同,而且尽管设计会对此作出规定,但为保证施工的安全,在设置前仍需要对吊点的受力进行必要的复核和验算。导向装置和锁定装置是安装施工时非常重要的临时结构,故其位置的准确性和精度要求均需要满足设计规定。

4 分节段预制时顶节墩台身的预制,以及墩台身不分节时的整体预制,其顶部的支座垫石一般均与墩台身同时浇筑混凝土,因此对支座垫石本身及锚栓孔的位置、直径和深度等需要满足支座安装就位的精度要求。

15.4.12 墩台身预制节段的起吊、场内移运和存放应符合下列规定:

1 墩台身的预制节段或整体墩身宜采用龙门吊机进行起吊。当采用其他起重设备起吊时,除应有足够的起重能力外,尚应具有较好的稳定性,应能保证起吊作业的安全。

2 起吊用的吊架、吊具和索具等应进行专门设计和受力分析计算,且应与起吊节段的构造形式及其吊装孔相适应,同时宜结合不同节段、安装起吊中采用的起重设备等进行必要的配置组合。

3 节段起吊时,混凝土的强度应满足设计规定。

4 在场内移运墩台预制节段时,可采用滑道或轨道式台车进行立式移运,亦可采用轮胎式台车、气囊等方式进行移运。不论采用何种方式,均应在场地布置时预设相应的移运通道,且该通道的地基应坚固、不沉陷;对移运过程,应提前对节段的支点受力、稳定性等进行分析计算和验算,并应在节段的中、下部设置必要的扶稳装置,以及下部与台车固定的装置,或采取其他稳定措施,保证移运作业的安全。

5 墩台预制节段宜采用立式的方式在台座上进行存放,存放时应采取有效措施保证其稳定,且不应产生受力不均、偏斜、倾倒等现象。存放的时间应符合设计要求,设计未要求时,自混凝土浇筑完成后起算至安装的时间应不少于28d。

1 将龙门吊机作为优先选择的起重设备,是因为这种吊机适用范围广,安全性和稳定性较好,特别对立式起吊、移运和存放的墩台身预制节段更具有优势。其他起重设备主要指轮胎式或履带式吊机。

2 规定对起吊用的吊架、吊具和索具等进行专门设计和受力分析计算,主要是出于安全的考虑。墩台身不同的预制节段其构造形式有可能不一样,特别是顶节,与底节和中间节的外形构造有较大的区别,吊装孔的形式和设置位置也可能不尽相同,因此条文要求起吊用的吊架、吊具和索具等需与起吊节段的构造形式及其吊装孔相适应。在施工中,结合不同节段、安装起吊中采用的起重设备等,对吊架、吊具和索具进行必要的配置组合,不仅能满足施工的要求,也能节省工程成本。

4 墩台预制节段在场内的移运有多种方式,条文中并不限制采用何种方式,而是需要根据现场环境条件等多种因素进行综合考虑选择。但由于墩台身预制节段在预制场通常采用立式的方式进行预制、移运和存放,特别是带墩帽的顶节墩身重心高、质量大,为保证其在移运时的稳定性,防止倾倒,就需要采取有效、可靠的措施,故规定如条文。

15.4.13 墩台身预制节段的陆地运输应符合下列规定:

15 桥墩、桥台

1 在陆地上运输墩台身预制节段时,宜采用专用运输台车,或采用经改装能适应节段运输的车辆。
2 运输线路的路面应平坦,路基或桥涵应有足够的承载能力。
3 采用立式方式运输节段时,除应通过合适的装置将节段固定在车上外,尚应具有防止节段倾倒的可靠稳定措施;采用平卧方式运输节段时,应提前对节段的受力进行验算,合理设置支点,并应在支点处设置缓冲材料,使节段的受力均匀,对节段的捆绑固定措施应可靠。

1 专用运输台车的重心低、适应性较好,故推荐优先采用。
3 采用立式方式运输节段时,如何保证其稳定是关键问题,因此需要有可靠的稳定措施。采用平卧方式运输节段时,由于节段的受力方式发生了变化,因此需要提前对其受力进行必要的验算,以防止在运输过程中对其产生损伤。

15.4.14 墩台身预制节段的水上运输应符合下列规定:
1 水运墩台身预制节段时,宜采用自航式运输驳船,且其有效使用面积和载质量应满足节段装载和载重的要求,并应有足够的稳定性。
2 运输前,应按装载和运输条件下的各种工况,对船舶的强度进行核算和加固计算,并应对船体进行必要的加固处理;同时应对船舶的稳定性进行验算。运输船的所有状态应满足《船舶与海上设施法定检验规则——内河船舶法定检验技术规则》的要求后,方可使用。
3 在运输船上装载墩台身预制节段时,应采用型钢设计用于固定节段的专用支架和底座,保证节段在水上运输过程中各种工况条件下的稳定性。
4 运输时除应采取可靠措施保证预制墩台身节段在风浪颠簸中不产生移位和倾覆外,尚应符合海事和航道管理部门对水上运输的相关规定,保证水上运输的安全。

1 在水上运输墩台身预制节段时,安全风险较大,需要采用满足要求的自航式运输驳船进行运输。
2 装载和运输墩台身预制节段时,船舶在装载节段处的局部强度有可能满足不了载重的要求,因此需要针对各种工况进行核算和加固计算,并对船体进行必要的加固处理。水上运输墩台身预制节段时,由于有风浪等对船舶的影响,较之陆地运输有着更大的安全风险,故需对船舶进行稳定性验算。《船舶与海上设施法定检验规则——内河船舶法定检验技术规则》是中华人民共和国海事局以"海政法〔2014〕000 号文"公布的,自 2015 年 3 月 1 日起实施。
3 规定本款的目的是为防止预制节段在运输过程中产生移位和倾倒。
4 海事部门和航道管理部门对水上运输有相应的规定,为保证运输的安全,条文要求需符合这些部门的相关规定。

15.4.15 墩台身预制节段的安装应采用满足吊装施工能力的起重机械和设备,在陆地上安装时,宜采用履带式起重机或龙门吊机;在水上安装时,宜采用起重船。对吊架、吊具和索具的要求除应符合本规范第 15.4.12 条第 2 款的规定外,尚应满足预制墩台身节段吊装的各项力学性能要求,并具有较好的通用性。

15.4.16 墩台身预制节段安装的调位装置应具有三维调节功能,并应能满足节段安装的精度要求;导向装置、定位装置和锁定装置等应能满足实施快速、准确安装作业的功能要求。

15.4.17 在承台顶设置槽口、安装墩台身时,应符合下列规定:
1 预制墩台身构件宜与承台基座对应编号、对应安装,且宜在基座的适当位置预设导向装置。
2 安装前应检查各墩台身预制构件的尺寸以及基座支承的顶面高程是否符合设计要求;基座槽口四周与预制墩台身构件之间的空隙宜不小于 20mm,经检验合格后方可进行安装施工。
3 起吊安装就位后,应对墩台身的平面位置和竖直度进行检测,确认符合设计要求后,应尽快对其进行固定或锁定。固定装置或锁定装置应牢固可靠,应能保证墩台身的稳定和位置准确,在后续施工中不产生倾斜和移位。

4 槽口湿接头内钢筋的安装绑扎与混凝土的浇筑施工应符合本规范第14.4.6条第7、8款的规定。

本条的规定适用于所有预制墩台身在陆地上或水上整体安装的情况。

2 基座槽口四周与预制墩台身构件之间的空隙如果过小,可能会使安装不方便,但过大也没有必要。

15.4.18 采用胶接缝分节段安装墩台身时,应符合下列规定:

1 墩台身应按节段匹配预制的顺序,进行匹配安装。
2 宜在下节墩台身顶部的适当位置预设安装导向装置。
3 安装施工前,对已安装和待安装节段的匹配面应进行检查、清理,应保证匹配面平整,无异物和凸出。
4 安装前应在节段上部的适宜位置设置操作平台,以及在墩侧的承台上设置供作业人员上下的步梯。作业平台和步梯宜采用钢结构制作,且应进行受力计算和验算,其安装应牢固、稳定;步梯应附着在已安装完成的墩台身上。
5 采用的胶黏剂应符合设计规定的质量和力学性能要求,接缝处理的施工应符合本规范第17.6.15条的规定。
6 墩台身节段起吊安装就位后,应立即检查复核其平面位置、高程与竖直度,不符合要求时应及时进行调整。安装应保证节段之间的剪力键(槽)密贴,上下墩台身应顺直。
7 墩台身节段安装完成并经检测其平面位置与竖直度符合要求后,应进行临时固定,并应按设计的规定对预应力钢束施加预应力,同时对胶接缝进行挤压。挤压时应采取措施对预应力孔道的端口处进行防护,防止胶黏剂进入孔道内。
8 预应力张拉和孔道压浆的施工应符合设计的要求,设计未要求时应符合本规范第7章的规定。孔道压浆完成后应按设计要求浇筑封锚混凝土。

3 匹配面如果不平整、有异物或有凸出,会使节段之间的接缝不严密,影响结构的耐久性,故在安装施工前需要对已安装和待安装节段的匹配面进行检查、清理。
4 作业平台和上下步梯是作业人员进行施工操作时的重要临时设施,条文的规定主要是针对使用安全的考虑。
5 接缝涂抹胶黏剂等的施工与预制节段拼装梁的施工基本相同,故规定如条文。
6 平面位置、高程、竖直度以及节段之间剪力键(槽)的密贴程度是墩台身节段安装时需要重点控制的指标,因此需要对其检查复核。
7 对预应力钢束施加预应力时,会对胶接缝产生挤压,如果不采取有效措施进行防护,部分胶黏剂可能会进入孔道内,给后续的施工造成不利影响。

15.4.19 采用湿接缝分节段安装墩台身时,除应符合本规范第15.4.18条的相关规定外,尚应符合下列规定:

1 除顶节墩台身外,应在承台顶面和各节段的顶面设置具有支承功能和导向功能的装置。承台顶面的该类装置可单独预制、单独安装;各节段顶面的该类装置宜与墩台身节段同时预制。
2 墩台身节段起吊安装时,应进行测量控制,通过导向装置使节段缓慢地落在支承装置上;就位后应立即检查复核其平面位置、高程与竖直度,不符合要求时应及时进行调整,并应采取可靠措施进行临时固定。
3 湿接头处钢筋的安装绑扎施工应符合设计的要求和本规范第4章的规定。

4 湿接头处的模板应专门设计。模板板面应与墩台身表面密贴;模板的固定方式应可靠,且应与墩台身的构造相适应,安装拆除应方便。

5 湿接头应采用设计规定的混凝土,其配合比应进行专门设计并经试验验证。

6 湿接头混凝土的施工应严格控制原材料的质量和计量;拌制时应保证其达到规定的搅拌时间;浇筑时的分层厚度应严格控制在300mm以内;振捣时应根据不同部位,采用不同规格的振捣器,必要时应进行二次振捣。

7 湿接头混凝土的保湿养护时间应不少于14d。

1 采用湿接头连接的墩台身节段,在安装时是直接支承在承台或下节墩台身节段上的,因此需要在承台或下节墩台身节段的顶面设置具有支承功能和导向功能的装置。

2 测量控制是墩台身节段安装时对其平面位置、高程与竖直度等参数进行控制的重要手段,本款对此作出了相应规定。

4 对湿接头混凝土,虽然浇筑的方量不大,但对其外观和密实性的要求较高,因此对模板的要求亦较高,例如要求模板板面应与墩台身表面密贴、不漏浆;固定模板的方式需可靠,使模板在浇筑混凝土的过程中不会产生移位;需要与墩台身的构造相适应,接缝不会产生错台;模板的安装和拆除需要方便等等。故条文规定对湿接头处的模板需要专门设计。

15.4.20 环管式预制墩台身的安装施工应符合下列规定:

1 管节或环圈安装时,应严格控制设计轴线的位置,不应出现倾斜或上下错位现象。

2 基础顶部预留钢筋的数量、伸入管节或环圈内钢筋的锚固长度均应符合设计规定,应采用设计规定的混凝土或砂浆将管节或环圈的接缝填塞、捣实并抹平。

15.4.21 盖梁的预制安装施工除应符合本节的相关规定外,尚应符合下列规定:

1 盖梁的预制安装方式应符合设计规定。设计未规定时,宜根据盖梁结构的构造特点、运输能力、起重能力以及施工的方便性等因素综合考虑,确定采用整体预制安装或分节段预制安装。

2 盖梁分节段预制安装时,应采用匹配预制、匹配安装的方式进行施工。

3 盖梁预制安装施工对场地布置、预制台座、存放台座、钢筋、模板、混凝土、预应力、运输、安装等的施工要求应符合本节和本规范第17章的相关规定。

4 盖梁预制构件的吊点位置应符合设计的规定,设计未规定时,应通过计算确定。

5 安装盖梁预制构件前,应先检查盖梁预留槽(孔)的位置是否与墩台身的相应位置一致,有偏差时应采取适当的措施进行调整。

6 匹配安装盖梁预制构件时,应采取可靠的临时固定措施,在构件精确就位后对其进行临时固定,未固定之前不得将起重机的吊钩松脱。

7 匹配安装时,对接缝处的施工应符合本规范第17.6.15条的规定。

8 预应力张拉和孔道压浆的施工应符合设计和本规范第7章的规定。

9 安装完成进行体系转换时,应符合设计规定的程序和步骤。

1 盖梁的预制安装施工一般有整体预制安装或分节段预制安装两种方式,当构造尺寸相对较小、重力较轻,且运输和起重能力足够时,通常采用整体预制、整体安装的方式施工;当构造尺寸和重力均相对较大,且运输和起重能力不足时,则一般采用分节段预制安装的方式施工。因此需要根据盖梁结构的构造特点、运输能力、起重能力以及施工的方便性等因素,综合考虑采用何种方式施工。

2 在分节段预制安装时,匹配预制、匹配安装的施工方式更有利于对施工质量的控制。

4 因预制构件吊点位置的设置对起吊和安装时保持构件的平衡有较大的影响,因此需要符合设计规定或通过计算确定。

5 如果盖梁预留槽(孔)的位置与墩台身的相应位置不一致,会给安装造成困难,故规定在安装前需进行检查,有偏差时需要采取适当的措施进行调整。

  6 规定本款的目的是出于对安装施工时结构安全和施工作业安全的考虑。

  9 体系转换的程序和步骤一般由设计规定,施工时需要按条文的要求严格遵守。

15.4.22 墩台身预制安装施工的安全要求应符合本规范第 26 章和现行《公路工程施工安全技术规范》(JTG F90)的规定。

15.5 现浇墩台帽、盖梁、系梁和挡块

15.5.1 本节适用于墩台帽、盖梁、系梁和挡块的现场浇筑施工。

15.5.2 墩台帽、盖梁、系梁和挡块的施工应在墩、台身质量检验合格后方可进行。

15.5.3 对墩台帽、盖梁和系梁施工所采用的托架、支架或抱箍等临时结构,应进行受力分析计算与验算。支架宜直接支承在承台顶部;当必须支承在承台以外的软弱地基上时,应对地基进行妥善加固处理,并应对支架进行预压。

  支架直接支承在承台顶部的好处是可以避免沉降,但在承台平面尺寸较小或下部结构不设承台的情况下,支架不可避免地要支承在地基上,而此处的地基因为是开挖后再回填的,往往比较软弱,有时可能还会出现支架一部分支承在刚性的承台顶部,另一部分则支承在基坑的回填土上,使得地基软硬不均,很容易产生不均匀沉降。因此当支架支承在承台以外的软弱地基上时,首先需要对基坑的回填进行妥善加固处理;为保证沉降均匀,还要对支架进行必要的预压。

15.5.4 在墩台帽、盖梁和系梁与墩身的连接处,模板与墩台身之间应密贴,不得出现漏浆现象。钢筋安装施工时,应避免在钢筋的接头处起弯,并应保证钢筋的混凝土保护层厚度。对支座垫石的预埋钢筋及上部结构所需要的预埋件,其位置应准确。

15.5.5 挡块施工时其位置的测量放样定位应准确,模板应牢固且在浇筑混凝土时应不产生移位。

15.5.6 施工过程中应采取措施防止对墩、台身成品造成损伤和污染。

16 圬工结构

16.1 一般规定

16.1.1 本章适用于砌石、混凝土预制块砌体及片石混凝土的圬工基础、墩台身、附属工程和后背回填等的施工。

本次修订将片石混凝土的内容调整至本章,加筋土桥台的内容调整至第15章。

挡土墙的内容在现行《公路路基施工技术规范》(JTG/T 3610)中已有详细规定,故本规范不再列入。

16.1.2 天然地基上的圬工基础砌体,施工前应按本规范第13章的有关规定,对基底进行检验和处理。

圬工基础的砌体属于隐蔽工程,因此在基坑开挖至设计高程后,需要对基底进行检验,并进行相应处理后方能开始砌筑。如基坑出现渗透水,在砌筑基础时,还需要采取可靠的排水措施进行处理。

16.1.3 圬工砌体中沉降缝、伸缩缝、泄水孔及防水层的设置,应符合设计规定。

16.2 材料

16.2.1 圬工砌体工程所用的石料应符合下列规定:

1 石料应符合设计规定的类别和强度,石质应均匀、不易风化、无裂纹。1月份平均气温低于-10℃的地区,除干旱地区的不受冰冻部位外,所用石料应通过冻融试验,其抗冻性指标合格后方可使用。

2 片石的厚度应不小于150mm。用作镶面的片石,应选择表面较平整、尺寸较大者,并应稍加修整。

3 块石的形状应大致方正,上下面应大致平整,厚度应为200~300mm,宽度应为厚度的1.0~1.5倍,长度应为厚度的1.5~3.0倍。块石如有锋棱锐角,应敲除。块石用作镶面时,应从外露面四周向内稍作修凿;后部可不作修凿,但应略小于修凿部分。

4 粗料石的外形应方正,成六面体,厚度应为200~300mm,宽度应为厚度的1.0~1.5倍,长度应为厚度的2.5~4.0倍,表面凹陷深度应不大于20mm。加工镶面粗料石时,丁石长度应比相邻顺石宽度大150mm;修凿面每100mm长应有錾路4~5条,侧面修凿面应与外露面垂直,正面凹陷深度应不超过15mm;外露面带细凿边缘时,细凿边缘的宽度应为30~50mm。

1 现行《公路圬工桥涵设计规范》(JTG D61)对用于圬工结构的石材、混凝土和砂浆等材料的强度等级及其他要求均已有明确的规定,故在选用材料时,需符合该规范的有关规定。石料强度的测定方法、试件规格及换算系数则需符合现行《公路工程岩石试验规程》(JTG E041)的规定。

抗冻性差的石料,含有一定水分时,经过多次冻结与融化,将会产生脱层、裂缝等损伤,因此寒冷地区所用石料需具备一定的抗冻性。1月份一般为一年气温最低的月份,因此本条规定需进行抗冻性试验的地区,实际上是气温最低月份平均气温低于-10℃的地区。

2~4 片石、块石、粗料石规格的划分,主要依石料的形状、尺寸而定。以同样强度砂浆砌筑的三种石料,其砌体抗压强度依次递增。施工时,对石料规格的选择须符合设计规定;设计允许施工单位选择时,可以根据石场情况、工期和美观要求决定。块石和粗料石加工的形状要求分别如图 16-1 和图 16-2 所示。

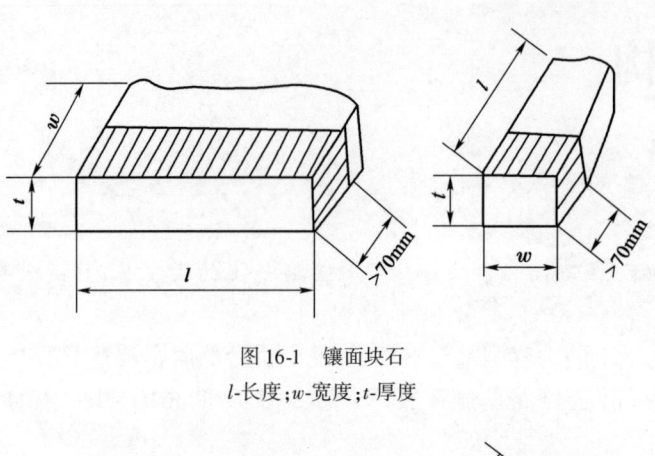

图 16-1　镶面块石
l-长度；w-宽度；t-厚度

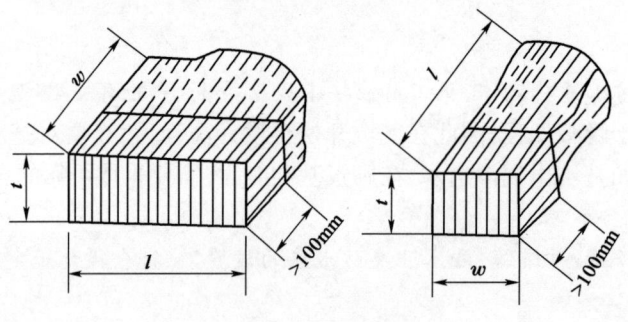

图 16-2　镶面粗料石
l-长度；w-宽度；t-厚度

16.2.2　用于圬工砌体工程的混凝土预制块,其规格、形状和尺寸应统一,表面应平整,强度应符合设计要求。采用轻质混凝土等特殊材料制作预制块时,所用混凝土的配合比应经试验验证后确定。

混凝土预制块的规格通常根据砌体形状确定,其强度要符合设计的要求,同时要符合本规范第 6 章的有关规定。

为保证混凝土预制构件的质量,混凝土预制块一般集中进行预制,并根据结构尺寸和施工条件选择合理的分块尺寸和模具。预制块的边角在运输和砌筑过程中容易损坏影响外观,要求施工的各个阶段采取有效措施予以保护。

16.2.3　圬工砌筑采用的砂浆应符合下列规定：

1　砌筑用砂浆的类别和强度等级应符合设计规定。

2　砂浆中所用水泥、砂、水等材料的质量应符合本规范第 6 章的相关规定。砂宜采用中砂或粗砂,当缺乏天然中砂或粗砂时,可采用满足质量要求的机制砂代替；在保证砂浆强度的基础上,也可采用细砂,但应适当增加水泥用量。砂的最大粒径,当用于砌筑片石时,宜不超过 5mm；当用于砌筑块石、粗料石时,宜不超过 2.5mm。

3　砂浆的配合比应通过试验确定,当变更砂浆的组成材料时,其配合比应重新经试验确定。砂浆应具有良好的和易性,用于石砌体时,其稠度宜为 50～70mm,气温较高时可适当增大。砂浆的配制宜采用质量比,并应随拌随用,保持适宜的稠度,且宜在 3～4h 内使用完毕；气温超过 30℃时,宜在 2～3h 内使用完毕。在运输过程或在储存器中发生离析、泌水的砂浆,砌筑前应重新拌和；已凝结的砂浆,不得使用。

4　各类砂浆均宜采用机械拌和,拌和时间宜为 3～5min。

1 砌筑用砂浆一般采用水泥砂浆。但设计有规定时,须采用设计规定的砂浆类别和强度。砌筑的砂浆强度等级分为 M20、M15、M10、M7.5、M5 五个等级。

2 砂浆中砂的最大粒径是根据设计规定的砌缝宽度而定的。片石因形状不规则,未规定砌缝宽度,但一般不要大于 40mm,故可用粒径较粗的砂;块石形状大致方正,砌缝宽度一般不大于 30mm,粗料石的砌缝宽度不大于 20mm,混凝土预制块的砌缝宽度不大于 10mm。

3 砂浆的稠度需要根据不同的基材、气候条件、施工方法和砌筑要求确定。

4 对零星工程或砂浆用量较少时,可以采取人工拌和的方式,但对强度等级高、用量大的砂浆,则需要执行条文的规定。

16.2.4 小石子混凝土应符合下列规定:

1 配合比设计、材料规格、强度试验及质量检验标准应符合本规范第 6 章的规定。

2 粗集料可采用细卵石或碎石,最大粒径宜不大于 20mm。

3 小石子混凝土的拌合物应具有良好的和易性。对片石砌体,其坍落度宜为 50~70mm;对块石砌体,其坍落度宜为 70~100mm。

小石子混凝土多用于砌筑片石和块石,它比同强度等级砂浆砌筑的片石、块石砌体抗压强度高 10%~30%,并可以节约水泥和砂。本条规定的各项指标是参考《小石子混凝土浆砌片石拱圈操作须知》提出的。

16.3 墩、台身圬工砌体

16.3.1 砌体的砌筑施工应符合下列规定:

1 砌块在使用前应浇水湿润,砌块的表面如有泥土、水锈,应清洗干净。

2 砌筑基础的第一层砌块时,如基底为土质,可直接坐浆砌筑;如基底为岩层或混凝土地基,应先将基底表面清洗、湿润,再坐浆砌筑。

3 砌体宜分层砌筑,砌体较长时可分段分层砌筑,但两相邻工作段的砌筑高差宜不超过 1.2m;分段位置宜设在沉降缝或伸缩缝处,各段的水平砌缝应一致。

4 各砌层应先砌外圈定位行列,再砌筑里层,其外圈砌块应与里层砌块交错连成一体。砌体外露面石料的镶面种类应符合设计规定,对有流冰或有漂浮物河流中的墩台,当设计未明确要求时,其镶面宜选用强度等级不低于 MU30 且较坚硬的石料或 C30 以上较高强度等级的混凝土预制块进行镶砌。砌体里层应砌筑整齐,分层应与外圈一致,应先铺一层适当厚度的砂浆再安放砌块和填塞砌缝。砌体的外露面应进行勾缝,并应在砌筑时靠外露面预留深约 20mm 的空缝备作勾缝之用。砌体隐蔽面的砌缝可随砌随刮平,不另勾缝。

5 各砌层的砌块应安放稳固,砌块间的砂浆应饱满,黏结牢固,不得直接贴靠或脱空。砌筑时,底浆应铺满,竖缝砂浆应先在已砌石块侧面铺放一部分,然后在石块放好后用砂浆填满捣实。用小石子混凝土填竖缝时,应捣固密实。

6 砌筑上层砌块时,应避免振动下层砌块。砌筑工作中断后恢复砌筑时,对已砌筑的砌层表面应加以清扫和湿润。

4 石砌墩台,为使外表美观,常选择较整齐的石料砌筑外层。里层则可使用一般石料,但要注意里外交错连接成一体,不能砌成外面一环后,里面杂乱填芯。位于流冰或有漂流物河流中的墩台所受撞击力较大,故表面需要采用较硬石料或较高强度的混凝土预制块。

16.3.2 浆砌片石的砌筑施工应符合下列规定:

1 片石应分层砌筑,宜以 2~3 层砌块组成一工作层,每一工作层的水平缝应大致找平。各工作层竖缝应相互错开,不得贯通。

2 外圈定位行列和转角石,应选择形状较为方正及尺寸较大的片石,并长短相间地与里层砌块咬接。砌缝宽度宜不大于40mm;采用小石子混凝土砌筑时,可为30~70mm。

3 较大的砌块应用于下层,安砌时应选取形状和尺寸较为合适的砌块,尖锐凸出部分应敲除。竖缝较宽时,应在砂浆中塞以小石块,但不得在石块下面用高于砂浆砌缝的小石片支垫。

2 片石为形状大小不整齐的石料,为了使结构物便于砌筑成型和美观,通常选择形状较方正、尺寸较大的片石,稍经修凿后作为转角和曲线起止点的标石。

3 在石块下面如用高于砂浆砌缝的小石片支垫,则石块重力集中在小石片上,易将小石片压碎,使石块倾斜不稳,影响结构的安全稳定。

16.3.3 浆砌块石的砌筑施工应符合下列规定:

1 块石应平砌,每层石料高度应大致相同。对外圈定位行列和镶面石块,应丁顺相间或两顺一丁排列,砌缝宽度应不大于30mm,上下竖缝的错开距离应不小于80mm。

2 砌体里层平缝宽度应不大于30mm,竖缝宽度应不大于40mm,用小石子混凝土砌筑时应不大于50mm。

1 块石一般由成层的岩石开出,再按需要尺寸断开成长条形。此种石料如条文规定采取平砌时,则每层高度需要基本一致,这对结构物的稳固和承受竖向荷载均有利。砌筑时按丁顺相间或两顺一丁相间,则结构物内外咬合较紧密;上下层竖缝错开距离较大,荷载自上向下传递时,能分布在较大面积上,否则,易造成自上而下的通缝,构造物基础不能均匀受荷,且可能产生不均匀沉陷。

2 砂浆强度比石材强度等级低,故平缝与竖缝均不宜过宽,否则将影响砌体总体强度,而且多耗用水泥。

16.3.4 浆砌粗料石及混凝土预制块的砌筑施工应符合下列规定:

1 砌筑前,应先计算层数并选好料,砌筑时应严格控制平面位置和高度。镶面石应一丁一顺排列,砌缝应横平竖直。砌缝的宽度,对粗料石应不大于20mm,对混凝土预制砌块应不大于10mm;上下层竖缝错开的距离应不小于100mm,同时在丁石的上层或下层不宜有竖缝。砌体里层为浆砌块石时,应符合块石浆砌的规定。

2 桥墩破冰体镶面的砌筑应符合下列规定:

1)破冰棱与垂线的夹角大于20°时,镶面横缝应垂直于破冰棱;夹角小于或等于20°时,镶面横缝可呈水平。

2)破冰体镶面的砌筑层次应与墩身一致。砌缝的宽度应为10~12mm。

3)不得在破冰棱中线上及破冰棱与墩身相交线上设置砌缝。

1 用粗料石和混凝土预制块砌筑的结构物,因强度要求较高并要求外表整齐和美观,砌缝厚度就不能大于20mm和10mm,如用逐层改变砌缝厚度的方法来调整砌体累计高度是很困难的,故需先计算层数,选好料。此外,还要预先预制一些不同高度的砌块用以调节砌体高度。

2 破冰体的作用是在流冰顺流冲向桥墩时,能以被动压力将流冰顶破使其向两旁通过桥孔流走,故破冰体的砌筑高度需从最低流冰水位到最高流冰水位再加上1.0m作为安全储备。流冰水位一般由设计文件提供。

16.4 附属工程圬工砌体

16.4.1 锥坡、护坡和河床铺砌层等圬工砌体工程,应在坡面或基面夯实、整平后,方可开始铺砌。

16 圬工结构

16.4.2 片石锥坡、护坡的外露面和坡顶、边口，应选用较大、较平整并略加修凿的石块。

16.4.3 浆砌片石锥坡、护坡和河床铺砌的石块应相互咬接，砌缝砂浆应饱满，砌缝宽度宜为 40~70mm。浆砌卵石护坡和河床铺砌层，应采用栽砌法，砌块应相互咬接。

16.4.4 干砌片石护坡和河床铺砌时，铺砌应紧密、稳定、表面平顺，且不得采用小石块塞垫或找平。干砌卵石河床铺砌时，应采用栽砌法。用于防护急流冲刷的护坡、河床铺砌层，其石块尺寸不得小于设计规定。

16.4.5 铺砌层砂砾垫层材料的粒径宜不大于50mm，含泥量宜不超过5%，含砂量宜不超过40%。铺砌层的厚度应符合设计要求，设计未要求时，铺砌厚度宜不小于300mm。垫层与铺砌层应配合铺筑，随铺随砌。

16.4.6 防护工程采用石笼时，石笼的构造、形状和尺寸应适应水流及河床的实际情况。笼网钢丝应符合设计要求，笼内填充料宜采用质地坚硬、不易崩解和水解的片石、块石或大卵石，且石料的尺寸应大于笼网孔眼。笼内石料应塞紧、装满，笼网应锁口牢固；石笼应铺放整齐，笼与笼间的空隙应采用石块填满。

对石料、钢丝等石笼防护所用的材料，现行《公路路基设计规范》（JTG D30）中有相应规定。石笼式挡土墙施工中还要注意土工布的铺设，以防止淤堵。

16.5 后背回填

16.5.1 桥涵台背及锥坡、护坡后背的填料应符合设计规定。设计未规定时，宜采用天然砂砾、二灰土、水泥稳定土或粉煤灰等轻质材料，不得采用含有泥草、腐殖质或冻块的土。采用膨胀性聚苯乙烯泡沫塑料、泡沫轻质土等特殊材料回填施工时，应符合现行《公路路基施工技术规范》（JTG/T 3610）和《现浇泡沫轻质土技术规程》（CECS 249）的规定。

桥涵后背采用轻质材料回填时，对原材料、配合比设计及施工工艺等，现行《公路路基施工技术规范》（JTG/T 3610）和《现浇泡沫轻质土技术规程》（CECS 249）中有相应的规定。

波纹钢涵洞和拱桥台背的回填与普通圬工结合的后背回填有本质不同，则还需要参照本规范相关章节的要求执行。

16.5.2 后背回填应顺路线方向，自台身起，其填土的长度在顶面应不小于桥台高度加2m，在底面应不小于2m；拱桥台背填土的长度应不小于台高的3~4倍。锥坡填土应与台背填土同时进行，并应按设计宽度一次填足。

16.5.3 后背回填应严格控制土的分层厚度和压实度，应设专人负责监督检查，检查频率应每50m²检验一点，不足50m²时应至少检验一点，每点均应合格，且宜采用小型机械压实。桥涵台背填土的压实度应不小于96%。

16.5.4 后背回填的顺序应符合设计规定。设计未规定时，拱桥的台背填土宜在主拱圈安装或砌筑以前完成；梁式桥轻型桥台的台背填土宜在梁体安装完成以后，在两端桥台平衡地进行；埋置式桥台的台背填土宜在柱侧对称、平衡地进行。

16.6 圬工砌体勾缝和养护

16.6.1 圬工砌体的勾缝,宜采用凸缝或平缝;浆砌较规则的块料时,可采用凹缝。勾缝应在砌体砌筑完并经检验合格后进行,并应对勾缝位置清理干净并充分湿润后,按从上至下的顺序进行。

规定"勾缝应在砌体砌筑完并经检验合格后进行",是为防止施工时在整体平整度不足的情况下利用勾缝找平的错误做法。按从上至下的顺序进行勾缝,能避免污染已完成勾缝的砌体,保证砌体表面的整洁。

16.6.2 勾缝砂浆的强度等级应不低于砌体砂浆的强度等级,主体工程砂浆强度等级应不低于M10,附属工程砂浆强度等级应不低于M7.5,对流冰和严重冲刷的部位应采用高强度等级砂浆。

16.6.3 石砌体的勾缝应嵌入砌缝内20mm深,缝槽深度不足时,应凿够深度后再勾缝。干砌片石勾缝时,应嵌入缝内20mm以上;干砌片石护坡、锥坡的勾缝,宜待坡体稳定后进行,除设计另有规定外,宜做成平缝。

16.6.4 浆砌砌体应在砂浆初凝后,洒水覆盖养护7~14d。养护期间应避免碰撞、振动或承重。

16.7 片石混凝土

16.7.1 片石混凝土仅适用于较大体积的基础、墩台身等圬工受压结构。

片石一般指采用爆破或楔劈法开采的石块。所谓"较大体积",是一种相对而言的说法。圬工受压结构中是否采用片石混凝土,一般由设计决定。

16.7.2 采用片石混凝土时,可在混凝土中掺入不多于该结构体积20%的片石。片石的抗压强度等级应符合设计规定;设计未规定时,小桥涵的墩台和基础应不低于MU30,大中桥的墩台和基础以及轻型桥台应不低于MU40。

16.7.3 片石混凝土施工时,应使用质地坚硬、密实、耐久、无裂纹和无风化的石料,片石的厚度宜为150~300mm。在混凝土中埋放片石时应符合下列规定:
1 片石应清洗干净并完全饱水,应在浇筑时的混凝土中埋入一半左右。
2 当气温低于0℃时,不得埋放片石。
3 片石应随混凝土浇筑分层摆放,净距应不小于150mm,片石边缘距结构物侧面和顶面的净距应不小于150mm,片石不得触及构造钢筋和预埋件。
4 混凝土应采用分层浇筑的方式,每层混凝土的厚度应不超过300mm,大致水平,分层振捣,边振捣边加片石。

片石混凝土施工时,片石的掺入量和掺入方法是需要重点控制的内容。运送片石时不能采用机械设备直接将其倾倒在混凝土浇筑面上,一般是采用料斗将片石吊运至作业面,然后人工进行均匀摆放,片石的摆放通常采用栽砌法。

17 梁式桥

17.1 一般规定

17.1.1 本章适用于简支梁桥、连续梁桥和连续刚构桥等梁式桥主梁的预制、安装、现场浇筑及大节段钢箱梁的安装施工。

本章的适用范围与原规范相比略有扩展,增加了大节段钢箱梁安装施工的内容,并对相关节的顺序进行了适当调整。

在梁式桥中,主要分为简支梁桥和连续梁桥两大类,实际上连续刚构桥也是连续梁桥中的一种类型,但目前一般认为连续梁桥是有支座的,而连续刚构桥在其主墩上则不设支座,这是两者之间的主要区别;T形刚构桥目前已基本不采用,故本规范亦已不将此类桥型列入。以施工方法的不同进行分类时,梁式桥可分为预制安装和现浇两大类,以往预制安装的梁多为中、小跨径的T形梁、I形梁、空心板梁、小断面的空心箱梁以及各种组合截面的梁(或板),现已有整孔预制安装的大型箱形梁和较多的预制节段拼装的箱形梁,并有各种各样的大节段预制拼装的箱形梁;在现浇梁式桥中,主要有在支架上现场浇筑的梁,这种梁多为中、小跨径;悬臂浇筑梁的应用较为广泛,跨径亦较大;采用移动模架逐孔现浇施工及顶推施工的则大多是中等跨径的等截面连续梁;另外,还有斜腿刚构桥,以及拓宽改建中拼接加宽的梁式桥。

17.1.2 用于梁式桥施工的各种材料、模板、支架、构件、混凝土及预应力混凝土等应符合本规范相关章节的规定;所有临时性承重结构及其地基基础均应进行设计计算,并应保证其在施工过程中有足够的强度、刚度和稳定性,且变形值应在允许范围内。

本条是对梁式桥施工中的材料、临时性结构及施工工艺等的共性要求。

17.1.3 对大跨径连续梁桥和连续刚构桥,应进行施工过程控制,使结构的变形、内力及线形符合设计要求,并应保证结构在施工过程中的安全。

大跨径的连续梁桥和连续刚构桥,一般多采用悬臂浇筑或悬臂拼装的方法施工,而且由于此类混凝土桥梁除本身的材料是非匀质性及其材质特性不稳定外,在施工过程中还要受到温度、湿度和时间等因素的影响;悬臂施工时各节段混凝土或各层混凝土之间也会产生相互影响,且这种相互影响又存在一定的差异,各种影响因素必然会造成各节段或各层的内力和变形随着混凝土浇筑或节段块件拼装过程的变形而偏离设计值,如果这种偏离得不到纠正和调整,则桥梁施工的最终结果就达不到设计期望的效果,严重者甚至会发生事故。因此,为了保证桥梁施工的质量,使结构的内力、变形和线形符合设计要求,同时也为了保证结构的安全,就有必要对其进行施工过程控制。

17.2 装配式梁、板预制安装

17.2.1 本节适用于装配式钢筋混凝土和预应力混凝土梁、板等构件的预制、移运、存放和安装施工。
装配式梁、板施工的一般要求应符合下列规定:
1 装配式梁、板等构件在脱底模、移运、存放和安装时,混凝土的强度应不低于设计规定的吊装强度;设计未规定时,应不低于设计强度的80%。

2 构件安装前应检查其外形、预埋件的尺寸和位置,允许偏差不得超过设计规定;设计未规定时,不得超过本章的有关规定。

3 安装构件时,支承结构(墩台、盖梁)的混凝土强度和预埋件(包括预留锚栓孔、锚栓、支座钢板等)的尺寸、高程及平面位置应符合设计要求。

4 构件安装就位完毕并经检查校正符合要求后,方可焊接或浇筑混凝土固定构件。简支梁的安装应采取措施保证梁体的稳定性,防止倾覆。

5 对分层、分段安装的构件,应在先安装的构件可靠固定且受力较大的接头混凝土达到设计强度的80%后,方可继续安装;设计有规定时,应从其规定。

6 分段拼装梁的接头混凝土或砂浆,其强度应不低于构件的设计强度;不承受内力的构件的接缝砂浆,其强度等级应不低于M10。需与其他混凝土或砌体结合的预制构件的砌筑面应按施工缝处理。

7 构件吊运安装时,其起重安全应符合本规范第26章的规定。吊运工具、设备的使用技术要求,应按起重吊装的有关规定执行。

1 预制构件在移运、存放或安装时,混凝土仅承受构件本身自重产生的弯曲应力或轴心压应力,比受荷后的应力要小得多,因此当构件混凝土的强度达到设计强度等级的80%后进行脱底模、移运、存放和吊装等工作,应当是安全的。

3 规定支承结构(墩、台、盖梁等)应符合所要求的强度,系指安装上部结构构件时所要求的强度,一般也不要小于混凝土设计强度等级的80%。

4 本次修订将原规范中"跨径25m以上预应力混凝土简支梁的安装应验算裸梁的稳定性"的表述修改为"简支梁的安装应采取措施保证梁体的稳定性,防止倾覆"。

5 本款对原规范的表述作了适当修改。

6 混凝土预制构件或砌块与新浇混凝土砌筑砂浆的黏结强度,与接触面的粗糙度关系甚大,同样配合比的砂浆,凿毛的比未凿毛的表面其黏结强度高出一倍以上,故需要按施工缝处理。

17.2.2 构件预制场的布置应满足预制、移运、存放及架设安装的施工作业要求;场地应平整、坚实,应根据地基情况和气候条件,设置必要的防排水设施,并应采取有效措施防止场地沉陷。

构件预制场地的布置在通常情况下须符合本条的规定,当场地狭窄或位于特殊地区时,则需要按本条规定的原则灵活处理。本次修订将原规范中的最后一句"砂石料场的地面宜进行硬化处理"删除,因这项规定与构件预制场的布置无关。

17.2.3 构件的预制台座应符合下列规定:

1 预制台座的地基应具有足够的承载能力和稳定性。当用于预制后张预应力混凝土梁、板时,宜对台座两端及适当范围内的地基进行特殊加固处理。

2 预制台座应采用适宜的材料和方式制作,且应保证其坚固、稳定、不沉陷。

3 预制台座的间距应能满足施工作业的要求;台座表面应光滑、平整,在2m长度上平整度的允许偏差应不超过2mm,且应保证底座或底模的挠度不大于2mm。

4 对预应力混凝土梁、板,应根据设计提供的理论拱度值,结合施工的实际情况,正确预计梁体拱度的变化情况,在预制台座上按梁、板构件跨度设置相应的预拱度。当预计后张预应力混凝土梁的上拱度值较大,将会对桥面铺装的施工产生不利影响时,宜在预制台座上设置反拱。

5 预制台座应具有对梁底的支座预埋钢板或楔形垫块进行角度调整的功能,并应在预制施工时严格按设计要求的角度进行设置。

1 后张预应力混凝土梁、板在施加预应力后,其两端为主要受力点,该处的地基可能需承受较大的荷载,因此需要进行特殊加固处理。

4 在台座上设置反拱的条件是预计后张预应力混凝土梁的上拱度值较大时。所谓"较大",即其上拱将会对后续桥面铺装的施工产生不利影响时,在这种情况下,需要在预制台座上设置反拱,以消除其影响。原规范的表述是:"当后张预应力混凝土梁预计的上拱度值较大时,可考虑在预制台座上设置反拱",本次修订将原规范条文说明中的"将会对桥面铺装的施工产生不利影响时"调整到条文中,使条文的规定更为明确。

5 本款的规定为新增。在进行装配式梁的预制施工时,要将支座上部的钢板预先埋设在支点处的梁底。由于支座是水平放置的,对纵坡较大的梁桥,一般在纵坡大于1%时,就需要将梁底的预埋钢板在顺桥向设置一个角度;横坡过大(大于1%)时同样需要在横桥向设置一个角度,以使梁底与支座之间能紧密贴合,并使梁的支点和支座的受力均匀。如果在纵坡较大的情况下不按设计的要求对梁底的预埋钢板设置一定的角度,则梁在安装后其支点处的底部与支座之间不能紧密贴合,在桥梁运营时,车辆在行驶过程中产生的水平荷载不断地冲击梁体,同时由于温度的变化,使得板式支座或盆式支座的上钢板产生移位,日积月累下,板式支座会脱离原有位置,盆式支座内的滑板会被挤出,严重者会将墩身混凝土拉裂,甚至会使梁体失去支承而导致其脱落。由于这种问题在近年来的桥梁施工中经常发生,故增加条文对此予以强调。

17.2.4 各种构件混凝土的浇筑除应符合本规范第6章的规定外,尚应符合下列规定:

1 腹板底部为扩大断面的T形梁和I形梁,应先浇筑扩大部分并振实后,再浇筑其上部腹板。

2 U形梁可上下一次浇筑或分两次浇筑。一次浇筑时,宜先浇筑底板至底板承托顶面,待底板混凝土振实后再浇筑腹板;分两次浇筑时,宜先浇筑底板至底板承托顶面,按施工缝处理后,再浇筑腹板混凝土。

3 箱形梁宜一次浇筑完成,且宜先浇筑底板至底板承托顶面,待底板混凝土振实后再浇筑腹板、顶板。

4 中小跨径的空心板浇筑混凝土时,对芯模应有防止上浮和偏位的可靠措施。

1 T形梁腹板底面的扩大断面(马蹄形断面)从腹板上部往下浇筑混凝土时,由于扩大断面内的空气不易排出,最易造成空洞,一般可以在扩大断面顶板处开临时浇筑窗,从窗口向下灌入混凝土,待充满并捣实后再封闭窗口。

2 浇筑U形梁时,可以暂不安装底板上面的模板,待底板混凝土浇筑完并振捣后再安装底板上面的模板,继续从腹板顶部往下浇筑。

17.2.5 对高宽比较大的预应力混凝土T形梁和I形梁,应对称、均衡地施加预应力,并应采取有效措施防止梁体产生侧向弯曲。

T形梁和I形梁由于高宽比较大,如施工措施不当,梁体很容易产生侧向弯曲,因此预应力的施加需要对称、均衡进行;同时在其他施工环节上亦需要采取有效措施,防止其产生侧向弯曲。

17.2.6 构件的场内移运应符合下列规定:

1 对后张预应力混凝土梁、板,在施加预应力后可将其从预制台座吊移至场内的存放台座上后再进行孔道压浆,但必须满足下列要求:

1)从预制台座上移出梁、板仅限一次,不得在孔道压浆前多次倒运。

2)吊移的范围必须限制在预制场内的存放区域,不得移往他处。

3)吊移过程中不得对梁、板产生任何冲击和碰撞。

4)不得将构件安装就位后再进行预应力孔道压浆。

2 后张预应力混凝土梁、板在预制台座上进行孔道压浆后再移运的,移运时其压浆浆体的强度应不低于设计强度的80%。

3 梁、板构件移运时的吊点位置应符合设计规定;设计未规定时,应根据计算确定。

4 在构件上设置的吊环必须采用未经冷拉的 HPB300 钢筋制作;吊具应采用经专门设计的定型产品,且应符合相关产品标准或设计规范的要求。

5 吊绳与起吊构件的交角小于60°时,应设置吊架或起吊扁担,使吊点垂直受力。

6 吊移板式构件时,不得吊错上、下面。

1 对后张预应力混凝土梁、板构件的移运原则,条文规定可以将其从预制台座吊移至场内的存放台座上后再进行孔道压浆,但要满足一定的条件,而且这些条件在施工中需要得到严格执行;同时需要禁止将构件安装就位后再进行预应力孔道压浆的错误做法,除非构件是在墩顶原位预制。

3 对梁、板构件移运时的吊点位置,设计通常会予以规定,施工时需要遵守。但在设计未对此进行规定时,也不能随意设置,而是要按条文的规定根据计算确定,一般都是设置在梁、板构件的支点附近。

4 规定"在构件上设置的吊环必须采用未经冷拉的 HPB300 钢筋制作",主要是出于对吊环在使用时保证安全的考虑,这与设计规范的要求是一致的,采用螺纹钢筋作吊环时,容易发生钢筋脆断的事故。吊挂的方式及采用的吊具是构件能安全移运的重要保证,条文强调"吊具应采用经专门设计的定型产品",是因为定型产品更能保证吊装施工的安全。

6 板式构件的上、下面布筋不同,如上、下面吊错必然会折断。有些预制板埋有吊钩,不易弄错,而有些预制板只有吊孔,有些甚至无吊孔,靠采用绳索捆绑起吊,最易弄错上下面的方向,所以要特别注意。可亦在预制完毕时用油漆在每块板的同一位置处注明上下方向,防止吊错。

17.2.7 构件的存放应符合下列规定:

1 存放台座应坚固稳定,且宜高出地面200mm以上。存放场地应有相应的防排水设施,并应保证梁、板等构件在存放期间不致因支点沉陷而受到损坏。

2 梁、板构件存放时,其支点应符合设计规定的位置,支点处应采用垫木和其他适宜的材料进行支承,不得将构件直接支承在坚硬的存放台座上;存放时混凝土养护期未满的,应继续养护。

3 构件应按其安装的先后顺序编号存放。预应力混凝土梁、板的存放时间宜不超过3个月,特殊情况下应不超过5个月;存放时间超过3个月时,应对梁、板的上拱度值进行检测,当上拱度值过大将会严重影响后续桥面铺装施工或梁、板混凝土产生严重开裂时,则不得使用。

4 当构件多层叠放时,层与层之间应以垫木隔开,各层垫木的位置应设在设计规定的支点处,上下层垫木应在同一条竖直线上。叠放的高度宜按构件强度、台座地基的承载力、垫木强度及叠放的稳定性等经计算确定,大型构件以2层为宜,应不超过3层;小型构件宜为6~10层。

5 雨季或春季融冻期间,应采取有效措施防止地基软化下沉而造成构件断裂及损坏。

3 规定"预应力混凝土梁、板的存放时间宜不超过3个月",目的是控制由混凝土的收缩徐变和预应力引起的上拱度不至于过大,影响到后续的桥面铺装施工。对"特殊情况下应不超过5个月"的要求,"特殊情况"是指在有些边远地区或在低等级公路桥梁的施工中受条件限制,未建立规模化的预制场的情况,考虑到由于某些客观原因可能达不到存放不超过3个月的要求,而作出的较为灵活的规定;但在执行本规定时,不能将主观原因作为借口,将此规定视为必然。

4 水平多层叠放构件时,层与层之间以垫木隔开极为重要(因采取垫木隔开的方式可以明确构件的支搁位置在设计支点附近),否则会由于构件的上下面不平整,凸出处成为支点,使构件产生负弯矩,造成顶面开裂或折断等事故。规定支垫位置须靠近设计点(即吊点),上下各层垫木需要在同一条竖直线上,也是为了防止构件的开裂或折断。大型构件指箱梁、T梁、I梁和板梁,小型构件指宽厚比大于5的板。

17.2.8 构件的运输应符合下列规定:

1 板式构件运输时,宜采用特制的固定架稳定构件。对小型构件,宜顺宽度方向侧立放置,并应采取措施防止倾倒;如平放,在两端吊点处必须设置支搁方木。

2 梁的运输应按高度方向竖立放置,并应有防止倾倒的固定措施;装卸梁时,必须在支撑稳妥后,方可卸除吊钩。

3 采用平板拖车或超长拖车运输大型梁、板构件时,车长应能满足支点间的距离要求,支点处应设活动转盘防止搓伤构件混凝土;运输道路应平整,当有坑洼或高低不平时,应事先处理平整。

4 水上运输梁、板构件时,应有相应的封舱加固措施,并应根据天气状况安排装卸和运输作业时间,同时应满足水上(海上)作业的相关安全规定。

17.2.9 简支梁、板的安装应符合下列规定:

1 安装前应制订专项施工方案,安装的方法和安装设备应根据构件的结构特点、重力及施工环境条件等综合确定;对安装施工中的各种临时受力结构和安装设备的工况应进行必要的安全验算,所有施工设施均宜进行试运行和荷载试验。

2 安装前应对墩台的施工质量进行检验,并应对支座或临时支座的平面位置和高程进行复测,合格后方可进行梁、板等构件的安装。

3 采用架桥机进行梁、板构件的安装作业时,其抗倾覆稳定系数应不小于1.3。架桥机过孔时,应将起重小车置于对稳定最有利的位置,且抗倾覆稳定系数应不小于1.5;不得采用将梁、板吊挂在架桥机后部配重的方式进行过孔作业。

4 采用起重机吊装构件时,如采用一台起重机起吊,则应在吊点位置的上方设置吊架或起吊扁担;如采用两台起重机抬吊,则应统一指挥,协调一致,使构件的两端同时起吊、同时就位。

5 采用缆索吊机进行安装时,应事先对缆索吊机进行1.2倍最大设计荷载的静力试验和设计荷载下的试运行,全面验收合格后方可使用。

6 梁、板安装施工期间及架桥机移动过孔时,严禁行人、车辆和船舶在作业区域的桥下通行。

7 梁、板就位后,应及时设置锁定装置或支撑将构件临时固定,对横向自稳性较差的T形梁和I形梁等,应与先安装的构件进行可靠的横向连接,防止倾倒。

8 安装在同一孔跨的梁、板,其预制施工的龄期差宜不超过10d,特殊情况应不超过30d。梁、板上有预留相互对接的预应力孔道的,其中心应在同一轴线上,偏差应不大于4mm。梁、板之间的横向湿接缝,应在一孔梁、板全部安装完成后方可进行施工。

9 对弯、坡、斜桥的梁、板,其安装的平面位置、高程及几何线形应符合设计要求。

10 当安装条件与设计规定的条件不一致时,应对构件在安装时产生的内力进行复核。

3 本次修订增加了"不得采用将梁、板吊挂在架桥机后部配重的方式进行过孔作业"的规定,是因为这种过孔方式存在较大的安全隐患,不利于施工的安全。

5 全面验收合格,是指缆索吊机通过荷载试验和试运行,各项指标和功能均符合其设计要求。

6 规定梁、板等构件在安装施工期间,包括架桥机移动过孔时,其桥下禁止通行,主要是为防止发生安全事故。

8 同一孔跨的梁、板,如预制施工的龄期相差过大,其拱度的相对偏差会较大,将会造成桥面铺装的厚度不同,故需要对其龄期进行控制。"特殊情况"是指在低等级公路桥梁的施工中受条件所限,未建立规模化的预制场的情况。

9 弯、坡、斜桥的安装与正桥的安装相比有其特殊的问题,因此须按设计的要求进行施工,保证其平面位置、高程及几何线形的准确性。

17.2.10 先简支后连续的梁,其施工应符合下列规定:

1 先简支安装梁的施工应符合本规范第17.2.9条的规定,当设置临时支座进行支承时,对一片梁中的各临时支座,其顶面的相对高差应不大于2mm。

2　简支变连续的施工程序应符合设计规定。

3　对湿接头处的梁端，应按施工缝的要求进行凿毛处理。永久支座应在设置湿接头底模之前安装。湿接头处的模板应具有足够的强度和刚度，与梁体的接触面应密贴并具有一定的搭接长度，各接缝应严密不漏浆。负弯矩区的预应力管道应连接平顺，与梁体预留管道的接合处应密封；预应力锚固区预留的张拉齿板应保证其外形尺寸准确且不被损坏。

4　湿接头的混凝土宜在一天中气温相对较低的时段浇筑，且一联中的全部湿接头应尽快浇筑完成。湿接头混凝土的养护时间应不少于14d。

5　湿接头按设计要求施加预应力、孔道压浆且浆体达到规定强度后，应立即拆除临时支座，按设计规定的顺序完成体系转换。同一片梁的临时支座应同时拆除。

6　仅为桥面连续的梁、板，应按设计要求进行施工。

先简支后连续的方式一般有两种：一种是梁体结构连续，另一种是梁体结构不连续仅桥面连续。不论采用何种连续方式，设计上通常都会明确规定简支变连续时的施工程序。施工时需要关注的重点是：先简支后连续的程序；临时支座的设置；永久支座的安装；湿接头处梁端的凿毛处理；负弯矩区预应力管道的连接与密封；湿接头混凝土的浇筑与养护；负弯矩区预应力钢束的张拉及孔道压浆；体系转换。

17.3　支架上现浇

17.3.1　梁式桥梁、板的现场浇筑可采用满布支架或梁式支架。现浇支架除应符合本规范第5章的规定外，尚应符合下列规定：

1　支架应稳定、牢固，其地基应有足够的承载力。支架位于水中时，其基础宜采用桩基；对弯、坡、斜桥，其支架的设置应适应梁体相应几何线形的变化，且应采取有效措施保证支架的稳定性。

2　满布支架的地基表面应平整，并应有防排水措施；满布支架位于坡地上时，宜将地基的坡面挖成台阶；在软弱地基上设置满布支架时，应采取措施对地基进行处理，使其承载力满足施工要求。

3　梁式支架各支点的基础应设在可靠的地基上，当地基沉降过大或承载力不能满足要求时，宜设置桩基或采取其他有效措施进行处理。梁式支架不宜采用拱式结构；必须采用时，应按拱架的要求施工。

4　对梁式桥现浇支架，应根据支架的类型和结构形式、地基的沉降量和承载能力，以及荷载大小等因素，按本规范第5.4.3条的规定确定是否采取预压措施。

5　梁式桥跨越需要维持正常通行（航）的道路（水域）时，对其现浇支架应采取防碰撞的安全措施，并应设置必要的交通导流标志，保证施工安全和交通安全。

梁式桥现浇的支架一般分为满布支架和梁式支架两种形式，当然还可能有其他特殊支架，但就目前而言，满布支架和梁式支架的应用最为普遍。满布支架通常采用盘扣式、蟹钳式、碗扣式、门式和扣件式等定型的专用钢管构件材料拼装；梁式支架一般采用型钢、钢管和常备式定型钢构件（万能杆件、装配式公路钢桥中的贝雷桁片、六四式军用梁中的桁片）等材料组合拼装。

在采用钢管脚手架作为支架材料时，需注意下列事项：

对碗扣式、门式和扣件式等定型的专用钢管支架，在工民建混凝土结构的施工中一般作为脚手架使用，在公路桥涵的施工中，多年来则作为现浇梁的承重支架使用，因此在使用该类构件材料时，对其需要进行必要的强度、刚度和稳定性的验算。采购此类构件时，要购买正规厂家的产品，以保证施工中的安全。

近年来，盘扣式、蟹钳式等定型专用钢管支架作为换代产品，其应用也越来越多，此类支架的特点是受力更可靠、构造上更稳定。

对扣件式钢管脚手架，因这种构件材料在支架的施工安装时容易人为地拉大间距，不易保证其设计间距，所以在支架安装过程中及安装完成后均须对其进行严格的检查和验收，否则将会给结构的施工带来安全隐患。

1 支架应稳定、牢固，其地基应有足够的承载力，这是对梁式桥现浇支架的最基本的要求。实际上，支架须能满足梁体现浇施工的各项要求。

对具有弯、坡、斜特征的梁式桥，由于其梁体的几何线形是变化的，每一断面的高程、位置和尺寸都可能不相同，因此要求支架的设置需适应梁体相应几何线形的变化，而对支架的稳定性则要求采取有效措施予以保证，例如在支架的杆件上多设置斜撑或剪刀撑。

2 满布支架的地基如不设置防排水设施，则很容易受到雨水的冲刷和浸泡，在雨季或多雨的地区，这种情况经常发生，严重者会将地基冲刷淘空，使支架失去支撑而发生坍塌事故，故需要有防排水的措施。规定"满布支架位于坡地上时，宜将地基的坡面挖成台阶"，其目的是使支架的受力更合理。软弱地基的承载力一般不能满足施工要求，需要进行适当处理。

3 拱式结构在受力后有可能会产生水平推力，与水平设置的梁式支架的受力是不相同的，故一般不能将梁式支架设计成拱式结构。

4 现浇支架是否需要预压，本规范主张需要根据工程现场的不同情况区别对待，不能一概而论，对此在本规范第5.4.3条中已有较为明确的规定，故在施工中需要按该条的规定来确定是否采取预压的措施。

17.3.2 梁式桥现浇施工时，梁体混凝土在顺桥向宜从低处向高处进行浇筑，在横桥向宜对称进行浇筑。混凝土浇筑过程中，应对支架的变形、位移、节点和卸架设备的压缩及支架地基的沉降等进行监测，如发现超过预警值的变形、变位，应及时采取措施予以处理。

规定梁体混凝土在顺桥向宜从低处向高处、横桥向宜对称进行浇筑，这是梁式桥整体浇筑时需要遵循的一般原则。同时在浇筑混凝土时需要采取措施防止梁体不均匀下沉而产生裂缝，当预计下沉量过大可能导致产生裂缝或浇筑能力不足时，则需分段浇筑，分段浇筑的接缝通常设在梁体弯矩零点附近，其接缝则需按施工缝的要求进行处理；梁式桥现浇施工时尚需对支架的变形、位移、节点和卸架设备的压缩及支架基础的沉降等进行监测，监测的目的是如发现超过允许值的变形、变位，可以及时采取措施予以调整。

17.3.3 连续梁桥在支架上逐跨现浇施工时，除应符合本节的规定外，尚应符合本规范第17.4节的相关规定。

17.4 移动模架逐孔现浇

17.4.1 移动模架宜采用定型产品，模架的功能、承载能力、长度、模板的尺寸及支承系统等，应与所施工的预应力混凝土连续梁的各项要求相适应，设计制造厂家应提供模架的产品出厂质量合格证书以及操作手册等相关技术文件。当采用非定型模架用于中小跨径梁、板的施工时，应对模架进行专门的设计计算，并应进行荷载试验，确认其能保证施工的安全和质量后方可投入使用。

移动模架分为上行式和下行式两种类型，因其机械化程度较高，通常均采用定型产品。非定型产品一般指自行设计制作的模架，该类模架仅能用于中小跨径梁的现浇施工，为安全起见，故规定须进行专门的设计计算与荷载试验，并在确认其能保证施工的安全和质量后方能投入使用。

17.4.2 模架的拼装应按产品的操作手册进行，并应保证拼装期间的施工安全；拼装完成后应对其拼装质量进行检验，并应在首孔梁的浇筑位置就位后进行荷载试压试验，检验和试压合格后方可正式使用。

移动模架的拼装一般在桥头引道上进行，当悬空拼装或在其他特殊位置拼装时，则需搭设可靠的拼装平台进行作业，且平台的强度、刚度和稳定性须满足拼装的要求，这是因为模架在距离地面一定高度上进行拼装时,安全上的风险极大。条文中规定移动模架应按产品的操作手册进行拼装,并应在拼装完成后对其拼装质量进行检验,是因为这样做能最大限度地保证模架达到产品设计的技术要求和质量要求。

对模架进行试压的目的主要有:消除模架结构的各种非弹性变形,检验承重钢梁和支承系统的承载能力、刚度和安全性,观测模架结构的弹性变形以了解其挠度值在施工中的变化情况等。

17.4.3 模架的支承系统应安全可靠,并应具有足够的承载能力、刚度和稳定性。模架的后端宜设置后吊点,应使模架中的模板与已浇梁段的悬臂端梁体紧密贴合,防止该处产生错台或漏浆。模架应设置预拱度,预拱度值应经计算并参考荷载试验结果确定。

支承系统是移动模架中非常重要的组成部分,如果支承系统没有足够的承载能力、刚度和稳定性,将会导致极严重的后果,在以往的施工中曾经发生过因支承系统失效而造成模架坍塌的严重事故,故要求模架的支承系统应安全可靠。

模架中的模板与已浇梁段悬臂端梁体的贴合如果不紧密,则在梁体的顺桥向接缝处可能会产生错台或漏浆等问题,使得梁体的线形和外观不佳,所以规定在模架的后端宜设置后吊点,以防止此类问题的发生。

梁体的预拱度一般包括两部分,一是梁体结构本身需要的预拱度,该部分一般由设计规定,或根据梁跨度的不同按相应的设计规范计算确定;二是施工需要设置的预拱度,本条要求应设置的预拱度是指后者。

17.4.4 首孔梁浇筑混凝土前,应做好施工前的各项准备工作,制订详细的施工方案、施工工艺、各项保障措施及应急预案;浇筑施工时,应对模架进行挠度监测,监测的数据及分析结果应作为修正模架预拱度的依据。首孔梁的混凝土在顺桥向宜从桥台(或过渡墩)开始向悬臂端进行浇筑,中间孔宜从悬臂端开始向已浇梁段推进浇筑,末孔宜从一联中最后一个墩位处向已浇梁段推进浇筑,最终与已浇梁段接合;梁体混凝土在横桥向应对称浇筑。连续梁逐跨现浇的纵向分段接缝位置应符合设计规定;设计未规定时,宜设在1/5跨的弯矩零点附近。

17.4.5 任一孔梁的混凝土浇筑施工完成后,内模中的侧向模板应在混凝土抗压强度达到2.5MPa后,顶面模板应在混凝土抗压强度达到设计强度的75%后,方可拆除;外模架应在梁体建立预应力后方可卸落。

17.4.6 模架横移和纵向移动过孔前,应解除作用于模架上的全部约束。纵向移动时两侧的承重钢梁应保持基本同步,不同步的最大距离偏差应符合产品设计的规定,且应有限位和紧急制动装置;移动到下一孔位置后,应立即对模架进行准确就位并固定。模架在移动过孔时的抗倾覆稳定系数应不小于1.5。

模架在移动过孔时,对称、同步是需要严格遵守的一项原则;规定"应有限位和紧急制动装置",是为防止模架在移动时失控。

17.4.7 模架的拆除应根据不同的施工环境条件确定相应的拆除方案,并应有可靠的起吊和拆除的安全措施,防止发生事故。

模架的拆除工作经常是在高处悬空状态时进行,在这种情况下,施工的安全是拆除工作中的重点,因此需要有可靠的安全措施。

17.4.8 移动模架在使用期间尚应符合下列规定:

1 在梁体混凝土的浇筑施工过程中,应随时对模架的关键受力部位和支承系统进行检查,有异常时应采取有效措施及时处理;在移动过孔时,应对模架的运行状态进行监控。

2 模架所有操作平台的边缘处均应设置防护栏杆,必要时应挂安全网,同时应在模架的适当部位配备消防器材。

3 模架中的动力和照明线路应由专业人员敷设,并应定期检查清理,消除漏电、短路等隐患。

4 每完成一孔梁的施工,均应对模架的关键部位及支承系统等进行检查,发现问题后应及时处理。

17.5 悬臂浇筑

17.5.1 用于悬臂浇筑施工的挂篮,其结构除应满足强度、刚度和稳定性要求外,尚应符合下列规定:

1 挂篮与悬浇梁段混凝土的质量比宜不大于0.5,且挂篮的总重应控制在设计规定的限重之内。

2 挂篮的最大变形(包括吊带变形的总和)应不大于20mm。

3 挂篮在浇筑混凝土状态和行走时的抗倾覆安全系数、锚固系统的安全系数、斜拉水平限位系统的安全系数及上水平限位的安全系数均应不小于2。

4 挂篮的支承平台应有足够的平面尺寸,应能满足梁段现场施工作业的需要。

5 挂篮模板的制作与安装应准确、牢固,安装误差应符合本规范第5章的规定。后吊杆和下限位拉杆孔道应严格按设计尺寸准确预留。

6 挂篮锚固系统所用的轴销、键、拉杆、垫板、螺母、分配梁等应专门设计、加工,并不得随意更换或替代。

7 悬挂系统两端应能与承压面密贴配合,混凝土承压面不规则、不平整时应事前处理,应使吊杆能轴向受拉而不承受额外的弯矩和剪力。

8 挂篮制作加工完成后应进行试拼装。挂篮在现场组拼后,应全面检查其安装质量,并应进行模拟荷载试验,符合挂篮设计要求后方可正式投入使用。

挂篮是悬臂浇筑施工中非常重要的临时设施,故其各项要求均需要得到严格遵守。第6、7两款的内容为新增,目的是为保证挂篮的使用安全。

17.5.2 钢筋的制作及安装除应符合本规范第4章的规定外,尚应符合下列规定:

1 底板钢筋与腹板钢筋的连接应牢固,且宜采用焊接;底板上、下两层的钢筋网应采用两端带弯钩的竖向筋进行连接,使之形成整体;顶板底层的横向钢筋宜采用通长筋。

2 钢筋与预应力管道、预应力施工作业相互影响时,钢筋仅可移动,不得切断。若挂篮的下限位器、下锚带、斜拉杆等部位影响下一步操作必须切断钢筋时,应在该工序完成后,将切断的钢筋重新连接。

1 本款是根据以往工程施工中产生的经验教训所拟定的具有针对性的规定,对保证工程的质量和结构的安全起着非常重要的作用,在执行时需要对钢筋的布置和连接方式高度重视。

17.5.3 预应力混凝土连续梁的墩顶梁段施工时,应按设计规定在墩梁之间设置临时固结装置,并应进行必要的施工验算,且临时固结装置的结构和采用的材料应满足方便、快速拆除的要求。

对墩梁临时固结装置,要求"应进行必要的施工验算",是因为虽然设计会给出临时固结装置的结构图,但在施工前对其进行必要的施工验算,有利于保证结构安全和施工安全。

17.5.4 墩顶及墩顶邻近梁段可采用落地支架或托架施工,支架和托架应符合本规范第5章的规定。墩顶梁段宜全断面一次浇筑完成,当梁段过高一次浇筑完成难以保证质量时,可沿高度方向分两次浇筑,但首次浇筑的高度宜超过底板承托顶面以上至少500mm,且宜将两次浇筑混凝土的龄期差控制在

7d 以内。

墩顶梁段沿高度方向分次浇筑的次数越少越好,要尽可能采取全断面一次浇筑施工,分次浇筑时则不要超过两次。因为分次浇筑的次数越多,则接缝越多,而接缝的处理并不容易,处理不好时不仅混凝土结构将会产生不必要的裂缝,且接缝越多,施工的总体效率亦较低。规定宜将两次浇筑混凝土的龄期差控制在 7d 以内,是因为龄期差越大,先后浇筑的混凝土其收缩和徐变不一致,将使后浇筑的混凝土产生裂缝的可能性增大,因此要尽量缩短分次浇筑时混凝土的龄期差。

17.5.5 悬臂浇筑施工应符合下列规定:

1 悬臂浇筑施工应对称、平衡地进行,两端悬臂上荷载的实际不平衡偏差不得超过设计规定值;设计未规定时,宜不超过梁段重的 1/4。悬臂梁段应全断面一次浇筑完成,并应从悬臂端开始,向已完成梁段推进分层浇筑。

2 悬臂浇筑的施工过程控制宜遵循变形和内力双控的原则,且宜以变形控制为主。

3 悬臂浇筑施工时,立模高程的误差应不大于 ±5mm,立模轴线的偏位应不大于 5mm。

4 挂篮前移时,宜在其后方设置控制其滑动的装置或在滑道上设置止动装置;前移就位后,应立即将后锚固点锁定,防止倾覆。

5 每一节段悬臂浇筑施工完成后,除应进行质量检验外,尚应对预应力孔道进行检查,防止有杂物堵塞孔道的情况发生。

6 悬臂浇筑施工时,应对桥面上的各种临时施工荷载进行控制。

7 当悬臂浇筑施工跨越铁路、公路、航道及其他建筑物时,应采取有效的安全施工防护措施。

1 对称、平衡浇筑是为了使梁体结构不产生或产生较小的扭矩、力矩,施工时不可能做到绝对平衡,但对其不平衡的偏差需要进行控制。

2~3 施工过程控制以变形控制为主,但亦需要兼顾内力,以达到双控的目的。立模高程误差是指施工监控分析给出的立模高程与实际安装模板高程的差值。质量检验评定标准中虽然规定了浇筑完成后梁体的中线偏位和高程误差,但在混凝土浇筑前对立模高程和中线偏位的控制更符合预先控制的原则,也便于操作,事实上梁体浇筑施工完成后几乎不可能再进行调整。

4 挂篮在前移时,由于在其后方未设置控制其滑动的装置或未在滑道上设置止动装置,或前移就位后未立即将后锚固点锁定,而产生失控,导致倾覆坠落的事故在工程实践中时有发生,故本款针对此种情况作出相应规定。

6 规定本款的目的是为更有利于施工的监测和控制,如果在桥面上随意堆放材料、机具设备等或施加其他临时施工荷载,将会使施工监测的参数与实际不相符,导致施工控制不准确。

7 在跨越铁路、公路、航道及其他建筑物进行悬臂浇筑施工时,不可避免地会危及到梁体下方通行的各种交通工具和人员的安全,故在这种情况下,须采取有效的防护措施,保证安全施工。

17.5.6 悬臂浇筑时预应力的施工除应符合本规范第 7 章的规定外,尚应符合下列规定:

1 预应力管道的安装定位应准确,备用管道和长束的管道应采取措施保证其在使用时的有效性。

2 对纵向预应力长钢束的张拉,宜通过必要的试验确定其张拉程序和各项参数,张拉持荷时间宜增加 1 倍;当钢束的伸长值不能满足要求时,可采取补张拉或多次张拉的措施,但张拉应力不得超过设计规定的最大控制应力。横向预应力采用一端张拉时,其张拉端宜在梁两侧交错设置。竖向预应力宜采用多次张拉的方式进行,多次张拉的次数应以钢束的伸长值是否达到要求且是否可靠锚固而定。

3 对钢束施加预应力时,不得随意将锚具附近的普通钢筋切断;当该处的钢筋影响到张拉操作不能进行正常作业时,应会同设计人员协商处理。

4 对竖向预应力孔道,压浆时应从下端的压浆孔压入,压力宜为 0.3~0.4MPa,且压入的速度不宜过快。

1 准确地进行预应力管道的安装定位,是保证钢束张拉时达到准确的张拉控制应力和伸长值的重要前提。备用管道和长束的管道因空置的时间较长,容易产生锈蚀,故需要采取防止锈蚀的有效措施,以保证其在使用时的有效性。

2 长钢束的张拉,最易发生的问题是预应力筋的伸长值达不到设计要求,这与管道的安装定位不准确导致摩阻力加大等因素有关。对此,在实际施工时,需要采取诸如补张拉、多次张拉、增加持荷时间等措施予以解决,但最好的办法是在管道安装时使其定位准确,减小管道的摩阻损失。竖向预应力因钢束相对较短,张拉后预应力筋的回缩足以抵消其拉出的量,从而造成回缩的损失,采取多次张拉的方式能解决此问题。

3 规定本款的目的是限制随意切断普通钢筋的错误做法。

17.5.7 悬臂浇筑预应力混凝土梁的合龙和体系转换应符合下列规定:

1 合龙的程序和顺序应符合设计规定。

2 合龙施工前应对两端悬臂梁段的轴线、高程和梁长受温度影响的偏移值进行观测,并应根据实际观测值进行合龙的施工计算,确定准确的合龙温度、合龙时间及合龙程序。

3 对连续刚构两端的悬臂梁段采用施加水平推力的方式调整梁体的内力时,千斤顶的施力应对称、均衡。

4 合龙时,宜采取措施将合龙口两侧的悬臂端予以临时刚性连接后,再浇筑合龙段混凝土。宜在合龙口两侧的梁体顶面设置等重压载水箱,并在浇筑合龙段混凝土时同步卸载。

5 合龙段的混凝土宜在一天中气温最低且稳定的时段内浇筑,浇筑后应及时覆盖洒水养护,养护时间宜不少于14d。

6 合龙时在桥面上设置的全部临时施工荷载应符合施工控制的要求。对预应力混凝土连续梁,合龙后应在规定的时间内尽快拆除墩梁临时固结装置,按设计规定的程序完成体系转换和支座反力调整。

2~4 连续梁合龙前,合龙梁段两端悬臂受温度变化的影响可能产生纵向伸缩使合龙口间距变化,从而导致合龙梁段混凝土在凝固过程中受到张拉或压缩的超应力影响而产生裂缝。在浇筑合龙段混凝土前将两端悬臂临时刚性连接的目的,是为保护合龙段混凝土在形成强度之前不会承受额外的拉压应力。

6 预应力混凝土连续梁在悬臂浇筑施工时,是静定结构体系,梁与墩是临时固结;合龙后转换为超静定结构体系。因此在转换体系时,需要将临时固结尽快解除,将梁落于永久支座上,并按高程调整支座高度和反力,这些工作均需按设计的规定进行。

17.5.8 悬臂浇筑施工监控应符合下列规定:

1 施工前应编制施工监控方案,进行结构分析复核,确定主梁施工监控目标高程和应力控制标准,建立指令、监测数据等信息传递和反馈的控制流程。施工监控方案应依据批准的图纸和实施性施工组织设计编制,结构分析的参数和结果应经设计认可。

2 施工监控应考虑环境温度、桥上施工设备及临时荷载的影响;监控测量应考虑日照温差、季节性温差、大风等因素的影响;施工荷载应不超出规定的限值。

3 每节段施工应在混凝土浇筑后、预应力张拉后、挂篮前移就位后等阶段,测量梁段的高程,并据此预测、确定下一梁段的立模高程。应力监测应按预定的频次实施,不得随意改变。

4 当需要改变施工顺序、进度和作业条件时,应复核施工监控的可行性,并制定措施保证桥梁线形和应力符合设计要求。如果施工顺序、进度或作业条件发生了重大偏差,应重新进行施工监控结构分析,确定目标高程和应力控制标准。

1 "施工监控目标高程"是指混凝土梁收缩徐变基本完成时的桥面高程、成桥时的桥面高程、主梁施工过程各阶段高程等。"应力控制标准"是指控制截面各阶段的应力值及其允许偏差,据此对结构进行安全判断与控制。

4　"作业条件发生了重大偏差"是指由于预应力的增减、混凝土配合比的调整、结构设计尺寸的调整、桥上设备或临时荷载的变化等,相对于设计图纸和实施性施工组织设计产生了较大的改变,将会影响到施工监控的结果。

17.6　节段预制拼装

17.6.1　本节适用于预应力混凝土连续梁桥或连续刚构桥分节段预制并采用悬臂拼装方法或逐跨拼装方法的施工。

原规范仅规定悬臂拼装方法的施工,本次修订增加了逐跨拼装施工的内容。

17.6.2　桥梁节段可采用短线法或长线法进行预制,预制场地的布置应便于节段的预制、移运、存放及装车(船)出运;预制台座应稳定、坚固,在荷载作用下,其顶面的沉降应控制在2mm以内。

长线法或短线法均能用于节段的预制,长线法占用的场地较大,短线法则要求更高的预制精度,各有优缺点,实际施工时需要根据各种因素综合考虑确定。

17.6.3　节段预制前,应在预制场地建立精密测量的平面控制网和高程控制网,并设置测量控制点、测量塔及靶标。测量控制点应设在远离热源和震动源的位置,且应具有良好的通视条件,必要时应设置备用的测量控制点。

测量控制网对于保证节段预制的精度有非常重要的作用,因此需要建立精密测量的控制网和控制点。

17.6.4　节段预制时,应对其预制线形进行控制,使成桥后的线形符合设计要求。节段预制的测量控制宜采用专用线形控制软件进行。

节段预制拼装的桥梁,其成桥线形基本上是由预制节段的形状和尺寸决定的,拼装阶段只能作很小的调整。实际上,节段预制拼装桥梁的精度很大程度上取决于节段预制的精度,故节段预制时需要对其预制线形进行控制。

规定宜采用专用线形控制软件对预制节段的线形进行控制,是为了保证所预制的节段能达到质量的要求。采用短线法进行节段的预制时,前一节段在预制台座上的空间定位误差将会导致下一节段乃至整孔梁的线形、梁长产生较大的偏差,因此就需要在后续节段预制时,对前一节段产生的偏差进行修正,避免产生累积误差。

17.6.5　节段预制宜采用专门设计的钢模板,钢模板及其支撑除应满足强度、刚度和稳定性的要求外,尚应满足多次重复使用不变形及保证节段预制精度的要求。采用长线法预制节段时,同一连续匹配浇筑的梁段应在同一长线台座上制作;采用短线法时,应在台座上匹配预制,并应符合下列规定:

1　内模系统应是可调整的,且宜安装在可移动的台车支架上。
2　端模应垂直、牢固,外侧模与底模应能适应节段的线形变化要求。
3　模板与匹配节段的连接应紧密、不漏浆,其安装质量应符合表17.6.5的规定。

表17.6.5　节段预制模板安装允许偏差

项　　目	规定值或允许偏差(mm)
相邻两板表面高低差	2
表面平整度	3
垂直度	$H/1\,000$,且不大于3

续上表

项　目		规定值或允许偏差(mm)	
模内尺寸		长度	+1,-3
		宽度	+3,-2
		高度	+0,-2
轴线偏移量			2
匹配节段定位		纵轴线	2
		高差	2
预埋件	剪力键	位置	2
		平面高差	2
	支座板、锚垫板等预埋钢板	位置	3
		平面高差	2
	螺栓、锚筋等	位置	10
		外露尺寸	±10
吊孔		位置	2
预应力筋孔道		位置	节段端部10

注：H 为节段梁高。

节段的预制精度，需要有刚度大的模板予以保证；采用短线法预制节段时，模板需多次重复使用，因此要求模板须在多次重复使用过程中不会产生变形。

2　对端模的要求需要更严格一些，因节段的端部是拼装时的接触面，且有大量的剪力键；如端面混凝土不平整，将会对拼装带来不利影响。

17.6.6　节段的钢筋宜在专用胎架上制成整体骨架后，吊入模板内进行安装；吊装整体骨架时应设置吊架，吊点的布置应合理，且宜采用多点起吊，防止变形。对预埋件的安装和预留孔的设置，应采用定位钢筋将其准确固定；当有体外预应力钢束转向器时，其安装必须准确可靠。

17.6.7　节段预制混凝土的性能除应符合本规范第6章的规定外，尚应符合设计对其弹性模量、收缩和徐变等性能的要求。节段预制混凝土的浇筑应符合本规范第6章的规定，并应根据环境温度、水泥品种、外加剂、施工进度及对混凝土性能的要求等制订养护方案，总体养护时间宜不少于14d，对节段的外立面混凝土宜采用喷湿或其他适宜的方式进行养护。

17.6.8　节段的脱模时间应符合设计规定；设计未规定时，应在混凝土强度达到设计强度的75%后方可脱模并拆除。在脱模、拆除或移动节段时，应采取措施防止损伤节段混凝土的棱角和剪力键。

17.6.9　模板拆除后应及时对节段进行检查验收，测量其外形尺寸，并标出梁高及纵横轴线。

17.6.10　节段的起吊、移运、存放应符合下列规定：
1　节段从预制台座起吊时，混凝土的强度应符合设计规定。
2　节段的移运应满足运输安全和施工安全的要求。在移运时，应采取措施防止对节段产生冲击或碰撞。
3　节段在存放台座的叠放层数宜不超过两层，并应对存放台座及其地基的承载力进行验算。节段支点的位置应符合设计规定，且宜采用垫木或橡胶板等弹性支撑物进行支承。
4　节段的存放时间应符合设计要求；设计未要求时，宜不少于90d。对未达到养护时间的节段，应在存放时继续养护。

4 预制节段的存放期需要满足其完成混凝土的大部分收缩和徐变,故规定"设计未要求时,宜不少于90d"。原规范规定为"不宜少于28d",这是以往的做法。工程实践证明,28d的存放时间并不能满足其完成混凝土的大部分收缩和徐变,对结构的受力不利,故修改为90d。

17.6.11 墩顶及相邻梁段采用现浇方式施工时,应符合本规范第17.5.4条的规定,且应使其与预制梁段匹配良好。

17.6.12 对连续梁,墩顶的梁段与墩之间应按设计要求进行临时固结,并应进行必要的施工验算,且临时固结的结构和材料应满足方便、快速拆除的要求。

墩顶梁段有采用现浇的,也有采用预制节段直接安装的,但两种方式均需要按条文规定进行墩梁的临时固结。

17.6.13 悬臂拼装施工应符合下列规定:

1 节段拼装施工前,应对预制节段的匹配面进行必要的处理,并应确定接缝施工的方法和工艺。在拼装施工过程中,应跟踪监测各节段梁体的挠度变化情况,控制其中轴线及高程;当实测梁体线形与设计值有偏差时,应及时进行调整。

2 施工前应按施工荷载对起吊设备进行强度、刚度和稳定性验算,其安全系数应不小于2。节段起吊安装前,应对起吊设备进行全面安全技术验收,并应分别进行1.25倍设计荷载的静载和1.1倍设计荷载的动载试验。

3 墩顶节段安装前,应在每一联梁中建立其独立的三维坐标系,对该联各墩顶节段安装的平面位置和高程进行测量放样,X、Y两个方向的放样精度宜不大于1mm,Z方向的放样精度宜不大于2mm。安装时,应对其安装精度进行严格控制。

4 墩顶梁段采用现浇方式施工时,对与之相邻的拼装起始节段的放样精度控制,亦应符合本条第3款的规定。

5 节段悬臂拼装时,桥墩两侧的节段应对称起吊,且应保证桥墩两侧平衡受力,最大不平衡力应符合设计规定。

1 要求节段在拼装施工前对预制节段的匹配面进行必要的修整和处理,是为了使拼装过程更为顺利;同时尚需要计算梁体的实际安装线形,绘制安装挠度变化曲线,以指导拼装施工。

2 节段的拼装可以采用悬臂吊机、架桥机、缆索吊机或浮吊等起吊设备。要求施工前应按施工荷载对起吊设备进行强度、刚度和稳定性验算,是为了能保证拼装施工的安全。

3 拼装时是否需要设置基准块件,需根据拼装的工艺要求确定,基准块件是节段悬臂拼装施工时的起点,其空间位置准确与否,对后续的节段拼装影响较大。在节段悬臂拼装施工中,放置在墩顶的节段通常是基准节段,该节段的位置和高程确定后,其余节段依次匹配拼装,如果对其三维坐标不进行严格控制而误差较大时,其他节段的拼装将会产生不可逆的累计误差,因此在放样测量时就需要进行较为严格的控制。墩顶节段的安装精度越高,则后续节段的拼装精度就会越高;反之则越低。

4 节段悬臂拼装施工中,墩顶梁段采用现浇方式施工时,一般需要将1号(或2号)节段放置在支架上与现浇的墩顶梁段通过湿接头连接为整体后,再进行与其他节段的匹配拼装施工,此时,1号(或2号)节段即成为起始拼装施工的基准节段,因此该节段的放样精度和安装精度同样需要符合第3款的要求。

5 节段悬臂拼装时,对称、平衡是施工中需要遵循的基本原则。

17.6.14 逐跨拼装施工除应符合本规范第17.6.13条中第1、2款的规定外,尚应符合下列规定:

1 应根据整跨桥梁的设计重力、施工荷载和现场的环境条件等因素,选择用于安装施工的架桥机。

2 节段正式拼装前宜进行试拼装。

3 拼装节段时,应对基准节段的空间位置进行测量放样,测量放样的精度要求应符合本规范第17.6.13条第3款的规定,定位后应及时进行固定。

4 采用上行式架桥机拼装节段时,各节段应错层悬挂,且节段之间应设置防止碰撞的垫块,错层的节段数量和节段之间的纵向间距应能满足拼装工艺的要求;采用下行式架桥机拼装节段时,应采取有效措施抵抗支承面倾斜时节段重力对装载车产生的水平分力。

5 各节段与匹配节段的预应力孔道应连接顺畅,在节段拼装后的匹配面接缝处,孔道位置不应有超过2mm的错台现象,且应保证其密封性。

6 拼装后整跨梁体的三维位置不符合设计要求时,应对其进行调整,直至满足设计规定的精度要求。

7 节段拼装完成并施加预应力后,应进行支承的转换,转换顺序应通过计算确定。当架桥机不具备支承转换功能时,可通过事先设置在墩顶的临时千斤顶顶升节段完成支承转换,连续梁的中支点则宜采用临时支座进行支承。支承转换前应使梁底与支座接触,但不应使支座承受压力。采用上行式架桥机拼装时,应在支承转换全部完成后,方可拆除在架桥机上的固定装置。

8 节段逐跨拼装完成后,梁体应处于简支状态,在对结构进行体系转换后方可形成连续梁。

1 节段逐跨拼装施工较之悬臂拼装施工,架桥机需要承受的节段重量更大。逐跨拼装施工时采用的架桥机有上行式和下行式两种之分,其节段拼装施工的方法亦有所不同,因此需要根据各种因素来选择架桥机。

2 节段在预制完成至拼装期间,会受到各种因素的影响,使其发生空间扭曲及尺寸上的变化,这将影响到现场拼装的质量与进度,故需进行试拼装。

3 对本款的解释见本规范第17.6.13条第3款说明。

4 采用上行式架桥机进行节段的错层起吊悬挂时,节段之间很容易因产生碰撞而造成损伤,因此需要设置防止碰撞的垫块;采用下行式架桥机拼装节段时,由于横坡的影响,节段的支承面可能会产生倾斜,为保证施工安全,故规定如条文。

5 预应力孔道如果在节段拼装后的匹配面接缝处产生较大的错台,会对后续的张拉作用造成较大的影响,故规定如条文。

7 规定通过计算确定支承转换顺序的目的是保证接缝断面的混凝土处于受压状态。

17.6.15 接缝的处理应符合下列规定:

1 各节段间的接缝施工应符合设计规定。

2 采用胶接缝拼装的节段,涂胶前应就位试拼。胶黏剂进场后应进行力学性能及作业性能的抽检,其各项性能应满足结构设计与节段拼装施工的要求。节段的匹配面应平整,尘土、油脂等污染物及松散混凝土和浮浆应清除干净。涂胶前的匹配面应进行干燥处理。

3 胶黏剂宜采用机械拌和,且在使用过程中应连续搅拌并保持其均匀性。胶黏剂应涂抹均匀,覆盖整个匹配面,涂抹厚度宜不超过3mm。对胶接缝施加临时预应力进行挤压时,挤压力宜为0.2MPa,胶黏剂应在梁体的全断面挤出,且胶接缝的挤压应在3h以内完成;当施工时间超过明露时间的70%时,在固化之前应清除被挤出的胶结料。胶黏剂在涂抹和挤压时,应采取措施对预应力孔道的端口处进行防护,防止胶黏剂进入孔道内。

2 胶黏剂的主要技术指标包括黏结强度、标准强度、弹性模量和硬化时间等。

3 胶黏剂涂抹在接缝表面后,会形成一层明露在空气中的黏结薄膜,其硬化速度大大加快,因此需要在其失去黏结能力之前进行胶结并施加临时预应力进行挤压。本款规定了有效工作时间的范围,这一时间范围不仅与胶黏剂产品的性能有关,亦与节段的拼装速度及预应力施工的速度有关。胶黏剂在梁体的全断面挤出,能有效保证接缝的密闭效果。

17.6.16 节段拼装的预应力施工除应符合本规范第7章的规定外,尚应符合下列规定:
1 对采用胶接缝的节段,在拼装工作结束并经检查符合要求后,应立即施加预应力对接缝进行挤压;对采用湿接缝的节段,应在接缝混凝土强度达到设计强度的80%以上时方可对其施加预应力。
2 临时预应力钢束的布置和张拉控制应力应符合设计规定,并应满足多次重复张拉的作业要求;临时预应力钢束在结构永久预应力施工完成后方可拆除。
3 节段拼装完成并施加预应力后,方可放松起吊吊钩,并应立即对预应力孔道进行压浆和封锚。
4 对梁顶面明槽内已张拉的预应力钢束应加以保护,严禁在其上堆放物体或抛物撞击。

3 每一节段在拼装过程中,起重吊钩需要始终保持悬挂着节段,当节段的预应力钢束按设计要求张拉后,能保证稳固时才允许放松吊钩,如此规定是为避免发生节段掉落事故。需要张拉多少预应力钢束后才允许放松吊钩,则需通过计算确定。

17.6.17 节段预制拼装的施工监控除应符合本规范第17.5.8条的相关规定外,尚应根据其结构特点和施工方法的不同进行有针对性的控制。

17.6.18 合龙及体系转换的程序应符合设计要求,施工应符合本规范第17.5.7条的规定。混凝土湿接头的施工应符合本规范第17.2.10条的规定。

17.7 顶推

17.7.1 本节适用于采用顶推(拉)方法的预应力混凝土连续梁和钢梁的施工。

钢箱梁(包括其他钢结构梁)的顶推施工与预应力混凝土连续梁的顶推施工大同小异,其顶推原理是相同的,故本次修订将适用范围作了适当修改。

17.7.2 梁段的预制或拼装场地除应符合本规范第17.2.2条的规定外,尚应符合下列规定:
1 预制或拼装场地宜设在桥台后方的引道或引桥上,其长度、宽度应满足梁段预制或拼装施工作业的需要。
2 宜在场地上搭设固定或活动的作业棚,使梁段的施工作业不受天气影响,并便于混凝土养护。

本次修订将原规范中的"预制场地"修改为"预制或拼装场地","拼装场地"是指用于钢梁拼装的场地。预制场地设在桥台后方引道上的情况较为多见,但在某些特殊条件下亦有可能设在引桥上;当为多联顶推时,则可以在桥两端均设预制或拼装场地,从两端相向顶推。

预制或拼装场地的长度需要考虑梁段推出时反压段的长度、梁段底板与腹(顶)板的预制长度、导梁拼装长度及机具设备材料进入预制或拼装作业区的长度;宽度要考虑梁段两侧施工作业的需要。预制或拼装场地的长度一般可以按2倍预制梁段长加2m决定,宽度可以按桥梁宽度加2×2.5m为准。

17.7.3 梁段预制或拼装台座的设置应符合下列规定:
1 在桥头路基或引桥上设置预制或拼装台座时,路基或引桥的强度、刚度和稳定性应满足顶推施工的要求,并应设置台座地基的防水、排水设施,防止沉陷。在荷载作用下,台座顶面的沉降变形应不大于2mm。
2 台座的轴线应与桥梁轴线的延长线重合,纵坡应一致,两轴线间的偏差应不大于5mm;相邻两支承点上台座中滑移装置的纵向顶面高程差应不大于2mm;同一支承点上滑移装置的横向顶面高程差应不大于1mm;台座(包括滑移装置)和梁段底模板顶面高程差应不大于2mm。

1 台座的地基或引桥的强度、刚度和稳定性很重要,如地基有沉陷,或引桥挠度过大,将使预制的梁段底面不平整,并增大了梁底板厚度,导致顶推摩阻力增加和梁重力增加,将造成顶推作业困难。设在路基上的预制台座顶面需比路基设计高程低一个梁高,故一般要选在填方路基上,避免设在挖方地段。预制台座要尽可能利用引桥,可以减少临时支墩和地基处理工作量以及防水、排水设施等费用。

17.7.4 混凝土梁段的预制应符合下列规定:

1 模板宜采用钢模板。底模与底架宜连成一体且可升降;侧模宜采用旋转式的整体模板;内模宜采用可移动台车加升降旋转式的整体模板。模板应保证刚度,制作精度应符合本规范第 5 章的规定。

2 梁段混凝土的浇筑除应符合本规范第 6 章的规定外,尚应符合下列规定:

1)混凝土梁体在支座位置处的横隔板,宜在整联梁顶推到位并完成解联后再进行浇筑,振捣时应避免振动器碰撞预应力管道和预埋件等。

2)梁段的工作缝表面应凿毛并清洗干净。若工作缝为多联连续梁的解联断面,宜设为干接缝并采用临时预应力束张拉使之连接紧密。干接缝的断面尺寸应准确,表面应平整,解联时应分开方便。

3)对与顶推导梁连接的梁体端部的混凝土,应保证其振捣密实,不得出现空洞等缺陷。

17.7.5 梁体预应力的施工除应符合本规范第 7 章的规定外,尚应符合下列规定:

1 预应力钢束的布置、张拉顺序、临时束的拆除次序等,应符合设计规定。

2 各种因顶推施工需要所设置的临时预应力束,在顶推施工过程中应予以妥善保护。

顶推施工的预应力混凝土连续梁,由于在顶推过程中,各截面要多次承受交替变化的正负弯矩,因此梁段中的预应力束有些是从顶推开始到连续梁就位都需要具有的永久钢束;有些是在顶推过程中所需,但在连续梁顶推就位后要拆除的临时束;还有一些是为了减小在顶推过程中产生过大的反向弯矩,适当地减少张拉束数,待全梁顶推就位后再按需要添加的补充束。以上 3 种预应力钢束都需要严格按照设计规定进行穿束张拉或拆除,不能随意增减或漏拆。各种临时预应力束在顶推施工过程中均应予以妥善保护。

梁体顶推就位后需要拆除的临时预应力束,在顶推施工过程中不能压浆,锚具外露的多余预应力筋亦不必切除,可以在预应力筋上画线注明锚具的位置,以便在顶推时检查锚具是否松动。

对梁段间需连接的永久预应力钢束,可以在两梁段间留出适当空间,且采用连接器连接,梁段间需连接的永久预应力钢束一般较长,因孔道上下弯曲,一次穿束是非常困难的,这样的束也不便于张拉,采取分段设置连接器连接是必要的。

17.7.6 导梁和临时墩的设置应符合下列规定:

1 导梁的长度宜为顶推跨径的 0.6~0.8 倍,刚度宜为主梁的 1/9~1/15,导梁与主梁梁体连接处的刚度应协调,预埋件的连接强度应满足梁体顶推时的受力要求,导梁前端的最大挠度应不大于设计规定。

2 导梁全部节间的拼装应平整,其中线的允许偏差应不大于 5mm,纵、横向底面高程的允许偏差应为 ±5mm。

3 桥跨中间设有临时墩时,其施工技术要求应符合设计规定及本规范第 15 章的规定;梁体顶推施工完成并落位到永久支座上后,应及时将其拆除。

1~2 导梁以采用刚度大、变形小的钢板梁为宜。导梁与梁体连接处的刚度如不协调,将造成导梁个别杆件局部变形,使连接处的梁体混凝土开裂,影响顶推工作的正常进行。

3 设置临时墩可以减小主梁的顶推跨径,从而减小顶推时的最大正负弯矩和其所产生的主梁截面应力。临时墩须能承受顶推时的最大竖向和最大水平摩阻力荷载,且不致产生不能容许的沉陷和水平位移。在通航或流冰河流中设立临时墩时,还要求能防范船只和流冰的冲撞。拆除临时墩的方法,须在建墩时即布置,拆墩时,墩顶需与主梁底面脱开。

17.7.7 梁体的顶推应符合下列规定:

1 顶推施工宜根据梁体长度、顶推跨度、桥墩所能承受的水平推力等条件,选择适宜的顶推方式。

2 采用单点或多点水平千斤顶方式顶推时,顶推滑道的长度应大于水平千斤顶行程加滑块的长度,宽度应为滑板宽度的1.2~1.5倍;相邻墩滑道顶面高程的允许偏差宜为±2mm,同墩两滑道高程的允许偏差宜为±1mm;滑动装置的摩擦系数宜经试验确定。

3 采用单点或多点水平千斤顶方式顶推时,实际总顶推力应不小于计算顶推力的2倍;采用单点或多点拉杆方式顶拉时,拉杆的截面积和根数应满足顶拉力的要求,拉锚器的锚固和放松应方便、快速,设置在各墩顶的反力台应牢固且应满足顶拉反力的要求。多点顶推(拉)时,各点的水平千斤顶应同步运行。

4 宜在墩台上设置导向装置,防止梁体在顶推过程中产生偏移。顶推过程中,宜对梁体的轴线位置、墩台的变形、主梁及导梁控制截面的挠度和应力变化等进行施工监测;发生异常情况时,应停止顶推,查明原因并进行处理后方可继续施工。

5 顶推时至少应在两个墩上设置保险千斤顶。如遇顶推故障需采用竖向千斤顶将梁顶高时,最大顶升高度不得超过设计规定或不得大于10mm,起顶的反力值不得大于计算反力的1.1倍。

6 平曲线连续梁顶推施工时,预制台座的平面及梁体均应按设计线形设置成圆弧形;导梁宜设置成直线形,但与主梁连接处应偏转一定角度,使导梁前端的中心落在设计线形的中线上。顶推应使梁体沿圆弧曲线前进。

7 竖曲线连续梁顶推施工时,预制台座的底模板顶面应符合设计竖曲线的曲率;所需水平顶推力的大小,应考虑正负纵坡的影响。

8 采用步履式顶推时,垫梁应有足够的长度和刚度,且应与梁体底部完全接触(垫50mm厚橡胶垫),保证梁体腹板可靠受力。顶推过程中竖向顶升和水平顶推各墩的同步精度应控制在5mm以内,同墩两侧的同步精度应控制在4mm以内。

1 各种顶推方式均有其优缺点,集中顶推方式的动力设备数量少,易于集中控制和同步,但要求动力设备的功率大,传递给墩台的水平力较大;分散顶推方式的动力设备数量多,功率小,不易集中控制和同步,但传递给墩台的水平力较小;水平千斤顶顶推方式,全部操作可以在墩台顶上进行,传力直接,但在顶推循环过程中,每次循环均需竖向顶梁,对梁体受力不利;拉杆顶推方式不需顶起梁,对梁体受力易于掌握,不易产生意外,但顶推力通过拉杆传递给梁,梁体内需预埋连接零件,而且每次顶推循环后拆移拉杆时,有时会出现高空作业。施工时可以根据施工条件选择适宜的顶推方式。

多孔多联预应力混凝土连续梁顶推时,可以根据顶推方式采取分联顶推或将各联间伸缩缝临时连接,顶推施工完成后再将临时连接设施拆除。多联顶推常用的伸缩缝临时连接方案有两种:一是在各联相邻伸缩缝中灌注硫黄砂浆,冷凝后张拉临时预应力束,然后按照正常程序进行顶推施工,待全桥顶推完毕,拆除临时预应力束,并将缝中硫黄砂浆加温熔化掉,落梁后进行伸缩缝的施工;另一方案是在两梁段之间以塑料布隔开,张拉临时预应力束,然后按正常程序施工,待后一梁段达到设计位置,拆除临时预应力束,再将前面一联的连续梁向前顶推到伸缩缝所需距离,达到设计位置时,再落梁进行伸缩缝施工。单点顶推时只能采用第一方案,多点顶推则两方案均能适用。

2 水平千斤顶顶推方式的滑动装置通常由摩擦垫、滑块(支承块)、滑板和滑道等组成。摩擦垫、滑板、滑块等部件的尺寸大小,均需按其使用材料的容许承载力计算决定,否则,在顶推过程中被损坏,更换处理费时误事。四氟板的容许应力分无侧限和有侧限两种,且与工作时的温度高低有关,温度低时其屈服点强度高。四氟板与金属板摩擦时,产生的热量多由金属板排走,如果两块四氟板互相摩擦移动,则产生的热量很多,温度很高,易使四氟板被烧坏,故滑动装置一般不采用上下两层四氟板互相滑移。对滑道的基本要求是表面光滑、摩擦系数小、不锈蚀。对滑道长度和宽度的规定,是考虑在滑动过程中,滑道所容纳的滑板数须不少于3块,并要防止滑板偏离滑道;对滑道顶面高差的规定是为防止滑板局部受力而被压坏。

滑块可以采用铸钢或高强度混凝土块制成,其高度一般不小于正式支座的高度,尺寸不小于摩擦垫和滑板的尺寸;滑板通常采用聚四氟乙烯板,其面积按最大反力经计算决定,对无侧限的容许应力可以按5MPa计算,对有侧限的可以按15MPa计算。滑道通常采用不锈钢或镀铬钢带包卷在铸钢底层上,铸钢底层采用螺栓固定在支座垫石上。

拉杆顶推方式的滑动装置通常由滑板与滑道组成,且滑道长度要大于3块滑板的长度。

滑动装置的摩擦系数须由滑板和滑道的材料经试验确定。滑动装置的摩擦系数,主要取决于四氟滑板与滑道面的摩擦系数,研究试验结果表明,启动摩擦系数为动摩擦系数的1.1~1.5倍。摩擦系数与滑道所用材料无关,而与滑道表面的光洁度关系较大。滑道磨损变形或折皱,摩擦系数会增大;摩擦系数随单位压力增加而减小,随温度降低及荷载压在四氟板上滞留时间延长而增加。故顶推工作一经开始,最好一气呵成,直至完成该节梁段的顶推。在选用水平千斤顶顶力时,对四氟滑板与不锈钢或镀铬钢滑道面,启动摩擦系数(静摩擦系数)可以按0.07~0.08、动摩擦系数可以按0.04~0.05考虑。

梁段在顶推前进过程中,滑道上的滑板从前面滑出后,要立即自后面插入补充,补充的滑板需涂以润滑剂,并端正插入。在任何情况下,每条顶推线各墩顶滑道上的滑板不能少于2块,且需按顶推梁的长短和滑板损耗率配备足够的滑板,滑板磨损过多时要及时更换。

3 计算顶推力是按多种因素都较为理想的情况下考虑的,为了防止因发生意外使水平顶力过小而影响顶推工作的顺利进行,实际顶推力需按计算顶推力的2倍考虑。

多点顶推时,纵向各墩的水平千斤顶如不同步运行,将加重早启动千斤顶的负担,甚至超过其顶推能力,从而使顶推工作不能顺利进行,因此要求千斤顶需同步运行。

梁段的预应力钢束张拉完成,对顶推设备如千斤顶、高压油泵、控制装置及梁段中线、各滑道顶高程等检验合格,并做好顶推的各项准备工作后,方能开始顶推。

采用单点或多点水平千斤顶方式顶推时,需注意下列事项:

(1)水平千斤顶的实际总顶推力一般不小于计算顶推力的2倍。

(2)墩、台顶上水平千斤顶的台背须坚固,要经过计算确认能抵抗顶推时的总反力;在顶推过程中各桥墩的纵向位移值不能超过设计规定。

(3)主梁在各墩(包括临时墩)的支承处,均要设立滑动装置。

(4)单点或多点的水平千斤顶顶推时,左右两条顶推线要同步运行;多点顶推时,各墩台的水平千斤顶均需沿纵向同步运行,保证主梁纵向轴线在设计容许偏差范围内。这是因为左右两条顶推线如横向不同步运行,可能会使被顶推的梁体发生偏离。"同步"包括同时顶推,而且左右的顶推力大小相等。多点顶推时,纵向各墩的水平千斤顶如不同步运行,将加重早启动千斤顶的负担,甚至超过其顶推能力,从而使顶推工作不能顺利进行,故要求千斤顶需同步运行。

采用单点或多点拉杆方式顶拉时,需注意下列事项:

(1)拉杆式的水平千斤顶一般采用穿心式,使拉杆一端能穿过千斤顶锚固在千斤顶活塞顶端,另一端穿过拉锚器用尾套锚固。为了减少拉杆的根数,增强拉锚器和千斤顶的锚固力,可以使用高强度螺纹钢筋做拉杆。拉杆的截面积和根数需满足顶拉力的要求。

(2)设拉杆千斤顶的墩顶须设置反力台,反力台要牢固,满足顶拉时反力的要求。

(3)主梁底部或侧面需按一定距离设置拉锚器,拉锚器的锚固、放松要方便、快速。拉锚器常通过箱梁外侧的预埋钢板固定在箱梁上,但为了拆装方便,减轻高空作业的劳动强度,拉锚座可以制成插销式活动装置。

顶推(拉)过程中尚需注意下列事项:

(1)顶推时,如导梁杆件有变形、螺栓松动、导梁与主梁联结处有变形或混凝土开裂等情况时,须停止顶推,进行处理。

(2)梁段中未压浆的各预应力束的锚具如有松动,须停止顶推,并将松动的锚具重新张拉、锚固。

(3)采用拉杆方式顶拉时,如拉杆有变形、锚碇联结螺栓有松动等情况,须及时处理。

(4)主梁被顶推(拉)前进时,如梁的中线偏离较大,须采用导向装置进行纠偏。

(5)当需要采用竖向千斤顶将梁顶高时,其最大顶升高度不能超过设计规定。

(6)顶推过程中,需按条文规定加强检查,这些部分如出现问题,后果是严重的。顶推的速度虽重要,但更重要的是顶推过程中的质量与安全。

(7)顶推(拉)施工过程中,要对下列项目进行施工监测:

①墩台和临时墩承受竖直荷载和水平推力所产生的竖向、水平位移,需要时,须监测其应力变化。

②主梁和导梁控制截面的挠度和应力变化。

③滑动装置的静摩擦系数和动摩擦系数。

④对监测的结果需随时记录、整理,如超过设计规定限值,要分析原因,采取措施纠正。

4 在顶推过程中,往往由于左右两条顶推线未能完全同步,各墩顶滑动装置的摩阻力也不一致,使梁体偏离中轴线是经常发生的,故需采用导向装置防止梁体产生偏移。导向装置可以采用楔形导向滑板或横向纠偏千斤顶,且需具有足够的承载力,防止在导向和纠偏时损坏。

5 顶推过程中最常见的故障是滑板被卡住,梁体不能前进,常采用千斤顶将梁顶起取出或调整滑板。但采用竖向千斤顶将梁顶高的最大升高值和起顶反力值须有所限制,这主要是为了控制主梁竖向位移所产生的附加应力,否则梁被顶高时将产生临时局部弯矩,此值如过大就可能使箱梁顶板和底板上缘的混凝土发生裂纹。各支承点最大的相对顶面高差值须控制在主梁能容许的竖向变位范围内,其值与墩距(含临时墩)、梁高、梁的顶板和底板厚度等有关,一般由设计单位通过计算决定。

6 平曲线桥的曲率如变化太大,则其预制台座和预制的梁段均需随曲率变化而变动。顶推过程中的方向也需经常调整改变,故平曲线顶推施工仅适用于同半径的圆曲线桥。平曲线顶推的另一主要限制条件,是其平曲线半径不能太小,如果每孔曲线桥的平面重心落在相邻两座桥墩上箱梁底板的弦连接线以外,箱梁就会倾覆;当梁的重心在底板范围以内时,还要验算桥墩所受的偏心荷载反力所产生的应力及梁本身产生的扭转挠曲应力。

预应力混凝土连续梁平曲线顶推施工时可以采用多点拉杆方式顶拉,亦可以采用水平千斤顶方式顶推,且需采取纵向与横向顶推结合的工艺,即在纵向水平千斤顶向前顶推的同时,启动各墩曲线外侧的横向千斤顶,使梁体沿圆弧曲线前进。

7 在竖曲线上进行顶推施工时,亦仅适用于同曲率的竖曲线预应力混凝土连续梁桥。当梁体较长或跨数较多时,可以采取对向顶推的方式,并在竖曲线顶点处合龙;当梁体较短或跨数较少时,亦可以采取一端顶推的方式施工,但需注意自一端顶推全桥时,开始一段是向上坡顶推,水平顶推力须按顶推平坡时的摩阻力加上坡阻力考虑,顶过坡顶以后,水平顶推力须按顶推平坡时的摩阻力减去下坡阻力考虑。

8 本款为新增。步履式顶推是近年来较多采用的一种顶推方式,其施工效果亦较好,故本次修订对其施工的要求予以规定。

17.7.8 梁体顶推到位后的落梁应符合下列规定:

1 落梁前应按设计规定的顺序,对预应力钢束进行张拉、锚固和压浆,拆除全部临时预应力钢束。拆除墩、台上的滑动装置时,梁体的各支点应均匀顶起,其顶力应按设计支点反力的大小进行控制,顶起时相邻墩各顶点的高差应不大于5mm,同墩两侧梁底顶起时高差不大于1mm。

2 落梁时,应按设计规定的顺序和每次的下落量分步进行,同一墩、台的千斤顶应同步运行;落梁反力的允许偏差应为±10%设计反力。

3 永久支座应在落梁前进行安装。

落梁的工作内容包括:全桥顶推就位后,按营运阶段内力,将补充的预应力筋进行穿束、张拉、锚固、压浆；再将临时预应力束按设计规定顺序拆除，安装正式支座，将梁顶起，取出滑动装置，最后将全梁落于永久支座上。为了消除由于预制产生的箱梁底部高程误差、支座安设中的高程误差和预加应力所引起的二次力矩，使梁体受力状态符合于其自重力引起的弯矩和反力，落梁时千斤顶顶力要以支座反力调整控制为主，同时适当考虑梁底高程。

17.7.9 钢梁的顶推施工除应符合本节的相关规定外，尚应符合下列规定：
  1 顶推方式宜根据钢梁的结构特点选择确定。
  2 导梁与钢梁之间宜采用焊接连接或采用螺栓连接。钢梁结构的支点和顶推施力点处宜适当加固，并应采取措施防止结构在顶推过程中产生变形。

17.8 箱梁整孔预制安装

17.8.1 本节适用于采用高性能混凝土、整孔预制架设安装的大型后张预应力混凝土箱梁的施工。

17.8.2 箱梁预制场地的建设除应符合本规范第17.2节的规定外，尚应符合下列规定：
  1 预制场地应进行专门设计，其布置应有利于制梁、存梁、运梁和架梁的施工作业；制梁台座、存梁台座及运梁线路的地基应具有足够的承载能力，并应有防排水设施；场地内的道路、料场等应硬化处理。
  2 对在水域中架设安装的箱梁，应在预制场地设置箱梁的出运码头；从岸的一侧开始延伸至水域中或在陆上架设安装的箱梁，应设置必要的提梁设施和装置。

虽然整孔预制箱梁的预制场地与一般梁的预制场地并无本质上的区别，但由于整孔预制安装箱梁的体积庞大，且质量远大于一般梁，因此对场地布置及地基的承载力等有着更高的要求，场内的移运和各个工序的施工亦更复杂，大型化、工厂化是整孔预制箱梁的显著特点。

17.8.3 钢筋宜在专用胎架上绑扎制作成整体骨架后，进行整体起吊安装；采用拼装式内模时，钢筋宜分片制作，分片起吊安装。

17.8.4 箱梁的预制宜采用定型钢模板，模板应具有足够的强度和刚度，并应能满足多次重复使用不变形的要求。模板的制作、安装与拆除除应符合本规范第5章的规定外，尚应符合下列规定：
  1 钢模板在加工制作时，模板的全长和跨度应考虑箱梁反拱度的影响及预留压缩量。附着式振捣器的支座应交错布置，安设牢固，并应使振动力先传向模板的骨架，再由骨架传向面板。
  2 模板安装时，其位置应准确，各部位的连接应牢固可靠，接缝应严密且不漏浆。模板安装的允许偏差应符合表17.8.4的规定。
  3 模板的拆除期限除应符合本规范第5章的规定外，对外侧模和端模，尚应满足箱梁混凝土的表层温度与环境温度之差不大于15℃的要求。当气温急剧变化时，不宜进行拆模作业。

表17.8.4 整孔预制箱梁钢模板安装允许偏差

项 目		允许偏差
模板全长(mm)		±10
模板高度(mm)		±5
模板宽度(mm)	顶板	±10
	底模板	+10,0
板面平整度(mm/m)		2
垂直度(mm/m)		3

续上表

项　目		允　许　偏　差
横隔板中心位置偏差(mm)		5
顶板内外边缘与设计位置偏差(mm)		+10,-5
断面尺寸(mm)	顶板	+5,0
	腹板	
	底板	
横隔板厚度(mm)		+10,-5
端模预应力支承垫板中心偏位(mm)		3

17.8.5 箱梁混凝土宜一次连续浇筑完成,且宜采用水平分层、斜向推进的方式浇筑,水平分层的厚度不得大于300mm,各层间混凝土的间隔浇筑时间不应超过其初凝时间。梁体腹板下部的底板混凝土宜采用设于底模处的附着式振捣器振动;腹板混凝土宜采用插入式振捣器及附着式振捣器辅助振捣;对钢筋和预应力管道密布区域的混凝土,应提前按一定间距设置混凝土溜槽和插入式振捣器辅助导向等装置,保证该区域的混凝土能振捣密实。

17.8.6 箱梁混凝土浇筑完成后,应按本规范第6.15.14条的规定及时进行覆盖和养护,并应符合下列规定:
　　1　当采用蒸汽养护时,除应符合本规范第6章的规定外,尚宜分为静停、升温、恒温、降温及自然养护5个阶段。静停期间应保持蒸养棚内的温度不低于5℃;混凝土浇筑完成4h后方可升温,且升温的速度应不大于10℃/h;恒温时应将温度控制在50℃以下,恒温时间宜由试验确定;降温的速度应不大于5℃/h;蒸汽养护结束后,应立即进入自然养护阶段,且养护时间宜不少于7d。蒸养期间、拆除保温设施及模板时,梁体混凝土表层的温度与环境温度之差应不大于15℃。
　　2　当采用自然养护时,对暴露于大气环境中的混凝土表面应采用适宜的材料进行覆盖,并洒水养护;拆模后尚未达到养护时间的梁体混凝土表面,宜采用喷淋方式或采用养护剂喷洒养护。当环境相对湿度小于60%时,自然养护的时间宜不少于28d;相对湿度大于或等于60%时,宜不少于14d。

17.8.7 梁体混凝土的抗压强度达到设计强度的1/3以上,弹性模量不低于设计值的50%时,可对部分预应力钢束进行初张拉,但其张拉应力不应超过设计张拉控制应力的1/3,且初张拉的预应力钢束编号及张拉应力应符合设计的规定。对箱梁预应力钢束的终张拉,应在其混凝土抗压强度达到设计强度的80%,弹性模量不小于设计值的80%后进行。设计对张拉有具体规定时,应从其规定。
　　对预应力钢束进行初张拉的目的是为防止箱梁混凝土在低龄期时产生裂缝。

17.8.8 梁体预应力孔道的压浆应符合本规范第7章的规定。压浆结束后应将锚具外部清理干净,并应对梁端混凝土进行凿毛,对锚具进行防锈处理,按设计要求设置钢筋网片,浇筑封端混凝土。封端应采用无收缩混凝土,其强度应符合设计规定,并应严格控制梁体长度。

17.8.9 箱梁的场内移运及存放应符合下列规定:
　　1　箱梁在场内的移运可采用龙门吊机、轮胎式移梁机或滑移方式,且应预设相应的移运通道。
　　2　采用滑移方式移梁时,滑道应设在坚固稳定的地基基础上。滑道应保持平整,滑移时4个支点的相对高差不得超过4mm,两滑道之间的高差不得超过50mm。滑移的动力设施应经计算及试验确定。滑移过程中应采取有效措施保证梁体不受损伤。
　　3　梁体预应力钢束初张拉后进行吊运或滑移时,箱梁顶面严禁堆放重物或施加其他额外荷载;终张拉后吊运或滑移箱梁,应在预应力孔道压浆浆体达到设计规定强度后方可进行。

4 箱梁的存放台座应坚固稳定,且应有相应的防排水设施,应保证箱梁在存放期间不致因台座下沉受到损坏。箱梁在存放时,其支点距梁端的距离应符合设计规定。

17.8.10 箱梁的运输应符合下列规定:

1 采用运梁车运输箱梁时,运梁线路的路面应平坦,地基应有足够的承载能力,纵向坡度应不大于3%,横向坡度(人字坡)应不大于4%,最小曲率半径应不小于运梁车的允许转弯半径。在运梁车通过的限界内,不得有任何障碍物。

2 运梁车装载箱梁时,其支承应牢固,起步和运行应缓慢,应平稳前进,严禁突然加速或紧急制动。重载运行时的速度宜控制在5km/h以内,曲线、坡道地段应严格控制在3km/h以内。当运梁车接近卸梁地点或架桥机时,应减速徐停。

3 采用水运方式运输箱梁时,除支承应符合结构受力及运输要求外,尚应对梁体进行固定,并应采取防止船体摆动的有效措施,保证其在风浪颠簸中不移位。

4 不论采用何种方式运输箱梁,均不得使其在装卸和运输过程中产生任何形式的损伤及变形。

17.8.11 箱梁的架设安装应符合下列规定:

1 箱梁应采用通过技术质量监督部门产品认证的专用架桥机,或由海事部门颁发船舶证书及起重检验证书的起重船进行架设安装,且起重参数应能满足架梁的要求,起重船的锚泊系统应能满足作业水域的条件。吊架和吊具应专门设计。起重设备、吊架和吊具等应经试吊确认安全后方可用于正式施工,吊具应定期进行探伤检查。

2 采用架桥机安装作业时,其抗倾覆稳定系数应不小于1.3;架桥机过孔时,起重小车应位于对稳定最有利的位置,且抗倾覆稳定系数应不小于1.5。

3 采用起重船安装作业时,起重船在进入安装位置后应根据流速、流向、风向和浪高等情况抛锚定位,定位时不得利用桥墩墩身带缆;在起重船定位和箱梁架设安装过程中,船体和梁体均不得对桥墩或承台产生碰撞。

4 架设安装时,箱梁在起落过程中应保持水平;顶落梁时梁体的两端应同步缓慢起落,并不得冲击临时支座。箱梁就位时,应设置必要的装置对梁体的空间位置进行精确调整。

5 在墩顶设置的临时支座,其形式和位置应符合设计规定,梁底与支座应密贴;4个临时支座的顶面相对高差不得超过4mm。

6 箱梁架设安装后的吊梁孔应采用收缩补偿混凝土封填。

对于体积和重力均较大的梁体而言,施工中的任何疏忽都会导致严重的后果。条文对整孔预制箱梁的场内移运、场外运输及架设安装等关键工序的规定,均以保证施工安全和结构安全为目的。

17.8.12 箱梁简支变连续时的体系转换除应符合设计要求和本规范第17.2.10条的规定外,尚应符合下列规定:

1 需浇筑湿接头的箱梁端部的形状应符合设计规定,预应力钢束及其他预留孔道的位置偏差应不大于4mm。

2 宜先将一联箱梁采用型钢在纵向予以临时固结,且宜在一天中气温最低且温度场均匀稳定的时段浇筑湿接头混凝土。

17.9 大节段钢箱梁安装

17.9.1 本节适用于工厂化制造的大节段钢箱梁在水域架设安装的施工。

17.9.2 大节段钢箱梁的安装应制订专项施工方案,且应根据大节段构件的构造特点、重力、作业环境条件和起重能力等因素综合考虑选择安装方法。

由于在水域中架设安装大节段钢箱梁的施工风险极大,故需要编制专项施工方案,同时要综合考虑各种因素选择安装方法。

17.9.3 安装施工前,应对施工中使用的各种临时设施、受力装置和临时受力结构,以及吊架、吊具和索具等,进行专门设计和受力分析的计算验算。

大节段钢箱梁的长度、体积和重力均较大,因此对施工中使用的各种临时设施、受力装置和临时受力结构,以及吊架、吊具和索具等,都要有非常高的要求,才能满足安装施工的需要,故规定在施工前要对其进行专门设计和受力分析的计算验算,目的是为保证安装施工的安全。

17.9.4 对运输大节段钢箱梁的船舶,应按装载和运输条件下的各种工况,对船舶的强度进行核算和加固计算,并应对船体进行必要的加固处理,同时应对船舶的稳定性进行安全验算。

大节段钢箱梁的构造特点是长、大、重,因此需要根据这些特点对运输船舶的强度进行核算和加固计算。通常情况下,一般的运输船舶满足不了装载和运输大节段钢箱梁的各种工况要求,因此要对船体进行必要的加固处理,以适应装载后的受力需要;同时还需要对船舶的稳定性进行安全验算,保证船舶在航行过程中能保持稳定。

17.9.5 大节段钢箱梁的水上运输除应符合本规范第15.4.14条的规定外,尚应根据大节段钢箱梁的构造特点,在装载、固定、航行和抛锚定位等环节采取可靠措施保证水上运输的安全。

大节段钢箱梁的水上运输与其他大型构件的水上运输相比,虽然有很多相同之处,但也有自身的特点,为保证其在水上运输时的安全,就需要根据自身的特点,在一些关键环节上采取可靠措施,使安全风险降到最低。

17.9.6 安装施工前,应对拟安装施工孔跨的跨径、墩台顶面的高程和纵横向轴线、支座的安装情况等进行复核测量,确认其各项误差在允许偏差范围内,且墩台满足规定的质量标准后,方可进行安装。

17.9.7 大节段钢箱梁的架设安装施工除应满足本规范第15、22、26章和第17.8节的相关要求外,尚应符合下列规定:

1 安装施工前,应在详细了解施工水域的水深、流速、潮位、水下的管线和障碍物、河(海)床地质等情况的基础上,制订相应的施工应急预案,保证安装施工能顺利进行。

2 起重船的吊重、吊高和吊幅等技术性能应能满足大节段钢箱梁架设安装施工的要求。

3 大节段钢箱梁的起吊安装应采用专门制作的吊架和吊具,且在吊装时对大节段钢箱梁纵横方向水平倾斜度的调整应灵活、方便。

4 安装前,宜进行船舶抛锚定位、运输船舶出位、起重船移动以及各船舶在统一指挥下协同作业的模拟吊装试验,获取相应的施工参数,用于指导正式安装施工。

5 起重船和运输船的锚泊系统应可靠,应保证其在进行正式安装施工作业时不产生移位。

6 正式起吊安装时应进行试吊,检验起重船、吊架、吊具、索具以及相应的装置、设施等是否满足施工要求。

7 起吊安装应在风力小于6级时进行,起重船的移位和大节段钢箱梁的就位宜在高、低平潮时进行。

8 采用双起重船抬吊安装大节段钢箱梁时,分配给单起重船的重力不得超过其允许起重力的80%,大节段钢箱梁的总重力不得高于两起重船额定起重量之和的75%。抬吊时,应统一指挥,协调作业,各起重船的运转速度宜基本一致。

9 起吊安装时应对大节段钢箱梁的倾角和钢丝绳的拉力进行实时监测,如超出预定的范围,应及时进行调整。

10 大节段钢箱梁的安装定位应按初定位和精确定位两个步骤进行。初定位时宜设置导向装置,使大节段钢箱梁在导向装置的引导下较为准确地就位;精确定位时宜采用三维调节装置,对大节段钢箱梁的平面位置和高程进行反复精确调整,使之达到设计要求的安装精度。

11 顺桥向相邻大节段钢箱梁构件的连接施工应符合本规范第8.12节的规定,并应采取有效措施保证其连接可靠。

1 充分了解各种环境条件,是制订应急预案的主要依据。施工中有可能会发生各种意外情况,因此需要针对这些情况,事前提出应急的各项措施,其目的就是要保证安装施工能安全顺利地进行。

4 大节段钢箱梁在水域安装施工时,需要动用数量较多的各类大型船舶,如大型运输驳船和起重船,且多为非动力船舶;施工作业需要的锚艇、拖轮等辅助船舶也较多。起重船和运输船的锚缆易相互干扰,并会影响到其他辅助船舶的作业;同时由于水域环境条件的复杂性,如风浪、水流流速、涨潮、退潮等均会对各种船舶的作业产生不利影响。如何使各类船舶能在统一指挥下协调一致地进行安装施工作业,做到进退有据、互不干扰,且能保证安装作业的安全,这就需要在正式安装前进行必要的模拟试验,以获取相应的施工参数,用于指导正式安装施工。

7 平潮时对船舶的稳定和大节段钢箱梁的起吊、准确就位较为有利,故安装就位通常在该时段进行。但高、低平潮的持续时间相对较短,因此在条件允许时需优先选择在高、低平潮时进行移位和就位;条件不允许时,则需要升级改造起重船锚泊系统的能力,或采取其他措施以增加起重船的有效作业时间,故条文中采用的程度用词是"宜"。

8 采用双起重船对大节段钢箱梁进行抬吊安装时,总重力及各船所承受的起吊重力需要有一定的限制,超过其承载能力将会导致事故;两船抬吊安装时,保持基本同步、协调一致作业是保证平稳起吊安装的前提。

9 由于各起重机的运转速度和卷扬机卷筒的容绳量可能会存在不同步或不一致的情况,导致偏载,尤其在起吊高度较大时累计偏差也大,故需要对大节段钢箱梁的倾角和钢丝绳的拉力进行实时监测,以保证起吊时的安全。

10 三维调节装置的调节效率和调节精度较高,规定采用该装置主要是为方便施工和保证安装精度。

17.10 斜腿刚构

17.10.1 斜腿可采用有支架或无支架的方式进行施工。采用有支架方式施工时,对支架的要求应符合本规范第5章的规定;采用拉杆扣拉或转体等无支架方式施工时,应按本规范第19章的相关规定执行。不论采用何种方式施工,均应采取有效措施,防止斜腿的截面产生过大的局部应力或变形。

斜腿无支架施工时,主要靠拉杆平衡其水平分力,由于在不同的施工阶段,水平分力不同,因此需要分阶段进行计算调整,其目的是防止斜腿产生过大的局部应力或变形。

17.10.2 主梁的施工应符合下列规定:

1 采用支架现浇方式施工时,除应符合本规范第5章的规定外,对多跨斜腿刚构桥的主梁不宜一次浇筑成型,而应在分跨浇筑后,再设置合龙段合龙。

2 采用悬臂法施工时,除应符合本规范第17.5节的规定外,对斜腿部分尚应设置具有足够强度和刚度的临时支撑或拉杆进行固定,抵抗主梁悬浇过程中产生的不均衡弯矩,且其基础应满足承载力的要求;主梁与斜腿的连接处应一次性浇筑完成,对有V形墩的斜腿刚构桥,应选择适宜的温度先使V形墩与其上的主梁合龙形成闭合三角形结构,再进行其余主梁的悬臂浇筑施工。

2 主梁的悬臂施工与连续梁桥悬臂施工的方法基本相同,不同之处在于"墩身"为斜腿。斜腿一般采用支架或拉杆来平衡其水平力,因此需要特别注意斜腿支架或拉杆的刚度与强度,使其能抵抗悬臂施工中的不平衡荷载。对于V形支撑的连续斜腿刚构桥,V形墩顶梁段形成闭合三角形后,其水平方向上的力得以平衡,有利于主梁的施工;但在合龙闭合时,则需要选择合适的温度,以防闭合后温度应力过大,对结构产生破坏。

17.11 拓宽改建梁桥拼接施工

17.11.1 本节适用于梁式桥的拓宽改建施工,其他结构形式桥梁的拓宽改建可参照执行。

17.11.2 梁式桥拓宽改建拼接施工前,应做好下列准备工作:
1 应收集既有桥梁的设计图纸、竣工文件及相关资料,或进行必要的勘测和调研,了解既有桥梁的结构形式和现状。
2 应对桥位处地下管线和隐蔽物等的位置、尺寸进行调查,并应采取保护、避让及处理的措施。
3 应根据现场的具体情况,制订专项施工方案,确定施工顺序和施工工艺,合理配备施工机具设备。
4 应在对交通流量调查的基础上,提出交通导流和安全防护的方案,保证施工期间的施工安全和交通安全。
4 拓宽改建期间,原有的桥梁大多尚在通行车辆,因此需要通过交通导流和安全防护,保证交通安全和施工安全。

17.11.3 对既有桥梁进行部分凿除或拆除时,应采取措施防止对拟保留的部分造成损伤或破坏。拆除施工过程中不宜将大型施工机具置于既有桥梁上进行作业,必须置于其上作业时,应对既有桥梁的承载能力进行验算,验算通过后方可实施;施工时应采取临时封闭交通等措施,保证安全,并应对既有桥梁的沉降及裂缝等情况进行监测,发现异常应及时采取措施进行处理。

在既有桥梁上进行部分凿除或拆除时,如不采取有效措施,很容易对拟保留的部分及其拼装面造成损伤或破坏。既有桥梁的承载能力能否承受大型施工机具置于其上进行作业,只有通过验算方能确定。

17.11.4 对新旧混凝土结合面的处理和拼接施工应符合下列规定:
1 旧混凝土结合面的凿毛应凿至完全露出新鲜密实混凝土的粗集料,并应清洗干净;对较大体积的结构混凝土的结合面,应将其凿成台阶式,且阶长宜为阶高的2倍。对结合面处外露钢筋表面的锈皮、浮浆等,应采用适宜的工具刷净。
2 拼接连接的方式应符合设计规定。设计未规定时,对竖向结合面的接缝,可采用新设接头钢筋再浇筑混凝土的方式进行拼接,接头钢筋的直径宜为6~10mm,其所需截面面积宜为梁、板截面面积的0.2%~0.3%,插入长度新旧混凝土均为30倍钢筋直径,且在新混凝土的一端宜设弯钩;或在既有桥梁的梁、板上按一定的间距钻孔并植入抗剪钢筋,植入的钢筋应采用环氧树脂将其孔洞灌注密实。
3 拼接施工浇筑新混凝土前,应采用清水冲洗旧混凝土的表面使其保持湿润。需要在旧混凝土的结合面上涂刷界面剂时,应符合设计的规定;设计未规定时,宜通过试验确定。
4 新浇混凝土的施工应符合本规范相关章节的规定。

结合面处理的效果好坏,是保证新旧混凝土之间连接质量的重要前提,施工时要按条文规定严格执行。

17.11.5 拓宽拼接的主体工程结构施工完成后,应先将既有桥梁的桥面铺装层全部凿除并清理干净,再进行全桥桥面铺装层施工。施工应符合下列规定:

    1 对既有桥梁原铺装层的结合面应进行处理,凿除原结构表面的浮浆,使集料外露,形成4~6mm自然凹凸粗糙面或采用机械刻槽形成糙面,并清洗干净;凿除和清理施工时不得损坏原结构混凝土,且不应有局部光滑结合面。

    2 凿除既有桥梁铺装层后,对存在缺陷的部位,应进行修补。对空洞和破损处,应在凿除疏松部分混凝土后,采用高一级强度的细石混凝土填筑密实;当有钢筋锈蚀引起混凝土胀裂时,应先剔除松动开裂的混凝土,再进行钢筋表面的除锈和防护等处理。

    3 桥面铺装新浇混凝土前,对原结构的结合面应充分湿润,但不应有明水。桥面铺装的施工技术要求应符合本规范第23章的规定,混凝土的养护时间宜不少于14d。

18 钢混组合结构

18.1 一般规定

18.1.1 本章适用于钢-混凝土组合梁、钢-混凝土接头和波形钢腹板梁的施工。

钢-混凝土组合结构的主要桥梁类型包括：组合钢板梁桥、组合钢桁梁桥、组合钢箱梁桥、钢桁腹杆组合梁桥、波形钢腹板组合梁桥以及各种形式的钢-混凝土接头等，涵盖的范围很广。钢混组合结构除大量应用在梁式桥中，在斜拉桥、拱桥、悬索桥这些桥型中亦有较多应用。当前，钢混组合结构在桥梁中的应用越来越多，既应用于公路桥，也应用于铁路桥。

1. 组合结构桥梁的发展

20世纪30年代是欧美各国桥梁技术及其设计理论的一个重要发展时期，组合结构在这一时期开始了研究工作。到20世纪60年代，组合结构在欧美得到广泛应用，建造了大量的各种形式的组合结构桥梁。但早期由于对组合结构桥的受力机理与构造研究不足，出现了较多问题。

20世纪70—80年代以来，欧洲国家以及日本等大力进行基础性理论研究和试验，内容涉及焊钉连接件性能、钢梁局部稳定、结构力学性能、桥面板开裂性能以及特殊部位结构等方面。通过研究与实践，制定并完善了相应规范，建立了新的分析与设计方法。依靠新的设计理论、方法以及计算机技术的进步，可以更准确地考虑钢结构的总体与局部稳定，尤其是组合结构条件下的钢结构稳定特性。借助于大量研究成果及分析方法的进步，发展了允许混凝土板开裂、用裂缝宽度限值代替拉应力限值的设计方法。对于纵横向加劲肋等稳定构造，借助于新的稳定理论与分析方法进行设计，由此钢梁加强了高度简化的趋势。

随着理论研究、工程实践的不断发展，组合结构桥梁的使用性能与耐久性、可施工性与经济竞争力等方面获得了长足进步，组合结构桥梁的结构形式与材料指标得以不断优化，新结构与新工艺不断推出。设计与施工方法的进步，促进了组合结构桥梁经济竞争力的提高，在西方发达国家，组合结构桥梁依靠其不断提升的技术与经济竞争力获得了巨大发展，并在桥梁建设中占有重要地位。

2. 组合结构桥梁的应用

1) 梁式桥

在西方发达国家的桥梁建设中，组合结构成为最主要的桥梁形式。法国自1980年起，所建造的公路桥梁以钢-混凝土组合结构为主，其最有竞争力的跨径范围为60~80m，甚至可达110m，以这个跨径范围建设的桥梁有85%是组合结构；在英国，大多数20~160m及以上跨径的公路桥梁，组合结构桥梁竞争力很强；在德国和美国，组合结构桥梁的应用更广。这些国家的梁式桥梁中，组合梁展现了优越的技术经济竞争力，应用比例非常高，甚至达到90%以上。其中，结构简洁、施工便捷的组合钢板梁应用最为广泛。当前的组合钢板梁桥由早期的多纵梁、多横梁以及密集的加劲形式，经过大幅简化，已逐步发展到以双主梁或少主梁为主流，加劲构件也大幅减少。

组合钢箱梁具有抗扭能力强、整体性好、适合曲线以及更能适应大跨等特点，已有大量的公路、铁路桥梁应用实例。德国在相关研究与实践方面做了大量工作：海得明登的维拉河谷桥，主跨96m，施工时先将钢梁顶推到位，再现浇桥面板，并采用了中间支点附近桥面板后浇的间断施工方法；主跨154m的Neuötting桥，采用了双层组合结构，在中间支点附近钢梁下翼缘附加有混凝土板。目前连续组合箱梁桥最大跨度超过200m，单箱桥面宽度超过30m。这些桥梁的建造，在经济性、耐久性以及桥梁美学方面，充分展现了组合结构桥梁的竞争能力。

在铁路桥梁以及山区公路桥梁中,组合钢桁梁桥有着较多的应用实例。德国主跨208m的Nantenbach双线铁路桥,三跨连续梁中间支点的钢桁架下弦设有混凝土板相结合共同受力,桥面板不配置预应力,采用允许开裂、限制裂缝宽度的设计方法;丹麦公铁两用厄勒海峡桥的引桥,采用了主跨140m的等高度组合钢桁梁桥,并采用全截面预制整孔吊装法施工;西班牙Sil桥采用了主跨170m的组合钢桁梁桥,其钢桁梁采用顶推法施工。从这些实例不难看出,组合钢桁梁以其更能适应大跨、重载以及山谷地区等特点,获得了发展与竞争力。

2) 大跨度桥梁

采用组合梁与早期混凝土行车道板置于钢梁上的结构形式相比,增加了结构的整体性,提高了结构的受力性能,可以减少后期维护工作量,提高结构的耐久性;与采用正交异性钢桥面板的钢梁相比,用混凝土桥面板代替钢梁上缘的正交异性板,可提高桥面刚度,避免钢桥面疲劳损伤问题。

组合梁在斜拉桥、悬索桥和拱桥中亦有大量的工程应用,但不同类型的组合梁在这三种大跨度桥梁中的应用水平和广泛程度差别较大。

从斜拉桥的应用来看,加拿大的Annacis桥、中国的南浦大桥、希腊的Rion-Antirion桥,其主梁均为组合钢板梁,与桥面板结合后形成组合梁,这种结构形式是斜拉桥应用最多的组合梁形式。然而,组合钢板梁的抗风能力较弱,随着斜拉桥跨度的增加,需要采用组合钢箱梁来提高桥梁的抗风性能。东海大桥主航道桥、椒江二桥主桥、泉州湾跨海大桥主桥采用了组合钢箱梁。对于公铁两用桥,双层结构的主梁往往是较为合适的选择,如丹麦的厄勒海峡桥,主桥就采用了跨度490m的组合钢桁梁斜拉桥。

从悬索桥的应用来看,随着正交异性钢桥面板结构的技术发展,采用正交异性钢桥面板的钢梁几乎成了大跨度悬索桥的唯一选择,而将组合结构作为加劲梁则多用于中小跨度的悬索桥。近年来,采用组合结构的加劲梁已在数座大跨度悬索桥中得到应用,例如贵州坝陵河大桥、湖南吉首矮寨大桥和四川泸定大渡河大桥等,钢桁加劲梁没有采用正交异性钢桥面板,而是采用了钢-混凝土组合梁作为行车道板;2015年建成的武汉鹦鹉洲长江大桥为主跨 2×850 m 的三塔悬索桥,加劲梁亦采用了组合钢板梁。

从拱桥的应用来看,采用组合梁(组合桥面结构)的拱桥,特别是采用组合桥面结构的系杆拱桥,在欧洲有着广泛的应用。在系杆拱桥和中承式拱桥中,多采用钢梁为纵横梁格体系的组合钢板梁,混凝土桥面板与钢梁结合后参与承受桥面结构的弯曲作用及系杆拱桥的水平拉力作用;在上承式拱桥中,主梁也多采用组合梁。由于拱桥所能达到的跨度有限,而桥面结构形式的选择基本不受抗风问题制约,因此构造简洁的组合钢板梁是应用最为普遍的结构形式。

3. 国内组合结构桥梁的应用前景

1) 梁式桥

20世纪改革开放之初,我国经济落后,资源短缺,由于混凝土取材方便,劳动力价格便宜,预应力混凝土桥梁在我国得到广泛应用,在量大面广的梁式桥中,预应力混凝土结构占据了绝对多数。因此,与发达国家相比,我国在组合结构桥梁的研究和应用方面有着较大的差距,在工程中最为普遍的梁式桥中,组合结构的应用很少,除通常在城市高架桥中为跨越原有道路等特殊条件下有所应用外,并无大规模应用的工程实例。

进入21世纪特别是近年来,随着我国社会经济的快速发展,我国的桥梁建设条件已经发生了巨大变化。按照目前的钢材和劳动力等价格水平,组合结构桥梁已经具备了获得经济竞争力的基础,无论从工程造价以及全寿命经济性角度,都有必要大力发展并推广应用组合结构梁桥。因此尽管在组合结构桥梁的研究与实践方面与发达国家相比存在差距,但面对未来的桥梁建设需求,组合结构梁桥在我国仍具有广阔的应用前景。

2) 斜拉桥

斜拉桥采用组合梁,理念上是用混凝土桥面板代替钢梁上缘受压的钢正交异性板,可以发挥混凝土材料的抗压性能优势,减少钢材用量,降低造价并改善桥面性能。

斜拉桥中最为常用的组合钢板梁,其钢梁为纵横梁格体系,钢主梁(纵梁)与斜拉索的布置相互匹配,传力路径明确顺畅,构造简洁,受力高效,展现了优良的技术经济优势。随着斜拉桥跨度的增加,采用具有良好抗扭性能的组合钢箱梁,可以适应跨度增加的结构受力和抗风要求。对于公铁两用桥,较宽的上层公路桥面采用混凝土板与钢桁结合,形成组合钢桁梁,用于斜拉桥同样具有技术经济竞争力。对于钢箱梁斜拉桥,如采用组合梁替代钢箱梁,由混凝土替代钢材承受压力,亦具有良好的经济性。

斜拉桥主梁自身的经济性对桥梁整体经济性的影响较大,有研究表明,斜拉桥跨度在1 000m以内的条件下,组合梁的造价将低于钢箱梁,即使在沿海软基强风环境下,组合梁斜拉桥的技术经济合理跨度可以达到800~900m。但是,重量较大的组合梁必然会引起斜拉索、桥塔及其基础造价的增加,随着跨度的加大,主梁重量增加的不利影响将超越其有利影响,使得斜拉桥整体经济性不再具有优势。

3)悬索桥

从工程技术与经济角度看,组合梁用于大跨度悬索桥,主要目的在于以混凝土桥面板替代存在疲劳损伤风险的正交异性钢桥面板,组合梁混凝土桥面板的抗压优势得不到发挥,较大的结构自重对经济性的不利影响随跨度增加而增加。

悬索桥是跨越能力最大的桥型,悬索桥加劲梁的材料用量指标不会随着跨度的变化而发生明显的变化。重量较大的加劲梁将会引起缆索系统及锚碇材料用量指标大幅增加,主塔及其基础用材也将增加,进而导致经济竞争力下降。随着跨度的减小,则将进入斜拉桥的技术经济优势范围,悬索桥还将面临斜拉桥的强有力竞争。采用传统钢筋混凝土桥面板的组合梁,用于悬索桥的经济合理跨径将在800m左右范围内。

4)拱桥

对于系杆拱桥的优势跨度通常在200m以内,实际应用也较少超过300m,采用组合桥面结构不仅在经济上具有竞争力,还可以提高桥面结构的刚度并方便安装施工。中承式拱桥采用组合梁作为桥面结构也有很多实例,近年来,在国内500m级大跨度中承式拱桥中,出现了采用组合梁行车道板支撑在纵横梁体系的钢梁上,虽然不是严格意义上的组合梁,但作为一种选择,可以避免正交异性钢桥面疲劳损伤产生的风险,减小混凝土行车道板的自重。拱桥桥面结构的整体性关系到使用性能和耐久性,一些横梁体系的桥面结构由于整体性差,容易造成结构损伤,而且吊杆一旦破坏,则结构承载的冗余度较低,直接采用组合梁(组合结构)替代组合桥面板支承于钢梁的体系,不仅可以增加结构的刚度和整体性,也能降低后期维护的工作量。我国的上承式拱桥多建造在山区,拱上主梁多采用混凝土或预应力混凝土结构,从减轻结构自重、避免采用钢桥面板、提高桥面铺装层的耐久性等方面考虑,组合梁具有很大的推广应用空间。

18.1.2 施工前应制订专项施工方案,并应根据结构的特点和受力特性确定施工程序和施工工艺,且应有防止桥面板混凝土和接头混凝土开裂的预防措施。

在钢混组合结构中,桥面板混凝土和接头混凝土的开裂是较为普遍存在的一种现象,如何有效地避免其开裂是设计和施工都需要认真对待的一个关键问题。当混凝土板中的拉应力超过混凝土的抗拉强度时,混凝土就会开裂。混凝土板中的拉应力由一系列作用产生,包括交通作用、永久作用、温度及混凝土收缩等混凝土自身的变化。对于组合梁桥,若在混凝土水化时组合连接已生效,混凝土水化期间的升温和降温而导致的混凝土变形受到主梁结构的阻挠,在板中会产生次应力,特别是在混凝土降温过程中,混凝土的水化会导致混凝土板中产生拉应力。对于连续组合梁,当混凝土板进行现浇时,已浇筑混凝土在混凝土水化期间板和钢结构已进行连接,浇筑操作会在中墩上方的混凝土板中引起拉应力,这在很大程度上会引起混凝土板的横向开裂。当混凝土是新浇筑的,且混凝土的水化导致了板产生拉力,此时混凝土更可能开裂。因此,为减少开裂,有必要根据组合结构自身的特点和受力特性,在施工前通过相对准确的预测、严密的施工计算以及对施工技术和施工工艺的改进,确定其施工程序和施工工艺,并采取一些有效措施防止桥面板混凝土和接头混凝土的开裂。

18.1.3 除本章另有规定外，钢筋、混凝土、模板、支架和预应力等的施工应符合本规范相关章节的规定。

18.1.4 钢构件的制造应符合本规范第8章的规定。对大跨度钢-混凝土组合连续梁中的钢梁，制造时应根据设计及施工控制的要求设置相应的预拱度。

结构的自重、组合作用的进程和混凝土的徐变等是使钢-混组合梁产生挠度的几个主要原因，对于大跨度钢-混凝土组合连续梁，其挠度影响是不可忽视的，一般设计文件会对预拱度值和加工制造无应力线形进行规定，施工控制也会提出相应要求，故钢梁在制造时需要根据其要求设置相应的预拱度值。

钢梁的无应力加工制造线形一般由成桥的某个状态推算给出，其加工制造线形一旦确定，成桥线形即被确定，而组合梁的挠度控制是由其自身结构的特点和受力特性决定的，因此对钢梁预拱度的设置需要综合考虑结构自重、组合作用的进程和混凝土徐变的影响。仅考虑混凝土板自重同时作用在钢结构上，会导致估计的挠度值偏大；仅考虑组合作用进程，不考虑徐变的影响则会导致估计挠度偏小，因为徐变会对组合截面卸载，而对钢结构则是加载。同时考虑组合作用进程和混凝土徐变的影响给出的挠度通常可与实际变形近似。

18.1.5 钢-混凝土组合梁在安装施工时，应综合考虑钢构件和预制混凝土桥面板的安装方式，其安装、组合的顺序和加载程序应符合设计和施工控制的规定。

钢-混凝土组合梁在安装施工时，一般的顺序是先安装钢梁、再安装混凝土桥面板。但在实际施工中，往往对钢梁的安装方法较为重视，而对混凝土桥面板的安装方法考虑较少，甚至有的工程项目忽视了混凝土桥面板的安装方案，导致在施工过程中临时采取措施进行补救，造成工期的延误或对工程质量产生不利影响，因此需要综合考虑两种结构的安装方式。安装、组合的顺序和加载程序在不同的情况下，会对组合结构的受力产生较大的影响，因此需要符合设计和施工控制的规定。

18.1.6 对预制桥面板各单元之间的湿接缝和钢-混凝土接头，宜采用微膨胀补偿收缩混凝土。

湿接缝和钢-混凝土接头中采用微膨胀补偿收缩混凝土的目的是：减少混凝土浇筑后在硬化过程中的收缩，使新浇筑混凝土与龄期不同的混凝土之间能更好地结合。

钢构件的约束和混凝土的收缩将在混凝土中产生较大的拉应力，在混凝土结构中混凝土的早期收缩对结构的影响相对较小，但对钢混组合结构则影响较大。一方面，收缩徐变作用严重影响钢混组合结构长期性能，且混凝土的收缩徐变会增加桥梁的挠度；另一方面，提高混凝土桥面板的抗裂性能，对防止支点负弯矩区的裂纹具有重要作用。

18.1.7 钢-混凝土接头在浇筑施工时，宜按本规范第6.13节大体积混凝土的要求进行温度控制，防止其产生温度应力裂缝。

18.2 钢构件安装

18.2.1 钢构件在安装施工前，应根据跨径大小或结构构造的特点、地形地物、河流或海域情况、起重机或起重船的起吊能力、环境条件等因素，综合考虑选择安装方法和安装工艺。对钢-混凝土组合梁，在确定钢构件的安装方法时，尚应适当考虑预制混凝土桥面板安装的可行性和方便性。

钢构件的安装施工有各种各样的方法，本规范对采用何种具体的方法不作限制，只要能满足施工中对安全、质量和进度等的各项要求，均能采用。由于在选择钢构件的安装方法和安装工艺时，很多自然客观条件和一些制约因素都会对选择产生影响，因此需要全面综合考虑进行选择。条文中规定"在确定钢构件的安装方法时，尚应适当考虑预制混凝土桥面板安装的可行性和方便性"，这是对应于本规范第18.1.5条的一项要求,因为预制混凝土桥面板的安装方法和安装工艺是否合理、可行、方便,会对组合结构的施工进度和施工质量产生较大的影响。

组合梁一般采用先安装钢梁、后安装混凝土桥面板的方法进行施工,钢梁的安装方法主要有支架法、顶推法、悬臂拼装法、整孔或大节段吊装法等。在采用整孔或大节段吊装法进行钢梁拼接时,由于吊点位置和接头位置的不同,在钢梁接头的两个截面之间会存在不同转角,里程也会存在一定的偏差,而此时因桥面板荷载还未施加在钢梁上,钢梁的刚度有限,容易产生接头处不紧密的现象,这一点在组合梁的钢梁安装过程中会表现得特别明显,这是由组合梁自身的受力特性决定的。对此,施工中需加以注意,采取合理的施工措施,消除转角和里程偏差的影响,使接头紧密拼合后再进行连接,以保证安装线形的连续性。

18.2.2 安装前应对各种承重支架、支承系统、吊架和吊具等临时受力结构,以及钢构件本身在安装过程中不同受力工况下的强度、刚度及稳定性进行验算,保证安装施工的安全和结构的安全。

钢构件在安装施工时,不仅需要保证施工操作的安全,同时还要在安装过程中保证结构的安全,条文规定是出于对安全的总体考虑。

18.2.3 安装钢-混凝土组合梁中的钢构件之前,应对桥梁的墩台顶面高程、中线及各孔跨径进行复测;安装钢-混凝土接头中的钢构件之前,应对混凝土结合面的高程、纵横向轴线和表面平整度等进行复测。各项误差在允许偏差内方可进行安装。

18.2.4 起吊安装钢构件时,吊点和吊具的设置应满足各点均匀受力的要求,应避免钢构件在起吊安装过程中发生扭转或侧倾,并应采取有效措施保证钢构件的涂装不受到损伤。

18.2.5 钢梁宜对钢构件采用预先组拼、栓合或焊接,扩大拼装单元组成节段后进行安装的方法,对容易变形的钢构件应进行刚度和稳定性验算,必要时应采取临时加固措施。组拼前应清除钢构件上的附着物,摩擦面或焊接面应保持干燥、清洁。安装时应根据外界环境和焊接等变形因素的影响,采取有效措施,保证钢梁的线形、拱度及轴线位置满足设计或施工控制的要求。工地安装时,不得在现场对钢构件进行未被批准的临时性的焊接和切割作业。

对钢梁采取先在地面上通过将构件预先组拼、栓合或焊接,扩大拼装单元组成节段后的方法进行安装,能减少高空安装的工作量,加快施工进度,提高施工效率,在施工条件具备的情况下一般优先采用这种方法,但本规定并不排斥采取单构件拼装施工的方法。

规定"对容易变形的钢构件应进行刚度和稳定性验算"的目的有以下几种考虑:一是防止钢构件在吊装过程中局部受力过大而变形,在其刚度和稳定性不足时就需要对其采取临时加固的措施;二是因为横隔板位置、支撑点、吊点位置和施工状态的不同,梁段拼合截面两端的不同变形会导致钢梁拼接困难,梁较宽时尤为明显,施工中需要采取必要措施予以修正;三是采用大节段拼装时,梁段竖向变形、梁端截面产生转角及梁轴线长度平面投影长度的变化,也会导致钢梁拼接困难,施工中需要从施工方法和工艺的角度,确定其锁定和在无应力状态下焊接的方法。在与混凝土桥面板形成组合截面之前,开口截面的箱形钢梁抗扭刚度较小,顶板稳定性也较差,因此在施工过程中需要采取增加横隔板或斜撑的措施以保证结构的稳定性。

钢构件对温度的影响特别敏感,温度变化使钢构件时冷时热产生温差,如日照、焊接等,这些温差变化不仅使钢材产生局部应力,而且影响构件安装尺寸,因此需要采取相应的措施,保证钢梁的线形、拱度及轴线位置满足设计或施工控制的要求。

18.2.6 钢梁及其他钢构件安装时,对吊装设备的要求应符合本规范相关章节的规定;节段或构件的连接施工应符合本规范第8.12节的规定。

18.2.7 在支架上安装钢梁的施工应符合下列规定：
1 安装支架应符合本规范第5章的规定。
2 在支架顶部钢梁的支承处，宜设置具有三维调节功能的装置，该装置应能对钢梁就位后的高程、纵横向平面位置和倾斜度等进行精确调整。
3 钢梁节段宜从孔跨的一端向另一端顺序安装。吊装节段时，应待其完全固定后方可松钩卸载。
4 安装过程中，每完成一节段的就位后应测量其纵横向平面位置、高程和预拱度，不满足要求时应及时进行调整。
5 拼装栓接连接的钢梁时，冲钉和粗制螺栓的总数不得少于栓孔总数的1/3，其中冲钉不得多于2/3；栓孔较少的部位，冲钉和粗制螺栓的总数应不少于6个或将全部栓孔插入冲钉或粗制螺栓。拼装高强度螺栓连接的钢梁时，冲钉数量应符合上述规定，其余栓孔宜布置高强度螺栓。
6 拼装用的冲钉直径（中段圆柱部分）应较栓孔设计直径小0.2~0.3mm，其长度应大于板束厚度。拼装用精制螺栓的直径应较栓孔设计直径小0.4mm，拼装板束用的粗制螺栓直径应较栓孔直径小1.0mm。冲钉和螺栓可采用35号碳素结构钢制造。
7 拼装焊接连接的钢梁时，宜将节段之间拼接错台的偏差控制在2mm以内，并应严格控制钢梁的平面位置、高程和拱度。
8 钢梁安装完成并连接固定，在落梁就位前，应复测支座的平面位置和顶面高程，并应将支座顶面清理干净，确认符合设计要求后方可进行钢梁的落梁就位；钢梁在落梁就位前后均应对其线形、拱度和平面位置尺寸等进行检查，并应做施工记录。

在支架上安装钢梁时，因钢梁支承在支架上，其自重由支架承受，故冲钉和粗制螺栓总数不少于栓孔总数的1/3即能满足要求，其中冲钉占2/3，此处冲钉承受剪力作用，粗制螺栓只起夹紧板束的作用。

18.2.8 钢梁整孔安装时的施工应符合本规范第17.8节的规定；顶推安装时的施工应符合本规范第17.7节的规定。

18.2.9 钢梁悬臂拼装施工时，除应符合本规范第18.2.7条的相关规定外，尚应符合下列规定：
1 拼装栓接连接的钢梁时，连接处所需冲钉的数量应按所承受荷载经计算确定，但不得少于栓孔总数的一半，其余栓孔宜布置精制螺栓，冲钉和精制螺栓应均匀地布置。
2 钢梁的悬臂拼装应结合预制混凝土桥面板的安装进行施工过程控制，保证其内力、变形、线形及高程符合设计或施工控制的要求。预制混凝土桥面板的安装顺序、浇筑湿接缝的时机及加载程序等应符合施工控制的规定。

1 悬臂拼装钢梁时，悬臂部分的重力由节点处的冲钉、螺栓承受，故所需冲钉、螺栓数量要按所承受的荷载计算确定。

18.2.10 钢-混凝土接头中钢构件的安装施工应符合下列规定：
1 宜根据钢构件的构造特点、起吊设备的能力、环境条件等因素，选择适宜的安装方法和安装工艺。
2 钢构件在安装前，应通过计算或模拟起吊试验确定其重心位置和吊点的位置；起吊安装时，应采取有效措施保证其空中姿态平稳，使其不产生过大的倾斜和摆动；安装就位时，应对其平面位置和高程进行准确控制，就位后应通过调节装置进行精确调整。
3 对拱座等安装在倾斜混凝土结合面上的钢构件，安装时应设置必要的导向装置；正式起吊安装时，应使钢构件始终保持平稳状态，且在导向装置的引导下能顺利就位，就位后应尽快将其固定。

4 对索塔塔柱、墩身等安装在水平混凝土结合面上的钢构件,安装前应设置必要的定位和调节装置;安装时应严格控制钢构件的平面位置和高程,安装精度应符合设计的规定。

5 对混合梁中在竖直面上结合的钢-混凝土接头,钢构件应安装在稳定可靠的支架或吊架上,支架或吊架应进行专门设计,其强度、刚度和稳定性应满足接头施工时承载能力和使用的要求,并应考虑施工过程中各种因素对支架系统产生的不利影响。应在精确调整钢构件的三维坐标位置,使其符合设计要求且固定牢靠后,方可进行后续工序的施工。

钢-混凝土接头的形式较多,本规范主要对位于水平面、竖直面和倾斜面上接头钢构件的安装予以规定。

2 钢构件在安装前,其内部可能会浇筑部分混凝土,确定其重心的位置对起吊时设置吊点有重要作用。如果吊点的位置设置不好,起吊时将会使其空中姿态不平稳,在吊装过程中产生过大的倾斜和摆动,不利于安装和准确就位,也不利于吊装的作业安全。

5 放置钢构件部分的支架或吊架需要稳定,以使钢构件能处于较为精确的位置和高程上,故对支架的各项要求较高。

18.3 混凝土桥面板

18.3.1 混凝土桥面板宜采用预制安装的方式施工,对跨径较小的组合梁或某些特殊部位或设计规定时,可采用现场浇筑的方式施工。

混凝土桥面板采取现场浇筑方式施工的相对较少,由于混凝土桥面板采取预制安装的方式施工,可以在完成其大部分的收缩、徐变后再安装并与钢构件组合,形成钢-混凝土组合梁,对于结构的受力较为有利,故通常采取预制安装的方式进行施工。

就目前国内的情况看,混凝土桥面板以预制安装居多,现场现浇的相对较少,具体采用什么方式进行混凝土桥面板的施工,需根据设计、桥型和桥梁结构的特点等综合考虑。

18.3.2 混凝土桥面板的预制台座应坚固、稳定,地基应不会产生局部的不均匀沉陷。当预制台座设置在软弱地基上时,除应对地基进行加固处理外,宜在混凝土台座基础上配置适量的钢筋,增强其整体受力的能力。预制台座的顶面可设置成水磨石或钢板,顶面的平整度在2m范围内宜不大于2mm。

预制台座顶面的平整度是施工中需要保证的一个关键指标,因会直接影响到预制桥面板能否与钢梁顶部紧密贴合,如不能紧密贴合,有可能会使桥面板与钢梁之间产生脱空现象,导致桥面板受力不均匀而开裂。

18.3.3 混凝土桥面板预制所用的侧向模板宜采用定型钢模,并应根据设计图中钢筋和预应力管道的位置在模板上设置相应的槽口,使钢筋和预应力管道能被准确安装定位;侧向模板尚应便于安装、拆除和调整,其接缝应平顺、严密、不漏浆。

混凝土桥面板预制所用的侧向模板虽然尺寸不大,数量也较少,但其对于钢筋和预应力管道所起的定位作用很重要,因此需要采用定型钢模制作。如果钢筋、预应力管道的定位不准确,桥面板在安装时将会比较困难,故规定侧向模板的设置要能保证钢筋及预应力管道的定位准确。

18.3.4 预制混凝土桥面板中钢筋的施工要求除应符合本规范第4章的规定外,尚应符合下列规定:

1 施工前,应对设计图中相邻桥面板之间的钢筋、预应力管道、连接件或剪力连接装置等的连接和三维位置关系进行仔细核对,当有较大出入时,应与设计人员协商并对其位置进行适当调整,应避免安装桥面板时预留钢筋或预应力管道与剪力钉之间在空间位置上产生相互冲突。

2 钢筋可直接在预制台座上安装绑扎,亦可在专用胎架上绑扎形成骨架后再整体吊装入模,整体安装时应有防止骨架变形的措施。

3 安装钢筋时,可在底模上标示出桥面板的纵横向中心线和板的端线,以及在板的各边标示出定位钢筋、剪力钉及连接件的相对位置,保证钢筋安装位置的准确性及相邻桥面板之间的匹配性。

如果相邻桥面板处接头钢筋、预应力管道和剪力连接件的位置不准确,关系到混凝土桥面板能否顺利安装,为保证预制混凝土桥面板能顺利安装,在预制时就需要对钢筋和预应力管道的安装位置进行严格控制。

18.3.5 预制桥面板混凝土的施工除应符合本规范第6章的规定外,尚应符合下列规定:
1 桥面板混凝土应符合设计的规定,其配合比应进行专门设计。混凝土中可适量掺加能提高抗裂性能的材料,但应得到设计的认可并应通过试验确定其掺量和效果。配制混凝土时应严格控制混凝土的水胶比和水泥用量,宜采用较低坍落度的混凝土进行施工。
2 混凝土浇筑施工时,应采取有效措施保证桥面板顶面的平整度。对桥面板的顶面可进行拉毛处理,使其顶面形成粗糙面;当后续的桥面沥青混凝土铺装层施工需要对桥面板顶面进行抛丸处理时,可不拉毛,但宜进行粗平。浇筑施工完成后,应及时覆盖适宜的材料洒水保湿养护,养护的时间应不少于7d。
3 拆除模板并在混凝土强度达到2.5MPa后,应及时对桥面板侧面的混凝土进行凿毛,凿毛可采用人工方式或采用高压水冲法,凿毛的深度宜为5~8mm,且应使粗集料出露。
2 养护对桥面板混凝土而言是一项非常重要的工作,且桥面板一般较薄,更需加强养护,同时需要保证养护的时间和质量,方能使其不致因混凝土的早期收缩而开裂。
3 要求严格凿毛是为使桥面板在浇筑湿接缝混凝土后彼此能有效地结合,如结合不好,容易在接缝处产生裂缝。

18.3.6 预制混凝土桥面板的场内移运和存放除应符合本规范第17章的相关规定外,尚应符合下列规定:
1 桥面板混凝土的强度应在达到设计强度的85%后,方可从预制台座上起吊进行场内的移运。
2 起吊预制混凝土桥面板时,吊点的位置应符合设计规定,且应采用四点吊,对吊点处的局部应力应进行验算。吊运过程中,应采取必要措施防止对桥面板产生碰撞、坠落等损伤而开裂。
3 预制混凝土桥面板的存放台座应进行专门设计,当台座位于软弱地基上时,应采取加固处理措施,防止地基产生不均匀沉降。存放时,桥面板在台座上叠放的层数应根据地基的承载能力情况经计算确定;分层叠放时,其支点应设置在紧邻吊点的位置,并应使其顶面在同一水平面上,桥面板与支点的接触处应采用适宜的弹性材料进行支垫。
4 对未达到养护时限的混凝土桥面板,应在存放时采用覆盖洒水保湿的方式继续养护。
5 预制混凝土桥面板的存放时间按混凝土龄期计宜不少于6个月。
2 由于预制混凝土桥面板的面积较大,而厚度相对较小,从预制台座上起吊时,如果采取的措施不当,很容易导致其受力不均,采用四点吊能使桥面板比较均匀地受力,避免对其造成损伤。
3 预制混凝土桥面板在存放时,需要注意台座地基的承载能力是否足够,是否会产生不均匀沉降。分层叠放的数量过多时,如果地基的承载能力不足而产生不均匀沉降,将会对混凝土桥面板造成损伤,使其开裂。
5 要求"预制混凝土桥面板的存放时间按混凝土龄期计宜不少于6个月",其目的是为减小混凝土的收缩和徐变对结构受力的影响,以降低混凝土的开裂风险。研究和经验均表明:存放期的增加对混凝土徐变效应的减小起着很大的影响作用,因为混凝土的徐变特性与其加载龄期有密切关系,加载龄期的延长能较显著地减小徐变。后期结构中如果存在较大的桥面板徐变变形,会导致桥面板分担的体系应力减小,混凝土的应力向钢梁上转移;由于徐变对桥面板应力的松弛效应,使得桥面板体系中预存的压应力水平下降,从而降低桥面板抵抗荷载拉应力的能力,同时也就降低了混凝土桥面板的抗裂性能。

18.3.7 预制混凝土桥面板的运输宜采用平板车或其他适合的车辆,车辆的长度和宽度应满足设置桥面板支点的要求。桥面板分层叠放在运输车上进行运输时,应符合存放时的叠放规定,叠放运输的层数宜不超过3层,并应对其采取固定措施。

预制混凝土桥面板的运输是桥面板预制安装施工中的一个重要环节,而装载的方式是否会对桥面板在运输过程中造成损伤,亦是需要考虑的问题,故规定如条文。

18.3.8 预制混凝土桥面板的安装施工应符合下列规定:

1 预制混凝土桥面板的安装施工应遵循先预制、先安装的原则,且宜采用对号入座的方式进行预制和安装。

2 预制混凝土桥面板的安装方法宜结合钢梁的安装综合考虑,安装的顺序及加载程序应符合设计和施工控制的规定。

3 安装前,应将钢梁与桥面板的结合面及剪力连接装置表面清理干净,并应在钢梁上按设计要求粘贴橡胶带,橡胶带的粘贴应保证能达到密贴、顺直的要求;应在钢梁上准确放样,且宜在现场核对相邻桥面板钢筋、剪力钉、连接件等的相对位置。

4 安装时应采用四点起吊并配置相应的吊具。起吊安装时,应保证各吊点的受力均衡,并应防止对桥面板产生碰撞或其他损伤。

5 桥面板安装就位过程中,应使各桥面板中的预应力管道对准、顺直,与相邻桥面板预应力管道的错位偏差宜不超过2mm。当安装桥面板的钢筋与相邻桥面板的钢筋、剪力钉或连接件等有位置上的冲突时,应采取适当的措施进行调整,且该调整应以弯折钢筋改变其位置为主,不得因桥面板就位困难而随意切断钢筋或破坏剪力连接装置。

6 桥面板安装就位后,应及时检查其在钢梁上的支承状况,当有翘曲、脱空、偏位等情况时,应吊起重新安装。

1 混凝土桥面板在预制时进行编号管理,对号入座安装,且先预制的先行安装,这样可以使桥面板的存放期尽量延长。

2 钢混组合结构的加载程序不同,受力也会不同,为使结构受力合理,设计一般对施工阶段加载的程序会有规定,施工控制对此亦会有验算,因此施工时需符合设计和施工控制的规定。

5 在以往的工程实践中,经常会发生因桥面板安装时就位困难,施工人员为能顺利安装而随意切除剪力钉的现象,对这种错误做法需要予以禁止。桥面板在安装时就位困难,主要是因为预制时钢筋和预应力管道的定位不准确或桥面板尺寸的偏差过大等原因所造成的,因此预制施工时需要严格执行本规范第18.3.4条的规定,以保证预制的精度。

18.3.9 混凝土湿接缝的现场浇筑施工应符合下列规定:

1 湿接缝混凝土的配合比应进行专门设计。

2 湿接缝的浇筑时机和浇筑顺序应符合设计和施工控制的要求。

3 湿接缝在浇筑混凝土之前,应对在安装过程中变形的连接钢筋和剪力钉予以校正和调直,对损坏的连接件和剪力钉等应进行修复,并应按设计要求进行连接钢筋的绑扎或焊接。

4 在连接湿接缝处的预应力管道时,应保证连接管道顺直、无弯折,对接头处的管道应包缠严密,使之不漏浆。

5 混凝土浇筑前,应将湿接缝内的杂物清理干净,并应对混凝土结合面进行充分湿润,保证湿接缝混凝土与预制桥面板混凝土的接缝严密。

6 浇筑湿接缝混凝土时,应对其进行充分振捣,湿接缝混凝土的顶面宜比预制安装桥面板略高出

2~3mm；浇筑完成后，应对混凝土的顶面进行拉毛或采取其他增加粗糙度的处理措施。

7　对湿接缝混凝土进行保温、保湿养护的时间应不少于7d，对桥面板预应力钢束的张拉亦宜在混凝土龄期达7d后进行。

8　湿接缝混凝土的强度在未达到设计强度的85%之前，不得在桥面上通行车辆、堆放材料或进行影响其受力的其他施工作业。

1　现场浇筑的混凝土湿接缝是连接各桥面板单元并与钢梁之间形成组合梁的关键部位，因此对混凝土的配合比需要有较高的要求，对浇筑施工的程序、工艺及养护等亦需予以高度重视，防止其混凝土开裂是施工的关键所在。

2　湿接缝的浇筑时机和浇筑顺序决定了组合作用的进程，对钢混组合结构而言，加载程序的不同，其结构的受力也不相同，所以湿接缝的浇筑时机和浇筑顺序需要符合设计和施工控制的要求。通常情况下，负弯矩区的湿接缝混凝土一般留待最后浇筑，以利于减小桥面板的拉应力。预制桥面板的施工顺序，可以先铺设完成全部预制桥面板，再按照结构受力有利原则分步浇筑湿接缝混凝土，形成共同作用的组合截面；也可以根据设计需要，铺设部分预制桥面板并先行浇筑湿接缝混凝土使之结合共同受力，再按一定顺序完成后续施工。无论采取何种方法，中间支点位置的混凝土桥面板如有控制其拉应力的需要，均可以最后浇筑湿接缝。

18.3.10　现场浇筑混凝土桥面板的施工应符合下列规定：

1　应采用符合设计规定的混凝土，且其配合比应进行专门设计。

2　当利用钢梁设置支架对模板进行支承时，在安装、拆除支架和模板的过程中，应采取有效措施避免损伤钢梁及其表面的防腐涂层。

3　浇筑桥面板混凝土前，应将钢梁上翼缘和连接件上的锈蚀、污垢及模板内的其他杂物清理干净。

4　现场浇筑混凝土桥面板的施工顺序应符合设计的规定。

5　浇筑混凝土时，除应保证其振捣密实外，尚应采取对桥面板顶面进行严格整平以及防止混凝土开裂的有效措施。

6　桥面板混凝土浇筑完成后，宜采用塑料薄膜、土工布等材料及时覆盖进行保温、保湿养护，养护的时间应不少于7d。

7　现场浇筑混凝土桥面板的施工全部完成，在桥面上通行车辆、堆放材料或进行其他施工作业的条件，应符合本规范第18.3.9条第8款的规定。

4　混凝土桥面板现浇的施工顺序决定了组合梁最终的内部应力分布，施工顺序不同，钢梁和混凝土板的受力状况也不相同。桥面板施工时的混凝土浇筑一般分为顺序浇筑和间断浇筑两种方法。采用顺序浇筑法时，跨中位置混凝土的重力荷载可能会使支承处负弯矩区的桥面板上产生拉应力；采用间断浇筑法时，则一般不会出现此拉应力。对于连续梁尤其是大跨度连续梁，采用间断浇筑的施工方法能显著地降低负弯矩区混凝土桥面板所受的拉应力。在实际施工中，虽然两种施工方法都在采用，但符合设计的规定是较为可靠的做法。

按照所使用的模板类型，混凝土桥面板有两种施工方法：固定模板施工法和移动模板施工法。采用固定模板进行混凝土桥面板现浇施工时，主要有三种方式：①模板置于支架上；②模板固定在钢结构上；③模板由混凝土薄板制成。第一种方式，模板通过支架直接支承在地面上，适用于高度较小的桥梁，其好处是混凝土的重力没有作用在钢结构上，在拆除模板后，混凝土的自重由钢-混组合梁直接承受。当桥梁离地面很高时，将模板固定在钢梁上就显出优势，施工时需要尽早考虑在钢梁上固定模板的方法，并在工厂加工时做好相应的准备工作。当模板固定在钢梁上时，模板和混凝土的自重将共同作用在钢梁上，一方面，需要做好钢梁承载力和稳定性的检算；另一方面，为避免在混凝土浇筑过程中钢梁承载力超限，可考虑设置钢梁的局部临时支撑，在混凝土固结后拆除临时支撑，卸除的临时支撑这部分力就转化为由钢-混结构共同承担。混凝土薄板则适用于钢梁间距较小的情况，例如一些多主梁的桥梁或有支撑横梁的桥梁；国内也有采用将剪力键的带孔钢肋板与钢底板焊接而作为现浇混凝土的模板，并与现浇混凝土形成钢-混组合结构的桥面板，同样适用于钢梁间距较小情况下的桥面板的施工。在固定模板上浇筑混凝土，仍然可以间断地进行浇筑，首先浇筑跨中的混凝土，然后在中间支点上浇筑混凝土，可有效减小中间支点上方混凝土板的拉应力，板的横向开裂亦会减小。对于远离地面、几何形状和横截面几乎不变的长桥，采用吊架支撑的移动模板是有优势的，混凝土采用移动模板进行浇筑，钢与混凝土的组合作用从混凝土固化便开始生效，同时亦可以采用跨中处先于支座处浇筑或逐跨浇筑的方式来限制中间支点上方混凝土板的拉应力。

18.3.11 对混凝土桥面板中的钢束施加预应力时，除应符合本规范第8章的相关规定外，尚应符合设计规定的张拉施工顺序。

预应力钢束张拉的顺序对组合结构的受力特别是防止湿接缝混凝土的开裂有较大的影响，因此需要符合设计规定的张拉施工顺序。

工程实践经验表明：混凝土桥面板及其湿接缝如果开裂，会引起防水层的撕裂和存水问题，从而导致组合结构的耐久性下降，当湿接缝混凝土没有处于受压状态时尤其如此。防止产生这一问题的措施是在混凝土板中张拉纵向预应力筋，张拉钢束时可在混凝土桥面板与钢梁形成组合作用之前，也可以在形成组合作用之后进行。

18.3.12 采用支点位移法对桥面板施加预设应力时，应符合下列规定：

1 顶、落梁所配置的千斤顶应具有足够的安全储备，每个墩顶的千斤顶应根据其行程确定分级次数。

2 在桥面板混凝土的强度和弹性模量达到设计要求时，方可进行落梁施工。

3 顶升和落梁时应均匀、同步，钢梁临时支点、梁底支垫和千斤顶的中线应严格对准，并应采取有效措施，防止钢梁在顶升和落梁过程中受扭或产生较大的变形。

4 顶、落梁施工时，宜及时调整梁下临时支垫的高度和厚度，保证施工的安全，同一断面钢梁底板两侧高差在顶、落梁过程中宜控制在5mm以内。

对桥面板施加预设应力的目的是：减少混凝土桥面板中的拉应力，储备更多的压应力，使组合结构更好地充分发挥钢和混凝土两种材料自身的受力特点。对桥面板施加预设应力的方法，除常规的对在桥面板中设置的纵横向预应力钢束进行张拉外，主要还有支点位移法和反拱法等，因此条文对采用这两种方法施工的要求进行了规定。

18.3.13 采用钢梁反拱法对桥面板施加预设应力时，应符合下列规定：

1 对组合梁节段横截面采用反拱法施加预设应力时，反力支架与支点宜设置在钢梁的横隔板或支承线位置；钢梁支点的支撑位置应进行构造设计，并应对结构局部的强度和稳定进行验算；拆除反拱装置后，顶板中点与边缘点的残留反拱变形高差应不大于10mm，梁段间拼接面的反拱竖向变形差值应不大于2mm。

2 对整孔安装的组合梁，在纵向采用反拱法施加预设应力时，支撑支点的位置宜根据钢梁内力的调节效果进行确定，且宜根据首次桥面板结合长度在3~5个支点范围内选择；支点顶升的高度应根据组合梁安装线形的高差和设计反拱值进行确定。

钢-混组合连续梁桥的负弯矩区会出现混凝土桥面板受拉、钢梁受压的情况。为了降低混凝土桥面板的收缩徐变效应，提高支点负弯矩区混凝土桥面板的抗裂性能，对于负弯矩区混凝土桥面板裂缝可以有两种处理方式：一种是通过某种措施在混凝土桥面板内产生预压应力来防止混凝土开裂；另一种是允许混凝土桥面产生裂缝，并通过配筋等措施来控制裂缝宽度。在负弯矩区引入预应力的方法有：通过张拉钢束在混凝土桥面板内施加预应力；通过调整支座相对高度形成预应力；通过钢梁反拱调节组合梁内力;预加载形成预应力等。

支点位移法采用将梁放置于被升高的支座上或在支点处顶升梁,形成钢-混凝土组合截面后,降低支座或在支点处落梁,使其回到设计高程即可获得对混凝土桥面板的纵向预应力。支点位移法有利的一面是可以向负弯矩区的桥面板施加预应力,不利的一面是增加了施工工序。

钢梁反拱法通常的做法是通过预设台座的高度实现钢梁的预弯,浇筑混凝土桥面板形成组合截面后,将组合梁回顶到位即完成对混凝土板施加预应力。

对混凝土桥面板施加预应力所采用的通常为上述几种方法及其几种方法的综合运用。

工程实例1:泉州湾跨海大桥主桥(主梁节段横向反拱法施工)

泉州湾跨海大桥通过组合梁节段横向反拱法,实现对组合梁节段施加横向预应力。

泉州湾跨海大桥主桥为70m+130m+400m+130m+70m双塔组合梁斜拉桥(图18-1),主梁为PK钢-混凝土组合梁,主梁单幅含风嘴宽27.41m,梁高3.5m。该桥主梁采用整梁段悬臂拼装架设,梁段之间采取"干拼法"连接,U形钢箱梁之间采用全焊连接,混凝土桥面板之间涂抹环氧树脂胶并施加预应力连接。该桥主梁施工主要包括预制拼装和架设两个阶段,在预制拼装阶段,采用钢桁架方案实现了主梁梁段反拱;在架设阶段,通过对梁段空中姿态预控,以及混凝土板上、下临时预紧力配合进行梁段纵向高程调整,在混凝土桥面板间设置钢板垫块进行轴线偏差调整,通过设置湿接缝调整里程偏差,中跨采用配切合龙。

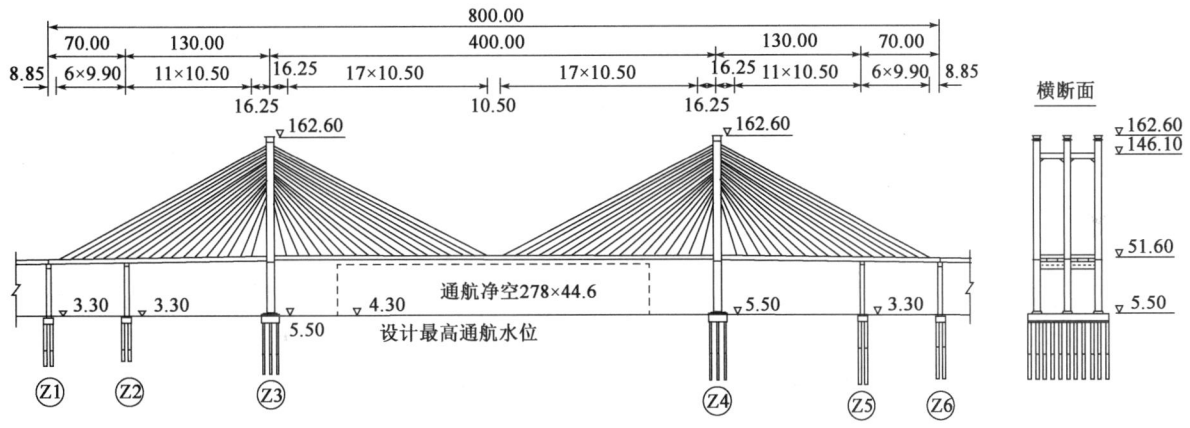

图18-1 泉州湾跨海大桥主桥布置(尺寸单位:m;高程单位:m)

泉州湾跨海大桥主桥主梁施工主要包括:U形钢箱梁加工和预拼装、混凝土桥面板预制、U形钢箱梁与混凝土桥面板在梁场拼装成梁段、梁段运输、梁段悬臂架设。

在预制、拼装阶段,梁段接缝处的桥面板采用短线浇筑法连续浇筑,即依次浇筑相邻块件,已浇好的块件为相邻浇筑块件的端模。梁段在梁场的安装工序为:U形钢箱梁拼装→U形钢箱梁反拱→浇筑湿接缝混凝土并养护→拆除反拱钢桁架。梁段U形钢箱梁与混凝土预制板之间的拼装、组合梁梁段之间的预拼装同时、交叉进行。

为在混凝土桥面板中预存压应力,改善桥面板正常使用状态下的应力和变形,需对组合梁施加反拱。反拱的装置采用了钢桁架方案(图18-2),通过钢桁架实现组合梁产生反拱,即在每个梁段横隔板顶部安装一个反拱桁架,桁架搁置在钢箱梁边腹板的临时工装牛腿上,中腹板位置采用吊耳栓接,千斤顶置于中腹板上方的钢桁架上,千斤顶提升后,使钢箱梁形成两侧边腹板下挠、中腹板上凸的反拱变形。

主梁架设的标准梁段架设工艺流程为:梁段起吊→梁段粗定位→桥面板齿坎连接→预埋管、钢梁腹板对齐→在接缝间桥面板涂抹环氧树脂胶→张拉临时预应力粗钢筋→环氧树脂胶固化→钢梁临时匹配件连接→钢梁栓焊→第1次张拉斜拉索→吊机前移→第2次张拉斜拉索→下一梁段架设。

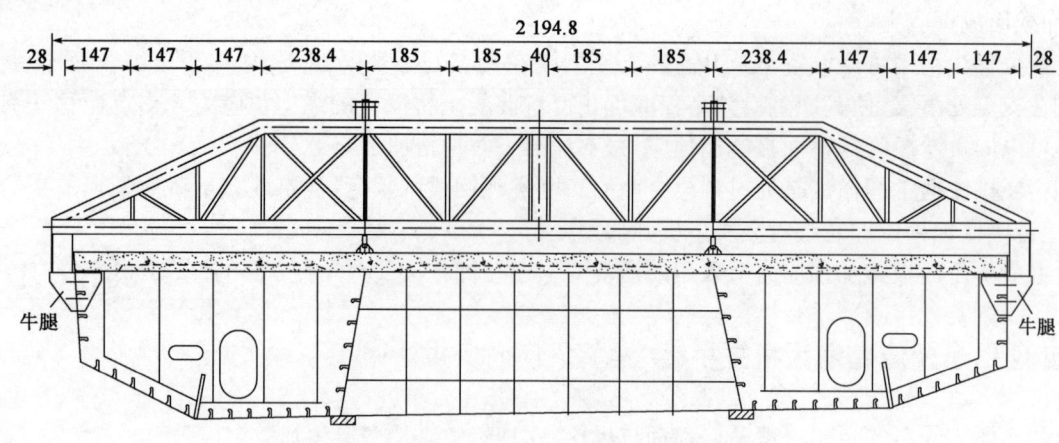

图 18-2 节段制作钢梁反弯示意图(尺寸单位:cm)

工程实例 2:上海长江大桥(钢梁反拱法 + 支点位移法施工)

上海长江大桥工程全长约16km,越江桥梁长约10km。主航道两侧处于宽阔水域的高墩区桥梁,大规模采用了大跨度钢-混凝土连续组合箱梁(图18-3),跨度布置为90m + 5×105m + 85m,桥梁单幅桥宽16.95m。该桥采用先简支后连续的施工方法,在预制场预制好一片梁后整孔吊装至墩位,现场焊接钢梁,浇筑墩顶段混凝土桥面板现浇缝形成连续结构。

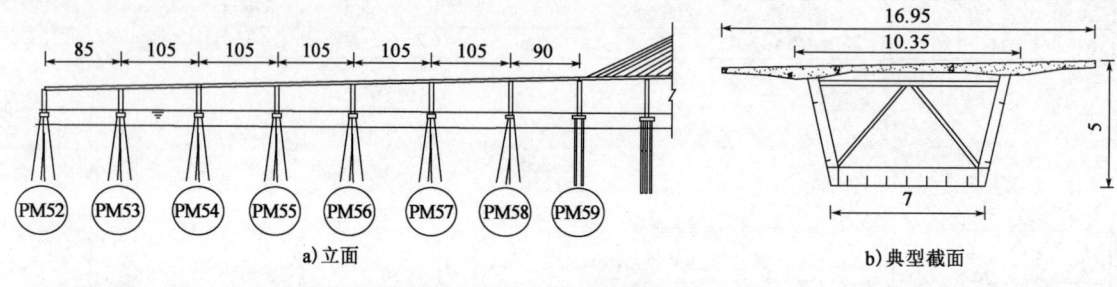

图 18-3 上海长江大桥钢-混凝土组合连续箱梁结构示意(尺寸单位:m)

钢梁先在工厂进行板件等单元制造,在预制场先组拼成长约10m的节段,再组拼成整孔梁段。预制桥面板横桥向划分成3块,中间块8.11m、两侧悬臂块3.295m,中间块与钢梁上翼缘有80mm的搭接长度,悬臂块则离开钢梁上翼缘5mm,其间为1.125m的现浇带;标准预制块纵向长4.5m,相互间留有0.6m现浇接缝。部分桥面板在预制场完成与钢梁结合。中支点附近约15m范围的预制桥面板仅摆放到位,吊装后再浇筑结合混凝土。

为了改善钢梁成桥受力状态、降低钢材用量,钢梁拼装完成后纵向设定为4点支撑后,安放预制桥面板并作为钢梁压重,通过调节内外支点高差,实现对钢梁反弯(图18-4),使之上翼缘预拉、下翼缘预压。

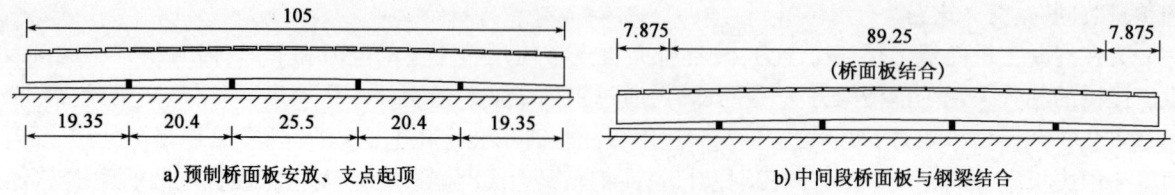

图 18-4 整孔组合箱梁制作时钢梁反弯示意(尺寸单位:m)

该桥负弯矩段采用中支点桥面板滞后结合和支点升降法等措施施工,并在中支点附近钢梁底板浇筑混凝土,形成双结合混凝土,避免钢箱梁失稳。在整孔预制时,中支点两侧各约7.5m的混凝土桥面板先不结合,待组合梁架设完毕并将槽形钢梁焊接后,再进行墩顶的混凝土与钢箱梁结合,有效地减小了桥面板混凝土的拉应力。一联7孔全部吊装焊接完毕后,6个中间墩分3次、每次2墩,从中间向两侧依次完成下缘混凝土浇筑、主梁支点起顶、墩顶段桥面板结合、支点降落的工序,其具体施工步骤如下:

(1)在各跨简支预制主梁架设、对接工作完成后,浇筑PM55和PM56墩顶钢箱梁底板的双结合混凝土。

(2)底板双结合混凝土强度及弹性模量均达到设计值85%以上时,将PM55、PM56墩临时支点处顶升600mm。顶升施工分3级进行,每级顶升200mm。

(3)浇筑PM55、PM56墩处混凝土桥面板,在混凝土桥面板强度及弹性模量达到设计值的95%以上时,张拉横向预应力,将PM55、PM56墩支点回落500mm至成桥高程,回落施工分2级进行,每级回落250mm。

(4)浇筑PM54和PM57墩顶钢箱梁底板的双结合混凝土,在底板双结合混凝土强度及弹性模量均达到设计值85%以上时,将PM54、PM57墩临时支点处顶升350mm,顶升施工分2级进行,第1级顶升200mm,第2级顶升150mm。

(5)浇筑PM54、PM57墩处混凝土桥面板,在混凝土桥面板强度及弹性模量达到设计值的95%以上时,张拉横向预应力,将PM54、PM57墩支点回落200mm至成桥高程。

(6)浇筑PM53、PM58墩顶钢箱梁底板的双结合混凝土,在底板双结合混凝土强度及弹性模量均达到设计值85%以上时,将PM53、PM58墩临时支点处顶升250mm。

(7)浇筑PM53、PM58墩处混凝土桥面板,在混凝土桥面板强度及弹性模量达到设计值的95%以上时,张拉横向预应力,将PM53、PM58墩支点回落200mm至成桥高程。

18.4 组合节段制作与拼装

18.4.1 本节适用于钢-混凝土组合梁采用先将钢梁与混凝土桥面板组合形成节段,再对节段进行运输、安装及现场连接的施工。

钢-混凝土组合梁的施工,有"先拼装后组合"和"先组合后拼装"两种方式,前者是先安装钢梁,再安装预制混凝土桥面板;后者则先在场地的台座上放置钢梁、浇筑桥面板混凝土,组合形成一个主梁的节段,然后再运输到桥位进行节段的拼装。本节的内容系针对后者进行规定。

对于钢-混凝土组合梁斜拉桥,采用"先拼装后组合"工法施工时,钢梁和桥面板分别预制、分别安装,最后通过浇筑湿接缝形成组合梁,这种方式保证了钢和混凝土在组合前能充分释放混凝土的收缩徐变应力,但施工时构件零碎、程序较烦琐,且现场安装施工周期较长。因此,当能够有效控制组合梁混凝土收缩徐变应力时,在控制混凝土坍落度或采用收缩补偿混凝土等以减小混凝土收缩等条件下,可以采用先在预制场内的钢梁上完成混凝土桥面板的浇筑,形成一个组合后的主梁节段再整体安装的工法。2005年建成通车的东海大桥主航道桥是我国首次采用此种工法的全封闭钢箱组合梁,之后,浙江椒江二桥和福建泉州湾跨海大桥主桥的组合梁均采用"先组合后拼装"工法,从而实现了由"散拼"改进为"整装",提高了预制节段的工厂化程度,减少了施工现场安装的工序,缩短了现场安装周期;同时也避免了在先拼装开口的钢箱梁、后安装预制混凝土桥面板时,因开口的钢箱梁刚度小,运输、吊装、栓接以及其上安装桥面板等一系列施工过程中,可能出现的空间翘曲、纵向和横向变形难以控制等风险。椒江二桥的组合梁节段间的钢箱采用了高强螺栓连接,混凝土桥面板则采取了后浇宽湿接缝的方式。

18.4.2 组合节段宜匹配制作。钢梁的制造、运输、匹配试拼装、涂装等应符合本规范第8章的规定。

18.4.3 制作组合节段的台座除应符合本规范第17章的相关规定外,尚应符合下列规定:
1 台座应进行专门设计,并应根据拟组合节段的构造特点、重力、施工方法和施工工艺等因素进行设置。

2 设置台座时,应明确钢梁的支承方式,同时应考虑地基的不均匀沉降对组合梁节段形成时的不利影响。

3 应在台座上设置钢梁起吊就位后进行平面位置和高程调整的装置。

制作组合节段的台座与混凝土梁节段预制的台座相比,虽然在设置上相对要简单一些,但有其自身的特点,需要在施工时加以注意,故规定如条文。

18.4.4 起吊钢梁至台座上就位时,宜采取有效措施对其进行临时加固,增加钢梁的整体刚度,防止其产生变形;就位后,应通过调节装置对钢梁的平面位置和高程进行精确调整,使之处于水平状态,不倾斜、不扭曲,各支承点处受力均匀。

因钢梁多为开口的钢箱(或钢桁),起吊过程中容易产生变形,故需要采取有效措施对其进行临时加固,增加整体刚度,防止其产生变形。钢梁在台座上就位后,使其水平放置、各支承点处受力均匀,是保证组合节段制作质量的重要前提,如果不按此要求进行作业,有可能会使组合后的节段尺寸不准确或变形过大,给后续的拼装施工带来不利影响。

18.4.5 组合节段制作施工时,钢筋、模板、支架、混凝土、预应力等的施工除应符合本规范相关章节的规定外,尚应符合下列规定:

1 在进行钢筋和预应力管道的安装时,应保证其位置准确;对预应力管道的端口宜采用合适的材料或工具进行临时封闭,或在管道内放置芯棒。

2 模板与钢梁之间应密贴,各接缝应严密不漏浆。

3 设置支架时,其支承点应避开钢梁底板处较薄弱的部位,防止钢梁底板的局部产生变形。对支承在钢梁以外的支架,应对其地基进行必要的加固处理,或采取预压的方式消除地基的不均匀沉降。

4 桥面板应采用设计要求的混凝土,且宜在混凝土中添加防止其开裂的适宜材料。浇筑施工时,应采取有效措施保证桥面板顶面的平整度;浇筑完成后,对桥面板顶面的处理应符合本规范第18.3.5条第2款的规定。

5 对桥面板混凝土应制订专门的养护方案,保湿养护的时间应不少于14d。

6 预应力钢束的张拉顺序应符合设计的规定;设计未规定时,应按对称、均衡的原则进行张拉。

1 条文中对预应力管道安装的要求,主要是为后续的预应力施工考虑,如果在管道的安装阶段不采取有效措施进行质量控制,将会使后续的预应力施工产生困难,同时也会影响到其施工质量。

3 浇筑桥面板混凝土时,所设置的支架一部分位于钢梁的箱内,箱梁翼缘板处的支架可能会设置在台座外的地基上,因此对支架既要考虑其支承的方式,同时也要考虑由于地基的不均匀沉降产生的不利影响。

18.4.6 组合节段的场内移运和存放除应符合本规范第17章的相关规定外,尚应符合下列规定:

1 桥面板混凝土的抗压强度应在达到设计强度的85%后,方可对组合节段进行起吊和场内移运作业;设计对此有规定时,应从其规定。

2 从制作台座上起吊及移运组合节段时,吊点的位置应符合设计规定,且宜采用四点吊并设置必要的吊架进行作业。

3 组合节段的存放台座应满足平整、地基不沉陷的要求,支点的位置应符合设计规定,各支点位置的高程应一致;支点处宜设置垫木或其他适宜的物体对节段进行支承,并应防止各支点受力不均。

4 组合节段的存放高度不宜超过两层,两层之间应采用垫木或其他适宜的物体隔开支承。

5 组合节段的存放时间应符合设计规定;设计未规定时,宜不少于90d。

钢-混凝土组合节段与混凝土梁预制节段相比,对其场内移运和存放的要求基本上是一致的。

18.4.7 组合节段的运输应符合本规范相关章节的规定。

18.4.8 组合节段在支架上拼装施工时,应符合本规范第18.2节的规定。

18.4.9 组合节段悬臂拼装施工时,除应符合本规范第17.6节的相关规定外,浇筑湿接缝混凝土的时机及加载程序等应符合施工控制的规定。当组合节段的桥面板之间采用胶接缝连接、钢构件之间采用焊接连接时,拼装过程中宜对焊接施工后焊缝产生的收缩进行适当补偿。

对组合节段的悬臂拼装,当桥面板之间采用胶接缝连接、钢构件之间采用焊接连接时,由于焊缝在焊接后的冷却过程中会产生收缩,而混凝土桥面板此时并不会收缩,这种情况下可能会导致安装节段的前端产生下挠,因此在安装过程中需要对焊缝的收缩量进行适当补偿。此处要求的补偿,是指可以适当抬高节段前端的安装高程,以抵消节段前端的下挠值。

18.4.10 对整孔组合制作安装的大型钢-混凝土组合梁,其施工可按本章和本规范第17章的相关规定执行。

18.5 钢-混凝土接头

18.5.1 钢-混凝土接头中连接件的施工应符合下列规定:

1 焊钉连接件、开孔板及型钢连接件的制造加工应符合本规范第8章的相关规定。

2 在安装普通钢筋时,应采取有效措施防止对连接件产生碰撞或其他损伤,并应避免普通钢筋与连接件的位置重叠,当普通钢筋或局部加强钢筋与连接件有位置上的冲突时,不得随意切断或破坏剪力连接装置,而应适当调整钢筋的位置。穿过开孔板的钢筋应在栓孔上居中贯通布置安装,其偏差应不超过5mm,并不得与开孔板焊接。

3 连接件就位后,应对其安装质量进行检查,不符合要求时应及时进行调整。

4 连接件中的混凝土施工,宜采用有利于混凝土振捣密实的体位方式进行浇筑;且宜通过必要的工艺试验,验证混凝土的性能,同时验证浇筑振捣的方式和工艺能否保证混凝土填充密实并与连接件接触良好。当在顶面有钢板的情况下浇筑混凝土时,应在钢板上设置适当数量的通气开孔,使混凝土浇筑时空气气泡能顺利地逸出,保证混凝土振捣的密实性。

常用的连接件形式有焊钉连接件、开孔板连接件和型钢连接件(图18-5),条文主要对这几种形式连接件的施工进行规定。

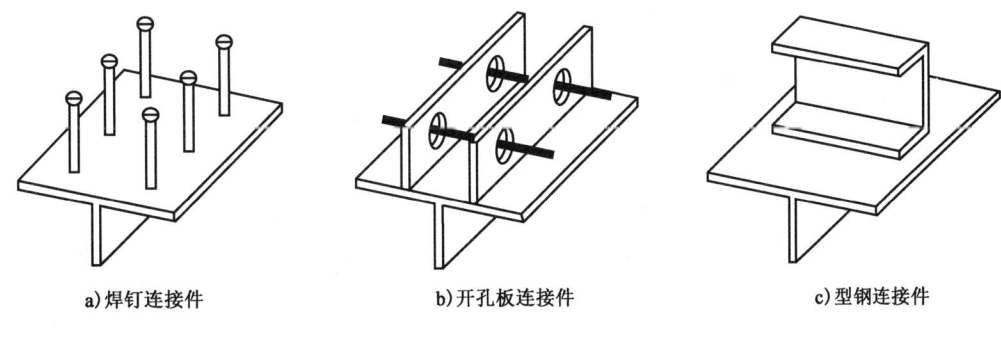

a)焊钉连接件　　　　b)开孔板连接件　　　　c)型钢连接件

图18-5　常用连接形式

1 焊钉连接件通过杆身根部受压承担结合面的剪力作用,并依靠圆柱头的锚固作用承担结合面的拉拔力;开孔板连接件是指沿着受力方向布置,并在侧面设有开孔的钢板,利用钢板孔中混凝土及孔中贯穿钢筋的销栓作用,承担结合面的剪力及拉拔力;型钢连接件是指焊接在受力钢构件上的槽钢、角钢等短小节段的型钢块体,依据型钢板面受压承担结合面的剪力作用,型钢连接件的抗拉拔性能较弱,容易发生钢与混凝土的分离,因此在组合梁中较少采用。

连接件需保证钢与混凝土有效结合,并需要具备一定的变形能力,当连接件具有一定的变形能力时,作用剪力就会随着连接件刚度的变化而重新分配,可避免个别连接件受力过大,同时防止钢板与混凝土发生局部应力集中现象。焊钉连接件的抗剪性能不具有方向性,当钢与混凝土结合面剪力作用方向不明确时,常采用焊钉连接件;开孔板连接件的破坏模式,疲劳问题不突出,适用于对抗疲劳性能要求较高的组合结构桥梁中。钢与混凝土结合面对抗剪刚度要求很高,且无拉拔作用时,可以选用型钢连接件。

2 贯穿钢筋在连接件中的剪力传递作用非常重要,贯穿钢筋及剪力钉的设置能有效地控制钢与混凝土两种不同材料间产生的水平剪切力,其安装施工质量的高低会直接决定桥梁运营后两种材料之间是否会产生相对位移,因此在实际施工中需要作为施工的难点和重点加以控制。

4 对连接件中的混凝土,采用不同体位方式进行浇筑,其浇筑的效果是不一样的,有的体位可能无法保证混凝土的浇筑质量,而有的体位则能很容易保证浇筑的质量,因此,需要在施工前对此进行研究,采取有利于混凝土振捣密实的体位方式进行施工。工艺试验可以验证施工的很多问题,为了保证施工的质量,对比较复杂的施工工艺通过工艺试验来进行验证是有必要的。

18.5.2 混合梁中钢-混凝土接头的施工应符合下列规定:

1 钢构件按本规范第18.2节的规定进行安装并精确定位后,应将其锁定在支架或吊架上,并应与混凝土梁进行刚性连接,刚性连接装置的形式应符合设计的规定。

2 接头混凝土施工的模板在安装设置时,应保证其稳定,在浇筑施工时不移位,且应与结构之间密贴、不漏浆。

3 钢-混凝土接头中的混凝土应符合设计的规定,且宜采用经专门设计的高流动性、低收缩率的自密实混凝土;混凝土中可适量掺加能提高抗裂性能的材料,但应得到设计的认可并应通过试验确定其掺量和效果。

4 浇筑接头混凝土之前,应对混凝土梁的结合面进行严格凿毛处理,凿毛的深度应不小于8mm,凿毛后的结合面上不应有浮浆和光滑的表面;同时应对钢构件部分的浮锈和其他杂物等进行清洁处理。处理完成后应将全部结合面清理干净,对混凝土的结合面应进行充分湿润。

5 浇筑接头混凝土时,宜按本规范第6章中大体积混凝土的要求进行温度控制,且宜选择在夜间温度场较为稳定的时段进行施工;宜采取有效措施,使新浇筑混凝土与钢构件、混凝土梁体及模板之间的温差小于15℃。浇筑完成后,应及时覆盖进行保温、保湿养护,养护的时间宜不少于14d。

6 预应力钢束张拉时,接头混凝土的强度、弹性模量(或龄期)应符合设计规定;设计未规定时,混凝土的强度应不低于设计强度的85%,弹性模量应不低于混凝土28d弹性模量的85%,采用混凝土龄期代替弹性模量控制时宜不少于7d。预应力钢束的张拉应对称、均衡地进行。

7 接头混凝土在未达到设计强度的要求之前,不得承受荷载。

混合梁是指钢梁与混凝土梁通过纵向结合而形成的梁体。

钢梁和混凝土梁的接头处因会受到温度、接头两侧支架(吊架)竖向刚度不匹配、预应力钢束张拉而导致的荷载重分配等多种不利因素的影响,所以是施工中的关键和难点,对保证桥梁的安全度及耐久性起着非常重要的作用,因此在施工时需要对各种因素对施工的不利影响程度进行预判,并采取较为严格的措施进行控制。

1 锁定和进行刚性连接的目的是保证钢构件相对于混凝土梁的位置和高程准确,并在浇筑接头混凝土时,使钢构件、混凝土梁和新浇接头混凝土三者之间的变形和位移协调。锁定通常采用劲性骨架刚性连接和张拉预应力钢束等方式进行。

3 钢-混凝土接头中的混凝土采用经专门设计的高流动性、低收缩率的自密实混凝土,能保证混凝土浇筑施工的密实性,对结构有利。

4 规定"应对混凝土梁的结合面进行严格凿毛处理",目的是使结合面处能更好地连接。钢与混凝土的结合处,钢筋、连接件密集,施工时需要充分预见到清洁处理和浇筑混凝土的难度,高度重视并采取针对性措施,防止出现清理不彻底、浇筑不密实等质量缺陷。

5 对接头混凝土的浇筑,规定"宜按本规范第6章中大体积混凝土的要求进行温度控制",是因为如果混凝土的内表温差过大,或新浇筑混凝土与钢构件、混凝土梁体及模板之间的温差过大,均会使混凝土产生温度应力裂缝。

混合梁通过对两种材料的合理利用,在受力性能、跨越能力、经济性能等方面得到了很大改善,在桥梁结构中的应用越来越多。钢-混凝土结合部是材料特性和结构特性突变处,是混合梁设计的关键技术和重要构造。混合梁中钢-混凝土接头需要连接可靠,能较顺畅地传递截面的各项内力及变形,并要避免应力集中;结合区域的刚度过渡要均匀、平顺;构造上需要保证其具有良好的抗开裂性、抗疲劳性和耐久性,同时还需要充分考虑方便施工和养护。

结合部承担并传递轴力、弯矩和剪力(及扭矩)。对于承剪,一般通过设置垂直于剪力方向的抗剪连接件来承担,而承担并传递轴力(弯矩转换为轴力矩),是混合结构最突出的特征。截面传递压力最直接的方式是承压,也可以将压力转换为剪力在混凝土内传递,当然也可以是两种形式的组合。一般情况下,工程上以单一传剪方式传递轴力的形式较少应用,因此,根据传力机理的不同将结合面传递压力分为完全承压和承压传剪两种方式;对于有空腔的箱形断面,则根据是外轮廓线内全部面积结合还是仅对应板件的部分面积结合,分为全截面连接和部分截面连接。

对于箱形断面的混合梁,结合部的典型连接形式(图18-6)可以分为:

(1)全截面连接完全承压式:完全依靠承压钢板以承压方式传递轴力,在承压钢板的钢梁侧设置箱格结构的加劲,使承压钢板全断面承压。竖向剪力由连接于承压钢板的竖向抗剪连接件传递。

(2)全截面连接承压传剪式:依靠承压钢板以承压的方式和水平抗剪连接件以水平剪力的方式共同传递轴力。在钢梁侧整个箱梁断面范围外轮廓内填充混凝土,承压钢板厚度较小。竖向剪力由连接于承压钢板的竖向抗剪连接件传递。

(3)部分截面连接完全承压式:完全或主要依靠对应混凝土梁的顶板、底板、腹板断面范围的承压板传递轴力。竖向剪力由连接于承压钢板的竖向抗剪连接件传递。

(4)部分截面连接承压传剪式:在钢梁侧对应混凝土梁的顶板、底板、腹板断面范围的箱格内填充混凝土,依靠该范围内承压钢板以承压的方式和水平抗剪连接件以水平剪力的方式共同传递轴力。竖向剪力由混凝土断面和连接于承压钢板的竖向抗剪连接件传递。根据承压板位置的不同又可分为前、后面承压板式和后面承压板式。

研究表明:在混凝土箱梁构造基础上增设全截面的厚横隔板对混凝土梁段的受力并没有体现出优势,反而不利于结合面的受力,箱体内部的拉应力区域加大;适当减小截面尺寸,则有利于箱梁全截面受力,而且全截面钢箱梁构造十分复杂,制造困难,可见部分截面连接要优于全截面连接。

对于完全承压式,尽管可以做到截面刚度较好过渡,但结合面是直接相接、互不咬合,导致传力突然,缺乏在一定范围内的匀顺过渡。而承压传剪式则有下列优点:

(1)钢箱梁顶、底、腹板等通过一定范围的刚度过渡后延长适当长度至混凝土梁对应的顶、底、腹板内,通过抗剪连接件与混凝土主梁体牢固结合,形成轴力的逐步扩散传递。

(2)通过端承压板紧贴在混凝土对应顶、底、腹板的端面上,承担部分轴力,并通过设置预应力承担部分弯矩,做到承压与传剪的共同传力。

(3)在钢箱梁顶、底、腹板的U形加劲肋上加焊T(π)肋逐渐变高,两种梁体在刚度上的突变问题经由加劲肋逐渐变高形成刚度过渡而逐渐缓解。

(4)梁中的剪力通过端面摩擦、承压板上剪力钉及咬合范围的钢板共同传递。因此承压传剪式要优于完全承压式。

综合而言,全截面连接完全承压式连接处的应力较小,但不匀顺,且构造复杂;全截面连接承压传剪式承压板的应力分布更加均匀,相互咬合范围内的应力更顺畅,但构造较复杂,施工操作较困难;部分截面连接完全承压式应力传递直接,但需要较厚的承压钢板,截面的刚度变化比较剧烈;部分截面连接承压传剪式咬合连接牢靠,刚度过渡均匀,应力扩散好,构造相对也较复杂,但对于截面尺寸较大的箱梁,因为空间较大,钢梁制作和混凝土的浇筑均不存在问题,完全可以保证施工质量。

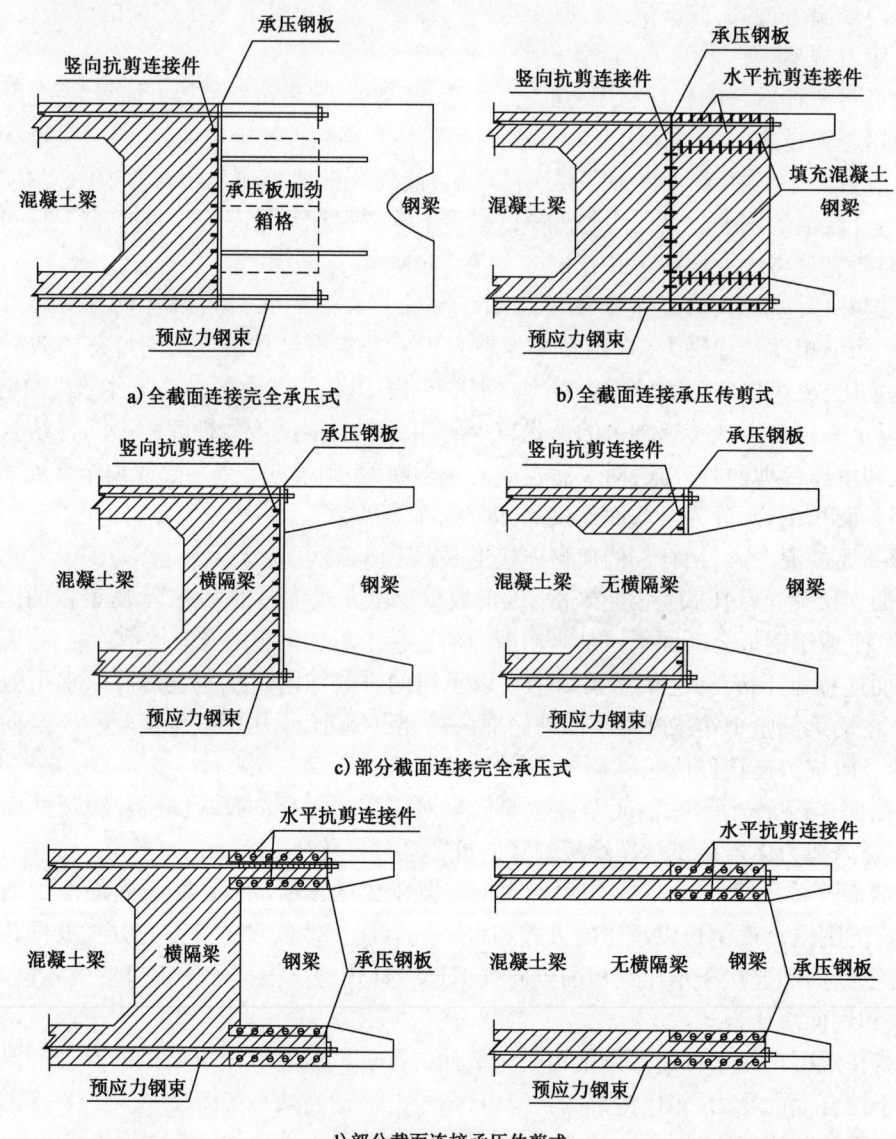

图18-6 混合梁的钢-混凝土连接形式

18.5.3 拱座钢-混凝土接头的施工应符合下列规定:

1 拱座混凝土的施工要求应符合本规范第18.5.2条第3、5款的规定。

2 对拱座中钢构件与基座的混凝土结合面,应进行严格磨平,并应采取有效措施,使钢构件与基座混凝土结合面的端面接触率符合设计的规定。

3 拱座的钢构件部分整体安装并精确调整定位后,应按设计规定的方式,将钢构件与混凝土基座可靠地连接锚固。

2 拱座中钢构件与基座混凝土的结合面一般是斜面,由于需要严密结合,故设计一般均会提出端面接触率的要求,这就需要将钢构件和基座混凝土的顶面严格磨平,其平整度只有在满足设计规定值的前提下才能达到端面接触率的要求。

18.5.4 索塔塔柱、墩身钢-混凝土接头的施工应符合下列规定：

1 对设置在混凝土结构中用于连接锚固钢-混凝土接头的锚杆或预应力钢束，应按设计要求的数量、位置和深度进行埋设。安装锚杆或预应力钢束管道时，宜采用型钢劲性骨架作为其定位支架，且宜在锚杆或预应力钢束管道的上下两端设置与钢构件底板预留孔位置和尺寸一致的套板进行固定，使其能保证安装位置的精确度；浇筑混凝土时，应采取有效措施防止锚杆或预应力钢束管道在浇筑过程中产生移位。

2 索塔塔柱、墩身的钢构件直接安装在混凝土结构顶面时，应采取有效措施对钢构件的端面和混凝土顶面(或预埋钢板的端面)的平整度进行严格磨平，安装后两端面之间的接触率应符合设计的规定。

3 采用先安装钢构件、再在其底座下灌注混凝土连接的方式施工时，应保证钢构件安装的平面位置和高程准确，其精度应符合设计的规定，并应按设计要求的支承和固定方式对钢构件进行临时锁定。应采用符合设计规定且具有高流动性、低收缩率特性的混凝土，并应对其配合比进行专门设计，或采用符合要求的专用产品；在对底座下灌注混凝土时，底座的周边应封堵严密，不漏浆。

4 在混凝土达到设计规定的强度后，方可对锚杆或预应力钢束进行张拉。张拉宜分2~3次进行，且首次张拉时其张拉力应不小于设计控制力的50%；张拉应遵循对称、均衡的原则，且宜按先中间、再向两边的顺序进行。

1 索塔塔柱、墩身钢-混凝土接头的结合面一般在水平面上，底座上需要预先埋设锚固用的锚杆或预应力钢束管道，条文中要求的所有措施都是为了保证其安装的准确性。

3 索塔塔柱、墩身钢-混凝土接头的施工通常有两种方式：一种是直接将钢构件安装在混凝土底座上并进行锚固固定；另一种是将钢构件先安装在特制的底座上，并在临时锁定后对底座下灌注高流态混凝土连接锚固固定的方式。不论采用何种方式，均需要将位置精确、连接锚固固定可靠作为施工控制的重点。

4 由于在张拉力的作用下，结构因压缩而变形，后张拉的力会使先张拉的锚杆或预应力钢束产生松弛、张拉力减小等影响，最终会导致结构受力不均。规定分次张拉的主要目的在于解决因压缩变形导致结构内部因张拉导致受力不均衡的问题。

对混合塔柱(拱肋)的钢混结合部、钢塔柱与混凝土承台(钢拱肋与混凝土基座)的结合部，其连接形式通常有完全承压式和承压传剪式两种方式(图18-7)。当采用完全承压式连接时，索塔塔柱、墩身(拱肋)的钢结构部分直接安装在混凝土结构顶面，并需对钢结构端面和混凝土顶面平整度提出要求，以保证安装后两端面的接触率符合规定；另一种方式是采用先安装索塔塔柱或墩身的钢结构部分，然后再在其底座压浆的方式进行施工。对于承压传剪式连接，则先进行结合部钢结构的安装，再与索塔塔柱或墩身(拱肋)一起浇筑结合部混凝土。

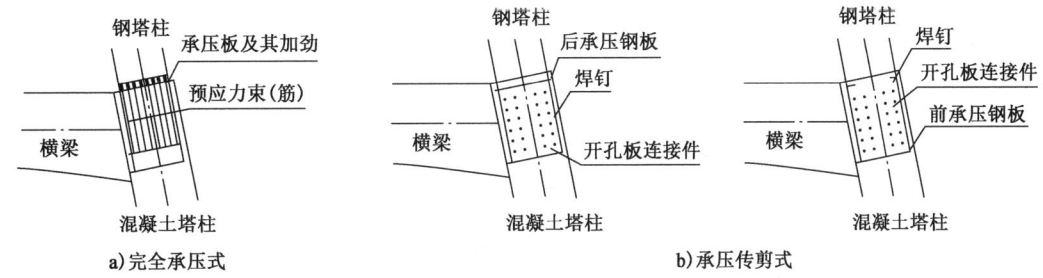

图18-7 混合塔柱钢混结合部连接构造示意图

由于塔柱根部的大偏心受压、截面轴向力和弯矩均较大，因此对承压式接头，设计通常采用承压板和锚固拉杆(预应力束)相结合的方式，来实现钢塔柱与混凝土塔柱(承台)的锚固连接；同时为使钢塔柱截面的压应力能通过该钢板均匀地传递到混凝土支承面,往往在塔柱截面四周设置大直径的高强锚固拉杆(预应力束),通过施加预拉力以保持塔柱截面与支承面之间紧密接触。钢塔柱根部的压应力主要通过塔柱底板传递到承台混凝土中,而拉应力则通过锚固拉杆(预应力束)传递到基础中。锚固拉杆(预应力束)的预拉力,按照工作状态下,以塔底截面不出现拉力状况(底板不出现缝隙)来控制。

钢拱肋与混凝土基座承压传剪式连接构造示意见图18-8。部分桥梁中塔钢-混凝土结合段结构见图18-9、图18-10。

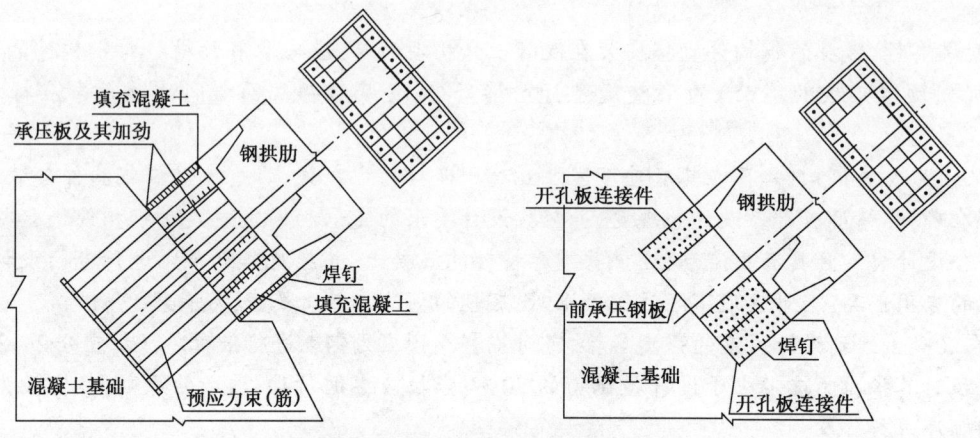

图18-8 钢拱肋与混凝土基座承压传剪式连接构造示意图

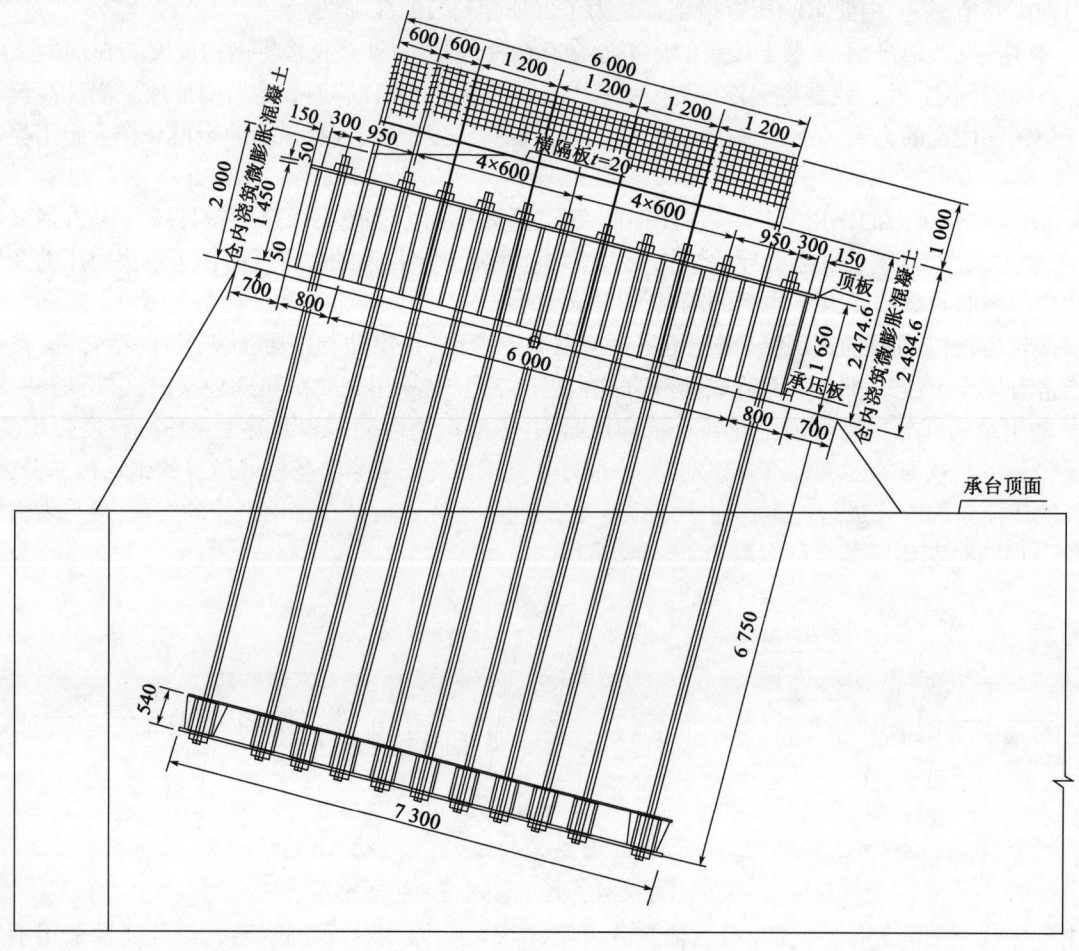

图18-9 泰州长江大桥中塔钢-混凝土结合段结构图(尺寸单位:mm)

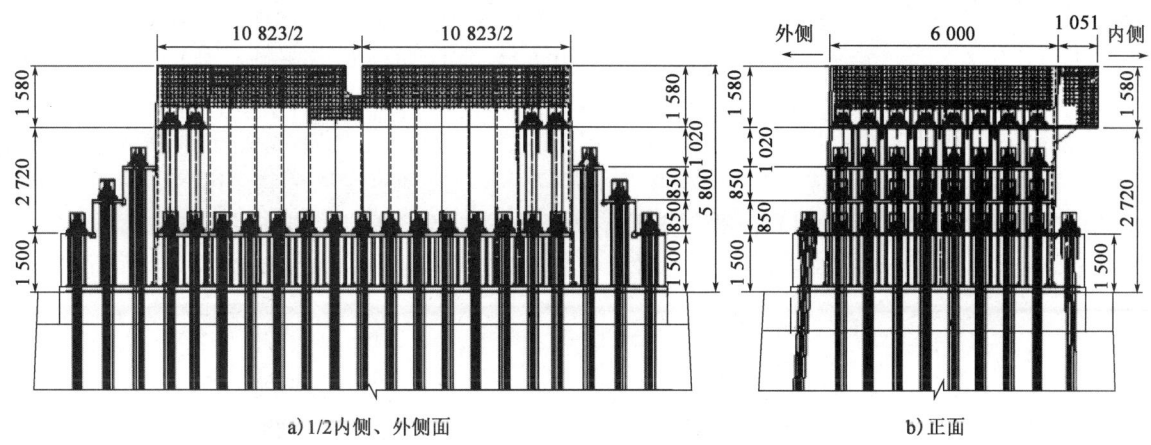

图18-10 马鞍山长江大桥中塔钢-混凝土结合段结构图(尺寸单位:mm)

工程实例3:安徽马鞍山长江大桥

1. 工程概况

马鞍山长江公路大桥左汊主桥为2×1 080m的三塔两跨悬索桥,矢跨比1/9,加劲梁在中塔处采用塔梁墩固结,中塔为门式结构钢-混凝土组合塔(图8-11),塔高(从塔座顶面起算)175.8m,由上下塔柱、塔顶装饰及上下横梁组成,其中下塔柱为预应力混凝土结构,上塔柱、塔顶装饰及上下横梁为钢结构。上塔柱高127.8m(从钢-混叠合面算至鞍座底),横桥向宽度6.0m,顺桥向宽度7.0~11.0m;下塔柱高37.5m,横桥向宽9.2~12.0m,顺桥向宽17~25m,顶部设置7.5m高实体段。塔柱间中心距:在塔顶处35m,承台顶处43.5m。组合接头设置在距离下横梁底4.2m处,高程为+47.5m。上塔柱根部的压力主要通过底座板传递到下塔柱的混凝土中,而拉力则通过预应力钢束传递到下塔柱混凝土中;考虑到预应力钢束的更换、维护方便,采用了无黏结体外预应力,并以中塔在主梁单跨满载工况下结合面不出现拉应力(底板不出现缝隙)来控制设计。单个塔柱的结合面处布置了110根$\phi^s15.2$-37无黏结预应力钢绞线束,单根钢束在恒载时的预应力约5 000kN,考虑预拉力张拉的损失,施工控制张拉力为5 698kN。

布置在混凝土下塔柱顶面的钢塔柱为T1节段,T1节段高5.8m,底板平面尺寸为15.9m×7.8m,下塔柱顶平面尺寸为17.0m×9.2m。在塔柱施工过程中需保证钢塔柱T1节段的底板与下塔柱顶面密贴,因此在下塔柱施工过程中预留了2m混凝土后浇段(也称结合段)。结合段内从上到下布置有7层钢筋,混凝土下料通过钢塔隔板上预留孔送入底座板下,作业条件较差,浇筑质量要求高。为方便混凝土布料,T1底座板上开有浇筑孔、振捣孔和排气孔等。

2. 总体施工方法

结合段施工的总体方案是:下塔柱施工至预留后浇段位置,完成下塔柱全部预应力钢束张拉后,在混凝土塔柱顶安装钢塔节段的调节支撑装置(定位立柱),采用浮吊起吊安装T1节段并调整定位,浇筑下塔柱顶面2m的结合段混凝土,待混凝土强度达到设计要求后,张拉无黏结预应力钢束,固定钢塔柱。

1) 定位立柱施工

钢-混凝土的结合段共布置6个定位柱,位置避开预应力钢束,定位柱平面尺寸为800mm×800mm,高为2m,顶上设钢板,钢板上开有锚杆孔、混凝土浇筑孔等。立柱为钢筋混凝土结构,在下塔柱施工时预埋竖向钢筋。T1节段与立柱通过在定位柱上的4个锚固螺杆锁定,定位柱施工时在相应位置用直径100mm钢管预留孔洞。定位柱的平面位置偏差小于10mm,预留孔偏差小于10mm,顶面高程低于设计钢-混凝土结合面10~20mm。

2) 钢塔柱T1节段安装

T1节段重580t,采用四点吊装,吊装设备为1 000t浮吊。为精确调整T1节段的位置,在下塔柱顶设置调节装置,可以实现平面、竖向调整,调节系统由竖向和水平向千斤顶、钢垫块、滑动装置等组成,方便调节 T1 节段位置。单个塔柱 T1 节段下竖向顶采用 4 台 500t 千斤顶,水平顶采用 1 台 50t 千斤顶。调整完成后,对竖向和水平向千斤顶进行锁定,在立柱中插入锚杆,再灌入环氧砂浆将锚杆固定。将立柱四周与钢塔底座板间缝隙采用环氧砂浆封闭,并留好进浆孔与出气孔,在钢座板与立柱间灌入支座灌浆料,以保证立柱与 T1 节段的有效连接。灌浆料在灌浆后数小时即可发挥承载作用,强度达到 50MPa 后,将锚杆与 T1 节段锁定,拆除调节装置,连接预应力钢束,进行结合段混凝土的浇筑施工。

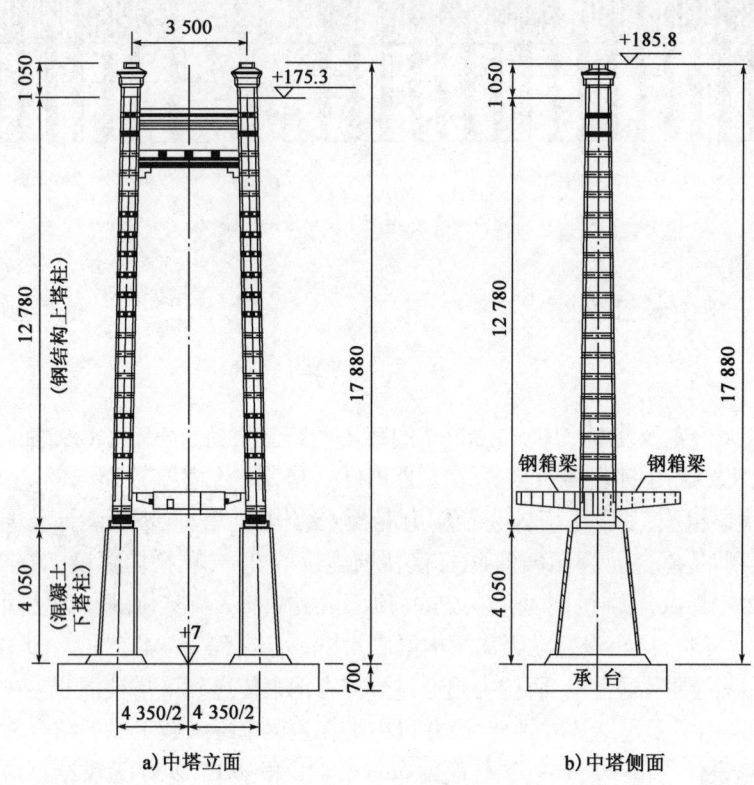

图 18-11 马鞍山长江公路大桥中塔结构图(尺寸单位:cm;高程单位:m)

3) 结合段混凝土浇筑

结合段采用混凝土浇筑与压浆相结合的方式,底下 1.95m 采用自密实混凝土浇筑,剩余 50mm 采用高性能砂浆填充。下料通过各预留孔进行,完成浇筑后将各预留孔采用胶垫加木板覆盖,并用木方支撑在横隔板上,再从各区中部的浇筑孔将剩余 50mm 采用灌浆料进行填充。结合段模板的立模高度超过结合段顶面 300mm,砂浆压注高度至 T1 底座板顶,在超过钢座板顶面位置开出砂浆流出孔,并接好 PVC(聚氯乙烯)管,通过用软管与 PVC 管将砂浆引入平台上桶内,以回收砂浆,防止污染下塔柱。每个压浆区域两侧均设置一出浆管,横桥向一边各设 2 个出浆管,共设 18 个出浆管。

结合段的钢筋、模板安装完成后,将 T1 节段腹板内除浇筑孔和压浆孔外的其余孔洞进行封闭,安装压浆孔的钢管,钢管长度大于 2m,下口处设密封盖,加胶皮垫以保证密贴。密封盖采用 6mm 钢板制作,通过设木撑与横隔板连接保证其与钢板的密贴。

钢筋绑扎完成后,在压浆孔下口的钢筋顶面放入尺寸 400mm×400mm、厚 2mm 的钢板,以防压浆时砂浆压入已浇筑的混凝土内,影响流动效果。

混凝土浇筑前,用水湿润下塔柱顶面,下料时由中间孔向两侧进行,因采用自密实混凝土,浇筑过程中除将混凝土面整平外,可不对混凝土进行振捣;当混凝土浇筑至距底座板 50mm 时,通过底板孔观察混凝土面平整情况,如有不平,通过局部振捣将其整平。砂浆注入前将灌注孔及排气孔进行封闭,灌注顺序为先中间再两边,以砂浆漫出模板上的出浆孔并持续流动 1min 为度,流出的砂浆再注入注浆孔内加强流动效果。

4）无黏结预应力钢束张拉

结合面布置有110束$\phi^s15.24$-37无黏结预应力钢绞线，锚下控制应力为$0.55f_{pk}$。在T1节段锁定后，即可进行无黏结预应力钢束的穿束工作。因无黏结预应力束有换束要求，穿入的钢绞线不能相互缠绕。预应力孔道在下塔柱施工期间分段安装，结合段浇筑完成后在下横梁顶面编束，穿入无黏结束。张拉顺序按两侧对称进行，先张拉长边方向，由中间向两端进行；再张拉短边方向，先张拉靠塔柱中心线侧，即由高到低张拉，同一排张拉时由中心向两端进行。主梁架设完成后，进行二次张拉，以确保锚下控制应力满足设计要求。张拉完成后，切除锚头多余钢绞线，对外露段钢绞线进行防腐处理，装好锚头处防护罩，灌注油脂密封。

18.6 波形钢腹板梁

18.6.1 波形钢腹板应采用符合现行《组合结构桥梁用波形钢腹板》（JT/T 784）的定型产品，其规格、尺寸和性能等指标应符合设计的规定。

波形钢腹板组合梁是20世纪八九十年代出现的结构形式，目前多用于梁式桥中，其他结构亦有少量运用，且已有专用的行业产品标准，但总体而言，应用的范围和广度均不是很大，施工经验亦相对较少。为使波形钢腹板梁的施工有章可循，本次修订将其列入，但此部分的内容相对较少，还需要在今后逐步积累施工经验。

18.6.2 波形钢腹板在制造时，宜结合桥梁结构构造和成桥线形的要求，以及安装施工的特点，预先考虑设置预拱度和纵坡等参数，保证现场安装的精度。

波形钢腹板在制造时设置预拱度和纵坡等参数，对于保证工地现场安装的精度是有利的，故规定如条文。

18.6.3 波形钢腹板进场时，应在检查产品质量证明书的基础上，对其质量进行组批抽样检验。组批时，同一牌号、同一制造工艺的产品应以500块为一批，不足500块时亦应为一批；抽样时，应将规格和用量最大的板作为抽取对象，从每批产品中随机抽取一块进行检验。检验项目为产品规格、尺寸偏差和外观等，检验试验方法及合格判定规则应符合现行《组合结构桥梁用波形钢腹板》（JT/T 784）的规定。

18.6.4 波形钢腹板在运输和存放时，应按拼接顺序编号，并应按吊运顺序安排存放位置。波形钢腹板可多层叠放，但叠放的层数宜不超过6层；每层板均宜支承在与其外形相同的垫木或其他适宜的支垫物体上，并应采取有效措施防止其产生变形和对防腐涂层的损伤。对波形钢腹板的未涂装区域，应采取必要的防护措施保证其在安装施工前不发生锈蚀。

波形钢腹板在运输和存放时，如果不采取必要的措施进行防护，很容易对其产生损伤，造成变形或涂层损坏。波形钢腹板的未涂装区域，一般指与混凝土顶底板、混凝土横隔板、内衬混凝土之间的连接处，以及焊接连接接头等部位。

18.6.5 波形钢腹板的安装施工除应符合本规范第18.2节和相关章节的规定外，尚应符合下列规定：

1 安装前应对波形钢腹板采取适当的临时加固措施，增加刚度，防止其在起吊安装过程中产生变形。

2 起吊安装波形钢腹板时，应轻吊轻放，支垫平稳，并应防止碰撞连接件。

3 宜在底部设置三维调节装置，对波形钢腹板安装就位后的平面位置和高程进行精确调整。

4 安装时，应对首块波形钢腹板的定位精度进行严格控制；当梁体有纵坡时，波形钢腹板纵向的倾斜角度可通过在其底部设置衬垫的方式进行调整；并应采取有效措施对相邻波形钢腹板之间的接缝位置进行控制,其错口的偏差宜不超过2mm。

5 安装完成后,应采用支撑结构将波形钢腹板临时固定成整体,且该支撑结构应具有调整波形钢腹板竖直度、保证其稳定的功能。

1 波形钢腹板的厚度相对较薄,在起吊安装过程中很容易产生变形,故需要采取适当的临时加固措施,使其刚度得到增加,防止变形。

4 首块波形钢腹板的定位精度如何,会影响到后续波形钢腹板安装的精度,因此需要对其进行严格控制。

5 波形钢腹板梁一般多为封闭的箱形,在同一断面上,通常有两块或多块波形钢腹板,在箱内采用支撑结构将其临时固定成为一个整体,对于受力、防止变形和倾覆都是有好处的。

18.6.6 波形钢腹板节段之间的焊接连接应符合本规范第8.12节的规定。防腐涂层的修复和面漆的涂装应符合本规范第8.10节的规定。

18.6.7 悬臂浇筑变截面波形钢腹板梁的施工,除应符合本规范第17.5节的规定外,尚应符合下列规定:

1 墩顶梁段施工时,钢-混凝土组合腹板的内衬混凝土宜与现浇段的混凝土一次性浇筑成型。

2 梁体节段的分节长度宜取波形钢腹板波长的整数倍,接头宜设置在波形钢腹板的平幅上;利用波形钢腹板作挂篮的承重结构时,梁体节段的划分应与波形钢腹板的承载能力相匹配。

3 节段位于塔吊的起重覆盖范围内时,波形钢腹板可采用塔吊直接起吊安装;当不在塔吊的起重覆盖范围内时,安装波形钢腹板的起吊设备可结合挂篮进行设计,且该起吊设备宜具有对波形钢腹板进行空间调位的功能。

4 安装波形钢腹板时,宜采用对竖向高程和前后两段夹角双控的方法进行精度控制,且宜以高程控制为主,前后两段夹角控制为辅;宜采取加密高程控制点等措施,保证波形钢腹板中的剪力键埋入混凝土梁体底板和顶板的深度。安装完成后,宜在两侧的波形钢腹板之间设置临时横撑,增加其整体的横向刚度和稳定性。

5 在节段之间进行波形钢腹板的连接时,宜采用先螺栓连接后焊接的搭接连接方式。通过栓接对波形钢腹板进行临时连接固定时,宜按先采用与螺栓孔孔径相匹配的冲钉在腹板中间孔的位置进行定位,然后再安装其他定位螺栓,最后采用连接螺栓替换定位孔冲钉的顺序进行固定,为焊接连接的现场施焊提供作业条件。

6 抗剪连接件的安装施工应符合本规范第18.5.1条第2、3款的规定。

7 悬臂施工时,各节段的混凝土应按对称、均衡的原则进行浇筑,并应采取有效措施防止混凝土浇筑时加载不均,导致事故。

8 悬臂浇筑节段混凝土时,在高度方向应按先底板、后顶板,在水平方向应按先远端、后近端的顺序进行,最后与已完成节段浇筑接合。施工中应采取有效措施防止混凝土产生开裂。

9 应根据设计要求,对波形钢腹板与混凝土底板的结合部进行密封处理,防止雨水或附着在波形钢腹板表面上的凝结水渗透进入其内部,且在该结合部的混凝土顶面宜设置成有利于排水的斜面。

1 内衬混凝土在波形钢腹板梁中承担较大部分的剪力传递,一次浇筑成型的目的是为保证结构的整体性,更有利于波形钢腹板在横桥向和顺桥向的整体连接,有利于保证结构安全。

4 波形钢腹板梁悬臂施工时,混凝土的浇筑会造成挂篮的前端下挠变形,而此时由于钢腹板与前一节段的钢腹板已焊接固定,混凝土的底板、顶板会与波形钢腹板产生相对位移,导致波形钢腹板的埋入深度发生变化。因此,底板和顶板立模时需要考虑这部分的相对位移,从而采取加密高程控制点等措施,来控制钢腹板中的剪力键埋入混凝土梁体底板和顶板的深度。

5 本款要结合本规范第18.6.2条的规定进行理解。波形钢腹板节段与节段之间的连接方法通常有高强度螺栓连接法、贴角焊接法和对接焊接法等。对于悬臂施工的波形钢腹板梁,因采用高强度螺栓连接法和对接焊接法施工时难以满足悬臂节段高程和角度调整的要求,故而较多地采用贴角焊接法。为满足施工定位的需要,通常采用先栓接后焊接的搭接连接方式,先栓接的目的:一是便于悬臂节段角度和高程的调整;二是对波形钢腹板进行临时固定。为便于悬臂节段的调整,螺栓孔的直径要大于螺栓直径,孔径大小与节段的高度和高程调整量有关,高程的调整量又与节段制造线形和施工的偏差相关,因而现场高程调整量与施工控制的水平是密不可分的。螺栓孔孔径的大小与施工控制的水平高低需要相匹配并留有一定的余量,一方面,在悬臂节段波形钢腹板制造时,需要根据桥梁结构构造和成桥线形的要求以及安装施工的特点,预先考虑设置预拱度和纵坡等参数;另一方面,由于现场施工的偏差不可避免,需要进行调整。波形钢腹板在施工现场进行调整时,连接螺栓的作用主要体现为:以波形钢腹板接头螺栓中的孔定位,上下螺栓对悬臂节段的角度和高程进行约束限制,为接头的焊接提供条件。

6 常用波形钢腹板剪力键形式主要有嵌入式连接件、型钢连接件、焊钉连接件、开孔板连接件、外包式连接件等,如图18-12所示。

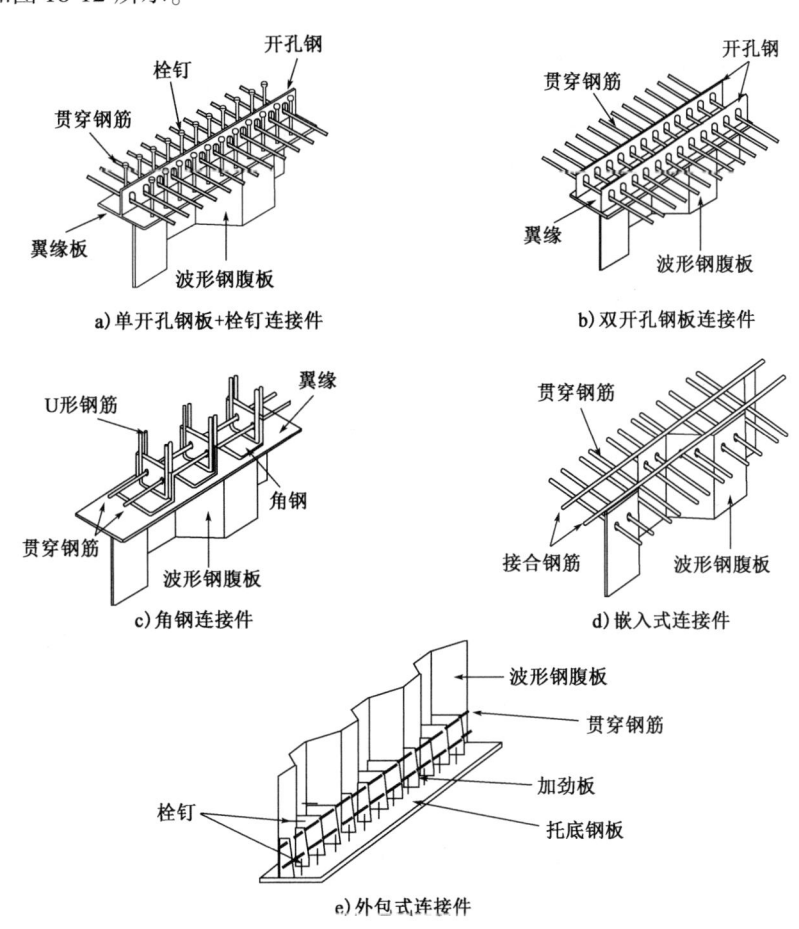

图18-12 波形钢腹板与混凝土顶、底板常用的连接方式

翼缘型剪力键设计在很大程度上抑制了波形钢腹板的抗剪屈曲,增强了波形钢腹板的纵向刚度,但其刚度过大,使预应力体系的优越性不能得到充分发挥,且对顶板及底板混凝土的徐变和干燥收缩变形约束较大。传统的Twin-PBL(双开孔钢板)键两侧开孔处的平钢板将周围混凝土由一个整体割裂为3个相对独立的条状体,且平钢板处易造成应力集中的线性分布,受振动等活荷载影响,结构物钢-混凝土接触面处混凝土的稳定及耐久性面临严峻考验。实践证明:下翼缘若采用Single-PBL(单开孔钢板)+焊钉抗剪连接件,在节段拼装时其定位安装的难度非常大,由于加工误差、施工调整等因素的影响,相邻节段波形钢腹板翼缘板很难实现平齐,容易造成钢-混凝土结合处的混凝土错台,同时增加了波形钢腹板下翼缘板与底板结合处混凝土的施工难度,不利于翼缘下混凝土的浇筑、振捣和密实,因此,下翼缘连

接部的设计不宜采用 Single-PBL + 焊钉抗剪连接件。研究表明，嵌入式抗剪连接件是一种较为安全可靠的抗剪连接件形式，适于用作下翼缘抗剪连接件，既能节省钢材，省去下翼缘板与波形钢腹板之间的焊接，方便波形钢腹板的加工制造，又利于底板与波形钢腹板间钢-混凝土结合部混凝土的施工质量控制。国内波形钢腹板组合箱梁桥的上翼缘多采用 Twin-PBL 连接件，下翼缘则采用嵌入式连接件。

在大跨度悬臂浇筑波形钢腹板组合箱梁桥中，0号、1号节段是悬浇体系中局部承压、弯拉、扭转、剪切等综合内力作用的受力构件，且0号、1号节段为波形钢腹板内衬混凝土部分，该部分的设计及施工水平直接关系到大跨度波形钢腹板组合箱梁桥的钢混组合作用水平和波形钢腹板在根部剪力作用下的屈曲稳定等。0号节段顺桥向和横桥向的波形钢腹板在设计中宜使其构成空间组合体系，形成有效对拉组合以消除单块钢腹板边缘极限受力状态。钢腹板宜通过开孔钢板贯穿通长钢筋形成纵向约束、横向紧固的空间稳定体系，使1号节段横桥向和顺桥向波形钢腹板形成闭合整体并与混凝土形成系统共同抵抗弯拉、剪切等结构内力作用，从而保证钢混组合结构的承载能力和整体稳定性。

对波形钢腹板组合箱梁桥这种特殊结构，波形钢腹板贯穿钢筋的剪力传递作用非常重要，在实际施工中需要作为施工的难点和重点加以控制。贯穿钢筋及剪力钉的设置有效控制了钢板与混凝土材料间发生的水平剪切力，其施工质量的优劣直接决定桥梁运营后两种材料之间是否会产生相对位移。波形钢腹板组合梁在设计时需要重视抗剪连接件处局部承压问题和局部加强钢筋的设置。如果抗剪连接件处的局部加强钢筋设置不足甚至遗漏，将会导致应力集中处出现素混凝土受力，既不符合钢-混凝土结合部局部承压设计理念，更不利于结构的耐久性和承载力安全。

9 波形钢腹板与混凝土底板处的结合部，因在桥梁建成通车后将长期暴露在自然环境中，会受到雨水、凝结水的侵蚀，结合部两种材料之间的任何缺陷、钢与混凝土结合不紧密或裂纹，都会对结构的耐久性造成影响。对结合部进行封闭处理，能堵住水的渗漏通道，提高结合部的防腐蚀能力，增强结构的耐久性。波形钢腹板与混凝土底板接合部的处理，是一个设计和施工都容易忽视的问题，因而条文作此规定，以引起施工重视。

工程实例4：四川叙古高速公路头道河大桥

1. 工程概况

头道河大桥是一座跨径组合为 $4 \times 30m + (72m + 130m + 72m) + 2 \times 30m$ 的波形钢腹板连续刚构加简支T梁的桥梁，长470m。

主桥上部结构设计为波形钢腹板连续刚构，采用分幅式单箱单室结构，箱梁顶板宽12m，底板宽7m，翼缘悬臂2.5m，翼缘端厚200mm，悬臂根部厚700mm。墩顶根部梁高7.5m，底板厚1 200mm，跨中梁高3.5m，底板厚300mm，梁高和底板厚度均按1.6次抛物线变化。

箱梁0号梁段长11.6m（包括桥墩两侧各外伸2.3m），每个单T在纵桥向划分为12个节段，节段长度从根部至端部分别为 $12 \times 4.8m$，累计悬臂总长57.6m，每幅桥共有3个合龙段，合龙段长度均为3.2m，边跨现浇段长5.25m。

除边跨现浇段和0号梁段腹板以及部分1号节段腹板为混凝土腹板及钢-混凝土组合腹板外，其余均为波形钢腹板。

波形钢腹板采用"三波连续波形钢腹板"，钢材为Q355NHC，波长1.6m，波高220mm，腹板钢板厚度为 $16 \sim 24mm$。水平面板0.43m，水平折叠角度为30.7°，弯折半径为 $15d$（d 为钢板厚度）。箱梁采用纵、横双向预应力体系，纵向预应力采用体内、体外相结合的体系，其中悬臂顶板束、顶板合龙束和底板合龙束采用体内预应力钢束。

主梁1~12号节段采用挂篮悬浇施工，0号梁段及边跨现浇段采用预埋牛腿托架法施工，合龙段采用吊架法施工。

2. 挂篮设计

挂篮设计为吊挂式,利用波形钢腹板作挂篮的承重梁,结构体系由常规挂篮的悬臂体系转变为简支体系。梁段最大控制重量 1 893.5kN,挂篮设计自重 500kN。挂篮利用波形钢腹板作为主纵梁,挂篮由四部分组成:承重系统、吊挂提升系统、行走系统和模板系统。

1) 承重系统

主承重梁利用波形钢腹板。针对波形钢腹板下沿与底板混凝土为嵌入式连接、下沿受力不利的特点,在波形钢腹板下沿增加 280mm、宽 20mm 厚的 Q345 钢板(图 18-13),钢板与波形钢腹板采取双面贴脚焊连接,同时在左右两波形钢腹板间设置临时支架横撑,以保证波形钢腹板的纵向及横向刚度。

后上横梁采用 2I45b 工字钢组成钢箱,前上横梁采用 2I40b 工字钢组成钢箱,两上横梁之间用 2 道 2I25b 工字钢纵梁连接形成挂篮承重平台。

挂篮纵桥向总体布置见图 18-14。

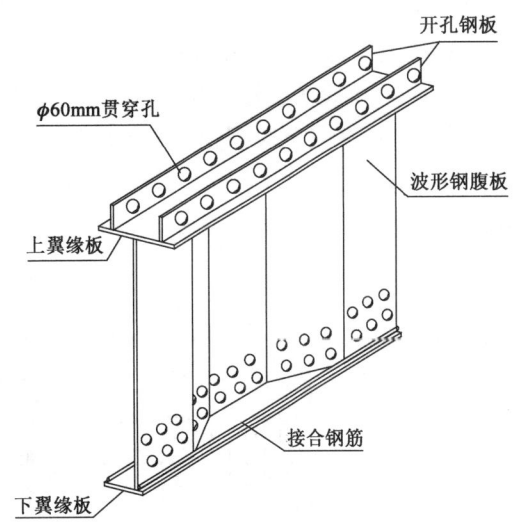

图 18-13 波形钢腹板下沿加强示意图

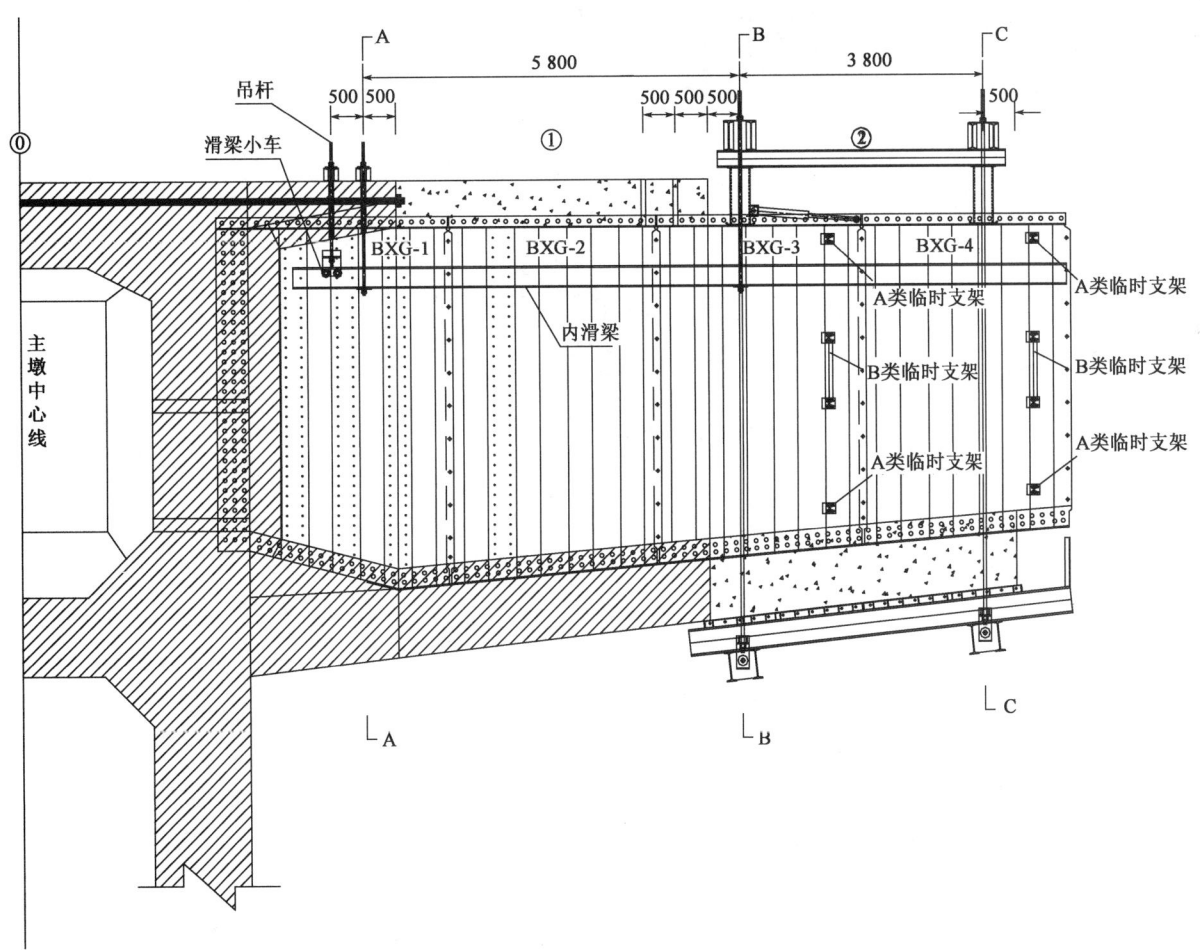

图 18-14 挂篮纵桥向总体布置图(尺寸单位:mm)

2) 吊挂提升系统

吊杆采用 40Cr,为 3.5m、1.75m 两种规格,全部采用连接器连接。

3）行走系统

挂篮前、后支点支承在波形钢腹板上翼缘板及开孔钢板形成的凹槽内,凹槽内设四氟滑板,以减少挂篮前移时的摩擦力。

3. 波形钢腹板安装及连接（图18-15、图18-16）

1~9号节段的波形钢腹板可直接采用墩位处5023塔吊将存放区的波形钢腹板分块吊装至设计位置安装,10~12号节段因超出塔吊吊装范围,采用挂篮上的专用吊机吊装,吊机详见挂篮设计图。节段与节段之间的波形钢腹板纵向连接采用双面搭接贴角焊接。

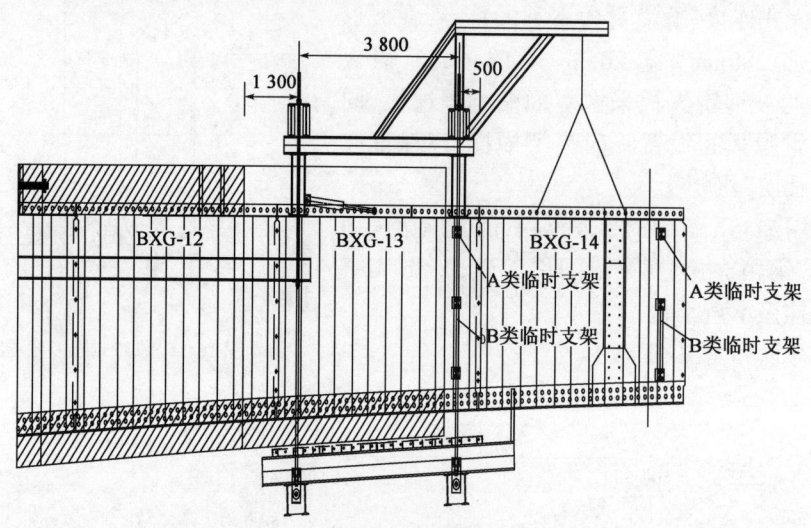

图18-15 波形钢腹板安装示意图(尺寸单位:mm)

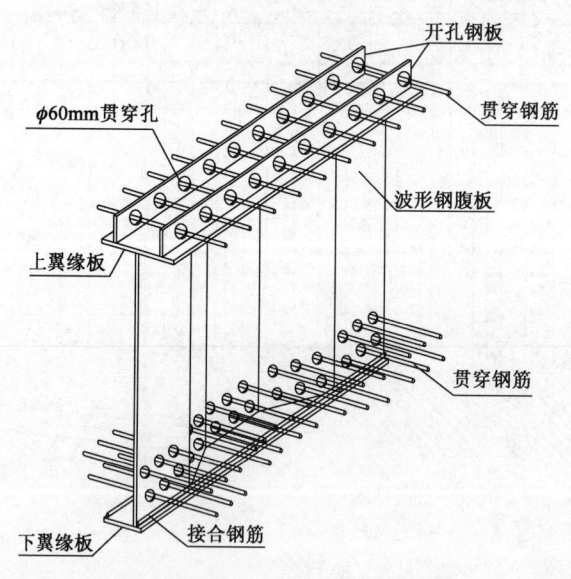

图18-16 波形钢腹板与顶底板连接

为保证连接的可靠性,波形钢腹板与混凝土顶板的连接采用波形钢腹板顶端焊有翼缘板与穿孔板的Twin-PBL键连接方式。波形钢腹板与混凝土底板之间采用埋入式连接,底板与波形钢腹板间的剪力传递通过埋入混凝土中的波形钢腹板间的混凝土块(齿键)、混凝土通过波形板上的穿孔形成的混凝土销、穿过波形板孔洞的贯穿钢筋以及焊接于波形板上下缘的纵向连接钢筋来实现,施工中需要注意这些抗剪部件的施工质量,以保证波形钢腹板预应力混凝土箱梁桥的整体性。

节段之间的波形钢板纵向连接在悬浇施工中完成,纵向连接设计采用双面搭接贴角焊接。为使节段在施工中连接方便,设计考虑了采用螺栓先作临时固定后再焊接的连接方式,通过普通螺栓将波形钢腹板进行临时固定,为现场施焊提供稳定的支撑和固定作用,以保证焊接的质量。

波形钢腹板与0号梁段及端横隔板的连接采用穿孔板连接方式,其剪力传递通过混凝土销和贯穿钢筋完成。波形钢腹板与跨间横隔板之间采用焊钉连接。内衬混凝土与波形钢腹之间采用栓钉连接。

4. 波形钢腹板安装质量检验

（1）钢腹板的内外表面不得有凹陷、划痕、焊疤、电弧擦伤等缺陷,边缘应无毛刺。

（2）焊缝均应平滑,无裂纹、未熔合、夹渣、未填满弧坑、焊瘤等外观缺陷,预焊件的装焊符合设计要求。

（3）波形钢腹板预应力混凝土箱梁桥钢腹板安装质量可按表18-1的规定进行控制。

表18-1 波形钢腹板预应力混凝土箱梁桥钢腹板安装实测项目

项次	检查项目		规定值或允许偏差	检查方法和频率
1	轴线偏位(mm)		±10	全站仪:测中心线
2	腹板中心距(mm)		±10	尺量:检查两腹板中心距
3	横断面对角线差(mm)		20	尺量:检查两端断面
4	高程(mm)		+10, -5	水准仪:检查悬臂端部
5	扭曲(mm)		±10	置于平台,四角中有三角接触平台,用尺量另一角与平台间隙
6	连接	焊缝尺寸	符合设计要求	量规:检查全部
		焊缝探伤		超声:检查全部 射线:按设计规定,设计未规定时按10%抽查

19 拱桥

19.1 一般规定

19.1.1 本章适用于采用就地现浇、无支架和少支架预制安装、转体、悬臂浇筑及就地砌筑等方法的拱桥施工,采用其他方法施工的拱桥可参照本章的相关规定执行。

拱桥作为一种古老的桥型,以其跨越能力大、承载能力高、造价经济、养护维修费用少、造型美观等特有的技术优势而成为建筑历史最悠久、竞争力较强的桥型,适用于跨越河流和峡谷的各种跨径的公路桥或铁路桥;因其造型美观,也常用于城市、风景区的桥梁建筑。古今中外拱形名桥遍布各地,在桥梁建筑中占有重要地位,并且长盛不衰,成为不断发展的桥梁形式。

以承受轴向压力为主的拱圈或拱肋作为主要承重构件,其拱结构由拱圈(拱肋)及其支座组成。拱桥可用砖、石、混凝土等抗压性能良好的材料建造;大跨径拱桥则用钢筋混凝土或钢材建造,以承受发生的力矩。拱桥按拱圈的静力体系不同可分为无铰拱、双铰拱、三铰拱,前两者为超静定结构,后者为静定结构。无铰拱的拱圈两端固结于桥台,结构最为刚劲,变形小,比有铰拱经济、结构简单、施工方便,是普遍采用的形式,但建造无铰拱桥要求有坚实的地基基础;双铰拱是在拱圈两端设置可转动的铰支承,结构虽不如无铰拱刚劲,但可减弱桥台位移等因素的不利影响,在地基条件较差和不宜修建无铰拱的地方,可采用双铰拱桥;三铰拱则是在双铰拱的拱顶再增设一铰,结构的刚度更差些,拱顶铰的构造和维护也较复杂,一般不宜作为主拱圈。拱桥按拱圈的结构形式不同可分为板拱、肋拱、双曲拱、箱形拱、桁架拱等。

拱桥为桥梁的基本体系之一,也是大跨径桥梁的主要形式。

拱桥未来的发展,在结构方面将以减轻自重为主要目标,可减轻对吊装能力的要求,节省上、下部结构工程量,降低造价。在减轻拱圈自重方面,一是使用高强混凝土材料;二是向宽箱、少箱发展,以减少腹板体积,因大部分箱形拱的腹板多而厚,其体积可占主拱圈的20%~25%,但受力上并不需要;三是采用变截面,使其受力更合理;四是普遍采用钢-混组合结构或全钢结构。在施工方面,悬臂施工还将是主要的选择;而对于大跨径拱桥,将多采用组合施工法,由于其跨径大,施工中的稳定特别是肋拱平面外的稳定问题较为突出,因此采取某些特殊措施保证结构的稳定是大跨径拱桥施工的关键。

拱桥的施工方法多种多样,有较多的方法可供选择,而适当、合理的施工方法是拱桥能顺利建成的关键所在。目前我国拱桥的主要施工方法有:

1. 拱架施工法

主要利用钢管脚手架、贝雷梁或六四式军用梁等钢构件形成拱架,在其上完成拱圈的施工。拱架的形式有落地式拱架和拱式拱架。典型桥梁有:

(1)洛阳至三门峡高速公路许沟大桥,主跨为220m钢筋混凝土拱桥,拱架采用万能杆件、贝雷梁和碗扣式组合支架,于2001年建成。

(2)国道209线运城至三门峡高速公路吴家嘴大桥,主跨为140m钢筋混凝土拱桥,跨越"V"字形河谷,采用"六四"式军用梁两铰拱架施工。先施工左幅拱圈,后将拱架整体横移进行右幅拱圈施工,缆索吊装系统配合安装拱架。

(3)攀枝花宝鼎大桥为主跨170m钢筋混凝土拱桥,采用支架法施工,于1982年建成通车。

2. 缆索吊装法

缆索吊装施工方法是我国修建大跨径拱桥的主要方法之一。将拱圈分段制作,利用缆索系统分别

起吊,并采用扣索扣挂悬臂拱段,直至合龙。一般采用3~7段悬拼,个别多到11段,而且可以用于多孔。典型桥梁有:

(1)四川内宜高速公路宜宾岷江二桥为主跨3×160m钢筋混凝土拱桥。主拱圈横向由10片拱箱组成,每片拱箱分七段预制安装。该桥主拱圈采用无支架缆索吊装工艺,单基肋合龙,于1999年建成通车。

(2)浙江温州洞头深门大桥,主桥为160m钢筋混凝土箱形拱桥。横向由六片拱箱组成,每片拱箱分七段预制安装。该桥主拱圈受当地现场条件限制,在温州龙湾预制,船运至现场,采用缆索吊装系统垂直起吊单基肋合龙,于1999年建成通车。

(3)四川盐源全河大桥是钢筋混凝土上承式无铰肋拱桥,主孔跨径170m,采用缆索吊装施工工艺,单基肋预制吊装合龙,于1998年建成通车。

3. 转体施工法

利用桥梁两侧的地形,采用支架将两个半孔桥跨结构对称、分段在两侧现场浇筑或制作,然后借助铺有四氟乙烯板和不锈钢板的环形滑道,利用千斤顶的推力,绕拱座水平或竖直旋转,最后合龙。该方法特别适用于在不准阻断车辆通行的公路与铁路上、或不允许断航的河道上的拱桥施工。典型桥梁有:

(1)涪陵乌江大桥,主跨为200m钢筋混凝土箱形肋拱桥。在岸上搭设支架拼装腹板和横隔板,现浇顶、底板形成拱箱,然后采用双肋对称无平衡重转体成功,于1988年建成通车。

(2)广州丫髻沙大桥,主桥采用76m+360m+76m三跨连续自锚中承式钢管混凝土拱桥。采用岸上支架拼装拱肋,然后竖转加平转合龙成拱的方法施工。该桥于2000年建成通车。

4. 劲性骨架法

采用型钢分节段做成拱形骨架,用缆索吊机吊装形成拱圈,围绕骨架浇筑外包混凝土形成拱圈。根据骨架受力情况,一般分底、腹、顶板三层,自拱脚向拱顶或间隔跳跃浇筑拱圈混凝土。采用缆索吊装系统先安装劲性骨架合龙,减轻了吊装重量,提升了钢筋混凝土拱桥跨径,使得我国钢筋混凝土劲性骨架拱桥跨径达312m。典型桥梁有:

(1)宜宾小南门金沙江大桥,主跨为240m中承式钢筋混凝土劲性骨架箱肋拱桥。采用半刚性型钢骨架分7段缆索吊装合龙成拱,然后再在其上挂模板浇筑混凝土。模板分四环(底板、1/2下侧板、1/2上侧板、顶板),每环自拱脚向拱顶对称、上下游同步浇筑混凝土。由于半刚性劲性骨架刚度较弱,在拱顶附近加设11个水箱加载压顶,以减少拱肋在混凝土浇筑过程中的变形和应力。该桥于1990年建成通车。

(2)广西邕宁邕江大桥,主跨为312m中承式钢筋混凝土劲性骨架箱肋拱桥。该桥两条劲性骨架各分9段加工,采用千斤顶斜拉扣挂悬臂拼装架设法悬拼劲性骨架合龙,拱肋外包混凝土分四环浇筑,靠钢绞线斜拉索调载,两条拱肋交替浇筑,进度相差一环,基本实现了从拱脚到拱顶对称连续浇筑。该桥于2000年建成通车。

(3)20世纪90年代末,四川首次在万县长江大桥采用钢管混凝土劲性骨架上承式混凝土拱桥,跨径达到420m,于1997年建成通车,比克罗地亚KRK桥($L=390$m)跨径提升了30m,创造了钢筋混凝土拱桥新的世界纪录。

(4)四川广南高速公路昭化嘉陵江大桥,主跨为364m钢管混凝土劲性骨架拱桥。拱圈采用两拱肋,每拱肋为单箱双室断面,外包C55混凝土。采用缆索吊装和千斤顶斜拉扣挂安装合龙,对称灌注钢管混凝土。外包混凝土采用多点平衡法施工,横向分底板、腹板、顶板三环,纵向分段对称浇筑合龙。该桥于2011年建成通车。

5. 悬臂拼装法

该方法适用于钢箱和钢桁架拱桥。将钢箱或钢桁架分段加工运至桥下,用专用吊机悬臂吊装就位并采用扣索扣挂悬臂拱段直至合龙。典型桥梁有:

(1) 卢浦大桥,主桥为100m+550m+100m钢箱拱桥,采用拱上吊机悬臂拼装、斜拉扣挂法安装合龙,该桥于2003年建成通车。

(2) 重庆朝天门大桥,主桥为190m+552m+190m三跨连续中承式钢桁系杆拱桥,为公轨两用桥。钢桁采用爬行式架梁吊机、斜拉扣挂法安装合龙,该桥于2008年建成通车。

6. 悬臂浇筑法

这种方法是采用特殊的挂篮设备配合扣索系统,分节段悬臂浇筑拱圈直至合龙,挂篮的形式有正三角和倒三角之分。该方法适合施工场地狭窄、不能通行大型运输船的山区峡谷桥梁建设。典型桥梁有:

(1) 四川西昌至攀枝花高速公路白沙沟大桥,主跨为150m钢筋混凝土箱形拱,采用正三角侧桁式挂篮和千斤顶斜拉扣挂方法悬臂浇筑施工,悬浇节段长度达到7.8m,悬浇重量达122t。该桥是国内第一座采用自行式挂篮悬浇施工的拱桥(图19-1),于2007年建成通车。

(2) 新密地大桥(图19-2),位于四川省攀枝花市,主跨182m,两幅分离式桥梁完全独立。该桥于2013年2月建成通车。

图19-1 白沙沟大桥

图19-2 新密地大桥

(3) 贵州思南至剑河高速公路木蓬大桥(图19-3),位于贵州省铜仁市石阡县坪山乡境内,主跨为165m钢筋混凝土箱形拱,采用倒三角挂篮和千斤顶斜拉扣挂方法悬臂浇筑施工。该桥于2013年3月竣工。

图19-3 木蓬大桥

(4) 鳡鱼大桥,位于攀枝花盐边鳡鱼乡,跨越二滩水库库区,主跨为200m钢筋混凝土箱形拱。采用侧桁式挂篮悬浇、千斤顶斜拉扣挂法施工,斜拉钢绞线锚于两岸岩石中。该桥于2015年建成通车。

(5) 贵州沿河至德江高速公路马蹄河大桥(图19-4),主跨为180m钢筋混凝土箱形拱,采用倒三角挂篮和千斤顶斜拉扣挂方法悬臂浇筑施工。该桥于2015年10月建成通车。

19 拱桥

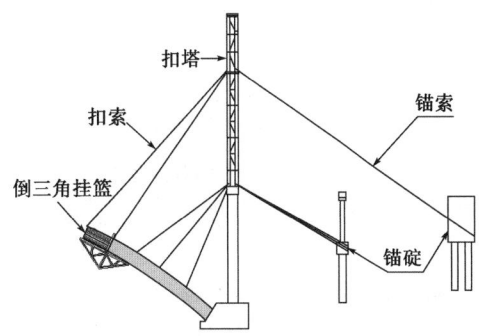

图 19-4　马蹄河大桥

19.1.2 施工前应根据拱桥的结构特点和受力特性,进行施工设计和施工计算;对危险性较大的分部分项工程,应制订专项施工方案。

拱桥施工时对结构的稳定要求较高,同时所需要的临时性结构也较多,故在施工前要根据其结构的特点和受力特性,进行必要的施工设计和施工计算,并根据有关规定编制专项施工方案,进行专家论证,以保证施工过程的安全。

本条的依据是《公路工程施工安全技术规范》(JTG F90—2015),该规范在附录 A 中对危险性较大的分部分项工程作出了相应的划分,并在附录 B 中规定了专项施工方案应包含的主要内容。

19.1.3 大跨度拱桥的施工应进行过程控制,使拱的轴线、内力等满足设计的要求;关键工序的施工应尽量避开可能发生的灾害性天气,并应在施工中采取必要的预防措施保证结构安全。

灾害性天气对拱桥施工,特别是采用无支架缆索吊装时影响很大,故关键工序的施工要尽可能避开灾害性天气,这就要求在施工前掌握桥址处的历史气象资料和近期的天气预报资料,并采取必要的预防措施以保证结构安全。

19.2 拱架

19.2.1 拱架应进行专门设计,并应符合下列规定:

1　拱架的设计应遵循安全可靠、结构简单、受力明确、制作和安拆方便的原则。所采用材料的性能和质量应符合相应的国家或行业标准的规定;常备式构件用作拱架时,其设计与计算应依据该构件的技术要求进行。

2　设计荷载除应符合本规范第 5.2.6 条的规定外,尚应根据拱桥的结构特点和施工荷载特性分析取用,拱圈的自重荷载宜乘以 1.2 倍系数。在计算荷载作用下,应按可能产生的最不利荷载组合验算拱架的强度、刚度和稳定性。

3　对拱架各截面的强度进行验算时,应根据拱架的结构形式和所承受的荷载大小,按分环分段浇筑或砌筑施工的工况,分别验算其拱顶、拱脚和 1/4 跨等特征截面的应力,并应对特征拱架节点进行受力分析。

4　应严格控制拱架的刚度,拱架受载后,对落地式拱架,其弹性挠度应不大于相应结构跨度的 1/2 000;对拱式拱架,其弹性挠度应不大于相应结构跨度的 1/1 000。

5　稳定性的验算应包括拱架的整体稳定和局部稳定,抗倾覆稳定系数应不小于 1.5。对拱架在拼装过程中的稳定性亦应进行验算,当不能满足拼装要求时,应采取必要的辅助稳定措施。

6　拱架的地基与基础设计应符合现行《公路桥涵地基与基础设计规范》(JTG 3363)的规定,并应对地基承载力进行验算。

现浇混凝土拱圈或砌筑石拱桥时,需要搭设拱架以支承其重量,并保证拱圈的形状符合设计要求。拱架的种类很多,按其使用的材料不同可分为钢拱架、木拱架以及土牛拱胎等形式;按其结构的不同可分为拱式拱架、落地满布式拱架等形式。

拱架虽有支架的基本特点,但拱架还有其自身独有的特点,如需要承受水平力、对稳定性更敏感等,因此拱架不仅要满足支架的一般要求,还需满足自身的特殊要求。正是因为拱架具有特殊性,故规定拱架应进行专门的设计计算。在条文第2款中规定拱圈的自重荷载宜乘以1.2倍系数,是根据拱圈在浇筑或预制过程中常有超重现象而确定的。

在设计拱架时,需要结合桥位处的地形、地基等实际条件进行多方面比较,并要遵循安全可靠以及具有足够的强度、刚度和稳定性的原则。同时拱架作为拱桥施工中重要的临时承重结构,要求其构造简单、受力明确、制作及安拆方便,并能重复使用,以加快施工进度、减少施工费用。对钢拱架,通常优先采用标准化、通用化的常备式构件,如贝雷梁、六四式军用梁、钢管脚手架等;在特殊情况下采用的木拱架,要采用材质坚硬、无损伤且湿度较小的材料。

本条的第4款中取消了原规范对拱式拱架弹性挠度的绝对值限制,主要是考虑到大跨径拱桥的拱架刚度很难满足该要求。大量的实践证明,采用1/1 000的拱架挠度进行控制能够满足安全要求。

拱架的设计需要提供设计说明书、计算书、总装图和细部构造图、材料数量表、操作手册及技术安全措施等文件。

19.2.2 拱架的制作和安装应符合下列规定:

1 制作拱架所采用材料的规格和质量应符合施工设计要求。对钢拱架,宜采用标准化、通用化的常备式构件,或型钢、钢管等材料;在特殊情况下采用木拱架时,应选择材质坚硬、无损伤且湿度较小的材料。拱架的制作应保证杆件或构件的尺寸准确,连接节点处的螺栓孔或焊接质量应满足施工设计要求。

2 拱架在安装前,应对桥轴线、拱轴线、跨径和高程等进行校核,确认无误后方可进行拼装。拼装应根据拱架的构造确定适宜的方法进行,分片或分段拼装时应有保证拱架稳定的临时措施,必要时应设置缆风绳进行固定;拱架拼装时尚应设置足够的平联、斜撑和剪刀撑,保证其横向的稳定。

3 拱架应设置施工预拱度和卸落装置,其施工要求除应符合本规范第5.4.4条的规定外,拱式拱架尚应考虑其受载后产生水平位移所引起的拱圈挠度。各类拱架的顶部高程应符合拱圈下缘加预拱度后的几何线形,允许偏差宜为±10mm;拱架纵轴的平面位置偏差应不大于跨度的1/1 000,且宜不大于30mm。

4 拱架安装完成后,应按设计荷载进行预压;并应对其平面位置、顶部高程、节点连接及纵横向的稳定性进行全面检查,符合要求后,方可进行下一工序。

5 拱架应稳定、牢固,应能抵抗在施工过程中可能发生的偶然碰撞和振动。

1. 拱式拱架的制作与安装

拱式拱架是采用常备式构件拼设成与拱圈相近的拱形结构,两端支撑在拱座附近,承受拱圈施工时的重量。拱式拱架的优点是不受地基影响,可以在大江大河上实现对拱圈混凝土的就地浇筑;缺点是技术较复杂,并需要使用一套缆索系统进行安装和拆除。

拱式拱架在拼装过程中横向稳定性较差,因此要有保证其稳定的措施。

拱式拱架一般采用能周转使用的定型设备或者专用拱架构件拼装,如贝雷梁、六四式军用梁等。

贝雷梁是一种可快速拆装的、主要用于抢修公路的制式桥梁构件,采用高强钢全焊制成,组成拼装单元,用销子或者螺栓连接成桁架梁,重量较轻,使用方便。1965年,在原英制贝雷梁的基础上,结合我国国情和实际情况研制了称为"321"的贝雷钢桥,单片桁架尺寸为3.0m×1.5m(图19-5),现已普遍用于公路桥梁施工中。

六四式军用梁(图 19-6)是我国自行研制的一种铁路抢修制式器材,是一种全焊构架、销接组装桁架梁,由于具有承载能力大、杆件种类少、拆装方便等优点,同样也已普遍用于公路桥梁施工中。

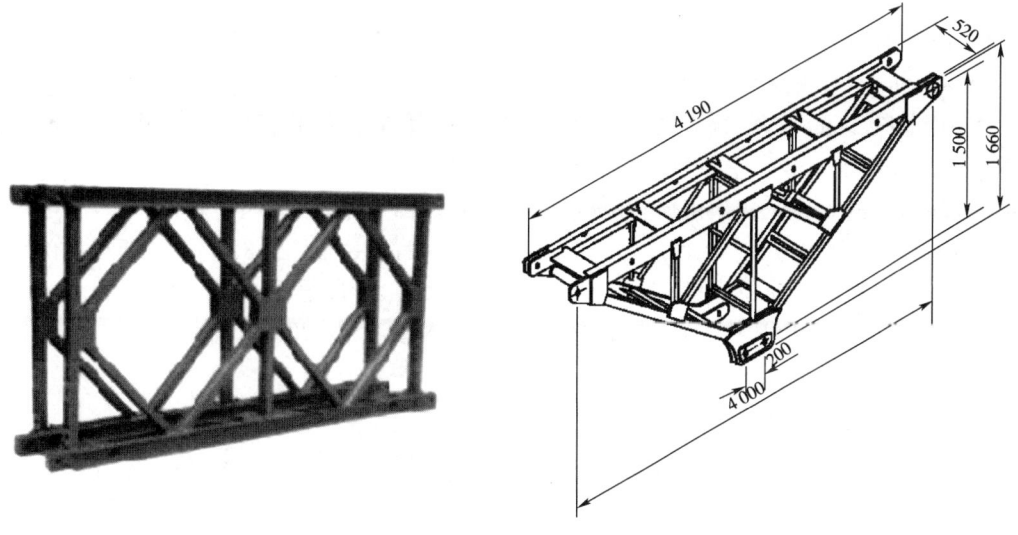

图 19-5　贝雷梁主桁架　　　　图 19-6　六四式军用梁构造图(尺寸单位:mm)

由于这两种设备上下弦都是等长的,必须在间隔一定的位置加调节杆件,以形成拱状。某桥主跨为 $L=145\text{m}$ 钢筋混凝土拱桥,采用六四式军用梁架设拱架,每间隔 8m,在拱架上弦增加一节 0.25~0.35m 的调节杆,形成与拱圈线形基本一致的拱架(图 19-7),设置模板,浇筑拱圈混凝土。

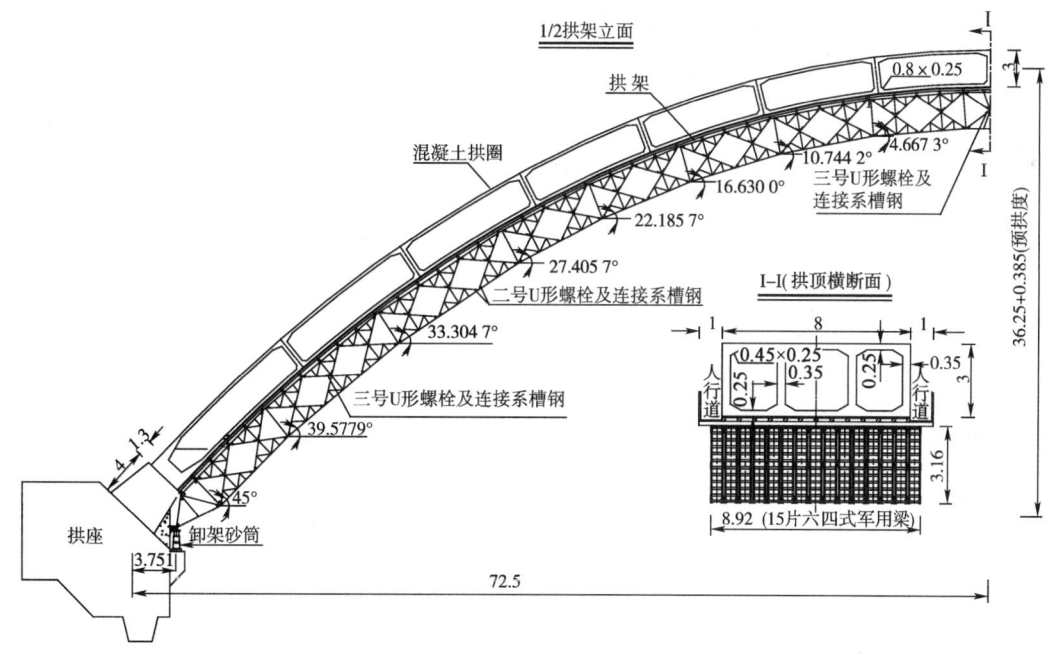

图 19-7　六四式军用梁设置的拱架(尺寸单位:m)

采用拱式拱架的桥梁往往都是跨越大江大河或峡谷深山,因此拱架的安装需要采用临时缆索吊机。

缆索吊机由索塔、主缆、地锚和吊装系统、牵引系统、扣索系统等组成,吊重较轻时则可设置较为简易的缆索吊机系统。首先在索塔附近将拱架单片构件组拼为节段,一般节段长度控制在 20m 以内,质量控制在 8t 以内。然后用缆索吊机吊点起吊,运输至指定位置进行安装。

下面以一实例说明拱架采用缆索吊机系统安装的方法:

某桥为 $1\times60\text{m}$ 钢筋混凝土箱形拱桥,矢跨比 $f_0/L_0=1/6$,拱轴系数 $m=1.6$,拱圈高 1.6m,宽 5.2m,为

单箱双室截面。施工方法采用缆索吊装钢拱架,然后在钢拱架上铺设模板,浇筑主拱圈混凝土。

缆索吊机跨度为117.62m,尾索跨度分别定为32.0m和31.76m,尾索的水平夹角为21°和30°。

设一组吊装主缆和一组工作索,每组用一根$\phi47.5mm$钢丝索。设计吊重为6t,主索重载受力$H_{max}=29.8t$,主索空载受力$H_0=4.37t$;主索重载垂度$F_{max}=7.37m$,主索空载垂度$F_0=4.37m$;重载矢跨比$F_{max}/L=1/15.96$,空载矢跨比$F_0/L=1/26.92$;主索安全系数为3.6。

起吊索采用$\phi17.5mm$钢索,穿2线,安全系数为7.79,用3t卷扬机;牵引索采用单根$\phi21.5mm$钢索,最大牵引力为19.4kN,安全系数为12.55,用3t卷扬机牵引。

钢拱架采用现有的专用三角架组成,并辅以变长度的弦杆拼设,横桥向为6片,用双8号槽钢作横梁上、下与之连接。纵向共为15片,两端设铰脚,组合为3段吊装(图19-8)。设一组吊、扣点,吊装方法为:当一肋合龙后,拉好八字抗风,紧接着吊相邻第二肋;第二肋合龙后,拉好八字抗风,用三角架专用螺栓将两片三角架连接,以增加拱架的横向稳定性;然后松吊、扣点,再吊其余三角架。扣索采用一根$\phi28mm$钢索,设置为墩扣。

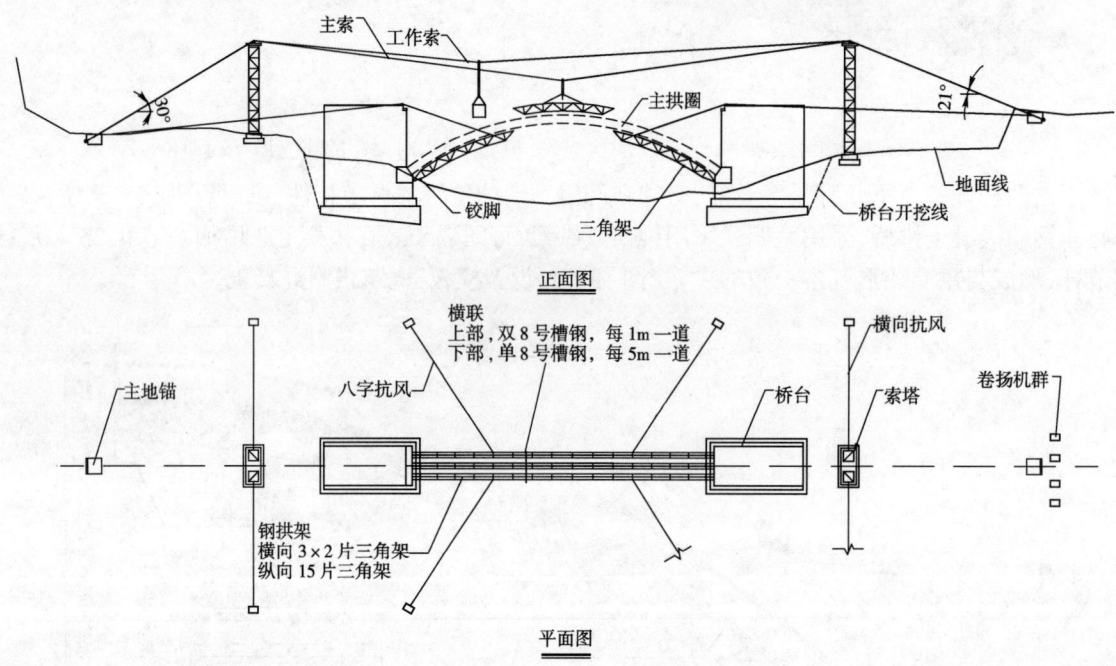

图19-8 缆索吊机安装拱架布置图

索塔采用万能杆件拼装的门形塔架,东岸索塔总高21.6m,西岸索塔总高17.6m,宽度为6m,立柱横断面为2m×2m,设一道横系梁。塔上分配梁采用两层25号工字钢。按工地进度安排,进场后需首先架设缆索吊机,因此索塔需设在两岸桥台后。索塔设置要避开桥台基础的开挖线,桥台开挖时注意边坡防护,避免坍方,危及索塔的安全。索塔基础采用C30混凝土,采用预埋钢板与索塔上的万能杆件连接。

根据地质情况,主地锚采用混凝土重力式锚,辅助地锚如抗风地锚等需根据现场情况进行设计、布置。

2. 满布式拱架的制作与安装

满布式拱架又称落地式拱架,采用钢材或木材拼设为较为密集的桁架,将拱圈荷载通过桁架直接传递到地基。它由拱架、卸架设备、基础等三部分组成,其优点是技术简单、施工方便。

满布式拱架一般采用钢管脚手架拼设,有时仅在特殊情况下或者小跨径拱桥时采用木拱架,以降低成本、方便周转使用,并满足环保要求。在跨度特别大或地形条件特殊时,也可采用其他承载能力更强的设备拼装拱架,如万能杆件、贝雷梁等。

钢管脚手架拼设简单,成本低,社会拥有量大,在建筑上被广泛使用。常用的有扣件式脚手架、碗扣式、盘扣式等脚手架,其钢管一般采用 $\phi 48mm \times 3.5mm$。施工中一般采用扣件、碗扣或者盘扣等特殊连接件将竖、横、纵向布置的钢管连接为空间框架结构,并另设纵、横向剪刀撑和抗风缆,以增强拱架的稳定性。

立杆是承受和传递拱圈荷载到地基的主要受力杆件,间距根据荷载大小计算而定,一般为 0.6~1.2m。立杆上、下端采用可调托撑,以保证受力合理。

横杆起纵、横向连接立杆的作用,横杆的步距一般为 0.9~1.2m。

斜撑是保证拱架稳定的重要措施,设置方法要符合现行有关规范的要求。

在托撑上设置横向木枋,将弓形木固定在横向木枋上,再铺设竹胶板做拱盔,作为拱圈浇筑的底模。

满布式拱架的基础需要牢固、坚实,以免拱架发生变形、沉降。首先应要对地基碾压密实,然后在其上浇筑混凝土基础。混凝土基础可以满浇,对地基进行封闭,也可浇筑为条形基础。在地基周围要做好排水沟,避免地基浸泡。

采用钢管脚手架的拱架,由于杆件轻,运输传递方便,无须采用大型起吊设备,工作面宽,安装非常容易,一般采用人工安装并辅以吊车即可完成。

3. 拱架安装施工的安全措施

(1)拱架要按施工设计规定的程序进行安装,安装时须由作业组长指挥,作业人员要协调一致。

(2)安设拱架过程中,要及时架设临时支撑,保持拱架的稳定。拱架的地基处要有排水措施,避免被水浸泡。

(3)拱架的立柱须置于平整、坚实的地基上,立柱底部要铺设垫板或混凝土垫块扩散压力。立柱之间需要设水平撑和双向斜撑,斜撑的水平夹角以45°为宜,立柱高度在5m以内时,水平撑不少于两道;立柱高于5m时,水平撑间距不大于2m,并要在两水平撑之间加剪刀撑。

(4)在河流中安装拱架时须设置防冲和防撞设施,并要经常检查防冲撞设施和拱架的状况,发现有松动、变形和沉降时要及时加固。

(5)拱架高度超过10m时须设一组(4~6根)缆风绳,每增高10m要增设一组。缆风绳与地面夹角宜为45°~60°,缆风绳和地锚须安设牢固;地锚安设处要设安全标志。

(6)可调顶托、底托在安装前需经润滑,确认其能正常旋转;安装后要采取防止砂浆、水泥浆、泥土等杂物填塞螺栓的措施,并设专人维护。

(7)立柱的接头要采用卡具或螺栓扣紧,立柱与水平撑、剪刀撑之间要连接牢固。

(8)拱架不能与作业平台、施工便桥相连。作业平台临边须设置可靠的防护栏杆,加挂安全网,或采取其他封闭措施。

(9)施工前需要对拱架基础的地基进行应力验算,必要时要对地基进行加固处理。

(10)采用扣件式钢管脚手架安装搭设满布式拱架时需注意下列事项:

①可调底座的调节螺杆伸出长度一般不要超过300mm。

②满布式拱架的四边和中间每隔四排立杆须设置一道纵向剪刀撑,由底至顶连续设置。

③高于4m的满布式拱架,其两端和中间每隔四排立杆要从顶层开始向下每隔两步设置一道水平剪刀撑。

(11)拱架安装完成后,要对其节点和支撑、各控制点的平面位置和高程等进行检查,确认符合施工设计的规定,经验收合格并形成文件后,方能进行下道工序。这是因为拱圈的实际轴线是否符合设计轴线,会直接影响拱圈的受力。

(12)需编制拱架预压方案,制定相应的安全技术措施,对拱架进行预压。预压时要指定专人指挥,划定作业区,非施工人员禁止入内。

19.2.3 拱架的拆卸应符合下列规定:

1 现浇混凝土拱圈的拱架,其拆除期限应符合设计规定;设计未规定时,应在拱圈混凝土强度达到设计强度的85%后,方可卸落拆除。

2 卸落拱架应按提前拟定的卸落程序进行,且宜分步卸落;在纵向应对称均衡卸落,在横向应同时一起卸落。满布式落地拱架卸落时,可从拱顶向拱脚依次循环卸落;拱式拱架可在两支座处同时均匀卸落;多孔拱桥卸架时,若桥墩允许承受单孔施工荷载,可单孔卸落,否则应多孔同时卸落,或各连续孔分阶段卸落。卸落拱架时,应设专人对拱圈的挠度和墩台的位移等情况进行监测,当有异常时,应暂停卸落,查明原因并采取相应措施后方可继续进行。

3 石拱桥的拱架卸落时间应符合下列规定:

1)对浆砌石拱桥,应待砂浆强度达到设计强度的85%后方可卸落;设计另有规定时,应从其规定。

2)对跨径小于10m的小拱桥,宜在拱上建筑全部完成后卸架;中等跨径的实腹式拱桥,宜在护拱砌完后卸架;跨径较大的空腹式拱,宜在拱上小拱横墙砌好(未砌小拱圈)后卸架。

3)当需要裸拱卸架时,应对裸拱进行截面强度及稳定性验算,并应采取必要的辅助稳定措施。

拱架拆卸时造成坍塌的事故时有发生,其原因多为不遵守规定所致,因此施工时需要严格按本条的规定执行,防止发生事故。

拆卸拱架时拱圈混凝土的强度首先要达到要求,并要按提前拟定的卸落程序,遵循对称、均衡的原则进行。拱架要分步卸落,卸落前要在卸落位置上画好每次卸落量的标记,卸落量开始宜小,以后逐渐增大。为使拱架承受的荷载逐渐、平稳地转移给拱圈,卸架要严格按照规定的工序进行。

卸架常用设备有简易木楔、木马、组合木楔、沙筒等。沙筒由顶心木和金属筒组成,卸架时将泄沙孔的塞子拔出,将筒中沙子逐步掏出,顶心木缓缓下降,拱架随之卸下。沙筒是一种应用较广、安全可靠的设备。

卸架的技术要求如下:

(1)卸架时间。拱架的拆卸时间要符合设计规定,设计无规定时,在拱圈混凝土强度达到设计强度的85%后方能卸架。对浆砌石拱桥需待砂浆强度达到设计强度的85%后方能卸架。

(2)多孔拱桥卸架需要考虑相邻孔推力的影响,且在相邻孔拱圈合龙,并达到上述时间后才能进行卸架。

(3)对于中小跨径的拱桥,可以从拱顶开始,逐次对称向拱脚卸架;对于大跨径拱桥,为避免拱圈发生面外变形,可从 $L/4$ 处逐次对称向拱顶拱脚均匀卸架。

(4)卸架不能在裸拱情况下进行,实腹式拱桥要在侧墙完工或护拱砌筑完毕后方能卸架。

(5)卸架需要分步进行、逐渐均匀降落,每次下降均要由拱顶向拱脚对称进行、逐排完成,第一次完成后又从拱顶开始第二次下降,直至拱架与拱圈完全脱离为止。

19.3 拱(支)架上现浇混凝土拱圈

19.3.1 跨径较小的拱圈或拱肋,应按拱圈的全宽从两端拱脚向拱顶对称地连续浇筑混凝土,并应在拱脚混凝土初凝前全部完成。跨径较大的拱圈或拱肋,应沿拱跨方向分段对称浇筑,分段的位置应以拱架受力对称、均匀和变形小为原则,且宜设置在拱顶、1/4跨部位、拱脚及拱架节点等处;各段的接缝面应与拱轴线垂直,各分段点应预留间隔槽,其宽度宜为0.5～1.0m,槽内有钢筋接头时,其宽度尚应满足钢筋接头的需要。

拱的跨度较大时沿拱跨方向分段浇筑,是为避免先浇混凝土因拱架下沉而开裂;段与段之间预留间隔槽,是为避免拱圈产生裂缝。

19.3.2 浇筑拱圈混凝土时,应严格按照预先制定的浇筑程序对称于拱顶进行,并应控制两端的浇筑速度,避免产生过大的偏差。分段浇筑时,各分段内的混凝土宜一次连续浇筑完成,因故中断时,应浇筑成垂直于拱轴线的施工缝;如已浇筑成斜面,应凿成垂直于拱轴线的平面或台阶式结合面。

19.3.3 间隔槽混凝土的浇筑应符合设计规定,设计未规定时,应在拱圈混凝土的强度达到设计强度的85%后,由拱脚向拱顶对称进行浇筑;拱顶及拱脚间隔槽的混凝土应在最后封拱时浇筑。

19.3.4 大跨径拱圈采用分环(层)、分段法浇筑混凝土时,纵向钢筋宜分段设置,且其接头应设在最后的几个间隔槽内,待浇筑间隔槽混凝土时再连接。

大跨径拱圈采用分环(层)、分段法浇筑混凝土时,如纵向钢筋为整根钢筋,将随拱架的下沉而使拱圈产生附加应力和变形,因此分段设置纵向钢筋能更好地适应其变形。

19.3.5 大跨径钢筋混凝土箱形拱圈采用在拱架上组装部分预制部件然后现浇混凝土的方法进行施工时,组装和现浇均应从两拱脚向拱顶对称进行。箱形拱圈的底板施工时,应按拱架的变形情况设置间隔缝,缝内的混凝土应在底板合龙时浇筑;拱圈的底、腹板混凝土强度达到设计强度的85%后方可安装盖板,铺设钢筋,现浇顶板混凝土。

19.3.6 拱圈合龙的温度应符合设计要求,设计未要求时,宜选择夜间气温较稳定时段的温度。拱圈合龙前如采用千斤顶对两侧拱圈施加压力的方法调整拱圈应力,拱圈混凝土的强度应达到设计规定的强度。

在施工中,实际合龙温度与计算温度往往不能吻合,因此选择夜间气温较稳定时进行合龙,使合龙段混凝土浇筑之后气温逐渐上升,能避免合龙段混凝土开裂。

19.3.7 拱圈在浇筑过程中,应随时监测拱架的变形,如变形量超过计算值,应停止浇筑,及时查明原因,并采取加固拱架或调整加载顺序等措施后再继续浇筑,保证施工安全。

拱圈在浇筑过程中其变形超过计算值是非常危险的,因此首先需要停止浇筑,待查明原因并采取措施后才能继续浇筑,作此规定的目的是保证施工的安全。

在拱(支)架上现浇混凝土拱圈的施工注意事项:

拱架拼装完成后即可进行拱圈混凝土的浇筑。箱形截面拱圈的浇筑一般采用分环分段的方法,即先浇筑底板,然后浇筑腹板,最后浇筑顶板。如果拱桥跨度较小,拱圈截面高度不大,也可以采用分两环浇筑,即先浇筑底板,然后浇筑腹板和顶板。

分环分段浇筑时,拱圈的合龙方法有两种:一是采取分环填充间隔缝混凝土实现合龙,二是待全拱圈分段浇筑完成后,再浇筑间隔缝混凝土实现合龙。采取分环合龙时,已合龙的环层具有一定刚度,能承受一部分荷载,可减轻拱架的负担;采取全断面合龙时,拱圈需先分环分段浇筑,然后浇筑间隔缝混凝土实现合龙。

预制和现浇相结合的拱圈施工方法,是将部分腹板、隔板和盖板在预制场预制,然后吊运至拱架上安装,浇筑连接部位混凝土形成拱圈。这种方法适合于箱形拱圈施工,它将拱上施工的部分工作,在地面上提前完成,只需较少的吊装设备进行安装,施工安全简便,能加快进度。施工顺序为:

(1)分块预制拱圈的腹板、横隔板及盖板。
(2)将预制好的腹板、横隔板吊到拱架上组装连接好接头钢筋,浇筑底板和接头混凝土。
(3)待混凝土强度达到设计强度85%以上,安装盖板,然后铺设顶板钢筋,浇筑顶板混凝土,形成箱形截面拱圈。

附:采用满布式拱架浇筑箱形拱圈的应用实例

某桥为净跨径105m、矢跨比1/7的等截面悬链线无铰箱形拱桥(图19-9),宽11m,长156.04m。拱圈高1.8m,拱轴系数为1.543,拱箱宽8.4m,拱圈C40混凝土788.6m³,设计预拱值为210mm。拱上构造为排架盖梁上置纵向桥面板,跨径为7.26m,全桥共19跨。跨中处设置$R=5060m$、$T=50.6m$、$E=0.25m$的凸形竖曲线并设置1%的纵坡。设计要求拱圈分5段、纵横向均对称浇筑,拱圈分段浇筑完成且强度达85%设计强度后浇筑间隔槽混凝土,最后在拱脚合龙。

根据施工现场实际情况,确定采用满布式钢管拱架浇筑拱圈。

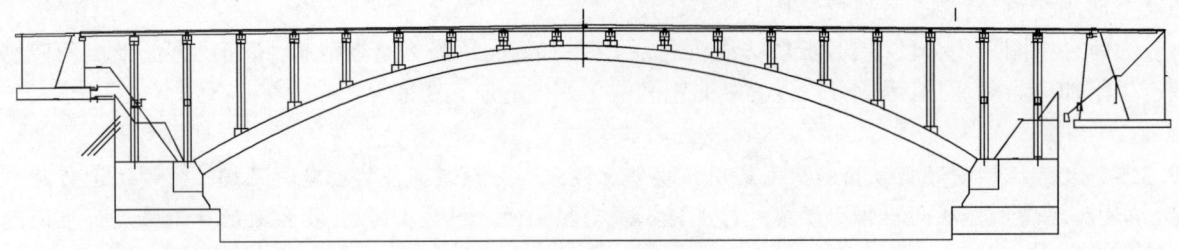

图19-9 桥型布置图

1. 满布式钢管拱架搭设

拱架是拱圈施工的关键(图19-10)。要求拱架有足够的强度、刚度和稳定性,并能使结构线形符合设计要求;构造简单,受力明确,能准确估算在浇筑过程中结构的弹性变形和非弹性变形;便于安装、拆除,以加快施工进度,减少施工费用。

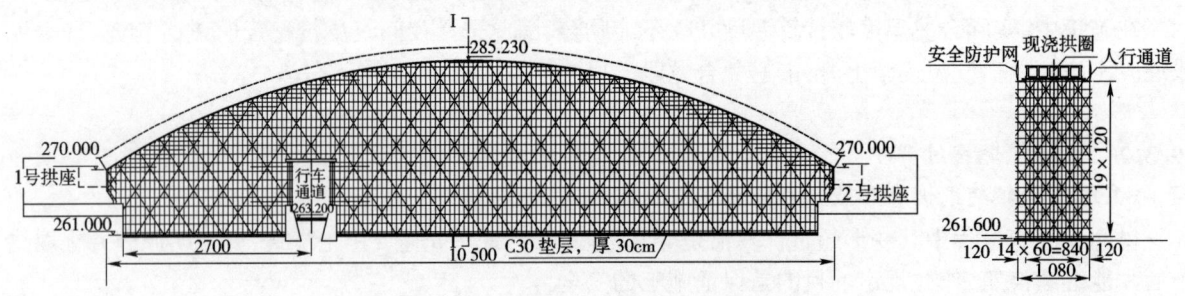

图19-10 拱架构造图(尺寸单位:cm;高程单位:m)

河床基底为砂质泥岩,岩石强度较高,岩层层位稳定,岩性均匀,工程地质条件较好。引航道开挖完成后,及时清除表面松动岩石并清扫干净,浇筑厚300mm的C30混凝土封闭岩层。

拱架高24m,采用$\phi48mm\times3.5mm$扣件式钢管拼装而成。经计算设定,拱架顺桥向间距0.7m,横桥向间距0.6m,水平层距1.2m,拱圈两侧施工通道宽1.2m,拱架全宽10.8m。拱架由底座、立杆、小横杆、大横杆、剪刀撑、扣件、顶托组成,不设斜撑和缆风绳。立杆接长采用对接扣件。顶端小横杆采用长9.5m的120mm×150mm方木,放置于立杆顶的顶托上,通过顶托来调整高程。顶托自由高度不大于0.5m。

拱架下预留行车通道宽5.5m,高6.0m,采用长7.3m的I36b工字钢跨越通道,工字钢横向间距为0.6m。工字钢下支承处为3排120mm×150mm方木,方木放置于顶托上。支承处以下的钢管支架立杆纵横向间距均为0.3m,上下横杆步距1.2m,剪刀撑在纵横向连续布置,与地面成60°夹角。钢管支架放置于混凝土挡墙上。

拱架搭设从两拱脚开始,全宽度推进,合龙于拱顶处。搭设开始前,要对每根立杆位置精确放样。施工中注意做到横平竖直,特别是立杆位置要准确,并与地面垂直;扣件螺栓要松紧适度;离地面200mm,设置纵横向扫地杆;搭设过程中应随时检查和测量支架搭设的尺寸和偏差,并予以调整。拱架搭设完成后,要在拱架外侧架设高3m的防护栏杆并挂设密目式安全立网,施工通道铺设竹夹板并绑扎牢固。

拱架搭设完成后,需对拱架进行全面检查,并做好详细的检查记录。要求排距、层距、扣件螺栓松紧程度符合规范要求;底座与基底应密贴,有间隙时需采用钢板填塞;顶托与顶端小横杆及立柱顶部均要紧密连接无松动。

2. 施工预拱度设置和坐标确定

经计算确定拱圈的施工预拱值为230mm(拱架的弹性变形值5mm,非弹性变形值15mm)。本桥采用降低一级拱轴系数法分配预拱值。根据已知数据,拱圈顶面和拱圈底面以拱顶为坐标原点分别建立坐标系(图19-11)。设计拱轴系数 $m=1.543$,降低一级后的拱轴系数 $m'=1.347$。对应 $m=1.543$ 的系数 $k=l_n(m+\sqrt{m^2-1})=0.999931383$,对应 $m'=1.347$ 的系数 $k=0.810684017$。根据 $\xi=2x/L$,计算对应 m、m' 的在距拱顶 x 处的拱圈纵坐标 y_i、y'_i 值:$y_i=f(\mathrm{ch}k\xi-1)/(m-1)$, $y'_i=(f+\delta)(\mathrm{ch}k'\xi-1)/(m-1)$,则在距拱顶 x 处分配的预拱度值 $\delta_x=y_i+\delta-y'_i$。根据 δ_x 值,计算 x 处的施工拱圈纵坐标 $y_{i施}=y_i-\delta_x$,根据 $y_{i施}$ 值,计算 x 处的施工拱圈高程 $H_{施}=H_{设拱顶}-y_{i施}$。

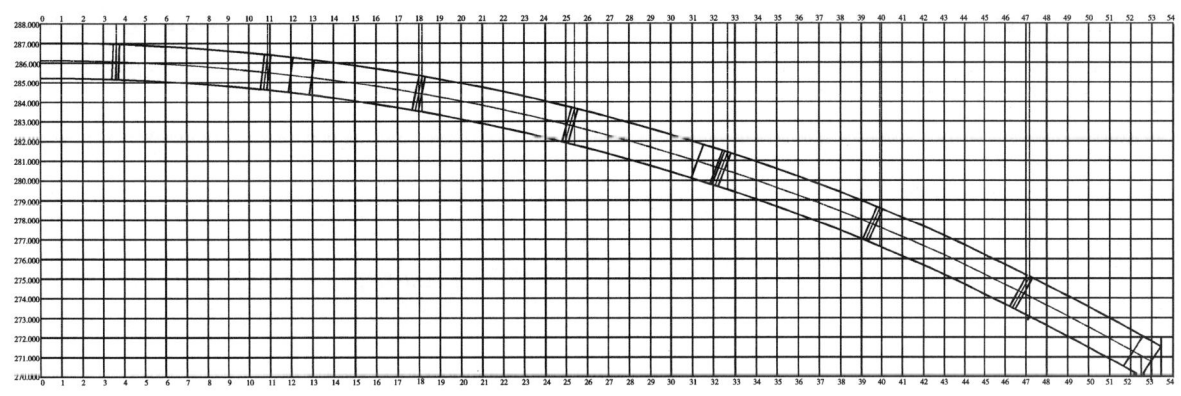

图19-11 拱圈坐标图

根据设计数据及计算公式在 Excel 中建立《拱圈施工坐标计算表》。其计算结果用以控制支架搭设、顶端小横杆高程、底模高程及拱圈混凝土浇筑,保证拱圈施工质量符合规范要求。

3. 顶端小横杆高程调整及底模铺设

由于拱架搭设误差,顶端小横杆顶部高程初调完成后,需要准确测量上下河侧边列每个顶托中心至起拱线的实际距离,根据实际距离重新计算顶端小横杆坐标,对其高程进行精确调整。

顶端小横杆调整完成后,铺设拱圈底模(图19-12)。在顶端小横杆上沿拱圈纵向按间距300mm铺设 $\phi 48\mathrm{mm}\times 3.5\mathrm{mm}$ 钢管并用10号铁丝与顶端小横杆绑扎牢固,钢管长度同拱圈内弧长,钢管接长采用焊接。先按设计间距在顶端小横杆进行放样,根据计算高程在木枋上用木工工具设置钢管铺设槽,钢管铺设好后,在钢管下用木楔填塞紧密。其后在钢管上直接铺设厚度15mm的竹胶板作为底模。在拱圈两侧、竹胶板接缝及中部下方纵向钉设 $50\mathrm{mm}\times 50\mathrm{mm}$ 的木条,竹胶板直接用铁钉固定在木条上。预压完成后再测量并调整底模高程,保证主拱圈施工线形顺畅。竹胶板接缝大于2mm的用玻璃胶填塞,接缝填塞在预压之后、钢筋安装前完成。

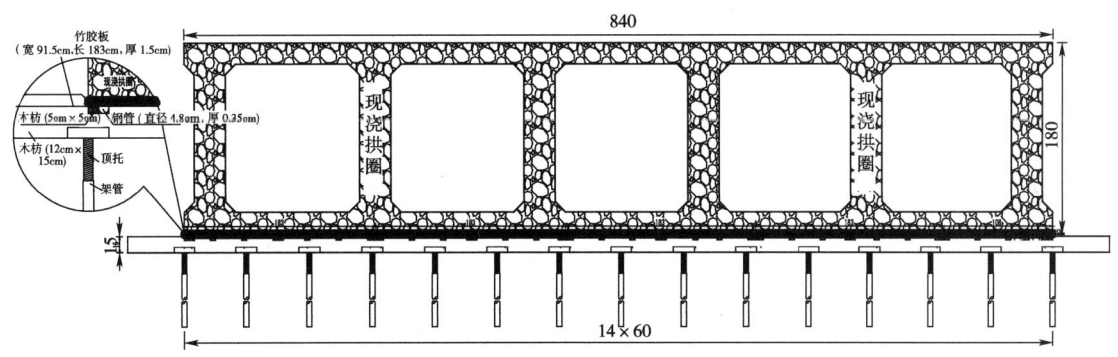

图19-12 拱圈底模构造图(尺寸单位:cm)

4. 拱架预压

拱架预压的目的与意义:通过预压验证拱架的承载能力及安全可靠性;通过预压验证按经验公式计

算的拱架本身的弹性变形和非弹性变形值,用以施工预抬值的最终确定,保证主拱圈施工线形顺畅。

本桥拱架基础情况良好,为节约工期,采用砂袋法进行局部预压,即仅对拱顶及 $L/4$ 处进行预压。预压加载系数设定为 1.3。预压过程中,为保证拱架受力安全,需逐级对称加载。预压完成后,则按加载的逆顺序逐级卸载。

预压施工前,需布设测量控制点。控制点布设在拱脚、$L/8$、$L/4$、$3L/8$、拱顶($L/2$)处,用仪器精确测量其空间坐标并作好记录。控制点做好标识,并注意保护,防止破坏。

每级荷载施加完毕停留 20min,利用停留的时间进行测量和安全观察,作好测量记录。全部加载后,不可立即卸载,需等 24~72h 后,再逐级卸载、逐级测量并详细记录。

在加载前,要对支架、模板进行仔细检查。在加载过程中,派专人不间断观察、检查支架的沉降、变形情况,一旦发现异常,立即停止加载,分析原因,及时进行补救处理。

预压结束后根据预压测量记录对资料进行整理,对相关数据进行分析:加载前各点位的高程值与卸载完毕后高程的差值即为支架的非弹性变形量;满载时各点位的高程值与卸载完毕后高程的差值即为支架的弹性变形量。由此可验证按经验式计算的非弹性变形和弹性变形量。

预压完成后,对拱圈模板高程进行全面测量,并根据测量结果调整模板高程,使之符合规范要求。对拱架进行全面检查,松动扣件要拧紧,局部变形较大的部位要进行加固,保证拱架在拱圈加载时的变形和位移在控制范围内。

本桥拱架拱顶预压满载时下沉值最大为 12mm,卸载后下沉值最大为 10mm。$L/4$ 处预压满载时下沉值最大为 3mm,卸载后下沉值最大为 3mm。

5. 拱圈施工

钢筋制作时特别要注意下料长度,保证在间隔槽处的接头符合设计要求。

拱圈侧模采用自行加工的大块竹胶板模板,按拱圈 1:1 放大样进行分段制作,节段间用螺栓连接。侧模直接安放在拱架顶端小横杆上并包住底模,侧模应与底模拼接严密无缝隙,设置 2 层拉杆。

拱圈内模、顶板底模采用组合钢模。组合钢模靠钢筋保护层垫块和钢管支撑固定。在钢模间夹楔形木条来适应拱圈节段弧度的变化。横隔板采用竹胶板模板进行施工。

模板施工时的注意事项:安装前按图纸要求严格检查模板的尺寸与形状,合格后才能投入使用;侧、内模在安装前涂刷脱模剂,顶板模板安装后,布设钢筋前涂刷脱模剂;相互连接的模板,模板面要对齐,连接螺栓不一次紧到位,整体检查模板线形,发现偏差及时调整后再锁紧连接螺栓,固定好支撑杆件;模板连接间隙大于 2mm 用玻璃胶填缝或贴胶带密封。模板在安装过程中,需要设置防倾覆设施(图 19-13)。

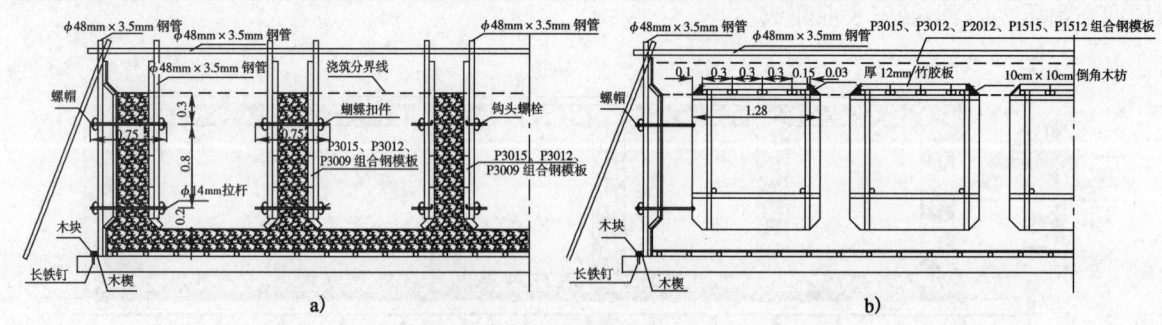

图 19-13 拱圈模板构造图(尺寸单位:m)

拱上加载的原则是"均衡、对称"。拱圈要求分 5 段对称浇筑,在纵、横向均需对称浇筑。

总体浇筑顺序为:Ⅰ段(拱脚)→Ⅱ段($L/4$)→Ⅲ段(拱顶)→间隔槽 A(Ⅱ段与Ⅲ段之间)→间隔槽 B(Ⅰ段与Ⅱ段之间)→间隔槽 C(拱脚实心段,合龙)。

底板、腹板及横隔板浇筑顺序为:腹板底部 300mm→底板→腹板按 300mm 分层浇筑。

拱圈分段浇筑完成且强度达到 75% 设计强度和结合面严格按施工缝处理验收后,浇筑间隔槽混凝土。拱圈合龙温度须符合设计要求,合龙温度为 10～15℃。

在加载过程中,加强施工过程监控,在拱座及拱脚、$L/8$、$L/4$、$3L/8$、$L/2$(拱顶)对应拱架上设置观测点,随时根据拱架变形情况调整加载顺序。设专人检查支架、模板、钢筋和预埋件的稳固情况,当发现有松动、变形、位移时,要及时处理。

在施工Ⅰ、Ⅱ段时,要在拱顶用砂袋进行加载,防止由于混凝土浇筑产生的推力使拱架产生过大的变形。加载重量需根据浇筑速度及其重量来确定。

每节段混凝土分两次浇筑,第 1 次浇筑底板、腹板和横隔板。接头凿毛、冲洗干净后,安装箱室顶模,浇筑顶板混凝土和拱上垫梁。由于拱圈混凝土浇筑难度较大,特别是Ⅰ、Ⅱ段,须严格控制混凝土的坍落度。混凝土入模时注意控制好混凝土由高处落下的高度,尽量减小倾倒混凝土产生的冲击荷载对支架、模板产生的不利影响。混凝土须振捣密实,防止过振、漏振。浇筑完成后,及时进行养生,采取覆盖麻袋并洒水,保证混凝土表面保持润湿。

拱圈合龙时,除对混凝土取件进行标准养护外,还须另取 4 组试件进行自然养护,分别做 7d、14d、21d、28d 抗压强度试验,用于确定拱架拆除日期。

6. 拱脚支撑设置

第Ⅰ节段混凝土数量为 195.04m³,拱块重力 5071.04kN,水平倾角为:$\varphi = \arctan\left[\dfrac{2f K \mathrm{sh}(K\xi)}{L(m-1)}\right] =$ 25.066 451 06°,垂直于斜面正压力 4 593.43kN,平行于斜面的切向力 2 148.44kN,摩阻系数取 0.47,拱块与模板间的摩阻力为 2 158.91kN,拱块易失稳下滑。因此,在施工第Ⅰ节段之前,须在间隔槽 C(实心段)范围内设置支撑架,防止拱块失稳下滑。支撑架由短钢管和钢板焊接而成,每肋配置 12 根短钢管和 2 块钢板,一个间隔槽共 72 根短钢管,24 块钢板。支撑架用钢管连接成整体。

7. 拱架卸落、拆除

进行自然养护的混凝土试件抗压强度达到 100% 设计强度后,方能进行拱架卸落。为了保证拱圈逐渐对称、均匀地降落,以便使拱架所支承的桥跨结构重量逐渐转移给拱圈自身来承担,因此拱架不能突然拆除,而要按照一定的卸落程序进行。

本桥通过调节顶托来进行拱架卸落,拱架卸落在纵向及横向均须对称进行。拱架卸落按先从拱顶开始、逐次同时向拱脚对称进行的卸落程序进行,分几个循环卸完,总原则是对称、少量、多次、逐渐完成,使拱圈逐渐承受荷载,避免发生开裂。

卸落前在顶托上画好每次卸落量的标记。拆卸支架时,设专人用仪器观测拱圈挠度及拱座位置的变化情况,并做好详细记录,以指导卸架的程序,以免发生过大的变形而产生裂缝等质量事故。设专人观察是否有裂缝现象。卸落在白天气温较高时进行。须高度重视拱架的卸落,严格按程序操作,制定好安全措施,防止安全事故的发生。

8. 拱上构造、桥面板安装及桥面系施工

拱上排架、盖梁采用常规施工方法进行对称加载。排架、盖梁加载完后拱圈拱顶下沉值为 50mm,拱圈上拱值为 180mm。在浇筑支座垫石前,根据盖梁实测高程调整竖曲线:桥面纵坡不变,桥面高程整体提高 30mm,竖曲线半径 R 调整为 2 060m,T 调整为 20.6m,E 调整为 0.103m。

桥面板安装顺序为:拱脚→拱顶→$L/4$,采用汽车起重机安装。经测量,桥面板安装完成后拱圈下沉值为 52mm。因此,桥面铺装高程仍然按照调整后的竖曲线进行控制。

19.4 无支架和少支架预制安装

19.4.1 采用无支架和少支架方法施工时,拱圈的预制应符合下列规定:

1 拱肋宜采用立式方法预制,且宜先在样台上放出拱肋大样,然后制作样板。放样时,应将横隔板、吊孔、接头位置准确放出。

2 箱形拱预制时，可先预制横隔板、腹板，然后在拱胎上进行组装，并浇筑底、顶板和接头混凝土。混凝土强度达到设计强度的85%后，方可起吊运输到存放场地存放。

1. 执行本条规定时的注意事项

（1）采用装配式施工工艺前，须对所有预制构件的预制重量、构件的几何尺寸、堆放是否符合要求进行认真细致地检查，做好原始记录。

（2）对已建成的桥台、桥墩要及时进行复测，复测的主要内容：每根拱箱（肋）的拱座起拱线的实际高程；净跨距离；拱座面斜度及几何尺寸（含横向拱肋中心距）。

（3）在拱箱（肋）在吊运过程中及合龙之后的施工加载等各个阶段，要对预制构件的强度和稳定性进行设计验算，以保证工程施工的安全和结构的安全。

（4）凡进行中、大型拱桥的装配式施工，要在实施前编制专项施工方案，并进行专家论证。

2. 箱形拱肋预制施工的注意事项

（1）预制场地的确定是保证拱箱顺利吊装的关键，因此，预制场要尽量靠近桥轴线上游或者下游一侧，以减少场内运输的距离；拱箱应顺桥轴线预制，以便于吊装。预制场地须不受洪水威胁，基础的地基须密实稳固，且具有足够的承载能力，特别是土牛拱胎的基础地基须夯实，其表面混凝土强度等级须不低于C20，并要按放大样的坐标准确控制线形。

（2）所用模板须牢固可靠，端模需采用钢套模以保证各接头螺栓孔位置准确。在安装端头模板时，拱上缘可短5～10mm，便于拱圈安装。

（3）箱形拱肋一般采用在土牛拱胎上立式预制，成本较低，其吊装方便。先绑扎底板钢筋，将已预制好的侧板、横隔板在土牛拱胎上进行组装。侧板的钢筋要伸入底板，侧板底部与底板顶面齐平。浇筑底板混凝土及侧板、横隔板接头混凝土，形成开口箱，安装拱箱顶板模板（也可预制混凝土薄板），绑扎顶板钢筋，浇筑顶板混凝土，形成闭口箱拱段（图19-14）。

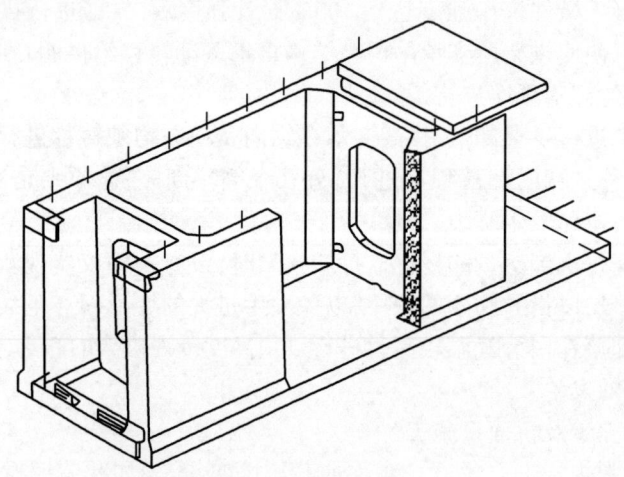

图19-14 拱箱预制图

（4）已预制好的拱圈需存放一段时间备吊，因此在预制场旁需设置存放场地。将场地平整、夯实，做好排水沟；用条石或者混凝土形成稳固可靠的条状支撑，支撑位置与拱箱吊点位置相同。堆放时最多堆两层，并注意堆放顺序要与吊装顺序相适应。

（5）将拱圈从存梁场运输至起吊点，一般采用龙门架运输。在拱圈两端铺设轨道，该轨道长度覆盖预制场、存梁场和起吊位置，龙门架可方便地将拱圈运至需要的位置。

19.4.2 采用无支架方法安装拱圈时，宜根据桥梁规模、构件重力、施工环境条件等，选用适宜的吊装方式和吊装机具。施工前应对吊装所采用非定型产品的特殊设施和机具进行专门设计，对跨径、起拱线高程、预制拱圈节段长度等应进行复核；对安装后形成的拱圈基肋应进行稳定性验算。

当拱桥位于深水、深谷、通航河道时，可采用无支架的方法施工，为减少扣索，方便拱肋吊装，在条件许可的情况下，亦可采用少支架方法施工。施工前需制订专项施工方案，对吊装的设施和机具要进行专门设计，并需对不同施工阶段中的各种工况进行验算，同时要对安装后形成的拱圈基肋进行稳定性验算。

19.4.3 采用缆索吊装法进行拱桥的无支架安装施工时，缆索吊装系统应符合下列规定：

1 主塔和扣塔宜采用常备式定型钢构件在墩、台顶上拼装，其基础应牢固可靠，周围应设置防排水设施；塔的纵横向宜设置风缆，且风缆的安全系数应不小于2，当塔自身能满足横向受力及抗风要求时，可不设横向风缆；塔顶部应设置可靠的避雷装置。

2 塔顶分配梁应与塔身结构可靠连接；主索鞍在横向应设支撑装置，防止倾倒；如需移动索鞍，应做专项设计、采取有效措施后方可进行。扣塔上索鞍顶面的高程应高于拱肋扣点高程。

3 主缆宜采用钢丝绳，其直径和数量应根据吊装构件的重量通过计算确定，安全系数应不小于3，且每根主缆应受力均匀；抗风钢丝绳的安全系数应不小于2；起吊绳的安全系数应不小于5；牵引绳的安全系数应不小于3；钢丝绳扣索的安全系数应不小于3，钢绞线扣索的安全系数应大于2。地锚的设置应满足主缆可靠锚固的要求，抗拔安全系数应不小于2，抗滑、抗倾安全系数应不小于1.4，主缆与地锚连接处的水平夹角宜在25°~35°之间。采用旧钢丝绳时，应按现行《钢丝绳 安全 使用和维护》（GB/T 29086）的规定进行检验，并应对其承载能力予以折减。

4 缆索吊装系统设计时，应对可能出现的各种工况进行强度、刚度和稳定性验算；吊装前应对吊装系统进行检查验收，并应按设计荷载进行试吊，检验其安全性和可靠性，检验合格后方可用于正式吊装。

5 吊装施工时，对投影面垂直的拱肋，各扣索的位置应与所吊挂的拱肋在同一竖直面内；对内倾或外倾的拱肋，各扣索的位置与所吊挂的拱肋可不在同一竖直面内，但应对扣塔、扣索和拱肋的强度、刚度和稳定性进行专门验算。主塔塔顶的最大偏位宜根据索塔的强度和稳定性经验算确定，塔底为固接时，其塔顶的最大偏位宜不大于塔高的1/400；塔底为铰接时，其塔顶的最大偏位宜不大于塔高的1/150。扣塔塔顶的最大偏位应根据扣塔和拱肋的强度、刚度和稳定性等经验算确定。

6 缆索吊装系统的安装、使用和拆除均应制订专项施工方案，保证施工安全。

缆索吊装系统一般为非定型产品，多由施工单位自行设计，故在本规范第19.4.2条中规定需要进行专门设计。以下给出其设计时的要求和有关数据，供参考。

缆索吊装系统的设计文件一般包括下列内容：缆索吊装系统设计图和说明书，计算书，拼装、使用、拆卸的安全技术操作规程等。

计算荷载一般包括拱段自重、缆索自重、吊具自重等，同时还需要根据实际情况，考虑作用在缆索吊装系统上的风力等荷载。

设计计算时各种材料的安全系数：主缆钢丝绳的安全系数不小于3；抗风钢丝绳的安全系数不小于2；起吊钢丝绳安全系数不小于5；牵引钢丝绳的安全系数不小于3；钢丝绳扣索的安全系数不小于3，钢绞线扣索的安全系数不小于2；锚碇抗拔安全系数不小于2，抗滑、抗倾安全系数不小于1.4。主缆与地锚连接处的水平夹角一般在25°~35°之间。

1 在塔的纵横向设置风缆的目的是为增加塔的抗风稳定性，但有时由于地形地物和其他构筑物以及环境条件的影响，横向风缆的设置较为困难，故规定"当塔自身能满足横向受力及抗风要求时，可不设横向风缆"。

3 本款规定了缆索吊装系统在设计计算时各种材料的安全系数。"旧钢丝绳"是指曾在某一工程使用过、经回收再用于本工程的钢丝绳，使用过的钢丝绳均有可能产生某种损伤，为保证施工的安全，有必要对其性能进行检验，以评估其受损程度，并对其承载能力予以折减。

4 缆索吊装系统是非标准起重设备，按照有关安全管理规定，在使用前需要组织检查验收；试吊是检验缆索吊装系统是否符合设计要求、是否安全可靠的重要手段，故规定如条文。

5 对投影面垂直的拱肋，扣索的位置如果与拱肋不在同一竖直面内，会使所扣挂的拱肋产生横向力并偏移设计位置,带来不利影响,故作此规定。但对在横桥向内倾或外倾的拱肋,由于各扣索的位置与所吊挂的拱肋实际上不可能在同一竖直面内,其形成的索面往往是空间索面,不可避免地会使所扣挂的拱肋产生横向力,因此对这种情况,条文规定"应对扣塔、扣索和拱肋的强度、刚度和稳定性进行专门验算"。原规范对"扣塔塔顶最大偏位不得大于10mm"的规定,在实际施工中难以做到,故本次修订将其修改为"扣塔塔顶的最大偏位应根据扣塔和拱肋的强度、刚度和稳定性等经验算确定",这样更能符合实际施工的情况。

19.4.4 采用缆索吊安装拱肋时,风缆的设置与安装应符合下列规定:

1 风缆系统及地锚应进行专门设计,风缆及地锚的受力应满足拱肋稳定的要求,并应有足够的安全储备。风缆的安全系数应不小于2;地锚的设置应满足风缆可靠锚固的要求,抗拔安全系数应不小于2,抗滑、抗倾安全系数应不小于1.4。

2 固定的风缆应待全孔合龙、横向联结构件混凝土的强度满足设计要求后方可撤除。

3 在河流中设置风缆时,必须采取可靠的防护措施,防止风缆和地锚受到碰撞、冲刷。

1 多节段拱圈吊装时,一般将风缆系统作为结构的一部分,风缆对保证拱肋安装过程中的稳定至关重要,故需要进行专门设计。

19.4.5 拱桥的拱圈采取单肋吊装或单肋合龙时,单肋的横向稳定必须满足安全验算的要求,且其稳定安全系数应不小于4;当不能满足时,应采用双肋合龙松索成拱的方式施工,且应在双肋合龙后采取有效的横向联结措施,增强其稳定性,使之形成基肋后再安装其他肋段。

所谓"双肋合龙松索成拱",即当第一根拱肋合龙并校正拱轴线,楔紧拱肋接头缝后,稍松扣索和起重索,压紧接头缝,但不卸掉扣索和起重索,待第二根拱肋合龙,两根拱肋所有纵、横向接头都可靠连接并拉好风缆后,再同时松卸两根拱肋的扣索和起重索。

19.4.6 拱肋安装时,各段拱肋的高程和线形应根据施工控制的要求确定,且宜从拱脚段开始,依次向拱顶分段吊装就位。扣索的扣挂应稳妥可靠,应使拱肋断面不产生扭斜,且各段拱肋的上端头均应通过扣索的调整使其略高于设计高程。多跨拱桥安装时,应根据桥墩承受不平衡水平推力的能力,经计算确定相邻孔拱肋的安装顺序。

原规范条文对拱肋的分段安装作出了较为具体的规定,例如提出了对分为3段、5段、7段时进行安装的要求,但由于不同的施工单位在施工时所采取的安装施工方式并不完全一致,而且随着拱桥跨径的增大,将拱肋分为9段甚至更多节段进行安装的情况亦属常见,因此原条文的规定可能会限制拱肋安装施工的技术发展,故本次修订将原条文中过细的规定取消,仅提出原则性的要求。多跨拱桥安装施工时,由于各桥墩均有可能存在不平衡的水平推力,而水平推力的不平衡与安装的顺序是密切相关的,故规定如条文。

19.4.7 各段拱肋在松索过程中,应符合下列规定:

1 松索的流程应根据施工控制的要求经计算确定,松索前应校正拱轴线位置及各接头高程,使之符合要求。松索应按拱脚段扣索、次拱脚段扣索、起重索三者的先后顺序,并按比例延长、对称、均匀地松卸。

2 每次松索时均应采用仪器观测,并应控制各接头、拱顶及1/4跨处的高程,防止拱肋接头发生非对称变形而导致拱肋失稳或开裂。每次的松索量宜小,各接头高程变化宜不超过10mm,松索压紧接头缝后应普遍旋紧接头螺栓一次。当接头高程接近设计值时,宜先采用钢板嵌塞接头缝隙,再将扣索、起重索放松到基本不受力,压紧接头缝,拧紧接头螺栓,同时利用风缆调整拱肋轴线的横向偏位,并应观测拱肋各接头、1/8跨及拱顶的高程,使其在允许偏差之内。

3 大跨径拱桥分多节段吊装合龙成拱后,根据拱肋接头密合情况及拱肋的稳定度,可保留起重索和扣索部分受力,待拱肋接头的连接工序基本完成后再全部松索。

拱肋吊装在松索、合龙过程中,各段的松索量、各接头的高程控制非常重要,故对此作出详细规定。

19.4.8 拱肋接头的焊接作业应在调整完轴线偏差、嵌塞并压紧接头缝钢板之后且全部松索成拱之前进行。焊接拱肋接头部件时,应采用分层、间断、交错的方法施焊,并应采取措施避免损伤周围的混凝土。

拱肋一经焊接,则拱轴线和中线就已固定,不能再调整。因此需要在轴线、中线调整之后进行焊接,焊接之后再全部松索成拱。

附:箱形拱桥无支架施工应用实例

某大桥为 $1\times125m$ 钢筋混凝土箱形拱桥,矢跨比 $f_0/L_0=1/6$,拱轴系数 $m=1.347$,主拱圈高 $1.75m$,横向由4个箱室组成,每箱宽 $1.56m$,拱圈形成后总宽为 $6.4m$。施工方法采用分5段预制拱肋,缆索吊装成拱。拱肋最大吊重为 $60t$,缆索吊机按(拱肋 $60t$ + 超重 $2t$ + 吊具 $8t$)= $70t$ 进行设计。

根据现场地形条件布设缆索吊机,跨度为 $230m$,尾索跨度分别为 $61.3m$ 和 $25.2m$,尾索的水平夹角为 $20°$ 和 $16°$。设一组主缆,用8根 $\phi47.5mm$ 钢丝绳,主索重载受力 $H_{max}=2859kN$,主索空载受力 $H_0=447kN$;主索重载垂度 $F_{max}=15.55m$,主索空载垂度 $F_0=9.38m$;重载矢跨比 $F_{max}/L=1/14.79$,空载矢跨比 $F_0/L=1/24.5$;主索安全系数为3。

起吊索采用 $\phi21.5mm$ 钢丝绳,穿10线,安全系数为5.9,用8t卷扬机。牵引索采用双根 $\phi28mm$ 钢丝绳,最大牵引力为 $63.3kN$,安全系数为6.49,用10t卷扬机牵引。1号、2号扣绳均采用塔扣,用2根 $\phi47.5mm$ 钢丝绳,1号扣绳最大受力为 $600kN$,安全系数为4.35;2号扣绳最大受力为 $720kN$(考虑拱顶段部分重量传到第2段上),安全系数为3.6。

索塔前、后抗风缆分别设两组,每组采用 $\phi21.5mm$ 钢丝绳穿10线,后抗风缆锚于主地锚上,前抗风缆锚于对岸专设的地锚上。索塔侧抗风缆采用 $\phi21.5mm$ 钢绳穿6线,锚于侧面专设的地锚上。八字抗风缆用 $\phi19.5mm$ 钢丝绳穿2线。

由于现场场地狭窄,不便布设大量的设备,本缆索吊机设一组吊、扣点。吊装方法为:用歪吊正扣方法安装其中一肋中梁,拉好八字抗风缆,就位后浇筑拱肋段之间的接头混凝土;然后用正吊正扣方法安装第二肋中梁,拉好八字抗风缆,就位后浇筑拱肋段之间的接头混凝土,使两根中肋连为整体。然后横移主索鞍,再吊另外两肋边梁。

设计图中规定采用捆绑吊,由于本桥箱梁较重,特别是在扣点处捆绑的钢丝绳受力很大,故建议采用箱梁预留孔洞,用吊带进行吊、扣,以策安全。

索塔采用万能杆件拼装的门形塔架,由于地形原因,两岸索塔高度相差较大。剑河岸索塔高为 $42m$,横向宽 $8m$,纵向宽 $4m$,立柱横断面为 $2m\times4m$,设两道横系梁。黎平岸索塔高 $10m$,拼为满布式,截面尺寸为 $4m\times8m$。塔顶分配梁采用两层 I40 工字钢。两座索塔的基础均设在岩层上,方法是采用挖掘机挖去表土层,然后在岩面上放样开挖基坑,浇筑 C40 基础混凝土。索塔基础高度暂定为 $1m$,必要时需根据地基情况进行加高。由于索塔受力较大,基础底面、顶面应布设 $\phi10mm$ 钢筋网,间距为 $200mm\times200mm$。

两岸的地锚均须在原地面下挖一定深度,才能形成一定的水平夹角。又有锚碇就位于岩层,因此两岸的地锚均采用钢筋混凝土桩式锚,直径定为 $1.80m$,应保证岩层到达设计的强度。

卷扬机群布置在剑河岸,可根据现场实际情况进行调整。索塔后抗风缆锚于主地锚上,其他辅助地锚如八字抗风缆等需进场后根据地形进行详细布置,要满足相关规范要求。抗风缆地锚全部采用现浇混凝土锚,注意须满足图中规定的吨位要求。

本缆索吊机在安装使用过程中,须严格按照操作规程进行,以避免发生安全事故(图 19-15 ~ 图 19-18)。

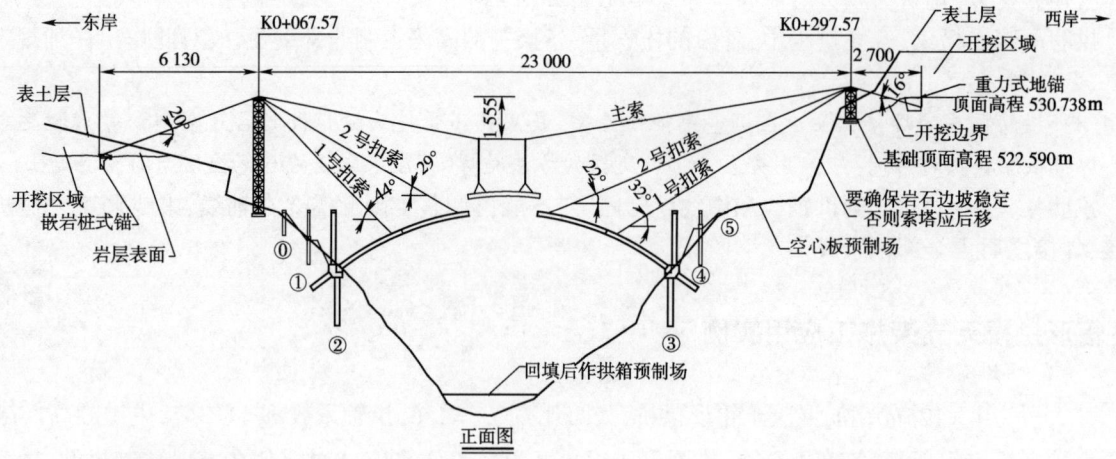

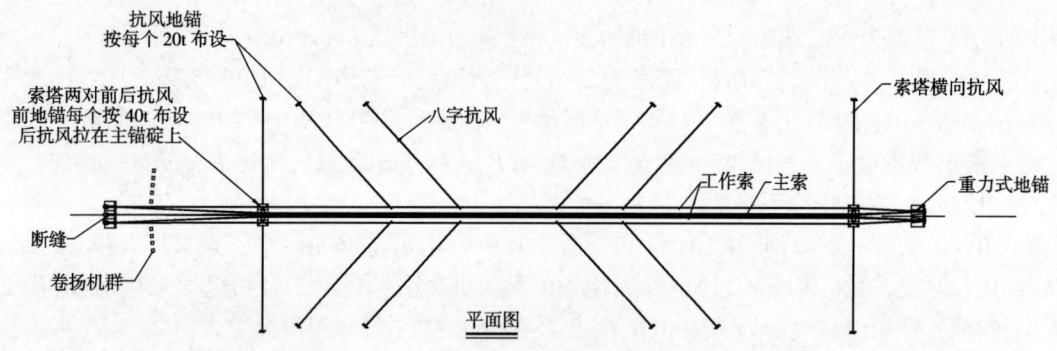

图 19-15 拱箱吊装总体布置图

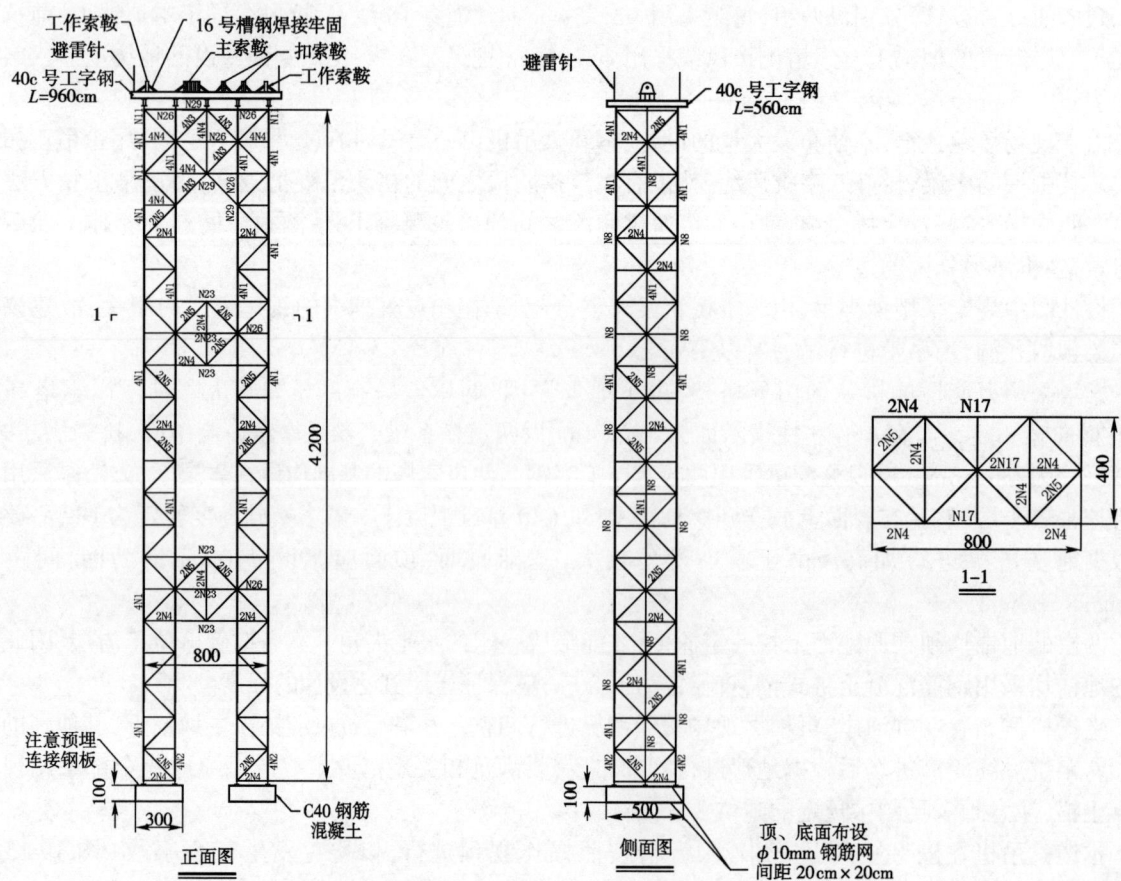

图 19-16 索塔构造图(尺寸单位:cm)

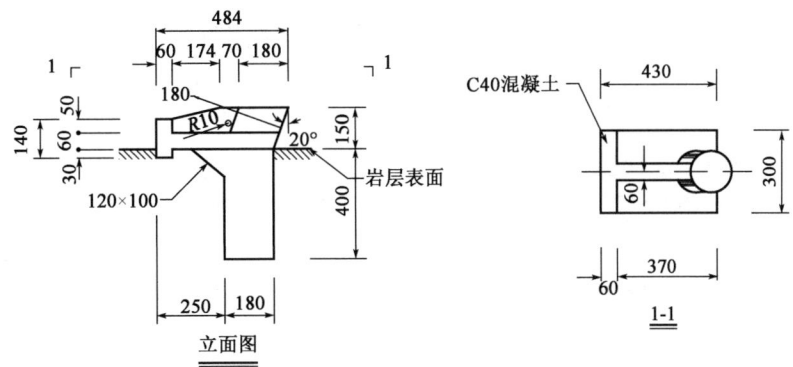

图 19-17　锚碇构造图(尺寸单位:cm)

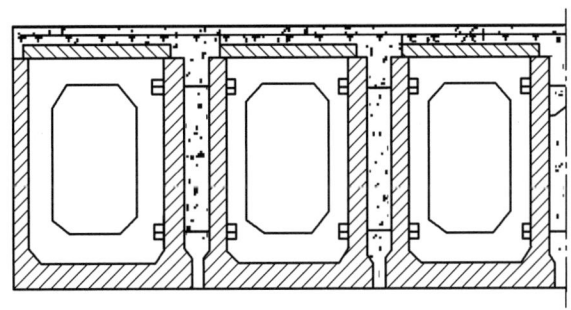

图 19-18　拱箱吊装后横断面图

19.4.9　采用少支架方法安装拱圈时,应符合下列规定:

1　对支架及地基的要求,应符合本规范第 5 章和本章的相关规定。设于河中的支架,应验算基础的冲刷深度,并应有可靠的防冲刷和防漂浮物影响的措施。支架基础不得设置在有冰胀影响的地层。

2　吊装构件时,应结合实际情况和设备条件采用适宜的起吊设备和起吊方式进行吊装。拱肋分段吊装到支架上后,其接头的连接处理应符合设计规定。

采用少支架方法施工,以支架代替了扣索,使拱肋在吊装过程中的稳定性和安全性得到提高,一般在能方便搭设支架的情况下会采用此法进行施工。

19.4.10　少支架施工时对支架安装和拆卸的技术要求,除应符合本规范第 5 章和本规范第 19.2 节的规定外,尚应符合下列规定:

1　卸架前应对主拱圈的混凝土质量、拱轴线的坐标尺寸、卸架设备、气温引起拱圈变化及台后填土等情况进行全面检查。

2　当拱肋接头混凝土及拱肋横向联结构件混凝土的强度符合设计规定或达到设计强度的 85% 时,方可开始卸架。卸架宜在主拱圈安装完成后,分次缓慢卸落,使拱圈及墩、台逐渐成拱受力,卸架时应监测拱圈挠度和墩、台变位等情况,并应避免拱圈发生较大变形。

3　在严寒地区,主拱圈不宜在支架上过冬,支架宜在冰冻前拆除。

19.5　转体施工

19.5.1　本节适用于有平衡重平转、无平衡重平转及竖转的拱桥转体施工,斜拉桥、梁桥等的转体施工可参照执行。

转体施工法一般适用于单孔拱桥的施工,其基本原理是:将拱圈或整个上部结构分为两个半跨,分别在河流两岸利用地形或简单支架现浇或预制装配半拱,然后采用机具设备和动力装置将其两半跨拱体转动至桥轴线位置或设计高程合龙成拱。转体施工法的关键技术问题主要体现在转动设备与转动能力、施工过程中的结构稳定和强度保证、结构的合龙与体系的转换等方面。

转体施工法与传统施工方法相比,具有以下优点:

(1)施工所需要的机具设备少、工艺简单,变高空作业为陆地作业,操作安全。

(2)能较好地克服在高山峡谷、水深流急或经常通航的河道上架设大跨度构造物的困难,尤其是对处于交通运输繁忙的城市立交桥和铁路跨线桥的施工,其优势更加明显。

(3)施工速度快、造价低、节约投资。在同等条件下,拱桥采用转体法与传统的无支架吊装法、桁架拼装法、支架现浇法相比,经济效益明显。

19.5.2 采用转体法施工时,拱圈的预制及拼装应符合下列规定:

1 应按设计确定的位置、高程,充分利用地形,合理布置预制场地,在适当的支架和模板上进行,支架应稳固且安装方便。

2 应严格控制拱肋的制作尺寸,构件尺寸的允许偏差应为±5mm,质量偏差应为±2%,拱肋轴线平面、立面的允许偏差应为±10mm。

19.5.3 采用有平衡重平转施工时,应符合下列规定:

1 对跨径较大、转动体系重心较高的拱桥,宜采用环道与中心支承相结合的转盘结构;对中、小跨径的拱桥,可采用中心支承的转盘结构。平衡重宜视情况利用桥台或设置临时配重。转体前,应核对平衡体的重量和转动体系的重心;如采用临时配重,应保证锚固设施安全、可靠。

2 拱圈混凝土达到设计规定的强度后,方可分批、分级张拉扣索,对扣索的索力应进行检测,其允许偏差应为±3%。张拉达到设计控制应力时,拱圈应脱离支架成为以转盘为支点的悬臂平衡状态,且应根据合龙高程(考虑合龙温度)的要求精调张拉扣索。

3 采用内、外锚扣体系时,扣索宜采用钢绞线或带镦头锚的高强钢丝等高强材料,其安全系数应大于2。扣点应设在拱顶点附近,当大跨径拱桥单点扣索力太大或因其他原因需采用多扣点时,应控制好扣索的同步张拉,使拱圈的截面应力处于允许的受力状态。

4 扣索和锚索之间宜通过置于扣、锚支承(桥台或立柱)的顶部交换梁相连接。扣索的锚点高程不宜低于扣点,宜与通过锚点的水平线形成0°~5°的角度。采用千斤顶张拉扣索时应分级进行,并应同时对结构内力及挠度进行监测,直至拱圈脱架。

5 扣索张拉到位、拱圈卸架后,应有24h的观测阶段,检验锚固、支承体系的可靠程度。同时应观测拱结构的变形状态及随气温变化的规律,确定转体前拱顶的高程。

6 转体的牵引索可采用钢绞线或高强钢丝束,其一端引出,另一端应绕固于上转盘上,牵引动力可采用连续作业液压千斤顶等。转动时宜控制速度,角速度宜不大于0.01~0.02rad/min或拱圈悬臂端的线速度宜不大于1.5~2.0m/min。采用钢绳牵引转动时,应在千斤顶直接顶推启动后再进行。

7 转体牵引力应有一定的富余,转体牵引力可按式(19.5.3)计算:

$$T = \frac{2fGR}{3D} \tag{19.5.3}$$

式中:T——牵引力(kN);

G——转体总重力(kN);

R——铰柱半径(m);

D——牵引力偶臂(m);

f——摩擦系数,无试验数据时,可取静摩擦系数为0.1~0.12,动摩擦系数为0.06~0.09。

8 转体合龙应在当日最低温度时进行,当合龙温度与设计计算温度相差较大时,应考虑温度差带来的影响,修正合龙高程。合龙时,宜采取先打入钢楔的快速合龙措施,然后施焊接头钢筋、浇筑接头混凝土、封固转盘;合龙应严格控制拱肋的高程和轴线,合龙接口的高程允许偏差应为±10mm,轴线允许偏差应为±5mm。合龙段混凝土达到设计强度后,应分批、分级松扣,拆除扣、锚索。

19.5.4 采用无平衡重平转施工时,应符合下列规定:

1 转体系统宜由锚固体系、转动体系和位控体系等构成。对尾索张拉、扣索张拉、拱体平转、合龙卸扣等工序,施工时应进行索力、轴线、高程等监测。

2 张拉尾索时,两组尾索应按上下左右对称、均衡的原则,对桥轴向和斜向的尾索进行分次、分组交叉张拉,并应使各尾索的内力均衡。张拉达到设计规定的荷载后,应对其内力进行量测;不符合要求时,应重新进行张拉,使之达到设计内力且均衡。

3 张拉扣索前,应在桥轴向和斜轴向支撑以及拱顶、3/8、1/4、1/8跨径处设立平面位置和高程监测点,且应在全面检查支撑、锚梁、轴套、拱铰、拱体和锚碇等的质量,经分析确认安全后,方可开始张拉。扣索分级张拉时,应对称于拱体按由下向上的次序进行,张拉过程中应随时进行监测,各索内力的相对偏差应控制在5kN以内。

4 转体前应对全桥各部位进行检查,符合要求后方可正式转动;转体不能自行起动时,宜采用千斤顶在拱顶处施力使拱体起动,并宜以风缆控制拱体的转速,风缆的走速在起动和就位阶段宜控制在0.5~0.6mm/min,中间阶段宜控制在0.8~1.0mm/min。当拱体采用双拱肋在同一岸上下游预制并进行平转达到一定角度后,上下游拱体宜同步对称向桥轴线旋转。

5 两岸拱体平转至桥轴线位置就位后,应对其高程和轴线进行测量,不符合设计要求时应进行调整,且宜按设计要求的合龙温度或修正后的合龙温度进行合龙施工。

6 合龙口混凝土符合设计规定的强度或达到设计强度的85%后,应按对称均衡的原则,分级卸除扣索,卸除过程中应对拱体的拱轴线和高程以及扣索的内力进行监测;全部扣索卸除后,应测量拱体的最终轴线位置和高程。

平面转体法适用于深谷、河岸较陡峭、预制场地狭窄、采用现浇或吊装困难的施工现场。在桥墩台的上、下游两侧利用山坡地形的拱脚向河岸方向与桥轴线形成一定角度搭设拱架,在拱架上现浇拱箱或组拼箱段以完成二分之一跨拱,其拱顶高程与设计高程相等(需设置预留高度)。利用转动体系,在保持拱箱平衡的条件下,将两岸拱箱相继稳定旋转合龙就位(图19-19)。

平转法的转动体系主要有转动支承系统、转动牵引系统和平衡系统。

转动支承系统是平转法施工的关键设备,由上转盘和下转盘构成。上转盘支承转动结构,下转盘与基础相连,通过上转盘相对于下转盘转动,达到转体目的。转动支承系统须兼顾转体、承重及平衡等多种功能。按转动支承时的平衡条件,转动支承可分为磨心支承、撑脚支承和磨心与撑脚共同支承三种类型。

磨心支承由中心撑压面承受全部转动重量,通常在磨心插有定位转轴。为了保证安全,通常在支承转盘周围设有支重轮或支撑脚,正常转动时,支重轮或支撑脚不与滑道面接触,一旦有偏心倾向则起支承作用。在已转体施工

图19-19 钢筋混凝土拱桥转体施工

的桥梁中,一般要求此间隙为2~20mm,间隙越小对滑道面的高差要求越高。磨心支承有钢结构和钢筋混凝土结构,我国以采用钢筋混凝土结构为主。上下转盘弧形接触面的混凝土均需打磨光滑,再涂以二硫化铜或黄油四氟粉等润滑剂,以减小摩擦系数(一般在0.03~0.06之间)。

图19-20 滑道构造图

撑脚支承形式的下转盘为一环道(图19-20),上转盘的撑脚有4个或4个以上,以保持平转时的稳定。转动过程支撑范围大,抗倾稳定性能好,但阻力力矩也随之增大,而且环道与撑脚的施工精度要求较高。撑脚形式有采用滚轮,也有采用柱脚的。滚轮平转时为滚动摩擦,摩阻力小,但加工困难。采用柱脚平转时为滑动摩擦,通常用不锈钢板加四氟板再涂黄油等润滑剂,其加工精度比滚轮容易保证。

第三类支承为磨心与撑脚共同支承,在撑脚与磨心连线的垂直方向须设有保护撑脚,使得支承点较多,上转盘类似于超静定结构,在施工工艺上保证各支撑点受力基本符合设计要求比较困难。

水平转体施工中,能否转动是一个很关键的技术问题。一般情况下可将启动摩擦系数设在0.06~0.08之间,有时为保证有足够的启动力,按0.1的摩擦系数配置启动力。因此减小摩阻力、提高转动力矩是保证平转顺利实施的两个关键。转动力通常安排在上转盘的外侧,以获得较大的力臂;转动力可以是推力,也可以是拉力。推力由千斤顶施加,但千斤顶行程短,转动过程中千斤顶安装的工作量很大,为保证平转过程的连续性,所以单独采用千斤顶顶推平转的较少。转动力通常为拉力,转体重量小时采用卷扬机,转体重量大时采用牵引千斤顶,有时还辅以助推千斤顶,用于克服启动时静摩阻力与动摩阻力之间的增量。

平转过程中的平衡问题也是一个关键问题。一般以桥墩轴心为转动中心,为使重心降低,通常将转盘设于墩底。平转施工分为有平衡重与无平衡重转体两种方式,有平衡重时,上部结构与桥台一起作为转体结构,上部结构悬臂长,重量轻,桥台则相反,在设置转轴中心时,要尽可能远离上部结构方向,以求得平衡,如果还不平衡,则需在台后加平衡重(图19-21);无平衡重转体,只转动上部结构部分,利用背索平衡,使结构转体过程中被转体部分始终为索和转铰处两点支承的简支结构(图19-22)。

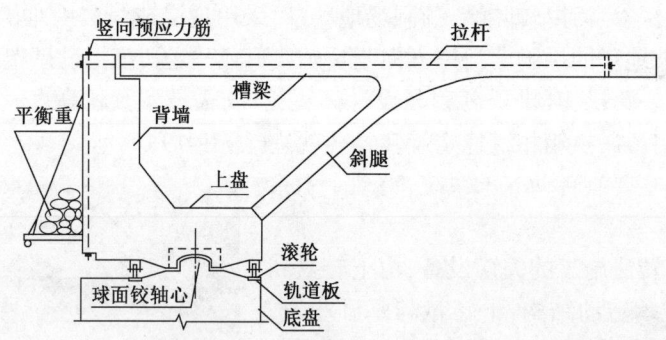

图19-21 有平衡重转体施工构造图
注:轴心承重转体,球面转轴辅以滚轮。

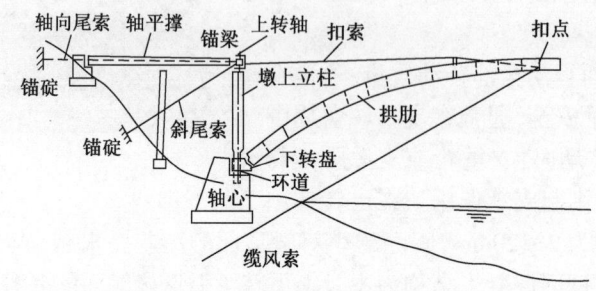

图19-22 无平衡重转体施工构造图

转体施工进行受力分析目的是:保证结构的平衡,以防倾覆;保证受力在容许值内,以防结构破坏;保证锚固体系的可靠性。转体过程历时较短,少则几十分钟,最多不超过一天,所以主要考虑施工荷载。在大风地区按常见的风力考虑,通常不考虑地震荷载和台风影响,这主要从工期选择来保证。此外,转体结构的变形控制、合龙构造与体系转换也是转体施工需要考虑的重要问题。

有平衡重平转施工通常选用摩擦系数较小的材料制作滑板和转盘轴心,环道和转盘结构在制作安装时需注意下列事项:

(1)环道转盘须平整,球面转盘要圆顺,其允许偏差为±1mm;环道基座须水平,3m长度内平整度不大于±1mm,环道径向对称点的高差不大于环道直径的1/5 000。

(2)中心支承一般采用球面铰柱,并采用直径不小于100mm的钢质或钢管混凝土定位销固于球面铰柱中心,再用强度等级不低于C50的混凝土浇筑球面铰成型,且在球面打磨光滑后再浇筑混凝土球面铰盖。混凝土达到设计强度后,需将盖、铰进行反复磨合,至单人以3m杠杆能推动为止。

(3)盖、铰磨合符合要求后,其接触面要涂以二硫化铜或黄油四氟粉等润滑剂,再将铰盖浇固于上盘混凝土中。

(4)浇固于上盘周边的4个或6个辅助支腿,要对称均匀布置,与下环道的间距须不大于20mm。

(5)环道钢板安装固定时,需与下转盘预埋件栓接。

(6)在环道表面设置一层3mm厚镜面不锈钢板,减小环道和走板之间的摩擦力。

采用无平衡重平转施工时,其转体系统通常由锚固体系、转动体系和位控体系等构成。

无平衡重平转施工的锚固体系一般由锚碇、尾索、支撑、锚梁(或锚块)及立柱等组成。锚碇可以设于引道或其他适当位置的边坡岩层中;支撑和尾索通常分为两个不同方向,形成三角形稳定体系,稳定锚梁和立柱顶部的上转轴使其为一固定点;当拱体设计为双肋,并采取对称同步平转施工时,斜向支撑可以省去。锚固体系须稳固可靠,必要时要做抗拔试验,安装时需注意下列事项:

(1)锚碇可以按照设计要求,参照悬索桥中锚碇的相关规定施工。

(2)锚梁锚固处须设置张拉尾索的设备。锚梁施工时,要防止钢筋尾索、扣索和预应力钢束穿孔的干扰。浇筑的锚梁混凝土达到设计强度的50%后,方能将轴套穿入上下轴套和环套中。

(3)桥轴向的支撑可以根据实际情况,利用引桥的梁作为支撑,或采用预制、现浇的钢筋混凝土构件;非桥轴向(斜向)的支撑应采用预制或现浇的钢筋混凝土构件。立柱一般为钢筋混凝土结构。

无平衡重平转施工的转动体系一般由拱体、上转轴、下转轴、下转盘、下环道和扣索等组成。安装时需注意下列事项:

(1)下转轴通常设置在桩基上,且要在环道设计高程下安装钢制轴圈。

(2)轴圈与转轴的平面位置与竖直度须符合设计要求,并须点焊固定在桩柱主盘上后,再浇筑填心混凝土。

(3)转盘表面可以采用钢板制作,其内径、平整度、焊缝均要符合设计要求,转轴与转盘的套合部分要涂润滑油脂;环道上的滑道一般采用固定式,其平整度须控制在±1mm内;当转盘填心混凝土达到85%设计强度后,可以拨动转盘转至拱体预制位置;转轴与轴套要转动灵活,其配合误差须控制在1mm内。

(4)拱铰铰头的配合误差须小于2mm。浇筑铰脚、锥体混凝土时可以采用预制钢筋混凝土模板,承托拱体可以利用第一段拱体的横隔板,并将其封闭,增设受弯钢筋来承担。

无平衡重平转施工的位控体系一般由缆风索与扣点、转盘牵引系统等组成。

无平衡重转体施工的主要施工工艺如下:

(1)转动体系施工:安装下转轴、转盘及浇筑下环道;浇筑转盘混凝土;安装拱铰、浇筑铰脚混凝土;拼装拱体;设置必要的支架、模板,设置立柱;安装扣索;安装锚梁、上转轴、轴套和环套。

(2)锚固系统施工:制作桥轴线上的开口地锚;设置斜向洞锚;安装轴向、斜向平撑;尾索张拉;扣索张拉。

(3)转体施工:正式转体前,应再次对拱体各部分进行系统、全面地检查,检查通过后方可转体。
(4)顶升拱顶、放松扣索降低拱顶来调整到设计位置。

在进行无平衡重拱体平转施工时,尚需注意下列事项:
(1)须制定详细的转体施工安全技术操作规程,进行技术交底。
(2)对全桥各部位包括转盘、转轴、风缆、电力线路、拱体下的障碍等进行测量、检查,符合要求后,方能正式转动。
(3)起动时宜采用千斤顶在拱顶处施加顶力,使其起动,起动后须以风缆控制拱体转速。
(4)上转盘采用四氟板做滑板支垫时,要随转随垫并密切注意四氟板接头和滑动支垫的情况,发现异常时要及时处理。
(5)拱体旋转到距设计位置约5°时,要放慢转速;距设计位置相差1°时,可停止外力牵引转动,借助惯性就位。
(6)当两岸拱体旋转至桥轴线位置就位后,两岸拱顶高程的误差超出标准值时,可以采取千斤顶张拉、放松扣索等措施调整拱顶高差,操作时其扣索可以按对称均衡原则进行张拉,且要先张拉内力较低的一排扣索,并分次张拉,使其达到设计要求的高程。当两岸拱体合龙处的轴线与高程偏差符合要求后,须按设计要求的合龙温度进行合龙施工。

19.5.5 采用竖转法施工时,应符合下列规定:

1 竖转法施工中的转动系统宜由转动铰、提升或下放体系、锚固体系等构成。竖转施工宜采用横向联结成整体的双肋为一个转动单元。

2 扣索宜选用钢丝绳或钢绞线,扣索的锚碇宜采用钢筋混凝土结构。扣索系统应经计算确定,钢丝绳的安全系数应不小于6;钢绞线的安全系数应不小于2;锚碇的抗拔、抗滑安全系数应不小于2。

3 索塔的设计应充分考虑偏载、荷载变化和风力等因素的不利影响,应保证其强度、刚度及稳定性满足拱肋竖转施工的要求。

4 转动铰宜根据推力大小选用钢制的轴销铰、钢板包裹混凝土的弧形柱面铰或球面铰;转动铰应转动灵活,接触面应满足局部承压的要求。

5 转动前应进行试转,检验转动系统的可靠性。竖转速度宜控制在0.005~0.01rad/min范围内,提升或下放重力大者宜采用较低的转速,转动过程中应保持平稳。

6 两岸拱体竖转就位后的合龙施工,应符合本规范第17.5节的相关规定。

竖转法主要用于肋拱桥,拱肋通常在低位浇筑或拼装,然后向上拉升达到设计位置,再合龙(图19-23)。

图19-23 箱形拱竖转施工

竖转体系一般由牵引系统、索塔、拉索组成。竖转的拉索索力在脱架时最大,因为此时拉索的水平角最小,产生的竖向分力也最小,而且拱肋要实现从多点支承到铰支承和扣点处索支承的过渡,脱架时要完成结构自身的变形与受力的转化。为使竖转脱架顺利,有时需在提升索点安置助升千斤顶。

竖转施工方案设计时,应合理安排竖转体系。索塔高、支架高(拼装位置高),则水平交角也大,脱架提升力也相对小,但索塔、拼装支架受力(特别是受压稳定问题)也大,材料用量也多;反之亦然。在竖转过程中,主要需要考虑索塔的受力和拱肋的受力,尤其是风力的作用。

在施工工艺上,竖转铰的构造与安装精度、索鞍与牵转动力装置以及索塔和锚固系统是保证竖转质量、转动顺利和安全的关键所在。拱桥基本上以无铰拱居多,竖转铰就是施工临时构造,所以,竖转铰的结构与精度需综合考虑满足施工要求和降低造价。跨径较小时,可以采用插销式,跨径较大时可以采用滚轴。拉索的牵引系统当跨径较小时,可以采用卷扬机牵引;跨径较大,要求牵引力较大,牵引索也较多时,则要采用千斤顶液压同步系统。

19.5.6 采用平转加竖转的方法进行拱桥的转体施工时,宜先将拱肋平转到桥轴线位置,然后再竖转到设计高程。平转和竖转宜采用各自独立的转动系统,并应分别按平转和竖转的相关规定施工。

19.6 劲性骨架拱

19.6.1 劲性骨架的制作加工可参照本规范第8章及本章钢管混凝土拱的相关规定执行。劲性骨架的安装宜采用无支架或少支架法进行节段拼装,拱轴线及桥轴线的控制标准可按钢管混凝土拱的要求执行。

所谓劲性骨架拱,就是先将由钢管或型钢制作的拱肋骨架形成拱圈,然后以劲性骨架拱圈作为支撑,逐步分环(分条)浇筑外包混凝土,最后使截面逐步加大直至形成全拱。劲性骨架混凝土拱桥兼有钢管混凝土拱桥和钢筋混凝土拱桥的优点,尤其是在施工过程中拱肋吊装重量较小,方便施工,为拱桥向大跨径发展和跨越提供了良好条件。如1997年建成的万县长江公路大桥是主跨为420m的钢筋混凝土拱桥,此桥就是采用劲性骨架法施工的(图19-24)。

图19-24 万县长江公路大桥

19.6.2 劲性骨架拱圈的浇筑施工应符合下列规定:

1 施工前,应在分析计算劲性骨架或劲性骨架与混凝土组合结构受力行为的基础上,进行混凝土浇筑程序设计;在施工过程中应对结构的应力和变形进行监控。

2 采用分环多工作面均衡浇筑法施工时,各工作面的工作段长度可根据模板长度划分,且其浇筑进度差宜不超过一个工作段。

3 采用水箱压载分环浇筑法施工时,应严格控制1/4跨径截面附近的劲性骨架的变形,预防混凝土开裂;必要时可在浇筑该处第一层(环)混凝土时设置约200mm的变形缝,待浇完第一层(环)后再采用混凝土填实。

4 采用斜拉扣挂分环连续浇筑法施工时,应选用可靠且操作方便的扣索系统,并应确定扣索的索力、位移和张拉程序,控制连续浇筑混凝土过程中拱圈(拱肋)的变形。

5 分阶段浇筑拱圈时,应严格控制每一施工阶段劲性骨架及劲性骨架与混凝土形成组合结构的变形形态、位置、拱圈高程和轴线横向偏位,其变形值、高差和偏位等应符合设计要求,否则应采取纠正措施。

劲性骨架拱桥的施工方法特点在于外包混凝土施工,下面以一实例加以说明。劲性骨架的安装方法与钢管混凝土拱桥基本相同,可以参见本章第19.7节。

1. 钢管劲性骨架拱桥实例1

某桥主桥为跨径364m钢筋混凝土拱桥,主拱圈为等截面悬链线无铰拱,采用劲性骨架外包混凝土成拱。拱圈采用两条肋,两肋间以横联连接,每拱肋为单箱双室截面,横向采用等宽8m,纵向采用外形等高5.8m,标准段顶、底板厚0.4m,腹板厚0.3m。拱圈的拱脚至第一根立柱间为渐变段,顶、底板厚度由0.8m线性变化至0.4m,边腹板厚度由0.55m线性变化至0.3m。劲性骨架为型钢与钢管混凝土组成的桁架结构,每肋上、下各三根$\phi 457 \times 14$mm、内灌C80混凝土的钢管混凝土弦杆。

拱肋桁片按左右两幅分幅设置,左右两幅拱肋设置横撑。单幅拱肋桁片高5.2m,宽7.2m。拱肋上下弦之间设置型钢组合而成的腹杆,同平面弦杆之间采用型钢组合而成的平联杆连接。腹杆及平联与弦杆均采用焊接相连接。

主拱总体构造如图19-25所示。

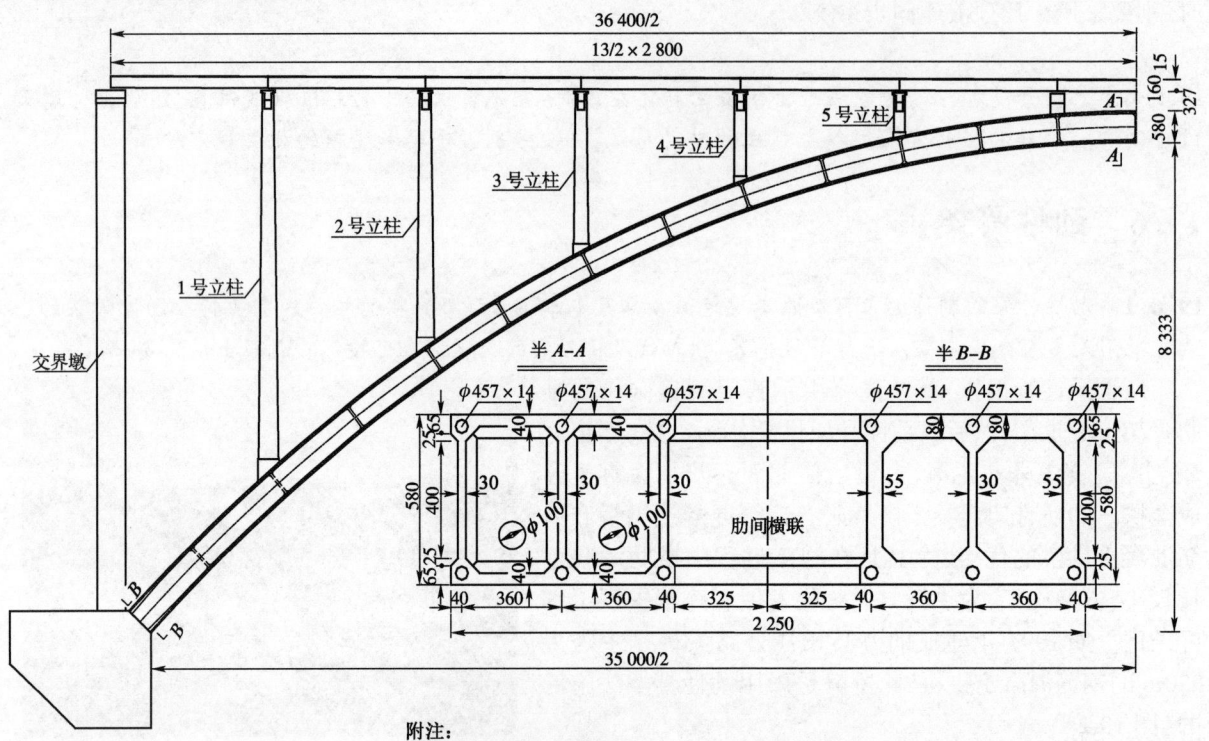

附注：
1. 本图尺寸均以cm为单位。
2. 本图适用于钢筋混凝土拱圈，图中钢管为采用劲性骨架施工时劲性骨架之弦杆。
3. 拱箱顶、底板厚度除在拱脚至第一根立柱范围内由80cm变为40cm外，其余位置均为40cm。
4. 拱箱边腹板厚度除在拱脚至第一根立柱范围内由55cm变为30cm外，其余位置均为30cm。

图19-25 主桥结构图(尺寸单位：cm)

在满足结构受力的需要的前提下，将拱肋外包混凝土划分为8个工作面对称同步浇筑，即：先分8个工作面浇筑底板混凝土至合龙，待混凝土达到设计强度后再分8个工作面同步对称浇筑腹板混凝土至合龙，最后分4个工作面浇筑顶板混凝土。

每个工作面底板、腹板划分为10个节段浇筑，每次浇筑长度为4.6~5.4m(即每次跨越一个腹、弦杆节点)。顶板每次浇筑长度为9.2~10.8m(即每次跨越两个腹、弦杆节点)。底板、腹板、顶板相互间的施工缝间距保持在500mm以上，避免重叠。

浇筑顺序如图19-26所示。

为提高施工效率，保障施工作业人员安全，本桥外包模板系统(含安全操作平台)采用自行式吊架系统。吊架系统由行走系统、托架系统和模板系统三部分组成，总体布置如图19-27所示。

拱肋桁片外包混凝土采用大块钢模板，为适应弧度变化的需要，模板设置时沿顺桥向将模板一分为二，在接头处设置销铰结构，以适应角度变化的需要。模板采用5mm钢板做面板，利用8号槽钢做骨架，顺桥向利用I12工字钢做纵梁，纵梁后端铰接在后桁片梁上，前端离端头1.5m的位置布置一横向分配梁，该分配梁采用$\phi 125mm \times 12mm$的钢管。对应于主弦管下设置三根模板支撑杆，支撑杆上端采用弧形叉，支撑在横向分配梁上。支撑杆下端固定在一调节座上，为适应支撑杆长度调整的需要，将支撑杆钢管外端加工成梯形螺杆，在铰座上配置相应的调节螺母。

腹板混凝土施工吊架系统利用底板施工吊架系统稍加改造即可使用。在施工腹板混凝土时，拆除底模模板和底模系统相应的支撑架，在底平台上设置腹板施工所用的支架。侧模安拆时，利用拱背平车上的链条葫芦挂住侧模板，通过链条葫芦调整模板斜度。内外模板通过拉杆对拉，在拱箱内通过剪力撑支撑内模。

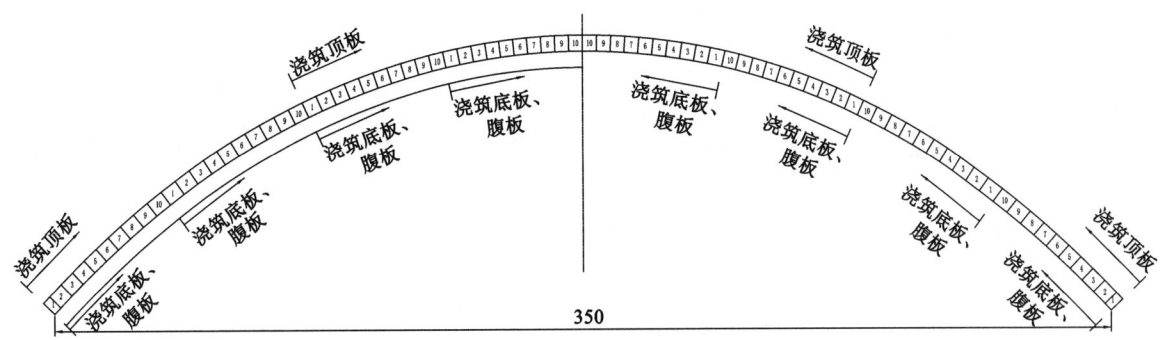

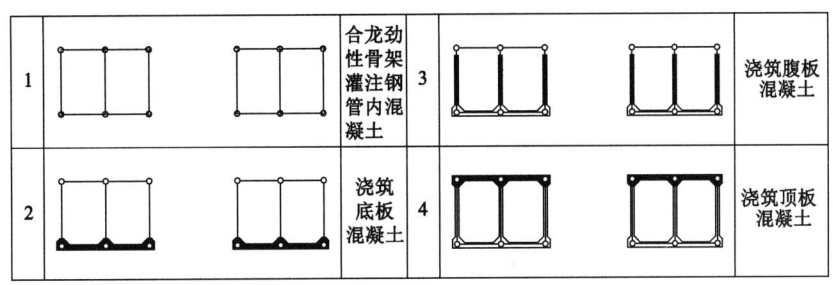

图 19-26 浇筑顺序图

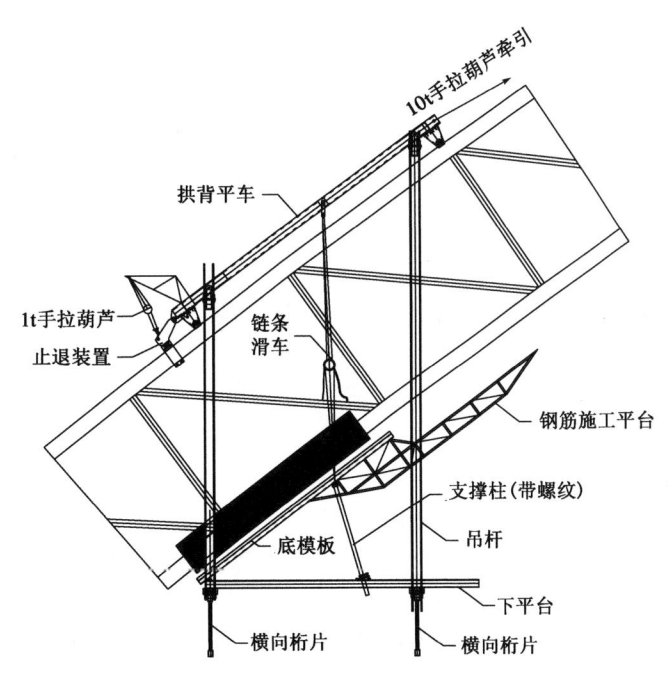

图 19-27 吊架系统构造图

在两岸各布置两台 HBT60C 输送泵，利用三通管及软管配合，将混凝土泵送到各个施工部位。泵管从拱脚接通到第四工作面，在每个工作面上设置一个三通管，三通管外接处设置一闸阀，通过开、关闸阀使混凝土能泵送到每一个工作面。工作面内的混凝土通过软管将混凝土泵送到每个施工部位。

拱肋钢筋密集，虽然在混凝土配合比设计时已充分考虑了其流动性，但为了保证混凝土的密实性，除主要利用插入式振动棒辅助振捣外，还可在底模底板、侧板上安装附着式振动器。在腹板施工时，在外腹板上安装附着式振动器。附着式振动器的间距按 1.2m，呈梅花形布置。

2. 钢管劲性骨架拱桥实例 2

1）工程概况

叙永（震东）至古蔺（二郎）高速公路磨刀溪特大桥位于古蔺县厂坝咀村和石柳岩村，跨越天然河流磨刀溪、省道 S309 线、县道 X014，两岸坡处均有机耕道与县省道相连，交通较为方便。

大桥左线起于 ZK15+838.00，止于 ZK16+661.00，大桥全长 823m。大桥在 ZK16+144.312 之前和 K16+591.212 之后，位于 $R=2500m$ 的平曲线内，不设超高；ZK15+987 以前位于 $R=12000m$ 的凹形竖曲线内，ZK16+639.998 以后位于 $R=20000m$ 的凸形竖曲线内，主桥桥面纵坡 -0.5%。跨径组合为 $11\times28m$ 预应力简支小箱梁 $+280m$ 拱桥（净跨 266m）$+8\times28m$ 预应力简支小箱梁。大桥右线起于 K15+945.394，止于 K16+656.394，全长 711m。K16+151.212 之前和 K16+609.004 之后位于 $R=2500m$ 的平曲线内，不设超高；跨径组合为 $7\times28m$ 预应力简支小箱梁 $+280m$ 拱桥（净跨 266m）$+8\times28m$ 预应力简支小箱梁。总体布置图见图 19-28。

2）施工方法

（1）缆索吊装系统布设

吊装系统主要由索塔、缆索、吊点、锚碇四大系统组成，通过各系统的相互配合完成吊装工作。根据现场施工条件在两岸拱座交接墩盖梁顶搭设 2 组 $4\phi800mm\times20mm$ 钢管立柱及型钢横联拼装成双柱门式索塔，塔顶高程均控制为 883.590m。

主承重索采用 2 组 $2\times3\phi56.0$ 的满充式钢丝绳（主承重索钢丝绳采用在建苍溪嘉陵江三桥缆索吊装用钢丝绳，其抗拉强度为 1960MPa，计算时折旧系数取 0.8）锚固在两岸主锚碇上，索跨设计为 280m，最大设计吊重 116t，安装垂度 10.4m，最大吊装垂度 22.4m。

锚碇分为主锚、扣锚和侧锚（抗风、歪拉锚）。主锚、侧锚采用桩式地锚，扣锚采用预应力岩锚。

（2）拱肋劲性骨架加工

劲性骨架构件高度达 4.2m，宽度达 7.3m，长度约 16~18.7m，最大节段质量 30.949t，构件庞大。

为保证构件加工时的质量控制、保证施工工期及减少运输过程中构件的变形，选择有钢结构加工资质的厂家，在工厂内将 4 个节段加工、预拼装成整体（临时栓接），再拆成小型杆件运输至组拼现场；同时在古蔺岸拱座前方设置劲性骨架组拼平台，将 2 个节段组拼成整体后按施工图纸要求焊接（节段分段处除外），最后将各节段转移至存放区等候吊装。

（3）拱肋劲性骨架安装

拱肋劲性骨架采用缆索吊装系统吊装就位，扣索斜拉锚固定位的施工方法安装。安装时左右线同步，两岸对称。

在交界墩盖梁顶设置 $4\phi800mm\times20mm$ 钢管及型钢横联组拼成双柱门式索塔，塔顶高程均按 883.590m 控制，两柱中心之间的距离叙永岸为 24.5m、古蔺岸为 19.5m，索塔顺桥向宽度为 5.63m，横桥向宽度叙永岸为 30.13m、古蔺岸为 25.13m。

索塔顶对应左、右线轴线位置各设 1 组 $2\times3\phi56.0mm$ 的满充式钢丝绳缆索吊装系统，每组系统设 4 个主吊点，每个主吊点起重索走 8 线。吊装系统在劲性骨架吊装完成后，还需吊装拱上 28m 小箱梁。

因此，单组系统最大设计吊重为 116t（1.2×小箱梁边梁重＋吊具重）。

在交界墩第三道系梁顶、盖梁顶及索塔上共设置 3 道钢锚箱用于扣挂扣索。

为满足拱肋安装、横联安装、其他辅助工作及后续工程的施工需要，缩短整个上部构造施工作业时间，吊装系统除设置上下游主吊点外，另外分别在每组主吊点的内外侧各设置 1 组工作天线（全桥共 4 组工作天线），每组设计吊重 5t。

（4）钢管拱灌注

采用 C100 高性能混凝土，灌注最大高度为 76.29m（从拱座顶面计算）＋1.5m（反压管）共 77.79m，最大水平距离约 150m。拟采用两岸拱脚向拱顶顶升混凝土的工艺，在灌注前需对混凝土进行试配、调整及工艺研究，确保混凝土各项指标满足要求。

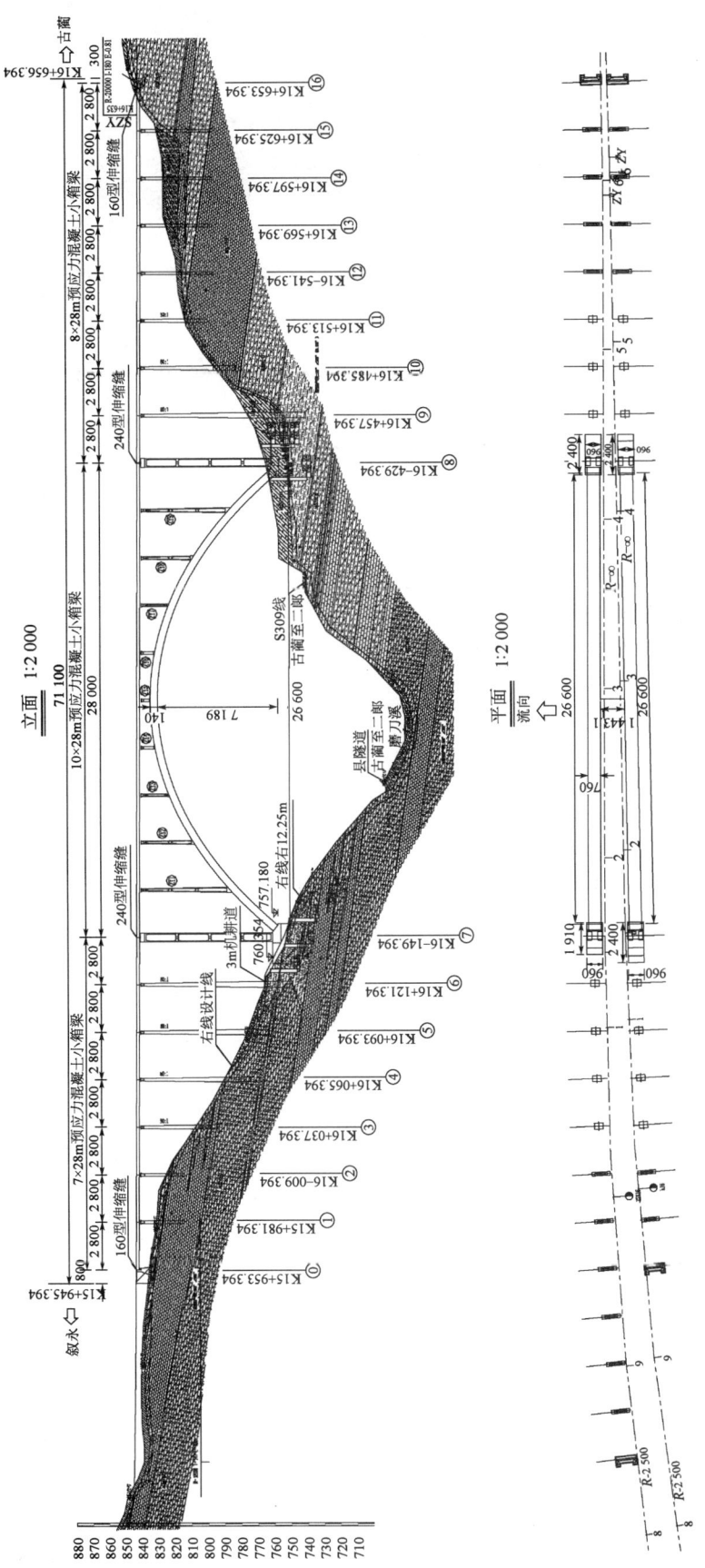

图19-28 磨刀溪大桥总体布置图(尺寸单位:cm;高程单位:m)

(5)拱圈外包混凝土

总体按两环,在纵向分16个工作面同步对称浇筑,见图19-29。

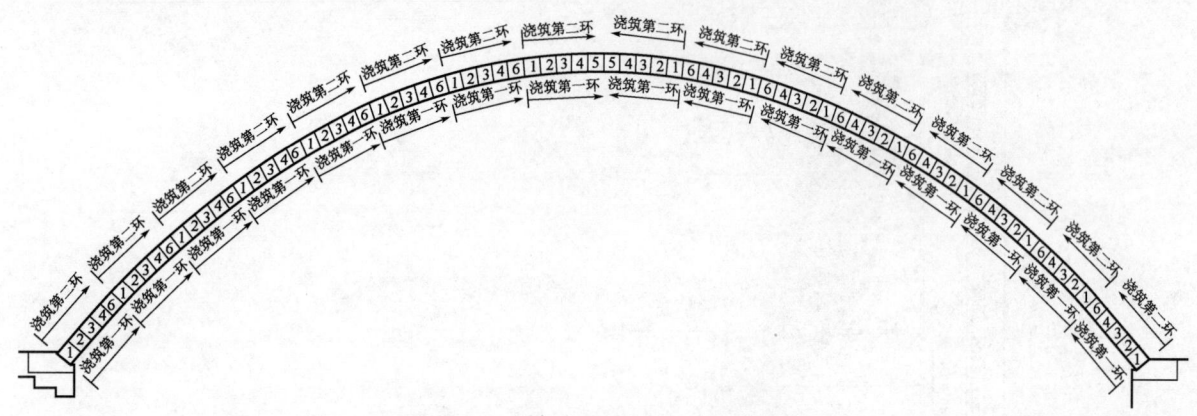

图19-29 拱圈分段、分环施工示意图

先分16个工作面浇筑第一环混凝土直至合龙,待混凝土达到强度后再分16个工作面同步对称浇筑第二环混凝土。

第一环浇筑底板和两外腹板混凝土,第二环浇筑中腹板和顶板混凝土,即先按上下游对称且两岸对称方式分16个工作面浇筑底板和两外侧腹板直至合龙,然后再按同样方式分16个工作面浇筑中腹板及顶板混凝土。施工时满足"对称、同步"的总体要求。

(6)拱上立柱、盖梁施工

采用现浇方案,采用拱上安装塔吊,同时利用四个工作吊点和四个主吊点同步配合施工。

(7)拱上28m小箱梁安装

采用单组缆索吊装系统的四个主吊点"四点抬吊,正吊正放,横移就位"。即四个主吊点正吊抬吊一片梁至盖梁上,然后利用走板将梁横移到位。

安装时总体按先跨中、后两端、分两级的顺序对称加载。按先跨中、后两端的顺序安装每孔两片边梁,再按相同顺序安装剩下两片中梁。

3)缆索吊装系统设计与布设

(1)索塔设计及施工

索塔采用 $2 \times 4\phi800mm \times 20mm$ 钢管拼装,与交界墩盖梁顶面预埋型钢焊接固结,构造如图19-30所示。

①索塔的构造设计。

采用2组 $4\phi800mm \times 20mm$ 钢管作为立柱,单组立柱钢管间采用M型万能杆件通过节点板连接,钢管横、顺桥向中心距均为4.83m。左、右线两组立柱间采用 $\phi325mm \times 10mm$ 钢管桁架横联连接,在塔底、塔顶段进行特殊处理,以满足受力要求。索塔拼装时设置临时缆风索。

②塔脚设计。

索塔立柱布置在两岸拱座交界墩盖梁上,采用在盖梁顶部预埋钢板。对应于每排主管位置沿顺桥向设置3组6m长的2I45b工字钢组,工字钢组分别与盖梁顶预埋钢板及索塔钢管焊接连接。塔脚结构示意图如图19-31所示。

③塔顶设计。

塔顶采用型钢作为分配梁结构,型钢布设两层,主索鞍、工作索鞍、索塔缆风锚箱与塔顶型钢的连接采用焊接。

④索鞍设计。

根据施工需要,索塔顶对应左、右线轴线位置共设置2组缆索吊装系统,每组系统共设置4门主索鞍4个、3门工作索鞍4个,索塔缆风锚箱4组。塔顶结构构造如图19-32所示。

19 拱桥

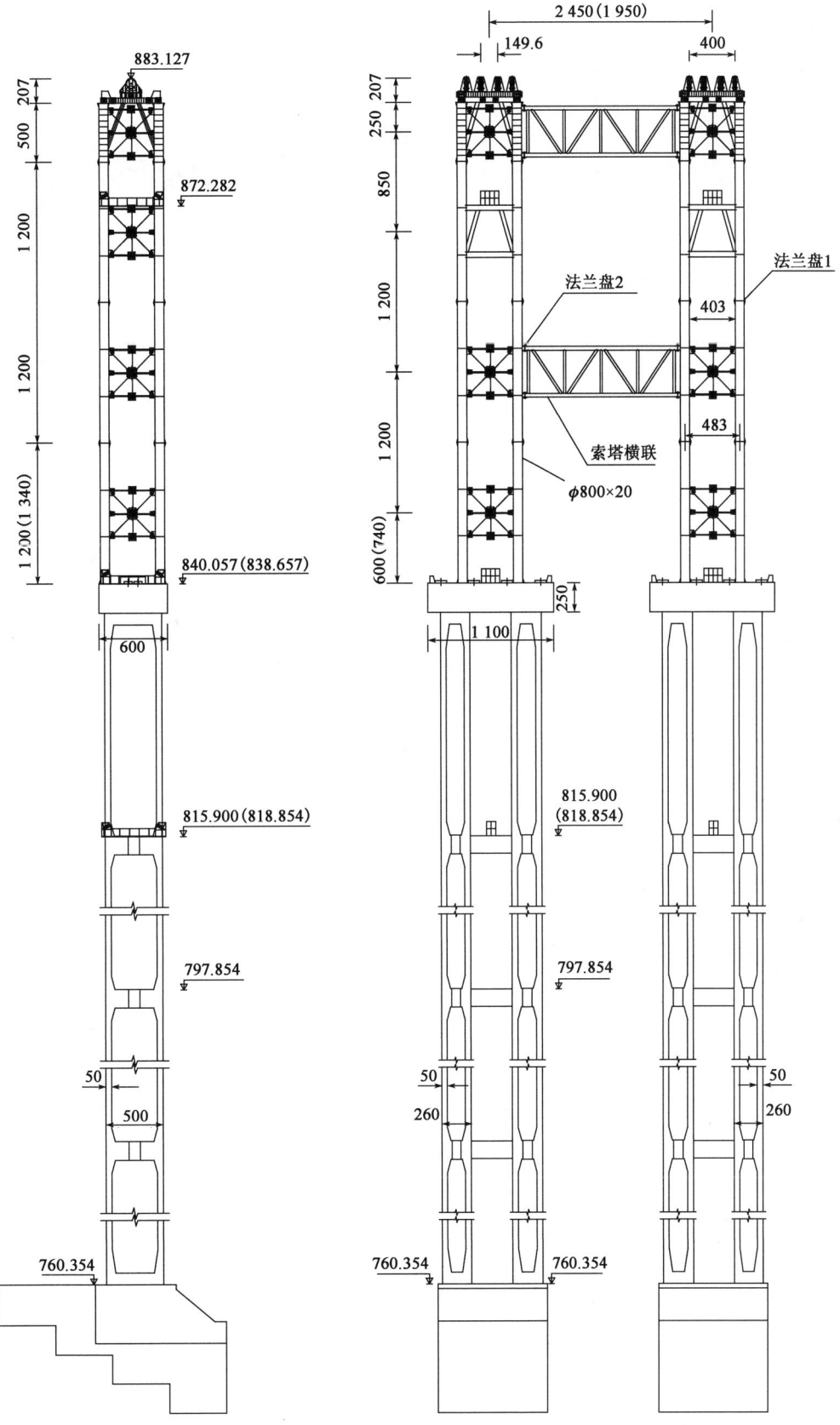

图 19-30 索塔构造图(尺寸单位:cm)

337

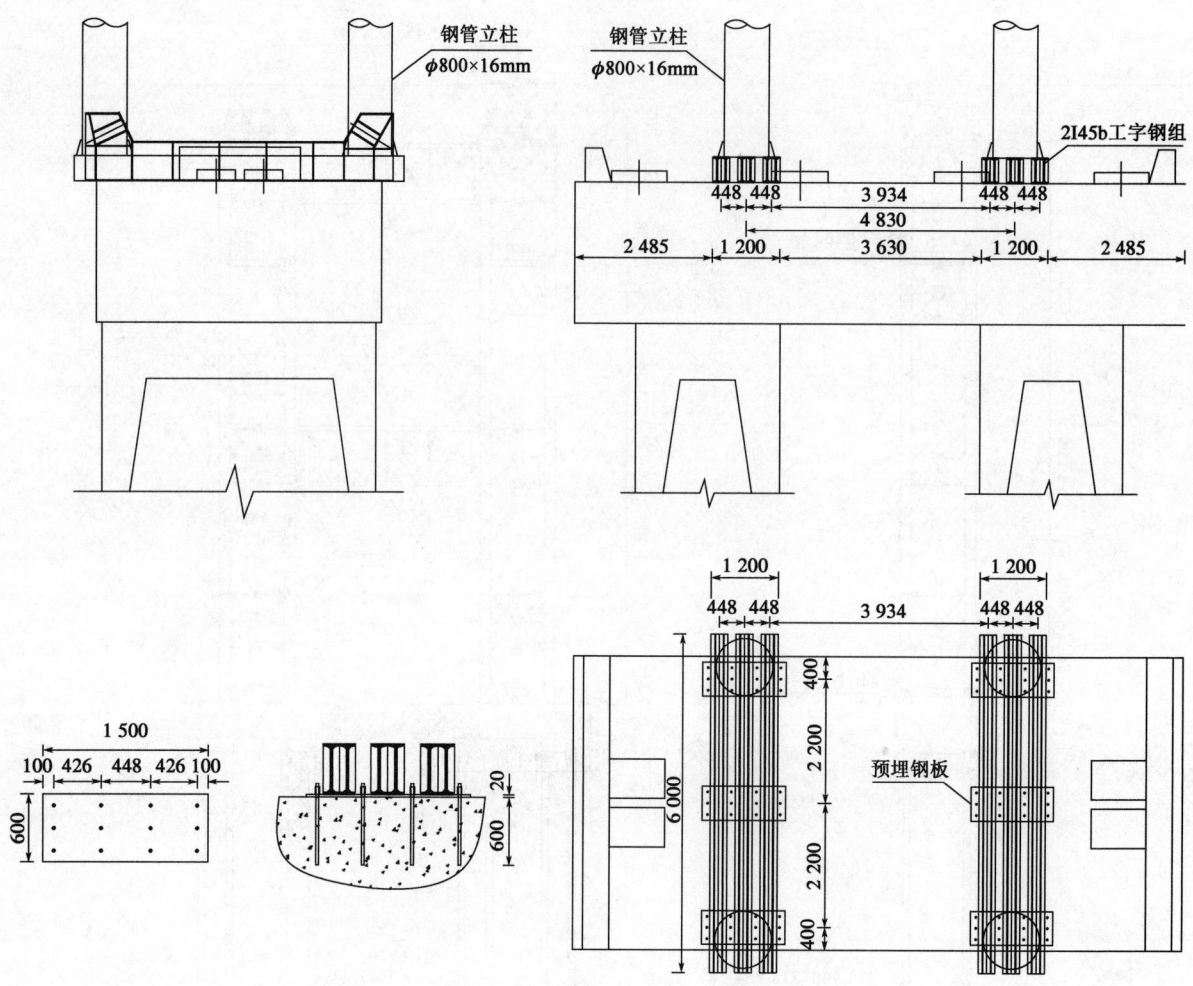

图 19-31 塔脚结构示意图(尺寸单位:cm)

(2)索塔加工及安装

①立柱节段加工、运输。

索塔钢管委托有资质的专业厂家加工制造,运至现场堆放。场地内各种型号钢管分层分型堆码,堆码场地平整密实,做好地面排水,钢管与地面用枕木隔离,并覆盖防雨,各型号钢管挂牌标示,防止混淆。

②第一段立柱安装。

利用塔吊及工作平台进行钢管立柱的安装。

安装前按照施工图纸进行准确放样,划出塔脚钢管边缘线,第一段立柱安装到位后,设置限位装置,保证塔脚不发生移位,再利用缆风索调整上接头平面位置,使立柱处于铅垂位置,待左、右线立柱均调整到位后,再吊竖、平联进行连接形成整体。

③其他立柱安装。

待索塔第一段立柱安装到位形成框架后,经检验合格,再进行上部立柱的安装。

在已安装的立柱顶面设置限位钢板(钢筋),限位钢板伸入待安装钢管接头内,对立柱钢管接头起着导向作用,同时也保证安装时的施工安全。

④塔顶结构安装。

根据吊重利用塔吊分块进行塔顶结构吊装,采用焊接固定。

⑤安装过程的测量控制。

为保证索塔各项指标符合规范要求,需加强安装过程的施工控制,及时发现不符合规范要求的偏差,及早进行调整和纠偏。质量标准见表 19-1。

19 拱桥

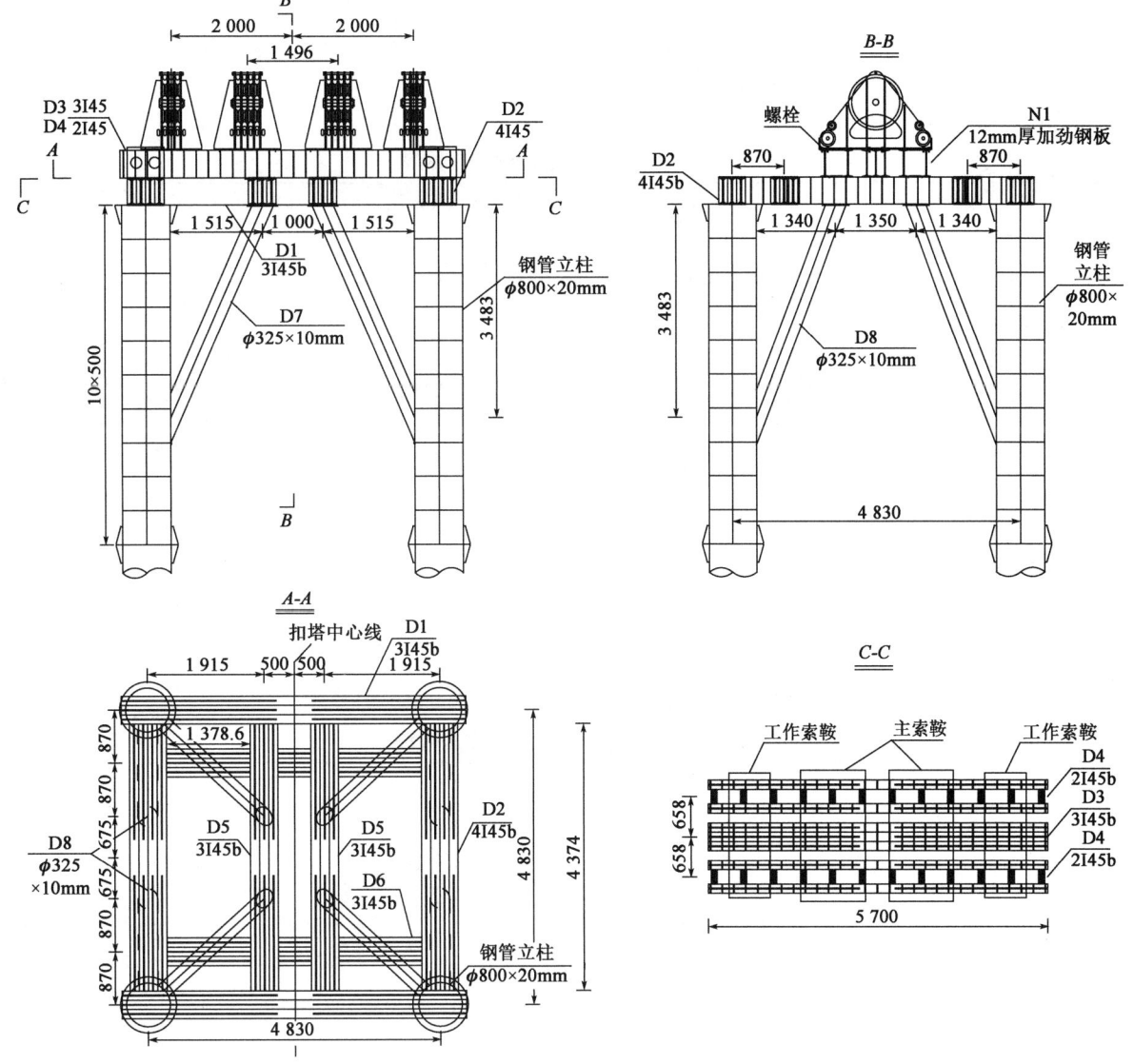

图 19-32 塔顶结构构造图(尺寸单位:mm)

表 19-1 索塔安装质量标准

序号	检查项目	允许偏差
1	立柱中心线	±15mm
2	立柱顶面高程和设计高程	±20mm
3	立柱顶面平整度	±5mm
4	各立柱竖直度	长度的1/1 000,最大不大于25mm
5	各柱之间的间距	间距的1/1 000
6	各立柱上下两平面相应对角线差	长度的1/1 000,但不大于20mm

(3)缆索设计

①主索。

主索系统主跨为280m,全桥共设两组主索吊装系统(对应左、右线拱肋各一组),每组由 2×3φ56mm(抗拉强度为1 960MPa)满充式钢丝绳组成。

每组主索系统上布置4组吊点,每组吊点采用1φ28.0mm(抗拉强度为1 550MPa)的钢丝绳走8线。拱肋节段用主索上的4组主吊点抬吊,每组吊点用1台100kN摩擦式卷扬机作为动力机械。

拱肋间横联利用左、右线各一组主吊点进行抬吊安装。

牵引系统每组主索上的两组吊点分别在两岸各用1台100kN摩擦式卷扬机作为牵引动力机械,每组牵引索用2ϕ28mm钢丝绳(抗拉强度为1 550MPa)。

主索、起重索、牵引索的规格及数量见表19-2。

表19-2 主索系统钢丝绳选用规格表

名 称	主 索	起 重 索	牵 引 索
型号	CFRC8×36SW	6×37+1	6×37+1
根数直径	2组2×3ϕ56.0	2组4×1ϕ28.0	2组4×2ϕ28
单位重量(kg/m)	14.98	1.982	2.768
面积(cm^2)	16.67	2.11	2.945
抗拉强度(kN/cm^2)	1 960	1 670	1 550
钢丝直径(mm)	2.3	1.1	1.3
破断拉力(kN)	2 777	403	374
折减系数	0.8	0.82	0.82

②工作索。

在主索两侧各布置1组工作索(对应左、右线拱肋各一组),全桥共设4组,每组由1ϕ56mm(抗拉强度为1 960MPa)满充式钢丝绳组成。

工作索、起重索、牵引索的规格及数量见表19-3。

表19-3 工作索系统钢绳选用规格表

名 称	承 重 索	起 吊 索	牵 引 索
型号	CFRC8×36SW	6×37+1	6×37+1
根数直径	4组1ϕ56.0	4组1ϕ21.5	4组2ϕ21.5
单位重量(kg/m)	14.98	1.638	1.638
面积(cm^2)	16.67	1.742 7	1.742 7
抗拉强度(kN/cm^2)	1 960	1 550	1 550
钢丝直径(mm)	2.3	1.0	1.0
破断拉力(kN)	2 777	222	222
折减系数	0.8	0.82	0.82

③缆风索。

缆风索主要分为索塔缆风、拱肋八字缆风。

其中:索塔缆风又分为纵向缆风、横向缆风。

索塔纵向缆风全桥共设置4组,每组由8ϕ^j15.24mm钢铰线组成。叙永侧索塔的前抗风索锚于古蔺侧锚碇,相应地,古蔺侧索塔的前抗风索锚于叙永侧锚碇。

索塔横向缆风由4ϕ28mm钢丝绳组成,分布在索塔钢管立柱两侧。

每组拱肋八字缆风由2ϕ28mm钢丝绳组成,单幅半跨共设置4组,节段安装时依次交替安装在节段端部,保证在任意工况下最端部节段至少有2组八字缆风。锚固时交叉锚固,避免节段弦管横向连接型钢出现拉应力。

(4)缆索系统施工

①布设准备。

a. 索卡。

索卡主要用于地锚处,ϕ56mm主索索卡在每一个对接接头处为36个,固端绳的接头索卡个数为16个。

b. 转线及其滑车、滑车轮准备。

缆索过河时,前端牵引,后端拉拽,使缆索不致垂入水中。鉴于现场的实际情况,采用设置转线滑车,以通过该转线滑车牵引主索过河或系住主索不入水,工作天线及转线、收紧滑车组均设在锚碇附近。

c. 卷扬机及其钢绳准备。

主牵引、起吊卷扬机在古蔺岸布置12台(4台牵引、8台起吊),叙永岸布置2台(4台牵引),布设位置为主锚碇前端(实际布设时尽量布设在两岸通视条件好的位置)。工作索的主起吊、牵引卷扬机布设同主索。其他如辅助卷扬机、打杂卷扬机等分两岸布置。为了便于集中管理,两岸卷扬机均集中布置。

② 主索、牵引。

a. 由古蔺岸向叙永岸牵引时,古蔺岸牵引索先到叙永岸与主索相连,然后向叙永岸牵引,同时叙永岸也附带一根牵引绳作回牵之用。

b. 在主跨间牵引主索时,均采用主动放索,以确保主索离水面不小于30m的高度。由于要求用主动放索,因此主缆索后端须用两台10t卷扬机循环打梢。$\phi56$ 主索盘离转线较远,必要时,应主动放盘(放盘时绝对不允许采用抽芯或盘轴竖直放置不转动而直接抽出主缆的方式放索)。

③ 主索牵引就位。

已牵引过河的某根主索,由经扣锚处的牵引索将其拉到扣锚处逐根单独卡牢在扣锚上,当每组的各根卡缆均已卡牢后,在另一岸用收紧滑轮逐根对其进行垂度调整。

主索的空载垂度为16.53m。调整垂度时,使 $\phi56$ 的主索的跨中最低点与两岸等高的标尺对齐(可用肉眼观测,也可由仪器观测)。在两岸索塔上设一水平标尺(主索最低点控制高程),观测跨中该索的最低点位于两岸标尺所在的平面内即可。

布设时首先在两岸索塔上设一醒目标志,由一名工程技术人员在该处观测(目测)指挥操作人员收紧工作索,待垂度达到设计值时卡紧一岸卡头。

每组主绳在布设第一根时同时采用目测和全站仪观测两种方法进行控制。其目测方法同于工作绳的观测,标志设在索塔上;全站仪观测法操作(图19-33)如下:

a. 设置观测点 A,坐标为 $A(X_A, Y_A)$,H_A 及方位角 α_{AB}。

b. 在 A 点设置全站仪,根据置仪高度和 H_A 算出 H_{A_1B} 和 H_{AB}(主绳对应跨中坐标 X、Y 已事先计算好)。

c. 计算竖直角 β。

d. 将全站仪调至方位角 α_{AB}、竖直角 β 位置锁定。待目测接近高程或是计算垂度时沿已调试好的全站仪视线观测收紧主绳;当主绳处于全站仪十字丝正中即说明主绳位于设计安装垂度位置。

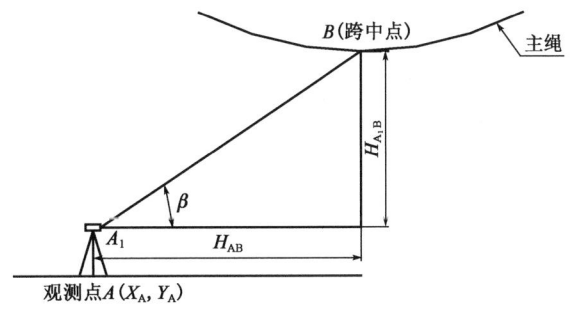

图19-33 主索全站仪控制示意图

其余主索在布设及收紧达垂度位置时,先采用吊篮配合工人至主索跨中近距离观测,再用全站仪观测法收紧主索,尽可能保证每组主绳在同一水平面上。

每调整好后一根主索就卡牢一根,$\phi56$ 主索的对接接头用索卡36个,固端接头用卡子16个,卡子间间距为40cm,所有索卡均采用骑马式。

(5) 主吊具设计

拱肋节段采用四点抬吊的方法进行吊装,吊具设计时天车和吊具均设计为四组共8套。

（6）卷扬机布置

为了便于集中控制、管理、视线良好，吊装指挥信号、指令传输方便快捷。两岸卷扬机均集中布置。主卷扬机分设在两岸主锚碇前，其他如辅助卷扬机、打杂卷扬机等分两岸布置。

（7）锚碇设计

①主锚碇。

主锚设计为桩式锚碇，分别位于两岸引桥（道）范围内，其中古蔺岸位于引桥桥台后路基上，距古蔺岸索塔250.76m；叙永岸位于右线0号台前，距叙永岸索塔191.63m。

叙永岸主锚地层为粉质黏土及粉砂质泥岩、砂岩层，古蔺岸主锚地层为粉砂质泥岩、砂岩层，锚碇由4根直径ϕ2.0m桩基、承台、锚墩3部分组成，单个锚碇设计混凝土方量309m³。主锚碇构造图如图19-34所示。

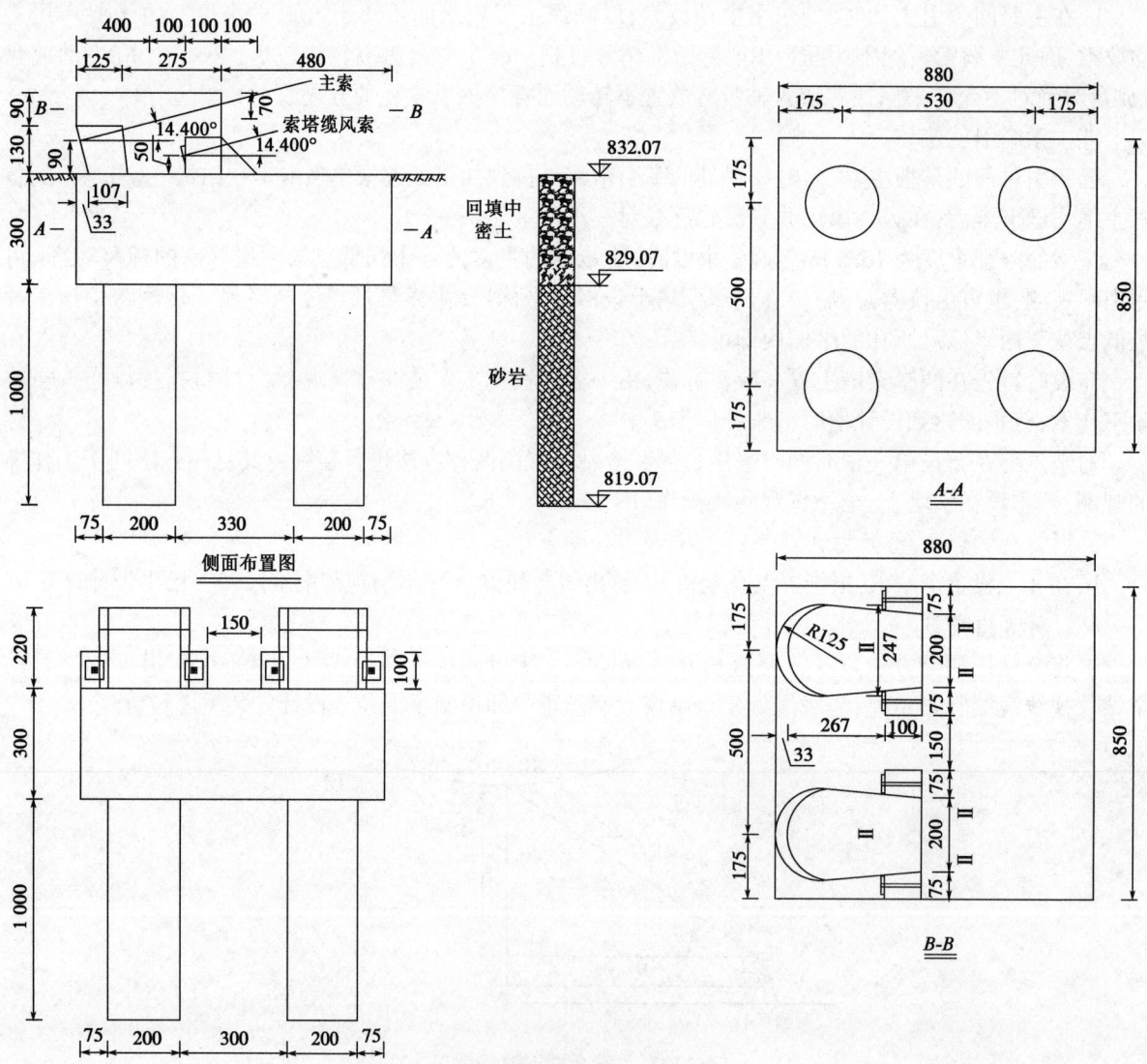

图19-34 主锚碇构造图（尺寸单位：cm）

施工时采用挖掘机进行承台基坑开挖，开挖时注意放坡，然后水磨钻成孔，绑扎桩基钢筋、浇筑桩基混凝土，绑扎承台及锚墩钢筋，立模现浇锚碇混凝土，浇筑前注意各锚固预埋件的埋设。混凝土浇筑完成后采用分层回填压实至承台顶面确保锚碇受力要求。

②扣锚。

扣锚采用预应力岩锚，岩锚由岩锚束、锚墩、钢锚梁、锚具组成。每级钢锚箱共设置2束尾索，尾索

1通过M15-15锚具直接与1束岩锚索对接锚固;尾索2、3锚固在钢锚梁上,由2束岩锚索锚固。锚索长度为30m,锚固段长度均为12m,其余为自由段。

单束岩锚索由8根ϕ15.24mm钢绞线组成,锚索入岩角度与尾索角度一致,如图19-35所示。每束岩锚索设计锚固拉力100t,施工完成后逐束做拉拔试验,拉拔力不小于设计锚固力的1.1倍,张拉时超张拉至110t。

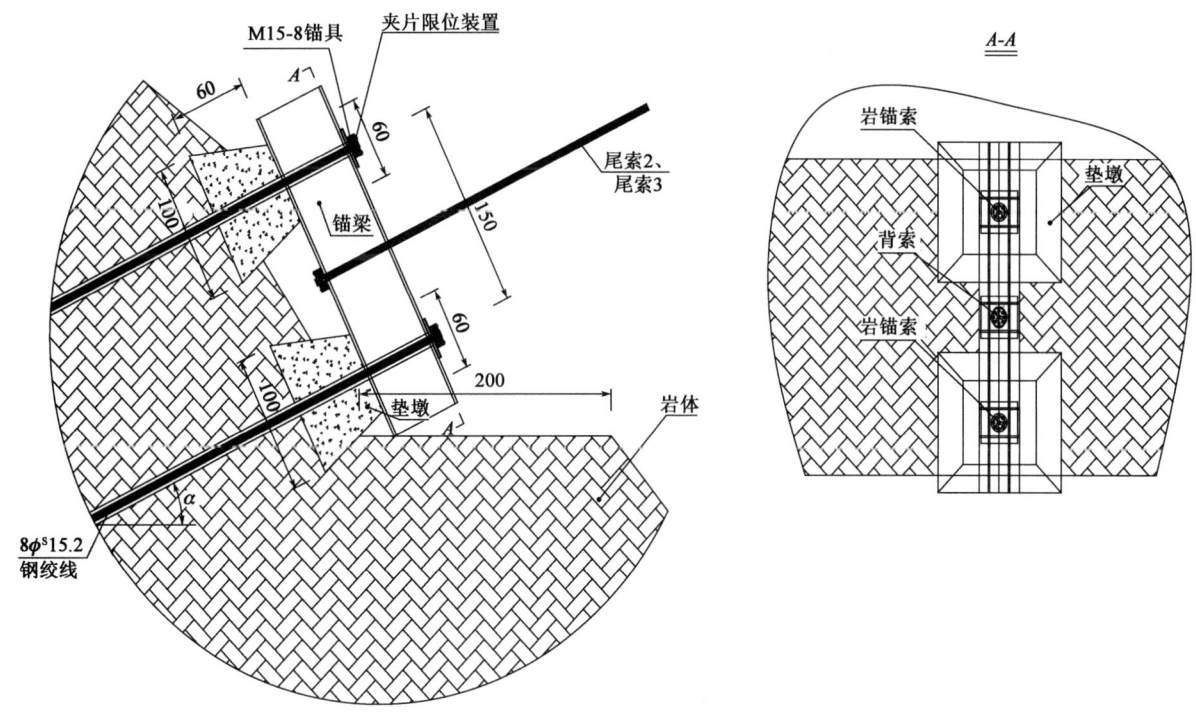

图19-35 岩锚构造示意图(尺寸单位:cm)

③侧抗风锚碇。

侧锚采用桩式地锚,采用单根4m长直径为2m的圆桩。施工时采用水磨钻钻孔成桩,人工在孔口搭架,下放钢筋笼,浇筑桩基混凝土。

为检验缆索吊装系统的性能,须在正式吊装前进行试吊工作,试吊采用成捆钢筋模拟最大吊重(28m小箱梁边梁重约90t)。

试吊前在地锚处、主索、钢绳接头卡子处、索塔顶做好标记,并派专人进行观测,发现超出规定的变形及时报告,以便处理。当吊重运至跨中时,观测各级荷载的工作垂度,作好记录以检验计算的正确性,如误差较大时,则需进行相应调整。

试吊步骤:起吊卷扬机分次受力→逐次检查系统各受力部位→起吊节段距基准面10cm→再次检查各受力部位→启动牵引系统运至跨中→测试数据→试吊物运回。

地锚:在地锚上设定标志点,起吊后用全站仪观测有无位移变形。

主索:起吊前测量空载时的垂度,起吊后梁运至1/2跨时,再测重载最大垂度。观测方法为在两岸河堤上适当地方确定一控制点,测出控制点高程和距跨中距离,在控制点上置全站仪,观测主索跑车位置,读出竖直角,即可计算出垂度值,与计算值相比较。并可用频谱分析仪测试主索索力,与计算值相比较。

索塔:在塔顶设立水平标尺,用全站仪在左、右线和桥轴线两个方向上观测塔顶位移。按施工规范规定,塔顶最大偏移应控制在$[\delta] = H/400$范围内。同时可用贴电阻应变片的方法测试索塔各不利位置结构内力,与计算值比较。

根据试吊观测结果,对缆索吊装系统工作性能作出评价后采取相应措施。另外,根据试吊还可检验卷扬机起吊系统和牵引系统工作性能以及供电、运输系统并采取相应措施。

4）劲性骨架加工及拼装

（1）劲性骨架加工

劲性骨架加工选择有钢结构加工资质的重庆强业公司，采用在重庆工厂内分节段加工制作，每4个节段预装成整体（临时栓接），经验收合格后拆成小件用汽车运至古蔺岸拱座前方组拼平台进行组拼、存放，安装时利用龙门桁车转运到运至吊点下方，采用四个吊点抬吊就位。

劲性骨架制作的工艺流程为：管段排版图→制样→下料→切割→边缘加工→卷管→焊接（纵缝，并超声检测）→矫圆→拼接（接长，焊接对接环缝）→超声检测及X射线拍片→组装（焊成分段桁架，超声检测必要时X射线拍片）→试拼（整体试拼装，含横撑）→涂装（含弦管及封端）→存放。

加工、制作时应注意预留浇筑孔、出气孔、出浆孔及临时焊接件（如扣点等）。

待劲性骨架安装合龙且焊缝经超声检测合格后进行拱肋混凝土压注；拱肋混凝土压注完达到设计龄期后按图纸要求顺序进行拱肋外包混凝土施工。

设计单位仅提供了主桥拱圈成桥线形，劲性骨架的加工形状（即无应力线形）由监控单位负责提供，并由设计单位确认。

（2）预埋段组拼及安装

预埋段共4段，在工厂内加工成单片，运输至墩位附近，浇筑拱座C40混凝土前安装角钢定位骨架，用三维坐标定位方法精确定位，采用墩位处5023塔吊及50t吊车配合逐片安装预埋段劲性骨架，检查节段分段点坐标符合要求后及时焊接横联锁定。组装平台平面布置如图19-36所示。

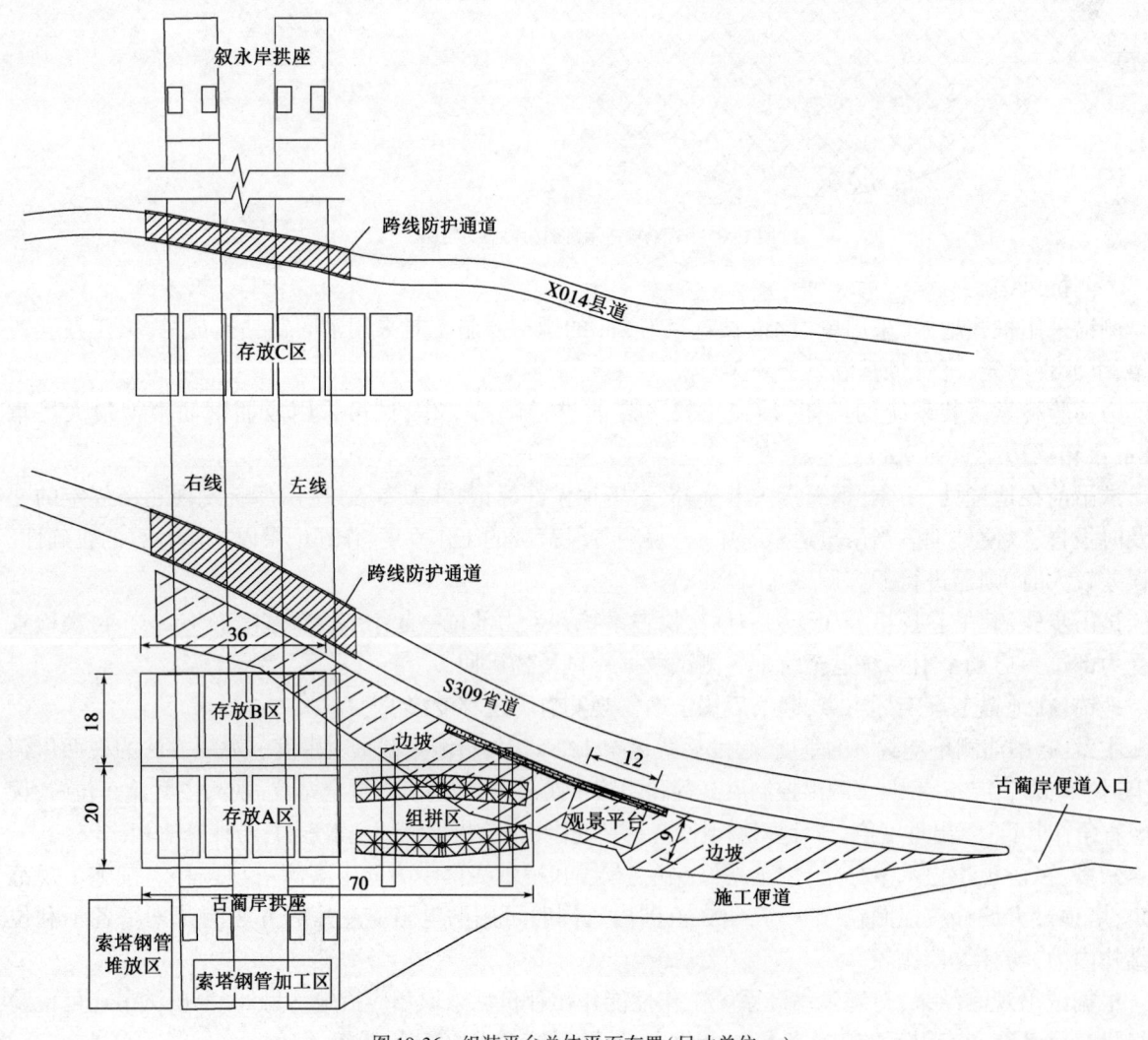

图19-36　组装平台总体平面布置（尺寸单位：m）

劲性骨架组拼平台位于古蔺岸拱座前方,内设组拼区和存放 A、B 区,另桥位跨中正下方设存放 C 区。组拼区可存放 4 片,存放 A、B 区可存放 16 片,存放 C 区可存放 12 片,吊装系统启用前最大存放容量 20 片。

(3)试吊

为检验缆索吊装系统的性能,须在正式吊装前进行试吊工作,试吊采用成捆钢筋模拟最大吊重(28m 小箱梁边梁重约 90t)。

试吊前在地锚处、主索、钢绳接头卡子处、索塔顶做好标记,并派专人进行观测,发现超出规定的变形及时报告,以便处理。当吊重运至跨中时,观测各级荷载的工作垂度,作好记录以检验计算的正确性,如误差较大时,则需进行相应调整。

试吊步骤:起吊卷扬机分次受力→逐次检查系统各受力部位→起吊节段距基准面 10cm→再次检查各受力部位→启动牵引系统运至跨中→测试数据→试吊物运回。

地锚:在地锚上设定标志点,起吊后用全站仪观测有无位移变形。

主索:起吊前测量空载时的垂度,起吊后梁运至 1/2 跨时,再测重载最大垂度。观测方法为在两岸河堤上适当地方确定一控制点,测出控制点高程和距跨中距离,在控制点上置全站仪,观测主索跑车位置,读出竖直角,即可计算出垂度值,与计算值相比较。并可用频谱分析仪测试主索索力,与计算值相比较。

索塔:在塔顶设立水平标尺,用全站仪在左、右线和桥轴线两个方向上观测塔顶位移。按施工规范规定,塔顶最大偏移应控制在 $[\delta] = H/400$ 范围内。同时可用贴电阻应变片的方法测试索塔各不利位置结构内力,与计算值比较。

根据试吊观测结果(图 19-37),对缆索吊装系统工作性能作出评价后采取相应措施。另外,根据试吊还可检验卷扬机起吊系统和牵引系统工作性能以及供电、运输系统并采取相应措施。

(4)扣挂段的组拼及安装

扣挂段的组拼及安装按以下顺序(图 19-38、图 19-39):

第一步:

①组拼叙永岸 J1-1、J1-2、J2-1、J2-2 共 8 个节段,组拼好后利用 2 台 50t 吊车转移至存放 B 区。

②组拼叙永岸 J3-1、J3-2、J4-1、J4-2 共 8 个节段,组拼好后利用龙门吊转移至存放 A 区。另外在组拼区组拼叙永岸 J5、合龙段共 4 个节段并临时存放在组拼区。

图 19-37 试吊图

③在缆索吊装系统安装完成并试吊后,缆索吊装系统及龙门吊配合将组拼 A 区的 8 个节段转移至桥位跨中正下方存放 C 区,同时利用龙门吊将组拼区的叙永岸 J5、合龙段共 4 个节段转移至存放 A 区。

第二步:

安装存放 B 区的叙永岸 J1-1、J1-2、J2-1、J2-2 共 8 个节段。

第三步:

安装存放 C 区的叙永岸 J3-1、J3-2、J4-1、J4-2 共 8 个节段。

第四步:

安装存放 A 区的叙永岸 J5 共 2 个节段,同时将 2 个合龙段转移至存放 C 区。

第五步:

①组拼古蔺岸 J3-1、J3-2、J4-1、J4-2、J5 共 10 个节段并转移至存放 C 区。

②组拼古蔺岸 J1-1、J1-2、J2-1、J2-2 共 8 个节段。

③利用缆索系统将古蔺岸左线 J1-2、J2-1、J2-2 共 6 个节段转移至存放 B 区。

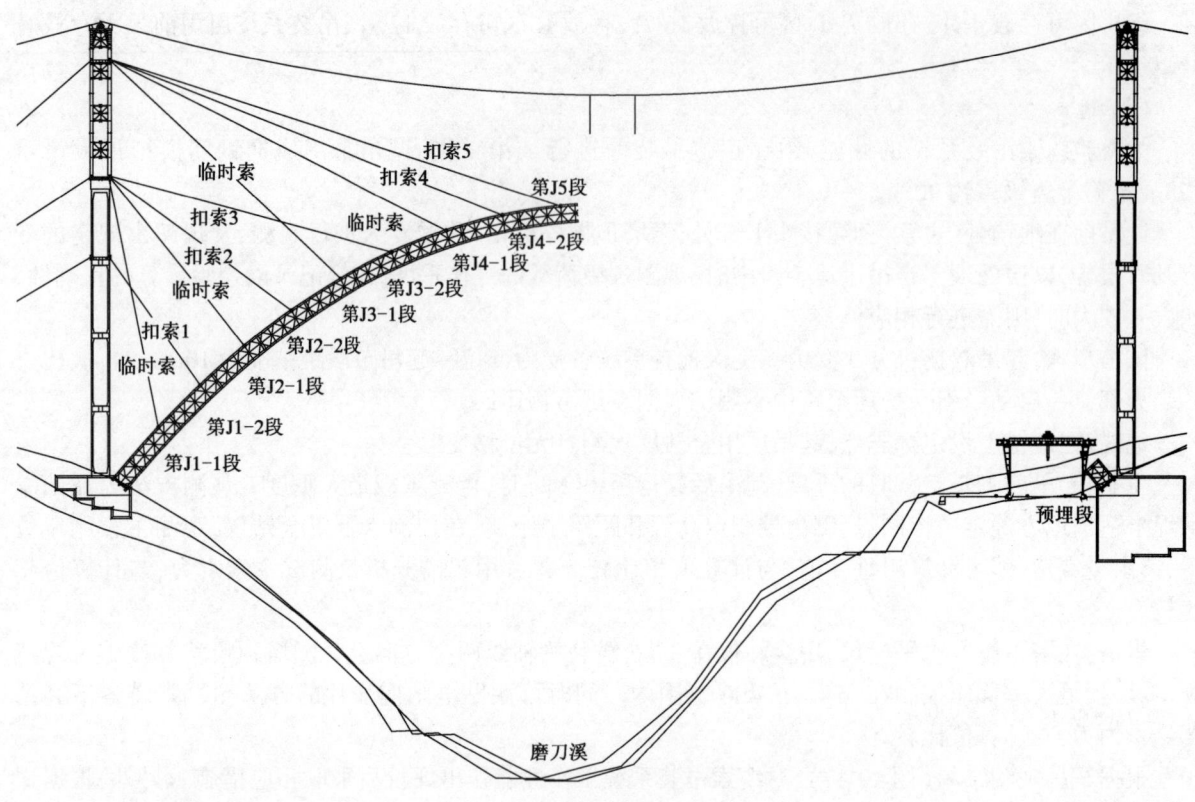

图 19-38 扣挂段安装流程(一)

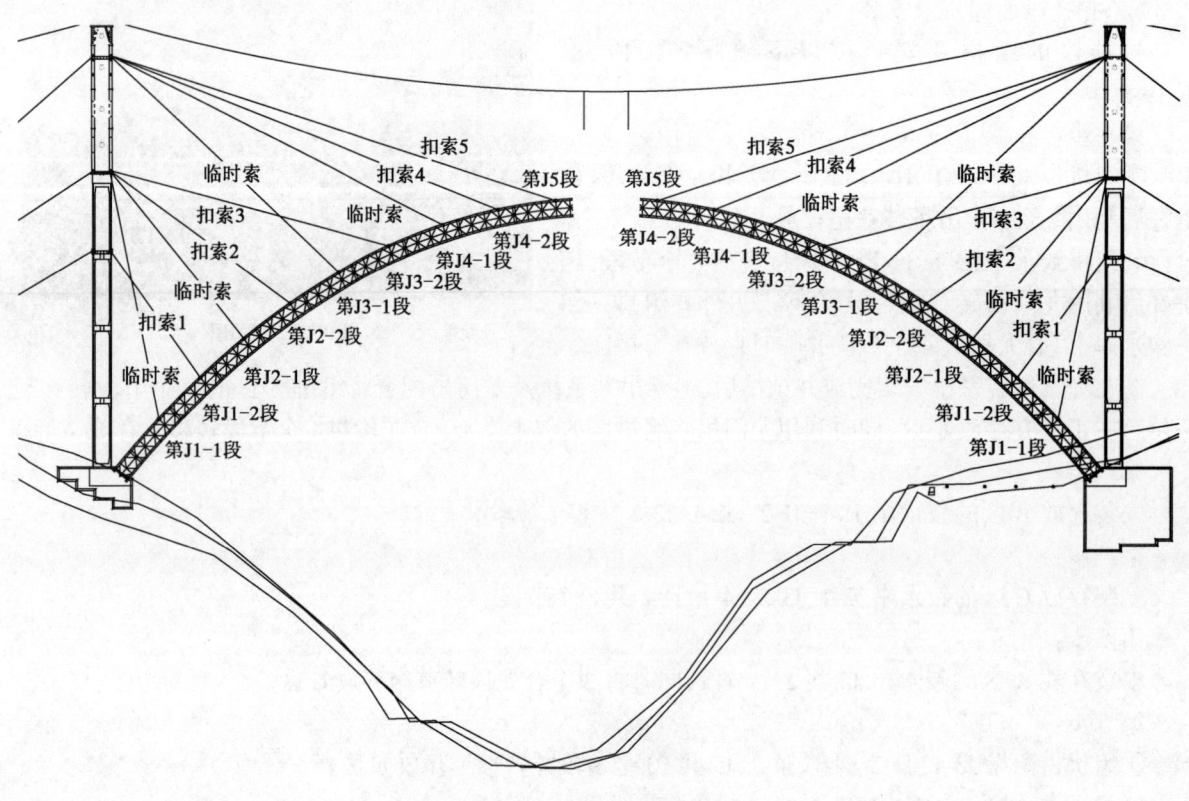

图 19-39 扣挂段安装流程(二)

第六步：
安装存放 A 区的古蔺岸 J1-1 共 2 个节段。
第七步：
安装存放 B 区 J1-2、J2-1、J2-2 共 6 个节段。
第八步：
安装存放 C 区 J3-1、J3-2、J4-1、J4-2、J5 共 10 个节段，见图 19-39。
第九步：
安装存放 C 区的 2 个合龙段；安装拱肋间 3 道横撑；逐级对称拆除扣索、尾索。

5) 钢管 C100 混凝土灌注

本桥拱肋为 6 根 φ402mm 钢管组成的空间桁架截面，钢管内设计灌注 C100 微膨胀混凝土，施工采用顶升法同步对称泵送灌注，先灌注下弦管，待强度达到设计强度的 80% 后再进行上弦管的灌注，以减小拱肋变形。灌注顺序先下弦后上弦，先中间后两侧，每次灌注左、右线对应的同一根钢管（图 19-40）。

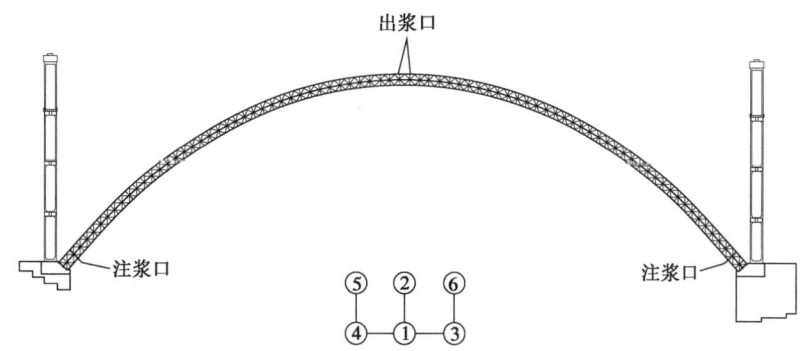

图 19-40 钢管 C100 混凝土灌注示意图

(1) 施工布置及设备

混凝土采用罐车运输，在两岸拱座处各设 2 台 60m³/h 的混凝土输送泵。

泵管自两岸接至单列拱肋的同一钢管的对称泵送口，进行灌注，输送泵与拱座间的距离控制在 20m 内。

(2) 混凝土泵送

灌浆孔布置在拱脚附近，6 根主拱钢管分别设置，灌浆孔相互错开，间距≥1m，以避免减弱同一断面。混凝土泵送结束后利用泵送口处接钢管上的闸阀，关上混凝土，以便倒流。

6) 劲性骨架外包混凝土施工

(1) 拱圈施工节段划分

拱圈采用 C50 自密实混凝土，为保证拱肋劲性骨架受力基本均衡，拱肋外包混凝土施工方案为：总体按两环，在纵向分 16 个工作面同步对称浇筑，每次浇筑长度 4m 左右，每个作业面浇筑 5 个循环，即先分 16 个工作面浇筑第一环混凝土直至合龙，再分 16 个工作面同步对称浇筑浇筑第二环混凝土。第一环浇筑底板和两外腹板混凝土，第二环浇筑中腹板和顶板混凝土，施工时满足"对称、同步"的总体要求。施工现场如图 19-41 所示，外包分环浇筑如图 19-42 所示。

第一环：底板及外腹板施工按总体按原设计方案执行，即分 16 个作业面，对称同步进行施工，每次浇筑长度 4m，每个作业面浇筑 5 个循环，但外腹板采取一次成型，内腹板浇筑至 1.4m 高处。

第二环：顶板及内腹板施工，分 16 个作业面，对称同步进行施工，浇筑长度由原设计的每次浇筑长度为 4m 分 5 个循环调整为 8m 和 12m 分两个循环成型。

(2) 吊架、模板系统设计

为提高施工效率，保障施工作业人员安全，本桥拱肋外包吊架及模板系统（含安全操作平台）采用自行式吊架系统。

(3) 吊架系统构造

吊架系统分为施工平台、牵引系统和模板系统三部分组成，见图 19-43、图 19-44。

图 19-41 拱圈外包混凝土施工图

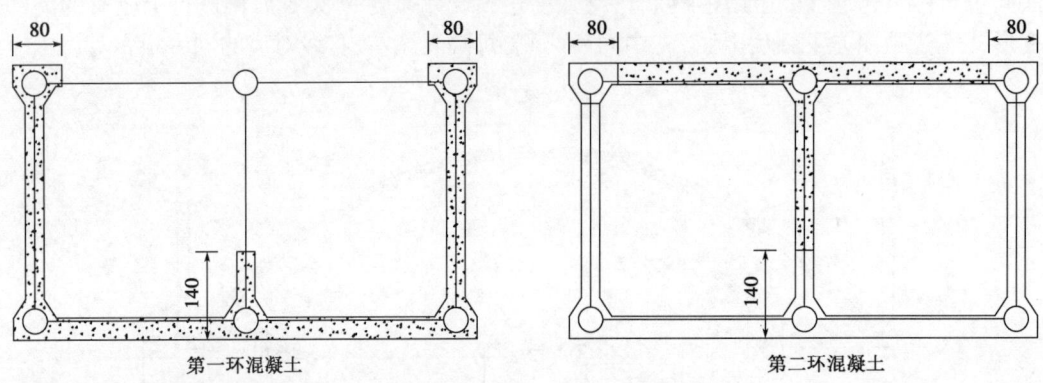

图 19-42 外包分环浇筑图(尺寸单位:cm)

①施工平台。

施工平台主要由拱背平车、底平台、连接绳组成。

拱背平车采用2组9m长的2[25a横梁及2组9m长的2[25a纵梁形成井字形框架布设于拱肋上弦主管上,框架内设置I25a纵、横撑及L75×7叉撑加强,在框架横梁与骨架主管交叉处设置行走小车。

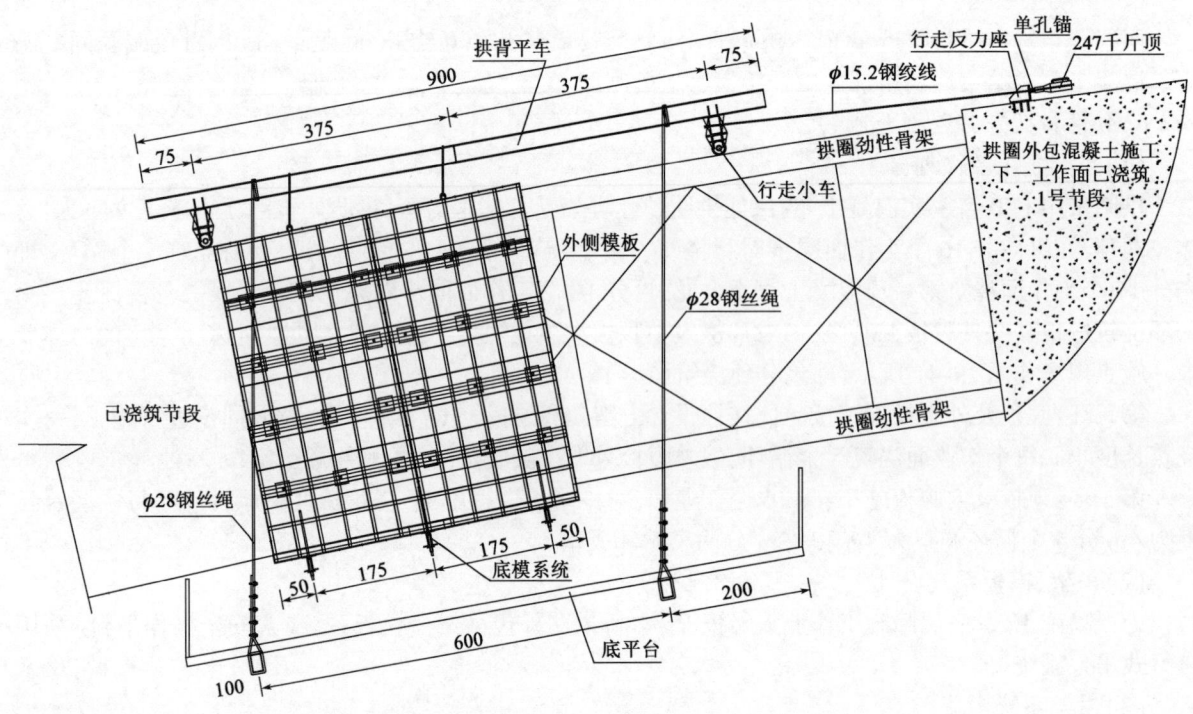

图 19-43 劲性骨架外包混凝土吊架布置图(一)(尺寸单位:cm)

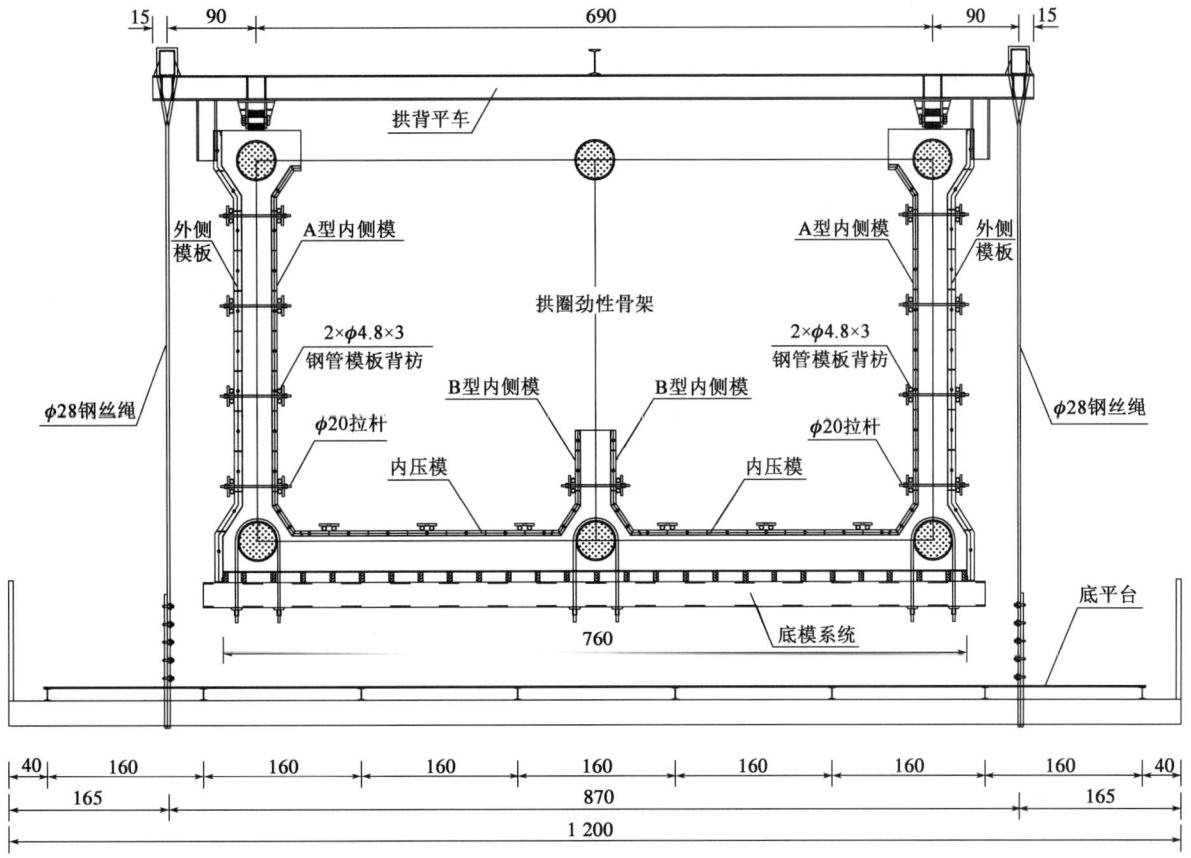

图 19-44 劲性骨架外包混凝土吊架布置图(二)(尺寸单位:cm)

底平台采用两组长 12m 的 2[25a 槽钢横梁,横梁上按 160cm 间距铺设长 9 米的 I12.6 工字钢纵梁,其上按 30cm 间距铺设 ϕ12 钢筋,顶面满铺钢板网,在平台侧向设置栏杆和钢丝网,两侧设置供工人上下的人行爬梯。

连接绳采用 4 根 10m 长 ϕ28 钢丝绳走 2 线,上端捆绑于拱背平车纵梁上,下端与底平台横梁捆绑,以适应拱背角度变化的需要。

在拱背平车行走至作业区域后,利用 U 形螺杆将平车横梁与上弦钢管抱紧固定,形成一个既可以满足本节段底板及外腹板施工又可以满足下一节段钢筋板绑扎的安全稳定的施工平台。

②牵引及行走系统。

为满足施工平台能持续前进的要求,在拱背平车上设置专用行车轮,专用行车轮布置在拱肋外侧两根弦管上。模板松开后,利用手拉葫芦将外侧模吊挂在拱背平车上,同时将底模下放至底平台上,同时在拱背平车前方劲性骨架钢管上设置 2 个 16t 单门滑车,采用缆索系统工作吊点向上提升整体牵引吊架系统向前移动的方式前行,行走到位后利用千斤头及时将平台锁定在骨架钢管上,同时在后端小车处设置止推型钢,见图 19-45。

为了满足拱背平车在钢管及混凝土上均能行走的需要,行车轮中间设置成轮弧,两侧各设置 4cm 宽直线段,轮弧与钢管外径相同,同时为防止拱背平车因牵引受力不均跑偏,在轮外侧设置了限位装置。从钢管转换至混凝土上时,在转换处垫上专用的楔形钢板(临时焊接在钢管上)。

③模板系统。

拱肋外包混凝土采用墙板包裹底板的施工方案,模板采用新制大块钢模板,设置时沿顺桥向将模板一分为二,在接头处设置销铰结构。

a.底板及外腹板。

腹板外模采用 3mm 钢板做面板,利用[8 槽钢做主肋,5mm 带钢做加劲肋,4 道 2ϕ48mm × 3mm 钢管做分配梁。腹板外模由3组钢绳吊于拱背平车上,安装时配以2台5t手拉葫芦辅助模板按拆及调位,就位后与腹板内模一起以对拉螺杆栓接。

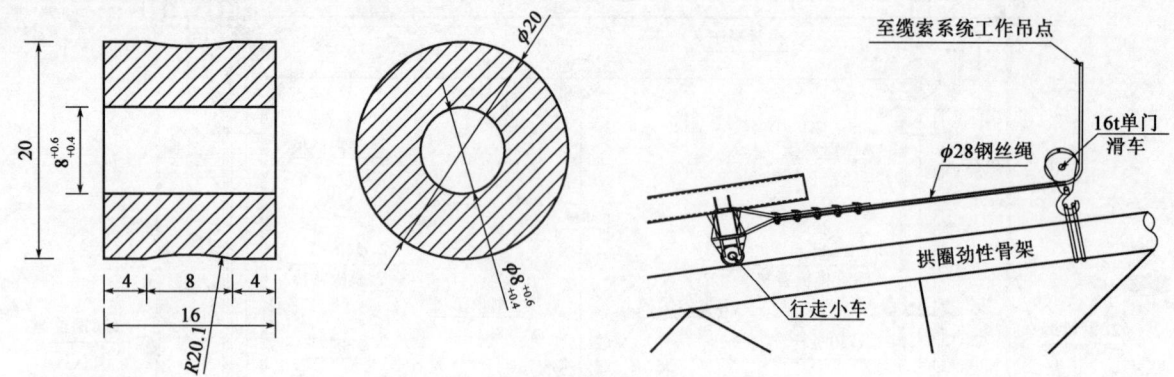

图19-45 行走及牵引布置图(尺寸单位:cm)

腹板内模采用3mm钢板做面板,利用[5槽钢做主肋,5mm带钢做加劲肋,4道2ϕ48mm×3mm钢管做分配梁。

底模采用12mm竹胶板做面板,利用5×10木方做主肋,3道2[20槽钢做分配梁,安装时配以2台5t手拉葫芦辅助模板按拆及调位,就位后利用U形螺杆将横梁与下弦钢管抱紧固定,形成一个稳定的底模系统。底模大样图见图19-46。

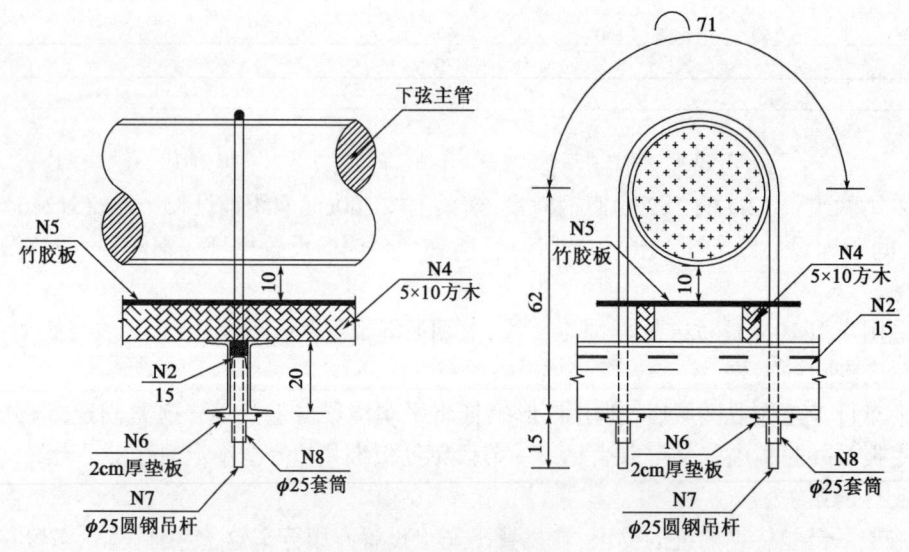

图19-46 底模大样图

b.顶板及内腹板。

顶板及内腹板施工采用在拱箱内搭设满堂支架,倒角模板采用工厂定型加工,考虑到劲性骨架平联及弦杆较多,不便于大块模板拆除及转运,顶板底模采用小块轻型钢模,顶板压模板采用底板及外腹板施工时压模改制。

(4)拱圈外包混凝土浇筑

①底板及外腹板浇筑(第一环)。

底模采用U形吊杆吊挂,在底板顶面设置压模板,内模上相应位置开设振捣孔和混凝土灌注孔,腹板顶面根据钢筋分布情况设置梳型竹胶板压模,模板设置如图19-47所示。

拱圈采用C50自密实流态混凝土,为保证浇筑质量,拱圈混凝土浇筑时仍需采用适量插捣并结合敲击模板。混凝土采用泵送入模,两岸对称同步浇筑,泵送管道布设于劲性骨架上弦中管一侧的人行通道内。浇筑时先浇筑底板,再浇筑腹板,在内模中部及底板压模适当位置开仓设置入料口,浇筑至入料口后,及时封补该入料口,转至下一入料口入料,直至浇筑结束。

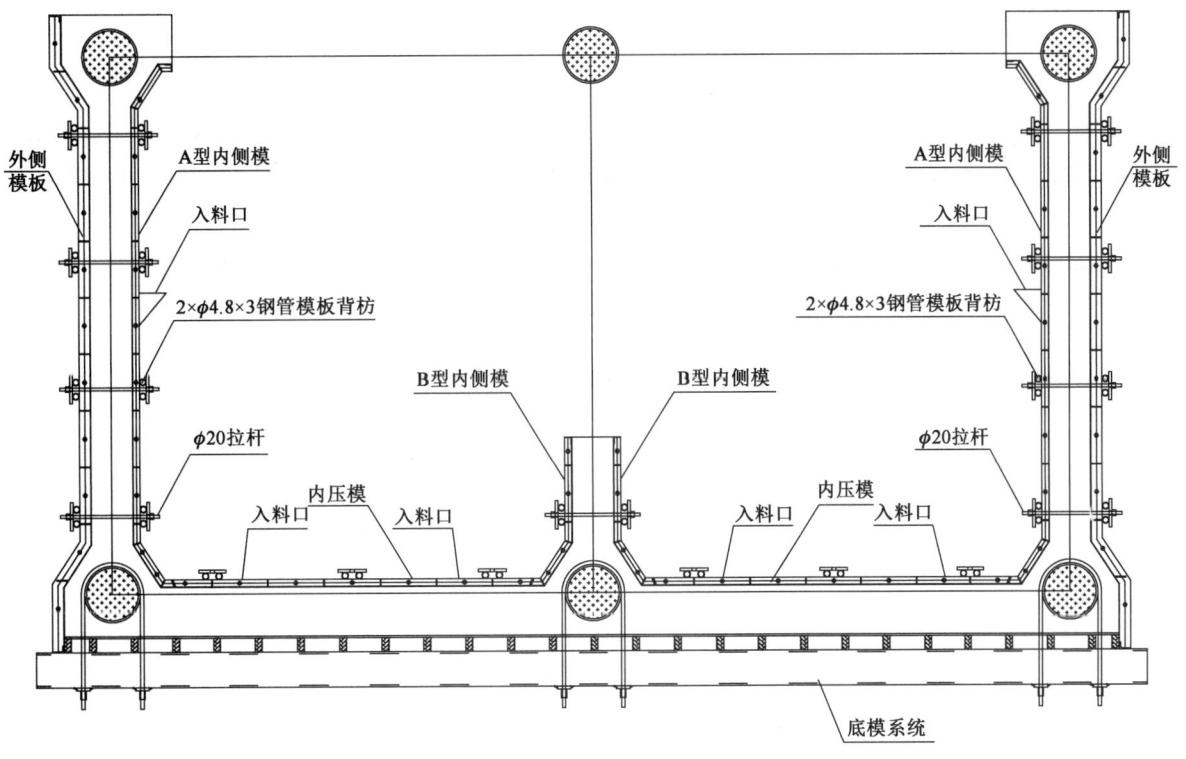

图19-47 第一环:底板及腹板浇筑布置图

②顶板及内腹板浇筑(第二环)。

待第一环混凝土浇筑完成且达到设计强度后,在拱箱内搭设满堂式支架,支模、绑扎钢筋并浇筑第二环即顶板及内腹板混凝土。和底板混凝土浇筑一样,顶板混凝土浇筑时顶面需设置压模,压模采用原底板压模。混凝土采用泵送入模,两岸对称同步浇筑。

(5)吊运系统

本桥拱肋外包混凝土施工要求均匀对称施工的特殊性,施工作业面较多,且同步性较强,为提高施工效率,加快结构材料及辅助用材转运速度,保障施工作业人员安全,本桥外包混凝土施工采用缆索吊装系统和塔吊相配合的吊运系统形式,见图19-48。

图19-48 拱上塔吊布置

缆索吊装系统分4套主吊点和4套工作吊点。每套主吊点共2个吊具,每个吊具设计吊重25t(不含吊具重);工作吊点设计吊重5t(不含吊具重)。

塔吊安设在两岸拱座处,塔吊技术参数要求使用半径不大于50m,50m处最大吊重不大于2.3t且塔吊附着以上的自由高度必须满足不大于45m的要求。

7）拱上立柱、盖梁施工

（1）拱上立柱施工

①施工顺序：

拱上立柱的施工按照设计要均匀加载，先同时施工1号、9号及5号立柱，再同时施工3号、7号立柱，最后同时施工2号、8号及4号、6号立柱。采用翻模施工，每节翻6m。

②钢筋的制作与安装：

立柱钢筋除盖梁钢筋在预制厂焊接拼装完成外，其他钢筋预先在加工车间下料、制作，运输车运至拱底，运用缆索吊吊至施工现场，人工配合卷扬机安装。

③混凝土施工：

混凝土由混凝土拌和站集中拌制，混凝土输送泵输送入模。为防止混凝土入模时离析，采用吊挂串筒方法解决。

（2）立柱盖梁施工

立柱施工完成后，测量放样，准确定出盖梁位置，铺底模，利用缆索吊将盖梁钢筋骨架吊至立柱顶准确落位。盖梁采用送泵混凝土施工，一次浇灌完成。

8）28m小箱梁运输及安装

受地形限制，叙永岸无法建设预制梁场，根据设计施工加载程序要求，主桥小箱梁安装须自拱顶（跨中）对称加载至拱脚（交界墩），常规的采用架桥机自一端安装至另一端方案不可行，只能采用缆索吊机按设计加载程序安装。

主桥共计28m小箱梁80片，最大梁体自重90t。安装时采用单组缆索吊装系统4个主吊点抬吊的方式自跨中至两交界墩依次对称安装，最大吊重约116t（1.2倍×梁体自重90t＋吊具重8t）。由于小箱梁不在缆索系统吊点正下方，安装时利用走板横移就位。

小箱梁在古蔺岸预制场预制，利用运梁车运输至紧邻古蔺岸交界墩的引桥墩位孔跨上，在紧邻古蔺岸交界墩前后两孔安装单导梁形成运梁通道，小箱梁从索塔两钢管立柱间通过运梁通道运输至缆索吊装系统主吊点下方，起吊运至安装位置。

磨刀溪大桥竣工通车如图19-49所示。

图19-49 磨刀溪大桥竣工通车图

19.7 钢管混凝土拱

钢管混凝土结构是将混凝土填充到钢管内形成的一种组合结构，兼有钢结构和混凝土结构的特点，能有效地发挥混凝土和钢材的力学特性，并利用钢管的环箍作用，提高结构的抗压能力和抗变形能力。钢管混凝土拱桥造型美观、结构严谨、受力科学、经济合理，近年来被广泛采用。

19.7.1 钢管拱肋的制造加工除应符合本规范第8章的规定外，尚应符合下列规定：

1 用于制造加工的各种材料应符合设计及相关标准的规定。

2 钢管拱肋的制造应在工厂内进行。制造加工前应根据设计文件编制制造工艺，绘制加工图和拼装图等，公差范围应考虑加工误差和焊接变形的影响合理确定，并应进行焊接工艺评定；制造完成后，应在厂内进行不少于三个安装节段的试拼装。

3 拱肋的分段长度应根据材料、工艺、运输和吊装等因素确定，并应按不少于三个安装节段的长度进行1:1精确放样，其拱轴线应符合设计规定。合龙节段的尺寸应计入制造误差、温度及焊接变形等影响。

4 制造加工时，钢管对接的端头宜校圆，其失圆度宜不大于钢管外径的3/1 000，在钢管的端口处宜适当加设内支撑，减少运输、安装过程中端口的失圆变形。钢管环向对接时，其接头应采用有衬管的单面坡口或无衬管的双面坡口熔透焊缝。环向焊缝的间距应符合设计规定，设计未规定时，对直缝焊接管应不小于管的直径，对螺旋焊接管应不小于3m；纵向焊接时，其焊缝应错开1/4圆周。钢管对接的径向偏差应不超过管壁厚的0.2倍。

5 拱肋节段的对接接头宜与母材等强度焊接。所有焊缝均应进行外观检查，焊缝内部质量应达到Ⅱ级以上标准，熔透焊缝应进行100%的超声波探伤。

6 主管与腹管采用相贯焊接时，腹管的相贯线及坡口制作应采用全自动相贯线切割机完成。对相贯焊接接头中焊接材料和焊接工艺的选择，应在满足强度的原则下保证接头的韧性；对受疲劳控制的相贯焊缝，应按设计要求对焊接处进行焊后修磨处理。

7 焊缝的超声波探伤质量检验应符合本规范第8章的规定。

8 钢管拱肋加工时，应设置泵送混凝土压注孔、防倒流截止阀、排气孔及吊点、扣点、节点板等。对压注混凝土过程中易产生局部变形的部位(如腹箱)应设置内拉杆。

9 钢管拱肋的外表面应按设计规定进行长效防腐处理，防腐涂装的施工应符合本规范第8.10节的规定。

钢管拱肋的制作加工在执行本条的规定时，尚需注意下列事项：

1. 主要工艺流程

原材料检验→放样→下料→加工→装配与焊接→中频微弯(或以直代曲)→节段组装与腹板焊接→焊接过程检测→排气、排浆孔安设→拱肋预拼装→涂装防锈。

2. 加工方案

节段划分：为便于吊装，拱肋钢管一般分段制作，并需结合现场吊装能力进行节段的划分，K形风撑每个为一段。

制作方法：采用卷板机将钢板卷制成圆管，装配焊接成拱肋管及设计基本长度的风撑管；上下拱肋管采用中频微弯方法或以直代曲形成设计轴线，其后在专用胎架上完成定位、焊接和节段组装；各风撑管节段在另外的平面胎架上完成组装。

大接头余量加放：为保证拱肋加工能满足设计要求，达到规定的精度，上下拱肋管大接头加放80mm余量，该余量在节段组装时保留，只在分段计算长度处作出正作线。

焊接补偿量加放：考虑节段组装时，腹板焊接将使各拱肋节段上下管的距离受到影响，可以沿径向线方向加放5mm作为焊接补偿，以保证设计几何尺寸。

安装标示：为便于工地安装，在拱肋预拼装前，需要标明各接头在工地安装时的控制点，作出标记，涂装时应采取一定的保护措施。

3. 施工控制

(1)须依据设计文件提供的相关验收规范、工艺要求，编制各工序的具体验收项目与质量标准。

(2)放样时要保证所有配套表、套料卡和下料草图的正确性与完整性，并标明后续工序的样板、样棒的角度、尺寸、名称和数据等。

(3)所有零部件的下料应报检，超差零件不能流入下道工序；火焰切割零件须清渣、打磨处理，产生热变形的均应矫正后方能使用。

(4)坡口边缘直线度及角度须符合公差要求。

(5)工装胎架需具有足够的刚度,以控制结构变形,并要对胎架中心线、定位基准线、辅助线等作出必要的标记。

(6)所有装配不能强制进行,以避免母材产生损伤,严格对线安装并控制好间隙,焊接完成后须及时矫正。

(7)须制订周密的专业性测量工艺,检测仪器应经计量部门检验合格,操作时应考虑环境的影响。

4. 焊缝焊接

焊接是一项专业性、规范性较强的工作,在钢管加工中十分重要,须作为重点全程监控。

1)焊前准备

施工技术部门要按照设计文件,并依据有关标准、规范和规程,制订焊接工艺原则,明确焊接方法、工艺措施、验收办法和质量标准等。拱肋钢管的焊接方法主要有手工电弧焊、CO_2 气体保护焊及埋弧自动焊。

工艺评定:焊接工艺评定是钢结构制造的依据,施工单位需结合工程实际完善工艺评定文件,并作为竣工文件存查。根据对接、搭接、T形接头的焊缝形式,确定相应焊接方法,不能随意改换。

焊前处理:焊接所有构件的坡口内及正、反面25mm范围,须按要求清理,去除表面的油、锈、氧化皮和尘污等,处理干净后方能焊接,陶质衬垫须按操作细则施工。

生产试板:为保证焊缝质量,拱肋结构须设生产试板,试板要与相应焊缝同材料、同厚度、同坡口、同轧制方向,并按相应技术标准做机械性能试验,保证其参数符合规范要求。制订《生产试板评定工艺》,对目的、适用范围、参考标准、工艺内容等作出明确规定,以保证焊缝的焊接质量。

2)焊接要求

工厂焊缝:钢管在制作、装配时,其纵缝、环缝一般采用V形坡口,单面焊接双面成型,反面(管内)贴陶质衬垫。相贯线焊接接头为曲面,构件下料的准确性直接影响焊缝质量,需采用数控切割设备下料,坡口打磨工艺。焊缝填充工艺分四道,采用 CO_2 气体保护焊打底填充两道、埋弧自动焊填充一道、盖面一道。环缝焊接采用滚动胎架,以俯焊方式焊接。每道工序其焊缝的焊接应一次完成。焊接完成后,还要对焊缝表面进行修磨,提高焊缝抗疲劳破坏能力。

工地安装:工地安装均采用手工电弧焊接,风撑与拱肋、风撑间相贯线、节段对接均采用对称焊接,焊接完成后对其表面进行修磨。拱肋合龙段在定位后,须在符合设计合龙温度时,方能焊接。

3)焊缝质量检验

焊缝等级要求达到Ⅰ级焊缝要求。焊缝的外观质量须成型美观、整齐,尺寸符合设计和工艺要求,做到无裂纹、无气孔、无夹渣、无焊瘤、无弧坑等焊接缺陷。其内在质量要求在焊接完成24h后,按焊缝长度的100%做超声波检测,10%做X射线探伤检查。

5. 拱肋加工

拱肋节段是形成拱轴线的基本单元,其线形取决于节段拱肋管加工制作的精度。在胎架上将拱肋进行组拼,然后焊接成拱段。

成型的拱肋是否符合设计线形是成桥的关键,因此,拱肋节段制作完成后,需通过预拼装对其跨径、拱轴线、水平度(拱轴线横向偏移)及吊杆位置准确性进行全面检查,为工地吊装做好准备。一般采用卧式整片预拼的方案。

预拼装方式:须完全按照节段在工地吊装的顺序,由拱脚预埋段开始,自两端对称进行,合龙段保留节段制作余量(待工地安装时切除),其他节段均切除制作余量(仅保留环缝间隙余量)。在实施时需注意:

(1)选择具有足够刚性的平面场地、空间,配备相应的吊装设备、胎架工装等。

(2)检测仪器须送专门计量单位校验。

(3)按编制好的预拼工艺制订预拼装方案。

(4)按预拼装方案进行预拼,妥善保管预拼装时的测量数据,并采取一定措施保护好预拼装控制点,以备安装时使用。

通过工厂的预拼装,可以检测拱肋节段的加工精度,最大限度地消除拱肋节段的加工偏差,完成工地吊装的各项准备工作。

6. 拱肋安装

需根据桥位处的地形情况,选择拱肋的安装方式。如跨度较大,或需跨越江河,一般采用缆索吊装方式安装;如地势平坦,拱肋又不高,可以采用大型吊车安装。

19.7.2 钢管拱肋的安装除应符合本章的相关规定外,尚应符合下列规定:

1 钢管拱肋在成拱过程中,宜同时安装横向联结系,未安装联结系的拱肋不得超过一个节段,否则应采取临时横向稳定的措施。特殊情况下采用单肋合龙的安装方案时,应设置可靠的节段连接装置和足够的横向抗风缆,保证单拱肋的横向稳定。

2 拱肋节段间的焊接宜按安装顺序同步进行,且宜对称施焊。施焊前应保证节段间有可靠的临时连接,并应有效地控制焊缝间隙;施焊时结构应处于无应力状态。合龙口的焊接或栓接作业应选择在环境温度相对稳定的时段内尽快完成。

3 采用斜拉扣挂悬拼法施工时,拱肋上的扣挂节点应进行专门设计,并应在工厂制造时设置。扣索宜采用多根钢绞线或高强钢丝束,并应根据使用环境设防腐护套,扣索的强度安全系数应大于2;对钢绞线扣索,应有防止扣索松弛以及减少风致振动影响的可靠措施。

钢管混凝土拱桥施工实例

1. 工程概况

巫山长江大桥位于长江三峡段的巫峡入口处,主桥为净跨460m的中承式钢管混凝土双肋拱桥,居同类型桥梁世界第一位;引桥为预应力混凝土连续梁(南岸异形梁为钢筋混凝土简支架)。全桥跨径组合为6×12m(引桥)+492m(主跨)+3×12m(引桥),桥梁全长612.2 m。桥面为预应力混凝土π形连续梁;全桥吊杆和立柱间距为12.0m,吊杆、立柱横梁及引桥墩盖梁均设计为预应力混凝土截面梁,桥面与拱肋交汇处横梁为组合截面梁,设计总体布置见图19-50。

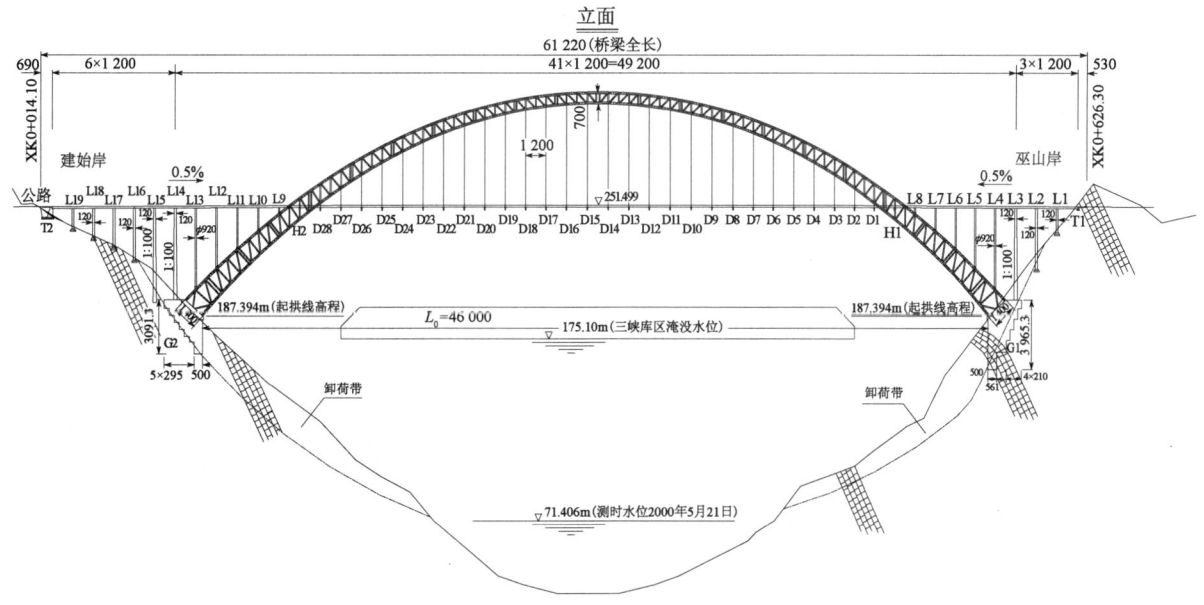

图19-50 巫山长江大桥总体布置图(尺寸单位:cm)

主桥拱肋为钢管混凝土组成的桁架结构,主跨拱肋拱顶截面高7.0m,拱脚截面高为14.0m,肋宽为

4.14m,每肋上、下各两根φ1 220mm×22(25)mm的钢管内灌C60混凝土的弦杆,通过横联φ711mm×16mm钢管和竖向φ610mm×12mm钢管构成的钢管桁架连接两肋。吊杆处竖向两根腹杆间设交叉撑,加强拱肋横向连接。拱肋中距为19.70m,两肋间桥面以上放置K形横撑,桥面以下的拱脚段设置米字形撑,每道横撑均为空钢管桁架。全桥共设横撑20道。

2. 主要施工难点

钢管拱肋节段采用无支架缆索吊装系统吊装成拱,缆索吊装系统的索跨大,达576m;吊重大,节段重118t,设计吊重170t;索塔高度大,达150.22m;构件起吊高度大,达260m;每根钢管拱肋弦管内混凝土的量大并须连续压注。

3. 主拱肋施工技术

1) 钢管拱肋的加工及安装

钢管拱肋为格构式曲桁架结构。全桥的两条钢管拱肋共44个节段、20道横联及斜撑均在工厂加工,运达现场后采用无支架缆索系统进行吊装就位,钢绞线扣索进行斜拉扣定。根据对称的原则,按某节段某一岸的上游段、下游段及其间的横联一起为一个扣吊单元,对其吊扣完成后,再吊另一岸的吊扣单元,如此循环直至吊装合龙。斜撑在合龙后安装。

2) 缆索吊装系统布设

缆索吊装系统包括吊塔(置于扣塔上)、锚碇、承重缆索、压塔索、起吊滑车组、分配梁、卷扬机、承索器等。

图19-51 扣塔构造图

(1)用辅助支架安装扣塔。扣塔为钢管结构,在工厂对其分节、分片加工后,船运至桥孔下的水域,起吊180~290m高度后才能达到安装的位置,扣塔构件安装后,在焊接工作完成前,扣塔上不能承受外力作用,因此,扣塔不能采用塔吊进行辅助安装。

经过分析比较后,选用万能杆件拼成的支架辅助安装扣塔,并由系于其上的通长缆风索来保证稳定。扣塔构造如图19-51所示。

(2)索塔顶仅设纵向压塔索。索塔为双柱门式索塔,中心距20m。索塔高南岸为150.22m,北岸为125.72m。因地形限制,无法在塔顶上设置沿桥长及横桥向的"八字"抗风索。经受力分析后,确定仅加设四根φ47.5mm的纵向压塔索,张紧力为320kN,在塔顶处塔、索固定。仅在建始岸,因索塔高度大,加设了横向抗风索,初张力100kN。

对塔顶作上述约束后,在缆索布置完成后进行试吊时,索塔偏位纵向最大值为240mm,试吊后进行了调整,正式吊装时索塔最大纵向偏位200mm,横桥向最大偏位40mm,均在允许的范围内。

(3)吊锚锚碇采用桩锚并加设岩锚。由于吊锚受力18 000kN,上、下游锚碇受力各为9 000kN,且锚碇处的地面倾角大于45°,岩石破碎,设重力式锚碇土抗力不足。故采用桩式锚碇,由2×6φ2.0m的桩和4m高的承台组成,同时在锚碇后方加设平均长度为20m的9φ^{j}15.24mm的无黏结预应力束岩锚,作为安全储备。岩锚前端锚固于承台上,选用R_{by}=1 860MPa的钢绞线,张拉控制应力0.6R_{by}。

(4)启用φ56(CFRC8×36SW+IWR-56mm)满充式钢丝绳作承重主索该主索的主要特点是单根索破断拉力大(≥2 450kN),厂家是根据需要首次生产。经现场的反复试验,确定承重主索的受力安全系数不小于3,钢绳的连接采用特殊的索夹,间距为400mm。

(5)设置主动式承索器。其目的是减小起重索或牵引索在其转点间的距离,从而减小吊点(吊具)的配重。承索器挂于主索上,托起主索下的2根起重索和2根牵引绳,承索器间相互用φ19.5mm钢索相连,进入一台50kN的卷扬机形成循环线,开动卷扬机,主动控制承索器的最佳位置,如图19-52所示。

19 拱桥

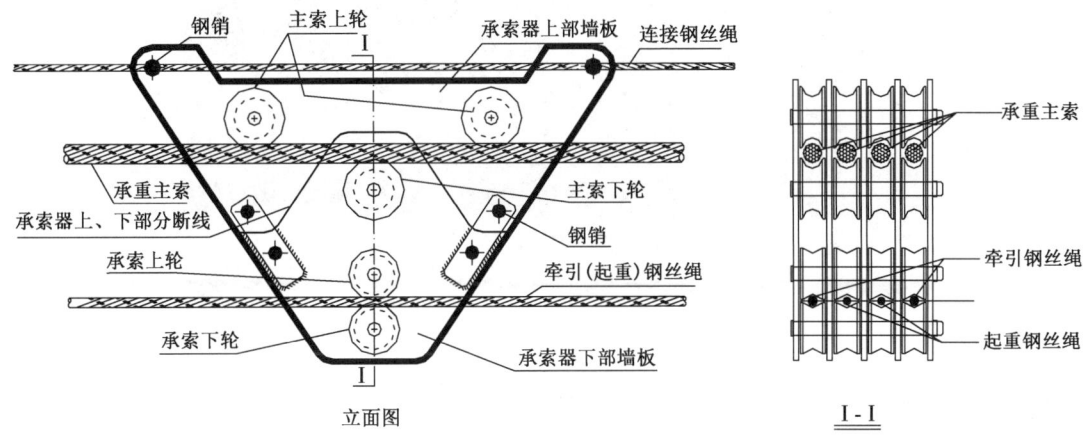

图 19-52 承索器结构示意图

本桥设置两个主动式承索器后每个吊点的配重仅为 5t;同样垂度下,如不设承索器,每个吊点配重将达 25t,技术先进性显而易见。在使用中,承索器轮将起吊及牵引索梳理得有条不紊,经过多次七级以上大风后,未出现起重索或牵引索相互打绞的现象。

3)斜拉扣挂系统布设

斜拉扣挂系统包括扣塔、索鞍、扣锚、扣索、扣索固定端及扣索张拉系统等。

(1)扣塔上采用多个滚轮做成弧形索鞍,其目的是增大钢绞线的弯曲半径,使钢绞线受力后不致产生大的弯应力。弧型索鞍轮组成的圆弧半径为 2 962mm,每束 6～10 根的钢绞线均通过宽度为 54mm 的轮槽,经实施观察,效果良好。

(2)扣锚采用桩锚加岩锚作为安全储备,解决了桩锚前端土体抗力不足的问题。桩锚由 2×6ϕ2.5m 的桩和 7m 高的承台组成。考虑到承台的前墙上承受扣索张力共 2×12 500kN,前墙既受弯,也有上拔力,因此,前墙设水平预应力束 8 束,竖向设预应束 4 束,每一侧布置 12 束 9ϕ^j15.24mm 的岩锚,方向与扣索尾索方向平行,选用的钢绞线及张拉控制应力同吊锚。经观测,在使用过程中发生的位移小于 1mm。

(3)设置扣塔平衡索为保证扣塔顺桥向位移不超过规定的 75mm,因此,设置扣塔前、后平衡索。在拱肋节段安装前,设置前平衡索,为 4×3ϕ^j15.24mm,拉力共计 1 000kN,上端锚于扣塔顶,下端锚固于拱座上;后平衡索仍为 4×3ϕ^j15.24mm,拉力共计 800kN,在第四号正式扣段扣索张拉前张拉到位,上端锚于扣塔顶,下端锚于扣锚顶面,实施中达到了预期效果。

(4)正式扣索、临式扣索分别设置,1、2、4、6、8 号节段上的扣索为临时扣索,3、5、7、9、10、11 号节段上的扣索为正式扣索。临时扣索采用 2 线或 4 线 ϕ47.5mm 钢丝绳张拉(安全系数大于 3),系于钢管桁架上,锚固于扣塔下或扣锚处。正式扣索采用钢绞线,锚于扣锚上,张拉端用千斤顶进行调节。正式扣索安全系数取 2.5,每肋每扣点处设 4 束,每束有 6、8、9、10 根四种,预先编束制作。

(5)正式扣索锚固端采用 P 型锚与专用锚具共同锚固。锚固端位于拱肋钢管桁架上,在其锚点处设置扣点及转点,在扣点下设有 4 个孔穿过的反力梁,孔径分别为 120mm(1 号、2 号、3 号扣索处)和 140mm(4～6 号扣索处),反力梁孔的外端面与扣索受力方向正交。扣索专用锚具由锚头和锚环组成,锚头上根据设计钻有能穿过扣索钢绞线的孔,过孔的所有钢绞线由 P 型锚锁住端头,安装扣索固定端时,将锚头穿过反力梁的相应孔道后,将锚环(内丝口)施入锚头(外丝口)并使锚头外露三丝即可。

(6)张拉端锚固体系设置(图 19-53)。钢绞线扣索受力在 $0.08R_{by}$～$0.42R_{by}$ 之间,属于典型的低应力状态。张拉端的可靠锚固是一大难题,为此采用了低应力夹片锚固体系,其特点在于用特制压板压住夹片,然后拧紧压板螺栓,使钢绞线处于低应力时,达到防止夹片松出的目的,同时放、张时的操作较为方便。

图 19-53 扣索张拉端锚固体系设置

(7)采用一对扣索的千斤顶控制调索。拱肋安装用的正式扣索共6对,每岸(侧)的一个扣索索号在上、下游肋上各有4束索,如每束索上全部设千斤顶,则需千斤顶和配套油泵96台(套),这样是不经济的。经优化后,实施中只设了一对索的千斤顶,即实用千斤顶共16台。其使用方法是:首先安置千斤顶在待安拱肋节段的拉索张拉位置,在该段(含上、下游节段及横联)安装完毕后,安装另一岸的拱肋节段的期间,调整已安装的其他索号的索力。如此控制及布置后,未因调整索力而耽误工期,顺利实现了拱肋的高精度(相对误差均不大于10mm)合龙,控制结果满足了设计、规范及监控的要求。

4)钢管桁架节段吊运就位

(1)拱肋节段起吊前快速定位。钢管节段从工厂由船运至桥下水域定位,因桥位处于长江黄金水道,根据港航要求,每天只能在10:00~13:00之间断航。实施中,在拱肋上、下游的两岸设地锚,用钢绳与定位船连接,完成定位,然后开动运输船连接定位船进行准确就位,此后即可进行节段吊运。

实施中,节段起吊前的运输船定位约用1h,节段捆绑约用0.5h,起吊至安全高度约0.5h,因此,一般在12:00之前便开放了水域,减少了占用黄金水道的时间,保证了每天安装一个吊装单元(节段)的要求。

(2)采用2组4ϕ56承重主索同时吊重。本桥的钢管拱肋节段吊装质量为118t,如用一组主索吊重,会使索鞍处产生很大的压力,此力作用于塔顶很不合理。因此,采用间距为6m的2组4ϕ56mm主索同时抬吊一个拱肋钢管节段的吊重方式,全桥横向2条拱肋布置2×2组4ϕ56mm主索,中距19.7m。在主索纵向设置成双吊点跑车,间距为18m。采用两组主索同时吊重,设置横向受力均匀分配体系,保证每端梁吊点处的力均匀分布在2组主索上且随时可以自动调整,施工中上游的两组主索和下游的两组主索不同时吊重,见图19-54。

(3)吊点受力平衡系统。因每节段分为两组主索的4个吊点抬吊,保证吊点受力均匀是关键。上、下游的前或后吊点相互连在一起,需均匀受力,而在前或后两个吊点的受力要尽可能均匀。经过各节段重心计算,确定节段捆绑点位置为上弦靠低端节点及下弦靠高端节点处,能满足吊点受力均较为均匀,在此情况下,起吊钢绳及吊点滑车组受力在设计要求范围内。

图 19-54 主索吊点受力均匀分配体系图

(4)拱肋节段间接头采用高强螺栓临时连接。钢管桁架节段接头采用在端头设内法兰盘,就位安装时,用8颗M48的高强螺栓连接法兰盘,紧固后将节段受力交给扣索,同时松去起吊吊点的受力。拱脚设柱形铰轴,便于调整拱轴线,此铰在第9段安装完成并调整好拱轴线形后固结。

(5)拱肋钢管桁架节段安装设置抗风索系统。本桥原计划在第5号拱肋节段处设正式八字抗风索一对,其他节段仅设调位抗风索。实施中5号段正式扣索采用4ϕ21.5mm钢丝绳收紧(收紧约20t)。但安装至第8号段、第10段时,风力引起的偏位约达100mm,因此,在7号段、10号段加设了横桥向调位钢丝绳。在特大跨钢管混凝土拱桥拱肋安装时,仅初始的 2~3 段用定位抗风索,此后的节段用较少的横向正式抗风索即可,而拱肋的稳定、轴线位置的准确应由拱肋的自身刚度及加工精度来保证。为减少单肋悬臂的时间,根据尽可能对称的原则,吊装按扣索单元来进行。巫山长江大桥拱肋钢管桁架节段、横联共 64 个吊装单元,经 4 个月吊装,成功实现拱肋合龙。

5) 钢管内混凝土压注

拱肋弦管内混凝土压注:本桥钢管上弦管弧长 551.66m,下弦管弧长 538.26m,净矢跨比 1/3.8,拱顶至拱脚高度约 128m。每肋上、下弦各 2 根(上、下游两肋共 8 根)$\phi 1\ 220 \times 22(25)$mm 主钢管内灌注 C60 混凝土,每根弦管混凝土方量约 600m³。弦管全长范围内不设隔仓,设计要求各根弦管内的混凝土一次性连续压注完成。拱肋弦管内混凝土压注分 3 段进行,第一段为拱脚至拱肋 4 号、5 号吊装节段接头附近,第二段为拱肋 4 号、5 号吊装节段附近至拱肋 8 号、9 号吊装节段接头附近,第三段为拱肋 8 号、9 号吊装节段接头附近至拱顶。钢管内混凝土的压注由两岸分别从拱脚向拱顶方向,按设计分段的第一、二、三段顺序接力连续泵送施工,每压注完成一根后,待管内混凝土达到设计强度 80% 以后再压注另一根。施工中,一岸共用输送泵 3 台,其中同时使用 2 台;另一岸共用输送泵 4 台,其中同时使用 3 台。两岸各备用 1 台输送泵。

按设计要求,弦管内采用 C60 高强微膨胀混凝土,膨胀率大于万分之三,应具备大流动性、收缩补偿、延后初凝、早强等工作性能,因此要求混凝土搅拌时的坍落度 220~240mm,4h 坍落度损失小于 40mm,扩展度不小于 400mm,初凝时间 20h 以上(室温 20℃时)。本桥 8 根钢管混凝土压注约历时 45d。每根钢管内混凝土压注一般用时 12h,均为连续完成。全桥 8 根钢管内的混凝土压注完成后(气温 9℃)较压注前(17℃)拱顶下挠 293mm,拱肋轴线偏位 20mm。

8 根钢管弦管内混凝土压注共取抗压强度试件 77 组,全部有效,其 28d 的混凝土试件抗压强度平均值为 79.3MPa,强度标准差 3.5MPa,强度合格。

巫山长江大桥建成后如图 19-55 所示。

图 19-55 建成的巫山长江大桥

19.8 悬臂浇筑

当钢筋混凝土拱桥施工现场周边没有预制场地或预制件运输困难时,悬臂浇筑施工拱圈较为经济,且具有施工方便、结构整体性好、后期维护少、维修简便的独特优势。特别在一些山区,多数道路需穿越高山、深谷,大跨度钢筋混凝土拱桥在技术、经济上与其他桥型相比具有较明显的优势,进行山区钢筋混凝土拱桥施工新工艺研究具有现实意义。我国在这方面的研究较少,从进入 21 世纪后才开始将该方法用于工程实例。2007 年,将挂篮悬臂浇筑法用于主跨 150m 钢筋混凝土拱桥施工,成功建成了西昌—攀枝花高速公路上的白沙沟大桥,填补了我国的一项空白。

19.8.1 拱圈的首段可采用支架法或其他适宜的方法浇筑,然后在其上拼装挂篮。采用支架法浇筑施工时对支架的要求应符合本规范第 19.2 节的规定。

悬臂浇筑拱圈的主要工序:

(1)在两岸分别设置扣锚系统,包括扣塔、锚碇、扣索等。

(2)在两岸拱脚处搭设支架,浇筑第一段拱圈。

(3)安装第一对扣索,分别在第一段拱圈上拼装挂篮。

(4)安装钢筋、模板,悬浇拱圈。

(5) 安装第二对扣索，移动挂篮就位。
(6) 安装钢筋、模板，悬浇拱圈，如此循环完成全部悬浇块件。
(7) 安装劲性骨架，完成拱圈结构合龙；采用吊架浇筑合龙段混凝土。

19.8.2 悬臂浇筑拱圈的挂篮除应符合本规范第17.5节的规定外，尚应符合下列规定：
1 挂篮应具有可靠的稳定性和良好的调节性能，应能适应各拱段倾斜角度的变化。
2 挂篮的行走轨道应与拱圈的弧度相适应，并应与拱圈可靠连接，避免行走时下滑。
3 挂篮应设置可伸缩的抗剪装置，抵抗在浇筑拱圈混凝土时产生的下滑力，且不应影响挂篮的正常行走。
4 底模宜设计成可调节式的弧形模板，满足拱圈弧度不断变化的要求。
5 后锚系统应稳固可靠，且应适应拱圈的弧度变化，后支点宜反顶在拱圈上。
6 对拱圈的两个半拱，应各配备一套挂篮，按从拱脚至拱顶的施工顺序，对称浇筑拱圈混凝土。两个半拱的施工进度应保持基本对称同步，且应符合设计的规定。

悬浇挂篮的设计与制作需注意下列事项：

悬浇拱桥顺利与否的关键在于挂篮设备的选用。拱桥悬浇挂篮与梁式桥的挂篮相比，有很大的不同，它需要设计一些特殊的装置，保证挂篮自身的稳定性，以适应大坡度、变弧线的要求。

在挂篮形式的选择方面，可以从以下几方面进行比较：

1. 前支点挂篮和后支点挂篮的比较

采用前支点，是使挂篮轻型化、改善挂篮受力的最好措施。所谓前支点，实际上是用拉索支撑挂篮的前端，斜拉桥由于可以充分利用其斜拉索，因此，前支点挂篮在斜拉桥上非常适用，而其他桥型如采用前支点挂篮，则需专门添制各种长度不同的扣索，不具备经济合理性。

2. 挂篮材料的选用比较

采用万能杆件等常备式钢构件可以拼装挂篮，但由于这些钢构件是定型产品，如用于挂篮上，结构的灵活性较差，部件之间的连接也难以处理，将使挂篮的重量大大超过规定。因此最好采用型钢进行挂篮加工，同时对关键受力部位采用强度较高的钢材，使结构更可靠、合理，并能有效地控制挂篮的重量。

3. 支撑形式的比较

挂篮可以按常规方法设在已浇梁段顶面，由于拱桥的梁段具有倾斜、成弧形的特点，如果挂篮的承重桁架仍置于拱圈顶面，则由于倾角较大，挂篮的前臂杆势必需要加长，后锚的角度每段都在不断变化，使挂篮结构变得较复杂。

挂篮如采用侧桁架形式，将其主体受力桁架置于拱圈两侧，设置挂钩支撑于拱圈的顶板边缘，使挂篮的重心降低，则在行走、浇筑时都能很好地适应各段拱圈的角度变化。

4. 承重结构的几何形式比较

目前挂篮承重结构的几何形式较为成熟、受力性能较好的有菱形挂篮和三角形挂篮。由于拱桥悬浇长度较大，为了减少悬浇过程中的变形并最大限度减小挂篮的重量，侧桁式挂篮的承重结构采用三角形式较好。

但是，与通常梁式桥的三角斜拉挂篮不同，侧桁式挂篮的支点是在桁架外，面外受力较大，使用时应采取措施克服。

由于挂篮承受荷载较大，并长时间反复使用，故要求新加工件应选择有能力及有钢结构资质的厂家加工。加工时应仔细复核图纸，作出细部加工图，必要时应放大样。须严格按照图纸要求，控制加工精度，控制焊接质量，总体须满足现行有关规范的要求。

挂篮拼装时，可以利用吊车或缆索吊机进行。拼装的一般顺序是：轨道→支点→主桁架→后锚点→行走系统→横梁→平连→底纵梁→底模板→内外侧模板。

拼装时悬空作业较多，故需采取相应的安全技术措施。在拼装过程中，每一步骤各部件相互连接可靠后才能进行下一步安装,还需采取临时稳固措施,避免一些部件产生倾倒。主桁架为悬臂拼装,在拼装时必须先将后锚点可靠锚固后,才能进行下一步骤拼装,以避免结构倾覆。

挂篮拼装完成后,须按设计图纸和有关要求组织检查验收,特别要重点检查各个结点、销子、螺栓、锚杆的连接情况,保证稳妥可靠;并要按挂篮的设计荷载和相关规范要求进行试压,观测各控制点的变形和挠度,验收合格后方能投入使用。

挂篮所使用的预留孔,要按图准确埋设,并保持孔道垂直,避免锚杆出现斜置受弯现象。在挂篮整个使用过程中,每移动一次,均要进行全面检查,保证万无一失。

19.8.3 悬臂浇筑拱圈的扣索和锚索应采用钢绞线或带镦头锚的高强钢丝束,其安全系数应大于2;锚碇可采用钢筋混凝土桩锚、重力式锚或岩锚等,锚碇的抗拔、抗滑安全系数应不小于2;扣塔应具有足够的强度、刚度和稳定性,除应满足本规范第19.4.3条的规定外,塔顶的最大偏位宜不大于50mm。

19.8.4 在悬臂浇筑拱圈的施工过程中,应对扣索和锚索系统、拱圈的应力和变形等进行监控,并应确定适当的扣索张拉次数,保证拱圈混凝土在悬臂施工过程中不出现拉应力。大跨度拱桥悬浇拱圈时,应对拱肋在悬臂状态下的控制工况进行压屈分析计算,其压屈稳定系数应大于4。

19.8.5 对支架浇筑的首段和悬臂浇筑段的拱圈,均应严格控制其尺寸、轴线平面及立面的精度。各节段质量的允许偏差应为±2%或符合设计规定。

19.8.6 悬臂浇筑拱圈应选择在当天温度最低且温度场较为稳定的时段合龙,且宜先焊接劲性骨架,达到受力状态下的合龙;然后绑扎钢筋,浇筑合龙段混凝土,完成结构状态的合龙。

19.8.7 扣索和锚索应在合龙段混凝土强度符合设计规定的强度或达到设计强度的85%后方可拆除。所有的拆除工作均应按施工设计规定的程序分步、对称进行,并应采取措施保证施工安全。

1. 拱圈的悬臂浇筑及合龙工艺注意事项

(1)钢筋运输及材料堆放。

钢筋可以在加工场内制作成型,通过便道运至拱座旁,采用缆索吊机运输至安装位置。焊机和氧割设备等要放置在拱背上的临时平台上,不能放在挂篮或工作吊篮上。

(2)钢筋的安装顺序:底板钢筋→腹板钢筋→内模和侧模→顶板钢筋。

钢筋安装前,采用全站仪在底模板上放出拱圈中线,再在底模板上分好钢筋线。在分箍筋线时,需注意拱圈底面弧长和顶面弧长的差距,并要保证箍筋安装后为径向方向。

纵向钢筋的连接和箍筋的连接须符合本规范的规定。施工中若钢筋的空间位置发生冲突时,需要适当调整布置,但须保证钢筋保护层的厚度。

(3)拱圈的钢筋定位可以底模为基准,在拱圈的底板、腹板和顶板上均要设置混凝土保护层垫块,必要时可以设置定位角钢,以保证拱圈混凝土结构几何尺寸的正确。

(4)预埋件的设置:

①拱上立柱的预埋钢筋:拱上立柱的预埋钢筋较多,应准确埋设。该处的拱背压模应专门制作。

②挂篮抗剪盒的预埋:为克服挂篮的下滑力,在拱圈上须预埋抗剪盒,以方便挂篮的抗剪块插入。

③走行轨道的预埋锚筋:为固定走行轨道,需在拱背上间隔一定距离预埋锚筋,同时要注意保证预埋锚筋的埋入设计深度;在设压模的位置,锚筋端头可以不设弯头,而在压模上直接留孔,将锚筋直接插入,且外露的钢筋头须保证在100mm以上。

④拱圈顶板上预埋扣索导管:其位置和倾角须准确。

(5)模板安装:

第一次安装模板时,采用缆索吊机直接将模板吊至挂篮上,并固定底模和侧模,之后侧模和底模可随着挂篮整体前移。

模板在每次安装就位前,需对其表面和接缝等部位进行清理,对表面残留的混凝土渣等要铲除干净。为防止混凝土流淌,须在拱背上安装压模。

(6)混凝土浇筑:

各梁段的混凝土采取一次性连续浇筑成型,浇筑梁段时须左右对称等高浇筑,以防止浇筑过程中发生侧向偏移。

混凝土采取集中搅拌、运输车运输、现场泵送的方式施工。拱背上设脚手架支撑输送管;浇筑底板时,则需在顶板模板上预留孔,并采用导管接至底板。

浇筑顺序:底板→中腹板→两侧边腹板→顶板。在拱箱底板及顶板均设置压模,防止混凝土流淌。底板采用插入式振捣器,腹板采用附着式振捣器配插入振捣器进行振捣,顶板采用插入式振捣器与平板振捣器,振捣时振捣棒要避免直接接触模板和扣索管道。

混凝土浇筑过程中需设专人监测扣塔偏位、扣索索力及模板和挂篮的变化,并据此采取实时调索系统、以及适当调整底模高度和扣索索力的方法保证施工精度,使拱圈结构的几何线形和内力符合设计要求。

在浇筑拱圈混凝土的过程中需注意做好以下几方面的检查工作:

①检查扣索、扣塔、扣锚的工作状态是否正常;

②检查挂篮的锚固情况是否正常;

③观测检查模板与挂篮的变形情况,发现问题及时处理;

④检查混凝土浇筑时的对称情况。两个挂篮浇筑混凝土时其进度要基本相同,同一挂篮内左右两侧的混凝土方量偏差不能超过设计规定的允许值。

(7)混凝土养护。

按本规范第6章的规定进行养护,对每一节段的混凝土的保湿养护的时间不少于7d。

(8)挂篮行走。

当相应节段混凝土达到规定强度、扣索索力调整完成后,可以进行挂篮的前移行走。

首先将轨道安装于拱背并采用预埋件固定,可以在轨道上涂抹黄油或硅脂,以减小摩擦力。解除挂篮与拱圈之间的约束,设一支架固定于拱圈前端,安装好牵引千斤顶和牵引杆,整体移动挂篮至下一节段的施工位置,然后安装好固定装置进行下一节段施工。

(9)合龙工艺:

①悬臂浇筑最后一个节段后,需对拱圈、扣索、锚索、扣塔的线形、索力、偏位等进行全面观测,配合监控确定是否对索力进行调整或用拱顶千斤顶顶推法调整拱圈内力。

②拱圈合龙前达到了悬臂浇筑的最大悬臂状态,对温度的敏感性也达到最大,需至少进行24h的温度影响观测,绘制反映升温和降温过程的温度—悬臂端点挠度关系曲线,为拱圈合龙提供温度修正的依据。

③拱圈合龙段因拱圈曲率原因不便直接利用挂篮,可以设计专门的吊架。施工时需注意吊架与挂篮的关系,避免相互间的干扰。

④与其他桥型合龙段施工相同,合龙段混凝土的浇筑须在当天最低温度时段内进行。施工时可以先焊接好合龙段一端的劲性骨架,待合龙温度满足要求时,及时焊另一端的劲性骨架,实现拱圈结构的合龙。

⑤拱圈合龙段混凝土强度须达到100%设计强度且龄期大于96h后,才能逐渐松扣。松扣程序为自拱顶向拱脚,两岸对称、分级放松。一个轮次完成后,经监测各项数据无异常,再进行下一级的放松,直至完全松扣(图19-56)。

2. 工程实例:西攀高速公路白沙沟大桥

1)工程概况

白沙沟大桥分左、右幅桥梁设计,孔跨布置为4×14.2m(引桥)+150m(钢筋混凝土箱形拱桥)+

$3 \times 14.2m$(引桥),其主拱圈采用挂篮节段悬臂浇筑施工工艺成拱(图19-57)。

图19-56 美国迈克奥卡拉汉—帕特蒂尔曼纪念大桥拱圈合龙

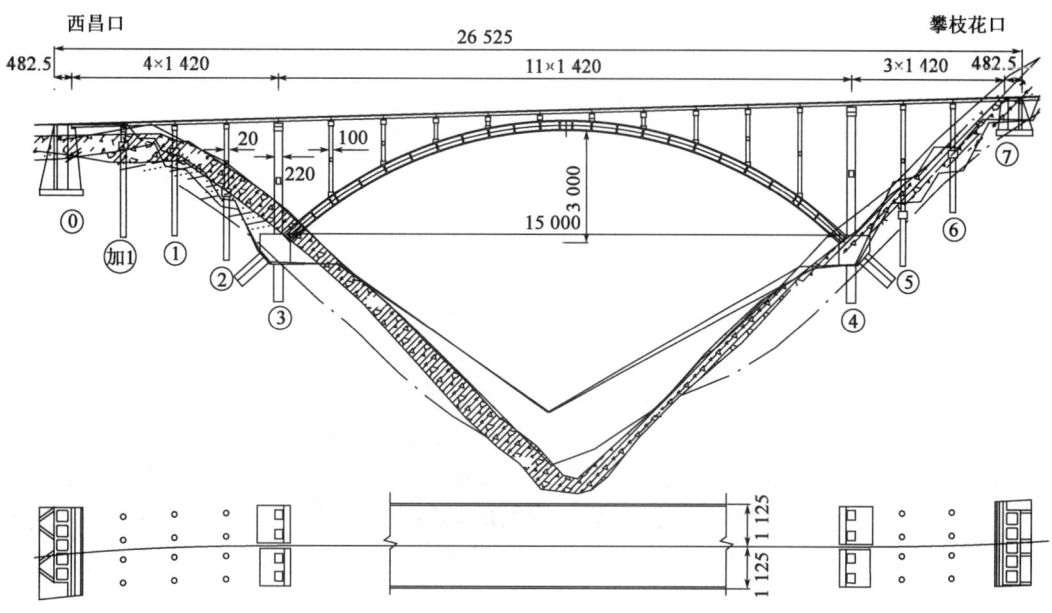

图19-57 白沙沟大桥桥型布置图(尺寸单位:cm)

该桥主拱圈为等高度悬链线钢筋混凝土箱形拱,净跨径 $L_0 = 150m$,净矢高 $H_0 = 30m$,净矢跨比 $H_0/L_0 = 1/5$,拱轴系数 $m = 1.988$,拱圈为单箱双室截面,箱高2.7m,箱宽6m。拱脚段顶底板厚度由600mm(拱脚侧)渐变至250mm(拱顶侧),腹板厚度由拱脚的500mm渐变至300mm(外腹板)及200mm(内腹板),排架处对应横隔板除1(10)号立柱采用双250mm厚横隔板外,其余立柱对应横隔板厚350mm,立柱间的横隔板为250mm厚。拱脚段采用支架现浇,其余每半跨分十个节段挂篮悬臂浇筑施工,跨中合龙段长2m,见图19-58。

2)主要工艺

钢筋混凝土箱形拱桥拱圈挂篮悬浇,是在支架现浇拱圈拱脚段后,将拱脚段扣挂于交界墩盖梁(桥台)上,通过锚固于锚碇与交界墩盖梁间的锚索来平衡因扣索产生的交界墩盖梁上的不平衡水平力,再安装(移动)拱圈悬浇节段的挂篮支承于已浇筑的拱圈节段上并调试,绑扎拱圈节段钢筋并安装拱圈模板,浇筑节段混凝土养护待强,挂扣索、锚索(扣、锚索)于交界墩盖梁(后浇节段挂扣、锚索于扣塔上)上并张拉,挂篮前移就位并进行下一节段施工,如此循环直至拱圈合龙。待合龙段混凝土达到要求的强度后,拆除拱圈悬浇用挂篮,由拱顶向拱脚逐级放松扣、锚索,直至扣、锚索完全放松并拆除,从而完成拱圈施工。

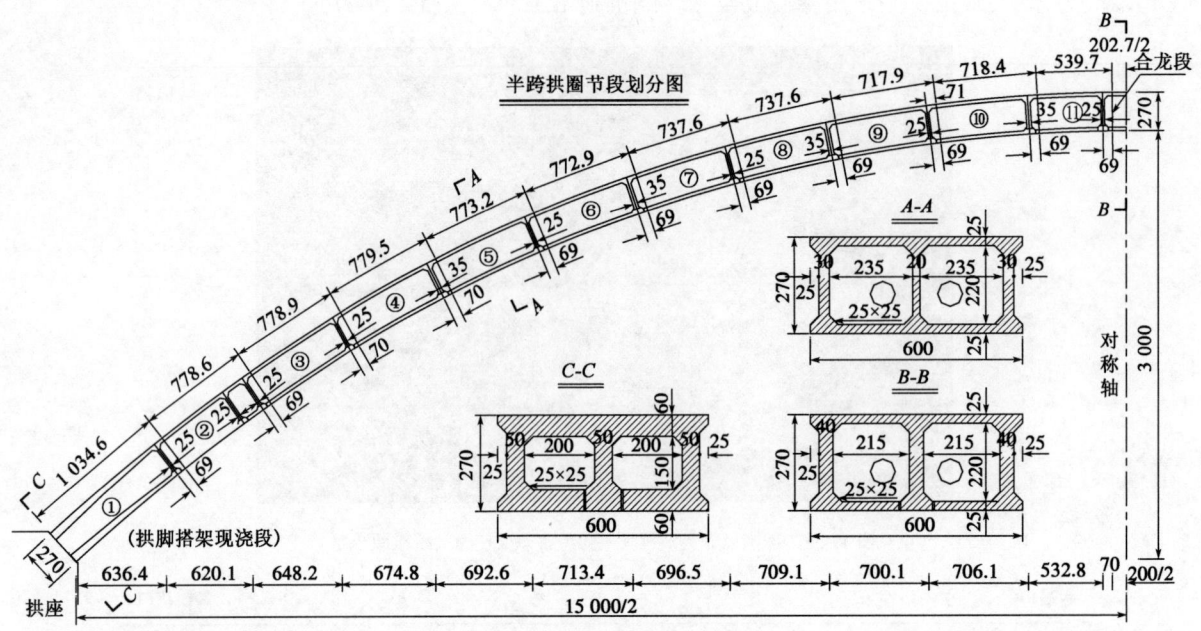

图 19-58 主拱圈构造图(尺寸单位:cm)

实施中将锚碇与桥台相结合,减少工程量、节约投资,并根据地质情况优选分别采用了重力式锚碇加岩孔锚、轻型锚碇加岩锚等锚碇结构形式。锚索1锚固于1号墩(西昌岸)及6号墩(攀枝花岸)交换梁上,锚索2锚固于0号桥台(西昌岸)及7号桥台(攀枝花岸)上。

缆索吊装系统锚碇与扣锚结合考虑,在桥台锚碇前墙及背墙间埋设 $\phi 800mm \times 10mm$ 的钢管以连接桥台前墙及背墙并作为主绳的锚固通道,主绳穿过预埋钢管后锚固于背墙后端的横梁上。

3)现浇段施工

位于拱脚的第一段采用现浇支架浇筑,该段浇筑后用于拼装挂篮,是挂篮悬臂浇筑的起步段,也是在空间位置上决定整个拱桥线形最关键的块件。现浇段长度为10.35m,经过比较,选择钢管加工成立柱的方案。钢管立柱上设工字钢分配纵梁,分配纵梁上设置底模,底模与分配纵梁间采用短槽钢进行高度调节。浇筑完成后安装第一对扣索,拆除支架。支架的具体布置以及第一段浇筑完成情况如图19-59、图19-60所示。

4)挂篮悬浇

(1)挂篮基本构造。

据查,国外拱桥悬臂浇筑长度均为1.5～4.5m,本桥拱箱悬臂浇筑长度达到7.8m,给挂篮的设计带来了难度。根据本桥拱箱宽6m、高2.7m,最大悬浇质量122t(计算竖向荷载总计210t)的技术指标,结合拱桥悬浇的特点,专门研制了侧桁式挂篮(图19-61)。

挂篮的主要性能参数见表19-4。

表19-4 挂篮性能参数表

浇筑节段最大质量	122t
浇筑节段最大长度	8m
挂篮自重	34t
模板系统自重	28t
挂篮行走方式	滑动
挂篮前端最大变形	20mm
锚固方式	自锚式

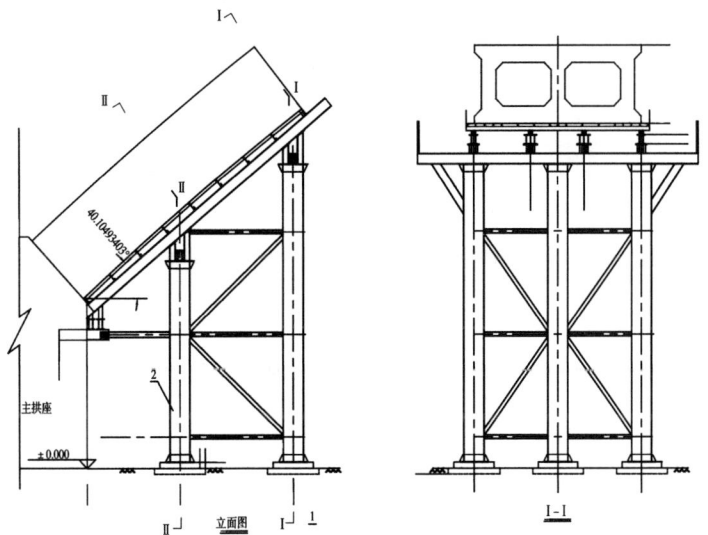

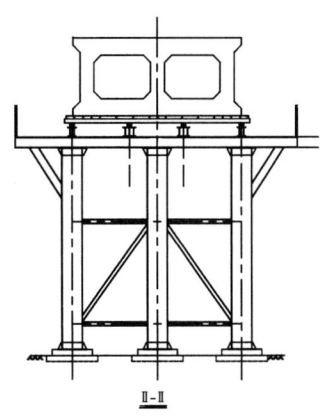

图 19-59 现浇段支架布置图

（2）结构功能。

侧桁式挂篮由桁架承重系统、行走系统、支反力系统、止推系统、工作平台及防护系统 6 部分构成。承重系统由底篮、三角形侧桁架、挂钩和挂钩横联构成；底篮由两片三角形侧桁架、前横梁、后横梁、中横梁和斜撑构成。行走系统主要由走船、行走轨道、千斤顶、精轧螺纹钢、反力轮及导向轮等构成。支反力系统主要由挂钩球铰及后横梁上的楔形反力钢板支座等构成。止推系统主要由抗剪臂、轨道止推牛腿、挂钩撑杆等构成。

底篮将两片侧桁架连接，并起支撑底模板的作用；承受混凝土荷载的两片侧桁架，通过挂钩支撑在已浇混凝土拱肋上；后支座（图中未示）、抗滑臂和反力轮设在挂篮尾部的后横梁上，起支点和防止挂篮滑动的作用；止推轨道铺设在已浇混凝土拱箱上，作为挂篮移动时使用并防止挂篮下滑。

三角形侧桁架用型钢构成，各杆之间连接的方法采用栓接。挂钩固结于侧桁架的顶端，上下弦杆、斜杆所受力都传至挂钩。挂钩由钢板焊接为箱形，挂钩与弦杆之间的连接采用栓接。

后支座是由固定在后横梁上的楔形钢板组成，作为浇筑混凝土时挂篮的反力支点。用楔形钢板可以使支座与混凝土接触紧密。

抗剪臂是钢板焊接成条形板，附着在后横梁上。浇筑混凝土时，抗剪臂上升，插入已浇拱箱的预留孔，起防止挂篮滑移的作用。挂篮行走时，抗剪臂下降。设调节螺栓对抗剪臂进行上、下调节。

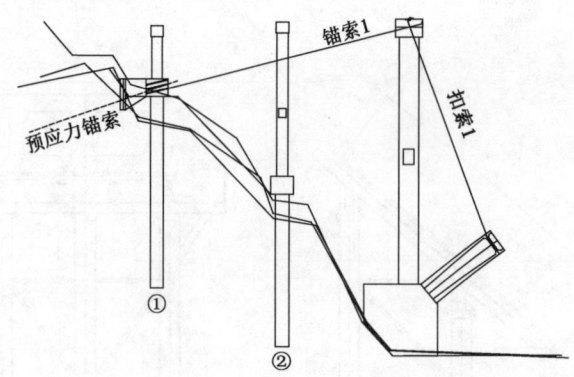

图 19-60　第一段浇筑完成图

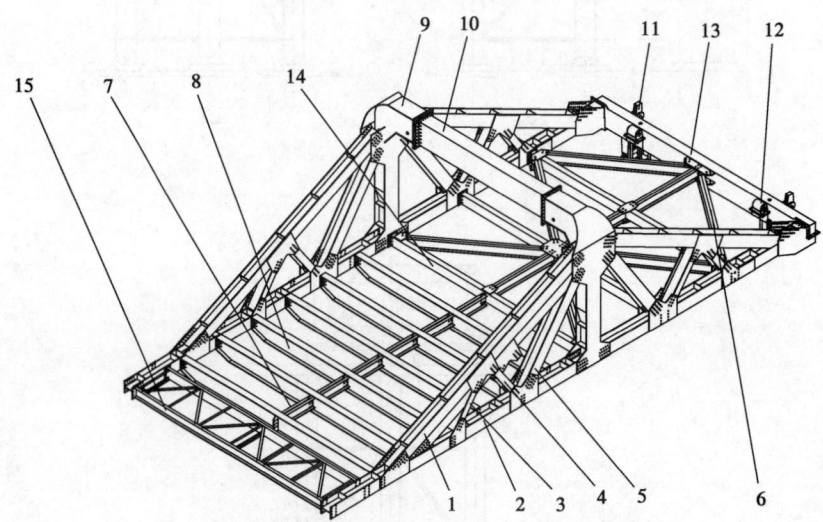

图 19-61　挂篮整体结构示意图

1-上弦杆；2-下弦杆；3-前小拉杆；4-前撑杆；5-后大拉杆；6-斜撑；7-小纵梁；8-前横梁；9-挂钩；10-挂钩横向联系；11-抗剪臂；
12-行走反力轮；13-后横梁；14-中横梁；15-前平台横梁

图 19-62　挂篮完成第三段拱圈浇筑

反力轮由钢管、钢板和轴承组成的，附着在后横梁上。挂篮行走时，反力轮上升，支撑在已浇拱肋的底板上，配合挂篮移动；浇筑混凝土时，反力轮下降，不再受力。

止推轨道是用钢板加工成的倒 π 形构件和滑板、撑杆组成的，它固定在已浇拱肋上，通过滑板支撑着挂钩。撑杆一端支撑在轨道上，一端支撑在挂钩上，起防止挂钩下滑的作用（图 19-62）。

(3)悬臂浇筑。

全桥共加工两对挂篮,从拱脚到拱顶方向对称浇筑。浇筑混凝土的工艺流程见图19-63。

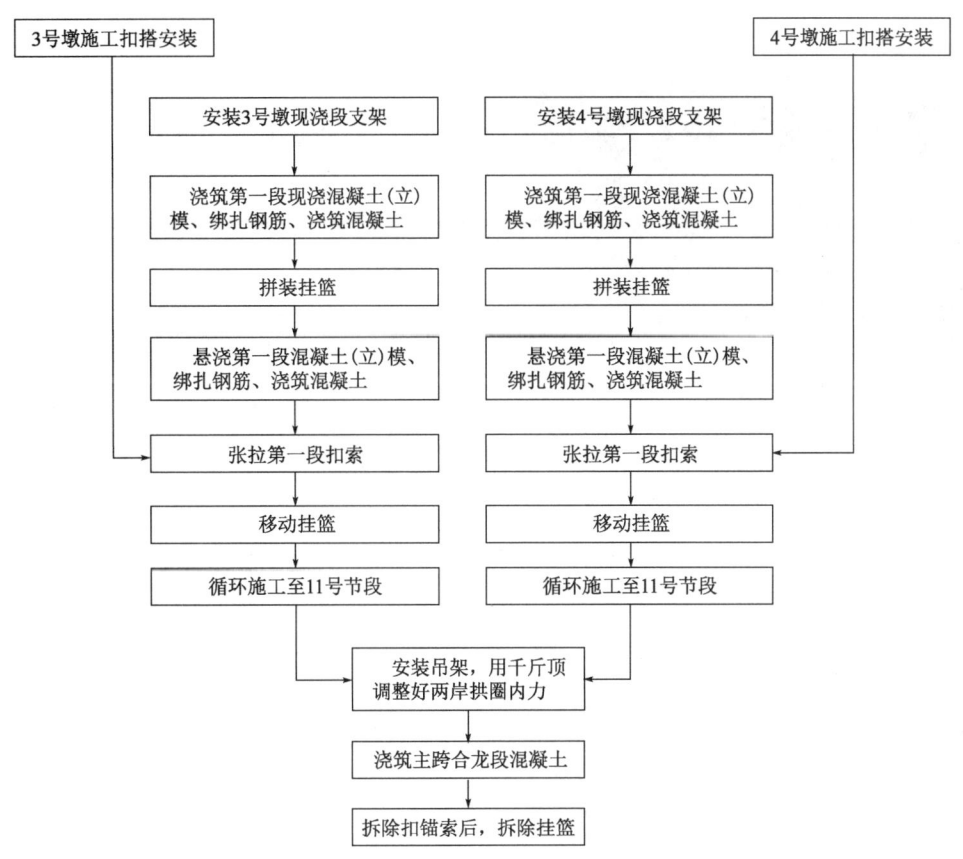

图19-63 拱圈悬臂浇筑施工工艺流程

待相应悬浇段的混凝土达到规定强度、安装扣索并张拉后,进行挂篮行走。

行走前首先在已浇梁段前端安装2台千斤顶,通过 $\phi 32$ 精轧螺纹钢筋与挂篮相连。安装轨道,将用钢板加工的槽型轨道仰扣在拱背上,然后与预埋锚板相连接。轨道如果与拱背不能很好贴合时,采用薄钢板进行支垫或者用砂浆进行填塞。将后横梁处反力轮下的千斤顶上顶,使反力轮就位并受力后,安装好牵引用千斤顶,驱使挂篮前移至下一节段施工位置。

走行到位后,在挂钩后下方用抗剪钢板作牛腿将挂钩抵紧,然后安装好后横梁处的抗剪柱。

底模为大块钢板,铺设在支架上,用专用螺栓调节支架的高度,使底模形成弧形。内、外侧模待安装后,用立杆对拉固定。顶板用钢管脚手架搭设支架,支撑顶模板。

(4)合龙段施工。

主拱圈合龙段长2m,混凝土方量为11.15m³,合龙段重29t,采用劲性骨架合龙、吊架浇筑混凝土。

11号节段浇筑完成后,拱圈处于最大悬臂状态,需对拱圈、扣索、锚索、扣塔进行全面的线形、索力、偏位观测,以便确定是否需调整索力和用顶推法调整拱圈内力。对拱圈进行连续24h的温度观测,绘制出"温度-悬臂端点挠度"的关系曲线,为拱圈合龙提供依据。

劲性骨架水平杆采用双[25b槽钢组合成箱形杆件,并采用单[25b槽钢形成剪刀撑。11号节段浇筑完成后,在节段端头安装合龙段劲性骨架,方法是:劲性骨架一端与箱梁预埋锚板焊接,另一端作为调节端,暂不焊接。将吊架、底模安装后,可以进行劲性骨架合龙。

选择当天温度较低的时段,将钢碶块打入劲性骨架调节端的空隙中,并焊接牢固。然后安装钢筋、内模,同样选择当天温度较低的时段,浇筑合龙段混凝土,完成合龙段施工(图19-64)。

当拱圈混凝土强度达到100%、龄期大于96h后,逐渐松扣、锚索,将扣索拉力转换为拱圈内力。松

图 19-64 合龙段施工

索程序为：从拱顶向拱脚，两岸对称、分级放松；一级放松完检测各项数据后，再进行下一级的放松，直至完全松扣。

5）扣、锚索体系

（1）扣、锚索锚固系统包括扣索系统、锚固系统两大部分，通过扣塔锚箱将两大部分结合成整体；扣、锚索系统均包括张拉端、固定端和钢绞线。1~4 号节段锚固于交界墩盖梁上，5~11 号节段锚固于扣塔顶锚箱上，扣索及锚索均采用标准抗拉强度 $R_{yb}=1\,860\text{MPa}$、$E_y=1.95 \times (+0.1-0) \times 10^5\text{MPa}$、松弛率满足 Ⅱ 级松弛率要求的 $\phi^{j}15.24$ 高强度低松弛钢绞线。

根据扣锚绳规格情况，盖梁扣锚系统最多钢绞线数量为 11 根，采用 250t 千斤顶进行扣锚索张拉，扣塔扣锚系统最多钢绞线数量为 14 根，采用 400t 千斤顶进行扣锚索张拉。由于扣、锚绳分开且须同步张拉，每节段由两组扣锚索扣挂，因此一岸各规格千斤顶的数量最少为 4 台，考虑两岸错开施工共同使用则需 250t、400t 千斤顶各 4 台。

由于钢绞线扣索在工作期间应力变化范围属低应力范围，其固定端及张拉端的锚固可靠度是施工成败的关键因素之一。其固定端采用受力可靠的 P 型锚具锚固，为避免在拱箱内锁头，采用带螺纹锚圈的固定端专用锚具，钢绞线穿过锚具并锁好头后，连同锚头一起穿过主拱圈的预留索套管，然后在拱圈内戴上锚圈并通过锚圈挤压于索套管预埋锚固钢板上。

张拉端因要考虑调索及扣索拆除的需要，其锚具须具备张拉、顶压、锁紧放松、调索及微调等诸多功能。为保证工程施工安全，采用低应力夹片工具锚，并在该基础上做进一步优化以满足施工的微调需要。

（2）扣塔构造。

由于对扣塔塔顶位移的要求较为严格，故采用空心钢管扣塔方案。

选择横桥向布置 3 排、顺桥向布置 2 排的 6 肢钢管方案。主肢钢管采用 $\phi 720\text{mm} \times 10\text{mm}$ 螺旋焊管，根据扣塔高度情况及吊装能力，将扣塔主肢钢管竖向分为 3 段，钢管接长采取法兰盘螺栓栓接的连接。顺桥向主肢钢管中到中间距 2.2m，采用 $\phi 325\text{mm} \times 7\text{mm}$ 的钢管，通过相贯焊接将两根钢管连接成整体起吊，以保证焊接质量及现场安装时的准确定位。横桥向主肢钢管中到中间距 3m，外肢钢管中到中间距 6m，在钢管上焊接节点板并通过 [16a 型钢用螺栓连接成整体（图 19-65）。

扣塔塔脚支承于盖梁顶的横移滑道上，并采取在盖梁上预埋钢筋、螺帽锁定的方式固定，半幅桥施工完成，截断与盖梁连接的预埋钢筋后横移扣塔至另一幅桥，就位后再与盖梁焊接连接从而将塔脚固定于盖梁上。

（3）锚箱构造。

半幅桥有 7 个节段扣挂于扣塔顶锚箱上（其余节段扣挂于盖梁上），锚箱采用 Q345 钢板焊接连接而形成钢箱，钢箱高度 600mm，牛腿高度 400mm，扣索锚点与锚索锚点间的间距为 2m。钢锚箱加工宽度 400mm，布置间距 500mm，分单个安装并焊接固定于塔顶的型钢横梁上，锚箱间的连接除下方焊接于型钢横梁上外，其上方采用通长的连接钢板焊接，从而将锚箱连接成整体。

6）辅助吊装系统

由于当时工地现场无塔吊，因此拱上的钢筋等材料运输采用辅助缆索天线系统进行吊装，根据吊装质量确定单组天线的吊装能力为 10t。

吊装时索鞍直接刚结于扣塔的两端，为减小吊装作业对扣塔的影响，考虑将合龙前的吊装系统仅作为工作天线使用，吊装质量控制为 10t。同时，因吊装锚碇共用扣锚，控制悬浇过程中的吊装质量有利于节约锚碇工程量。

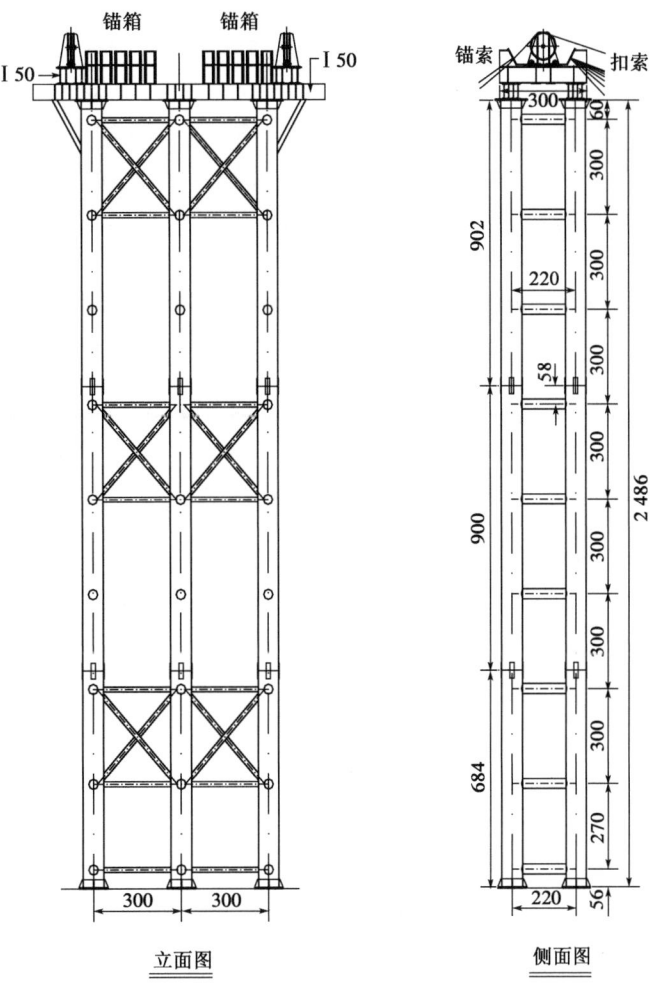

图 19-65 扣塔构造图(尺寸单位:cm)

缆索布置于扣塔顶端,主跨径为 156.2m,半幅桥共布置主索吊装系统两套,上下游各 1 套。

19.9 钢拱桥

19.9.1 钢拱桥构件的制造、涂装及运输等应符合本规范第 8 章的规定,钢拱肋的制造线形应满足设计和监控的要求。钢拱肋制造加工完成后应在厂内进行试拼装。

19.9.2 钢拱桥的安装程序应符合设计规定,且宜采用无支架或少支架的安装方法施工。采用拱上悬臂吊机安装构件时,除应具有足够的安全系数外,拱上悬臂吊机的行走系统尚应适应拱顶坡度和形状的变化;采用缆索系统吊装构件时,应符合本规范第 19.4 节的规定;采用起重船安装施工时,起重船的性能应满足构件吊装的要求。

19.9.3 钢拱桥可单构件安装或拼装成节段进行安装。当拼装成节段进行安装时,应防止节段在施工过程中产生过大的变形,必要时应采取临时加固措施增加其刚度。

19.9.4 拱肋节段间的安装应对称进行。拱肋的端头应设临时连接装置,安装时应先临时连接后再进行正式连接,并应对称施焊或栓接。

19.9.5 钢拱桥合龙时,合龙段的安装应符合设计规定,并应按设计要求采取相应的辅助措施;设计未规定时,对钢桁拱宜采用单构件安装合龙;对钢箱拱应提前设置临时刚性连接再进行合龙钢构件的焊接或栓接连接。

钢拱桥一般是指主拱圈为全钢结构的拱桥,主要形式有钢箱拱和钢桁架拱,钢拱桥在安装和跨越能力上要优于钢筋混凝土拱桥。国外建造钢拱桥已有很长的历史,以钢桁架拱为主,例如澳大利亚1932年建成的净跨为503m的悉尼港桥,曾是跨度最大的中承式钢拱桥。我国的大跨径钢拱桥起步较晚,但发展迅速,已建成的上海卢浦大桥为中承式钢箱拱桥(图19-66),主跨550m,在当时比原世界第一的美国新河桥还长31.8m;重庆朝天门长江大桥为钢桁架拱桥,主跨552m,目前为世界第一跨度的钢拱桥。

图19-66 上海卢浦大桥

卢浦大桥是主跨为550m的超大跨径中承式拱梁组合体系全钢拱桥,在重庆朝天门长江大桥建成之前,是当时钢拱桥中的世界第一拱桥。

虽然拱桥的形式在国内外较多,但像卢浦大桥这样跨径的中承式全钢结构拱桥在国内尚属首次建造,其主拱采用超大型全钢箱结构,在国内外的拱桥中并不多见。由于跨径超大因而受力巨大,中跨主拱在恒载作用下的巨大水平推力近20亿kN,均由主拱两侧尾端之间的强大水平拉索承受;水平拉索的锚固节点、拱肋与主墩承台的锚固节点等一些关键节点的构造和受力均较复杂。

主拱的左右两片拱肋呈对倾布置,为空间三维曲线结构,对钢结构加工制造、运输及安装的技术要求高、难度大。中跨拱梁结合节点、边跨拱梁结合节点、钢拱与主墩承台联结节点(拱座)、施工阶段斜拉扣索与局部集中锚固束的连接构造节点以及主拱斜拉扣索临时锚固构造节点等均为本桥的关键受力节点,这些节点受力重要、构造复杂、工艺要求高,由于它们的重要性、安全性、不可挽救和不可逆性,若分析、构造、加工、安装处理不当,会危及整个桥梁结构的安全,造成巨大损失。

卢浦大桥的钢结构由优质可焊接、细晶粒、正火高强度钢材焊接加工而成。大桥的主体结构由主拱、风撑、立柱、桥面加劲梁等基本构件组成,全部钢结构总重达35 000t左右。主拱采用5m×(9~6)m超大型钢箱拱结构,在工厂制作和现场吊装、焊接等方面尚没有成熟的经验可供直接应用,因此,合理地进行钢结构分段制作的划分、控制构件加工尺寸的精度、选择合适的焊接工艺、减少拼装时的调整工作量及刚性连接、降低分段拼装大环缝的约束应力等,是保证钢结构加工制作质量的关键所在。

已建的拱桥有许多成功的实例,这些桥梁的施工为我们提供了可供借鉴的经验,但卢浦大桥在截面形式、构件重量、设备性能、工期要求等方面都与之存在着较大的差别,主拱为空间三维结构,安装精度要求高;构件的单件起重量大,节段总重约为350~470t;钢结构吊装需研制专用的机械和设备、钢结构现场焊接的工作量大、工期紧、高空焊接条件差;施工过程中体系转换的步骤多,结构受力变化大,对施工控制和调整措施的要求很高;长达760m的大吨位超长水平拉索的制作、安装均无先例可查;这些因素导致施工的难度极大。因此针对卢浦大桥的施工过程和施工工艺进行了专门的攻关研究,探索出一条适合我国国情,在特大型钢拱桥的施工技术和施工工艺上具有世界先进水平的道路。

19 拱桥

钢桁拱桥工程实例

1. 工程概况

1）工程设计

梅山春晓大桥是宁波北仑区连接春晓和梅山岛一座跨海桥梁工程，其主桥为三跨连续中承式双层钢桁架拱桥，桥梁总长496m，跨径组合为80m+336m+80m。主桥除春晓侧中支座采用固定支座外，梅山侧中支座和两个边支座均采用纵向滑移支座，以满足结构变形协调和结构受力需要。

主拱由两片相互平行的钢桁架组成，桁架横向间距27.8m，两片拱肋之间设置米字形风撑。跨中拱肋桁高为9m，拱脚桁高为29.36m。成桥状态主桁下弦拱轴线为二次抛物线，矢高67.2m，矢跨比1/5；上弦杆在跨中240m范围内为抛物线，其他部分拱轴线为圆曲线。

主桥采用叠合梁结构。主梁由钢系梁、钢横梁钢小纵梁和混凝土桥面板组成。系梁与钢桁拱等宽，中心间距27.8m。钢横梁标准间距3.62m。

2）气象条件

工作区地处亚热带季风湿润气候区，冬、夏季受台风和强季风交替影响，施工阶段重现期20年的基本风速$V=33.8m/s$。复杂的海洋气候条件，海洋强风给施工带来较大影响。

3）拱肋节段划分

拱肋主桁跨中标准节间距为10.86m，中跨拱肋共划分为27个节段（包括合龙段），见图19-67。跨中2号节段质量为265.3t，靠近塔端12节段质量为338.1t。主桥采用全焊结构，为减少现场焊接工作量，节约施工工期，中跨拱肋采用节段整体吊装，两片拱肋和风撑在工厂组装后运至现场。

4）总体施工方案

三角区拱肋和主梁采用钢管支架法施工，采用600t浮吊进行安装。中跨拱肋采用"固塔少扣索、无支架缆索吊装"工艺。施工中采取降低拱肋边支点（预降45cm）的方法，充分发挥拱肋自身承载力进行悬臂拼装，减少扣索和扣塔用钢量。为实现跨中的无应力合龙，因边支点预降和扣索轴力压缩主拱，主拱悬臂端合龙前纵桥向回缩量通过梅山侧拱脚（活动支座）预偏9cm来进行补偿。

合龙后梅山侧拱脚安装位置与成桥位置差异，通过边支点顶升、系杆放张，以及梅山侧拱座预偏的顶推复位（辅助）来进行修正。边墩需预留50cm先不进行施工，待边跨顶升至设计高程后，再施工预留段墩柱、支座垫石，并进行支座安装。

2. 吊、扣系统设计

缆索吊装系统采用双塔三跨方案，跨径组合为226m+332m+226m，设计吊装质量根据跨中2号节段质量确定为330t，近塔端节段采用"定点起吊"的方法进行安装。吊、扣塔总高126m，其中吊塔高26m，扣塔高100m，吊塔与扣塔间铰接，扣塔塔底与承台及墩柱固结，见图19-68。

1）扣锚系统设计

（1）扣塔设计

①扣塔的设计构思。

a. 扣塔的抗风问题：

扣塔设计风荷载按100年一遇进行考虑。计算表明：扣塔塔肢顺桥向截面尺寸较大，顺桥向具有足够的抗风能力；塔肢横向截面较小，抗风能力不足，扣塔横梁抵抗横向静风荷载作用不明显，增设扣塔内部剪刀撑对抵抗横向荷载作用效果明显。对于抗风要求高的索塔，增加塔肢截面尺寸，增加塔内剪刀撑，对提高塔自身的抗风能力效果明显。本桥扣塔不设风缆完全满足结构抗风要求。

b. 扣塔钢管立柱的荷载均匀分配问题：

扣塔主要荷载为扣索力对塔的反作用力和缆索吊装系统吊塔传递给扣塔的竖向力。为保证塔柱钢管在最不利工况均衡受力，吊塔设置在靠江心两排钢管顶部，并通过扁担梁来分配其竖向荷载，扣索锚箱锚固位置综合考虑各种荷载组合，并按照扣塔钢管均匀分担荷载的原则进行确定。

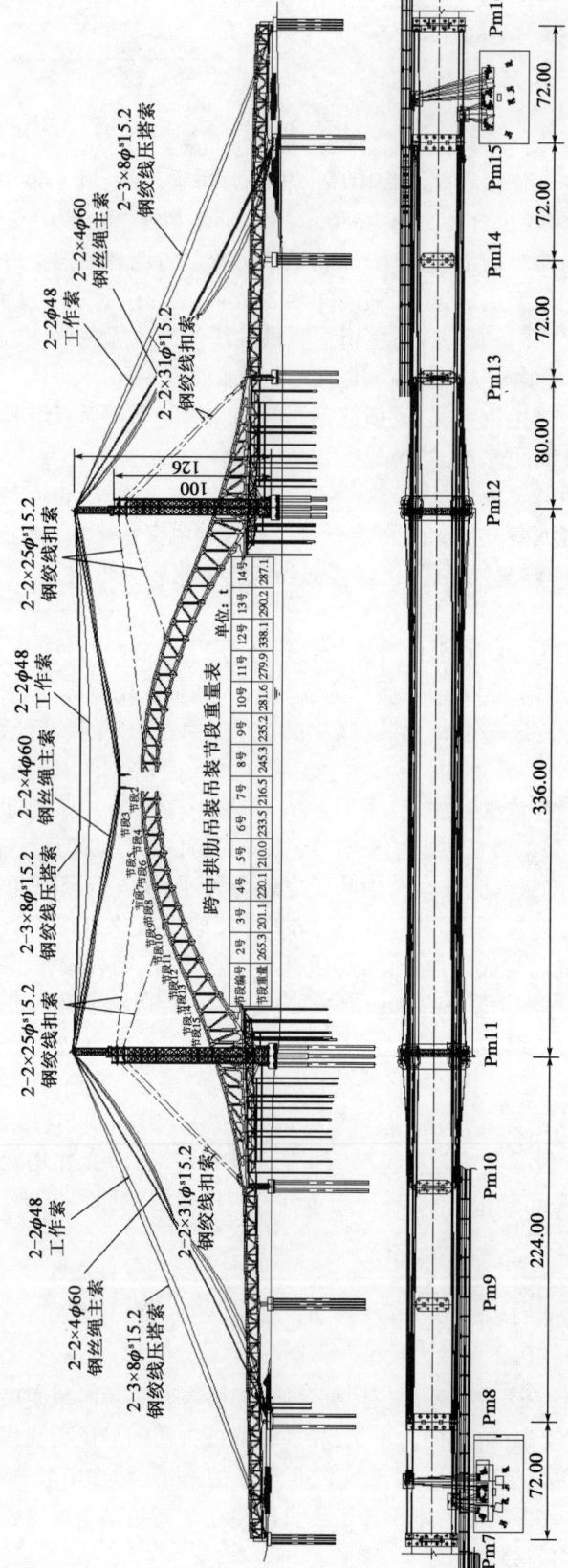

图19-67 缆索吊装总体布置图(尺寸单位:m)

19 拱桥

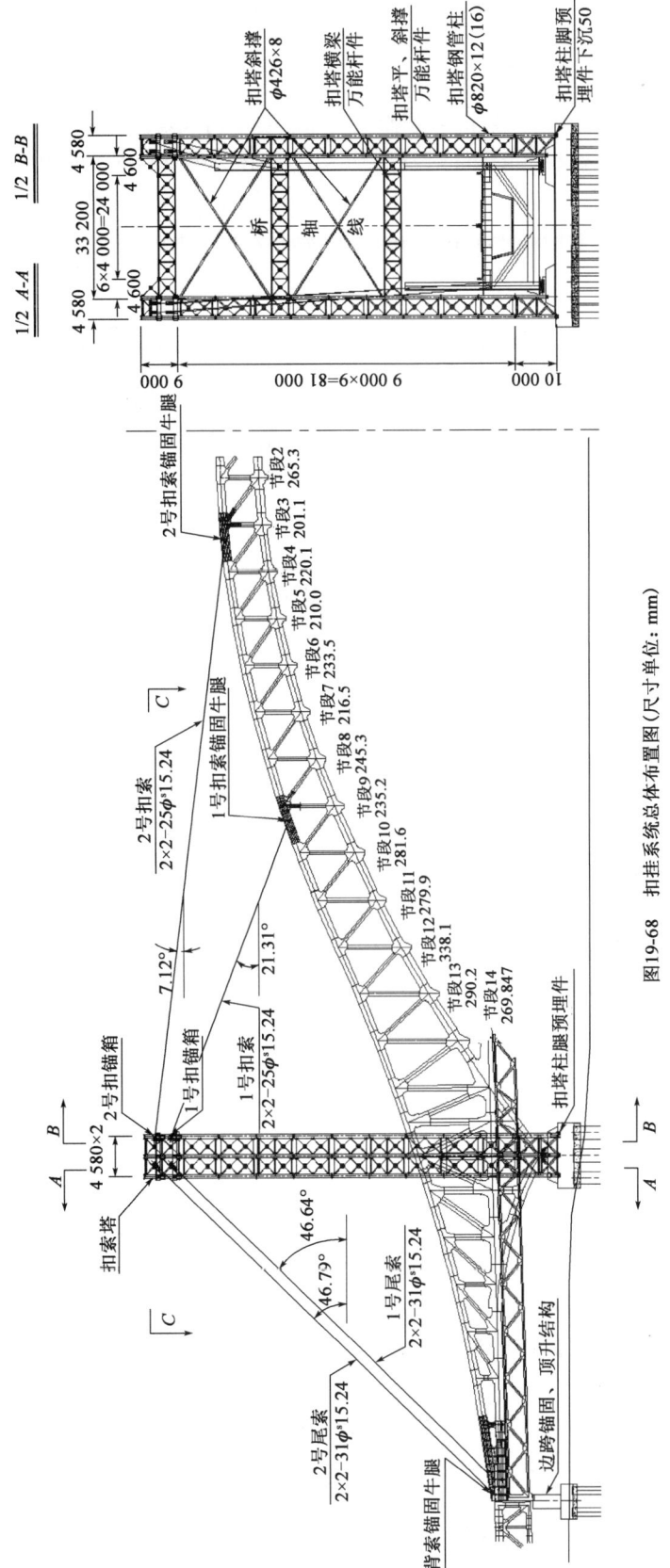

图19-68 扣挂系统总体布置图（尺寸单位：mm）

②扣塔结构设计。

扣塔采用万能杆件、钢管组合结构塔,扣塔塔肢截面尺寸为9.16m×4.58m。左右幅扣塔间设三道横梁,横梁均用标准万能杆件和定制加工的杆件进行组装。塔柱采用φ820mm×12mm(16)Q345B和Q235B钢管作为主承重结构,每半幅塔采用6根钢管。其中,中间两根钢管规格为φ820mm×16mm(第一道横梁以下5层材质为Q345B,其他标准段材质为Q235B),两端4根钢管规格第1、2层为φ820mm×16mm(10m+9m),其余为φ820mm×12mm,材质均为Q345B。标准节钢管长度为9m,钢管间用万能杆件连接。塔内剪刀撑采用φ426mm×8mm钢管,钢管接头采用定制法兰连接。

扣塔塔脚通过主墩承台及墩柱上的预埋螺栓固结,其他节段间用8.8级M27高强螺栓进行连接,按规范对螺栓进行预紧张拉。

(2)扣索设计

单个索塔共布置2对扣索(一对扣索采用2-2×25ϕ^j15.24钢绞线),2对背索(一对背索采用2-2×31ϕ^j15.24钢绞线),扣索和背索均在塔上进行张拉。1号扣索张拉端锚固于下层塔上锚箱,下端为固定端P锚,锚固于9号节段拱背上;2号扣索张拉端锚固于上层塔上锚箱,下端为固定端P锚,锚固于3号节段拱背上;1号、2号背索上端锚固与1号、2号扣索相对应,塔上为张拉端,下端锚固于边跨主梁拱背上(BL6)节段,为固定端P锚。扣索均采用ϕ^j15.24的1 860MPa高强低松弛钢绞线。

(3)边跨锚固及顶升装置设计

为满足结构整体抗倾覆系数大于1.3倍的要求,采用"边跨配重+边跨锚固"相结合的方式。

边跨端部横梁内按设计浇筑铁矿石超重混凝土压重600t,在边跨40m范围采用混凝土板压重400t进行边跨配重,在边墩承台内预埋高强锚栓,通过锚梁连接钢绞线索对边跨主横梁进行锚固,最大允许锚固力约为2 400t。边跨锚固结构设置在BL6节段端部,每岸设8索15ϕ^j15.24钢绞线进行锚固,单束控制锚固力150t,单侧设计锚固力约为1 200t。锚索下端通过锚索分配梁与承台预埋锚杆相连接,下端为固定P锚,上端为张拉端。每2根锚索由16根预埋在承台内的φ42(10.6级)高强拉杆进行锚固,拉杆下端穿入型钢、钢筋网,并用螺母锁紧。

边跨顶升采用8个400t千斤顶进行顶升,按最大2 400t顶升力进行设计(图19-69)。

2)缆索吊装系统设计

缆索吊装系统主要由地锚、吊塔、主索、工作索、压塔索、起吊和牵引系统等组成,本桥未设置抗风索。

(1)地锚设计

本桥缆索系统利用了引桥墩承台进行锚固。在承台内预埋锚杆,锚固地锚分配梁,将主索、压塔索和工作索锚固于锚固梁上。由于锚固张力较大,将主索、压塔索和工作索分别锚固于不同的墩台位置。主索地锚设置在PM8和PM15号墩承台两侧,压塔索和工作索地锚设置在PM7和PM16号墩承台两侧。

(2)吊塔设计

吊塔采用门形结构,采用万能杆件拼装,总体结构布置见图19-70。为避免塔顶不平衡力导致塔身产生弯矩,塔架通过铰接方式与扣塔连接。吊塔塔脚位置两塔肢之间设置一道系梁,系梁桥轴线位置采用特制N1杆件(比常规N1杆件短2cm),对两塔脚之间施加预变形(相当于对两塔脚之间施加预应力),改善吊塔杆件受力。

吊塔横梁以上采用分配梁组成索鞍平台。由于吊装质量较大,一个吊塔塔顶须承担约1 300t竖向分力(单肢约650t,其中主索压力约450t,牵引索压力约80t,压塔索压力90t)。由于塔顶竖向分力较大,塔顶竖向分力的分配极其重要。为避免集中力过于集中超出杆件的承载能力,须在纵、横方向上对竖向力合理地进行分配。横向一组主绳两个塔顶索鞍分离设置,一片桁架有4个节点分担竖向力。顺桥向在增加纵向分配梁的基础上,适当降低中间排桁片的刚度,以使结构受力更趋于均衡,实际在配置杆件时,外侧两排桁片即可满足结构受力要求,中间排桁片作为结构受力储备。

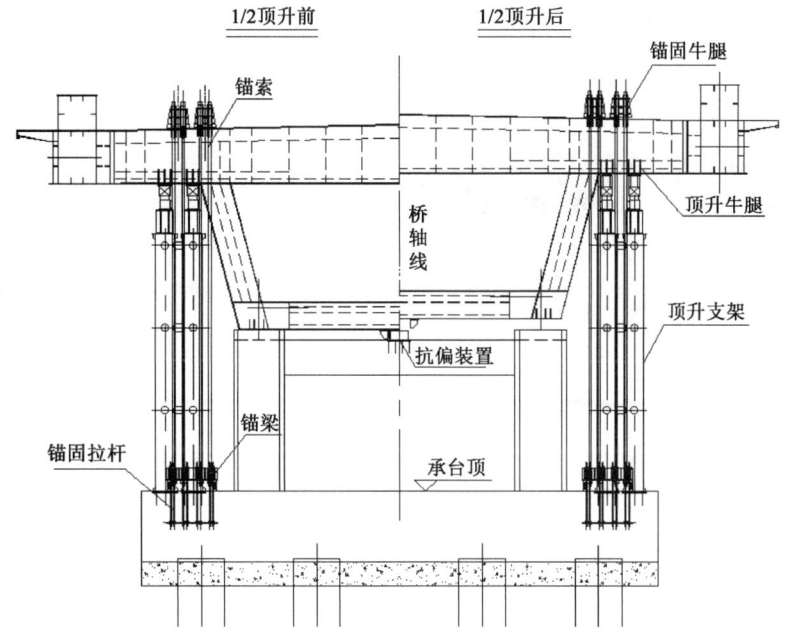

a) 边跨锚固及顶升结构立面图

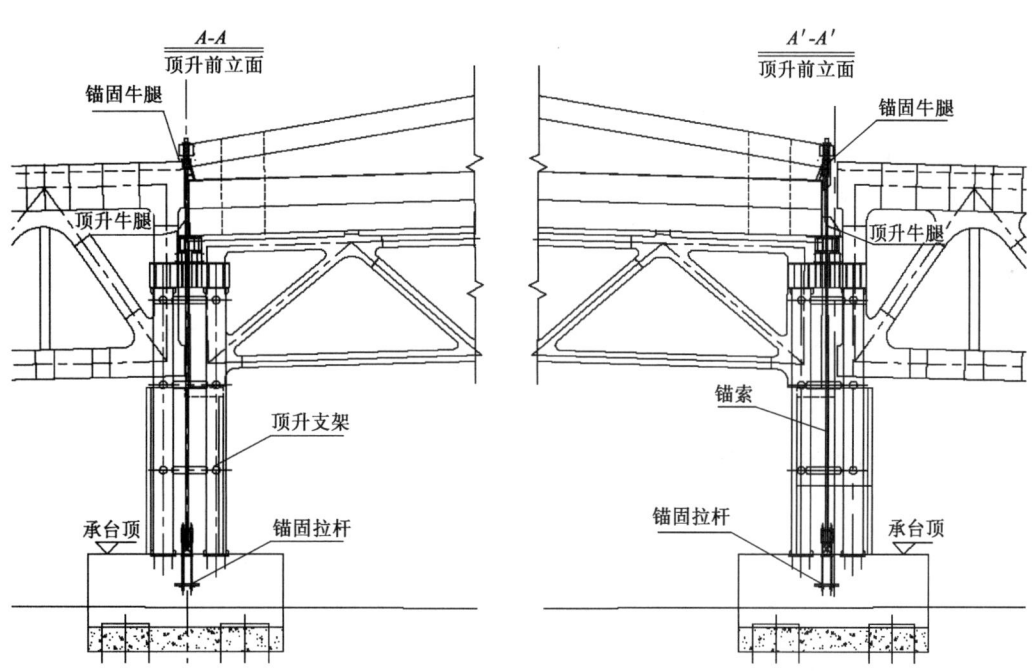

b) 边跨锚固及顶升结构侧面图

图 19-69 边跨锚固及顶升结构断面图

(3) 缆索系统设计

①主索。

选用 2 组 $2\times4\phi60$(8×36WS + PWRS)满充钢丝绳,两组主索中心距离 27.8m,主索重载垂跨比 $L/12$。锚固点距塔顶索鞍槽高度 126m。

②工作索。

采用两组 $2\phi48$(6×37S + IWR)钢丝绳,工作天线设计吊重 20t,重载垂跨比按 $L/13$ 进行控制。

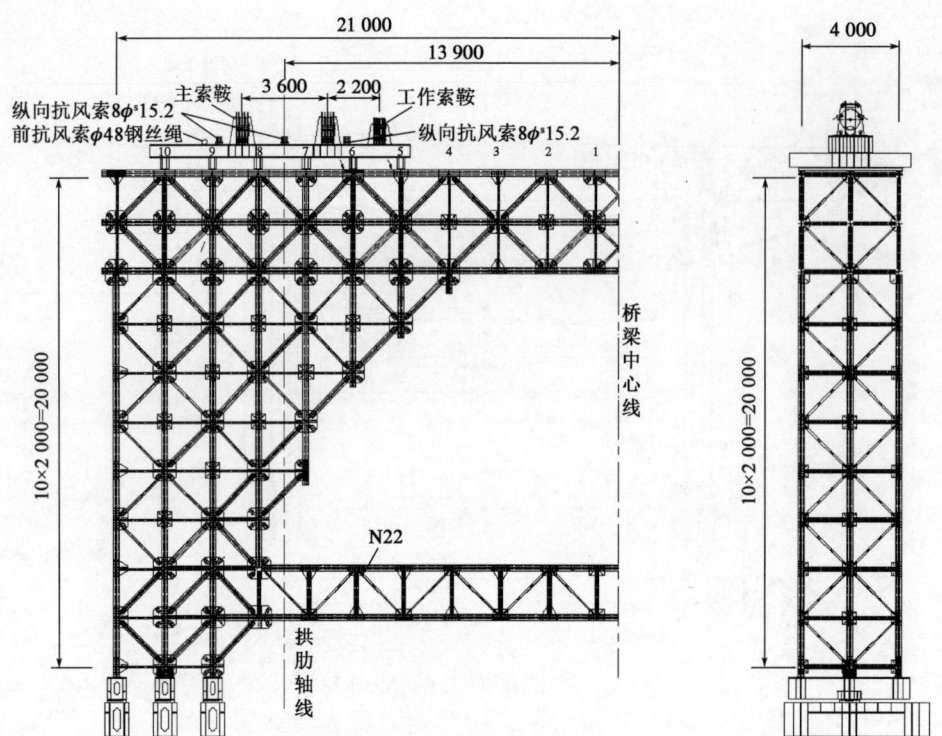

图 19-70　吊塔总体结构布置图（尺寸单位：mm）

③压塔索。

采用 2 组 3×8ϕj15.24 钢绞线，边跨初张力控制在 35t，中跨初张力按水平分力与边跨相等进行控制。

④起吊索。

每组主索上布置 4 个吊点，全桥共 8 个吊点，横向同一组主索上两个吊点通过吊具组合成一组吊点，形成共 4 组吊点。单个吊点采用 ϕ24 6×37S+Fc 型钢绳，起吊绳走 10 线。主拱节段吊装采用 4 组吊点抬吊，每个吊点每岸各采用 1 台 10t 卷扬机起吊，全桥共 16 台。

⑤牵引索。

对于一组主索布置 2 组牵引索，牵引索采用 ϕ36 6×37S+Fc 型钢绳，每组牵引索走 3 线，每岸各设 4 台 20t 卷扬机牵引。

19.10　石拱桥

石拱桥这一古老的结构形式，在我国曾经创造过辉煌的业绩，古代的赵州桥使用时间达一千多年，现在的晋焦高速公路丹河特大石拱桥（2000 年竣工）净跨 146m，为同类桥梁世界最大跨径。但是，石拱桥由于机械化程度低、人工投入大，随着人工成本的上涨，施工成本已不具优势，正在逐渐退出历史舞台。

石拱桥施工的主要工序步骤为：

施工准备→基坑开挖→基础与墩台施工→拱架施工→拱圈施工→拱桥上部施工→拱架拆卸。

1. 基坑开挖

基坑开挖的一般程序是基坑放线→改河及排水→基坑开挖及坑壁加固→基底清理。

（1）基坑放线是确定基坑开挖范围的工作，其方法是：先根据基底平面尺寸，考虑基坑开挖要求的宽度，以及由基坑土质确定的坑壁坡度计算出基坑开挖的长度和宽度，再根据桥墩、台中心桩和轴线，采用测量仪器放线,即可确定基坑开挖的边线。

(2)改河及排水是保证基坑顺利施工的重要工序,改河排水常采用以下两种方法:当水流较小时,可将河沟或渠道的位置适当改移,先在干涸的河道上进行桥梁的施工,待建成后,再改移河道将水流接通;当河面较宽、水流较大时,可考虑采用土坝或草袋围堰,构筑成导流堤,将水导向河沟一侧,基坑施工完成后,再改移导流堤施工另一侧的基坑。

(3)基坑开挖及坑壁加固是同时交叉作业的两个工序。当坑壁土质较好,渗水较少时,可采取无支撑施工;当坑深大于5m时,为保证施工的安全,坑壁上应设有0.5~1m的护坡道。基坑开挖通常应选择在枯水季节施工。

(4)基底清理是挖基的最后一道工序。基坑挖至设计高度后,如为岩石基底,应将表面风化层除去,冲洗干净,并将表面凿毛;如为土质基底,应经基底承载力检测,符合设计要求后方能进行下一道工序。

2. 基础与墩台

石拱桥的基础与墩台一般由浆砌块石或浆砌片石砌筑而成,其施工需注意下列事项:

(1)掌握好砌筑顺序。砌筑时大致按水平面分层自下而上进行,每层从四周向中间方向砌筑,并注意外露面的平整美观。

(2)砌筑过程中需根据已立好的样架经常挂线检查,逐层校对,保证墩台的设计坡度和表面的平整。

(3)做好桥台转角、桥墩圆头的砌筑。用于桥台转角和桥墩圆头的石料需挑选上下面大致平行、形状大致为方形的石料,并进行适当加工,桥台转角石按桥台的总高度和石料尺寸,基本确定每一层砌筑的高度,合理配料,以便控制砌筑总高度的尺寸。

(4)掌握好施工砌缝工艺。砌缝需形成不规则的"花缝",上下左右要错开,避免竖缝上下垂直贯通。

(5)拱脚是承受拱圈推力的重要部分,砌筑要领包括严格控制设计高度、正确安砌五角石、掌握控制拱斜面、禁止砌缝呈水平。

19.10.1 石拱桥的拱架宜采用钢拱架、满布式钢管拱架、组合式钢拱架或木拱架等结构形式,拱架的设计、制作、拼装和拆卸应符合本规范第19.2节的规定。当小跨径石拱桥采用土牛拱胎时,土牛拱胎在制作时应设防排水设施,土石应分层夯实,密实度应不小于95%,拱顶部分应选用含水率适宜的黏土。

19.10.2 用于砌筑拱圈的拱石应采用粗料石或块石按拱圈放样尺寸加工成楔形。拱石的厚度应不小于200mm,加工成楔形时其较薄端的厚度应符合设计要求的尺寸或按施工放样的要求确定;其高度应为最小厚度的1.2~2.0倍;长度应为最小厚度的2.5~4.0倍。拱石应按立纹破料,岩层面应与拱轴线垂直,各排拱石沿拱圈内弧的厚度应一致。对砌筑拱圈所用砂浆的要求应符合本规范第16章的规定。

拱架是支撑拱圈砌筑的临时承重结构,对于保证拱圈的形状和施工安全十分重要,拱架有钢拱架、木拱架和土牛拱胎架等形式,施工时应根据桥梁的规模、现场的环境条件等因素选择适宜的拱架。在设置拱架时应注意下列事项:

1. 拱架搭设

因主拱圈的砌筑施工是在拱架上进行的,故应根据拱圈的自重和相关的施工荷载,按施工要求,以安全可靠、经济合理为首选方案。为保证拱架的稳定和具有足够的承载力,可在部分排架的横杆下浇筑一定厚度的混凝土作为基础,然后在基础上搭设拱架。对于大跨度的石拱桥,为保证拱架的稳定性,应设置有足够的斜撑、剪刀撑和风缆绳。

2. 拱架预压

拱架安装完成并铺设底模后,应通过预压的方式,检查各种工况下拱架构件的应力应变与理论值的差异;拱架变形是否在允许范围之内,并实测拱架各控制点处的挠度;通过预压消除拱架构建各部位之间的间隙和非弹性变形,消除拱架及地基的非弹性变形。

拱架预压的荷载一般宜按理论荷载值的 50%、80%、100% 和 120% 进行逐步加载,加载时应在拱顶、拱脚、拱跨 1/4 和基础顶面等处设置测点进行观测。预压在加载 50% 和 120% 理论荷载后停止加载,进行 12h 的拱架沉降、变位的连续观测;在 120% 理论荷载加上后,连续观测 48h 的拱架沉降、变位,在其均小于 1mm 时,则认为地基沉降基本稳定。

预压结束后,应整理原始观测数据,并据此计算出拱架的弹性和非弹性变形量,为修正调整拱圈底模的高程提供参数,以使砌筑出的拱圈更符合设计要求的线形。

19.10.3 拱圈的砌筑施工应符合下列规定:
1 拱圈及拱上结构施工时均应按设计要求留置施工预拱度。
2 砌筑施工前,应先详细检查拱架和模板,符合要求后方可开始砌筑。
3 拱圈的辐射缝应垂直于拱轴线,辐射缝两侧相邻两行拱石的砌缝应互相错开,错开距离应不小于 100mm。同一行内上下层砌缝可不错开。
4 浆砌粗料石和混凝土预制块拱圈的砌缝宽度应为 10~20mm;块石拱圈的砌缝宽度应不大于 30mm;采用小石子混凝土砌块石时,应不大于 50mm。

19.10.4 拱圈砌筑的程序应符合下列规定:
1 砌筑拱圈前,应根据拱圈的跨径、矢高、厚度及拱架等情况,设计并确定拱圈砌筑的程序。砌筑时,应在适当的位置设置变形观测缝,随时监测拱架的变形情况,必要时应对砌筑程序进行调整,控制拱圈的变形。
2 跨径小于 10m 的拱圈,当采用满布式拱架砌筑时,可从两端拱脚起顺序向拱顶方向对称、均衡地砌筑,最后砌拱顶石;当采用拱式拱架砌筑时,宜分段、对称地先砌筑拱脚和拱顶段,后砌 1/4 跨径段。
3 跨径 10~20m 的拱圈,不论采用何种拱架,每半跨均应分成三段砌筑,先砌拱脚段和拱顶段,后砌 1/4 跨径段,且两半跨应同时对称地进行。对分段砌筑的拱段,当其倾斜角大于砌块与模板间的摩擦角时,应在拱段下部设置临时支撑,避免拱段滑移。
4 跨径大于 20m 的拱圈,其砌筑程序应符合设计规定;设计未规定时,宜采用分段砌筑或分环分段相结合的方法砌筑,必要时应对拱架预加一定的压力。分环砌筑时,应待下环砌筑合龙、砌缝砂浆强度达到设计强度的 85% 以上后,再砌筑上环。
5 多孔连续拱桥拱圈的砌筑,应考虑连拱的影响,并应专门制定相应的砌筑程序。

19.10.5 砌筑拱圈时,应在拱脚、拱顶石两侧和分段点等部位临时设置空缝;小跨径拱圈不分段砌筑时,应在拱脚附近临时设置空缝。设置和填塞空缝时,应符合下列规定:
1 空缝的宽度,在拱圈外露面应与相应类别砌块的一般砌缝相同;当拱圈采用粗料石时,空缝的内腔可加大至 30~40mm。
2 用于空缝两侧的拱石,靠空缝一侧的石面应加工凿平。
3 空缝的填塞应在砌缝砂浆强度达到设计强度的 85% 后进行,填塞时应分层捣实。
4 空缝的填塞顺序,可由拱脚逐次向拱顶对称填塞;或先填塞拱脚处,其次填塞拱顶处,然后自拱顶向两端对称逐条填塞;所有空缝亦可同时填塞。

19.10.6 采用小石子混凝土砌筑拱圈时,靠拱模一面应选用底面较大且较平整的石块,必要时应稍加修整,拱背面应大致平顺;砌筑施工设置空缝时,在空缝的两侧应选用较大且较平整的石块。砌缝中的小石子混凝土应饱满、密实;对较宽的竖缝,可在填塞小石子混凝土的同时,填塞一部分小石块,将砌缝挤满。砌缝宽度应不大于50mm。

拱圈是拱桥的主要受力部分,其施工除应严格按照条文执行外,尚应注意下列事项:

1. 施工前的准备工作

拱圈砌筑前应做好各项准备工作,如砌筑施工时必备的工具,拱石的清理、编号、排列,粗料石拱石应按设计进行纸上配料,再经过实地放样制出样板,然后按样板开出拱石。

拱圈一般不等厚,拱石型号很多,每号拱石又常有上、中、下之分,因此,运至现场后,需进行清点并编号,使之有顺序地排列,并应将编号标在石面上。

石料的清凿和检查:粗料石拱石,均应在安放砌筑前用样板套过,一般可比样板稍小,但偏心不应超过5mm,并不得有扭曲情况。一般拱石可用样板正套或反套,但镶面石的外露部分必须有一半正套,一半反套。除镶面石及两侧接砌边墙部分的拱石的拱背必须修凿整齐外,其余拱石的拱背部分,厚度符合要求即可,即可以保持原来的粗糙面,不加清凿。

在拱模上摊放拱石及砌缝大样:拱圈安砌前在拱模上将每层拱石,包括砌缝的位置用墨线画在模板上,以防拱圈合龙封顶时封顶石放不下去或砌缝过大。放线时,可在桥的上游和下游顺拱圈模板量出两端起拱线间的长度,然后分中定出实际拱顶线,因拱架有预留高度,所以实际长度比计算稍大,其差数平均摊入各砌缝内。长度量出后,即可从实际拱顶线向两边按每排拱石尺寸和砌缝宽度画出各排拱石线,并将拱石的层次、号数标明。

注意立缝的控制:拱圈的立缝应成辐射形,从圆心放射出的辐射线应一致,因此每块拱石均呈上大下小的形状。为掌握砌缝的正确位置和方向,砌筑时应采用三角形辐射尺控制。因各种跨径和弧形的三角尺形状不相同,在同一拱圈内,拱弧也可能不同,因此,三角形辐射尺上应注明所适用的拱形和排号,不能用错。

砌筑时注意错缝的规定:粗料石拱石排与排之间的石块在底面上的错缝应错开100mm以上。拱圈较厚时每排拱石可能有数层石块,此种情况下,排与排向相邻层的砌缝亦应错开100mm以上。

2. 拱圈的砌筑

砌筑拱圈时,最为重要的是应保证在整个施工过程中拱架的受力均匀、变形最小,使拱圈的质量符合设计要求,为此,应选择适当的砌筑方法。砌筑施工方法一般根据跨径大小、构造型式等进行选择。

跨径在10m以下的拱圈,通常可按拱的全宽和全厚,由两侧拱脚同时对称地向拱顶砌筑。但应注意,应以尽可能快的速度砌筑,才能保证拱顶在合龙时,拱石砌缝中的砂浆尚未凝结。

跨径10~15m的拱圈,最好在拱脚预留缝,由拱脚向拱顶按全宽、全厚进行砌筑。为了防止拱架的拱顶部分上翘,可在拱顶区段预先压重;压重时,一般自拱脚向上砌到1/3矢高左右,就在拱顶1/3L范围内预压占总数20%的拱石;待拱圈砌缝的砂浆达到设计强度的70%后,再将拱圈预留空缝用砂浆填塞。

大、中跨径的拱桥,一般采用分段或分环(分层)与分段相结合的施工方法。分段施工可使拱架变形比较均匀,并可避免拱圈的反复变形。分段的位置与拱架的受力和结构形式有关,一般应设置在拱架挠曲线有转折及拱圈弯矩比较大的地方,如拱顶、拱脚及拱架的节点处。分段间应预留0.03~0.04m的空缝后设置木撑架,待拱圈砌筑后再用砂浆(或埋入石块、浇筑混凝土)灌缝。拱顶处封拱必须在所有空缝填塞并达到设计强度后才能进行。另外,还需注意合龙时的气温是否符合设计要求;如果设计无明确要求时,应在气温较低时进行。

当跨径大且拱圈厚度较大,由多层拱石或预制混凝土块等组成时,可将拱圈全厚分层,即分环施工。按分段施工法砌筑好一环合龙成拱,待砂浆或混凝土强度达到设计要求后,再砌筑或浇筑上面一环,这样第一环拱圈就能起拱的作用,参与拱架共同承受第二环拱圈结构的重力,以后各环节均按照上述工序进行。分层施工,大幅度减小了拱架所承受的荷载,合龙快,施工安全系数高,也可节省拱架。

19.10.7 拱圈的封拱合龙应符合下列规定:

1　封拱合龙宜在当日最低温度且温度场较为稳定的时段进行。
2　分段砌筑的拱圈应待填塞空缝的砂浆强度达到设计强度的85%后再进行合龙。
3　封拱合龙前如采用千斤顶施加压力的方法调整拱圈应力，砌筑砂浆的强度应达到设计规定的强度后方可合龙。

19.11　拱上结构

19.11.1　主拱圈的混凝土强度达到设计规定强度后，方可进行拱上结构的施工。施工前应对拱上结构立柱、横墙等基座的位置和高程进行复测检查，如超过允许偏差应予以调整，基座与主拱的联结应牢固；同时应解除拱架、扣索等约束。

19.11.2　对大跨径拱桥的拱上结构，施工时应严格按设计加载程序进行，设计未提供加载程序时，应根据施工验算由拱脚至拱顶均衡、对称加载。施工中应对主拱圈进行监测和控制。

19.11.3　对在支架或拱架上浇筑拱圈的中、小跨上承式拱桥，当不卸除支架或拱架进行拱上结构施工时，其主拱圈的混凝土强度应全部达到设计规定的强度；对下承式或中承式拱桥，其悬吊桥面系的混凝土应在支架或拱架卸落后进行浇筑，吊杆混凝土应在桥面系完成后再对称浇筑。

19.11.4　在支架或拱架上浇筑拱圈的拱桥，其拱上结构混凝土浇筑施工时应符合下列规定：
1　立柱的底座应与拱圈同时浇筑，立柱上端的施工缝应设在横梁承托的底面。
2　桥面系的梁与板应同时浇筑，两相邻伸缩缝间的桥面板应一次浇筑完成。

19.11.5　对中、小跨径装配式拱桥的拱上结构，应在主拱圈混凝土和砂浆强度均达到设计规定强度后方可施工；采用少支架施工的拱桥应先卸除支架后，从拱脚至拱顶对称进行施工。

19.11.6　石拱桥拱上结构的砌筑应符合下列规定：
1　石拱桥的拱上结构在拱架卸架前砌筑时，应待拱圈合龙段的砂浆强度达到设计强度的85%以上后进行。
2　当先卸架后砌拱上结构时，应待拱圈合龙段的砂浆强度达到设计强度的100%后进行。
3　石拱桥的拱上结构宜由拱脚至拱顶对称、均衡地砌筑。
4　对大跨径石拱桥，其拱上结构的砌筑施工程序应符合设计规定，或进行专门设计。

19.11.7　拱上腹拱圈施工时，应考虑腹拱圈所产生的推力对立柱或横墙的影响，相邻腹板的施工进度应同步。

19.11.8　安装预制桥面板时，应按纵横向对称的原则进行，且宜从拱的一端至另一端分阶段往复安装，改善主拱圈的受力。

19.11.9　采用无支架施工的大、中跨径拱桥，其拱上结构宜充分利用缆索吊装施工。
拱上结构的施工，需在拱圈合龙且混凝土或砂浆强度达到设计规定的强度后，才能进行，施工时要注意避免使主拱圈产生过大的不均匀变形。实腹式拱桥的拱上结构，须由拱脚向拱顶对称施工，在侧墙施工完成后，再填筑拱腹填料，进行桥面结构等后续工程的施工。空腹式拱桥一般是在腹拱墩施工完成后，随即卸落主拱圈拱架，之后再对称均衡地砌筑腹拱圈，以免使主拱圈产生不均匀下沉，导致腹拱圈开裂。在多孔连续拱桥中，当桥墩不是按施工单向受力墩设计时，仍需注意相邻孔间的对称均衡施工，避免使桥墩承受过大的单向推力。在裸拱圈上进行拱上结构的多孔连拱施工时，更要注意相邻孔间的对称均衡施工，以免影响拱圈的质量和安全。

由于拱桥的结构类型较多，施工方法也多种多样，本章内容参考了一些公开发表的资料，特此说明。

19.12 施工控制

19.12.1 拱桥施工时应对其进行过程控制，应保证拱结构在施工过程中的稳定性、变形和内力始终处于安全范围内。对大跨径拱桥，应按本规范的规定进行施工过程控制；对中、小跨径拱桥，可采用相对简便易行的方法进行施工控制。

19.12.2 拱桥的施工控制方法应根据拱结构的特点、受力特性、施工方法和施工环境条件等因素综合选择确定。对施工控制的管理工作、监控测试及测试的环境要求等，可参照本规范第20.7节的相关规定执行。

19.12.3 拱桥的施工控制应以主拱圈的稳定性、变形和内力作为监测和控制目标。

20 斜拉桥

20.1 一般规定

20.1.1 本章适用于预应力混凝土梁斜拉桥、钢梁斜拉桥、钢-混凝土组合梁和混合梁斜拉桥，以及部分斜拉桥和无背索斜拉桥的施工。

斜拉桥具有跨径大、索塔高、桥型美观、适应性强以及自锚平衡、刚度大的特点，与悬索桥相比更安全、占地小、施工也简易经济，因此应用更为广泛。1955 年在瑞典建成了世界第一座现代斜拉桥——Stromsund Bridge，主跨 182.6m，主梁为钢结构。我国自 1975 年在四川云阳（现属于重庆云阳）汤溪河上建成第一座主跨为 75.84m 的双塔斜拉桥以来，建成了以苏通大桥、天兴洲大桥为代表的一批大跨径斜拉桥。2007 年建成的江苏苏通长江大桥（主跨 1 088m）和 2008 年建成的中国香港昂船洲大桥（主跨 1 018m），首次将斜拉桥的跨径突破千米，标志着我国斜拉桥的建造技术已跻身世界先进行列。目前，世界上已建成跨度超 400m 的斜拉桥共有 114 座，中国占 59 座，其中世界主跨排名前 10 位的斜拉桥中国占 6 座。

预应力混凝土梁斜拉桥造价较低，在我国得到最优先发展。1995 年建成的安徽铜陵长江公路大桥是当时世界上跨度最大的肋板式预应力混凝土梁斜拉桥，主跨 500m 的湖北荆州长江公路大桥则是现今世界上跨度最大的肋板式预应力混凝土梁斜拉桥；2000 年建成的湖南岳阳洞庭湖大桥和 2001 年建成的湖北宜昌夷陵长江大桥先后成为世界第一跨度的三塔预应力混凝土梁斜拉桥。

钢斜拉桥质量轻、跨越性能优良，是斜拉桥的传统桥型。2007 年建成的南京长江三桥（现为"南京大胜关长江大桥"）主跨达 648m，是世界上最大的钢塔钢箱梁斜拉桥。

钢-混凝土组合梁斜拉桥是一种轻型而经济的桥型，主跨 602m 的上海杨浦大桥在 1993 年建成时为世界第一跨度。

混合梁斜拉桥在特大跨径斜拉桥的建设方面优势很大，如著名的日本多多罗桥（主跨 890m）、我国江苏苏通长江大桥（主跨 1 088m）和香港昂船洲大桥（主跨 1 018m）。

部分斜拉桥的拉索仅提供部分刚度，其受力性能介于梁式桥和斜拉桥之间，芜湖长江大桥是部分斜拉桥的代表作。

无背索斜拉桥以其奇特的造型让人耳目一新，颇受城市和旅游胜地的青睐，西班牙的 Alamilo 桥和长沙洪山桥是其代表作。

20.1.2 斜拉桥施工前应全面了解设计要求，根据结构特点和受力特性，制订专项施工方案。施工时应做好施工过程控制，使成桥线形、内力符合设计要求。

斜拉桥上部结构由索塔、斜拉索和主梁构成，桥面上的恒载及活载通过斜拉索传递给索塔，其结构特点是三者之间的内力和变形相互关联性十分密切，尤其是斜拉索的张力对索塔偏位、主梁线形的影响十分敏感。其受力特性在于，索塔主要承受竖向压力，但两侧斜拉索张力的不平衡会导致索塔承受一定的弯矩，如果超过一定的指标，索塔偏位过大，将导致索塔根部出现拉应力，这对混凝土索塔是十分不利的；斜拉索拉力的竖向分力承担主梁重力，直接影响主梁线形，但其水平分力却要靠主梁的轴向压力来获得平衡，因此也间接影响主梁线形。上述结构特点和受力特性决定了斜拉桥施工时需要对结构受力和桥梁线形的相互关系进行过程控制，因此，在施工前要根据施工步骤和设计要求，拟订完善的施工监控方案，并在实施过程中严格执行，使最终的成桥线形和内力符合设计要求。

20.2 索塔

20.2.1 索塔的施工方法宜根据结构特点、施工环境和设备能力等综合确定。索塔施工期间,宜设置必要的起重设备、工作电梯和安全通道。

索塔为高耸结构,与其他结构相比,其施工具有一定的特殊性。设置起重设备是为进行钢筋、模板和钢构件等材料的垂直起吊运输,设置工作电梯是用于将操作人员和小型工具运送到作业面,设置安全通道是用于保证人员通行的安全。

斜拉桥的索塔按结构形式不同一般分为门形、A形、H形、倒Y形、人字形等;按塔身材料的不同分为钢、钢筋混凝土、钢管混凝土、钢-混凝土混合索塔等。

索塔的施工环境按其所在桥位的不同,分为淡水、海水、平原微丘陆地、山区等。

我国的现代斜拉桥其索塔多为钢筋混凝土结构,且多采用现浇施工工艺,索塔的施工方法与技术要求亦以此类索塔为主。

索塔施工属高空作业,工作面小、安全风险高、施工难度大,因此在实施方案中需要详细考虑材料设备的水上运输、垂直提升和设备安拆,以及人员上下安全通道的布置等问题。

为满足索塔施工期间机具设备、材料的运输和人员安全通行的要求,提高施工效率及抗风险能力,施工前要根据施工方案,通过计算确定塔吊及电梯的型号和数量,合理布置,并明确其拆装方式,使之相互配合达到最佳工作效率。大型斜拉桥索塔的施工一般均设置塔吊、工作电梯和安全通道,并要经过安全度验算,施工时需严格遵守有关高空作业专用安全规范和规程的规定。对规模较小的斜拉桥,当索塔高度不超过50m时,通常视现场的实际情况确定是否设置工作电梯,但塔吊及安全通道不可缺少。

斜拉桥索塔施工时所用的主要起重设备为塔吊。对于钢索塔的施工,钢塔节段单件起吊重量一般有上百吨,因此对塔吊的起重能力要求很高,如南京大胜关长江大桥采用的就是3 600t·m的大型塔吊。处于水中的索塔,一般还要配备大型的浮吊作为辅助起重设备。

索塔施工的通道主要有电梯、人行楼梯,两者相互补充。人行楼梯应可由塔根部直达主要操作平台,确保因紧急情况发生断电时,可进行人员撤离及应急处理。通往电梯、人行通道入口处的通道,顶部需要设置遮挡顶棚,以防止高空坠物。在索塔施工过程中,电梯及人行楼梯应及时跟上索塔施工的进程,严格按照设计图纸附着于索塔,保证其安全性。电梯的设置需要考虑避开桥面板所处位置,以使其在上部构造施工时保持使用的连续性。

斜拉桥索塔的平面位置、断面尺寸和倾斜度的准确性对成桥状态的内力和线形影响很大,因此在施工时应采取措施加强控制。

斜拉桥索塔的平面位置,尤其是上塔柱斜拉索锚固区的平面位置应严格控制。同时,考虑到后期索塔在荷载下的压缩变形,斜拉索锚垫板位置需要按设计及监控要求进行适当预抬高。

对于塔柱倾斜度较大的索塔,在浇筑过程中需要注意控制悬臂施工的长度,并在两倾斜塔柱之间采用设置主动横撑的方式,来平衡因塔柱倾斜而产生的水平分力及消除位移,同时控制塔柱根部混凝土的拉应力。

索塔施工时,通常要对下列内容进行施工监测和控制:
(1)索塔的平面位置、断面尺寸与倾斜度;
(2)倾斜索塔水平横撑的顶撑力和拉杆拉力;
(3)施工期间索塔的应力、线形及纠偏措施。

索塔施工时,还需要根据高空作业的特点,制订整体和局部的安全措施,保证施工安全:
(1)设置运输安全设施,包括工作电梯和塔吊的起重量限制器、断索防护器、钢索防扭器、风压脱离开关等。
(2)有防火安全措施。

(3)防范雷击、强风、暴雨、寒暑、飞行器等对施工的影响。
(4)防止发生坠落和作业事故,并要有应急预案。
(5)对塔吊、支架等临时施工设施在安装、使用和拆除阶段的强度和稳定性进行验算,并加强施工过程中的检查。

20.2.2 混凝土索塔的施工应符合下列规定:

1 塔柱节段施工长度的划分,宜根据索塔结构形式、钢筋定尺长度和施工条件等因素确定;塔柱模板系统应具有足够的强度、刚度和稳定性,且宜进行抗风稳定性验算。

2 塔座及塔柱实心段施工时,除应控制好模板的平面位置和倾斜度外,尚应对混凝土采取降低水化热和温度控制的措施;同时宜采取适当措施缩短塔座与承台、塔柱与塔座之间浇筑混凝土的间隔时间,间歇期宜不大于15d。

3 索塔与主梁不宜同时交叉施工,必须交叉施工时应采取保证质量和施工安全的措施。索塔塔柱施工时宜设置劲性骨架,所设置的劲性骨架应能起到保证钢筋架立、模板安装和拉索预埋导管空间定位精度的作用;劲性骨架宜采用型钢制作。

4 横梁施工时,应设置可靠的支架系统。支架系统应进行专门设计,其强度、刚度和稳定性应满足使用要求,同时应考虑变形和日照温差等因素对支架系统的不利影响。对设置在承台顶部的支架,当符合本规范第5.4.3条第1款的规定时,可不预压。体积过大的横梁可沿高度方向分次浇筑,但分次浇筑的时间间隔宜不超过15d,并应采取措施防止施工接缝处产生收缩裂缝;分次浇筑时支架系统的设计宜考虑横梁的全部自重。

5 塔柱和横梁可同步施工或异步施工,但异步施工时塔柱与横梁之间浇筑混凝土的间隔时间应不超过30d,并应采取措施使塔梁之间的接缝可靠连接,不得产生收缩裂缝。倾斜塔柱施工时,应对各施工阶段塔柱的强度和变形进行验算,分高度设置主动横撑或拉杆,使其线形、内力和倾斜度满足设计要求并保证施工期结构的安全。

6 在起吊条件具备时,塔柱节段的钢筋可整体制作成骨架、整体安装;但在起吊安装时,应对钢筋骨架采取适当的临时加固措施,增加其刚度,防止变形。

7 混凝土应根据索塔的高度及混凝土供应能力选择适宜的输送方式,采用输送泵时宜一泵到顶;当采用接力方式泵送混凝土时,上、下泵的输送能力应相互匹配,且应对设置接力泵位置的结构进行承载能力的验算,必要时应采取加固措施。浇筑混凝土时,分层布料应均匀,应控制混凝土的自由倾落高度不超过2m,保证混凝土不产生离析,并应采取有效措施避免上部塔体施工时对下部已完成塔体的表面造成污染。混凝土浇筑完成后,应及时养护,养护的方法和措施应根据结构特点、气温、环境条件等因素综合确定,每一节段现浇混凝土的养护时间应不少于7d。

8 索塔横梁和拉索锚固区的预应力施工,应符合本规范第7章的相关规定。对拉索锚固区曲率半径较小的环向预应力钢束,宜按设计要求进行模型试验,取得经验数据后方可正式施工。

9 对拉索预埋导管的安装,应在施工前认真复核施工图中拉索的垂度修正值;定位安装时宜利用劲性骨架控制导管进出口处的中心坐标,并应采取其他辅助措施进行调整和固定;预埋导管不宜有接头。

10 对支承钢锚梁的牛腿,施工时应采取有效措施控制其顶面的高程,其顶面高程的偏差宜为±2mm;对索塔的边跨侧与中跨侧,两侧牛腿预埋钢板顶面的相对高差应不大于2mm,预埋钢板中心线的相对差值应不大于2mm。

1 塔柱节段施工长度的划分合理与否,对施工的效率、施工的方便性及施工安全等均有直接的影响,因此需要根据各种影响因素综合考虑确定。索塔节段施工的长度一般控制在4~6m,这样单个节段的混凝土浇筑量约在200m³以内,施工组织难度不至于太大;超过这个高度,模板的刚度和承载能力需要大幅加强,同时在钢筋密集的区域混凝土不容易振捣密实,使得混凝土的浇筑质量和外观质量都难以得到保证。

2 一般塔座与塔柱的结合部会设计成实心段,以过渡到塔柱的空心段。塔座、塔柱实心段的混凝土设计强度高,水泥用量多,其内部产生的水化热亦较高,属大体积混凝土的范畴,因此施工时需要采取降低水化热和温度控制的措施,以防止该部位的混凝土产生温度应力裂缝。据以往多座斜拉桥索塔施工的实践,该部位的混凝土十分容易开裂,主要还是温度应力过大及混凝土收缩不一致造成的,因此对实心段混凝土的水化热温度进行控制十分重要,同时需要采取外表面保温防风,降低内表温差,以及设置表面防裂钢筋网等措施防止该处的混凝土产生温度应力裂缝和收缩裂纹。

规定间歇期的目的是:新老混凝土的浇筑时间间隔过长,容易使后浇的混凝土产生裂缝,故需要对间歇期进行控制;实际施工时,间歇期越短越好。原规范规定"间歇期不宜大于10d",但通过近年来的工程实践,普遍反映很难达到此要求,这是因为塔座和首节塔柱的结构钢筋往往比较复杂,不仅数量多且预埋钢筋也多,导致需要相对较长的周期才能完成施工,故本次修订考虑到这一实际情况,将间歇期调整为不大于15d。

3 斜拉桥一般是按先塔后梁的顺序施工,一般不主张索塔与主梁同时交叉施工,其原因主要是从安全的角度考虑,因塔梁同时交叉施工存在较多的安全方面的隐患,索塔施工在主梁的上方,极易发生坠物打击事故,故正常情况下要尽量避免采用这种方式施工。一定要这样做时,则需要采取可靠措施,尤其是安全方面的措施,例如在索塔附近的主梁上方至少50m范围内搭设防护棚。

劲性骨架的型材一般采用角钢,施工较为方便;采用管材会导致混凝土内形成空洞,减少混凝土结构的有效断面,因此不允许采用管材。劲性骨架对索塔的施工有下列作用:

(1)有利于支架和模板的安装及定位,提高索塔施工的质量和速度。

(2)利用劲性骨架,采用二次定位技术,可以精确对钢筋进行定位,保证混凝土的保护层合格,有利于提高索塔的耐久性。

(3)可以利用待接的劲性骨架节段安装塔身环向预应力钢束,使高空的作业能在地面完成,降低高空作业的安全风险。

(4)有利于斜拉索预埋导管的安装和定位,骨架定位准确且刚度较大可以防止各种因素引起的变形,保证其定位精度。

4 索塔横梁的支架大多采用钢管和型钢等刚性较大的材料制作并支承在承台的顶面,而承台可视为支架的刚性地基,不存在沉降的问题,故规定"当符合本规范第5.4.3条第1款的规定时,可不预压。"但前提是需要通过对支架进行严格的受力分析计算,确认其能满足强度、刚度和稳定性的要求。另外,索塔横梁的支架一般较高,如果对其进行预压,不仅费时费力,增加施工成本,延长施工时间,安全风险也较大,且预压的效果并不明显。

5 倾斜塔柱特别是长悬臂段倾斜塔柱的施工,设计往往会提出分段浇筑时的防倾覆要求,即随着节段的浇筑要分高度设置横撑或斜撑,由于双肢的倾斜塔柱是反向对称的,因此一般均设置水平横撑,以控制塔柱根部混凝土的拉应力和塔柱上部悬臂段的位移。如主跨为628m的南京八卦洲长江大桥,中塔柱两肢斜塔柱各内倾近10°,垂直长度达91.3m,在该倾斜高度内共设置了5层横撑,并且在横撑主动施力还是被动受力的两种支撑方式中选用主动施力支撑,采用撑头设置的可控式千斤顶定量施力(首层撑力为2 000kN),以达到对倾斜塔柱受力和位移的理想控制目标。

因此,对倾斜塔柱,在塔柱和横梁异步施工以及分高度设置主动横撑或拉杆时,需要对塔柱的悬臂施工高度进行适当控制,并需要在上述几种工况条件下对塔柱进行验算。验算的一般原则为:控制塔柱根部混凝土的拉应力不超过1MPa,同时还需要控制塔柱施工的悬臂端产生不可恢复的位移。

6 塔柱节段的钢筋采取整体制作成骨架、整体安装的方式,在近年来的施工实践中多有采用,这种方式可减少钢筋绑扎安装的高处作业时间,提高施工效率,本规范允许采用这种整体制作安装的方式施工,但需要注意的是:这种施工方式需要具备较强的起吊安装能力,而且在起吊安装时需要采取防止整体钢筋骨架变形的措施。

7 采用输送泵输送混凝土时一般要采取一泵到顶的方式,仅在输送泵能力不足的情况下,方考虑采用接力泵送,因为混凝土在接力泵送时容易产生离析,降低其可泵性,且有可能会增加机械发生故障的概率,所以要尽量避免接力泵送。如果一定要采用接力泵送时,则需要充分考虑其不利因素,并制订相应的防范措施,控制好混凝土的配合比,保持混凝土的流动性,防止堵管,保证混凝土的质量及施工安全。

索塔的施工周期一般较长,如不注意保护,很容易造成边施工边污染的现象,因此在施工时要采取措施,避免上部塔体施工时对下部塔体的表面造成污染。

9 在拉索预埋导管定位安装的施工实践中,出现过未考虑拉索垂度修正的现象,其后果是严重的,因此需要在施工前认真复核施工图中拉索的垂度修正值;如果设计的施工图中未明确规定,则需要自行通过计算后修正。预埋导管利用劲性骨架进行定位安装,能比较有效地保证其空间定位精度。

对特别长的斜拉索,其自重将使索端产生转角,虽然一般已在成桥状态的设计中考虑到,但施工阶段在安装拉索时转角量值加大,故需要在施工时进行验算修正,以保证索体安装和张拉时的安全,同时便于设置防震垫圈,下面的验算方法可供拉索安装施工计算时参考。

修正时可以按下列实例进行计算:

某桥为主跨432m预应力混凝土梁双索面斜拉桥,斜拉索为大节距扭绞形双护层平行钢丝柔性拉索,最大索长239.4m,最大索力4 090kN,拉索倾角为27.6°~77.3°,现以A23号索为例计算如下:

A23号索由241ϕ7高强钢丝组成,单位长索重75.5kg/m。

锚固中心距离: $L = 215.733\text{m}$

拉索倾角: $\alpha = 29.52811°$

索力: $F = \dfrac{1}{2} \times 7\,246.85\text{kN}$

管道长: $a = 7.74\text{m}$

则修正角度:

$$\theta = \dfrac{75.5 \times \cos 29.582\,11 \times 215.733}{2 \times 724\,685 \times 1/2} = 0.019\,5(\text{rad}) = 1°7'12''$$

$$y = 0.146\text{m}$$

即拉索管道口应下垂146mm。

自由悬挂的索在轴向力作用下的曲线为悬链线,拉索的安装一般采用一端张拉,因此计算模式可假定为下端在支座上固定,上端可在支座上拉动。

则任一截面弯矩:

$$M(x) = \dfrac{q_1 l}{2}x - \dfrac{q_1 l}{2}x^2 - Fy \tag{20-1}$$

从材料力学公式 $\dfrac{\text{d}y^2}{\text{d}x^2} = \dfrac{M(x)}{EI}$ 得:

$$\dfrac{\text{d}y^2}{\text{d}x^2} - \dfrac{F}{EI}y = \dfrac{q_1}{2}(x^2 - lx) \tag{20-2}$$

令 $k = \sqrt{\dfrac{F}{EI}}$,

式(20-2)的通解为:

$$y = C_1 \text{e}^{kx} + C_2 \text{e}^{-kx} - \dfrac{q_1}{2F}\left(\dfrac{x^2 - lx + 2EI}{F}\right) \tag{20-3}$$

将 $x = 0$ 时 $y = 0$,$x = L$ 时 $y = 0$,代入式(20-3)得:

$$C_1 = \dfrac{\text{e}^{-kx}}{1 + \text{e}^{-kl}}m \tag{20-4}$$

$$C_2 = \frac{1}{1+e^{-kl}m} \tag{20-5}$$

式中：$m = \dfrac{q_1 EI}{F^2} - \dfrac{q_1}{F^3}$。

即

$$y = \frac{me^{-kl}}{1+e^{-kl}}e^{kx} + \frac{m}{1+e^{-kl}}e^{-kx}\frac{q_1}{2F}\left(x^2 - lx + \frac{2EI}{F}\right) \tag{20-6}$$

主梁锚固点处（即 $x=0$ 处）转角为：

$$\theta = \frac{dy}{dx}x^{-1} = \frac{q_1}{F}\left(-\frac{1}{K} + \frac{1}{2}\right) \tag{20-7}$$

实际上，对于柔性拉索，可以忽略其抗弯刚度的影响，则由式(20-1)可以直接得到：

$$y = \frac{q_1}{2F}(x^2 - LK) \tag{20-8}$$

$$\theta_{x=0} = \frac{dy}{dx}x^{-1} = \frac{q_1 l}{2F} \tag{20-9}$$

10 对索塔内支承钢锚梁的牛腿，当其平面位置和顶面高程的偏差过大时，将会影响到钢锚梁的安装精度，因此施工时需要对其进行较为严格的控制。

20.2.3 钢锚梁的制造加工应符合本规范第 8 章的规定；对分节段制造、安装、现场连接的钢锚梁，应在厂内进行试拼装。钢锚梁的安装施工应符合下列规定：

1 采用塔吊或其他起重设备吊装钢锚梁时，其起重能力应能满足吊重的要求。

2 安装前应对索塔内牛腿的顶面高程和支承位置进行复测，确认符合设计要求后方可进行安装。

3 钢锚梁的起吊安装宜选择在 6 级风以下且气候条件较好的条件下进行。

4 钢锚梁的安装方式宜结合其结构构造特点、起重设备的能力及现场的实际情况综合确定。

5 采用在索塔施工完成后再安装钢锚梁的方式时，安装前宜通过计算机模拟钢锚梁在塔内狭窄空间中的就位状况，保证钢锚梁能实现顺利安装和就位；并应在起吊安装过程中采取有效措施，避免钢锚梁与索塔塔壁之间产生碰撞。分节段安装钢锚梁时，应设置必要的支架对其连接处附近进行临时支承，分节安装后连接的施工要求应符合本规范第 8.12 节的规定。

6 采用随索塔塔柱节段施工同步安装的方式时，钢锚梁可整根起吊安装就位，其两端头附近塔柱内壁的模板接缝应封堵严密、不漏浆，浇筑塔柱节段混凝土时，应采用适宜的材料对钢锚梁进行包裹防护。

7 不论采用何种安装方式，在安装上层钢锚梁时，均应设置作业平台，并应对下层已安装完成的钢锚梁进行必要的防护，防止损伤其表面的防腐涂层。

8 钢锚梁在安装就位后，应采用三维调节装置对其纵横桥向的平面位置和锚固点的位置进行精确调整定位，各平面位置的偏差应控制在 ±5mm 以内，锚固点高程的偏差应控制在 ±2mm 以内。

钢锚梁的制造加工要求与其他桥梁钢结构的制造加工要求是一致的，因此需要符合本规范第 8 章的规定。

1 钢锚梁一般采用塔吊进行起吊安装，但也有采用其他起重设备安装的可能，不论采用何种设备进行起吊安装，其起重能力均需要满足吊重的要求。

4 钢锚梁的安装方式主要有以下几种：索塔施工完成后再安装、随索塔塔柱节段施工同步安装；整根安装、分节安装后连接成整体。前者与施工的时间和便捷性相关，后者则与起吊能力是否满足吊重要求或索塔内的安装空间是否足够相关，故钢锚梁的安装方式需要综合考虑多种因素确定。

荆岳长江公路大桥和南洞庭湖大桥均采用了先将钢锚梁、钢牛腿分别单独吊装，在塔上拼装成整体后以锚垫板为中心的整体定位安装方式，有效地解决了钢锚梁、钢牛腿整体吊装质量过大，单独安装时匹配性差的问题。钢锚梁安装就位后,岸侧端的钢锚梁底板与钢牛腿顶板采用直接焊接的方式固定一端,江侧端的钢锚梁与钢牛腿先松开连接螺栓,才能进行斜拉索张拉,拉索张拉完毕后,将滑动端顶板与钢牛腿顶板焊接固定。

5 钢锚梁在索塔施工完成后安装时,一般会采取竖直吊入、再转身就位的方式进行,但由于塔内的空间有限,其转身就位非常困难,一些常规的辅助措施也很难在狭窄的空间内得以施展,即使采取整根水平吊入或采取分节起吊安装的方式,也存在同样的问题。因此在安装前通过计算机模拟钢锚梁的吊入和就位,提前发现难点所在并采取有效措施,对于保证钢锚梁能实现顺利安装是非常有必要的。

6 钢锚梁随索塔塔柱节段的施工同步安装时,起吊安装作业较为方便,对安装的精度控制相对而言也比较容易,但可能会产生影响到索塔施工的总体进度,而且在浇筑塔柱节段的混凝土及进行其他作业时容易对钢锚梁产生污染或损伤,故需要对钢锚梁进行必要的防护。

7 钢锚梁通常是从下至上逐层安装施工的,在安装上层钢锚梁时,如果不采取必要的防护措施,安装作业时可能会有零件、工具或其他物件等坠落到下层钢锚梁上,对其表面的防腐涂层造成损伤,故规定如条文。

8 由于钢锚梁的安装精度会直接影响到斜拉索在索塔端的安装精度,因此需要按条文的要求进行严格控制。

20.2.4 钢锚箱的制造加工应符合本规范第8章的规定,对分节段制造、安装、现场连接的钢锚箱,应在厂内进行试拼装,试拼装应符合本规范第8.9节的规定。钢锚箱的安装施工除应符合本规范第20.2.3条的规定外,尚应符合下列规定:

1 安装前应编制专项施工方案,确定起吊安装的方法、机具设备和安全措施。

2 吊装前,应按钢锚箱节段的起吊重力,对起重设备、吊架、吊具和索具等进行必要的受力验算和安全技术验收,保证其能满足起吊安装的各项要求;并应进行试吊,确认安全后方可正式开始起吊安装作业。

3 起吊安装时,吊点和吊具的设置应满足各点均匀受力的要求,应避免钢锚箱在起吊安装过程中发生扭转或侧倾,并应采取有效措施保证钢锚箱不受到碰撞而产生损伤。

4 钢锚箱安装时,宜设置必要的导向装置,且该装置应能较为准确地引导钢锚箱就位;首节钢锚箱在精确定位时宜采用三维调节装置,通过对钢锚箱节段的平面位置、竖直度和高程进行反复精确调整,使之达到设计要求的安装精度。

5 钢锚箱的工地连接施工应符合本规范第8.12节的规定。

1 钢锚箱一般是随索塔塔柱节段的施工同步安装的,而且起吊安装的安全风险较大,因此需要在施工前编制专项施工方案,确定起吊安装的方法、配备相应的机具设备、制订详细的施工工艺和安全措施,以保证索塔施工的总体进度和施工的安全。

2 规定本款的目的是保证钢锚箱起吊安装施工的安全。

3 在钢锚箱的吊装作业中,如果吊点的位置不准确,会使其产生偏斜,且吊具和各吊索的受力不均匀,因此需要通过计算或采取试吊等措施进行确定,使之满足各点均匀受力的要求。

4 采用导向装置可引导钢锚箱较为顺利、准确地就位。由于钢锚箱定位的精度将直接影响到斜拉索在塔端锚固点的安装精度,尤其是首节钢锚箱的安装定位精度对其他节段的安装精度影响较大,因此需要在钢锚箱就位后,采用能进行三维调节的装置,以设计要求的安装精度为目标,对其各项指标进行反复精确调整。

20.2.5 钢索塔的施工应符合下列规定:

1 索塔的钢构件在工厂制造时应进行试拼装,试拼装合格后方可启运,并应根据不同的运输方式对钢构件进行必要的临时加固和保护。节段钢构件安装的吊点、导向件及临时匹配件宜在厂内制造时

20 斜拉桥

设置。

2 安装施工前,应根据高空作业的特点制订专项施工方案。应编制详细的节段钢构件吊装施工工艺,并应核对各节段构件的编号和起吊重力。在吊装前应对节段钢构件起吊的稳定性进行验算,并应对各关键部位进行临时加固后试吊,确认无误方可正式起吊安装。

3 钢索塔节段的起吊安装应充分考虑气候对安装施工的影响,宜选择在6级风以下且天气条件较好的条件下进行,保证施工安全。

4 安装倾斜索塔时,应验算索塔内力,控制成塔线形,分高度设置水平横撑或拉杆。在安装过程中,应按设计要求分阶段对已完成的索塔采取必要的抑振措施,保证后续施工中永久结构和临时结构的安全性,以及施工操作人员的舒适性。

5 对钢索塔节段安装的精确定位控制测量,宜选择在日落后4h至日出前2h且温度场较为稳定的时段进行。

6 钢索塔塔柱与混凝土塔柱或基座接头的施工应符合本规范第18.5.4条的规定。

7 钢索塔节段在工地现场连接的施工应符合本规范第8.12节的规定。

1 钢索塔节段构件加工完成后,通常要进行两节段的立式试拼装,对金属接触率、垂直度等进行严格控制,不能满足要求时,则需对节段进行修正加工。

由于钢塔柱的精度要求极高,即使每个节段制作均达到公差要求,安装时也不一定能满足标准要求。为了克服节段加工允许误差导致节段安装后塔柱的高度、线形、扭转角等控制点超出允许误差,对塔段的加工及立式试拼装需要进行累积精度管理,即通过使用高精度的测量仪器,测量单节段的长度、端面垂直度以及立式试拼装中提供的两节段间的错台量等信息,据此在计算机中对已完成节段进行累积精度管理。然后再用累积精度管理的结果,指导待加工节段的端面加工及立式试拼装中节段扭转的控制,从而达到控制钢塔柱整体线形的目的。

同时,试拼装也是检验和修正用于节段安装的吊点、导向件及临时匹配件的一个过程。

2 规定安装施工前要制订专项施工方案、编制详细的吊装施工工艺,这是为了在正式施工时保证架设安装的安全和工程质量。稳定性验算包括塔吊等起吊设备的稳定性和索塔塔柱的稳定性,各关键部位指塔吊的附墙杆、构件的吊耳、吊具等。吊装前还要按制造单位的构件发送表核对各构件的编号和起吊重量,以避免误吊,造成返工或产生安全隐患。

节段起吊安装前,需要除去钢构件上的毛刺、飞边和焊接飞溅物,并用细钢丝刷和干净棉纱擦除栓接板面和栓孔内的脏物,对沾有油污处,一般采用汽油或丙酮擦净。这是因为塔柱节段钢构件的钢板在经过翻边、转运后,容易造成板面的不清洁,为保证端面的接触率,需要在安装前进行清理。采用高强度螺栓连接时,其栓接板面要干燥,并不得在雨中进行安装作业。

3 恶劣的天气条件会对钢索塔的架设安装作业造成安全隐患,故在施工时需要充分考虑气候的影响。南京大胜关长江大桥的钢索塔施工时,对作业中止天气作了严格规定,详见表20-1。

表20-1 南京大胜关长江大桥作业中止的天气指标

作业项目	风速(m/s)	降雨量(mm/h)	能见度(m)	备 注
塔吊的安装与拆除	8	1	1 000	
钢塔架设	10	1	300	
施工用EV的组装与拆卸	8	1	300	
HTB施拧	10	1	100	有降雨预报时,原则上应停止施工
塔吊的接升、降下	8	1	300	
脚手架的组装、拆卸	8	降雨时	300	
涂装	10	降雨时	300	
其他场内作业	15	10	100	

注:本表摘自《南京长江三桥钢塔制造及架设工艺标准》。

4 倾斜钢索塔架设时,线形的控制与节段安装过程中的施工应力有很大的关系,一般通过主动横撑来实现。

钢索塔的架设一般是通过塔吊吊装,为了限制塔吊支柱的最大自由长度,在塔吊和钢索塔之间设有连接附墙构件。由于钢索塔自身的阻尼较低,在施工过程中,钢索塔和塔吊之间会发生相互作用的振动;在钢索塔安装完成后至主梁和斜拉索开始施工期间,钢索塔处于裸塔状态,这时更容易发生风振。如果施工过程中钢索塔发生振动,不仅要考虑钢索塔自身的强度问题,还要考虑与之相连的塔吊的强度问题,以及影响施工作业的速度问题。因此在施工期间对其采取抑振措施是有必要的。

5 温度变化对钢索塔安装时的测量定位影响较大,故对精确测量定位的时间段进行了规定。

6 钢索塔塔柱与混凝土塔柱或基座的连接主要有螺栓锚固式、埋入式或二者结合的方式。

1)螺栓锚固式

塔柱根部的压力通过承压板传递到混凝土,由于强度和刚度的要求,承压板一般采用很厚的钢板,为了能够均匀地传递塔柱根部的压力,承压板与混凝土之间要求保持密贴接触;另外由于塔柱底节的安装精度会影响到整个索塔的架设精度,因此承压板的安装精度要求很高。为了保证承压板与混凝土表面密贴接触,一种方法是将混凝土表面抛光磨平并对承压板进行机械加工切削,由于混凝土与承压板是光面接触,因此对其表面的光洁度要求很高;另一种方法是在承压板与混凝土面之间压水泥浆,但必须保证水泥浆均匀且无空隙。

2)埋入式

埋入式是将塔柱第一节的一部分埋入基础中,采用这种方法时,如何使塔柱的壁板和混凝土充分结合在一起并且能够使荷载均匀地传递是设计和施工的主要问题。常用的方法是在壁板上设置剪力钉或者采用开孔剪力键,如南京大胜关长江大桥钢-混结合段的连接方式。另外,在埋入塔柱节段时,需要事先安装定位底座,然后将塔柱节段固定在定位底座上。由于底座的安装精度对塔柱垂直度的影响很大,安装时需要严格控制精度。埋入式的传力机理是通过混凝土与剪力钉或者混凝土与钢板孔之间的附着将塔柱的轴力以剪力的形式传递给基础,这种方法避免了螺栓锚固法中混凝土的磨光作业和大块厚钢板的使用,但施工时会影响钢筋的排列安装,并受混凝土收缩变形的影响,需认真研究并采取措施保证施工质量。

钢混结合段是钢索塔的基础,一方面由于钢索塔节段是在工厂内加工制作的,现场安装只是场内试拼的再现,其空间位置不如混凝土塔柱节段一样可以逐段调节,故底座和锚固箱的顶面空间位置要求十分准确,否则其误差会随着塔柱的安装呈放大趋势。底座及钢锚箱顶面(底座顶面、钢锚箱底面和顶面)的平整度和粗糙度均需要满足设计和有关钢结构规范的要求。

20.3 主梁

20.3.1 主梁应严格按照预定的程序、方法和措施进行施工。对设计为飘浮或半飘浮体系的斜拉桥,在主梁施工期间应使塔梁临时固结。主梁在悬臂施工时,应保持两端的施工荷载对称平衡,其最大不平衡荷载不得超过设计允许的范围;并应严格控制桥面上的各种临时施工荷载。

主梁施工期间,斜拉索亦同步安装,同时将对索塔的受力和变形产生影响。使梁、索、塔三者之间的内力和变形协调一致,是斜拉桥上部结构施工需要控制的关键问题,因此在施工前要做好各项准备工作。主梁严格按照预定的程序、方法和措施进行施工,是保证斜拉桥成桥后的线形、内力和变形符合设计期望要求的重要前提。设置塔梁临时固结装置,是为保证主梁在施工期间不会因不平衡荷载或其他原因产生位移,对飘浮或半飘浮体系的斜拉桥,设置该装置是有必要的。

20.3.2 混凝土主梁采用悬臂浇筑法施工时,除应符合本规范第17.5节的有关规定外,尚应符合下列规定:

1 主梁 0 号梁段及相邻梁段浇筑施工时,应设置可靠的支架系统。支架系统应进行专门设计,其强度、刚度和稳定性应满足使用要求,同时应考虑变形、地基的不均匀沉降和日照温差等因素对支架系统的不利影响;施加在支架上的临时施工荷载应包括悬浇挂篮的重力。辅助跨梁段的现浇支架亦应符合上述规定。

2 用于悬浇施工的挂篮应进行专门设计,挂篮应满足使用期的强度和稳定性要求,同时应考虑主梁在浇筑混凝土时抗风振的刚度要求。挂篮的全部构件制作完成后应进行检验和试拼,合格后再运至现场整体组装,并应按设计荷载及技术要求进行预压。挂篮在预压时应测定其弹性挠度的变化、高程调整的性能及其他技术性能。

主梁悬浇施工的挂篮除需满足与梁式桥悬浇挂篮相关的一般要求外,还要满足斜拉桥施工的特殊要求,如挂索、张拉等工序要求,故需要进行专门设计。

主梁悬浇施工时,特别要注意的是主梁在施工阶段的防振以及梁与索的施工配合。当拉索的长度达到较大值时,如大于 100m,索振会对支座临时固结和梁的后锚带来损害和风险,同时也会对施工缝混凝土的结合及新浇混凝土的硬化带来严重危害,因此需要对拉索的振动严加防范,最有效的措施是将已安装的拉索加索并联和在拉索近梁段设置约束装置。关于梁与索的施工配合问题,由于目前多采用悬臂法施工,自 1 号索段至合龙前,拉索索力和已施工完成梁段的高程会随施工梁段的增加及施工荷载的变化而变化。为使合龙和成桥后梁体的线形和内力符合设计要求,需要严格控制每个阶段拉索的张拉力和梁的高程(悬浇时的立模高程、悬拼时的拼合段高程)。不论施工时采用多次张拉法还是一次张拉法,都需要对斜拉桥施工阶段的三大量值(拉索的初始张拉力、施工梁段高程、梁段截面的应力)进行计算。

自铜陵长江公路大桥首次采用牵索式挂篮悬浇斜拉桥主梁以来,此法已被广泛应用。现以广东番禺大桥为例加以说明,对这一代表性工艺的关键点及其过程进行介绍,有助于理解规范条文。

番禺大桥主梁采用前支点挂篮悬臂浇筑施工,主梁标准节段长为 6m。每一主塔两侧的中跨主梁共有 31 个节段,边跨有 24 个节段和尾端锚固段。边跨在第 24 节段合龙。除 0、1 号节段和尾端锚固段在支架上浇筑外,其余均在挂篮上悬臂浇筑施工。每一主梁节段的悬臂浇筑施工可以分为以下步骤:挂篮前移就位、精确定位后与已完成的主梁锁紧、安装牵索并初次张拉、安装模板及布置钢筋和预应力钢筋、分批浇筑主梁混凝土并调整牵索力、主梁混凝土养护、张拉主梁节段内纵向和横向预应力钢筋、挂篮与钢锚箱脱开、终拉该节段斜拉索。

斜拉桥的施工控制计算通常采用平面杆系结构模型就可以达到要求精度。番禺大桥斜拉桥为空间索面的结构体系,主塔为倒 Y 形,在计算时将主塔模拟成空间框架,按照塔柱轴线采用空间梁单元模拟;DP 形式断面的主梁模拟为空间梁单元;每根斜拉索模拟为一个空间桁单元,其弹性模量采用 Emst 公式计算以考虑由于拉索垂度的非线性影响。

在斜拉桥的施工过程中,随主梁节段安装长度的增长,施工挂篮及临时荷载处于不同的位置;斜拉索的索力不断变化,程序中根据索力的变化自动更新斜拉索的等效弹性模量。在每一主梁节段浇筑施工中,牵索与挂篮先通过钢锚箱紧密相连,然后将挂篮与已完成的主梁锁紧,在一个节段中牵索要张拉 5 次,前 4 次张拉是拉在挂篮上,待混凝土达到设计要求强度并完成预应力张拉,将挂篮与主梁脱开,最后一次斜拉索的张拉才转换到主梁,这是一个体系转换的过程。

在体系转换之前,挂篮与牵索没有脱开,程序中假设此时该节段主梁的刚度为零,只考虑它的重力作为外荷载作用于挂篮。体系转换后,该主梁节段参加工作,本身重力作用到主梁单元。而挂篮通过 C 形钩、后反支点与主梁连接,只承受自身重力。在每一节段,牵索挂篮都参与整个结构共同受力变形,它们是结构的一个组成部分。在不同的施工阶段,挂篮的位置将沿主梁移动。

牵索挂篮在施工中的变化可以分为挂篮的安装、移动和拆除三步操作。程序设计时,将每一个挂篮采用空间梁和桁单元模拟,与主梁、牵索的连接模拟为刚性单元,它们分为内、外两组单元,外单元包括与主梁结构相连的节点,而内单元只有挂篮上的节点。挂篮的位置变化通过更新挂篮节点的坐标来实现,而挂篮在不同节段与主梁、斜拉索的连接则由变化外单元中的斜拉桥结构的节点来完成,每一节段的体系转换通过拆除与挂篮相连的钢锚箱刚臂单元来实现。

挂篮中节点的坐标可根据不同的施工节段由程序自动更新,也可以在需要调整立模高程时,由使用者通过人机对话方式调整。

由于挂篮结构采用多组单元模拟,挂篮本身自重和作用在挂篮上外荷载可以很方便地处理。在实际计算时,可以分别处理每一个挂篮的安装、移动和拆除。

20.3.3 混凝土主梁采用悬臂拼装法施工时,除应符合本规范第17.6节的有关规定外,尚应符合下列规定:

1 梁段的预制可采用长线法或短线法台座。预制台座的设计应考虑主梁成桥线形的影响,并应保证预制梁段的截面尺寸能满足拼装的精度要求。预制梁段的混凝土端面应密实饱满,不得随意修补。

2 对梁段拼装用的非定型桥面悬臂吊机或其他起吊设备,应进行专门设计并宜委托具有相应资质的专业单位加工制造,加工完成后应进行出厂质量验收。起吊设备在现场组装后应进行试吊,确认安全后方可用于正式施工。

3 0号及其相邻梁段为现浇时,在现浇梁段和第一节预制安装梁段间宜设湿接头,对湿接头结合面的梁段混凝土应进行凿毛并清洗干净。湿接头混凝土宜采用微膨胀低收缩混凝土,设计有规定时,应从其规定。

4 梁段拼装的预应力施工应符合本规范第7章的规定。

1 梁段不论采取何种台座进行预制,均需要保证其质量和精度,因为主梁拼装的精度在很大程度上依赖于预制的精度。规定预制梁段的混凝土端面密实饱满,不得随意修补,其目的是为保证梁段能顺利拼装并满足精度要求。

3 设湿接头的好处是能确保首节预制安装梁段的平面位置和高程准确。0号梁段及首节预制安装梁段是主梁梁段安装的基础,对其他梁段的安装调整有很大影响,因此安装时须严格控制其平面位置及高程。主梁在拼装时,单个节段的高程调整不能过大,须采用逐步逼近的方式进行调整,否则会影响到梁段之间的连接,且梁段线形突变较明显。

20.3.4 钢主梁的施工应符合下列规定:

1 钢梁制造完成后应在工厂内进行试拼装和涂装,经质量检验合格后方可运至工地现场。加工制造应符合本规范第8章的规定,钢构件上的吊点、导向件及临时匹配件宜按设计要求在工厂加工制造时设置。

2 钢梁的钢构件或梁段在运输过程中,应采取可靠的临时加固措施,避免受到损伤。在工地临时存放时,应对存放场地进行规划,存放场地应平整、稳固、排水良好,存放的钢构件或梁段应支离地面一定高度,基础应具有足够的强度,并应防止地基的不均匀沉降;同时应采取必要的防护措施,防止钢梁积水锈蚀和栓接板面损坏、污染。

3 钢梁架设安装采用的桥面悬臂吊机或其他起吊设备,其基本要求应符合本规范第20.3.3条第2款的规定。桥面悬臂吊机的前支点和后锚固点应严格按设计要求可靠设置,保证架设安装期的起吊安全。

4 钢梁安装施工前应编制详细的梁段吊装的施工工艺,并应制定梁段间连接的工艺标准、焊接或栓接的工艺检验标准以及施工的安全技术规程。在吊装前应核对各钢构件或梁段的起吊重量,对钢构件或梁段起吊的稳定性进行验算,经试吊确认无误后方可正式起吊安装。

5 在支架上进行索塔附近无索区梁段安装施工时,应设置可调节梁段空间位置的装置,保证梁体在安装时的精确定位。

6 应采取必要措施减少钢箱梁安装时的接缝偏差,在内、外腹板位置,高度方向和宽度方向的拼接错口宜不大于2mm。

7 采用高强度螺栓连接或焊接连接的钢梁，其工地现场连接的施工要求均应符合本规范第8.12节的规定。

本条所指的钢主梁，一般包括钢箱梁、钢桁梁两种形式，钢箱梁为全焊结构，钢桁梁为栓焊或全焊结构。

1 钢梁加工制造后均需要在工厂内进行试拼装，如发现问题可以及时处理，不致将问题带到工地现场，同时有利于现场施工的顺利进行。规定"构件上的吊点、导向件及临时匹配件宜按设计要求在工厂加工制造时设置"，主要是考虑在工地现场设置不易保证焊接质量，严重的会导致发生吊装安全事故。

2 因钢梁构件在起吊、运输和存放过程中，如不采取必要的措施，很容易使其受到损伤、变形或污染，影响到正常的施工和工程质量，故予以强调。钢梁构件在运输过程中应采取严格的防倾覆措施和临时加固措施，以防产生变形或损坏。

3 规定桥面悬臂吊机的前支点和后锚固点应严格按设计要求可靠设置，是为确保架设安装期的起吊安全。同时桥面悬臂吊机需要按125%静载、110%动载进行试吊。

4 钢梁安装前要对主塔墩、辅助墩、边墩的中线、里程、高程和跨径进行复测。安装过程中要检查验收支座的安装高度、中线和里程，使其各项偏差值在允许范围内。主梁的安装与斜拉索的张拉应同步进行，为满足设计线形要求，所有梁段拼装点的定位高程、转角和索力都需要按设计和监控提供的数据，严格进行控制。

20.3.5 钢-混凝土组合梁的施工除应符合本规范第18章的规定外，尚应符合下列规定：

1 施工前，应制订专项施工方案，并应根据结构特点和受力特性确定钢-混凝土组合梁的施工程序和施工工艺。

2 钢-混凝土组合梁的施工应进行过程控制，斜拉索的张拉和桥面板湿接缝混凝土的浇筑应符合设计和施工监控的要求。

3 钢-混凝土组合梁的施工应有防止桥面板混凝土和湿接缝混凝土开裂的预防措施。

本条所指钢-混凝土组合梁，主要包括：钢箱与混凝土桥面板、钢桁架与混凝土桥面板以及钢箱-钢桁架与混凝土桥面板，通过剪力连接装置进行组合而成的梁。施工时，一般将钢箱或钢桁架先进行悬拼安装，再在其上安装预制混凝土桥面板后浇筑湿接缝或现浇混凝土桥面板。

混凝土桥面板在钢-混凝土组合梁中，除作为组合梁上翼缘与钢梁共同承受弯矩之外，同时还作为桥面板承担局部荷载，一般情况下均采用预制，且要求存放一段时间（一般为6个月），以完成混凝土的收缩变形。也可采用先张预应力薄板作底模板，与桥面铺装混凝土一起现浇整体式组合板，其整体性能良好，构造简单，施工方便。

钢梁与混凝土桥面板通过剪力键作为共同作用的连接件，主要承受钢梁和混凝土翼板之间界面上的纵向剪力，抵抗两者之间的相对滑移及掀起，分为刚性键和柔性键。柔性剪力键刚性较小，破坏时变形较大，很少发生脆性破坏，适合于承受冲击荷载，因而桥梁结构多采用柔性键。

钢-混凝土组合梁的钢梁与剪力键均在工厂加工制作，可充分利用先进的工艺和精密的设备，容易达到高精度、高质量的要求。混凝土桥面板一般采用预制，质量容易控制，现场吊装施工简便，并可缩短工期。

钢-混凝土组合梁在施工前，需要根据结构的特点和受力特性因地制宜地采取不同的制作、吊装方案和工艺。

在钢-混凝土组合梁斜拉桥的施工中，混凝土桥面板的开裂是较为普遍存在的一种现象，如何有效地防止其开裂是设计和施工都必须认真对待的一个关键问题。虽然混凝土桥面板的开裂主要是由结构的特点和受力特性所决定的，且造成这一病害的原因多种多样，但其力学行为特征与具体桥梁中的设计和施工特点也是密切相关的。因此,有必要在施工前通过相对准确的预测、严密的施工计算以及对施工技术和施工工艺的改进,确定其施工顺序、加载程序和施工工艺,并对施工进行过程控制,以避免混凝土桥面板的开裂,保证结构在施工过程中始终处于安全的范围之内,各项指标满足设计的要求。

20.3.6 钢-混凝土混合梁的施工应符合下列规定:

1 混合梁施工时,钢主梁部分的施工应符合本规范第20.3.4条的规定;混凝土主梁部分的施工应符合本规范第20.3.2条或第20.3.3条的规定;钢-混凝土接头的施工应符合本规范第18.5节的规定,钢梁与混凝土梁在接头处的临时连接应严格按设计要求设置。

2 边跨混凝土主梁采用支架现浇施工时,应根据主梁的结构构造特点和施工能力,在施工前合理确定其分段浇筑的长度以及相应的浇筑施工工艺;当条件具备时,可整幅整跨一次进行浇筑施工。

3 对边跨混凝土主梁的现浇支架和支承钢-混凝土接头连接施工的支架,宜采用钢支架,且应进行专门设计。

4 设计现浇支架时,除应保证支架的强度、刚度和稳定性满足使用要求外,同时应充分考虑变形、地基的不均匀沉降和日照温差等因素对支架系统的不利影响,并应将支架及地基的沉降作为重点控制的计算目标,且应对混凝土主梁施加预应力后产生荷载重分布的情况进行详细计算和验算。

5 现浇支架的基础应置于坚固、稳定、具有足够承载力的地基上,地基的持力层应按计算确定。当地基为岩层时,可采用扩大基础,且宜将基础设置在中风化或弱风化岩层;当地基为土层时,宜采用桩基础,且桩的入土深度应根据计算确定。

6 对支架的构造要求、计算荷载的取用、计算要求和施工要求等应符合本规范第5章的规定。

7 对边跨混凝土主梁的现浇钢支架宜在制作时采取适当的防腐处理措施。安装和拆除现浇支架时,应对现场作业人员进行详细的技术交底,明确支架施工和安全作业的具体要求,保证施工安全。

8 中跨主梁合龙前,应及时完成边跨混凝土主梁模板的卸落,使现浇支架卸载;卸落时应严格按施工控制的程序进行,防止混凝土主梁受力不均产生开裂。

钢-混凝土混合梁,是指钢梁与预应力混凝土梁通过纵向结合而形成的梁体,其连接结合部位作为一个梁段(过渡节段)进行整体制作。结合段由钢梁基准节段、连接部位梁段(填充混凝土部分)、预应力混凝土梁增厚节段及预应力混凝土梁基准节段构成。

钢梁和连接部位梁段的钢格室在工厂加工制作。先向结合段连接部位的钢格室填充高流动混凝土;然后在与预应力混凝土梁增厚节段的结合面(前面板)上涂布黏结剂,以提高防锈效果;结合面处理后进行预应力混凝土梁增厚节段及基准节段的钢筋绑扎,完成配筋后,采用吊机将连接部位的梁段安装到施工支架上,通过管道填充混凝土。

钢梁和预应力混凝土梁的结合处是混合梁施工的关键和难点之一,对保证桥梁的安全度及耐久性起着非常重要的作用,因此施工时应采取适当措施,严格控制焊接、填充混凝土的密实性和连接预应力筋的施工质量。

2 混合梁斜拉桥的边跨混凝土主梁采用支架现浇施工时,受混凝土徐变收缩、支架变形和不均匀沉降等因素的影响,如果所采取的措施不当,主梁混凝土很容易产生开裂,施工的难度和风险均较大,因此在施工前需要根据主梁的结构构造特点和施工能力,合理确定其分段浇筑的长度以及相应的浇筑施工工艺。施工能力足够时,采取整幅整跨一次性浇筑的方式进行施工是可行的;但当主梁的长度和宽度均较大时,整幅整跨一次性浇筑施工的方式还是存在一定的风险,则需要采取分段施工才能保证施工的质量。

3 钢支架通常指采用钢管、型钢材料等构成的支架,因其可承受更大的荷载,受力计算、制作、安装和拆除均较方便,故一般要优先采用。要求进行专门设计,是因为边跨混凝土主梁的施工对支架的要求较高,需要进行较为严格的设计计算和验算,以保证其使用的安全。

4 边跨主梁混凝土的现浇支架一般在中跨钢梁合龙前才能卸落,承受荷载的持续时间长,因此在设计现浇支架时需要考虑各种不利的因素,对其进行详细的计算和验算。边跨现浇支架因承载时间长,在临近施工便道、交通道路时，还要考虑设置必要的防撞措施。

5 边跨混凝土主梁的施工对支架及地基的沉降较为敏感，特别是产生较大的不均匀沉降时，主梁会因受力不均而开裂，故对支架的基础和地基需要根据实际情况进行设计和验算。

7 第4款已述及边跨主梁混凝土的现浇支架一般在中跨钢梁合龙前才能卸落，承受荷载的持续时间长，为保证钢支架的可靠受力，不致因钢材的腐蚀而降低其承载能力，有必要对其采取适当的防腐处理措施，特别在某些腐蚀环境的地区，更需采取这种措施，以保证施工的安全。

8 边跨混凝土主梁的模板支架在卸载的过程中，如果不严格按施工控制要求的程序进行，可能会使主梁的混凝土因受力不均而产生开裂，故规定如条文。

20.3.7 斜拉桥的主梁采用支架现浇、顶推、转体等方法施工时，应按本规范相关章节的规定执行。

20.3.8 对大跨径斜拉桥，应采取措施，合理安排施工进度计划，避免在不利的大风或台风季节进行长悬臂状态下的主梁施工；不可避免时，应采取必要的临时抗风措施，保证结构在施工过程中的安全。

大跨径斜拉桥在主梁悬臂施工期间，长悬臂施工状态持续的时间越长，其危险性越大，所以需要避免在不利的大风或台风季节进行长悬臂状态下的主梁施工，或尽量缩短其持续时间；另外，斜拉桥施工时对风的影响非常敏感，因此在主梁施工期间需要予以高度重视，采取必要的临时措施减少风振对结构的不利影响，保证结构在施工过程中的安全。

大跨径斜拉桥在长悬臂状态下进行主梁施工时，一般采取在边跨设置临时墩，来减少双悬臂自由长度，尽快实现一端悬臂有约束施工，如南京八卦洲长江大桥临时墩设置在离主墩150～160m之间，施工中此处梁底部设置拉压支座固结在临时墩顶；在最大单悬臂状态，可以通过设置阻尼器，以及临时风缆等方法来抑制梁体的振动和扭转幅度。

20.3.9 主梁的合龙施工应符合下列规定：

1 主梁的合龙应按设计和施工控制的要求进行，施工前应确定施工程序并进行合龙施工计算，制定详细的施工工艺及各项保障措施的方案。

2 对合龙前最后若干个悬臂施工梁段的高程、线形、轴线偏差及索力应进行严格控制，使合龙口两侧主梁的自然相对偏差满足合龙的误差要求。

3 混凝土主梁和全焊钢主梁在合龙时，应按设计要求设置临时刚性连接，控制合龙口长度及主梁轴线与高程的变化；栓接钢主梁合龙时，应提前调整合龙口两侧钢主梁的姿态，并应对两侧钢主梁螺栓孔之间的间距进行控制。

4 主梁合龙施工期间，应对桥面上的临时施工荷载进行严格控制，不得随意施加除合龙施工需要的其他附加荷载。

5 主梁中跨合龙后，应按设计要求的程序在规定时间内拆除塔梁临时固结装置，保证结构体系的安全转换。

6 边跨合龙应根据主梁的结构特点按本条的相关要求进行施工。

7 多塔斜拉桥主梁的合龙顺序应符合设计的规定。

常用的中跨合龙方法有两种，以钢箱梁合龙工艺为例加以说明：一种是强制合龙法，即在温差与日照影响最小的时段，将两端钢箱梁采用钢扁担或钢桁架临时固结，嵌入合龙段块件并用钢条填塞处理接合部缝隙，焊接完成后解除临时固结及其他约束，完成体系转换。另一种是温差合龙法，也称无应力合龙法，即利用温差对钢箱梁的影响，在一天中温度相对较低的时段将合龙段梁体安放进合龙口（此时因收缩作用合龙口距离最宽），在温升与日照影响之前，施焊完毕，解除塔墩临时固结，完成体系转换。对于大跨度斜拉桥的钢箱梁，现普遍采用第二种方法，因为它能因势利导，使合龙过程平顺稳妥，且不会使主梁产生次应力。合龙的基本程序为：待最后一根拉索第一次张拉完成后，将桥面悬臂吊机就位，对梁端位移进行48h测量;根据测量结果,确定合龙段的精确长度,对预先已加工好并预留有足够长度的钢箱梁未匹配端进行配切;确定运梁船就位及合龙段吊装连接时间,采用匹配件(含顶底板加强件)使合龙段与两端悬臂段连接紧密并环缝施焊;待所有主焊缝(受力焊缝)施焊完毕后,对两侧的最后一对拉索进行第二次张拉,完成中跨合龙。

温差合龙法中一般有自然升温合龙和自然降温合龙两种方法供选择,合龙一般选择在一天中气温较为稳定且持续时间较长的时段内进行,以便合龙完成后在温度再次出现急剧变化前留出足够的时间去完成塔梁临时固结装置的解除,使全桥能安全地完成体系转换。自然升温合龙的方法由于在实施合龙后,气温的升温速度一般较快,温度稳定的时段相对较短,可能会导致塔梁临时固结装置来不及在要求时间内拆除,从而对结构体系带来不利影响;自然降温合龙则可避免上述情况,气温在一天中的降温一般在夜间发生,而夜间的气温较为稳定且持续时间较长,因此更有利于合龙的施工。

1 主梁合龙是斜拉桥施工中难度最大的一道关键工序,精度要求很高,并关系到全桥的结构体系是否能满足设计的要求,因此在施工前需要制定合理的、详细的合龙工艺才能保证其顺利进行。主梁的合龙首先要符合设计规定的顺序,其次需要按照施工控制的要求进行,确定施工程序并进行合龙施工计算,同时还需要制定各项保障方案。

合龙前要收集了解当地的气象、气温资料,绘制时间-气温关系曲线,并需要在现场连续观测合龙口附近的昼夜温度场变化,以及由于气温变化导致的两悬臂端间距变化的规律;合龙温度的准确确定是能否顺利实施合龙的重要前提。因此不仅要收集当地多年来的气温数据资料,同时还宜在现场对合龙口附近的实际温度场变化进行连续观测,在此基础上对有关数据进行综合分析研究后最终确定,为合龙的顺利进行创造良好条件。在对上述资料进行综合分析研究后,需要确定准确的合龙温度、合龙梁段长度和合龙时间,据此指导施工。合龙前尚需对主梁各梁段的高程、轴线及索塔的塔顶变位和斜拉索索力进行全面复测,为合龙施工计算提供结构的现状依据。

2 合龙的顺利和准确与否,与主梁在悬臂施工过程中对线形、高程和轴线的控制有直接关系,因此需要加强施工中的过程控制,以减小合龙时的各种误差,提高合龙精度。

3 混凝土主梁和全焊钢主梁在合龙时,目前设计上一般采用刚性连接的方式,将合龙口两侧的主梁进行临时固定。其具体做法是在主梁的顶底板或两肋端部设置临时连接钢构件;同时有可能设置临时纵向连接预应力钢束,或采用千斤顶调节合龙口的应力和长度。但不论采取何种方法,均需按设计的要求进行。

4 如不对临时施工荷载进行严格控制,将会对合龙施工产生不利影响,故予以强调。

5 主梁合龙后如果塔梁临时固结装置未及时解除,将有可能因气温的变化而导致在结构中产生较大的温度应力,对结构的体系转换带来极不利的影响。因此,按照预定的合龙程序在规定的时间内及时解除塔梁临时固结装置,是主梁合龙后需要认真做好的一项非常重要的工作。

荆岳长江公路大桥在中跨合龙中,首次采用了"缝接合龙法",高精度地实现了长16.4m、重达305.0t的国内最大合龙段的安装,为钢箱梁斜拉桥的合龙提供了一种新的思路。该方法利用在塔梁间设置的顶推装置,通过顶推钢箱梁,实现合龙口的宽度调整;并通过将合龙段与合龙口两端的已安装悬臂梁段分两次进行拼装的安装方式,将原需精确控制的长度范围从合龙段的长度降低至一条焊缝的宽度,减少了施工难度,提高了安装精度。该方法的特点是:取消了常规施工方法所需的合龙口配重及劲性骨架,使施工过程更趋于简化,操作方便、快捷,安全可靠;采用的合龙缝宽度调整措施及焊缝锁定措施很好地保证了合龙缝的拼装精度和焊接质量,同时摆脱了常规施工方法对时间和气温的依赖性,使合龙施工更具可操作性。目前该方法已在国内多座桥梁的合龙施工中得到了成功地推广应用。

20.4 拉索

20.4.1 拉索及其附件应符合设计规定,进场后应进行质量验收。平行钢丝拉索应符合现行国家标准

《斜拉桥用热挤聚乙烯高强钢丝拉索》(GB/T 18365)的要求,成品拉索在出厂前应做放索试验,同时应做 1.2~1.4 倍设计索力的超张拉检验,检验后冷铸锚板的内缩值宜不大于 5mm;钢绞线拉索采用的钢绞线、锚具等应分别符合现行国家标准《预应力混凝土用钢绞线》(GB/T 5224)和《预应力筋用锚具、夹具和连接器》(GB/T 14370)的要求,镀锌或环氧涂层钢绞线拉索应分别符合其相应产品标准的要求。成品拉索和钢绞线应缠绕成盘进行运输,在起吊、运输和存放时应采取措施防止其产生破损、变形或腐蚀。

本条主要是对拉索需要符合的标准、质量检验、交货条件、运输等方面的要求。

拉索在斜拉桥结构中起着非常关键的作用,为保证结构的安全和耐久性,要求拉索的制造单位要严格予以执行。

拉索成品及附件在交货时需要提供下列资料:

(1)产品质量保证书、产品批号、工程项目名称、设计索号(平行钢丝拉索)及型号、生产日期、数量、长度、重量、弹性模量等。

(2)产品出厂检验报告及有关技术参数。

拉索的主要力学性能见表 20-2。

表 20-2 拉索的主要力学性能

拉丝类别	单丝类别	单丝 静载		单丝 动载		拉索 静载			拉索 动载	
		公称强度 R (MPa)	极限延伸率 (%)	应力上限 (MPa)	应力幅 (MPa)	效率系数	极限延伸率 (%)	弹性模量 (MPa)	应力上限 (MPa)	应力幅 (MPa)
平行钢丝索	钢丝	1 670/1 770/ 1 860/1 960	4.0	0.45R	360	0.95	2.0	$\geq 1.9 \times 10^5$	0.4R	200/200/ 250/250
半平行钢丝索	钢丝	1 670/1 770/ 1 860/2 000	4.0		360	0.95		$\geq 1.9 \times 10^5$	0.4R	200/200/ 250/250
平行钢绞线索	钢绞线	1860	3.5			0.95		$\geq 1.90 \times 10^5$	840	160
半平行钢铰线索	钢绞线	1470	4.0		200	0.95		1.85×10^5	840	150
封闭式钢缆	圆形 梯形 Z形					0.92		1.85×10^5		
加载次数为 2×10^6 次										

在斜拉桥设计中,斜拉索的设计应力多在 0.35R~0.45R 间选用,疲劳应力的安全系数是 1.5,即设计应力幅值不超过试验应力值的 2/3。锚杯、锚板、螺母、垫块等锚具类受力件,需要选用优质钢材制造,其技术条件要符合现行《优质碳素结构钢》(GB 699)或现行《合金结构钢》(GB 3077),对于锻钢尚需符合现行《冶金设备制造通用技术条件 锻件》(YB/T 036.7)的规定。

拉索的施工要求包括制索材料、索的制作、索的安装和张放以及索的维护等方面。索的维护包括索的防护、调整和更换(新建施工期间或运营期间)。由于拉索自身的防护主要已在制作过程中完成,换索多在运营期进行,因此仅将换索的有关主要要求事项列于本说明中以供参考,而非着重于拉索的架设安装和张放锚固的施工要求与安全要求。

拉索按不同设计体系,在竖直面内有扇形、竖琴形、辐射形等,在平面内有单面索、平行双面索、空间斜双面索等主要形式,此外还有将整体索面固结的钢筋混凝土板拉索面形。拉索张放的施工方法基本相同,拉索的架设安装方法根据索形、索的长短、质量以及施工环境和设备条件选择,主要有单吊点法、多吊点法、导索法、吊机法、桁架床法、脚手架法、钢管法等。由于拉索结构和性能的改进,多数斜拉桥的拉索较长,前三种方法较为通用,脚手架法多用于板拉斜拉桥施工,吊机(车)法多在陆地或小型斜拉桥架索中采用。

20.4.2 拉索在安装施工前,应按设计要求及拉索结构的不同制订相应的专项施工方案和施工工艺。安装前尚应全面检查预埋拉索导管的位置是否准确,发现问题应及时采取措施予以处理,同时应将导管内可能有的杂物清理干净。

目前主要有平行钢丝和钢绞线两种拉索体系,因两种拉索体系的安装施工方法是不尽相同的,故在施工前需要按设计要求制订相应的施工方案和工艺措施。拉索预埋导管的位置发生较大偏差时,会导致拉索索体与导管之间产生摩擦,这将直接影响到拉索的受力状况和耐久性,因此在拉索安装施工前,需要对预埋导管的位置进行一次全面检查复测,如有问题需及时处理,安装后发现问题再进行处理是非常困难的。

20.4.3 拉索的安装施工应按设计和施工控制的要求进行,在安装和张拉拉索时应采用专门设计制作的施工平台及其他辅助设施进行操作,保证施工安全。张拉拉索用的千斤顶、油泵等机具及测力设备应按本规范第7章的要求进行配套校验;为施工配备的张拉机具,其能力应大于最大拉索所需要的张拉力。

拉索的安装和张拉属高处作业,因此需要采用专门设计制作的施工平台及其他辅助设施进行操作,保证施工安全,特别是施工操作人员的安全。张拉机具的能力要大于最大拉索所需要的张拉力,主要是考虑到施工时有可能需要超张拉,且在任何情况下均能满足施工的要求。

20.4.4 拉索可在塔端或梁端单端进行张拉,张拉时应按索塔的顺桥向两侧及横桥向两侧对称同步进行。同步张拉时不同步索力之间的差值不得超出设计和施工控制的规定;两侧不对称或设计拉力不同的拉索,应按设计规定的索力分级同步张拉,各千斤顶同步之差不得大于油表读数的最小分格。拉索张拉的顺序、级次数和量值应符合设计和施工控制的规定;张拉宜以测定的索力或油压表量值为准,以延伸值作为校核;对大跨度斜拉桥,宜采用无应力索长和索力双控的方法,且宜以索长控制为主,以索力作为校核。

拉索的张拉以在塔端张拉的占多数,但也有在梁端张拉的,两种张拉的方式虽位置不同,但其效果并无太大区别,因此两种方式都是允许的,施工时按设计要求进行选择。对称同步是拉索张拉时的基本原则,一般均需要遵守,设计上有特殊规定的则要符合其规定。以索力为主延伸值作为校核是拉索张拉的一般原则,但有的设计也可能会采取以延伸值为主而以索力作为校核的做法,在设计无特殊规定时,按本条的要求进行控制;对大跨度的斜拉桥,由于其具有明显的非线性效应,一般会采取无应力索长和索力双控的方法进行控制。

20.4.5 平行钢丝拉索的安装和张拉施工应符合下列规定:

1 施工前应根据索长、索重、斜度和风力等因素,计算拉索在安装时锚头距索管口不同距离以及满足锚环支承时的牵引力;张拉杆、连接套和软牵引等施工辅助设施应经专门设计,并应在正式使用前进行1.2倍设计牵引力的对拉试验。

2 吊装时不宜使用起重钩或容易对索体产生集中应力的吊具直接挂扣拉索,宜采用带胶垫的管形夹具和尼龙吊带并设置多吊点进行起吊。放索时索体应在柔软的滚轮或皮带输送机上拖拉,并应控制索盘的转速,防止转速过快导致索盘倾覆。

3 安装施工时不得挤压、弯折索体,不得损伤索体的保护层和索端的锚头及螺纹;应在索管管口处设置对中控制的装置或限位器进行调控,防止锚头和索体在穿入索管时偏位而产生摩擦受损。当拉索的索体防护层和锚头已发生不影响使用的损伤时,应及时进行修复并记录在案,施工结束后对损伤部位

20 斜拉桥

尚应进行跟踪维护。

4 拉索的内置式减振圈和外置式抑振器未安装前,应采取有效措施,保证塔、梁两端的索管和锚头不受到水或其他介质的污染和腐蚀。

5 张拉平行钢丝拉索时,其施工的方法和设备应根据索型、锚具、布索方式、塔和梁的构造特点确定。

1 平行钢丝拉索在安装前,需根据塔高、布索方式、索长、索径、起重设备和施工现场状况等综合考虑选择安装的方法,并需要制订详细的安装方案和施工工艺。同时,斜拉索在安装前建议充分展索,以防止牵引过程中产生扭转。

2~4 此三款的规定主要是针对拉索在安装和张拉施工过程中,需要采取有效措施进行保护的要求。如不注意保护,很容易造成对拉索的损伤、污染和腐蚀,影响到拉索的耐久性。通常情况下,采用包裹或覆盖等措施对拉索进行保护,但国内多座桥梁曾因采用易燃材料如彩条布进行包裹、覆盖,从而发生过火灾事故。因此,施工时建议采用防火阻燃布或薄铁皮进行保护。

20.4.6 钢绞线拉索的安装施工应符合下列规定:

1 安装施工前,应在桥面上的适当位置设置钢绞线的放线架、导向轮和切割工作平台,以及切割和镦头的相关设备;并应在塔柱外的顺桥向两侧附近安装操作平台和起吊设备。

2 拉索外套管的连接接长采用热熔焊接接头时,热熔焊接的温度应符合外套管材料的要求。对外套管进行移动时,不得将其在未加支垫保护的桥面上拖拽;起吊过程中,其下方严禁站人。与外套管有连接关系或承套关系的所有部件均应与其临时固定,临时固定时宜在塔、梁两端各留出1m左右的空间。

3 钢绞线的下料长度应计入牵引、张拉时的工作长度;下料时对钢绞线的切割应采用砂轮锯,不得采用电弧焊或氧乙炔进行切断。

4 牵引安装钢绞线时,其牵引装置必须安全可靠,牵引过程中钢绞线不得产生弯折,转向时应通过导向轮实现。每根钢绞线安装就位后,均应及时采用夹片锁定。

钢绞线拉索的安装与张拉施工同样需要采取有效措施对拉索的各个部位进行保护。

20.4.7 钢绞线拉索的张拉施工应符合下列规定:

1 钢绞线拉索宜采用单根安装、单根张拉、最后再整体张拉的施工方法。单根钢绞线的张拉应按分级、等值的原则进行,整体张拉时应以控制所有钢绞线的延伸量相同为原则。拉索整体张拉完成后,宜对各个锚固单元进行顶压,并安装防松装置。

2 在一根斜拉索中,单根张拉后各钢绞线索力的离散误差宜不超过±2%;整体张拉完成后,各钢绞线索力的离散误差宜不超过±1%。

3 拉索的张拉工作全部完成后,应及时对塔、梁两端的锚固区进行最后的组装以及抗震防护与防腐处理。

1 防松装置的作用是能压紧夹片,限制夹片的位移,防止在特殊情况下夹片出现失锚,保证拉索锚具在任何工况下锚固的可靠性。

2 本款对单根和整体钢绞线索力的离散误差分别予以规定,此规定与国际预应力混凝土协会(FIP)的规定一致。

3 强调此项工作要及时进行,是因为组装及抗震防护与防腐处理的效果将直接影响到拉索体系的耐久性。

20.4.8 拉索索力实测值与设计值的偏差宜为±5%,超过时宜进行调整。调整索力时应对索塔和相应的主梁梁段进行变形和应力的监测,并做记录。

斜拉桥不仅在施工过程中,而且可能在合龙后、运营期间或在换索时均需进行调索,故在此补充如下调索的内容:

1) 过程中的多次调索

安装主梁时拉索需进行初拉力张拉,同时需要对已安装梁段拉索的拉力进行调整。

2) 成桥后的调索

索力的调整要尽可能在主梁安装过程中进行,因此时桥面及人行道等未施工,主梁刚度较小,张拉较易,且可避免因张拉可能引起的主梁线形变化而使桥面开裂等情况。但如果成桥后索力的偏差过大,为使拉索最终达到要求的恒载拉力,则需要进行成桥后的调索。

3) 运营期的调索

运营期间,如超过预定恒载(如桥面铺装增厚等)、徐变变形超过预计值等,以及主梁出现过大挠曲变形时,需要适当调整各索索力以求尽可能恢复原有线形。

需要指出的是:为简化张拉程序,要尽可能在主梁安装施工过程中一次达到设计要求的索力而不调索,很多中等跨径的斜拉桥均系一次拉成,一次拉成的安装拉力可由设计计算确定。

斜拉桥主梁安装合龙后,在未加桥面、栏杆、人行道等二期恒载前安装状态的拉索拉力为安装索力,安装索力加上二期恒载引起的索力为成桥恒载索力。

视设计和施工方法的不同,有时主梁合龙后各拉索的拉力即可达到设计要求的安装索力,有时则需要进行一次索力调整才能使各拉索的拉力达到设计要求的安装索力。例如初拉力有时并非一次拉足,而是分多次张拉,即挂篮前移后张拉一部分(前支点挂篮)浇至一半混凝土时再张拉一部分,浇完后张拉至规定值。

拉索张拉至安装初拉力后,随着梁段不断的安装,其索力亦在不断变化,这是因为:后续梁段的安装均将对已安装节段拉索的索力产生影响;后续安装节段时人为地对已安装的一些索进行索力调整。但不管各索索力的变化如何,全桥合龙后各拉索均要达到安装索力的要求。

4) 换索

根据已有换索工程的施工实践,卸索时系采用反力架、连接器张拉螺杆、接力螺母、拉伸千斤顶等,以新计算索力为依据,双塔反对称、单塔双向对称同时进行拉索的分级卸载,当大螺母稍有松动时即为实际索力(起动索力),并进行两次索力相对照,差别不大时方可进行卸索,卸索以变形为主控制索力(张松力)变化,每次 1~5MPa 同步放松。放松时密切注意两侧张松的索力,变形保持同步,使索塔两侧受力平衡。当拉索无应力时(一般小于1MPa),再用塔柱上卷扬机滑车卡紧拉索,先卸下千斤顶后力架、引出杆,再利用卷扬机将旧索徐徐放下。

预应力混凝土梁斜拉桥的换索工程包括三个主要步骤:

(1) 需要对目前结构进行静、动力的实测工作,结合理论计算,了解结构的实际受力状态。

(2) 以实测成果为依据,制订换索工程的目标和具体施工步骤。

(3) 最后实施作业,换索工程的实施是重要的环节,需要严格控制。

斜拉桥换索工程的实施是一个严格按程序即对称(或反对称)逐根换索,具体程序为:量测—判别—修正—预告—换下一组索的步骤循环进行。换索施工控制的最基本要求是保证施工中结构的安全,其次要保证结构的几何线形和内力误差符合设计要求。

为了达到上述目的,需要在整个施工过程中对内力、挠度和索力实行三控。很显然,控制系统首先要有一套完整的具有足够精度的内力、挠度和索力等的量测手段,将控制系统与实际结构结合起来;其次,为了尽量避免在施工过程中对斜拉索不必要的多次张拉和换完索后对斜拉索再进行张拉调整,要求控制系统除了具备常规的结构分析计算基本功能之外,更重要的是根据斜拉索的特点在施工现场具备消除设计与结构实际不一致的自检能力,并能及时提供内力、高程和索力的修正值。控制系统还需要有很强的适应性,以适应施工中结构体系的多变性而引起的误差。

20.4.9 拉索安装施工期间,应及时将索塔内张拉工作面处的油污和各种杂物清理干净,并应有可靠的防火措施。

20.5 部分斜拉桥

20.5.1 部分斜拉桥各部位的施工除应分别符合本章的相关规定外,尚应根据其结构特点和受力特性,制订针对特殊部位的施工方案、施工工艺及控制方法。

采用劲性骨架施工定位,便于索鞍的调整就位以及模板的调整。

20.5.2 安装拉索的索鞍前,应检查分丝管数量是否正确、有无孔洞等;对钢制分丝管应检查管内及管口是否有毛刺及焊瘤,并进行处理。安装时,宜采用劲性骨架进行定位,保证索鞍位置符合设计规定的精度要求。

20.5.3 在浇筑索鞍区混凝土时,应按索鞍分排的情况依次浇筑;振捣混凝土时不得碰撞索鞍区的预埋钢管,并应采取措施保证索鞍区下方混凝土的密实性。

20.5.4 混凝土主梁施工时的控制宜以调整挂篮立模高程为主;主梁为钢梁时宜以调整梁顶高程为主。

由于部分斜拉桥的索塔一般不高,塔的刚度较大,拉索与主梁的夹角较小,混凝土主梁施工时依靠拉索的索力来调整主梁高程,效果不明显。因此主梁的线形控制宜以调整挂篮立模高程为主。

20.5.5 张拉拉索时,对平行钢丝拉索每张拉完一根拉索,或对钢绞线拉索每张拉完一根钢绞线,均应对索鞍两侧的管口进行封堵,防止雨水与杂物进入管内。

20.5.6 钢绞线斜拉索宜采用等张拉力法进行张拉;单根张拉时,宜采用防扭转装置。斜拉索塔端采用单边抗滑键锚固时,宜先初张拉抗滑键端的钢绞线,使抗滑键与索鞍顶紧后,再两端对称张拉。

20.5.7 抗滑锚块压注环氧砂浆时,应采用专用的环氧砂浆压浆机进行压注,并应封闭索鞍管口,防止环氧砂浆进入索鞍内。采用内外管索鞍时,应采取有效措施保证内管压浆的密实性,保证拉索的防腐效果。

在平行钢绞线拉索体系中,对抗滑锚块的压浆是一项重要的防护措施,压浆需要保证浆体的密实性与均匀性。

20.5.8 部分斜拉桥的施工允许偏差除应符合一般斜拉桥相应的规定外,对索鞍的预埋钢管尚应符合下列规定:管口高程的允许偏差为±10mm;管口坐标的允许偏差为±10mm,且两边同向。

20.6 无背索斜拉桥

20.6.1 无背索斜拉桥的施工应根据其结构特点和受力特性,在施工前制订施工方案和施工工艺。

无背索斜拉桥的索塔大多为顺桥向倾斜,在索塔的倾斜角度不大时通常采取先塔后梁的方法施工,角度较大时则采取先梁后塔的方法,具体用何种方法进行索塔的施工,需要根据索塔的倾斜程度来确定。

20.6.2 对倾斜混凝土索塔的施工,在进行模板、支架设计及预埋拉索导管定位时,应充分考虑因塔的倾斜而导致各种构造尺寸和角度的变化,认真复核验算,避免发生差错。对倾斜钢索塔,在加工制造前,应在认真复核设计图纸的基础上,绘制加工工艺图,并应在加工制造时严格控制精度。

由于无背索斜拉桥的索塔大多在顺桥方向倾斜,倾斜索塔与直立索塔相比,各部位的几何尺寸和角度有一定的变化,因此在施工时需要充分考虑到这些变化带来的影响。

20.6.3 在进行倾斜索塔的施工时,应采取必要措施,避免塔柱根部的混凝土产生过大的拉、压应力;有横梁的索塔,在横梁施工时应根据其构造特点对模板和支架系统进行专门设计,支架系统应可靠,其强度、刚度和稳定性应满足使用的要求。

20.7 施工控制

20.7.1 斜拉桥施工时,应通过施工控制,保证结构在施工过程中始终处于安全范围内,使成桥后的线形和内力符合设计的要求。

对施工过程的控制,是保证斜拉桥特别是大跨度斜拉桥能否按设计期望成功建成的一项必要条件,控制的目的是使成桥后的线形和内力尽可能地符合设计的要求。

斜拉桥主梁的施工方法有平衡悬臂法、成梁转体法、顶推法、支架法和吊悬组合法,其中以平衡悬臂法(包括悬浇和悬拼)最为常用。

由于斜拉桥的施工程序和施工方法对成桥后的主梁线形和结构恒载内力具有决定性的作用,特别是施工阶段其结构体系和荷载状态的不断变化直接引起结构内力和变形的不断变化,所以对斜拉桥每一施工阶段和步骤的结果均需要进行详细的检测分析和验算,从而确定下一施工阶段的索力、主梁高程及索塔位移等控制量值,以便进行下一阶段的施工,如此直至合龙和成桥。这一过程控制就是斜拉桥的施工控制,同时也是斜拉桥上部结构设计计算在施工阶段的继续。

斜拉桥的上部结构在施工过程中,结构的实际参数难免与设计值存在差异,加之施工荷载的不确定性,使结构内力与变位偏离设计值。这种偏离不断积累,不仅影响成桥后的正常使用,而且关系到施工中的结构安全,因此需要对每个节段的循环施工采取监控测试措施。将监控测试所取得的实际施工参数,经过温度修正和标准化处理并与设计值的偏差作出分析、判断,从而对偏差超限作出调整。以上过程一般通过控制软件系统完成,最后得出下一节段的索力和节段高程等,以指导施工。

施工过程控制实际上是对每个节段循环施工逐步调整计算的过程,常以设计计算为主,由设计指导施工,通过监控测试提供已完成节段的实际参数。

在施工控制中,通常情况下需要遵循的原则为:斜拉桥施工时,在主梁悬臂施工阶段确保主梁线形平顺、正确是第一位的,施工中宜以高程控制为主,但"高程控制为主"并非仅控制主梁的高程,而不顾及拉索索力的偏差,因此施工中需要根据结构本身的特性,以及施工方法的不同,采取相应的控制策略。二期恒载施工阶段以控制索力为主,是为保证结构的整体内力和变形处于理想的状态。

斜拉桥施工过程控制中对索力的调整需要注意下列事项:

(1)全桥在主梁合龙后需要进行一次线形、索力以及关键断面应力的测量。为控制索力,一般需至少进行一次全桥索力调整,调整方案由设计计算确定,调索完成后还需要进行全桥索力与高程的测量。

(2)索力的调整通常有四种方法:一次张拉法、多次张拉法、设计参数识别修正法和卡尔曼滤波法。

①一次张拉法。

在施工过程中每一根斜拉索张拉至设计索力后不再重复张拉。对于施工中出现的梁端挠度和塔顶水平位移偏差不用索力调整,或任其自由发展,或通过下一节段接缝转角进行调整,直至跨中合龙时挠度产生偏差而采用压重等方法强迫合龙。一次张拉法简单易行、施工方便,但对构件的制作要求较高,由于对已完成节段的主梁高程和索力不予调整,主梁线形较难控制,跨中强迫合龙则扰乱了结构理想的恒载内力状态。

②多次张拉法。

在整个施工过程中对拉索进行分期分批张拉,使施工各阶段结构的内力较为合理,梁塔的受力处于大致平衡的状态,即梁塔承受轴向力和不大的弯矩,主梁的线形主要是通过斜拉索索力在一定范围内的调整而加以控制的。南浦大桥的施工就是采用这一控制方法,由于大桥建设的工期短,为满足施工进度的要求并同时保证施工的质量,在每一节段的施工中,当发现主梁线形与设计线形发生一定偏离时,即调整正在施工节段上拉索的索力,对主梁线形进行局部调整,索力调整的幅度一般在设计值±300kN的范围内。考虑到桥面板与钢形成组合梁后主梁刚度增大,不仅线形调整的难度增加,而且索力调整受到一定的限制,因此线形调整一般在接缝混凝土浇筑前进行,接缝混凝土养护期间则对主梁进行一次全面观测。此外,安装新节段钢梁前,拼接点的高程要符合设计要求,这主要取决于接缝混凝土达到强度后、斜拉索进行第二次张拉,以及桥面吊机移位时的控制、调整。采用上述调索方法后,南浦大桥主梁的线形得到了有效地控制,两岸主梁在未进行系统调索的状态下顺利合龙,合龙时两岸上、下游四个主梁悬臂端点的高差最大为15mm(其余3点的最大高差为3mm)。

③设计参数识别修正法。

该方法是根据施工中结构的实测值对主要设计参数进行估计,然后将被修正过的设计参数反馈到控制计算中去,重新给出施工中索力和挠度的理论期望值,以消除理论值与实测值差异中的主要部分。选择的设计参数主要有混凝土的收缩徐变系数、主梁抗弯刚度(EI)和构件自重等。现已有斜拉桥采用该法进行施工控制。

④卡尔曼滤波法。

此法通过一定控制过程,使索力达到预期目的且处于最优状态。

斜拉桥恒载索力是根据刚性支承连续梁的原则而确定的,然后逐步算出各施工步骤的索力及相应挠度,如按此预定的索力进行施工,到成桥阶段必将产生挠度偏差值,即真正要使梁体内力达到刚性支承连续梁内力的状态,需要改变原设计的索力,使挠度达到预定值。

20.7.2 施工前,应确定斜拉桥的施工技术方案、施工工艺、施工程序和施工步骤,并作为编制施工控制方案的依据;施工过程中,应严格执行施工控制的指令,对各项参数进行监测和控制。

20.7.3 斜拉桥的索塔施工时,应对其平面位置、倾斜度、应力和线形等进行监测和控制;上部结构施工时,应对其施工过程中的索力、高程以及索塔偏位等参数进行监测和控制。

20.7.4 施工控制应贯穿斜拉桥施工的全过程,除施工应按确定的控制程序进行外,对各类施工荷载应加强管理,并应施工过程中的变形、应力和温度等参数进行监控测试,且采集的数据应准确、可靠。监控测试时应满足下列要求:

1 宜选择无风或微风的天气进行测试,减小风对量测的不利影响。

2 测试时应停止桥上的机械施工作业,消除机械设备的振动及不平衡荷载等对测试产生的不利影响。

3 各种测试均应在尽可能短的时间内完成,应避免测试条件产生较大的变化。测量宜在夜间气温相对稳定的时段进行。

做好各项管理工作是保证施工控制效果的重要前提,因此要予以重视。

监控测试是施工控制的重要组成部分。通过测试所获得的斜拉桥在施工各阶段结构内力和变形的第一手资料,是施工控制、调整的主要依据,同时也是监测施工、改进设计、保证结构在施工过程中安全的重要手段。环境条件对测试数据的准确性和可靠性有直接的影响,温度变化特别是日照温差的变化对于斜拉桥结构内力和变形的影响尤其显著,因此在对施工过程进行监控测试时,需要满足环境条件的要求,最大限度地保证施工测试实测值的真实性。

21 悬索桥

21.1 一般规定

21.1.1 本章适用于主缆采用平行高强钢丝的地锚式悬索桥及自锚式悬索桥的施工,其他类型悬索桥的施工可参照执行。

主缆采用钢丝绳的悬索桥除早期(1969年)建成的重庆朝阳桥外,目前国内尚未有工程实例,如出现采用钢丝绳作为主缆材料的悬索桥,则需要做专项研究并对主缆施工作相应规定。

21.1.2 悬索桥施工的准备工作除应满足本规范第3章的要求外,尚应根据其结构特点和受力特性,在全面了解设计要求的基础上,制订专项施工方案,同时应做好各种钢构件的加工、特殊机械设备的设计制作和必要的试验等工作。对索股、索鞍、索夹和吊索等,应按现行国家标准或行业标准的规定制作,并应对其制作质量进行检测和验收。

悬索桥施工牵涉面广,钢结构加工件多、加工周期长,如主缆锚固系统、索鞍钢格栅底座、索鞍、索夹、主缆索股、吊索、加劲梁等,均需要根据施工进度计划统筹安排施工并检测验收。对大型临时结构工程,如塔顶平台、施工猫道等需提前进行设计验算;对于悬索桥施工用的专用设备,如牵引系统、紧缆机、缠丝机、跨缆吊机等亦需要提前设计、采购,以免影响施工进度。

21.1.3 悬索桥施工应进行施工过程控制,并应使成桥线形和内力符合设计的要求。

悬索桥施工过程中各主要结构的内力、变形和线形不断变化,因此要对主要结构(如索塔塔顶变位、索塔根部应力、主缆线形变化、加劲梁线形、承台及锚碇沉降等)的内力、变形和线形全过程监测并与理论计算值比较分析是否一致,以指导下一步施工;而且悬索桥的施工精度要求很高,每个环节都不能忽视,因此为保证成桥线形和内力符合设计期望,就需要进行施工过程控制。施工过程控制的内容主要包括:校核主要设计数据;提供施工各理想状态线形及内力数据;对施工各状态控制数据的实测值与理论值进行对比分析;进行设计参数识别与调整;对成桥状态进行预测及反馈控制分析,提供必要的控制数据;对结构线形及内力(或应力)进行监控;防止施工中出现结构位移与应力过大现象,保证施工安全和工程质量。

21.2 锚碇

21.2.1 重力式锚碇的基坑开挖和基础施工应符合下列规定:

1 基坑开挖施工除应符合本规范第13章的有关规定外,基坑应沿等高线自上而下分层进行开挖,在坑外和坑底应分别设置截水沟和排水沟,并应防止地面水流入坑内而引起塌方或破坏基底土层。采用机械开挖时,应在基底高程以上预留150~300mm土层采用人工清理,且不得破坏基底岩土的原状结构;采用爆破方法施工时,宜使用预裂爆破法,避免对边坡造成破坏。对深大基坑,应采取边开挖边支护的措施保证其边坡的稳定,边坡支护的方法应符合设计规定。

2 沉井基础的施工应按本规范第11章的有关规定执行。

3 地下连续墙的施工除应符合本规范第12章的有关规定外,基坑开挖前对地下连续墙基底的基岩裂隙宜进行压浆封闭,并应减少地下水向基坑的渗透;采用"逆作法"进行基坑开挖和内衬施工时应进行施工监测,监测内容宜包括环境监测、水工监测、地下连续墙体监测、土工监测及内衬监测等。对基坑底板混凝土宜预留地下孔隙水卸压的通道,具体数量宜根据现场实际情况确定。

重力式锚碇是靠庞大体积混凝土的自重抵抗主缆的拉力。根据主缆索股锚固位置的不同可以分为前锚式和后锚式,其锚固体系又分型钢锚固体系和预应力锚固体系。

(1)基坑开挖前需要对基坑周围土体的各项土力学指标、性能及地下水情况行详细分析研究,对周围环境、地貌等进行详细勘查,以确定基坑边坡的放坡比例、支护方法及地面开挖范围,当地下水丰富时则需在基坑周围进行井点降水,避免基坑开挖时地下水涌入基坑。

开挖过程要密切留意基坑边坡的稳定性,必要时需设一定数量的观测点定期进行观测。大型基坑要尽量避免在雨季开挖施工。开挖时需要及时做好边坡脚、坡面的保护措施,如挂网喷浆、喷锚支护、土钉支护等。在基坑边缘地面禁止堆放超出设计允许荷载的材料和弃土。

(2)悬索桥的锚碇采用沉井基础时一般规模较大,施工前需详细调查分析地质及地下水状况,确定各节段沉井的下沉系数。

沉井取土下沉系数计算取下列工况:

①沉井全截面支承;

②全刃脚支承;

③半刃脚支承。

下沉系数按下式计算:

$$K = \frac{G + G_1 - F}{R_1 + R_2} \tag{21-1}$$

式中:G——已浇筑沉井总重;

G_1——施工荷载,一般取 $2kN/m^2$;

F——地下水对沉井产生的浮力;

R_1——刃脚与隔墙受到土体的支承反力;

R_2——沉井壁内外侧摩阻力。

沉井下沉过程的监测项目:

①下沉深度、平面位置及倾斜度;

②刃脚踏面反力;

③侧壁土摩阻力;

④井壁结构应力;

⑤地下水位与井内水位;

⑥沉井周围地表沉降观测。

(3)作为悬索桥锚碇基础的地下连续墙一般采用铣接头形式,地下连续墙成槽施工前需对覆盖层进行加固处理,加固方法通常采用旋喷或粉喷处理,以保证成槽的槽壁稳定,不坍孔。

一期槽段和二期槽段的划分需根据采用的铣槽机规格确定,对槽孔的垂直度要求要比桩基础的要求高,以保证铣接头混凝土界面不小于墙壁厚度。

地下连续墙施工完成后采取"逆作法"进行基坑开挖时,需对以下项目进行监测:

①环境监测:基坑周边土体变形;基坑周边大型建筑物变形。

②水工监测:基坑内、外地下水位;坑外孔隙水压力。

③地下连续墙监测:压顶梁变形;应力;深层侧向变形。

④土工监测:坑外土压力。

⑤内衬监测:内衬横向应力。

21.2.2 隧道锚洞室和岩锚的开挖施工除应符合现行《公路隧道施工技术规范》(JTG/T 3660)的有关规定外,尚应符合下列规定:

1 开挖施工前,宜根据两侧洞室的开挖方法和步骤,对围岩的侧壁收敛、拱顶下沉和底部隆起等变形进行模拟仿真计算,并应根据其计算分析结果提出开挖施工中变形量控制的标准。

2 开挖施工前尚应进行地表排水系统和工作坑的设计,确定防止洞外地表水流入开挖作业面的有效措施。地下水较丰富时,宜在隧洞的侧墙处设排水沟,在开挖作业面的底部设集水坑,并应采取必要的措施将水引出洞外;在衬砌混凝土的施工缝处应沿隧洞轴线方向预埋止水板。

3 在条件许可的情况下,宜在附近选取一地质相似的地方进行爆破监控试验,对爆破施工方案的各种参数进行试验和修正,据此正式确定爆破方案。开挖施工时宜采用光面控制爆破方式,并应严格控制爆破,减少对围岩的扰动。

4 洞口处宜设置护拱,并应采取有效措施防止落石等物体进入洞内。

5 洞室开挖施工时,宜对水平净空收敛、地表及边坡位移、拱顶下沉、底板隆起等进行监控量测,监控量测的断面布置和频率宜根据实际情况确定。

6 岩锚施工时的钻孔宜采用破碎法施工,在成孔过程中应对钻孔深度和孔空间轴线位置进行检查和记录;达到设计深度后,应采用洁净高压水冲洗孔道并采用有效方法将钻渣掏出。锚索下料时宜采用砂轮机切割,穿束时应设置定位环,保证锚索在孔中位于对中位置,同时应避免锚索扭转,锚索安装完成后应及时对孔道进行压浆。

隧道式锚碇是在特定的地质条件下,即基岩坚实、完整的情况下所采用的锚碇,它能直接采用岩体作为锚碇,也可以先开挖成隧道再浇筑混凝土成为锚碇。隧道锚、岩锚都是要利用周围岩体作为锚固体,所以开挖过程中要尽量减少对周围岩体的破坏。

隧道锚的施工需注意下列事项:

1)隧洞口的开挖施工

进洞前要完成洞口排水系统的施工,清除洞口上方可能滑塌的表土和危石;按设计要求进行边坡、仰坡放线,自下而上逐段开挖,不要掏底开挖或上下重叠开挖,且不要采用大爆破开挖;洞口的支护工程要结合土石方施工一并完成;对洞口可能出现地层滑坡、坍塌或偏压时,要及时采取措施进行处理,保证仰坡不滑塌。

隧洞口采取明挖方式施工时,要顾及隧洞开挖的弃渣和锚塞锚固系统的施工,既要尽早完成又不能妨碍后续工程的施工;洞口明洞与暗埋段工程的施工要与主缆散索鞍、锚跨工程的施工有机结合进行;洞门排水、截水设施要配合洞门的施工并与桥头排水系统连通;隧洞口的拱顶须采用超前小导管作洞口支护拱后,才能开始进洞掘进。

2)隧洞的开挖施工

与传统隧道开挖施工流程相比,隧道锚最大的区别在于钻爆作业后立即进行锚喷支护,最后进行出渣。隧道锚是变截面斜向下开挖施工,无法使用施工台车,需要靠爆破后的渣土按照隧洞轮廓线进行堆砌,并形成施工操作平台。

隧洞开挖要遵循弱爆破、短进尺、强支护、早封闭、勤量测的原则,光面控制爆破。先行隧洞一般采用短台阶上下两层法开挖;后行隧洞则采用 CD 法(中隔壁法)分 4 块开挖。

隧道锚围岩的岩体通常较为完整,围岩类别较高,一般采用全断面法进行开挖,但仍需要做好地质核对和描述工作,及时支护,减少围岩的变形;同时要严格控制开挖断面和纵坡的精度,每一循环进尺需要检查洞身坡度,每隔 5~10m 复查中线坡度;爆破后需设专人负责对开挖面和未支护段进行检查,排除险情。

3)隧道开挖爆破设计及要求

开挖需根据地质情况、开挖断面、开挖方法、开挖进尺、钻眼机具和爆破材料等进行爆破设计,必要时需进行试爆试验以验证设计参数,爆破设计包括:炮眼质量、布置、深度、角度、装药量和装药结构、起爆方法和顺序等;炮眼的方向须与隧洞倾角一致,底眼要较洞底略低,并要选用适当的炸药品种和型号,起爆通常采用非电毫秒延期起爆系统;每次爆破的循环进尺一般取1~1.2m,左右锚塞洞开挖掌子面错位要大于10m。

4) 出渣系统

一般隧道锚隧洞纵坡都比较大,出渣系统需综合考虑安全和效率,在保证安全的情况下提高效率。采用轨道斗车运渣的牵引系统须符合安全使用要求,建立定期检查、上油检查和更换制度;在装渣位置设挡车器,并使之常处于关闭状态,卷扬机要由专人操作。

5) 隧洞支护要求

隧洞入口要根据岩体的破碎情况,判断是否需采取导管注浆加固再进行开挖,前后锚室的二次衬砌施工要在岩体基本稳定后(位移量已达总量80%~90%,周边位移小于0.1~0.2mm/d,拱顶下沉速率小于0.07~0.15mm/d)进行。

6) 施工监控量测

为判断隧洞开挖时围岩是否处于稳定状态,保证施工安全,须按现行《公路隧道施工技术规范》(JTG/T 3660)的规定编制监控量测方案并实施。

监控量测的主要内容包括水平净空收敛量测、拱顶下沉量测、地表及边坡位移量测、底板隆起量测、爆破震动速度测试。监控量测断面布置及测量频率根据实际情况确定。

报警指标包括下列内容:

(1) 地表及边坡位移监测:坡顶、坡脚位移及地表沉降监控预警累计值30mm,变化速率2mm/d。
(2) 爆破震动速度:根据现行《爆破安全规程》(GB 6722)规定,振动速度不大于20~30mm/s。
未作明确要求的,以现行《公路隧道施工技术规范》(JTG/T 3660)的规定为准。

21.2.3 锚碇锚固体系的施工应符合下列规定:

1 型钢锚固体系施工时,所有钢构件的制作均应按本规范第8章的要求进行。锚杆、锚梁在制造时应进行抛丸除锈、表面防腐涂装和无损检测等工作;出厂前应对钢构件连接进行试拼装,试拼装应包括锚杆拼装、锚杆与锚梁连接、锚支架及其连接系平面试装。当锚杆为无黏结预应力时,应使其与锚体混凝土隔离,并可自由伸缩。

2 预应力锚固体系的施工应符合设计及本规范第7章的规定。锚具应安装防护套,无黏结预应力系统应注入保护性油脂;对加工件应进行超声波和磁粉探伤检查。

主缆索股锚固体系是主缆与锚碇之间的连接构件,其加工质量及安装精度均须严格控制,以保证主缆的拉力能均匀地传递到锚碇。

型钢锚固系统由于杆件型号多、加工精度要求高、安装复杂,目前的设计较少采用,而较多地采用预应力锚固系统。

预应力锚固系统施工的关键在于锚管的定位及每根索股锚固系统的前锚面精度。由于锚管数量很多,故需设计专门的锚管定位系统,以使锚管能快速定位、安装;前锚面是主缆索股与锚固系统的连接部位,索股需垂直于相应锚固系统前锚面中心点才有利于索股拉力的传递,所以前锚面的施工精度控制也很关键。

21.2.4 锚碇混凝土的施工除应符合本规范第6章的有关规定外,尚应符合下列规定:

1 锚碇的基础和锚体应按大体积混凝土的要求组织施工,施工前应根据结构特点和施工条件制订专项施工方案。

2 隧道锚的锚塞体混凝土施工时,锚塞体混凝土应与岩体结合良好,且宜采用自密实型微膨胀混凝土,保证混凝土与拱顶基岩紧密黏结;浇筑混凝土时洞内应具备排水和通风条件,且宜在锚塞体混凝土的水平施工缝与洞壁交界处设置消除水压力的盲管,并使盲管与锚室的排水管道联通,形成系统。

3 锚碇混凝土施工时应保证上部结构施工预埋件的安装质量。

隧道锚施工时,虽然要求锚塞体混凝土与岩体(或岩体面的喷射混凝土)结合良好,但由于存在地下水的渗透压力,锚塞体混凝土的施工缝可能会成为渗水的通道,由岩面(或喷射混凝土面)渗入施工缝并扩散进入锚塞体混凝土内部。在隧道锚锚碇的排水体系中设置消压用的排水管或排水板,能消除水压力,阻断地下水向锚塞体混凝土渗透的通道,从而减少水对锚碇结构的危害。

21.3 索塔

21.3.1 悬索桥索塔的施工应按本规范第20.2节的相关规定执行。

悬索桥的索塔根据使用材料不同分混凝土索塔和钢塔,国内已建成的大跨径悬索桥绝大多数采用混凝土索塔,钢塔则较少采用。

混凝土索塔一般采用滑模、翻模或液压爬模施工,目前国内比较多的是采用液压爬模施工方法。索塔施工前需综合考虑上部构造施工需要布置的施工机械设备(电梯、塔吊等)。

索塔塔柱每节段的标准高度划分需考虑与主钢筋的长度匹配,主钢筋的定尺长度为9m或12m,则塔柱每节段的标准高度通常设为4.5m或6m,特殊情况除外。

由于塔柱混凝土的强度等级高、泵送高度大、工作性能(泵送性、和易性)要求亦高,因此建议混凝土的坍落度以180～200mm为宜,坍落度损失一般小于40mm/h,初凝时间一般在8h以上。

21.3.2 索塔在施工过程中应对其施工状况进行监测和控制,施工完成后,应测定裸塔的倾斜度、塔顶高程及塔的中心线里程,并做好沉降、变位观测点标记。

索塔施工完成后进行悬索桥上部构造施工过程时,会因受力的不断变化而产生沉降和位移,所以需在其施工完成后测定裸塔的倾斜度、塔顶高程及塔的中心线里程等参数,记录好索塔未受外力时的初始状态,以便于在上部构造施工时将索塔的各种变化与其初始状态进行对比、调整和控制。

21.4 索鞍

21.4.1 索鞍的性能和质量应符合现行《悬索桥索鞍索夹》(JT/T 903)的规定,并应由专业单位加工制造。制造完成后应在厂内进行试装配和防腐涂装,并应对各部件的相对位置作出永久性定位标记,经检验合格后方可运至工地现场安装。

悬索桥的索鞍分为主索鞍和散索鞍,是主缆在索塔和散索鞍支墩的支撑传力结构,承受主缆巨大的集中作用力,其制造质量及安装精度要求很高。

鉴于索鞍在悬索桥中的重要性,因此鞍座材料的机械性能及化学成分均需要符合设计要求,铸造鞍体的钢水要充分精炼纯净;鞍槽与鞍身的组焊属超大厚度的焊接,加工制造前要通过焊接工艺试验,焊后24h需要进行100%超声波探伤。

21.4.2 索鞍在安装前,应根据鞍体的形状和重力、施工环境条件、起吊高度等因素选用吊装设备;对设置在塔顶的起重支架及附属起重装置等应进行专门设计,其强度、刚度和稳定性应满足使用的要求,并应有足够的安全系数。

21.4.3 起重安装的所有准备工作完成后,应对起重设备和设施进行全面检查。索鞍在正式起吊前,应先将鞍体吊离地面0.1～0.2m并持荷10min以上,检验起重设备和设施各部位的受力和变形状况;并应在离地面1～3m范围内将鞍体提升起降两次,检验提升系统的性能。经上述检验并确认起重设备和设施的各部位均正常后方可进行正式起吊作业。

21.4.4 起吊安装索鞍时,吊点和吊具的设置应满足各点均匀受力的要求,应避免索鞍在起吊安装过程中发生扭转、侧倾或碰撞,并应采取有效措施保证索鞍的涂装不受到损伤。

21.4.5 主索鞍在起吊安装时应缓慢、平稳,就位时应保证其位置准确;散索鞍在安装前应通过计算或模拟起吊试验确定其重心位置和吊点位置,正式起吊安装时,应使其始终保持平稳状态,且在导向装置的引导下能顺利就位,就位后应尽快将其临时固定。

这4条规定的目的均为保证索鞍吊装时的安全。

索鞍为大吨位钢构件,安装前需制订详细的地面运输路线、采用适当的转运设备。索鞍的吊装具有吨位大、提升高度大等特点,不同的施工单位会根据自身的设备情况选择不同的吊装方法。对于提升承重架须进行仔细验算,提升动力设备须有足够的安全储备,在正式起吊前需进行试吊。

主索鞍一般采用塔顶门架作为起吊提升的支撑架,索鞍安装完成后塔顶门架仍可以作为悬索桥上部结构的重要施工临时设施使用;散索鞍的吊装可以根据起重高度大小采用大吨位履带吊机或汽车吊机进行起吊安装,也可以采用门架起吊安装。

21.4.6 主索鞍底座钢格栅和散索鞍底座安装调整完成后,应进行全桥联测检查,确认无误后方可灌注底座下的混凝土。

本条的规定是为保证主索鞍钢格栅和散索鞍底座的安装精度。在塔顶位置预留槽口,并在钢格栅安装调整完成并进行全桥联测无误后,再浇筑槽口混凝土,能有效地保证钢格栅的安装精度。

主索鞍底座钢格栅和散索鞍底座的安装精度决定了主索鞍及散索鞍的精度,所以在灌注底座混凝土前需对安装调整好的钢栅格或底座进行连续观测5d,观测时间通常选在温度较为稳定的时段(一般在晚上12h以后),保证位置稳定后方能灌注底座下的混凝土。

21.4.7 索鞍在安装时应根据设计规定的预偏量进行就位和固定,且应在主缆加载过程中根据监控数据分次顶推到设计位置。顶推前应确认滑动面的摩阻系数,严格控制顶推量。

索鞍安装时的预偏量是为调整主缆拉力而设置的。悬索桥主缆在空缆状态下索塔两侧的水平拉力是平衡的,但在上部构造施工过程中,这种平衡很难保持,尤其是单跨悬索桥在加劲梁架设及桥面铺装时,中跨主缆拉力明显加大,这将导致索塔受弯,而弯曲量过大将会危及索塔结构的安全。通过设置预偏量,逐渐调整索鞍位置,可以不断调整主缆拉力,达到保证结构安全的目的。

主缆架设完成后,在索鞍位置需要采用压块压紧主缆,防止主缆索股在索鞍位置滑动,加劲梁的吊装过程是主缆的加载过程,主缆由此在索鞍前后产生的不平衡水平力由索塔或散索鞍支墩承受,当不平衡水平力超过允许值时,就需要顶推索鞍位置使主缆前后的水平力平衡。

21.5 猫道

21.5.1 猫道应根据悬索桥的跨径、主缆线形、施工环境条件等因素进行专门设计,其结构形式及各部尺寸应满足主缆工程施工的需要。猫道设计应符合下列规定:

1 猫道的线形宜与主缆空载时的线形基本平行,猫道对索塔产生的纵桥向变位应小于索塔高度的1/5 000。猫道面层宜由阻风面积小的两层大、小方格钢丝网组成,面层顶部与主缆下沿的净距宜为1.3~1.5m;猫道的净宽宜为3~4m,扶手高宜为1.5m。猫道在桥纵向应左右对称于主缆中心线布置,猫道间宜设置若干条横向人行通道。

2 承重索在设计时应充分考虑猫道的恒载及可能作用于其上的其他荷载。对承重索进行强度计算时,其荷载组合及安全系数应符合表21.5.1的规定。承重索的锚固系统应有足够的调整范围,每端宜设±2m以上的调节长度。

表 21.5.1 猫道承重索强度计算的荷载组合与安全系数

荷载组合		安全系数	备注
静力结构 强度验算	恒载	≥3.2	
	恒载+施工荷载	≥2.7	
	恒载+施工荷载+温度荷载	≥2.7	温度荷载按温降15℃考虑
风荷载组合 结构强度验算	恒载+施工荷载+施工阶段风荷载组合	≥2.7	按6级风考虑
	恒载+最大阵风荷载组合	≥2.5	

3 设计时宜根据桥位处的施工环境条件和当地的气象条件对猫道进行抗风稳定验算;对特大跨径悬索桥,必要时可通过猫道风洞试验,获得试验参数后对猫道进行结构动力分析及抗风稳定性验算。可采取适当增加猫道间横向联结的措施增强其抗风稳定性。

4 猫道的门架绳在其锚固系统可靠的情况下,可与猫道承重绳共同受力。

猫道是为悬索桥主缆工程及其他工程施工而设置的非常重要的必备临时结构,为主缆的架设、索夹和吊索的安装、加劲梁安装、主缆的防护等重要工序提供施工操作平台、材料及工具的运输通道,其使用从始至终贯穿整个悬索桥上部结构的安装施工过程,使用周期长,需要经受各种自然灾害天气的考验,在悬索桥的施工中起着举足轻重的作用。因此猫道除需具有足够的强度和抗风稳定性外,设计时还须考虑施工的方便、操作空间及放置机械设备的需要而确定其高程和宽度。

要求猫道线形与主缆线形保持平行,主要是为方便施工,同时亦需要控制猫道对索塔产生的纵桥向变位。

本次修订对猫道承重索的安全系数作了适当调整,调整的原因为:猫道承受的荷载大部分为本身所具有的恒载,施工荷载仅占全部荷载中的一小部分,随着悬索桥跨径的增大,猫道恒载所占的比例也成倍增加,恒载是可以明确计算的,属可控荷载,施工荷载的不确定因素虽然较多,但亦可以控制在一定范围之内,因此,当安全系数的取值过大时对控制猫道的恒载相对而言是不利的;另外,猫道承重索的安全系数主要是依据主缆的安全系数来确定的,而目前的大跨径悬索桥在设计时,主缆的安全系数可以由原来的2.5降低至2.3,在满足主缆受力条件的前提下以节约材料。考虑到上述两方面的原因,因此猫道承重绳的安全系数亦能适当降低。

猫道的结构设计首先需要考虑其抗风稳定性及结构的安全,保证施工安全;其次要考虑施工简便、降低成本。猫道在设计时需注意下列事项:

1)承重绳结构

根据承重绳受力形式的不同,猫道有两种结构:其一为3跨独立结构,其二为3跨连续结构。3跨独立结构的优点是加劲梁在吊装过程中的改挂比较方便,缺点是预埋件太多、锚固结构复杂、承重绳的长度调整范围小、偏载时猫道比较容易倾斜给施工带来不便,早期建成的虎门大桥、海沧大桥、宜昌大桥等均采用此类结构;3跨连续结构的优点是预埋件较少、偏载时猫道不容易倾斜,缺点是加劲梁吊装过程中的改挂相对复杂一些,润扬大桥、阳逻大桥及香港青马大桥等均采用此类结构。

3跨连续结构中的每条承重绳可以分为3段制作,在索塔靠中跨侧设两个索节,架设及拆除均可分成3段,在使用受力上是连续结构。

2)横向通道及抗风稳定措施的考虑

猫道系统是否设抗风缆绳需具体情况具体分析,对大跨径悬索桥,在桥下通航比较繁忙的情况下,一般都不推荐设抗风缆绳。不设抗风缆绳时,为提高猫道的抗风稳定性可以采取两项措施:增加两猫道间横向通道的数量,并在通道两侧设水平交叉抑振钢丝绳;通过横向通道及抑振钢丝绳将两猫道联系起来,以提高其水平刚度及抗倾覆能力。

3)猫道底梁及门架

猫道底梁的作用有三:一是将猫道面层的承重绳连成整体,共同受力;二是作为门架及通道的支承连接结构;三是将猫道面层固定在承重绳上,防止面层滑动。猫道底梁分为横向通道底梁、门架底梁和中间底梁3种。

猫道底梁的布置原则上要采用"刚度大、间距大"的形式,既能减轻猫道的恒载,又可以提高其整体刚度。

猫道门架的作用之一是作为索股牵引钢丝绳导轮组的支承结构;作用之二是将面层承重钢丝绳与门架钢丝绳联系起来共同受力,但门架绳参与猫道承重系统共同受力的前提是猫道门架安装后门架绳需要进行索力张拉调整,且调整后其锚固系统能满足受力要求。

4) 猫道面层

猫道面层由承重网、步行网及防滑方木组成。

承重网有3种材料可供选择:钢丝扣网、S型钢丝编织网、钢丝焊网。对于扣网和编织网,其优点是铺设方便,卷成筒一次可以铺20多米长,缺点是面层刚度小、不平整、使用效果差、风阻系数大;对于钢丝焊网,其优点是刚度大、面层平整、施工人员行走舒适、透风率大风阻系数较小,缺点是铺设不方便。

5) 猫道承重绳锚固系统

猫道承重绳锚固系统的设计首先需有足够的调整范围,以满足悬索桥主缆在不同施工阶段的垂度要求,其次要考虑操作方便、结构简单、降低成本。

6) 猫道线形分析计算

猫道是一柔性结构,线形分析的基础资料需切合实际,否则按分析结果控制的线形如与目标线形相差太大,将影响主缆索股的安装进度。

猫道目标线形与主缆空缆安装的线形一致,即在均布荷载作用下(恒载)线形呈悬链线,其方程为:

$$y(x) = K \cdot \cosh\left(\frac{x-a}{K}\right) + b \tag{21-2}$$

式中:K——线形曲线顶点(悬链线对称轴上点)处的曲率半径,$K = H/q$;

H——绳索轴力的水平分力;

q——均布荷载。

猫道线形力求与主缆空缆线形平行,但要严格控制猫道架设完成后索塔顶的变位及扭转控制在设计允许的范围内,即猫道边跨和中跨的不平衡水平力。

21.5.2 猫道钢构件的制作要求可参照本规范第8章的相关规定执行,面层和承重索的材料均应符合相应产品的质量要求。承重索和抗风缆采用钢丝绳时,架设前应对钢丝绳进行预张拉处理,消除其非弹性变形,预张拉的荷载应不小于其破断荷载的0.5倍,且应持荷60min,并进行两次;预张拉时的测长和标记宜在温度较稳定的夜间进行。采用旧钢丝绳时,应按现行《钢丝绳 安全 使用和维护》(GB/T 29086)的规定进行检验,并应对其承载能力予以折减。承重索端部的锚头应垂直于承重索,并应对锚头部位进行静载检验,符合受力要求后方可使用。

猫道承重索可以采用钢丝绳或钢绞线。钢丝绳受力后非弹性变形较大,如果不进行预张拉,其线形很难控制,因此要求进行预张拉。条文中规定的预张拉荷载的大小、持续时间及进行的次数是工程实践后的经验数据。条文中的"旧钢丝绳",是指曾在某一工程的猫道使用过、经回收再用于本工程的钢丝绳,使用过的钢丝绳均有可能产生某种损伤,为保证施工的安全,有必要对其性能进行检验,并对其承载能力予以折减。

在制作猫道承重索时需注意下列事项:

1) 对锚头的要求

套筒须按现行《锻轧钢棒超声检测方法》(GB/T 4162)的规定进行超声检验,每副热铸锚头须带有探伤检验记录,并出具合格证明书。套筒内灌注的锌,须控制其纯度。

2)灌注工艺

(1)在距猫道承重索或门架支承索的钢丝绳端头335mm处,采用铁丝将钢丝绳扎紧,然后套入套筒;采用钢钎拆散钢丝绳,并将拆散的钢丝绳调直后设置弯钩。

(2)洗去钢丝表面的油污后,采用浓度为50%的稀盐酸或硫酸冲淋,以清除钢丝表面的防锈层和氧化物;再用煮沸的肥皂水冲淋,以中和留在钢丝表面的稀盐酸;最后用开水冲去肥皂水,晒干备用。

(3)设置锚头灌注支架,将锚头竖放;浇铸合金前,钢丝头处于套筒中心位置,并先将套筒采用喷灯预热至150℃±10℃。

(4)调整坩埚内已熔化的锌铜合金,使其达到要求的温度,并将锌铜水注入预热的锚头内;浇铸须连续进行,同时采用小锤轻敲套筒使锌铜密实,并要注意降温收缩,及时补注,使表面填平;锚头在浇铸2h内严防振动。

(5)待套筒及浇铸的锌铜合金完全冷却后,对浇铸锌铜进行背面预顶。

3)锚头静载试验内容

(1)钢丝绳的伸长率。

(2)断丝情况。

4)钢丝绳的预张拉

由于钢丝绳的非弹性变形较大,将影响到索垂度的变化,因此需对其进行预张拉以消除非弹性变形,然后再根据设计索长下料加工。

预张拉荷载为50%破断拉力(800kN/索),保持60min,并进行两次。场地受限制时可以分段进行。预张拉时的测长和标记须在温度稳定的夜间进行。

5)其他注意事项

首先新猫道承重绳在使用之前须进行预张拉,以消除其非弹性变形;其次在张拉以后,要按设计长度下料后,再灌注锚头。

21.5.3 猫道的架设应按横桥向对称、顺桥向边跨和中跨平衡的原则进行,且应将裸塔塔顶的变位及扭转控制在设计允许的范围内。架设施工应符合下列规定:

1 先导索的架设方法宜根据桥跨跨径、地形等条件综合确定,且应减少对通航的影响。

2 承重索架设时,在横桥向,两侧应保持基本同步,数量差不宜超过1根;在顺桥向,边跨与中跨应连续架设,且中跨的承重索宜采用托架法架设。架设后,应对其线形进行调整,各根索在跨中的高程相对误差宜控制在±30mm以内。

3 面层及横向通道宜从索塔塔顶开始,同时向跨中和锚碇方向对称、平衡地进行架设安装,并应设置牵引及反拉系统,控制面层铺设时可能产生的下滑等现象,保证施工安全;中跨、边跨猫道面层的架设进度,应以索塔两侧的水平力差异不超过设计要求为准进行控制。猫道面层在架设过程中应对索塔塔顶的偏移和承重索的垂度进行监测。

猫道承重索可以采用边跨和中跨分开设置结构(简支),也可以采用连续结构,至于架设方法则需要根据具体情况进行选择。对于跨度大且又需要不影响通航的情况,在架设过程中就要求对承重索施加较大的牵引力和反拉力,才能使其保持不影响通航的高度,这样对卷扬机的功率要求较高,并且在整个工程中起控制作用。在这种情况下,先架设托架(托架承重绳较细,对卷扬机功率要求较低),然后再通过托架架设猫道承重索是比较经济且又安全的办法。

通常情况下,大跨径悬索桥的中跨是主通航孔,架设猫道承重索时不能影响其通航,中跨采用托架系统的方法架设,可以保证猫道承重索的通航架设垂度。

猫道承重索一般由牵引系统连续牵引架设完成,且需要按照上下游对称整根架设,以保证裸塔两侧水平方向的受力平衡。

根据牵引系统特点分析,最大牵引力出现在被牵引索无依托条件下,即空中牵引(图21-1)。

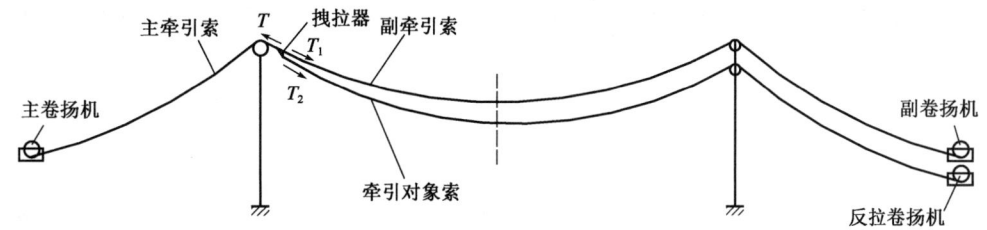

图 21-1　牵引系统最大张力示意图

牵引系统的最大张力可按式(21-3)和式(21-4)进行计算：

$$T = T_1 + T_2 \tag{21-3}$$

式中：T——主牵引索张力；

T_1——副牵引索张力；

T_2——牵引对象索张力。

计入牵引索定滑轮摩阻力，主牵引索的最大张力为：

$$T_{max} = T \cdot R^a \tag{21-4}$$

式中：R——定滑轮总阻力系数，对于滚动轴承，$R = 1.02$；

a——牵引系统的定滑轮数。

张力 T_1、T_2 计算见式(21-5)：

$$T = \sqrt{H^2 + V^2} \tag{21-5}$$

式中：H——水平力，$H = \dfrac{qL^2}{8f}$；

V——竖向力，$V = \dfrac{q \cdot L}{2}$；

q——钢丝绳单位重(kN/m)；

L——计算跨径，一般取悬索桥跨径(m)；

f——悬链线计算矢度，根据桥下净空要求设定(m)。

21.5.4 在主缆架设完成、加劲梁安装之前，应将猫道改挂于主缆上，改挂前应拆除横向通道。改挂宜分段进行，并应分次逐步放松承重索的锚固系统，最终放松至承重索设计要求的放松量。改挂后的悬挂点应设在猫道的底梁处，在桥纵向的间距宜不超过24m。

加劲梁开始架设后，主缆因受集中荷载，线形会发生突变，为适应这种情况，要求在吊装加劲梁前要将猫道改挂于主缆上，使猫道线形与主缆线形保持一致。并要在吊装过程放松猫道锚固系统调整装置，控制猫道与主缆间的距离相对不变。

猫道改挂是在猫道上有横梁型钢的位置，采用一道 φ21.5mm 钢丝绳，按图 21-2 所示方法交替将猫道悬挂于主缆上。

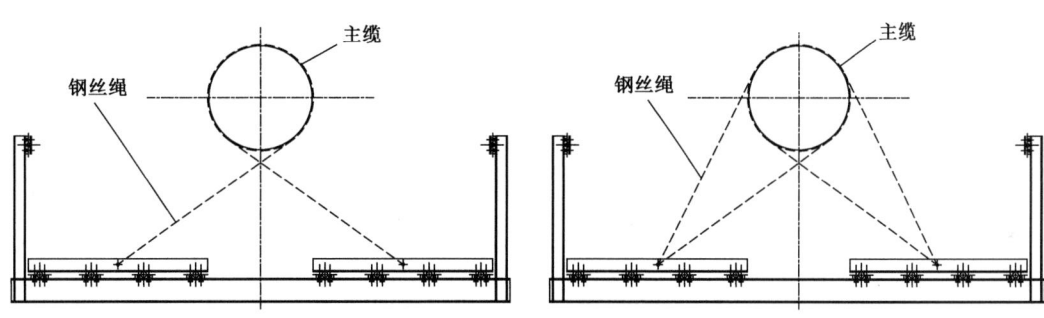

图 21-2　猫道改吊示意图

猫道改挂的顺序为：中跨由跨中开始，同时向索塔方向进行；边跨由中点开始，同时往塔顶和锚碇方向进行。

猫道改挂过程中，需要适当放松猫道锚固系统两端的连接拉杆，搭好便桥，调整塔顶变位刚架。

猫道改挂结束后，可以拆除横向通道。

21.5.5 主缆的防护工程及检修道安装施工完成后，可进行猫道的拆除工作。拆除前应利用锚固调节系统适当收紧承重索，减小猫道改挂绳的受力；猫道拆除时，宜分节段拆除其面层和底梁，拆除宜按中跨从塔顶向跨中方向、边跨从塔顶向锚碇方向的顺序进行；在拆除过程中，应采取措施保证改挂绳的受力在允许范围内，并应采取适当措施保护主缆、吊索和桥面附属设施等已施工完成的结构。

猫道的拆除工作主要包含：横向通道、门架、猫道改挂绳、侧网、扶手索、猫道面网、横梁、变位刚架、下压装置、猫道承重索、锚固预埋件、转索鞍、猫道工作平台及预埋件等的拆除。

猫道的拆除分两阶段进行：第一阶段为完成主缆架设及索夹测量后，进行猫道调整，将猫道门架和横向通道拆除；第二阶段为完成桥面铺装、索夹螺栓最后一次紧固完成、主缆防护及主缆检修完成后将猫道全部拆除，此阶段拆除标志上部结构主体工作基本完成。

在猫道拆除之前，要先进行体系转换，即由猫道悬挂于主缆状态转换成猫道基本自身承重受力状态，体系转换过程要采取适当的工艺，避免局部改挂绳受力集中突然断裂失控。在放松之前，需要详细检查猫道面网在各吊索处向塔的方向开口 1.0m 以上，以防在猫道下垂的过程中，碰伤吊索。

当猫道呈自由悬挂状态后，为保持猫道的横向稳定及线形平顺，需从承重索锚固拉杆上调整每根猫道承重索的长度，使其垂度保持一致，并每隔 8m 采用钢绳将猫道挂在主缆上作为横向稳定索。

做好拆除的准备工作后，正式开始拆除猫道侧网、面层网及分配梁，然后拆除变位刚架、下压装置，最后拆除猫道承重索。

21.6 主缆

21.6.1 主缆用热镀锌钢丝的技术条件应符合现行《桥梁缆索用热镀锌钢丝》(GB/T 17101)的规定，索股的技术指标应符合现行《悬索桥预制主缆丝股技术条件》(JT/T 395)的规定。

锚杯配件尺寸及所用钢材型号均要符合图纸规定，所有锚杯配件均要经检验合格。

铸造锚杯质量需按照设计图纸规定进行探伤检验，规格相同的锚具部件，要具有互换性。

用于平行钢丝索股定型的绑扎带，采用聚酯与强力纤维复合制品，单面涂有不锈蚀镀锌钢丝的黏结剂。

主缆用钢丝的技术条件见表 21-1。

表 21-1 主缆用钢丝技术条件

项 目		技术要求
直径	镀锌后直径	设计值 ±0.06mm
	不圆度	≤0.06mm
机械性能	抗拉强度	$\sigma_b \geq$ 设计要求
	屈服强度	$\sigma_{0.2} \geq$ 设计要求，将试件两端夹固，钳口间距 350mm，启动拉伸试验机缓慢加载至试件破坏，按实测面积得到应力-应变图。在应力-应变图上与 0.2% 的残余应变对应的应力值即为屈服强度
	松弛率	在 20℃±2℃ 时，在 70% 屈服应力下持荷 1 000h，其松弛率≤8%
	延伸率	≥4.0%
	弹性模量	$(2.0 \pm 0.1) \times 10^5$ MPa
	反复弯曲数	取试件一段做 180° 弯曲试验，弯曲圆弧半径为 3d，反复弯曲 4 次后，试件表面不得产生任何折损现象

续上表

	项 目	技 术 要 求
机械性能	缠绕性能	取试件一段在3倍钢丝直径的试验芯杆上紧密卷绕8圈后不得发生任何折损或开裂现象
	抗扭性能	试件两端紧固,钳口间距为100d,试件的一端可沿试件轴线方向移动,另一端以小于每分钟60转的速度转动,直至试件扭断,转动次数应≥8转。若从夹固处扭断,应重做试验
镀锌质量	镀锌方式	热镀锌
	镀锌附着量	≥300g/m²
	硫酸铜试验	每次取一段试件,浸置于硫酸铜溶液中一分钟,迅速取出,立即用净水冲洗,棉花擦干后观察,要求表面不发生挂铜现象,试验≥4次
	镀锌附着性能	将试件紧密缠绕在5d直径的试验芯轴上,缠绕≥2圈,缠绕后试件镀锌层应附着牢固,不允许出现开裂、起皮、剥落现象
	表观质量	钢丝的表观质量应光滑、均匀,无疤点、裂纹、毛刺、机械损伤、油污、锈斑及有害附着物,表观质量良好
	锌纯度	99.95%
直线性	钢丝自由翘头高度	5m长钢丝在自由状态下,置于平面上时,端部上翘值不得大于150mm
	自由弯曲直径	≥8m
	钢丝长度	每盘钢丝(含抽丝盘条)中均不得存有任何形式的接头,其总长度应为预制束股平均长度整数倍;并留120m以上的余量,以供检测取样用
化学成分	碳 C	0.75%~0.85%
	硅 Si	0.12%~0.32%
	磷 P	≤0.025%
	硫 S	≤0.025%
	锰 Mn	≤0.60%~0.90%
	铬 Cr	≤0.20%
	铜 Cu	≤0.1%
	其他非金属夹杂物	≤0.10%

21.6.2 主缆采用预制平行钢丝索股时,宜在工厂内将对应索鞍位置的索股六角形截面调整为四边形截面,并作出相应标记。

在工厂内预制索股时,将索鞍对应位置处的索股六角形截面预整形为四边形截面包装出厂,以避免索股安装时在现场的整形,这样做不仅能提高索股安装的工效,对保证索股在索鞍处的排列质量亦有好处。

以下列出预制平行钢丝索股制造的过程和要求,供参考:

索股在制作前需编制《索股制作工艺细则》,并经审查批准后,根据该细则进行试生产;待试制索股通过质量评定合格后,才能批量生产。

1. 索股的制造

(1)编股时需记录所使用钢丝的盘号,并从检验记录中查得抽检钢丝的线径和弹性模量,统计出钢丝的平均线径和弹性模量。

(2)定位标志钢丝。

为了便于在制造、架设钢丝索股过程中观察、辨别平行钢丝索股是否扭转,在平行钢丝索股六角形截面的左上角需设一定位标志丝,沿全长涂上红色。

(3)标准长度钢丝。

在平行钢丝索股六角形截面的右上角设一标准长度钢丝,该标准长度钢丝是保证钢丝索股制作精度的关键,是每股索股下料长度和标涂各标记点的依据,它是预先将钢丝展开伸直并通过精密测量刻记后制成的,其测长精度须在 1/15 000 以上。

(4)涂标记。

每根通长索股沿长度方向均需有 9 个标记点,分别是主跨中央点、主索鞍标记点、边跨中央点、散索鞍标记点、索股两端标记点,边跨索股均需有 4 个标记点,分别是边跨中央点、散索鞍标记点、索股两端标记点。在这些标记处沿钢丝索股长度方向,涂上红蓝两种油漆各 50mm 宽,红蓝分界线为标记截面。标记点间的距离精度须在 1/15 000 以上。

(5)平行钢丝索股成型。

①将平行钢丝索股制作成六角形截面形状的主缆钢丝索股,钢丝索股成型后,按各索股长度切断并浇筑锚头。锚头浇筑前,须参照设计文件制订详细的工艺细则。

②钢丝索股须以标准长度钢丝为准进行切断,在基准温度(20℃)及零应力状态下,平行钢丝索股的制作精度须在 1/15 000 以上。

③钢丝在钢丝索股中不能有焊接或搭接,并要保持平行,不能出现交叉、扭绞等现象。

④须避免钢丝在索股内出现长短不齐的现象,索股内钢丝间长短差的允许误差相当于抗拉强度 1.0% 的应力伸长值。

⑤为保持钢丝索股截面形状,沿其长度方向每 1.5m 须采用纤维强力带包扎定型,相邻索股的捆扎带在钢丝索长度方向须交错设置,以减少空隙率。

⑥在索股制作过程中,需选定试件进行以下项目的试验:

a. 静载破断荷载试验;

b. 静载延伸率试验;

c. 弹性模量试验;

d. 索股的放索试验。

(6)索股锚头制造。

①热铸锚的锚杯须按设计要求进行严格检验并合格后方能使用。锚杯内灌注的锌铜合金,须严格控制纯度及配合比。

②将钢丝索股端头和锚杯在浇铸台垂直固定,使插入锚杯部分的索股钢丝呈同心圆散开,然后清除其油污、锈蚀,保持均匀间距,同时要清洗锚杯内壁。

③钢丝索股插入锚杯后,须保持丝股中心与锚杯中心完全一致,并保证钢丝的任何部位不与锚杯接触。

④锚杯下的钢丝索股垂直长度须不小于 1 600mm,弯曲半径须大于 1 290mm。

⑤锚杯下口须采用石棉或耐火泥充分密封,以保证注入的合金不从下口漏出。

⑥锌铜合金的熔化温度不能高于 600℃,灌注锌铜合金前应将锚杯预热至(150±10)℃,灌注容器预热至 200℃以上,以保证锌铜合金的灌注温度为(460±10)℃。

⑦将锌铜合金注入锚杯时,须避免任何振动,灌注须一次完成,不能中断。

⑧锚杯内的锌铜合金灌注密实,无气孔,灌注量须为每只锚杯实际容量的 92% 以上。

⑨索股与锚杯端面的垂直度须控制在 90°±0.5°。

⑩锚头及灌注的合金完全冷却后,按图纸要求的荷载在锚铸体后端顶压,持续 5min,卸压后测量索股的外移量,外移量小于 5mm 为合格。否则,要将注入的合金熔化,重新进行灌注,重注只允许进行一次。

⑪所有锚头均须按上述检测合格,如发现缺陷,经监理工程师批准,有必要再熔合金并重新灌锚。

⑫为便于索股的架设,在锚头顶面须采用红色油漆为钢丝索股编号。

2. 索股储存

（1）主缆索股通常采用钢盘包装，索盘内径需不小于2.4m。索盘包装要方便运输、安装，保证在收卷或放出索股时不产生任何障碍，同时不能损坏主缆索股钢丝表面的镀锌层。索股的成盘和成圈技术见图21-3。

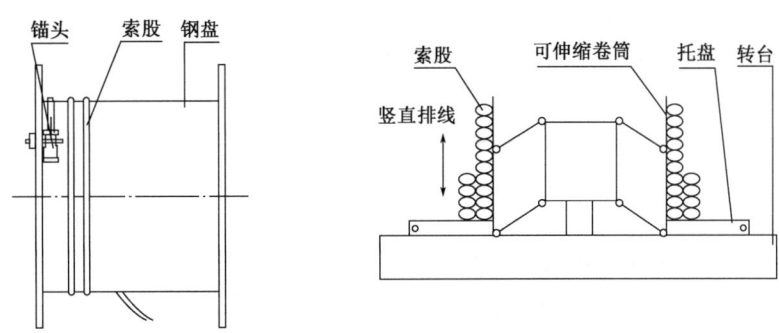

图21-3 索股的成盘和成圈技术示意图

（2）每盘成品须采用不损伤钢丝索股表面质量的材料捆扎结实，然后用防水编织布紧密包裹。

（3）包装好的钢丝索股要在仓库内平稳整齐架空堆垛存放，不能露天存放，储存期不要超过6个月。

3. 索股运输

（1）运输方式采用公路、铁路和水路运输均可。

（2）在运输和装卸过程中，需依具体情况按规定要求进行操作，并要保证索股表面不受到损伤。

（3）制造商要将钢丝索股运送至指定地点交验。

21.6.3 预制平行钢丝索股的架设施工应符合下列规定：

1 索股的牵引系统宜结合工程特点、施工安全、工艺水平及环境条件等因素综合确定。索股滚筒的间距宜为8m左右，在索鞍或坡度变化较大的位置应适当加密。

2 索股的放索工艺应与索股的包装工艺相匹配，并应采取适当措施防止索股在索盘上突然释放。放索牵引过程中应有专人跟踪牵引锚头，且宜在沿线设观测点监测索股的运行状况，发现问题应及时采取措施加以纠正。

3 架设时对前3根索股宜低速牵引，对牵引系统进行试运转，在保证运转正常后方可进行正式的索股架设工作。索股在牵引架设时应在其后端施加反拉力；牵引过程中如绑扎带有连续两处被绷断，应停机进行修补。索股锚头牵引到位后，在卸下锚头前应将索股临时固定，防止滑移；索股在架设过程中如出现鼓丝现象，在入锚前应进行梳理，不得将其留在锚跨内。

4 索股在现场整形入鞍时，应在该段索股处于无应力状态下采用整形器完成，整形时应保持钢丝平顺，不得交叉、扭转或损伤钢丝。索股横移时，应将索股从猫道滚筒上提起，确认全跨径的索股已脱离滚筒后，方可移至索鞍的正上方；横移时的拽拉量不宜过大，且操作人员不得处于索股下方。

5 索股锚头入锚后应进行临时锚固。在跨中位置应对索股设定200~300mm的抬高量，并做好编号标志。

预制平行钢丝索股的架设安装施工尚需注意下列事项：

1. 牵引系统改造

猫道承重绳架设一般采用单线往复式牵引系统，与主缆索股架设牵引系统有较大差异。

猫道承重绳架设完成后需要对牵引系统进行改造以适应索股的架设安装。牵引系统钢丝绳正下方的索股滚筒的间距、精度，对索股架设过程中崩带、扭转等影响较大，要予以重视。

在正式牵引索股之前，需对整个牵引系统进行全面检查并试运行，调整导轮组角度，保证拽拉器的顺利进入。在以后的索股牵引中需定期进行试验，确认最优化的牵引力和放索时的后张力等，保持对放索架制动装置的监测,必要时需进行调节。

2. 测量准备

猫道架设完毕、牵引系统改造完成后,主缆索股架设安装之前,要对原始数据进行测量工作。测量工作的主要内容为:索塔塔柱的平面位置、鞍部平面位置、高程、跨径、主索鞍、散索鞍理论顶点的高程以及实际预偏位置等,为后续的调索工作使用。

在架设前,施工监控单位根据所测量的原始数据,并结合如下资料,准确计算主缆实际线形,并以此为依据架设主缆索股:

(1)施工猫道的实际质量及垂度。

(2)承重于主缆和猫道上的施工设备的质量和位置。

(3)主缆各索股实测钢丝平均线径及弹性模量。

(4)各施工阶段中的实测主缆温度、气候情况及主缆各跨垂度和缆径。

(5)上部结构各构件实际质量及安装偏差。

(6)成桥时主缆及加劲梁的线形。

(7)桥面铺装的实际重度。

3. 索股牵引

主缆索股的架设分为一般索股架设和基准索股架设两类。一般以 1 号索为主缆的基准索股,其余为普通索股。

索股架设安装的顺序按设计提供的主缆索股编号依次进行,两根主缆对称进行架设施工,架设时需要注意观测主塔的扭转和位移。

索股在牵引过程中,每隔一定距离要安排专人监护索股的运行情况,观察索股是否出现扭转、包扎带破损断裂,是否出现鼓丝等情况,并及时纠正处理。在整个牵引过程中被动卷扬机需提供一定的反张力。

索股牵引过程中的质量控制要点:

(1)牵引系统需有适当的后张力,要保持牵引索具有连续、平顺的线形,不使拽拉器位置出现折弯或下垂现象。

(2)索股牵引的速度一般控制在 20~30m/min,适应监控人员行走跟进。为使拽拉器顺利通过门架滑轮组,要适当降低牵引速度(10~15m/min)。

(3)牵引过程中出现索股扭转现象时,要及时通过均布在索股上的扭转纠正器进行纠正,以免出现扭转圈数积累。

(4)对出现索股断带的部位,要及时补回缠丝带,以免出现散丝。

(5)须协调索盘放索与拽拉器牵引的速度匹配,避免放索盘出现"索股切入"或"呼啦圈"现象。

(6)禁止出现索股与其他结构物摩擦的现象。

4. 索股上提、横移

当索股牵引到位后,可以利用散索鞍墩、塔顶门架卷扬机等将索股上提并横移至主、散索鞍顶。

在索股上提之前,需沿全线对索股的扭转情况进行检查,对此工序需要特别认真、仔细,并要将检查出来的扭转进行纠正,使索股的每一根钢丝均处于完全平行状态,以保证成缆后的受力均匀。

5. 索股整形、入鞍

主缆索股截面有两种形状,在索鞍范围的索股截面形状为四边形,其他范围为正六边形。前者是为了使索股置于鞍槽中,后者则是为了使整个索股保持六角形状。

索股入鞍前须将该部分索股的断面由六边形整形成矩形(图 21-4)。

在距鞍座前后约 3m 处,分别安装上六边形夹具,解除两夹具间索股的捆扎带,同时在距六边形夹具 1m 的地方开始整形。整形的顺序为:在塔顶由边跨向中跨方向进行,在散索鞍顶由锚跨向边跨方向进行。整形时人工采用木槌敲打索股,并使用钢片梳进行断面整理,使其六边形变为四边形;整理成规则断面后,采用专用四边形夹具将索股夹紧,并采用绑扎带绑扎(图21-5)。

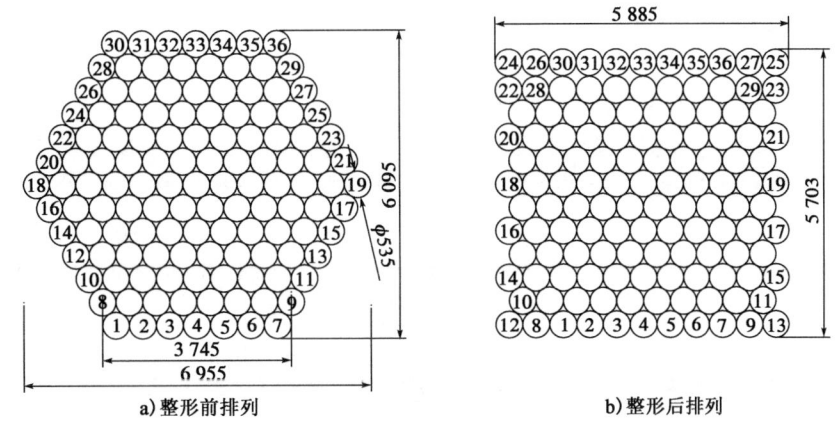

图21-4 索股整形前后断面示意图(尺寸单位:mm)

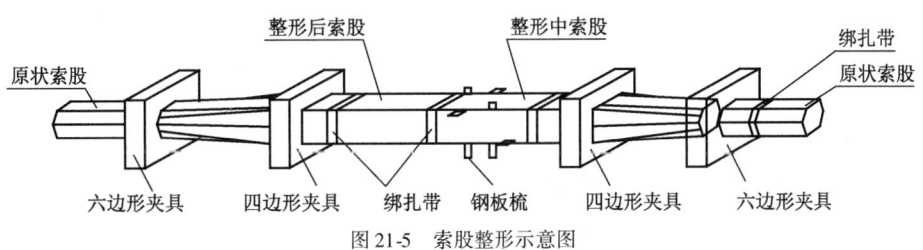

图21-5 索股整形示意图

在现场对索股进行整形时,其整形质量效果较差,且功效较低,因此本次修订根据工程实践的经验,在第21.6.2条中作出了"主缆采用预制平行钢丝索股时,宜在工厂内将对应索鞍位置的索股六角形截面调整为四边形截面,并作出相应标记"的规定。在工厂内预制索股时,将索鞍对应位置处的索股六角形截面预整形为四边形截面包装出厂,可以避免索股安装时在现场的整形入鞍,这样做不仅能提高索股安装的工效,对保证索股在索鞍处的排列质量亦有好处。

索股入鞍的顺序为先主鞍、后散索鞍。在主鞍处,从边跨端向主跨方向进行;在散索鞍处,从锚跨端向边跨方向进行。入鞍时须严格控制索股的着色丝在鞍槽中的位置,以防索股产生扭转。

整形入鞍工作完成后,需要初步调整各跨索股的高程,一般中跨预抬高300~400mm,边跨预抬高100~200mm,以免垂压、缠交其下面的索股,并便于夜间进行矢度调整。

21.6.4 采用空中纺线法架设主缆时,应符合下列规定:

1 钢丝接头的性能必须通过试验确定。在梨形蹄铁处或索鞍座附近不得存在工厂钢丝接头。
2 编缆前应先挂一根基准钢丝作为参照,并以此为准确定第一条编织索股的正确高程。
3 完成一条索股的纺线后应对丝股进行梳理,对不符合线形要求的钢丝必要时应进行接长或截短处理。
4 一条丝股抖开、梳理、裁切完成后,应采用手动液压千斤顶将其挤压成圆形,并采用纤维强力带每3m一道包扎定型。
5 空中纺线完成一条索股后,其后续工序可按预制平行钢丝索股的要求进行施工。

空中纺线法(AS法)目前在国内还没有工程实例,一般跨径在2500m以下的悬索桥采用预制平行钢丝索股法比较合适,而当悬索桥跨径超过2500m时,如采用预制平行钢丝索股法进行主缆的架设安装,则牵引设备难以满足索股牵引的要求,因此需要考虑采用空中纺线法架设安装主缆,当运输条件不能满足预制平行钢丝索股运输要求时,也需要考虑空中纺线法。

21.6.5 索股的线形调整应符合下列规定:

1　对索股线形的垂度调整应在夜间温度稳定时进行。温度稳定的条件为:长度方向索股的温差Δt应不大于2℃;横截面索股的温差ΔT应不大于1℃。

2　对基准索股的线形应采用绝对垂度进行调整。调整完成后,应连续数天对其线形进行观测,观测宜在风力小于5级的夜间且温度稳定时进行,并应记录对应的跨中高程、气温、索股温度及索鞍IP点的偏量;对基准索股的线形,尚宜考虑索股非弹性变形滞后的影响,在进行垂度控制时适当进行预抬高,并应在确认基准索股的线形稳定后方可进行其他索股的架设。其他索股的线形应以基准索股为准,进行相对垂度调整。调整好的索股在索鞍位置应临时压紧固定,不得使其在鞍槽内滑移。

3　对索股线形进行垂度调整时,其精度宜以索股高程的允许误差控制:索股中跨跨中为±L/20 000(L为相邻主索鞍IP点距);边跨跨中为±L_1/10 000(L_1为散索鞍与主索鞍IP点间距);上下游基准索股的高差应不大于10mm,一般索股(相对于基准索股)为-5mm,+10mm。

4　三塔或多塔悬索桥的索股线形调整可按双塔悬索桥的标准进行控制。

主缆的线形主要取决于基准索股的架设线形。为使已整形入鞍的索股达到设计线形的要求,就需要在夜间气温、风速比较稳定的时段对其进行测量和垂度调整。调索包括基准索股的调整和其他索股的调整,一般情况下,在中跨和边跨跨中进行垂度调整,而在锚跨因长度较短,垂度的调整无法进行,则通过预先设置于锚头处的千斤顶进行拉力调整。基准索股调整完绝对垂度后,其他索股将根据相对于基准索的高差进行相对垂度调整。基准索股的调整须严格按设计图纸中的要求和本条的规定进行。

索股调整的顺序为先中跨、后边跨、再锚跨。

(1)基准索股垂度调整:

索股调整前,需根据各跨跨长、索鞍预偏量、索股垂度高程以及温度,计算出索股移动量与各跨跨中垂度、温度变化的对应关系数据表。

基准索股的调整须在晴朗、风速较小、气温稳定时段的夜晚进行,大约在午夜11h以后至第2天凌晨6h前的时间段,各跨测点间的温差不大于2℃,索股横断面方向温差不大于1℃。基准索股的高程须连续3d在夜间温度稳定时进行测量,3次测出的结果其误差要在设计及规范允许范围内(中跨误差-20~+40mm,边跨误差-40~+80mm,上下游索股相对误差10mm),并取3次的平均值作为该基准索股的高程。

基准索股调整完毕后,需同时利用连通水管进行两侧基准索股的高差测量,将其高差控制在10mm以内。

(2)一般索股垂度调整:

基准索股以外的索股为一般索股,其调整的方法和顺序与基准索股相同,且一般索股的垂度调整采用相对垂度调整法。在各跨跨中点利用大型测量卡尺测出待调整索与基准索的相对高差,并经跨度与温度修正后求出调整量(调整垂度Δf和索股的放松量ΔL,根据垂度比$n=f/L$而变化,中跨:$\Delta L=\Delta f\times 3/16n$;边跨考虑索股的倾角,边跨:$\Delta L=\Delta f\times 3/16n\times \sec^3\beta$),按先中跨后边跨的顺序,纵向移动索股在鞍槽内的位置,来达到垂度调整的目的,直至相对误差控制在0~+5mm范围内。

索股垂度的测定和调整需要反复进行,调整好后的索股间腰保持若即若离状态。对于一般索股的线形控制,一般采用宁高勿低的原则。

(3)根据以往几座大跨径悬索桥(跨度超1 500m)的索股架设经验,由于索股非弹性变形滞后的影响,索股在架设1/2后,其线形均较基准索股时有所降低;在按理论值控制基准索股的垂度时,主缆架设完成后的空缆状态下,中跨的垂度均比理论值低约L/30 000,故在实际施工调整时需要适当预抬高基准索股的跨中垂度。通常情况下,中跨垂度预抬高L/30 000,边跨垂度预抬高约为中跨实际抬高值的3倍。

(4)三塔或多塔悬索桥的索股线形调整的精度标准与双塔悬索桥并无区别,故可按其标准进行控制,索股线形按中间向两侧的先后顺序调整。

21.6.6 主缆索力的调整应以设计和施工控制提供的数据为依据,其调整量应根据调整装置中测力计的读数和锚头移动量双控确定。其精度要求为:实际拉力与设计值之间的允许误差为设计锚固力的3%。

为了使索股受力均衡,在索股的垂度调整完成之后,需要调整锚跨张力。索股的设计张力值会随着其在锚室内散角的不同而略有变化,索股索力由监控单位和设计单位提供。由于索股在架设过程中的相互作用,锚跨索股的张力会发生变化,因此在主缆架设完成后,还需要对锚跨索股张力进行复测、调整。

索股调整好以后采用木槌敲打压实,为防止索股产生滑移可镶嵌木块以增大摩擦,最后在索鞍隔板槽内放入锌块,其上用千斤顶顶压,防止已调整好的索股在后续的索股架设和调整过程中发生移动,并需作出调好标记。

当一般索股架设一定数量后,为便于中跨各索股的排列和保持其形状,需要每隔60m左右设置一组V形保持器,并在V形保持器之间设置主缆竖向保持器,以使主缆各索股按设计断面形状排列。需每间隔30m采用麻绳捆绑,防止大风吹动索股使其相对撞击摆动,影响索股调整的精度。同时在主、散索鞍处,要根据架设情况及时安装索鞍镀锌隔板。

21.6.7 主缆的紧缆应分为预紧缆和正式紧缆两阶段进行,并应符合下列规定:

1 预紧缆应在温度稳定的夜间且应将主缆全长分为若干区段分别进行。预紧缆完成处应采用不锈钢带捆紧,并应保持主缆的形状,不锈钢带的间距可为5~6m,外缘索股上的绑扎带宜边紧缆边拆除。预紧缆的目标空隙率宜为26%~28%。

2 正式紧缆时,应采用紧缆机将主缆挤压整形成圆形,其作业可在白天进行。紧缆的顺序宜从跨中向两侧方向进行,紧缆挤压点的间距宜为1m;紧缆的空隙率应符合设计规定,其允许误差为0,+3%,不圆度宜不超过主缆设计直径的5%。紧缆点空隙率达到要求后,应在靠近紧缆机的压蹄两侧打上两道钢带,带扣宜设在主缆的侧下方,其间距宜为100mm。

紧缆作业一般由塔顶开始向中跨和边跨进行,先中跨、后边跨。

1. 预紧缆

主缆架设完成后,即使垂度已完成调整的索股群,如果索股之间产生温度差,索股的排列也会产生微妙的变化,夜间温度均匀、排列整齐的索股,到了白天,也会因受日照的影响产生起伏、扭曲等紊乱现象。所以预紧缆作业要在夜间温度条件较好、主缆表面温度趋于一致(索股温度稳定)时进行。

预紧缆作业通常采用先疏后密的方法进行,预紧固的时间间隔和移动顺序需视其完成的主缆形状而定,且要每隔5m左右紧固一次,以保证主缆达到26%~28%的目标空隙率。

预紧缆作业完成后,使用紧缆机将主缆截面紧固为圆形,并达到设定的空隙率,索夹处18%,索夹间20%。

2. 正式紧缆

正式紧缆作业可以在白天进行。

紧缆作业初期,一般以低压力(5MPa)进行,使各紧固蹄轻轻接触主缆表面,且相互重叠,然后升高压力逐步加载。

在初加压阶段,要严格控制6个紧固蹄的同步性,防止因紧固蹄动作不一致,在各紧固蹄在接触主缆表面时,钢丝钻入紧固蹄之间的缝隙内,造成其被切断或变形。主缆紧缆时需每隔1.0m紧固一道,且要紧至最靠近鞍座处。

一道紧缆完成后,需在靠近紧固蹄位置捆扎两道镀锌钢带,钢带接头须在主缆圆周的下半部分均匀分布,防止因接头在同一位置而在主缆上留槽影响其外形;在索夹的位置,紧压和钢带捆扎均须加密到每隔0.5m一次,同时在索夹两端的靠近处须增加附加钢带,以保证当拆除钢带安装索夹时,索夹的两端仍然由钢带捆扎来控制主缆的尺寸。

3. 主缆直径测定

紧缆过程中紧缆机每次移动操作中均须对主缆的周长、垂直直径和水平直径进行2~3次检查,测量在压紧时测一次,采用捆扎带扎紧后再测一次,前一数据是主缆的压实程度,更能代表索夹内主缆的状态。

主缆的平均直径按式(21-6)或式(21-7)计算,须保证缆径反弹后的空隙率符合要求。

$$主缆平均直径 = \frac{竖径 + 横径}{2} \qquad (21\text{-}6)$$

$$主缆平均直径 = \frac{主缆截面圆周长}{\pi} \qquad (21\text{-}7)$$

主缆全部紧固完毕后,须沿全跨径测定捆扎带旁的主缆直径及周长,以确认实际的空隙率。

21.6.8 主缆的缠丝工作宜在二期恒载完成后进行,并应符合下列规定:

1 缠丝的总体方向宜由高处向低处进行,两个索夹之间则应自低到高进行。
2 缠丝始端应嵌入索夹内不少于2圈或符合设计规定,并宜施加固结焊。
3 钢丝的缠绕应密贴,缠绕张力应符合设计规定,设计未规定时宜为2kN。缠绕钢丝的接头宜采用碰接焊工艺。
4 节间缠丝每间隔1~1.5m宜进行一次并接焊,并焊部位应在主缆上表面30°圆心角所对应的圆弧范围内。

缠丝工作尚需注意下列事项:

缠丝顺序为先缠边跨主缆、再缠中跨主缆。边跨由低处向塔顶缠丝;中跨每根主缆两台缠丝机由跨中向塔顶缠丝。

节间缠丝可按正常操作进行,并要保持缠丝速度和行走速度相匹配及缠丝张力达到设计要求(一般为2 500N)。节间缠丝需每隔一定距离进行并焊,并焊部位要在主缆上表面30°圆心角对应的圆内,以免铝热焊剂流淌。缠丝焊接的焊点布置见图21-6。

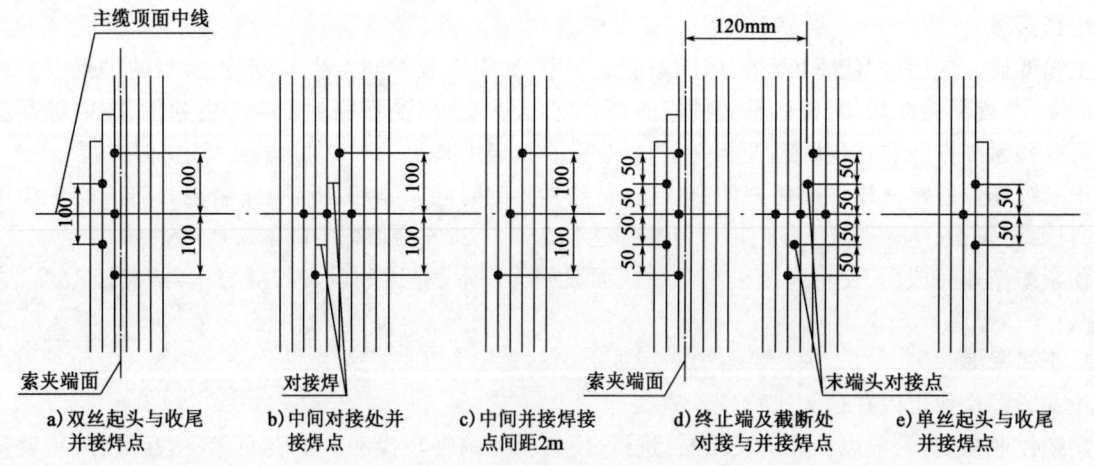

图21-6 缠丝焊接焊点布置图(尺寸单位:mm)

一般情况下缠丝工序要求在二期恒载完成后进行,当由于工期原因要在桥面铺装完成前进行时,则需适当提高缠丝张力。

圆形钢丝接头的破断力要大于缠丝张力的1.5倍,S形钢丝宜采用拼焊形式接长。

21.6.9 主缆的防护涂装应符合设计规定或现行《悬索桥主缆系统防腐涂装技术条件》(JT/T 694)的规定,且宜在桥面铺装完成后进行。防护前应清除主缆表面的灰尘、油和水分等污物并临时覆盖,进行防护涂装等作业时方可将覆盖物分段揭开。

主缆防护涂装随着新材料、新技术、新工艺的发展,涂装方案也在不断进步。

主缆防护涂装的最终目的是维持主缆内部的湿度小于40%,以达到主缆防腐蚀的目的。

21.7 索夹与吊索

21.7.1 索夹的性能和质量应符合现行《悬索桥索鞍索夹》(JT/T 903)的规定。

索夹的制造尚需注意下列事项:

索夹的铸造模型需采用整体模型,模型的尺寸则要考虑到铸件的收缩量。

铸造索夹的用砂须采用优质砂,例如耐高温的铬铁矿砂,以保证铸件表面光洁,不粘砂;砂型要采用干燥型或自硬型。

须使用高强度的耐火釉砖做浇口系统,并要保证钢水能顺利凝固和得到充分的补灌,防止浇铸系统中的型砂剥落而使铸件夹砂。

铸造钢水须充分精炼纯净,尽量减少非金属夹杂物,须从炉中取样进行化学成分分析及相应的机械性能试验,保证钢水质量。

浇筑完成的铸件须缓慢冷却,避免由于铸造应力或局部冷却产生的热应力使铸件变形或开裂。拆箱后需全面清砂,去除冒口、飞刺等附属物。

铸件清砂后,对规定部位需取样检验,按现行国家标准《铸件 尺寸公差、几何公差与机械加工余量》(GB/T 6414)的规定进行尺寸与形状检查,初步确定铸造质量。尺寸需符合CT13~CT15级公差,保证有足够的加工余量。

铸钢件清砂后,尚需经整体退火处理,以消除铸造内应力。整形和缺陷修补后,要再经正火加回火处理。

碳素结构钢、合金结构钢的热处理需按现行《钢件的正火与退火》(GB/T 16923)的有关规定进行,并需按设计图纸的要求进行验收。

加工表面的形状及尺寸精度和表面粗糙度等均要符合设计图纸的要求。

铸钢件清砂后须去除氧化皮,并要在铸件边角处进行磁粉探伤或渗透探伤,不允许存在龟裂状缺陷和密集的夹砂、气孔及表面疏松。

铸钢件经粗加工后,需按《铸钢件 超声检测 第一部分:一般用途铸钢件》(GB/T 7233.1)的要求进行超声波探伤,对于索夹铸件的评判标准为三级合格。

缺陷的修补按以下要求进行:

(1)需采用空气碳弧切割或机械加工的方法去除缺陷,并要采用砂轮将去除面整平。

(2)采用渗透探伤的方法,证实缺陷已去除干净。

(3)修补前需将修补处局部加热至100℃以上。

(4)采用与母材强度相当的焊条将缺陷处焊平,补焊时需采用平焊焊接。

(5)将焊处打磨平整,并以与缺陷检查时同样的探伤方法,验证缺陷确已消除。

(6)补焊后,需对修补处进行局部退火。

铸钢件补焊时,为焊补而准备的坡口深度不超过壁厚20%、坡口长度不超过4倍壁厚时,可以由制造厂自行补焊,并要作好补焊情况记录备查。超过上述规定的缺陷,须经监理工程师同意后处理。

对铸造表面(包括机加工后表面)的缺陷,如缺陷面积不超过6 500mm², 深度不超过该处铸件厚度的10%,允许补焊后不进行热处理,超过上述规定时则需重新进行热处理。

铸钢件加工后,其加工面不能有可见缺陷,如气孔、砂眼、缩松等,检查发现的缺陷要按上述要求进行修补。非加工面局部不超过直径5mm的凹坑、气孔等缺陷可以不补焊。

索夹、缆套及其零部件要存放在清洁、干燥、无有害介质的环境中。须设有遮盖物防止日晒雨淋,保持充分通风,使冷凝水减到最少。

索夹的储存要架离地面，不允许有水或污垢聚积在其表面。

21.7.2 索夹的安装应符合下列规定：

1 安装前，应测定主缆的空缆线形，并在对设计规定的索夹位置进行确认后，方可于温度稳定时在空缆上放样定出各索夹的具体位置并编号。安装前尚应清除索夹内表面及索夹位置处主缆表面的油污及灰尘，涂上防锈漆。

2 索夹在场内运输和安装过程中应注意保护，防止损坏其表面。

3 索夹在主缆上精确定位后，应立即紧固螺栓，且在紧固同一索夹的螺栓时，应保证各螺栓的受力均匀。索夹安装位置的纵向误差应不大于10mm。

4 索夹螺栓的紧固应按安装时、加劲梁吊装后、全部二期恒载完成后三个荷载阶段分步进行，对每次紧固的数据应进行记录并存档。

5 在工程交工验收前宜对索夹的位置是否滑移做专项检查，且宜对索夹的螺栓进行紧固。

目前在设计主缆时，其弹性模量基本是采用主缆高强钢丝的弹性模量，实际上主缆与主缆钢丝的弹性模量有一定差别，另外还有索股制作及架设所产生的误差，导致实际的空缆线形与设计的空缆线形不一致。因此在确定索夹位置前，需要先测定实际的主缆线形，对原理论空载线形进行修正，相应修正其索夹位置。

索夹的安装尚需注意下列事项：

索夹在安装前需先实测中跨和边跨的跨径，根据实测的结果，将跨径误差在索夹定位放样时平均分摊在每两个索夹之间。索夹的位置需通过主缆顶线处的吊索中心位置来控制，空缆和成桥状态的吊索中心位置的对应关系通常由设计方提供。

主缆施工完成后，需先实测出主缆的线形、索塔塔顶的里程、塔间间距（跨径）、索鞍的预偏量等，为索夹位置的监控计算和测量放样提供一组初始数据。

放样要在温度稳定的夜间进行，放出索夹吊索中心对应于主缆顶线处位置后，需在主缆上标出索夹边缘，并需在索夹两端外100mm处做好保护标记。索夹的位置须控制在设计误差范围内，主缆顶面中心线与索夹顶轴线误差不能超过设计允许的误差。

索夹位置的测量放样，一般采用全站仪按极坐标方法进行。索夹位置测量放样的数据计算包括三方面的内容：一是计算吊索中心线和主缆中心线在空缆线形下的坐标；二是吊索中心线与主缆的天顶线交的坐标计算；三是计算各个索夹的中心线到其两端的距离。对不同位置的索夹，计算出的放样数据不同。

由于日照方向的变化，白天主缆会发生扭转，索夹安装依然要按天顶线对准安装，此时索夹是倾斜的。

21.7.3 吊索的性能和质量应符合现行《公路悬索桥吊索》（JT/T 449）的规定，在运输和安装过程中应保证其不受到任何损伤。

吊索制造时需先浇铸一端锚头，然后在另一端锚头附近设一标记点，并精确测量、记录一端锚头销孔中心至另一端标志点之间的距离（设计恒载拉力下测量）。待测出主梁制造和主缆的架设误差后，对吊索长度进行修正（各次测量均需计入温度修正量），根据修正后的吊索长度再浇铸另一端锚头。因此，要求在吊索钢丝绳下料时需留有调整长度所需要的余量。

吊索测长的精度要求为：标记点间距离1/5 000，成品吊索总长度1/3 000。

钢丝绳吊索索体的制造要求：

（1）钢丝绳吊索制造前，要对钢丝绳进行预张拉，以消除非弹性变形。

（2）预张拉荷载为钢丝绳公称破断荷载P_b的55%，持荷时间不小于60min，预张拉次数不少于3次，并要以消除非弹性变形效果为准。

(3)钢丝绳的预张拉需采用临时锚具张拉,若采用夹具锚固张拉时,需保持钢丝绳芯无滑动;张拉完成后,临时锚具或夹具处的钢丝绳需切除,不能留在成品吊索长度范围内。

(4)预张拉时不能损伤钢丝绳,钢丝绳的切割需采用砂轮锯。

(5)钢丝绳张拉时,同一索号用钢丝绳须同时一次张拉,以保证同一索号的钢丝绳吊索具有相同的张拉参数及达到相同的力学性能。

吊索锚头的浇铸要求:

(1)吊索锚头的锚杯、叉形耳板、锌铜合金需按设计图纸的要求进行严格检验,合格后才能使用。锚头浇铸前,需参照设计文件制定详细的锚头浇铸工艺细则。

(2)锚杯与吊索索体采用锌铜合金热铸为一体,实际铸入量须为理论计算铸入量的92%以上。

(3)吊索锚固用合金的熔化温度不能高于600℃,浇铸锌铜合金前需将锚杯预热至(150±10)℃,浇铸容器需预热至200℃以上,以保证锌铜合金的浇铸温度为(460±10)℃。

(4)锚杯中心须与吊索索体中心完全一致,插入锚头部分的吊索索体钢丝须呈同心圆散开,并保证钢丝的任何部分不与锚杯接触。

(5)锚杯内的合金材料需垂直浇铸,在合金材料完全冷却后,才允许平放吊索。合金浇铸后,索股与锚头端面的垂直度要控制在(90±0.5)°范围内。

(6)吊索总成的两端装上叉形耳板时,两端耳板的开口面需相互平行,要在标距精确的试验台架上调整总成长度,使其长度的误差控制在理论计算值的1/3 000以内。然后在叉形耳板的螺纹部分钻90°锥形凹坑,上紧螺钉定位。

(7)锚头与吊索索体的锚固能力需不小于相应规格公称破断荷载P_b的95%。

吊索的储存需注意下列事项:

(1)当因运输要求将吊索盘圆时,其盘圆直径不能小于20D(D为索体外径),盘绕弯曲后,外形不能有明显变形,在收卷或放出吊索时不能产生任何阻碍,同时不要损坏吊索。

(2)骑跨式钢丝绳成品吊索上盘时,要将吊索在中央对弯,由中央向两侧卷绕,中央对弯部分的弯曲半径需大于钢丝绳直径的8倍以上。

(3)每盘成品须采用不损伤吊索表面质量的防水及防腐蚀材料捆扎结实,然后采用麻布条将其紧密包裹。

(4)包装好的吊索要在仓库内平稳整齐架空堆垛存放,不能露天存放。储存期不超过3个月。

平行钢丝吊索的制作、储存和运输等可以参照斜拉桥平行钢丝拉索的要求。

21.8 加劲梁

21.8.1 加劲梁安装前应制订专项施工方案,对特大跨径或处于风环境恶劣地区的悬索桥,应就加劲梁安装的方法、程序和工艺进行专门研究。

加劲梁安装施工时,自然环境条件的各种因素是不可忽视的问题,特别在风环境恶劣时,将会给安装施工带来非常不利的影响,故需要对安装的方法、程序和工艺等进行专门研究。

21.8.2 加劲梁在安装施工过程中,应严格遵守高空作业及水上作业的安全规定;在台风季节进行加劲梁安装时应制订防风预案。

对高空、水上作业及台风季节施工时的规定,其目的均为保证施工安全。

由于加劲梁的安装为大吨位构件的起重安装作业,因此需要特别重视起重作业中的安全施工。

需要根据不同的加劲梁构造及节段重量因地制宜地选择起重设备,比较常用的起重设备有跨缆吊机、桥面吊机、缆索吊机等。

21.8.3 钢加劲梁应由专业单位加工制造,制造完成后应在厂内进行试拼装和防腐涂装。制造、试拼装和涂装应符合本规范第 8 章的规定。

悬索桥的加劲梁主要采用两种形式:一种是全焊扁平钢箱梁;另一种是栓焊钢桁架梁。采用预应力混凝土加劲梁的工程实例极少,且仅用于跨度相对较小的悬索桥中。

21.8.4 钢箱梁的安装应符合下列规定:

1 安装钢箱梁的非定型吊机应进行专门设计,在安装前必须进行试吊,检验其安全性和可靠性。

2 钢箱梁的运输方式应满足安装的要求。采用水上运输时,应保证安装时船舶定位的精度,必要时宜进行现场驳船定位试验;陆上运输时,应使钢箱梁能到达吊机起吊安装位置的正下方。

3 安装的顺序应符合设计规定。从吊装第二节段开始,应与相邻节段间预偏 0.5~0.8m 的工作间隙,吊至高程后再牵拉连接,并应避免吊装过程中与相邻节段发生碰撞。安装合龙段前,应根据实际的合龙长度,对合龙段长度进行修正。

4 安装过程中应监测索塔的变位情况,并应根据设计要求和实测塔顶位移量分阶段调整索鞍偏移量。

5 钢箱梁工地接头的焊接连接和高强度螺栓连接施工应符合本规范第 8 章的相关规定。采用焊接连接时,应先将待连接钢箱梁的节段与已安装节段临时刚性连接,接头焊缝的施焊宜从桥面中轴线向两侧对称进行;接头焊缝形成并具有足够的强度和刚度时,方可解除临时刚性连接。

6 对三塔悬索桥,两个主跨的钢箱梁应对称安装,且两个主跨安装时的梁段差宜不大于两个节段。

进行钢箱加劲梁的安装施工时需注意下列事项:

(1)钢箱加劲梁在安装施工时,制造厂和现场安装单位需按照统一的施工计划,配合、协调实施。制造厂需按计划日期、编号、数量,将梁段运到桥位;安装队伍需提前做好施工准备,随到随吊装。

(2)一般情况下,加劲梁梁段的吊装在全桥吊索安装完后进行;特殊情况下,采取边安装吊索边进行梁段的吊装。

(3)钢箱加劲梁的吊装需在气候条件较为有利的情况下进行,特别是在梁段吊装数量占全桥 10%~40% 时,因这一时段吊装上桥的梁段处在一个稳定性最不利的状态,施工前要加强对天气预报的收集,做好防风准备。

(4)不能在视线不良的夜间进行钢箱加劲梁的吊装作业。施工时需与航道管理部门密切配合,保证吊装作业时的水上施工安全及航道的通行安全。

钢箱加劲梁梁段吊装作业施工前需做好下列准备工作:

(1)制订吊装的施工技术方案和施工方法,包括:

①塔根无吊索梁段的安装方法;

②岸边水浅和无水处,运梁船不能到达地段的梁段吊装方法;

③合龙段位置与吊装方法;

④支座、检查车的安装方法等。

(2)编制实施性施工组织设计。

(3)临吊装作业前还需作好下述准备工作:

①猫道线形调整、改挂与横向走道拆除;

②作业人员编组,进行技术交底与培训;

③跨缆吊机就位后的安全检查、吊具下放;

④指挥运梁船进入桥下的停靠位置,检查、验收梁段的编号朝向,交接随梁携带的构件和出厂质量证明。

钢箱加劲梁梁段在吊装过程中,须按照施工监控的指令,顶推鞍座。作业时,上、下游索鞍要同步顶推,总偏差须不大于 5mm。

三塔(多塔)悬索桥加劲梁吊装过程中,控制两(多)个主跨允许不对称梁段数的因素主要有两个:一是索塔的应力;二是主缆在鞍槽内的抗滑安全系数。两个主跨之间相差两个标准梁段是允许的,相差三个梁段即已进入危险状态,不论是索塔塔柱的应力还是主缆鞍槽内的抗滑安全系数,均有可能会超出允许范围。

21.8.5 钢桁梁的安装应符合下列规定:

1 钢桁梁的架设安装方法宜根据钢桁架的结构特点、施工安全、设备和现场环境条件等因素综合确定。

2 采用单构件方式安装时,宜根据钢桁梁和吊索的受力情况及桥位的气候条件,选择全铰接法或逐次固结法。架设的顺序可从索塔处开始,向中跨跨中及边跨的端部方向进行。

3 采用全铰接法架设时,在钢桁梁逐渐接近设计线形后,可对部分铰接点逐次固结;采用无铰逐次固结法架设时,宜采用接长杆牵引吊索与钢桁梁连接,且宜在不同架设阶段采用千斤顶调整吊索张力,直至最后拆除接长杆入锚。架设过程中应逐一对钢桁梁及吊索的内力及变形进行分析,并应将钢桁梁斜杆及吊索的最大应力控制在允许范围内。

4 应对缆索吊机、桥面吊机、铰接设备、吊索牵引机具、片架运输台车、行走轨道铰点过渡梁和移动操作平台等设备做专项设计、加工及试验。桥面吊机应满足拼装过程中顺桥向坡度变化的要求,底盘应设止滑保险装置。

5 在短吊索区,单片主桁不宜直接架设,宜采用临时吊索并对吊具进行改装后进行架设。合龙段宜采用单根杆件架设安装。

6 采用预拼成节段进行安装时,应符合本规范第8章及第21.8.4条的相关规定。

悬索桥钢桁架梁的安装方法主要有跨缆吊机吊装法、桥面吊机悬臂拼装架设法、轨索运梁吊装法、缆索吊装法等。

采用桥面吊机悬臂架设法进行安装时,是从两岸索塔开始安装架设到跨中合龙,每个单元架设时,先安装主桁架,后安装主横桁架,再安装平联,最后安装正交异性桥面板。安装完成一个架设单元后,桥面吊机前移2个节段,进入下一个架设单元的钢桁架安装。

钢桁架梁采用桥面吊机悬臂架设安装时通常需采取下列几项重要技术措施:

(1)采取张拉牵引、提升措施,安装永久吊索。

对于单节梁段,为安装永久吊索需要在主桁架端部安装临时张拉牵引装置,通过临时张拉装置来间接牵引永久吊索就位。

(2)采用特殊吊具配合吊装跨中梁段。

随着钢桁架梁的架设推进,主缆与钢桁梁之间的相对距离越来越小,在主桁架架设时,桥面吊机的吊臂将会与主缆或猫道发生干扰,不能进行直接架设,因此需要采用特殊吊具配合安装。

(3)设临时铰减少桁架梁在悬臂架设时的施工应力。

采用桥面吊机悬臂拼装架设过程中,钢桁架梁节段间的连接方法主要有全铰架设法、逐次无铰刚接法、有铰逐次刚接法三种。全铰架设时钢桁架和永久吊索的施工应力小,但结构刚度小、稳定性差;无铰逐次刚接法施工过程中结构刚度大,稳定性好,但由于架设过程中钢桁架和吊索的施工应力较高,在某些架设节段甚至可能会超过结构的安全允许值范围;有铰逐次刚接法是为了减小结构的施工应力,在结构施工应力过大的位置,悬臂拼装的节段与已安装好的节段通过临时铰进行连接,这样既能保证结构受力安全,又能保证结构具有足够的刚度和稳定性。贵州坝陵河大桥采用了有铰逐次刚接法架设安装,在钢桁架梁架设过程中设置4个临时铰来释放架设过程中过大的施工应力。在临时铰位置处,钢桁架梁的上弦杆采用销轴连接,下弦杆断开,临时铰处相邻节段的线形发生突变。为保证钢桁架梁架设施工设备顺利通过临时铰以及钢桁架梁结构自身的安全,对临时铰采取了特殊的处理措施。

21.8.6 采用荡移法转移或架设安装加劲梁梁段时,应符合下列规定:

1 进行荡移作业前,应对吊具、销轴、转向耳板等的连接以及设备的固定情况进行检查,保证其能正常运转。

2 用于施加主动力进行提升和牵引的设备、索具、滑轮组及其固定方式,均应符合现行《起重机械安全规程 第1部分:总则》(GB 6067.1)和现行《建筑施工起重吊装工程安全技术规范》(JGJ 276)的相关规定。

3 悬挂梁段用的吊索、吊杆等构件的强度及其连接强度应不小于计算荷载的2倍。当利用索夹作为临时吊点时,应对索夹进行验算和安全评价,并不得影响其正常使用功能,荡移施工过程中应防止其产生松动或滑移。

4 荡移过程中当需要在悬空的加劲梁梁段上进行检验、测量、转换吊点等作业时,应设置作业人员专用进出通道,且人员在梁段稳定可靠后方可进入作业区;梁段荡移时,所有人员必须撤离。

5 荡移作业宜快速、连贯完成,当因故中断且停滞时间较长时,除应采取稳定梁段的措施外,尚应采取有效措施消除天气等因素造成的安全隐患。

规定本条的目的是保证荡移施工作业的安全。荡移法是使用跨缆吊机进行悬索桥加劲梁安装时常用的一种方法,主要用于解决地形地物较为复杂或由于水深不够加劲梁梁段运输船不能直接到达安装位置的某些特殊情况。采用荡移法时,既有将梁段一次荡移就位安装的,也有经连续多次荡移后就位安装的;有施加水平牵引力进行荡移的,亦有不施加水平牵引力而是利用变换梁段的不同起吊高度进行荡移的。不论采用何种荡移方式,安全始终是施工作业时需要考虑的关键问题。

21.8.7 预应力混凝土加劲梁的安装可按本规范第17.6节及本节的相关规定执行。

预应力混凝土加劲梁悬索桥的工程案例极少,迄今为止国内建成的只有汕头海湾大桥一座,且使用效果一般,运营维护成本较高,因此这种桥型并未得到推广。

21.9 自锚式悬索桥

21.9.1 本节适用于"先梁后缆"方法施工的自锚式悬索桥。自锚式悬索桥各部位的施工除应符合本规范的相关规定外,尚应根据其结构特点和受力特性,制订针对特殊部位的施工方案、施工工艺和控制方法。

自锚式悬索桥根据主缆线形的不同分为垂直索系和空间索系两种。本节规定适用于独塔或双塔、钢加劲梁、预应力混凝土加劲梁或钢-混凝土组合梁等且采用"先梁后缆"方法施工的自锚式悬索桥。

本节仅对自锚式悬索桥与地锚式悬索桥施工的不同点加以规定,其相同点如索塔、鞍座、缆吊系统等的施工可以按本规范相关章节的规定执行。

21.9.2 加劲梁为钢箱且采用大节段现场起重安装时,应对起吊安装的施工工艺进行专项设计。

如果现场条件具备大节段起吊安装能力时,一般首先推荐这种安装工法,钢箱梁线形控制简单,施工产生的次应力小。

21.9.3 加劲梁为钢箱且采用顶推工艺安装时,应符合下列规定:

1 拼装平台的长度宜不小于3节钢箱的节段长度,两侧滑道应对应设置在钢箱纵隔板位置。顶推导梁应具有足够的强度和刚度,其长度宜为最大顶推跨径的0.75倍左右。

2 施工前应制定钢箱节段在拼装平台上进行接口拼装、焊接的工艺细则。接口处的中线和高程误差应不大于2mm;接口的焊接均应符合Ⅰ级焊缝的要求,并应进行无损检测。

采用顶推法架设安装钢箱加劲梁时,临时支墩的布设需注意下列事项:

(1)需根据江河的环境条件及航道的通航要求,合理设置临时墩的间距,妥善解决施工与通航的矛盾。

(2)进行临时墩的结构设计时,除需考虑顶推施工的垂直荷载外,还要考虑顶推水平力的影响。

(3)通航孔的临时墩须设置防撞设施。

(4)临时墩的墩顶构造要能适应布设顶推机具的要求。

对钢箱加劲梁节段拼装平台的设置需注意下列事项:

(1)拼装平台须设在加劲梁的一端中轴线上,拼装台上的滑道顶面高程须与钢箱梁底面同高,滑道的顶面线形须与钢箱梁顶推线形一致。

(2)拼装平台一般不小于3节钢箱梁节段长度,宽度需与钢箱梁底板相同,两滑道的间距需与箱梁的纵隔板同宽。

(3)在拼装平台上需设拼接箱梁的机具和起重设备。

(4)拼装平台的基础和支架须稳固可靠。

(5)顶推导梁须具有足够的强度和刚度,其长度一般取最大顶推跨径的0.75倍。

(6)在钢箱加劲梁节段组拼场内,需设箱梁节段的卸载码头、吊装机具、储梁场地以及供钢箱加劲梁节段在陆上移动、转向和提升的设备。

(7)需专门制订钢箱加劲梁节段在拼装台上进行接口拼装、焊接的工艺细则,接口的中线、高度误差不大于2mm,接口的焊接质量均需按Ⅰ级焊缝要求进行无损检测,节段拼接接口、焊接的检测资料,要逐一记录、上报存档。

(8)在钢箱加劲梁节段焊接完成,经检验合格后,方能进行顶推作业。

钢箱加劲梁的顶推需注意下列事项:

(1)须按批准的施工组织设计实施。

(2)须选取足够厚度的橡胶垫块,防止在顶推过程中产生"脱空"现象和应力集中。

(3)对顶推的施力系统要精心布置,并要组织试运行。

(4)在顶推过程中须及时更换四氟板。

(5)在顶推过程中须统一指挥,加强观测、监控,及时修正顶推过程中出现的偏差。

21.9.4 加劲梁为预应力混凝土箱梁时,宜采用分段现浇的方式施工,其施工技术要求应符合本规范第17章的相关规定。

本条规定的目的有两个:一是避免现浇支架沉降影响箱梁线形,产生沉降裂缝;二是减少混凝土箱梁的收缩裂缝。

21.9.5 不论采用何种方法安装不同类型的加劲梁,对其支架的结构均应进行专项设计。支架的设计荷载除应符合本规范第5章的相关规定外,尚应考虑主缆架设、索夹和吊索安装施工时的临时荷载。支架顶部应预留高程调整的操作空间和位置,且应使支承点与加劲梁的加劲位置相对应。

采用先梁后缆工法施工的自锚式悬索桥,施工过程未形成缆、梁共同受力体系之前,除了主缆外的所有荷载均由施工支架承担,所以对支架的刚度要求较高,要进行专项设计、验收。

21.9.6 加劲梁的线形控制应充分考虑支架的沉降和变形、体系转换及二期恒载等因素的影响,预拱度的设置应满足施工过程中的荷载变化及受力体系转换顺序的要求。支架的顶面高程应按"设计高程+预拱度"设置,当加劲梁为钢箱时,宜略低于该高程;当加劲梁为预应力混凝土箱梁时,宜等于该高程。

自锚式悬索桥加劲梁线形控制是关键的控制工序,不同结构的加劲梁受力特点差异较大,线形控制方法有所不同。钢箱加劲梁自重相对较小、允许变形量较大,而预应力混凝土加劲梁自重大、允许变形量小,容易开裂。

21.9.7 主缆锚固系统的施工应符合下列规定：

1 钢锚导管应与锚垫板先组焊后再安装，组焊时导管的轴线应与钢垫板平面成正交，误差应不大于0.5°，且管的内壁应进行防腐处理；钢锚导管的安装位置应符合设计三维坐标的要求，其误差应不大于3mm。

2 对索股锚固体导管密集区的混凝土应进行专门的配合比设计，浇筑时应保证其密实性。钢锚导管的支架应稳固，应保证其在绑扎钢筋和浇筑混凝土时不移位。

3 散索套宜根据其构造特点进行安装。宜先安装临时套，待主缆索股架设完成后，拆除临时套，再正式安装散索套和施拧高强度螺栓。

自锚式悬索桥主缆锚固系统的形式多种多样，主要有钢导管散开锚固、直接锚固、环绕式锚固等，高强平行钢丝主缆结构一般采用钢导管散开锚固，目前国内建成的自锚式悬索桥都是采用这种结构。本规范仅对钢导管散开锚固结构进行了规定，当采用其他锚固系统时，如直接锚固、环绕式锚固等，其施工应参照相应的规定或符合设计要求。

自锚式悬索桥的主缆索股锚固在加劲梁的两端支墩顶的横梁上，双缆悬索桥的锚固体系布设在横梁的两端，单缆悬索桥的锚固体系布设在横梁的中部。索股的锚固与横梁、支墩及相关的桥跨构成锚固体系，锚固体系是直接锚固主缆索股的构造，横梁用以将主缆的水平分力分配给加劲梁，相关的桥跨除起引桥功能外，还以其自重抵抗主缆的垂直分力；支墩用以支承上述构造的静载与活载。

索股锚固体如采用直锚钢导管结构，其施工需注意下列事项：

(1)钢锚导管需与锚垫板先组焊后安装，组焊时导管的轴线与钢垫板平面要成正交，误差不大于0.5°。

(2)钢锚导管及垫板的材质与规格须符合设计要求，管的内壁须做防腐处理。

(3)钢锚导管的安装位置需符合设计三维坐标的要求，其误差不大于3mm。

(4)钢锚导管的支架须稳固，须保证在绑扎钢筋和浇筑混凝土的施工中不变位。

锚固体系的混凝土在施工时需注意下列事项：

(1)整个锚固体系的混凝土可以分层分块浇筑，但需保持连续整体性，且不能留纵向施工缝。

(2)混凝土浇筑时其支架须稳固可靠，并需在浇筑施工前对其进行预压以消除非弹性变形。

(3)对索股锚固体导管密集区的混凝土品质需进行专门设计，既要保证强度，又要保证浇筑质量。

(4)需根据温控设计要求，布设散热管。

21.9.8 主缆的架设安装方法宜根据结构特点和施工环境条件等因素综合确定。在安装过程中为铅垂线形的空间线形主缆，其安装要求与铅垂线形主缆相同；在安装过程中及成桥状态均为空间线形的主缆，其猫道的宽度应满足索股牵引及入锚的要求，索股应先入鞍后入锚。

21.9.9 索夹的制作与安装除应符合本规范第21.7.1条和第21.7.2条的规定外，尚应符合下列规定：

1 索夹应经过厂内工艺试验确定其与主缆间的摩阻力、握裹力满足设计要求。索夹的紧固力宜通过滑移试验确定。

2 索夹的安装顺序在中跨宜从跨中向塔顶进行，边跨宜从锚固点附近向塔顶进行。对空间线形主缆，索夹在安装时应注意偏角的变化。

自锚式悬索桥索夹制作要求与地锚式基本相同，安装精度须比地锚式要求高。主缆为空间线形的自锚式悬索桥，索夹的定位安装非常复杂，设计、监控需要模拟体系转换过程进行仿真计算，提供主缆空载状态下索夹安装位置及偏角数据；在索夹结构设计时就需要考虑这一特点，采取措施降低安装难度。

21 悬索桥

21.9.10 吊索的张拉及体系转换应符合下列规定：

1 吊索张拉前应确定张拉施工方案,明确张拉的顺序、步骤和方法；应制定鞍座顶推步骤,确定分次顶推的时机和顶推量；同时应配备接长杆、千斤顶、作业台架等施工机具。

2 吊索宜分2~3次进行张拉,逐步到位。张拉顺序宜从索塔向跨中进行,张拉时应同步、分级、均匀施力,且应以拉力和拉伸长度进行双控,并以拉力为主；同时在张拉过程中应根据吊索张拉实施步骤,适时顶推鞍座,并应对索塔的倾斜度、主缆和加劲梁的线形进行严密的监测和控制。

3 张拉吊索使加劲梁脱离临时支墩后,主梁、主缆的线形应符合设计要求；体系转换后吊索的拉力误差应控制在±2%以内。

自锚式悬索桥的加劲梁和主缆安装施工完成后,两者基本上还是相对独立的体系,通过对吊索的张拉,将主缆和加劲梁联系起来后即形成整体受力,所以自锚式悬索桥吊索的安装和张拉是主缆和加劲梁从单独受力转成共同受力的体系转换过程,是区别于一般悬索桥的主要特点之一,在体系转换过程中,各部位的受力比较复杂,因此需要在吊索张拉前确定张拉施工方案。

吊索张拉是自锚式悬索桥主缆加载和加劲梁施工支架卸载的过程,理论上要均匀同步张拉避免局部吊索超载受力。但受张拉千斤顶机具数量的限制,不可能所有吊索同步张拉,只能采取分批循环张拉,最后通过微调达到均匀受力的目的。

在鞍座、主缆、索夹安装完毕,吊索上端与索夹连接好后,即可张拉吊索使之与加劲梁进行连接,并将加劲梁悬吊在主缆上,进行体系转换,构成自锚式悬索桥体系。

吊索张拉前需做好下列准备工作：
(1)编制张拉施工技术方案,明确吊索张拉的顺序、步骤和方法。
(2)确定鞍座顶推的步骤、分次顶推的时机和顶推量。
(3)明确吊索张拉的控制标准。
(4)准备接长杆、千斤顶、作业台架等机具。
(5)进行施工组织分工、指挥和信息传递方法。
(6)进行技术交底与操作培训。

吊索实施张拉时需注意下列事项：
(1)对吊索实施张拉时需同步、分级、均匀施加拉力。
(2)吊索张拉时须以拉力、拉伸长度进行双控,并以拉力为主。
(3)需根据吊索张拉的实施步骤,适时顶推鞍座。
(4)在实施过程中,需要对索塔的倾斜度、主缆、加劲梁的线形进行严密地监控、观测。

21.9.11 桥面铺装等二期恒载施工时,应对其施工顺序进行重点控制,控制时应遵循均衡加载保证吊索受力平衡的原则；对预应力混凝土箱梁,尚应控制其结构变形,防止开裂。

桥面铺装等二期恒载的施工过程是一个对结构进行加载的动态过程,施工的顺序将直接影响到结构的受力和变形,因此需要对其施工顺序进行重点控制。

21.10 施工控制

21.10.1 悬索桥上部构造施工时应进行施工监测和控制,保证各关键结构的应力、应变在施工的全过程中始终处于安全可控范围内,成桥后主缆和加劲梁的线形符合设计的要求。

悬索桥是柔性体系,在上部构造的施工过程中,主缆、加劲梁、索塔的应力和线形都在不断地变化。因此需要通过对施工的监测和控制,以保证索塔和锚碇结构的应力、应变在施工的全过程中始终处于安全可控范围内,控制主缆空载线形和两条主缆的线形误差,使成桥后主缆和加劲梁的线形符合或接近设计的要求。

21.10.2 施工前应根据悬索桥的结构特点、施工的方法和程序、环境条件等因素,编制施工监测和控制的方案。监控方案在实施过程中,宜根据监控的结果进行必要的动态调整。

悬索桥施工监控通常由设计、施工、监理和第三方独立监控共同完成,因此需要根据施工工法编制监控方案,制订四方协调工作流程,各负其责,交叉复核。

21.10.3 悬索桥上部构造施工时,应对下列部位或项目进行监测和控制:
1 索塔、锚碇的沉降和位移。
2 在主索鞍的钢格栅定位前,应对索塔裸塔进行36h连续变形观测;在主缆架设安装前,应进行索塔和锚碇的联测。
3 在主缆架设安装过程中,对基准索股的连续监测应不少于3d,对索塔和锚碇的沉降及位移监测应不少于3次。
4 在索夹安装前,对主缆的线形以及两侧主缆的相对误差,应进行不少于3d的连续观测。
5 每一节段加劲梁吊装后,均应对索塔和锚碇的沉降及变位、主缆的线形、加劲梁的线形等进行监测。

本条规定了需要监测和控制的部位或项目,但在实际的施工监控中有可能不包含全部内容,尚需要考虑具体项目的结构特点和施工环境增加必要的监控内容。

21.10.4 对悬索桥上部构造施工监测和控制的管理工作、监控测试及测试的环境条件要求等,可按本规范第20.7节的相关规定执行。

悬索桥施工监控与斜拉桥施工监控的工作流程基本相同。

22 海上桥梁

22.1 一般规定

22.1.1 本章适用于海上桥梁的施工,宽阔水域、咸水湖泊及特殊腐蚀环境地区的桥梁施工可按本章的相关规定执行。

本章条文对海上桥梁的施工规定侧重于两个方面:一为海洋环境条件下桥梁的特殊施工要求;二为海洋腐蚀环境条件下结构的耐久性要求。在宽阔水域、冻融环境、咸水湖泊及特殊腐蚀环境条件下(例如除冰盐或氯盐环境、盐结晶环境、大气污染环境和化学腐蚀环境等)的桥梁施工与之类似,因此在这些条件下的桥梁施工可以按本章的相关规定执行。

22.1.2 桥梁结构的环境分类及作用等级应符合现行《公路工程混凝土结构耐久性设计规范》(JTG/T 3310)的规定。海洋环境中的水下区、潮汐区、浪溅区和大气区的划分,可按现行《海港工程混凝土结构防腐蚀技术规范》(JTJ 275)的规定执行。

现行行业标准《公路工程混凝土结构耐久性设计规范》(JTG/T 3310)将公路桥梁混凝土结构及构件所处的环境类别划分成 7 类,作用等级分为 6 种,桥梁的施工有耐久性要求时,需要按此执行。对于海洋环境中的水下区、潮汐区、浪溅区和大气区的划分,行业标准《海港工程混凝土结构防腐蚀技术规范》(JTJ 275—2000)表 3.0.4 中有明确的划分规定,按其执行即可。

22.1.3 海上桥梁的施工应进行风险评估,并应采取有效措施,避免海上恶劣的自然环境条件对作业人员、施工船舶、机械设备和工程结构产生不利影响,保证施工安全。用于海上桥梁施工的各种钢制临时承重结构和构件,对使用期超过 12 个月的,应采取必要的临时防腐措施,保证其使用的可靠性和安全性。海上桥梁的施工应符合环保要求,防止或减少对环境的污染。

由于海上的自然环境条件相对于陆上更为复杂,如台风、季风、波浪、海流、大雾等均会对桥梁的施工产生不利影响,其施工风险远大于陆上。为保证海上施工的安全,有必要对可能产生的风险进行评估,并有针对性地制定相应的对策措施。钢制的临时承重结构和构件,在海洋腐蚀环境条件下如使用时间较长,会产生比较严重的锈蚀或腐蚀,大大降低其受力性能,危及施工安全,因此需要采取必要的临时防腐措施。

海上桥梁施工要根据工程的施工环境、施工条件、施工强度和施工质量等要求,配备足够的船舶、机械和设备。对近海桥梁工程,一般采取设置栈桥平台等变海为陆的方法进行施工,减少海上作业时间,以提高施工效率。

海上桥梁的施工尚需进行环境影响评估和论证,采取符合环境保护要求的相关措施,防止或减少对海域环境造成污染。

22.1.4 海上桥梁各种桥型的施工除应符合本章对防腐蚀、耐久性及海上施工的特殊要求外,尚应符合本规范相关章节的规定。

22.2 环氧树脂涂层钢筋

22.2.1 环氧树脂涂层钢筋作为防腐蚀附加措施用于海上桥梁工程时,其性能和质量应符合现行《钢筋混凝土用环氧涂层钢筋》(GB/T 25826)的规定。

本节修订依据现行国家标准《钢筋混凝土用环氧涂层钢筋》(GB/T 25826)的规定,对相关条文作出适当调整。

22.2.2 环氧树脂涂层钢筋进场后、加工前应分批对其质量进行检验。每一验收批应由同一牌号、同一规格、同一生产线、同一生产工艺、同一批环氧树脂粉末生产的60t涂层钢筋组成,对每一验收批应随机抽取不少于2根进行涂层厚度、连续性和可弯性检验。试验方法和检验结果应符合现行《钢筋混凝土用环氧涂层钢筋》(GB/T 25826)的规定。

22.2.3 采用环氧树脂涂层钢筋的结构或构件混凝土应为耐久性混凝土。环氧树脂涂层钢筋可与钢筋阻锈剂联合使用,但不得与阴极保护联合使用。

环氧树脂涂层钢筋之间由绝缘的涂层隔开,缺乏电连续性,如采用外加电流阴极保护,不仅会降低其保护效果,且在涂层的局部损伤处会产生杂散电流,导致严重的电腐蚀问题,故不能与阴极保护联合使用。

22.2.4 环氧树脂涂层钢筋宜采用集装箱封闭运输,在现场的存放时间宜不超过6个月;当需在室外存放2个月以上时,应采取有效的保护措施,使其避免受到阳光直射、盐雾和大气暴露的不利影响。存放时,环氧树脂涂层钢筋与地面之间应架空并设置保护性支承,各捆之间应采用垫木隔开,且支承与垫木的间距应足以防止成捆钢筋的下垂;成捆存放时其层数不得多于5层,并不得与无涂层钢筋混杂存放。

22.2.5 环氧树脂涂层钢筋在施工中应减少吊装次数,吊装应采用不会损伤涂层的绑带、麻绳或多吊点的韧性吊架,直接接触环氧树脂涂层钢筋的部位应设置柔软的支垫物,并不得在地上或其他钢筋上拖拽、碰撞或承受冲击荷载。

吊装涂层钢筋时,吊索通常采用高强度的尼龙带,而不使用钢丝绳进行吊装,以防止涂层钢筋与吊索之间因碰撞和摩擦造成涂层的损坏。吊装时吊点的间距一般根据涂层钢筋的长度进行调整,长度小于6m时设置两个吊点(支点),长度大于6m时每隔4m设置1个吊点(支点);涂层钢筋的质量超过2t时,支点数量需适当增加,以防止吊点间钢筋弯曲度过大造成涂层剥落。

22.2.6 在对环氧树脂涂层钢筋进行切割和弯曲加工时,环境温度应不低于5℃;涂层钢筋的切割应采用钢筋切断机或砂轮锯,严禁采用气割或其他高温热力方法进行切割。

22.2.7 对环氧树脂涂层钢筋进行剪切、弯曲加工及安装时,应采取措施避免在操作过程中损伤其涂层。对钢筋加工台座上的支座和芯轴等直接与环氧树脂涂层钢筋接触的部位,应配以尼龙套或其他适宜的塑料套;架立环氧树脂涂层钢筋时,不得采用无涂层钢筋支架架立,而应采用以尼龙、塑料或其他柔软材料包裹的钢筋垫座或垫块进行架立;绑扎环氧树脂涂层钢筋的绑丝亦应采用类似材料包裹的金属丝,不得直接采用普通金属丝进行绑扎;在同一结构或构件中,环氧树脂涂层钢筋与无涂层钢筋之间不得有电连接。

22.2.8 环氧树脂涂层钢筋的锚固长度应为无涂层钢筋锚固长度的1.25倍。对受拉钢筋,其绑扎搭接长度应为无涂层钢筋的1.5倍;对受压钢筋应为1.0倍,且应不小于250mm。其他要求应符合本规范第4章的相关规定。

环氧涂层钢筋与混凝土之间的黏结与无涂层的普通钢筋相比,黏结性能减弱,黏结强度降低10%~20%,故其锚固长度和受拉绑扎搭接长度需要大一些。

22.2.9 环氧树脂涂层钢筋在加工和安装过程中其涂层受到损伤时应进行修补,涂层的修补应符合下列规定:

1 加工时剪切的断口、焊接烧伤和其热影响区,以及其他损伤,均应在损伤发生后 2h 内及时修补。修补应采用与生产工艺相同的涂层材料。

2 修补前,应将损伤部位的残余涂层和钢筋的锈迹清理干净;修补应在相对湿度小于或等于 85% 的环境中进行,当环境相对湿度大于 85% 时,应采用电热吹风器对修补部位适当加热;修补时应使损伤部位的涂层与相邻处的涂层搭接,搭接的范围应与修补涂层的范围大致相当,且搭接处的涂层厚度不宜过厚,修补涂层的厚度亦应不小于 $180\mu m$。修补完成且应待修补材料固化后,方可浇筑混凝土。

3 当环氧涂层的损伤为下列情况之一时,不得进行修补并应弃用:

1)除钢筋的剪切断口外,任一损伤点的面积大于 $25mm^2$,或长度大于 50mm;
2)1m 长度范围内有 3 个以上损伤点;
3)切下并弯曲的一段上有 6 个以上损伤点。

22.2.10 浇筑混凝土使用插入式振捣器进行振捣时,应采用塑料或橡胶将振捣器包覆,同时应采取其他辅助措施防止在振捣过程中损伤钢筋的涂层;条件具备时可采用附着式振捣器。对结构或构件分阶段施工完成后外露的环氧树脂涂层钢筋,应采取防止阳光暴晒等防护措施。

环氧树脂涂层钢筋在运输、装卸、存放、加工制作、绑扎安装及浇筑混凝土等过程中,所有不当的操作方式均会使涂层受到损伤而降低其防腐蚀性能,涂层的局部损伤是钢筋腐蚀破坏的根源,因此在使用过程的各个环节中均需要采取必要的防护措施,保证其应有的正常防腐性能。

22.3 不锈钢钢筋

22.3.1 不锈钢钢筋用于海上桥梁钢筋混凝土工程时,其性能和质量应符合现行《钢筋混凝土用不锈钢钢筋》(GB/T 33959)的规定。

本次修订增加了不锈钢钢筋的内容,其条文主要依据港珠澳大桥等工程的施工经验拟定。现行国家标准《钢筋混凝土用不锈钢钢筋》(GB/T 33959)规定了可用于钢筋混凝土工程的三种不锈钢钢筋类型,即奥氏体型、铁素体型、奥氏体-铁素体型(双相不锈钢)。

22.3.2 不锈钢钢筋在进场后、加工前,应分批对其性能质量进行复验。每一验收批应由同一牌号、同一炉号、同一规格、同一交货状态的每 60t 钢筋组成;对每一验收批应随机抽取 3 根钢筋,各截取一组试样,每组两个试件,一个试件用于拉力试验,另一个试件用于冷弯试验。试验方法和检验结果应符合现行《钢筋混凝土用不锈钢钢筋》(GB/T 33959)的规定。

不锈钢钢筋的力学性能主要包括屈服强度 $R_p0.2$、抗拉强度 R_m、断后伸长率 A、最大力下总延伸率 A_{gt} 四项指标,作为交货时的最小保证值,见表 22-1。延伸率类型可以在 A 或 A_{gt} 中选定,但仲裁检验时需要采用 A_{gt}。

表 22-1 不锈钢钢筋力学性能

牌 号	规定塑性延伸强度 $R_p0.2$ (MPa),不小于	抗拉强度 R_m (MPa),不小于	断后延伸率 A (%),不小于	最大力总延伸率 A_{gt} (%),不小于
HPB300S	300	420	25	10.0
HPB400S	400	540	16	7.5
HPB500S	500	630	15	7.5

22.3.3 不锈钢钢筋在运输和装卸时应对其采取适当的保护措施,避免其产生污染或机械损伤,并不得

与普通碳钢或低合金钢产生接触或刮擦。

规定不锈钢钢筋不能与普通碳素钢筋或低合金钢接触,是因为不锈钢钢筋与碳素钢筋或低合金钢接触会有电池反应,由于电位差的存在而形成腐蚀;同时也是为了避免普通碳素钢筋或低合金钢的粉粒嵌入不锈钢,导致其表面产生污染。

22.3.4 不锈钢钢筋应按不同钢种、等级、牌号、规格及生产厂家分批分别标识进行存放,不得混杂;并应存放在仓库内或设置有顶盖的棚内,不得露天堆置存放;堆放时应与普通碳素钢进行隔离。

22.3.5 不锈钢钢筋在加工前应保持其表面清洁、无损伤,如有污垢,可采用高压水进行冲洗,但不得使用海水;对水不能清洗掉的污垢,可采用不含氯的洗涤剂清洗后再用高压水冲洗;如其表面存在氧化皮,则应通过酸洗或喷砂进行清理,或予以退货处理。

不锈钢钢筋的表面如存在氧化皮,会降低其防腐蚀的作用,但水洗并不能将氧化层有效地清除,而需要通过酸洗或喷砂的方法才能清除,工地现场是不具备这种能力的,因此当钢筋表面的氧化程度较为严重时,就需要进行退货处理。

22.3.6 不锈钢钢筋的加工除应符合本规范第4.2节的规定外,尚应符合下列规定:
1 宜在具有数控化设备条件的厂内进行集中加工。
2 下料应采用钢筋切断机、钢锯或砂轮锯切割等方式进行,严禁采用热切割。
3 应采用专用设备对不锈钢钢筋进行弯曲加工,并应在加工过程中采取有效措施,防止其表面被其他普通钢材的铁屑、铁沫等所污染。
4 弯曲加工时的环境温度应不低于5℃。
5 不锈钢钢筋在弯曲或矫直时严禁加热,并不得进行二次弯曲或弯曲后再矫直使用。
6 所有不锈钢钢筋均严禁焊接。

2、6 热切割和焊接均会对不锈钢钢筋的物理力学性能带来不利影响,故予以禁止。

3 如果不采用专用设备,而是与其他普通钢筋共用加工设备,会使不锈钢钢筋的表面在加工过程中被其他普通钢筋散落的铁屑、铁沫等污染,故规定如条文。

5 加热和重复弯曲均会降低不锈钢钢筋的力学性能,故不允许采用这种方式进行加工。

22.3.7 不锈钢钢筋在绑扎安装时,其绑丝应采用不锈钢钢丝,绑丝的牌号应与不锈钢钢筋一致;不锈钢钢筋之间的架立筋或支垫亦应为不锈钢材料。不锈钢钢筋的混凝土保护层垫块应采用非金属材料制作。

22.3.8 不锈钢钢筋宜采用机械连接或绑扎连接,严禁采用焊接。采用机械连接时,其连接套筒应采用与钢筋相同牌号的不锈钢进行制作,连接接头的工艺检验和质量应符合本规范第4章的规定。

不锈钢钢筋具有良好的耐腐蚀性能,但有磁性、可焊性差,因此除非设计规定,一般不允许焊接。钢筋的连接推荐采用机械连接方式,连接接头也需要采用与不锈钢钢筋同牌号的不锈钢材料制作。

22.3.9 在浇筑混凝土之前,应采取有效措施对绑扎安装施工完成的不锈钢钢筋进行保护,并应避免使其接触盐、氯化钙、海水等氯化物。在振捣混凝土的过程中,应采取措施避免振捣棒直接碰撞不锈钢钢筋。

22.4 基础和墩台

22.4.1 海上桥梁的钻孔灌注桩宜采用钢制平台施工,平台的顶面高程应按施工期的最高潮水位、浪高并加上适宜的安全高度确定;平台的设计荷载除应考虑结构自重、施工荷载、水流和波浪作用及风荷载外,尚应根据现场情况考虑船舶撞击的偶然作用;平台应设置船舶停靠、安全栏杆、水上救生设备及防撞警示灯等设施。

22.4.2 钻孔护筒的顶面高程应高出施工期高潮水位加浪高1～2m以上;作为永久结构的钢护筒,其材质、直径、壁厚和防腐的要求应符合设计规定。钻孔泥浆宜采用淡水拌制;仅当淡水供应确有困难,经论证证明海水泥浆的性能可保证稳定性且不会构成对钢筋及永久钢护筒的腐蚀和污染时,方可采用海水泥浆。钻孔后废弃泥浆的处理应符合海洋环境保护的要求,不得随意排入海中。

规定海上桥梁钻孔灌注桩钻孔施工时采用淡水泥浆,主要是出于对结构防腐蚀的考虑;但在某些特殊情况下,淡水的供应比较困难,难以满足施工的需要,因此允许采用符合条文规定的优质海水泥浆,这种泥浆需要具有不分散、低固相和高黏度的性能。海水泥浆的性能指标可以参考表22-2采用。

表22-2 海水泥浆性能指标

性 质	施 工 阶 段			试验方法
	新制泥浆	循环再生泥浆	清孔泥浆	
重度(g/cm³)	≤1.10	≤1.20	≤1.15	泥浆比重计
黏度(s)	18～22	20～24	18～22	黏度计
泥皮厚(mm)	<1.5	<2	<1.5	钢尺
胶体率(%)	96	≥90	≥94	量筒
含砂率(%)	<0.5	<3.0	<1.0	含砂率测定仪
pH值	8～10	8～10	8～10	试纸

22.4.3 海中承台采用围堰施工时,应符合下列规定:

1 围堰的高度应考虑潮汐和波浪对承台及墩身施工的影响,跨台风期施工时尚应考虑风荷载对其的作用。

2 钢筋混凝土套箱应采用与承台相同强度等级的防腐蚀高性能混凝土,并应按主体结构的抗裂要求配置钢筋,钢筋保护层厚度的允许偏差应符合承台的相应标准。对套箱内侧与承台混凝土的接触面,应采取结构措施或进行表面封闭处理,防止氯离子的渗透;围堰的外露面不得有表面粗糙、不平整或蜂窝等不良外观。

3 围堰的封底混凝土中不应有伸入承台内的未经防腐处理的钢件。对承台顶部预留的墩身锚固钢筋,应按设计要求作防腐处理;在承台顶部设置用于施工的临时预埋件时,应在混凝土上预留槽口,施工结束后应将预埋件切除,切除的位置应保证承台钢筋的混凝土保护层厚度的要求,且槽口应采用与承台同等级的混凝土填塞捣实。

4 利用围堰内壁兼作承台模板时,承台平面尺寸的允许偏差应符合现行《公路工程质量检验评定标准 第一册 土建工程》(JTG F80/1)的规定。

22.4.4 浪溅区上界以下的墩身模板宜采用透水模板衬里。安装墩身模板时,宜在墩的四角设立劲性骨架,骨架的底部宜与承台顶面的预埋件连接,保证其在安装和墩身施工过程中的抗风安全。

透水模板衬里多采用聚丙烯纤维熔黏成具有大量微孔的透水毡片面层,中间夹有蓄水性颗粒经压制而成。支立模板时,将衬里固定在模板内面,聚集在模板-混凝土界面上的气泡和水分,能自动地从振捣液化的混凝土拌合物表面透过网片衬里逸出,或吸入毡片衬里的蓄水层,使表面混凝土含水率有控制性地降低而使混凝土致密化。黏片衬里的水还对混凝土有保水作用,当需要时能在拆除模板后继续保持该衬里于混凝土表面。通常,浪溅区上界以下的墩身模板适合采用透水模板衬里。

22.4.5 对浪溅区以下的新浇混凝土结构,应保证其在 10d 内且混凝土强度达到设计强度的 80% 之前,不受海水的侵袭。

22.5 钢管桩防腐蚀

22.5.1 海上桥梁的钢管桩防腐蚀措施应符合设计规定。应根据钢管桩所处的不同海洋环境采用不同的防腐蚀方法,大气区和浪溅区宜采用涂层、玻璃钢和钢管桩护套保护;潮汐区和水下区宜采用阴极保护和涂料联合保护;泥下区宜采用阴极保护或涂料防护。

22.5.2 采用涂层方法进行防护时,应符合下列规定:
1 涂装的方法和工艺应根据所选用的涂料产品和施工环境条件进行确定。
2 钢管桩在涂装之前应进行表面预处理。表面预处理宜采用喷丸或抛丸处理,处理后的表面清洁度和表面粗糙度应符合设计规定;设计未规定时,基体金属的表面清洁度应不低于现行《涂覆涂料前钢材表面处理 表面清洁度的目视评定 第 1 部分:未涂覆过的钢材表面和全面清除原有涂层后的钢材表面的锈蚀等级和处理等级》(GB/T 8923.1)中规定的 Sa2.5 级,表面粗糙度应不低于 50μm。
3 喷丸或抛丸表面预处理达到质量要求后,应尽快对钢管桩作底漆处理,避免处理过的基体金属表面返锈;在潮湿或工业大气等环境条件下,应在 2h 内将底漆涂装完毕。
4 涂装时基体温度应不大于 60℃,同时应采取防雨和防尘措施。涂装过程中,应进行湿膜厚度和外观检查,涂层不应有漏涂、流挂等缺陷;涂层附着力应符合设计要求。
5 钢管桩在运输和施工过程中应注意对涂层进行保护。对已沉钢管桩进行涂层修补时,应在修补前做好除锈和干燥等准备工作并铲除松动的破损涂层,并应考虑潮水的影响;修补用的涂料应具有快干的特点,平潮位以下的涂层应采取保证涂层固化和良好附着力的有效措施。

22.5.3 采用牺牲阳极阴极保护方法进行防护时,应符合下列规定:
1 钢管桩防腐蚀可采用牺牲阳极阴极保护或牺牲阳极与涂料联合阴极保护。
2 钢管桩采用碳素钢或低合金钢时,其阴极保护电位应达到 -0.85V 或更负(相对于铜/饱和硫酸铜参比电极,扣除钢管桩与溶液 IR 降后的电位)。
3 阴极保护总电流应考虑下列几个因素:
1)阴极保护总面积包括潮汐区、水下区和泥下区;
2)预计最小保护电流密度;
3)涂层破损系数;
4)阴极保护电流分布效率。
4 牺牲阳极材料应具有足够负的电极电位,其性能应符合现行《牺牲阳极电化学性能试验方法》(GB/T 17848)、《铝-锌-铟系合金牺牲阳极》(GB/T 4948)、《镁合金牺牲阳极》(GB/T 17731)和《锌-铝-镉合金牺牲阳极》(GB/T 4950)的规定。
5 牺牲阳极与结构的馈电连接宜采用焊接,且应尽早使焊点得到极化保护,避免焊接点的点蚀和腐蚀断裂。

22.5.4 采用护套保护方法对浪溅区的钢管桩进行加强防护时,护套宜采用玻璃钢或塑料;护套和钢管桩之间可灌注混凝土或安装牺牲阳极。

22.6 混凝土附加防腐蚀

22.6.1 海上桥梁的结构混凝土采取附加防腐蚀措施时,其施工应符合设计要求,同时应符合现行《公路工程混凝土结构耐久性设计规范》(JTG/T 3310)的规定。

22.6.2 混凝土表面涂层的施工应符合下列规定：
1 涂层的施工应在混凝土的龄期达到28d,且混凝土结构经质量验收合格后进行。
2 涂装施工前应对混凝土表面的蜂窝和露石缺陷、附着物和油污等进行处理,处理后的表面应平整。
3 防腐蚀涂料的品质与涂层性能应符合设计规定,并应符合产品相应的国家标准或行业标准的要求。选用的配套涂料之间应具有相容性,进场的涂料应取样检验,检验合格者方可用于施工。
4 涂装施工的方法宜根据涂料的性能、施工条件、涂装要求和被涂装结构的情况确定。涂装宜采用高压无气喷涂,刷涂或滚涂仅在条件不允许高压无气喷涂时方可采用。
5 涂装前应在现场进行涂装试验,试验应符合现行《公路工程混凝土结构耐久性设计规范》(JTG/T 3310)的规定。当试验涂层的黏结强度小于1.5MPa时,应重做涂装试验;若仍不合格,应变更涂层配套设计。
6 涂装应在无雨时进行,并应按设计规定的涂装道数和涂膜厚度施工。涂装施工过程中应采用湿膜厚度规随时检查湿膜厚度,控制涂层的均匀性及其最终厚度；每道涂层施工前应对上道涂层进行检查,涂层表面应均匀,无气泡、裂缝等缺陷;当涂层湿膜表面产生漏涂、流挂等情况时,应及时进行处理。
7 涂层干膜厚度的检测应在涂装完成7d后进行,检测时应按每$50m^2$面积随机抽测1个点,测点总数应不少于30个。干膜的平均厚度应不小于设计厚度,且至少应有80%的测点的厚度不小于设计厚度,最小厚度应不小于设计厚度的80%;当不符合上述要求时,应进行局部或全面补涂,直至达到设计要求的厚度为止。
8 涂层的验收应在涂装施工完成后14d内进行,验收时应提交各种涂料的出厂质量合格证、设计文件或设计变更文件、涂装施工记录等资料。

22.6.3 混凝土表面硅烷浸渍的施工应符合下列规定：
1 宜采用辛基或异丁基硅烷或其他经论证的硅烷作为硅烷浸渍材料,所用材料的质量应符合设计要求及相应产品标准的规定。
2 浸渍硅烷前应按本规范第22.6.2条第2款的要求对混凝土的表面进行处理,并应进行喷涂试验,试验应符合现行《公路工程混凝土结构耐久性设计规范》(JTG/T 3310)的规定。
3 喷涂硅烷时混凝土的龄期应不少于28d,或混凝土修补后应不少于14d。混凝土表面应保持干燥,采用洁净水冲洗表面后应自然干燥72h;在水位变动区,应在海水落到最低潮位且混凝土表面无水时喷涂硅烷,并应尽量延长喷涂前的自然干燥期。有雨或有强风或有强烈阳光直射时不得喷涂硅烷。喷涂时混凝土表面的温度应在5~45℃之间。
4 浸渍硅烷的施工应符合产品的技术要求,并应由有经验的人员进行操作,施工人员应使用必要的安全防护设施。
5 对早期暴露于海水环境的现浇结构,应在模板拆除后立即浸渍硅烷,且待其表面自然干燥后再喷洒养护剂进行养护。
6 浸渍硅烷应连续喷涂施工,使被涂表面饱和溢流,各道喷涂之间的间隔时间应不少于6h。
7 浸渍硅烷施工完成后应进行质量验收。验收时应以每$500m^2$浸渍面积为一个浸渍质量验收批,进行吸水率、硅烷浸渍深度和氯化物吸收量的降低效果测试。测试方法和质量标准应符合现行《公路工程混凝土结构耐久性设计规范》(JTG/T 3310)的规定。

22.6.4 在混凝土中掺加钢筋阻锈剂时,其掺量和使用方法应符合相应产品的技术要求,并应经试配和适应性试验验证。阻锈剂的质量验证试验可按现行《水运工程混凝土试验规程》(JTJ 270)的规定执行。

22.6.5 混凝土结构采用透水模板衬里时,其铺设应沿混凝土模板的纵向与横向同时拉伸展开,铺设后应平整、无褶皱;在拆除模板后宜继续保持该衬里附着于混凝土表面,且宜适当延长混凝土的养护时间。

22.6.6 采取其他特殊防腐蚀措施时,其施工技术要求可按现行《公路工程混凝土结构耐久性设计规范》(JTG/T 3310)、《海港工程钢筋混凝土结构电化学防腐蚀技术规范》(JTS 153-2)的规定执行;利用锌铝合金镀层钢筋作为混凝土附加防腐蚀措施时,可按现行《钢筋混凝土用锌铝合金镀层钢筋》(GB/T 32968)的规定执行。

钢筋混凝土附加防腐蚀的方法很多,现行行业标准《公路工程混凝土结构耐久性设计规范》(JTG/T 3310)并未完全涵盖,因此采取其他防腐蚀措施时还需要符合相关行业标准的要求和规定。例如采用外加电流阴极保护、电化学脱盐、电沉积等作为混凝土附加防腐蚀措施时,可以按现行行业标准《海港工程钢筋混凝土结构电化学防腐蚀技术规范》(JTS 153-2)的规定执行;采用锌铝合金镀层钢筋作为混凝土附加防腐蚀措施时,可以按现行国家标准《钢筋混凝土用锌铝合金镀层钢筋》的规定(GB/T 32968)执行。

22.7 海上施工安全

22.7.1 海上桥梁的施工安全除应符合本节的规定外,尚应符合本规范第26章的规定。

22.7.2 海上桥梁施工前应根据施工区域的自然、环境条件,制订切实可行的专项施工方案,优化海上作业工序,并应针对海上施工的特点制定相应的安全技术措施。所有参加海上施工的人员,均应进行上岗前的海上施工安全培训,并应接受安全技术交底,特殊工种应持证上岗。

海上桥梁的施工风险远大于内河和陆上桥梁,故在施工前需要做好如条文规定的各项准备工作,防患于未然。

22.7.3 海上作业的施工安全应符合下列规定:

1 在通航海域进行水上水下施工作业前,应按照《中华人民共和国水上水下施工作业通航安全管理规定》的程序,取得水上水下施工许可证。

2 海上工程施工时,应提前发布海上施工通报,并应按当地海事部门的规定,在施工作业区域的各个角点和海上船舶往来方向沿线,设置水上警戒、航行标志及危险信号灯标,必要时尚应在靠近航道的施工区域设立警戒船。

3 海上作业区应配备救生圈、救生衣、钩杆和报警器等救生设备;工作平台和围堰四周应设栏杆或安全网,上下跳板应牢固并应设扶手。作业人员必须穿救生衣。

4 交通船应按规定的载人数量运渡,严禁超载,且应配备足够的救生设备。

22.7.4 海上施工用电安全应符合下列规定:

1 通往海上的岸电线路,必须采用绝缘物架设,导线长度应留有余量,且不得承受挤压或机械拉力。

2 海上临时用电的电缆线必须绝缘良好并具有防水功能,电缆线的接头必须进行防水处理。

3 海上施工采用的电气设备,应符合三相四线制的配线规定,并应设置专用开关箱。

4 水下电缆应设置在海床稳定、不易被冲刷、无障碍物的水域;在抛锚区、锚缆摆动区和有拖网渔船活动的水域,不得布设水下电缆。敷设有水下电缆的岸边,应设置醒目的警告标志。

5 水下电缆不得悬空于水中,应埋设于水底。在船舶进出的航行通道等需防范外部机械损伤的水域,应埋置于水底适当深度,浅水区埋深不宜小于0.5m,深水航道埋深不宜小于2m,并应加以稳固覆盖进行保护。

  6　水下电缆相互间不得交叉、重叠,相邻的电缆应保持足够的安全间距。

  2　本款将原规范"电缆接头应进行防水处理"中的"应"修改为"必须"。

22.7.5　海上施工船舶安全应符合下列规定:

  1　施工船舶作业应遵守国家及当地政府有关部门的规定,施工前应对施工海域及船舶作业和航行的水上、水下、空中及岸边障碍物等进行实地勘察,制订防护性安全方案。

  2　施工船舶应按海事部门的要求设置必要的安全作业区和警戒区,并应按规定设置可昼夜显示的信号标志。施工船舶应保持通信畅通。

  3　海上施工时应设专人负责收取海洋气象预报台发布的海洋水文、气象资料,并应按紧急程度及时发送至施工现场和作业船舶,使之对灾害性天气及时作出反应并进行防范。

  4　施工船舶如遇大风、雾天,超过船舶抗风等级或能见度不良时,应停止作业,停止作业前应检查密闭全部舱口。

22.7.6　台风季节海上施工安全应符合下列规定:

  1　施工前应按照"以防为主、有备无患"的原则,制订专门的保证台风季节海上施工安全的组织措施计划和防台风应急预案。

  2　台风来临前,所有施工作业人员应按预定计划撤离到安全场所;施工船舶应按防台风计划进入避风锚地;各种临时设施应进行加固;施工现场应切断电源;机械设备应转移到地势较高的安全地带,并应防止被雨水浸泡;起重机械的吊臂应放在固定架上,吊钩应放置于地面并固定。对处于施工过程尚不具备抵御台风能力的工程结构,应按工程防台方案进行加固处理。

  3　船舶在台风来临前应停止装载物资。已装载的应立即卸船;来不及卸船的,应调整平衡后进行加固处理。

  1　在台风季节进行海上施工,其危险性极大,故施工时需要按条文规定预先采取措施,保证安全。

23 桥面及附属工程

23.1 一般规定

23.1.1 本章适用于支座、伸缩装置、桥面防水与排水、桥面铺装、桥面防护设施及桥头搭板等的施工。金属防撞护栏的施工应符合现行《公路交通安全设施施工技术规范》(JTG F71)的有关规定。

23.1.2 支座、伸缩装置等桥梁专用产品应由具有资质的专业厂家制造,且在进场时应按相应产品标准的要求进行抽样复验检测。桥面防水材料的进场抽样复验检测,应按相应产品标准的要求进行。

产品的进场抽样检测一般按该产品标准中出厂检验的规定执行。本规范条文中提及的产品标准,均指该产品相应的国家标准或行业标准。

23.1.3 桥面铺装施工时,运料车辆的等候排队应按施工组织设计的规定保持足够的距离,应避免车辆过于集中导致超载或偏载,损伤桥梁结构。

本条规定主要出于对沥青混凝土桥面铺装施工时的安全考虑。在摊铺碾压现场由于机械故障或其他原因可能需要临时中断施工,而搅拌站对沥青混合料的搅拌作业并未暂停的情况下,会导致运输沥青混合料的车辆在桥面上排队等候卸料。如果运料车辆在排队时首尾相接、位置过于集中,不仅容易对桥梁结构造成超载,而且如果运料车辆均同时处于桥面的一侧,特别是位于弯桥的外侧时,则可能会因严重偏载导致桥梁的倾覆。虽然这是一种比较极端的情况,但在以往的实际工程施工中曾发生过这种事故,且后果比较严重。

23.2 支座

23.2.1 支座的规格、性能应符合设计要求,并应符合相应产品标准的规定。板式橡胶支座应符合现行《公路桥梁板式橡胶支座》(JT/T 4)的规定,盆式支座应符合现行《公路桥梁盆式支座》(JT/T 391)的规定,球型支座应符合现行《桥梁球型支座》(GB/T 17955)的规定。

23.2.2 支座进场后,应对其规格、数量、产品合格证等进行检查,不符合设计要求的不得用于工程中。对有包装箱保护的支座,应开箱对其规格、部件数量及装箱单等进行核对,无误后应将支座重新装入包装箱内,安装时方可再开箱;对活动支座进行开箱检查时,应注意对改性聚四氟乙烯板和不锈钢冷轧钢板的保护,防止划伤其表面,同时应检查硅脂是否注满。支座在开箱检查时以及直至安装前均不得随意拆卸其上的固定件。

规定支座在进场后、使用前对其规格和技术性能等进行核对检查,是为了避免用错。如果支座不符合设计要求而用于工程中,很容易造成损坏,而且支座的更换是比较困难的。

23.2.3 支座应存放在干燥通风的库房内,并不得直接置于地面,应垫高堆放整齐,保持清洁;支座不得与酸、碱、油类和有机溶剂等相接触,且应距热源至少1m以上。

23.2.4 支座在场内运输和装卸时,应采取有效措施防止对其产生碰撞或其他机械损伤。

23.2.5 支座在安装前,应对支座垫石的混凝土强度、平面位置、顶面高程、预留地脚螺栓孔和预埋钢垫板等进行复核检查,确认符合设计要求后方可进行安装。支座垫石的顶面高程应准确,表面应平整、清洁;对先安装后填灌浆料的支座,其垫石的顶面应预留出足够的灌浆料层的厚度。

23.2.6 支座安装时,应分别在垫石和支座上标出纵横向的中心十字线,就位后两者的中心十字线应对准,并应采取有效措施保证支座处于水平状态且支座的顶面高程符合设计要求。调整支座的顶面高程时,应采用钢垫片对支座进行支垫,支垫处在支座安装完成后留下的空隙应采用环氧树脂砂浆填实。

23.2.7 安装双向活动或单向活动支座时,应保证支座滑板的主要滑移方向符合设计的要求。在安装活动支座的顶板时,宜考虑安装温度与设计要求不符时对位移的影响,必要时宜通过计算在顺桥向设置预偏量;对跨数较多、连续长度较大的连续梁,宜考虑温度、预应力、混凝土收缩与徐变等因素影响导致的梁长方向的位移变化,位移量较大时宜将支座顶板顺桥向的尺寸适当加长,保证支座能正常工作。

位置、高程和滑动方向是支座安装施工时需要重点控制的指标,同时需要明确的是不论桥梁是否有坡度,支座始终需要保持水平状态。在跨数较多、连续长度较大的连续梁中,由于梁体受各种因素的影响,其伸缩变化较大,相对于固定支座的梁体最远端的位移量最大,如果不将其活动支座的顶板适当加长,则有可能会因位移量过大而偏离支座的中心位置,使支座不能正常工作,产生脱空导致梁体失去支承。当有这种可能时,需要通过计算来确定活动支座顶板的适宜长度,考虑将支座顶板加工得比普通支座的顶板长一些,并在支座采购订货时予以明确。

23.2.8 支座安装完成后,其顺桥方向的中心线应与梁顺桥方向的中心线水平投影重合或相平行,且支座应保持水平,不得有偏斜、不均匀受力和脱空等现象。安装完成后,应及时拆除支座上的各种临时固定构件和装置,并应全面核对检查支座的形式、规格和安装方向等是否符合设计要求,如有误应及时调整处理。

23.2.9 当桥梁体系转换需要切割临时锚固装置,或施工过程中需要在支座附近进行焊接作业时,应在支座周围采取有效的隔热措施,避免损伤支座部件。

在支座附近进行焊接和热切割等作业时,均有可能会对支座的部件产生不利影响,故需要在支座周围采取有效的隔热措施。

23.2.10 板式橡胶支座的安装施工应符合下列规定:
1 支座在安装时,应对其顶面和底面进行检查核对,避免反置。对矩形滑板支座,应按产品表面顺桥向和横桥向的方向标注进行安装。
2 支座垫石的顶面高程应准确无误。在平坡情况下,一片梁(板)中两端的垫石和同一墩(台)上的垫石,其顶面高程应一致,相对高差应不超过±1.5mm,同一垫石上的四角高差应小于0.5mm;当顺桥向有纵坡导致两相邻墩(台)的垫石顶面高程不同时,对高程的控制应符合设计的规定,且同一片梁(板)在考虑坡度后其相邻墩垫石顶面高程的相对误差应不超过3mm。
3 梁、板吊装时,应采取有效措施防止对支座产生偏压或产生过大的初始剪切变形。梁、板的就位应准确且其底面应与支座顶面密贴,否则应将梁、板吊起,对支座进行重新调整安装;梁、板在安装时不得采用撬棍移动梁、板的方式进行就位。

1 板式橡胶支座在安装施工时,经常有将其顶面和底面反置的情况,故本款强调加强检查核对。对矩形滑板支座,安装施工时如不认真检查核对,很容易将其滑动方向错误设置,虽然新的产品标准已明确支座在制造时要求在其表面标注出顺桥和横桥的方向,但在安装施工时仍然需要注意核对,以防出错。

3 梁、板在安装时,如果采用撬棍移动梁、板的方式进行就位,不仅会损伤梁体,也会对支座的位置造成不利影响或损伤支座。梁、板安装后,如果支座与梁底及支承垫石之间不密贴,会造成支座脱空,使其受力不均匀,导致通车不久支座即被严重破坏,不得不进行更换,因此在施工时需要认真执行条文的规定。

23.2.11 盆式支座的安装施工应符合下列规定:
1 梁、板底面和垫石顶面的钢垫板应埋置稳固。垫板与支座间应平整密贴,支座四周不得有0.3mm以上的缝隙,并应保持清洁。
2 活动支座的改性聚四氟乙烯板和不锈钢冷轧钢板不得有刮伤、撞伤。改性聚四氟乙烯板应密封在钢盆内,应排除空气,保持紧密。
3 活动支座安装前应采用适宜的清洁剂擦洗各相对滑移面,擦净后应在四氟滑板的储油槽内注满硅脂类润滑剂。
4 盆式支座的顶板和底板可采用焊接或锚固螺栓栓接在梁体底面和垫石顶面的预埋钢板上。采用焊接时,应对称、间断焊接,并应防止温度过高对改性聚四氟乙烯板和不锈钢冷轧钢板以及对周边混凝土的影响;安装锚固螺栓时,其外露螺杆的高度不得大于螺母的厚度。锚固螺栓和焊接部位均应作防腐处理。

1 由于盆式支座顶面和底面的压力均较大,在浇筑垫石顶预埋钢垫板下的混凝土时,需要采取特殊措施,使垫板下的混凝土振捣密实,钢垫板需要埋置稳固。
2 盆式支座的改性聚四氟乙烯板和不锈钢冷轧钢板的滑动面,以及密封在钢盆内的橡胶垫块均不能有污物和损伤,否则将影响支座的使用寿命。钢盆内的密封圈和橡胶板在安装时需要排气密贴。
4 对称间断焊接的目的主要是为避免因焊接而产生过大的变形。要求锚固螺栓外露螺杆的高度不大于螺母的厚度,是因为支座滑动部件会因螺栓的障碍而影响安装和使用。防腐的目的是保证支座的使用寿命。

23.2.12 球型支座的安装施工应符合下列规定:
1 支座的安装高度应符合设计要求,安装时应保证支座平面的水平,支座支承面的四角高差应不大于2mm。
2 安装支座板及地脚螺栓时,在下支座板四周宜采用钢楔块进行调整,使支座水平。支座在安装过程中不得松开上顶板与下底盘的连接固定板。
3 灌浆料应采用质量可靠的专用产品,灌浆应饱满、密实。灌浆料硬化并达到规定的强度后,应及时拆除支座四角的临时钢楔块,楔块抽出的位置应采用相同的灌浆料填塞密实。
4 在梁体安装完毕或现浇混凝土梁体形成整体并达到设计要求强度后,张拉梁体预应力之前,应拆除支座上顶板与下底盘的连接固定板,解除约束使梁体能正常转动和位移。
5 拆除连接固定板后,应对支座进行清洁,检查无误后灌注硅脂,并应及时安装支座外防尘罩。
6 当支座采用焊接连接时,应在支座准确定位后,采用对称、间断的方式焊接。焊接时应采取适当措施防止损伤支座的钢构件、聚四氟乙烯板、硅脂以及周边的混凝土等;焊接后应对焊接部位作防腐处理。

23.2.13 拉力支座、防腐支座、竖向和横向限位支座、减隔震支座等具有特殊功能和规格的支座,除应符合本节的规定外,尚宜按相应产品推荐的方法进行安装施工。

当前,各种功能和规格的支座种类较多(包括伸缩装置的种类亦较多),本规范不可能对其一一进行规定。实际上,该类支座除某些特殊的功能与常用的几种支座产品有区别外,安装施工的方法和工艺大同小异,因此其施工除要符合本节的质量控制原则外,按相应产品推荐的方法进行安装是能满足要求的。

23.3 伸缩装置

23.3.1 伸缩装置的规格、性能应符合设计要求,并应符合现行《公路桥梁伸缩装置通用技术条件》(JT/T 327)的规定。

23.3.2 伸缩装置的钢构件外观应光洁、平整,不得扭曲变形,且应进行有效的防腐处理。伸缩装置应在工厂进行组装,出厂时应附有效的产品质量合格证明文件;吊装位置应采用明显颜色标明;在运输和存放过程中应避免阳光直接暴晒或雨淋雪浸,并应保持清洁,防止变形。

23.3.3 伸缩装置安装预留槽口的尺寸应符合设计规定,锚固钢筋的位置应准确。伸缩装置安装前应对预留槽口的混凝土进行凿毛并清理干净。

23.3.4 伸缩装置宜在桥面铺装施工完成后,采用反开槽的方式进行安装;当采用先安装再铺装桥面的方式时,应采取有效措施对安装好的伸缩装置进行妥善保护。

采取反开槽的方式安装伸缩装置,能保证伸缩装置的高程和线形与桥面铺装相适应,相对误差较小,亦能提高行车的舒适性,故在施工时要优先考虑采用此种方式。

23.3.5 伸缩装置安装前,应按现场的实际气温调整其安装定位值。

因伸缩装置的伸长量主要是由温度变化、混凝土的收缩及徐变引起的,当施工安装时的温度与设计要求的温度不同时,需要进行计算调整,并考虑一定的富余量,以保证伸缩装置在以后的运营中能始终处于良好的工作状态。

23.3.6 伸缩装置在吊装时,应按制造工厂标明的吊点位置进行起吊,安装就位时,应使其中心线与桥梁的中心线相重合;在桥面的横坡方向,应按每米一点的间距进行其顶面高程的测量控制和调整。伸缩装置的安装位置和高程经检查确认符合设计要求后,应对其进行临时固定,并设置横向水平连接钢筋,将其与槽口的预埋钢筋焊接固定。

23.3.7 伸缩装置安装固定后,应在其能自由伸缩的开放状态下进行两侧过渡段混凝土的浇筑施工,过渡段宜采用环氧树脂混凝土或纤维混凝土。浇筑时应采取措施防止已定位固定的构件移位,并应防止混凝土渗入伸缩装置位移控制箱内或洒落在密封橡胶带缝中及表面,如发生此现象,应立即清除;对溢入桥台台帽和桥墩盖梁顶部的混凝土亦应及时清理干净。混凝土在浇筑完成后应及时对其进行覆盖洒水养护,养护时间应不少于7d。过渡段混凝土在未达到设计要求的强度前,不得开放交通。

23.3.8 梳齿板式伸缩装置安装时,应采取措施防止产生梳齿不平、扭曲和变形等现象,并应对梳齿间隙的偏差进行控制,在气温最高时,梳齿的横向间隙应不小于5mm,齿板的间隙应不小于15mm。

梳齿板式伸缩装置安装时的间隙,通常根据安装时的梁体温度决定,并按式(23-1)计算:

$$\Delta L = L - L_1 + L_2 \tag{23-1}$$

式中:ΔL——安装时梳形板的间隙;

L——梁的总伸缩量;

L_1——施工时梁的伸长量,需考虑混凝土干燥收缩引起的收缩量,预应力混凝土梁还需考虑混凝土徐变引起的收缩量;

L_2——富余量。

施工中需要使锚固系统可靠,以防止锚固螺栓松动、螺帽脱落,并需要设置橡胶封缝条防水。

23.3.9 橡胶伸缩装置的安装施工应符合下列规定:

1 安装前应检查桥面端部预留槽口的尺寸及钢筋,确认无误后方可进行安装。采用后嵌式橡胶伸缩体时,应在桥面混凝土干燥收缩完成且徐变亦大部分完成后再进行安装。

2 安装前应将预留槽口的混凝土表面清理干净,并涂防水胶黏材料。应根据气温和缝宽进行必要的调整后,再将伸缩装置安装就位,且安装后应使其处于受压状态。

3 应根据安装时的环境温度计算并设置伸缩装置的模板宽度与螺栓间距,将加强钢筋与螺栓焊接就位后,再浇筑过渡段的混凝土。

4 向伸缩装置螺栓孔内灌注防蚀剂后,应及时安装盖帽。

23.3.10 模数式伸缩装置的安装施工应符合下列规定:

1 安装时宜采用专用卡具将其固定,其平面位置和顶面高程应符合设计要求;绑扎其他钢筋和铺设防裂钢筋网等工作,应在按桥面横坡定位、焊接固定后进行。

2 浇筑过渡段混凝土前应将所有间隙填塞紧密,浇筑完成后应将填塞物及时取出。

2 如果模板的缝隙封堵不严密,浇筑混凝土时很容易渗入位移控制箱内,而如不及时清除,将会严重妨碍伸缩装置的有效工作。

23.3.11 其他特殊形式和特殊规格的伸缩装置,宜按产品推荐的方法进行安装施工。

23.4 桥面防水与排水

23.4.1 桥面防水层的层数和采用的材料应符合设计要求,材料的性能和质量应符合产品相应标准的规定。

桥面防水层设置在行车道铺装层下面,主要作用是阻止透过桥面铺装层下渗的雨水或其他水进入梁、板等主体结构中。桥面防水层主要有防水混凝土、卷材防水层和涂料防水层等类型,需要按设计要求的类型选用并施工。热铺卷材防水层一般采用石油沥青油毡、沥青玻璃布油毡、再生胶油毡等,该类防水层所用沥青的软化点应较基层及防水层周围介质的可能最高温度高出20~25℃,且不低于40℃。涂料防水层是在混凝土结构物表面上涂刷防水涂料以形成防水层或附加防水层,防水涂料通常采用沥青胶结材料或合成树脂、合成橡胶的乳液或溶液。桥面的防水,以往一般采用1~3层沥青防水卷材和2~3层防水涂料,因其适应性和耐久性较差,故已基本不采用,目前多采用防水涂料、防水混凝土或环氧沥青。

23.4.2 铺设桥面防水层时应符合下列规定:

1 防水层材料应在进场时进行检测,在符合产品的相应标准后方可使用。

2 铺设防水材料前应清除桥面的浮浆和各类杂物。

3 防水层在横桥向应闭合铺设,底层表面应平顺、干燥、干净。防水层不宜在雨天或低温下铺设。

4 防水层通过伸缩缝或沉降缝时,应按设计规定铺设。

5 水泥混凝土桥面铺装层当采用织物与沥青黏合的防水层时,应设置隔断缝。

6 防水层施工完成后,在未达到规定的时间内,不得开放交通。

23.4.3 泄水孔的顶面不宜高于水泥混凝土调平层的顶面,且在泄水孔的边缘宜设渗水盲沟,使桥面上的积水能顺利排出。泄水管的安装施工应符合设计规定,并应合理设置泄水口的位置,使排水不会冲刷墩台的基础。

当泄水孔顶面不高于水泥混凝土调平层的顶面时,能较好地排除桥面铺装中积存的水,如果将泄水孔顶面设置成与桥面铺装顶面平齐,则桥面铺装中积存的水会无法排出。

23.5 混凝土桥面铺装

23.5.1 沥青混凝土桥面铺装的施工应符合下列规定:
 1 铺装的层数和厚度应符合设计规定,铺装前应对桥面进行检查,桥面应平整、粗糙、干燥、整洁。
 2 沥青混凝土桥面铺筑前应洒布黏层沥青。
 3 沥青混凝土的配合比设计、铺筑及碾压等施工,应符合现行《公路沥青路面施工技术规范》(JTG F40)的有关规定。

23.5.2 水泥混凝土桥面铺装的施工应符合下列规定:
 1 铺装的厚度、材料、铺装层结构、混凝土强度、防水层设置等均应符合设计规定。
 2 桥面铺装工作应在梁体的横向联结钢板焊接工作或湿接缝浇筑完成后,方可进行。
 3 铺装施工前应使梁、板顶面粗糙,清洗干净,并应按设计要求铺设纵向接缝钢筋和桥面钢筋网。
 4 水泥混凝土桥面铺装,其做面应采取防滑措施,做面宜分两次进行,第二次抹平后,应沿横坡方向拉毛或采用机具压槽,拉毛或压槽的深度应符合现行《公路水泥混凝土路面施工技术细则》(JTG/T F30)的有关规定。
 5 水泥混凝土桥面铺装如设计为防水混凝土,施工时应按防水混凝土的相关规定执行。
 6 纤维水泥混凝土桥面铺装的施工,可按现行《纤维混凝土结构技术规程》(CECS 38)的规定执行。

桥面铺装施工的注意事项:
对预应力混凝土梁式桥,不论是预制梁还是现浇梁,由于预应力的作用,梁体将产生上拱度,又因混凝土的徐变收缩、桥面铺装等二部恒载及活载的作用等因素,均会对梁体造成一定的影响。上拱度过大,会使桥面铺装施工产生困难,导致桥面铺装层在跨中较薄而支点处较厚,从而不能满足设计厚度的要求。因此,除需要在梁体施工时采取有效措施控制过大的上拱度外,当梁体的实际上拱度已较大,且不可避免地将对桥面铺装层的施工造成不利影响时,要采取调整桥面高程等措施,以保证铺装层的厚度。

23.6 钢桥面铺装

23.6.1 钢桥面铺装的结构层、厚度、材料等应符合设计的规定。
钢桥面铺装实际上是指在钢箱梁顶面的铺装。由于该项技术目前在国内还处于摸索完善阶段,仍在不断总结经验,因此在执行本节的规定时,需要根据当地实际,结合国内外的成功经验,通过研究与试验进行施工。
目前钢桥面铺装的形式较多,主要有双层 SMA 结构、浇筑式沥青混凝土结构及环氧沥青混凝土结构等。

23.6.2 钢桥面铺装施工前应制订专项施工方案,并应做好人员培训、材料的调查试验以及机具设备的检查维护等准备工作。

23.6.3 钢梁顶面在出厂时应按设计要求涂防锈漆,在桥面铺装施工前应喷丸或抛丸除锈并作防锈处理。

23.6.4 铺装施工前宜做试验段,试验段的铺设应包括钢桥面铺装的全部工序。

钢桥面铺装前做试验段,其目的是通过试验段的施工,获得相应的施工工艺参数,为正式施工提供依据。但对一些工程规模较小的钢桥面铺装,例如中小跨径的桥梁仅有1~2跨,如果也要求做试验段,有点不太现实,故将原规范中的"应做试验段"修改为"宜做试验段"。

现将几种沥青混凝土钢桥面铺装施工的要点介绍如下,供参考:

(1)钢桥面SMA、AC铺装施工除需遵循现行《公路沥青路面施工技术规范》(JTG F40)的相关规定外,尚需注意其有特殊要求。SMA、AC的施工温度和改性沥青的品种有关,因此要根据相应试验来确定混合料的施工、拌和和压实温度。为保证改性沥青SMA、AC的压实度,需采用水平振荡压路机碾压沥青混合料;SMA、AC面层通常不使用轮胎压路机碾压;由于施工环境温度较低等特殊原因,铺装下层可以采用轮胎压路机碾压。碾压时,建议使用水平振荡压路机至少2台,一般钢轮压路机(重12t以上)1~2台,小压路机1台(用于碾压边带)。

(2)GA(浇筑式沥青混凝土)施工需要采用专用的运输、摊铺设备,我国在GA施工方面积累了一定经验,并形成了《公路钢箱梁桥面铺装设计与施工技术指南》。各地在进行GA混合料施工前,可以根据该指南的相关规定,参照国外GA混合料施工的有关标准,结合本地及室内试验情况,综合制订专项施工技术方案。

(3)EA(环氧式沥青混凝土)施工中,需要严格按照材料供应商所提供的环氧沥青喷入温度、集料温度、拌和时间等要求拌和;EA的出料装车温度需要在要求范围内,并将逐盘测温的混合料装入运料车中,插入温度计运至施工现场,读取EA的到场温度。根据材料供应商提供的EA温度与料车内焖料时间限制表,确定倒入摊铺机的限制时间,并需要严格控制混合料的运输、摊铺和压实的有效作业时间。

23.6.5 铺装施工在一道工序完成之后,下道工序应连续进行;上一层铺装施工前,其下层应保持干燥、整洁,不得有尘土、杂物、油污或损坏,不符合要求时应予处理。完工后的铺装层表面应规定时限,严禁车辆通行。

钢桥面铺装施工过程中,上一层铺装施工前,其下层保持干燥和整洁非常重要,施工时若下层有任何锈蚀、油污或水分等,都将严重影响层与层之间的黏结效果,从而影响铺装层的使用寿命。故在进行任何一道工序前,都需对下层界面进行检查,只有当检查合格并经认可后才能进行下一道工序的施工。车辆在铺装层上快速行驶、刹车或掉头,会对防锈层、防水层或黏结层造成损害,因此需要规定一定的时限,禁止车辆在施工完成的铺装层上通行。即使允许施工车辆在铺装层上通行时,车轮亦需要保持干净,并要避免在铺装层上急刹车或调头,且时速不要超过5km/h。

附:钢桥面铺装施工参考资料

1 钢桥面铺装方案的使用要求

1.1 铺装层要求具有良好的随从变形能力及抗疲劳开裂性能

在重交通荷载作用下,桥面铺装层要随同钢板变形,而产生反复的挠曲变形,特别是在钢板U形加劲肋顶部对应的铺装表面将产生反复弯曲应力(应变)而开裂。因此,铺装方案需要重点考虑沥青铺装层的抗疲劳开裂性能。

1.2 沥青混凝土铺装层要求具有良好的抗车辙性能

从国内绝大多数钢桥面使用条件来看,环境温度非常高,加之钢桥面的热储作用使得沥青铺装层的温度显著高于路面面层的温度。因此,如何保证桥面沥青铺装层在重交通荷载作用下具有较高的高温稳定性,以期能够有效地防止或延缓沥青铺装层车辙的出现,是桥面铺装方案的技术关键。

1.3 防水黏结层要求具有良好的黏结性能和对桥面板的保护作用

交通荷载作用下,桥面铺装层与钢板要同步变形;气候环境条件作用下,沥青铺装结构层以及钢板要产生不同的温缩变形,这使得各结构层(包括钢板)之间产生较大的弯拉应力和剪切应力,并导致层间脱离,引起铺装层破坏。因此,要求防水黏结层能在沥青铺装层与钢板之间达到有效的黏结。

考虑到水的作用会对钢板产生锈蚀,降低铺装结构层的耐久性和桥梁钢结构的使用寿命,在铺装设计中,还需要重点考虑铺装结构体系对钢板的保护作用和防腐作用。

2 国内外的主流方案

目前主流的钢桥面铺装方案主要有双层 SMA 结构、浇筑式沥青混凝土结构及环氧沥青混凝土结构。上述三种结构的应用实例分别如下。

2.1 双层 SMA 结构

国内钢桥面铺装最早的探索就是从双层 SMA 结构开始,先后有虎门大桥、汕头宕石大桥、白沙洲长江大桥、军山长江大桥等工程采用此种结构。

2.1.1 材料

集料可采用花岗岩,并采用反击式破碎机加工而成,料颗粒形状较好,主要技检测指标如表 23-1。

表 23-1 碎石质量检测结果

检 测 项 目	允 许 值
压碎值(%),不大于	28
磨耗率(%),不大于	30
针片状含量(%),不大于	15
	5

改性沥青的主要检测指标见表 23-2。

表 23-2 改性沥青检测指标

指 标		铺装下层 允许值	铺装面层 允许值	试 验 方 法
针入度(25,100g,5s)(0.1mm)		20 ~ 40	30 ~ 60	
软化点(环球法)(℃)		≥80	≥70	JTJ 052—93
延度(10℃,50mm/min)(mm)		≥200	≥400	
黏度	60℃(P)	≥40 000	≥40 000	ASTM D2371
	191℃(cst)			ASTM D2371 JIS K2207
回弹率(%)		≥80	≥90	TL-PMB Teil 1
脆点(计算T1.2)(℃)		≥ -10	≥ -15	JTJ 052—93
闪点(℃)		≥230	≥230	JTJ 052—93
针入度指数(PI)		≥1.0	≥1.0	JTJ 052—93
薄膜烘箱 (180℃ ×2.5h)	质量损失(%)	≤1.0	≤1.0	JTJ 052—93
	针入度比(%)	≥65	≥65	
	回弹率(%)	≥80	≥80	

矿粉选用梅县逢下建材厂生产的干磨大理石粉,其中小于 0.075mm 含量达 95%;纤维采用德国进口的木质素纤维,纤维含量为 66% 的粒状产品。

2.1.2 混合料级配确定

改性沥青 SMA 混合料具有优良的高温稳定性,影响高温稳定性的主要指标是集料的级配和改性沥青的性能,而集料的级配在施工中较难控制,级配的控制关键又在于生产料场的把关程度。宕石大桥桥面铺装集料在生产中进行了三级把关,首先是石场本身的把关,对筛网尺寸和筛网安装的角度控制,对各种规格的石料每天进行筛分,由筛分结果(筛余量)决定是否需更换筛网或调整筛网的角度;其次是施工单位每天取样进行集料筛分,详细掌握级配的变化情况,最后就是监理每周抽查一次。混合料的级配组成见表 23-3。

表 23-3　混合设计级配组成

通过筛孔（mm）	SAM-13A 级配范围	SAM-13A 设计值	SAM-13A 级配范围	SAM-13A 设计值
16	100	100	100	100
13.2	90~100	93.7	90~100	95
9.5	50~70	56.5	55~75	64.5
4.75	20~28	24.2	24~34	29.5
2.36	18~26	18.5	20~30	24.5
1.18	16~22	16.1	17~25	20.6
0.6	13~19	14.9	14~22	18.7
0.3	11~17	13.2	12~19	15.5
0.15	10~14	11.8	11~16	13.1
0.075	8~11	10.8	10~13	11.4
纤维用量(%)	0.4~0.6	0.4	0.4~0.6	0.4
最佳沥青用量(%)	6.0~7.0	6.3	6.5~7.5	6.7

2.1.3　施工工艺

1) 混合料拌和

改性沥青加入后，拌和温度控制在190℃左右，纤维用量0.3%~0.4%，从热料仓处开口加入，拌和时间为干拌10s，湿拌40s；混合料储存时间不超过4min。

2) 混合料运输

采用10~15t自卸汽车运输，并且装料按两车为一组进行，每组装料时间间歇10min左右。由于运距较短，等待摊铺时间短，不需要采用保温措施。

3) 摊铺

钢桥面铺装采用两台能自动调节摊铺厚度及找平的摊铺机联合作业前后相距约5m距离摊铺，以保证衔接处施工质量；下层混合料摊铺采用挂线控制厚度，上层混合料摊铺采用滑撬式摊铺厚度控制方法；摊铺机摊铺能力应与拌和能力和装料速度相匹配；其中下层摊铺速度控制在0.8~1.0m/min之间，上层摊铺速度控制在1.2~1.5m/min之间；混合料摊铺温度一般在180℃左右。

4) 碾压

采用12t、11t和9t三台双钢轮压路机进行，碾压方法为：首先采用自重为12t和11t的压路机分别紧跟两台摊铺机碾压，先静压一遍，然后采用高频低振动三遍，最后采用一台9t的双钢轮压路机收迹碾压。同时，温度必须大于100℃。压路机碾压的长度必须控制，一般约30m，不允许超过40m。整个施工段施工完毕待混合料完全冷却后，可开放2t以下的汽车通行，3d以后可正式开放交通。

2.2　浇筑式沥青混凝土结构

2.2.1　概述

浇筑式沥青混凝土(Mastic Asphalt，也有部分国家称Guss Asphalt，Guss源自德语)指在高温状态下(200~260℃)进行拌和时，混合料摊铺时流动性大，依靠自身的流动性摊铺成型，无须碾压，沥青、矿粉含量较大，空隙率小于1%的一种特殊的沥青混合物。浇筑式沥青混凝土具有优良的防水、抗老化及疲劳耐久性，对钢板的追从性、与钢板间的黏结性能和一般沥青混凝土相比具有很大的优势。因为浇筑式沥青混凝土具有上述特点，故在钢桥面铺装上得到广泛应用。由于各地气候条件、荷载状况的不同，各国在浇筑式沥青混凝土的使用上也不尽相同。日本一般将浇筑式沥青混凝土作为双层复合结构的下层，上层采用改性沥青混凝土，如本州四国联络桥；德国、丹麦等国采用双层浇筑结构的比较多，如大、小贝尔特桥；有的国家则采用单层浇筑式沥青混凝土，如英国的福塞桥等。但不论浇筑式沥青混凝土在钢桥面铺装中以何种结构层次出现,其施工工艺大同小异。该技术已在我国众多钢桥面铺装中充分应用,见表23-4。

表23-4 具有代表性的浇筑式沥青混凝土的应用实例

工 程 名 称	结 构 形 式
汕头宕石大桥维修	下层浇筑式沥青混凝土+上层SMA铺装
江阴长江大桥	双层浇筑式沥青混凝土
安庆长江大桥	下层浇筑式沥青混凝土+上层SMA铺装
上海东海大桥	下层浇筑式沥青混凝土+上层SMA铺装
重庆菜园坝长江大桥	下层浇筑式沥青混凝土+上层SMA铺装
香港青马大桥	双层浇筑式沥青混凝土

2.2.2 浇筑式沥青混凝土的配合比设计

浇筑式沥青混凝土是在高温条件下拌和(220~260℃)、高温条件下施工(180~220℃)的沥青混合料,它既黏稠又呈流动状态,在摊铺时依靠其自身的流动性成型,无须碾压,与普通沥青混凝土相比有着不同的组成结构及施工特点,因此表现出不同的路用性能。

1)结合料

结合料一般采用湖沥青或岩沥青和直馏沥青混合而成的掺配沥青(现在有的是采用高聚物改性沥青),是一种硬质沥青。掺配的比例一般为(20%~30%):(70%~80%),工程上应用较好的湖沥青是特立尼达湖天然沥青(TLA),其性能见表23-5。结合料含量一般占混合料的7%~10%。直馏沥青是一种经过直馏工艺而产生的工业废渣,对其控制要求主要是软化点,一般需控制在20~40℃间。德国规定浇筑式沥青混凝土结合料的针入度为25~40;苏联规定为25~55,软化点为55~65℃;匈牙利规定软化点为67~72℃。

表23-5 TLA的基本性能

试 验 项 目	结 果	试 验 项 目	结 果
密度(25℃)(t·m^{-3})	1.39~1.44	加热质量损失率(%)	≤2.0
软化点(℃)	93~99	三氯乙烯溶解度(%)	52~55
针入度(25℃)(0.1mm)	0~0.4	含灰量(%)	35~39

集料中的矿粉和细集料所占比例较大,约占整个混合料的一半,它们与结合料结合形成沥青玛碲脂,填充粗集料空隙,具有沥青玛碲脂的性质。浇筑式沥青混凝土对各组成集料的基本要求为:

(1)粗集料:常用碎石,坚硬、干净、耐久性好,片状率10%以下。

(2)细集料:常用人工砂,坚硬、干净、耐久性好,有害物质少。

(3)矿粉:常用石灰岩粉或火成岩粉,矿粉在添加时要加热。

(4)预拌碎石:需保证其具有良好的耐磨性,对压碎值、片状率、磨耗值和磨光值均有一定的要求。

2)配合比设计

浇筑式沥青混凝土具有流动性的特点,因此混合料的工作和易性是其首要的控制指标(通常用刘埃尔流动性试验),其次是混合料的贯入度,最后再考虑其路用性能,如低温弯曲破坏、高温稳定性。配合比设计过程与普通沥青混凝土的设计相类似,但性能指标的控制有所不同(表23-6)。

表23-6 浇筑式沥青混凝土的性能指标规定

试 验 项 目	结 果	试 验 项 目	结 果
流值(240℃)(mm)	<20	动稳定度(60℃)(次·mm)	>350
贯入度(40℃,525N/5cm^2,30min)(mm)	1~4	弯曲破坏应力(-10℃,50mm/min)(MPa)	>0.008

浇筑式沥青混凝土矿料呈连续级配(表23-7),矿粉用量较高,主要是为了满足高温稳定性的需要。实践表明,矿粉含量过高(即粉胶比过高),将对低温弯曲性能产生较大负面影响。为此,将0.075mm通过率调整为25.1%。

表23-7 环氧沥青混凝土的混合矿料级配与沥青用量

筛孔尺寸	通过下列筛孔(方孔筛,mm)的质量百分率(%)								沥青用量
	13.2	9.5	4.75	2.36	1.18	0.6	0.3	0.015	0.075
级配范围	100	80~100	63~80	48~63	38~52	32~46	27~40	24~40	20~30

2.2.3 浇筑式沥青混凝土的拌和与施工

1)浇筑式沥青混凝土拌和

浇筑式沥青混凝土的拌和通常是采用厂拌式,一般程序为:

(1)将集料按适量的比例混合(矿粉应进行预热)。

(2)注入适量的200℃左右的直馏沥青。

(3)压入适量的特立尼达湖沥青,与之混合进行加热拌和,从拌和机出来时温度应达到220℃左右。

(4)在拌和锅里升温至240℃左右加热不少于1h。在施工前应进行温度和流动性的合格检查,并通过调节矿粉含量和拌和温度来使这两项指标合格。

浇筑式沥青混凝土的施工温度应控制在180~220℃之间,其施工过程一般为:

(1)喷砂除锈,使钢板面无任何锈迹。

(2)刷含锌油漆,控制为100μm的厚度。

(3)喷刷黏结层,如采用橡胶沥青层,应保证一定的厚度,通常为0.2L/m²左右。

(4)进行接缝处理。

(5)进行浇筑式沥青混凝土的摊铺。

(6)撒布预拌碎石,预拌碎石应加热到180~220℃左右,碎石的撒布应均匀,并进行人工处理,压入沥青混凝土中。

2)浇筑式沥青混合料的运输

浇筑式沥青混合料需使用专门的运输设备(国外称为Cooker)。在Cooker初次进料前,应将其温度预热至160℃左右。对装入Cooker中的混合料,应不停地搅拌并加热,使混合料升温至220~250℃,但应尽量避免浇筑式沥青混合料的温度过高或在高温的Cooker中停留太长时间。高于250℃时,停留时间不能超过1h;220~250℃时,停留时间不能超过4h。沥青混合料在Cooker中的搅拌时间应在40min以上。

3)行车道摊铺

Cooker倒行至摊铺机前方,将混合料通过其后面的卸料槽直接卸在钢桥面板上。摊铺机整平板紧贴前方布料板左右移动,将浇筑式沥青混合料铺开。摊铺机向前移动时,利用整平板将沥青混合料整平到控制厚度。纵向接缝条放置的距离应与摊铺机的前进速度协调,尽量降低接缝条的污染。施工前整平板需预热且将其下部的残余沥青彻底清理干净,以防因整平板不洁导致浇筑式混凝土出现麻面。摊铺机的整平能力应与Cooker的运输能力相匹配(两者皆适当低于拌和楼的拌和能力)。若现场出现短时的断料,则放慢摊铺机的前进速度,等待后续料到场后再恢复正常的前进速度,若后场出现异常情况而停机,则利用边侧槽钢形成规则的边缘来限制,保证横缝质量。为保证纵向接缝质量,在纵缝处,离摊铺机前1~2m人工洒布浇筑式混凝土,利用浇筑式混凝土本身的温度及摊铺机前进中的持续供热熔化接缝条,同时紧跟摊铺机后由工人使用木制的刮板修整拍紧,使结合部位进一步结合良好,尽量消除接缝。一台推进式碎石撒布机紧随摊铺机之后,调整碎石撒布机、摊铺机及小型钢轮(将碎石撒布机撒布的碎石压入浇筑式混凝土中)之间的距离,保证碎石的嵌入效果。

2.2.4 缺陷修补

沥青玛蹄脂摊铺后,一般需要10d左右的时间才能达到相当的强度。在此期间,施工车辆长时间停放或受到重物冲击,均会造成铺装表面凹陷,因此应注意对新铺路面的保护。因玛蹄脂路面的空隙率基本为零,施工过程中任何残留的水分或油污,都会引起鼓包。工程结束前,应留有1~2周的时间对以上可能出现的病害进行修补。

1)凹陷

使用红外加热器对凹陷部位局部加热。待路面被烘烤松软之后,采用含粗集料30%的沥青玛蹄脂填补凹陷部位,并用木板刮平。对路表面加热时,不能使用明火直接加热,否则铺装层表面易烧焦、老化。红外加热器不与路面直接接触,受热比较均匀,加热深度大,路面与新材料的黏结更好。

2)鼓包

鼓包是沥青玛蹄脂路面的常见病害,也是最危险的病害。鼓包的发生不仅会破坏路面的平整,影响道路的使用功能,而且会破坏铺装各层的黏结,从而造成路面脱层、搓动、开裂等病害,破坏路面的结构;如果鼓包发生在行车道接缝部位,还会破坏行车道之间的连接。处理办法通常为:用锤子将钢钉打入鼓包,形成气孔(注意打入钢钉的长度,防止其破坏钢桥面板),接着使用红外加热器加热,然后用小型压路机碾压至平整。由于鼓包内气体受热,在外界压力下便会逸出。必要时,先通过气孔注入黏结剂,再加热、碾压,效果更好。

2.2.5 小结

浇筑式沥青混凝土铺装无论是施工工艺还是机械设备,与普通沥青混凝土铺装都大相径庭。由于摊铺温度较高,自身具有一定的流动性,施工中应注意根据环境温度的变化控制摊铺温度,防止出现自身的流淌形成皱皮现象。施工机械主要在于摊铺机以及小型机具,对于压路机的要求不高。浇筑式沥青混凝土的施工工艺并不复杂,考虑到浇筑式沥青混凝土适用于钢桥面铺装复杂的工作环境的优良性能,如能通过复合结构改善其高温稳定性,该技术在我国具有相当的推广价值。

2.3 环氧沥青混凝土结构

2.3.1 沥青

环氧沥青组分(A、B_{Id}、B_V)的性能检验,应在试验室完成。随机取样时,应在不同的筒内各自取样,其试验结果应分别满足表23-8、表23-9、表23-10、表23-11中规定的技术要求。

表23-8 环氧沥青组分A的技术要求与试验方法

项　目	检验结果	技术要求	试验方法
黏度(23℃)(P)	139	110~150	ASTM D445
环氧当量	189	185~192	ASTM D1652
颜色[加德纳(Gardner)]	3	≤4	ASTM D1544
含水率(%)	0.02	≤0.05	ASTM D1744
闪点(开口杯法)(℃)	230	≥200	ASTM D92
相对密度(23℃)	1.167	1.16~1.17	ASTM D1475
外观	透明琥珀状	透明琥珀状	目视

表23-9 环氧沥青组分B的技术要求与试验方法

技术指标	技术要求		检验结果		试验方法
	B_{Id}	B_V	B_{Id}	B_V	
黏度(100℃)(cP)	≥800	≥140	1108	198	布氏黏度计法
相对密度(23℃)	0.98~1.02	0.98~1.02	1.004	1.001	ASTM D1475
颜色	黑	黑	黑	黑	目视
酸值(KOH/g)(mg)	60~80	40~60	68.1	54	ASTM D644
闪点(开口杯法)(℃)	≥250	≥200	270	220	ASTM D92

表 23-10 环氧沥青的技术要求与试验方法

技术指标	黏结料	结合料	黏结料	结合料	试验方法
配比(质量比)	$A/B_{Id}=1/4.45$	$A/B_V=1/5.85$	—	—	
抗拉强度(23℃)(MPa)	≥6.9	≥1.5	10.25	1.82	ASTM D638
断裂时的延长率(23℃)(%)	≥190	≥200	220	256	ASTM D638
热固性(300℃)	不熔化	不熔化	不熔化	不熔化	试件放在热钢板上

表 23-11 环氧沥青黏度随时间增加的技术要求与试验方法

技术指标	黏结料	结合料	试验方法
在123℃下黏度增加至1Pa·s的允许时间(min)	≥20	≥50	布氏黏度计法

2.3.2 集料

环氧沥青混凝土用集料的质量应满足表23-12的要求。

表 23-12 粗集料的技术要求和试验方法

试验指标	技术要求	试验方法(JTG E42—2005)	备注
洛杉矶磨耗损失(%)(500转)	≤22	T 0317	抽样检测
石料磨光值(%)	≥44	T 0321	
表观相对密度	≥2.60	T 0304	
针片状(长宽比大于3:1)颗粒含量(%)	≤10	T 0312	
与改性沥青的黏附性(级)	≥4	T 0616	
石料压碎值(%)	≤17	T 0316	
吸水率(%)	≤1.5	T 0307	
软石含量(%)	≤1	T 0320	
水洗法0.075mm颗粒含量(%)	≤0.5	T 0302	
坚固性(%)	≤12	T 0340	

2.3.3 矿粉

矿粉采用袋装石灰岩矿粉,储存于有防雨防潮措施的大棚内,其技术指标应满足表23-13的要求。

表 23-13 矿粉技术要求与试验方法

指标	要求	试验方法	备注
0.3mm筛通过率(%)	100	T 0351	抽样检测
相对密度	≥2.5	T 0352	
含水率(%)	≤0.2	T 0103 烘干法	
亲水系数	<1	T 0353	
外观	无团粒结块	—	

2.3.4 环氧沥青混合料配合比设计

1) 配合比设计流程

在试验段施工前,进行目标配合比、生产配合比设计和生产配合比验证三阶段的环氧沥青混合料的配合比设计。环氧沥青混合料配合比的设计与校验按《公路沥青路面施工技术规范》(JTG F40—2004)附录B规定的方法进行。

矿料级配确定后,环氧沥青混合料最佳沥青用量的确定采用马歇尔试验方法进行,并综合考虑其抗疲劳性能、水稳定性、高温稳定性、低温抗裂性等路用性能。通过试验确定沥青混合料的相关参数,如沥青用量、空隙率等,使环氧沥青混合料具有良好的结构特点,以达到设计所要求的性能指标。

通过马歇尔试验,确定混合料中沥青最佳用量,试件分为两组,一组固化后进行试验,另一组未经固化进行试验。未固化的试件模拟环氧沥青混合料铺装层早期性能;因为环氧沥青混合料的强度随养护时间增长而增加,所以固化试件可反映一定养护时间后混合料的力学性能。

2)具体试验过程

(1)制备试件。

按设计规定的级配中值,计算各规格矿料的用量。试验采用的油石比范围为5.5%~7.5%,以0.5%的增量递增。

(2)测定物理、力学指标。

测定各试件的物理指标(直径、高度、视密度)后,将试件放入60℃的水池中保温40min,采用马歇尔仪测定其稳定度和流值。

(3)马歇尔试验结果分析。

由试验结果绘制各项指标(稳定度、流值、空隙率、饱和度、密度)与油石比的关系曲线,根据试验结果,确定最佳油石比。

环氧沥青混凝土的矿料级配与沥青用量应在相关技术规定的范围内,并尽可能接近其中值,按表23-14设计的环氧沥青混合料的技术性能应满足表23-15的技术要求。

表23-14 环氧沥青混凝土矿料级配及沥青用量

项 目	通过下列筛孔(方孔筛,mm)的质量百分率(%)						沥青用量(%)
	12.5	9.5	4.75	2.36	0.6	0.075	
级配范围	100	95~100	65~85	50~70	28~40	7~14	5.8~6.8

表23-15 环氧沥青混合料允许偏差及要求

项 目	允许偏差及要求
大于4.75mm方孔筛的通过率(%)	±5
大于或等于2.36mm方筛孔的通过率(%)	±5
通过0.075mm筛孔(%)	±2
沥青用量(%)	±0.2
空隙率(%)	1.5~3.0
马歇尔稳定度(kN)	≥40
流值(0.01mm)	20~50
残留稳定度(%)	≥85
间接拉伸应变($\times 10^{-3}$)	≥8.0
TSR(%)	≥70

3)生产配合比设计

在28d前向监理工程师提交拟用的环氧沥青混合料级配,沥青用量及混合料的稳定度、流值、空隙率、动稳定度、残留稳定度等各项技术指标。在提交目标配合比经监理工程师批准后,才能进入生产配合比设计。

生产配合比经监理工程师批准后,进行试拌、试铺和室内试验验证,检验其是否符合设计要求。通过现场目测和检测,认真做好各项原始数据的记录,修改施工技术方案。

2.3.5 成熟环氧技术介绍

国内使用较多的成熟环氧沥青生产厂商主要有两家,分别为美国化学系统(ChemCo System)公司、日本大有建设株式会社,各自产品对应的铺装技术简分别称为美国环氧铺装技术、日本环氧铺装技术,其情况如表23-16所示。

表23-16 美国、日本环氧铺装技术简介

项 目	美国环氧铺装技术	日本环氧铺装技术
环氧沥青生产厂商	美国化学系统(ChemCo System)公司	日本大有建设株式会社
黏结层产品	有	有
混合料产品	有	有
施工工艺	复杂	相对简单
铺装层养生期	30~45	1~3
案例	南京八卦洲长江大桥、南京大胜关长江大桥、润扬长江大桥、苏通长江大桥、阳逻长江大桥、杭州湾大桥、苏通长江大桥、珠江黄埔大桥	江阴长江大桥

23.6.6 钢桥面铺装宜避开雨季施工。钢桥面铺装的每个层次均不得在雨天施工,施工中遇雨应立即停工,在消除雨水所带来的危害后,方可重新施工。钢桥面铺装亦不宜在夜间施工。

23.6.7 对钢桥面沥青混凝土铺装进行检测时,不得采用钻孔法,而应采用无损检测法。

23.7 桥面防护设施

23.7.1 混凝土防撞护栏的施工应符合下列规定:

1 防撞护栏应在桥面的两侧对称进行施工;对结构重心位于梁体以外的悬臂式防撞护栏,应在与主梁横向联结或拱上结构完成后方可施工。

2 对就地现浇的防撞护栏,宜在顺桥向每间隔5~8m设一道断缝或假缝;在温差较大的地区,断缝或假缝的设置间距宜再适当减小。

3 防撞护栏的钢筋应与梁体的预留钢筋可靠连接。

4 模板宜采用钢模,支模时宜在其顶部和底部各设一道对拉螺杆,或采用其他固定模板的可靠装置。

5 宜采用坍落度较低的干硬性混凝土,浇筑时应分层进行,分层厚度宜不超过200mm;振捣时应采取适当的措施使模板表面的气泡逸出。

6 对预制安装的防撞护栏,在搬运和安装时,应采取适当的保护措施,防止损伤棱角处的混凝土。连接钢板的焊接质量应符合设计要求和本规范的相关规定。

7 施工完成后的防撞护栏,其顶面高程和位置应准确,位于弯道上的护栏其线形应平顺。

1 规定对称施工的目的是防止偏载而导致梁体产生倾覆。

2 当混凝土防撞护栏的连续长度过长时,容易产生裂缝,因此需要间隔一定的距离设断缝或假缝。

5 现浇混凝土防撞护栏的质量通病是表面气泡,故在混凝土的浇筑施工中需要采取措施,避免或减少气泡的产生。

23.7.2 小型构件宜在振动台上振动浇筑。混凝土砌块、小型盖板、路缘石和栏杆等小型构件,可在移动式底模上浇筑。

23.7.3 栏杆构件应在人行道板铺设完毕后方可安装。安装栏杆柱时,应全桥对直、校平,弯桥、坡桥应平顺。

23.7.4 人行道的安装施工应符合下列规定:

1 悬臂式人行道构件应在与主梁横向联结或拱上结构完成后方可安装。
2 人行道梁应采用 M20 稠水泥砂浆坐浆安装,并应使人行道顶面形成设计规定的横向排水坡。
3 人行道板应在人行道梁锚固后方可铺设,对设计无锚固的人行道梁、人行道板,应按由里向外的次序铺设。
4 在安装有锚固的人行道梁时,其焊接的质量应符合本规范第 8.5 节的规定。

23.7.5 桥面安全带和缘石的安装施工,应符合下列规定:
1 悬臂式安全带构件应在与主梁横向联结或拱上结构完成后方可安装。
2 安全带梁应采用 M20 稠水泥砂浆坐浆安装,并应使顶面形成设计规定的横向排水坡。
3 桥面上的缘石宜采用混凝土现浇施工。当缘石为混凝土预制块或石材时,应采用 M20 稠水泥砂浆坐浆安装。

桥面的人行道和栏杆等一般悬装在翼缘板之外,故要在主梁横向联结已经稳定之后方能安装。对构件重心设计在底层结构外缘之内的人行道板,则需采取由里向外的次序铺设,防止倾覆。

桥面防护设施的施工尚需要注意下列事项:
(1)桥面上的安全带、路缘石、人行道梁、人行道板、栏杆、扶手、灯柱和防撞护栏等,在安装施工完工后,其竖向线形或坡度、断缝或伸缩缝需要符合设计规定。
(2)对钢筋混凝土柱式护栏、防撞护栏和金属制护栏等,在安装放样前通常选择桥梁伸缩缝附近的端部立柱作为控制点,当间距出现零数时,则采用分配办法使之符合规定的尺寸,立柱一般需要等距设置。
(3)轮廓标的安装高度要统一,其联结要牢固。

23.8 桥头搭板

23.8.1 桥头搭板下台后填土的填料宜以透水性材料为主,并应分层填筑、压实。

23.8.2 台后地基如为软土,应按设计要求对地基进行处理并对台后填土进行预压,预压应在搭板施工前完成。

23.8.3 钢筋混凝土桥头搭板的施工应符合下列规定:
1 钢筋混凝土搭板及枕梁宜采用就地浇筑的方式施工。
2 搭板钢筋与其下的垫层间宜设置垫块并应交错布置。在上、下两层钢筋之间应设置支撑,保证其位置的准确。
3 浇筑搭板混凝土时应按搭板的坡度由低处向高处进行,振捣时应避免碰撞钢筋、模板。

24 涵洞、通道

24.1 一般规定

24.1.1 涵洞在开工前应根据设计文件进行现场核对；当设计文件与现场的实际情况差别较大，确需变更时，应及时办理设计变更手续。对地形复杂处、斜交、平曲线和纵坡上的涵洞，应先绘出定位详图，再依图放样施工。

涵洞在开工前的现场核对工作，主要内容包括涵洞的孔径、位置和数量。山区公路在雨季水流急、流量大，涵洞孔径的设置是否合理，能否满足排水需要，对保证公路运输畅通、节省投资起着很大的作用。由于路线中的个别路段在设计中进行路线优化等原因，有可能使涵洞位置与现场地形不吻合，导致涵洞中心桩号误差较大。在平原区农业方面的主要问题有涵洞位置变更和数量增加、不方便农业灌溉等。根据实际情况，需要核查与当地农业部门的协议书，如确实需要变更设计，则要按相关变更设计程序执行。

位于地形或线形复杂处、斜交、平曲线和纵坡上的涵洞，由于角度和线形引起的位置变化，在施工测量放样时容易产生放样错误，因此对此类涵洞，其平面定位需要通过计算确定，施工单位要自行绘制定位详图，再依图放样施工，防止出现差错。

24.1.2 除设置在岩石地基上的涵洞外，涵洞的洞身及基础应根据地基土的情况，按设计要求设置沉降缝，且沉降缝处的两端面应竖直、平整，上下不得交错。填缝料应具有弹性和不透水性，并应填塞紧密。预制圆管涵的沉降缝应设在管节接缝处，预制盖板涵的沉降缝应设在盖板的接缝处，沉降缝应贯穿整个洞身断面；波纹钢管涵可不设沉降缝。

涵洞设置沉降缝是为了适应基底受力不均而引起基础的不均匀沉降，防止涵洞的洞身产生开裂，因此设置在岩石地基上的涵洞可以不设沉降缝。涵洞地基土发生变化和基础处于填挖交界处，以及采用填石抬高基础处理的涵洞地基，都需要视实际情况设置沉降缝。在沉降缝的缝隙间填塞浸涂沥青的木板或浸以沥青的麻絮等材料，能在涵身产生变形时仍不会漏水。沉降缝填土侧通常设置厚度、顶宽均约200mm的黏土保护层。

压力式涵洞、圆管涵或倒虹吸管涵的沉降缝，除了按上述方法对其进行处理外，还须进行防水、防裂处置。设置防水层的常用方法是采用热沥青敷包两层油毛毡于管外壁，或沿全管外敷200mm厚的掺入麻刀的塑性黏土等。施工时需要按设计要求和施工现场具体情况选用，并要严格控制防水层的施工质量，因一旦发生质量问题，补救是很困难的。

24.1.3 涵洞施工完成后，砌体砂浆或混凝土强度达到设计强度的85%时，方可进行涵洞洞身两侧的回填。涵洞两侧紧靠涵台部分的回填土不宜采用大型机械进行压实施工，宜采用人工配合小型机械的方法夯填密实。填土的每侧长度应符合设计规定；设计未规定时，应不小于洞身填土高度的1倍，特殊地形条件下应根据实际情况适当加长，填筑应在两侧同时对称、均衡地分层进行，填筑的压实度应不小于96%。涵洞顶部的填土厚度必须大于0.5m后方可通行车辆和筑路机械。

涵洞有填方路堤涵洞和挖方路基涵洞两种。考虑到涵洞两侧填土时土压力对涵洞结构的影响，根据施工经验和理论计算，当涵洞砌体砂浆或混凝土强度达到设计强度的85%时，在按规定的方法进行涵洞两侧回填土的前提下，涵洞结构可以满足在两侧回填土时土压力作用下的强度要求。

涵洞两侧回填土的方法和压实度,直接影响着涵洞的施工质量、承载能力、使用寿命以及行车的平稳和舒适性。如果使用大型机械施工,靠近涵台进行强力振动和挤压,将对涵台产生较大的土压力,甚至导致涵台被破坏,若为拱涵还有可能引起拱圈开裂。因此涵洞两侧回填土时,需要从涵洞两侧同时对称、均衡地水平分层碾压施工,同时需要根据施工现场的具体情况采用人工配合小型机械夯填,使回填土达到设计要求的密实度。涵洞顶面通过筑路机械所需的最小填土厚度,与其筑路机械的自重力和作用分布范围有关,因此涵顶通过筑路机械所需的最小填土厚度需按筑路机械自重力的大小与其作用分布范围通过具体计算来确定,一般情况下最小填土厚度为0.5m,对较大型的机械,则需不小于1m。

24.1.4 涵洞进出水口的沟床应整理顺直,与上下游导流、排水设施的连接应圆顺、稳固,并应保证流水顺畅。

涵洞进出水口水流不畅,直接关系到涵洞的宣泄能力,增加涵前壅水高度,导致淹没区面积增大,严重时可迫使河流改道,损害路堤、农田、村舍等;出水口水流受阻,还将使涵洞淤塞,因此需要保证流水顺畅。

24.2 混凝土管涵

24.2.1 管涵的管节宜在工厂内集中制作,仅当不具备集中制作的环境和条件时,方可在工地设置预制场地进行制作。管节可采用振动制管法、离心法、悬辊法或立式挤压法等方法进行制作,采用振动法制作管节时,应采取有效措施防止内外模板产生移位,保证管壁的厚度均匀。

圆管涵的管节在工厂内集中制作,能更有效地保证制作的质量;但在有些边远山区或特殊地区,可能会不具备集中制作的环境和条件,因此在这种情况下,允许在工地设置预制场地进行制作。管节制作的方法主要有条文所述的几种,振动制管法一般在工地制作或管节数量不多时采用;其余三种方法多用于工厂内生产,工效较高,制作的质量亦较好。

24.2.2 制作完成的管节,内外侧表面应平直圆滑,其端面应平整并与其轴线垂直;斜交管涵进出水口管节的外端面,应按斜交角度进行处理。管节尺寸允许偏差应为:长度 -5mm,0mm;内径不小于设计值;管壁厚度 -3mm,正值不限;顺直度的矢度不大于0.2%管节长。

管节端面是否与其轴线垂直,直接关系到安装时管节接缝的质量,故在预制时需要严格控制。斜交管涵进出口管节的外端面处理方法,需严格按设计文件要求进行。

规定圆管管节成品的允许偏差,主要是为控制管壁厚度不均匀的情况。在采用振动制管法预制施工时,管节模板轴线需垂直于平整的底模,避免发生扭斜。内外模板的位置需要准确、稳固,使圆管管壁保持等厚度。

24.2.3 管节在运输、装卸过程中,应采取防止管节碰撞损坏的措施。管涵安装时应对接缝进行防水、防裂处置。

管节的管壁相对较薄,受到碰撞、挤压时易发生裂纹、损坏,并且难于修补,因此需要采取必要措施,保证管节不受到损伤。

24.2.4 管涵基础的顶面应设置混凝土管座,管座的弧形面应与管身紧密贴合,使管节受力均匀。当管节直接放置在天然地基上时,应按设计要求将管底的土层夯压密实或设置砂垫层,并做成与管身弧度密贴的弧形管座。

管涵的管座担负着支承管节的作用,若管座与管节密贴不好,会形成支承反力集中,有可能造成管节开裂。因此不论管节搁置在混凝土、砌体基础还是天然地基上,都要求管座混凝土或填土弧形管座表面与管身密贴,这样可使管节受力均匀。设置密贴的管座,可使地面与涵洞顶的距离 h 减小,因此按填土重力对于涵洞的竖向压力计算公式 $P = \gamma_0 DC_H$ 检验时,C_H 随 h 减小而减小,即减小了填土重力对涵洞的竖向压力。例如对填土 4.8m、内径 1m 的管涵,不设弧形管座的比设管座的将增加 12.7% 的竖向压力。若填土较高、内径较大时,增加压力百分比更大些。

24.2.5 管节的安装施工应符合下列规定:
1 管节应经质量检验合格后方可使用。
2 各管节应顺水流方向安装平顺,当管壁厚度不一致时,应调整高度使下部内壁齐平;管节应垫稳坐实,安装完成后应采取有效措施予以临时固定,保证其不产生移位,且管内不得遗留泥土等杂物。
3 插口管安装时,其接口应平直,环形间隙应均匀,并应安装特制的胶圈或采用沥青、麻絮等防水材料填塞;平接管安装的接缝宽度宜为 10~20mm,其接口表面应平整,并应采用有弹性的不透水材料嵌塞密实,不得采用加大接缝宽度的方式满足涵洞长度要求。管节的接缝不得有间断、裂缝、空鼓和漏水等现象。

为保证管节连接的质量,条文中第 3 款的规定需要得到严格执行。

24.3 拱涵、盖板涵

24.3.1 拱涵、盖板涵的施工除应符合本节的规定外,对钢筋、模板支架、混凝土、砌体等的施工尚应符合本规范相应章节的规定。

24.3.2 拱圈和出入口拱上端墙的砌筑施工,应由两侧向中间同时对称进行。

拱圈的砌筑施工通常按拱涵的分段长和拱圈全厚度,在拱顶处合龙,不允许从一侧向另一侧进行砌筑;同时为使拱圈均衡加载,拱上结构施工时,也需自两侧拱脚同时、对称地向拱顶进行。

24.3.3 拱涵、盖板涵混凝土的现场浇筑施工在涵长方向宜连续进行;当涵身较长不能一次连续完成时,可沿长度方向分段进行浇筑,施工缝应设在涵身的沉降缝处。现浇混凝土拱圈时,应对称浇筑,最后浇筑拱顶,或在拱顶预留合龙段最后浇筑并合龙。

现浇拱圈混凝土时需要对称浇筑,最后浇筑拱顶或在拱顶预留合龙段,其目的是减少拱圈混凝土收缩对拱圈截面应力的不利影响。

24.3.4 就地浇筑的拱涵和盖板涵,宜采用钢模板或胶合板模板。采用土胎就地现浇时应有保证浇筑质量的可靠措施。

采用全填土胎施工的条件是干旱性沟渠,从施工开始到拱圈完工期间,不会发生洪水冲毁土胎。但在采用这种方法施工时,需要有可靠的措施保证工程的质量。

24.3.5 拱圈、盖板的预制施工除应符合本规范第 17、19 章的相关规定外,尚应注意检查盖板上下面的方向,对斜交涵洞应注意斜交角的方向,避免发生反向错误。

安装预制盖板时发生上下方向错误,或斜交盖板发生斜交角方向错误的事故,在以往的施工中时有发生,故条文提示要注意避免。

24.3.6 预制拱圈和盖板的安装应符合下列规定:
1 预制构件的混凝土强度应达到设计强度的 85% 后,方可搬运安装,设计有规定时应从其规定。
2 安装前,应检查构件及拱座、涵台的尺寸;安装后,拱圈和盖板上的吊装孔,应以砂浆填塞密实。

3 拱座与拱圈、拱圈与拱圈的拼装接触面,应先拉毛或凿毛(沉降缝处除外),安装前应浇水湿润,再以 M10 水泥砂浆砌筑。

24.3.7 拱架拆除和拱顶填土应符合下列规定:
1 先拆除拱架再进行拱顶填土时,拱圈和护拱的砌筑砂浆或混凝土的强度应符合设计规定,设计未规定时,应达到设计强度的 85% 后,方可拆除拱架,且在拱架拆除时应先完成拱脚以下部分回填土的填筑;达到设计强度的 100% 后,方可进行拱顶填土。
2 在拱架未拆除的情况下进行拱顶填土时,拱圈和护拱砌筑砂浆或混凝土的强度应符合设计规定,设计未规定时,应达到设计强度的 85% 后,方可进行拱顶填土;拱架应在拱圈强度达到设计强度的 100% 后,方可拆除。

拱架拆除后,拱圈会产生较大的水平力,因此在拱架拆除时需要先完成拱脚以下部分回填土的填筑,以平衡拱圈的水平力。

24.4 箱涵

24.4.1 预制钢筋混凝土箱涵节段拼装时,接缝两侧的混凝土表面应采用清水冲洗干净,再按设计要求进行拼接施工。拼装时应符合下列规定:
1 设计未规定时,预制构件的混凝土强度应达到设计强度的 85%,方可吊运、安装。
2 构件安装前,应完成构件、地基、定位测量等验收工作。

24.4.2 就地浇筑的箱涵可视具体情况分阶段施工,且宜先进行底板和梗肋的混凝土浇筑,然后再完成剩余部分的混凝土浇筑。本阶段施工时前一阶段的混凝土强度要求以及施工缝的处理,应符合本规范第 6 章的规定。

涵身混凝土的现场浇筑,通常视具体情况分成 1~3 次浇筑施工。但本阶段施工时前一阶段混凝土的强度要求以及施工缝的处理,需要按本规范第 6 章的相关规定执行。若条件具备,要尽可能减少浇筑次数。

24.4.3 混凝土强度达到设计强度的 85% 时,方可拆除支架;达到设计强度的 100% 后,方可进行涵顶回填土。设计有具体要求的应从其规定。

24.5 倒虹吸管

24.5.1 倒虹吸管宜采用钢筋混凝土或混凝土圆管,进出水口应设置竖井及防淤沉淀井。施工时对管节接头及进出水口砌缝的质量应严格控制,不得漏水。填土覆盖前应做灌水试验,符合要求后,方可回填土。

倒虹吸管适用于路堤高度较低,不能修建明涵处;或因灌溉要求,需要提高灌溉渠底,建架空渡槽又不能满足道路净空要求处。倒虹吸管过水时,压力水流充满管内,容易渗漏到路基中,而影响路基的稳定和强度,因此管节接头及进出水口砌缝需要特别严密,不渗水。

24.5.2 倒虹吸管如需在冰冻期施工时,除应符合本规范第 25 章的规定外,还应在灌水试验后及时将管内积水排出。

倒虹吸管一般不在冰冻期施工,当一定要在此期间施工时,需要将管内积水排出,否则管内积水结冰后体积膨胀,将会使涵管冻裂。

24.5.3 倒虹吸管的进出水口应在完工后及时上盖,并应按设计要求及时安装防堵塞装置。

倒虹吸管的直径一般比较小,而水渠的流水中会有秸秆和杂草,极易堵塞倒虹吸管和竖井,一旦堵塞很难处理。

24.5.4 倒虹吸管灌水试验渗水量应符合表24.5.4的规定。

表24.5.4 倒虹吸管灌水试验渗水量限值

管径 (m)	最大渗水量(混凝土和钢筋混凝土)		管径 (m)	最大渗水量(混凝土和钢筋混凝土)	
	$m^3/(d·km)$	$L/(h·m)$		$m^3/(d·km)$	$L/(h·m)$
0.75	27	1.13	1.50	42	1.75
1.00	32	1.33	2.00	52	2.17
1.25	37	1.54	2.50	62	2.58

24.6 涵洞接长

24.6.1 接长涵洞的施工,除应符合本节的规定外,尚应符合本章相应类型涵洞的规定。

24.6.2 新建涵洞与既有涵洞连接处应按沉降缝处理。接长涵洞的涵底(铺砌)应与既有涵洞的涵底(铺砌)顺接,并应符合设计要求的涵底纵坡。

24.6.3 对有流水的涵址,施工前应根据实际情况制定可行的排水措施。

对有流水的涵洞进行接长施工与直接新建涵洞施工不同,新建涵洞能较为方便地将涵洞处的流水临时改道进行导流,而接长涵洞直接进行导流则难以实现,因此施工前需要根据实际情况制定可行的排水措施。

24.6.4 当明挖新建涵台的基底高程低于既有涵台基底高程时,应对既有涵台基础做好防护措施。

24.6.5 对在软基上采用沉入桩的涵洞基础,沉桩不宜采用射水或振动法施工;沉桩顺序应从靠近既有涵洞的一侧开始,逐排向外扩展,同时应随时监测既有涵台的沉降变形。

24.7 波纹钢涵洞

24.7.1 波纹钢的管节、块件及连接螺栓应符合下列规定:

1 波纹钢的管节、块件及连接螺栓宜采用定型产品,并应符合现行《公路涵洞通道用波纹钢管(板)》(JT/T 791)的规定。其管节和块件除应满足强度要求外,尚应具有足够的刚度,在运输和安装过程中应具备抵抗冲击力的能力,以及在安装就位后填土夯实时仍可保持不产生较大变形的能力。

2 波纹钢的管节、块件及连接螺栓均应作防腐处理。

2 由于波纹钢涵洞的材料为金属,故需对管节、块件及连接螺栓等作防腐处理,以满足耐久性的要求。

24.7.2 波纹钢构件进场时,应在检查产品质量证明书的基础上,对其质量进行组批抽样检验。组批时,同一牌号、同一规格、同一制造工艺的产品,应以50个管节或100个块件为一批,数量不足时亦应为一批;抽样时,应将规格和用量最大的管节或块件作为抽取对象,从每批产品中随机抽取一个管节或一个块件进行检验。检验项目为产品规格、尺寸偏差和外观质量等,检验试验方法及合格判定规则应符合现行《公路涵洞通道用波纹钢管(板)》(JT/T 791)的规定。

24.7.3 在运输、装卸、堆放和安装管节或块件时,应采取措施防止其变形或损坏,不得对管节和块件进行敲打或碰撞硬物,损伤其防腐涂层。管节在搬运、安装时不得滚动;块件在运输、堆放时应按同规格、同曲度进行叠放,且相互间宜设置适宜的材料予以隔离。对在施工中轻微损坏的防腐涂层,应涂刷防锈漆进行修补;变形严重或防腐涂层脱落的管节和块件不得用于工程中,应作更换处理。

24.7.4 波纹钢管涵的轴线与路线中线正交时,对进出水口处的端节,其外端面应与管涵轴线垂直且平整。管涵轴线与路线中线斜交,当斜交角度小于或等于20°时,可将端节波纹钢管的外端面切割成与路线中线平行的斜面,但斜切坡度宜不超过2:1,并应将端节采用螺栓锚固于端墙或路堤斜坡上;斜交角度大于20°时,管涵的设置方式应符合设计规定。

24.7.5 管节的地基应予压实,并应做成与管身弧度密贴的弧形管座,管座所采用的材料应匀质且无大石块等硬物。波纹钢管不得直接置于岩石地基或混凝土基座上,应在管节和地基之间设置砂砾垫层或其他适宜材料;对于软土地基,应先对其进行处理后,再填筑一层厚度不小于200mm 的砂砾垫层并夯实,方可安装管节;在寒冷地区,应对换填深度以及砂砾垫层材料的最大粒径和粉黏粒含量进行控制。

规定"波纹钢管不得直接置于岩石地基或混凝土基座上",是因为过于刚性的支承,不仅会降低管壁本身所具有的良好柔性,同时会降低其承载能力。规定"在寒冷地区,应对换填深度以及砂砾垫层材料的最大粒径和粉黏粒含量进行控制",主要是为了避免冻害。

24.7.6 对拱式结构的波纹钢涵洞,其拱座基础宜为钢筋混凝土或圬工结构,且波纹钢块件的拱脚应置于拱座的预留槽中,或牢固地与预埋金属拱座相连。拱座支承面的宽度应不小于波纹钢板的波幅尺寸。

24.7.7 波纹钢涵洞的安装施工应符合下列规定:
1 管节或块件的形式、规格、直径和厚度等应符合设计规定。
2 拼装管节时,上游管节的端头应置于下游管节的内侧,不得反置;采用法兰盘或管箍环向拼接时,应将螺栓孔的位置对准,并应按产品设计规定的扭矩值进行螺栓的施拧。
3 管节或块件的拼接处应清理干净,其接缝应采用不透水的弹性材料进行嵌塞,宽度宜为2～5mm;接缝嵌塞材料应连续,不得有漏水现象。
4 各管节应顺水流方向安装平顺,垫稳坐实,安装完成后管节内不得遗留泥土等杂物。
5 波纹钢管涵宜设置预拱度,其大小应根据地基可能产生的下沉量、涵底纵坡和填土高度等因素综合确定,但管涵中心的高程应不高于进水口的高程。
6 在涵洞的进出水口处,当波纹钢管节的管端与涵洞刚性端墙相连时,宜采用直径不小于20mm 的螺栓,按不大于500mm 的间距,将管节与端墙墙体予以锚固。

2 规定"上游管节的端头应置于下游管节的内侧",其目的是防止管内流水渗入接缝而将地基土淘空,导致全管涵破坏。

5 埋设于一般土质地基上的波纹钢管,在受力并经过一段时间后,经常会产生一定的下沉,而且是管道中部大于两端,所以铺设于路堤下的波纹钢管管身需要设置预拱度。预拱度通常为管长的0.6%～1.0%,最大不超过2.0%,以保证管道中部不会出现凹陷或逆坡为准。

24.7.8 波纹钢涵洞安装后的填土施工应符合下列规定:
1 填土的材料宜采用砾类土、砂类土,或砾、卵石与细粒土的混合料;当细粒土的成分为黏性土或粉土时,所掺入的石料体积应占总体积的2/3以上。

2 在距波纹钢管节或块件0.3m范围内的填土中,不得含有尺寸超过80mm的石块、混凝土块、冻土块、高塑性黏土块或其他有害腐蚀材料。

3 涵洞两侧的填土应对称、均衡地进行,水平分层的压实厚度宜为150~200mm。

4 在对涵洞两侧的回填土进行压实时,距波纹钢管节或块件外边缘2m范围内,宜采用小型压实机械或夯实机具进行作业,重型压实机械或其他重型机械均不得进入该范围;管节下方楔形部位的回填可采用砂砾料,并可采用"水密法"使其振荡密实。

5 管涵顶部填土前,对直径1.25m及以上的波纹钢管节,宜在管内设置一排竖向临时支撑;对直径大于2.0m的波纹钢管节,宜在管内设置竖向和横向十字临时支撑,防止其在填土和压实施工过程中产生变形。管内的临时支撑应在填土不再下沉后方可拆除。

6 对涵洞两侧的填土进行压实施工时,压实或夯实机械的作业方向应平行于涵洞的长度方向;对涵洞顶部的填土进行压实施工时,压实或夯实机械的作业方向应与涵洞的长度方向相垂直。

7 波纹钢涵洞顶部填土的最小厚度应在符合表24.7.8的规定后,方可允许车辆或筑路机械通行。

表24.7.8 波纹钢涵洞顶部最小填土厚度(mm)

直径或跨径 (m)	车辆轴载(kN)		
	100~200	201~500	501~1 000
0.75	500	600	800
0.80~1.25	600	800	1 200
1.30~2.00	800	1 200	1 600
3.00~4.00	1 200	1 600	2 000

注:1. 表中数值未考虑动荷载的效应。
　2. 直径或跨径的数值不连续时,其最小填土厚度的数值可内插求得。

5 实践表明,直径1.25m及以上的波纹钢管涵在填土过程中易产生变形,且管顶的下沉量通常都大于管侧,使圆管变成扁管,因此管顶填土前需要在管内设置临时支撑,防止其产生过大变形。

24.8 顶进施工

24.8.1 本节适用于将桥涵结构主体从既有公路、铁路路基及其他构筑物地基下顶进穿越的通道桥涵施工。

桥涵顶进施工法是利用机械设备的顶推力,将预制好的桥涵结构主体顶推穿越既有构筑物下伏土体的一种施工方法,适用于在不中断交通、不拆迁明挖的前提下穿越公路、铁路及其他构筑物的道路,具有对既有交通影响小、减少土方开挖量、减少占地拆迁、安全、快速、经济等优点,在工程实践中被大量采用。随着我国公路建设事业的发展,顶进施工法应用越来越广泛,出现了长大结构和复杂条件的顶进要求,如高速公路上的顶进桥涵跨度达到十几米,下穿高速公路的桥涵长度超过40m,有的需要穿越饱和软土地层,还有的需要穿越重要建筑物和古建筑等。

24.8.2 顶进施工前应进行现场调查,制订专项施工方案,并应进行下列计算和验算:

1 应进行工作坑地基的承载能力、边坡稳定性计算以及顶推后背承载能力计算。当采用从一侧顶进的方法施工时,应进行桥涵上覆土抗推能力计算。对于有沉降限值要求的工程,应进行地基或地面沉降计算。

2 采用对拉法、牵引法时,应进行拉杆或者拉索等受力构件的强度计算;采用对拉法、对顶法时,应进行桥涵上覆土抗隆起承载能力计算。

3 采用井点降水时,应进行水力计算。当实际地基的地质与设计资料不符时,应根据降水后实测的土力学指标,验算桥涵顶进过程中的地基承载力。

顶进施工前进行现场调查的主要内容包括工程地质、水文地质和各种管路、线路等障碍物,以及既有道路和构筑物的安全要求、交通和环境保护等要求。

目前采用顶进法施工跨度大、长度大的桥涵越来越多,有的上覆土很薄,有的地质情况复杂,有的对地基或地面沉降有特殊要求。实际调查发现,沉降过大、上覆路面的推移、后背破坏、桥涵严重扎头等诸多问题给工程的质量、进度和安全带来极大影响。只有在施工方案设计阶段重视这些问题,才能保证工程质量。

本条虽然针对容易出现问题的方面列举了计算项目,但在实际工作中,需要结合工程要求进行包括但不限于所列项目的设计计算,以保证顶进工作的顺利和安全。

对于计算方法,由于相关研究不成熟,未作出统一规定。需尽量选择相关规范规定的方法;规范未规定的,可以选择应用较多、较成熟的计算方法。对计算方法和结果有怀疑时,则需要进行试验。

24.8.3 顶进作业宜在地下水位降至基底以下 0.5~1.0m 时进行,且宜避开雨季施工,必须在雨季施工时应做好防洪及防雨排水工作。复杂条件下的大型桥涵顶进施工时,应根据地质条件和上部建筑的结构安全要求,采取必要的顶进围护结构和地基加固措施,保证顶进施工自身以及上部、周边构筑物的安全。

桥涵的顶进在雨季或在复杂条件下施工时,容易发生坍塌等事故,规定本条的目的是保证施工的安全。

24.8.4 顶进工作坑及后背的施工应符合下列规定:

1 工作坑的位置应根据现场地形、土质、结构物尺寸及施工需要确定,在保证排水和安全的前提下,工作坑边缘距公路、铁路和其他构筑物应有足够的安全距离。

2 工作坑基底和顶推后背的承载力应能满足顶入桥涵的要求,边坡应稳定,否则应加固。

3 工作坑滑板的中心线应与桥涵中心线一致。滑板应具有足够的强度、刚度和稳定性,必要时应在滑板上层配置钢筋网,防止顶进时滑板开裂;滑板的表面应平整,底面宜设粗糙面或锚梁增加抗滑能力,且宜将滑板做成前高后低的仰坡,坡度宜为 0.2%~0.5%,地基承载力较好时宜取小值,反之取大值。沿顶进方向的滑板两侧距桥涵外缘 50~100mm 处宜设置导向墩,控制桥涵的顶入方向。

2 后背承受桥涵顶入时的水平顶力,位于工作坑后部,它虽是临时构造物,但需要安全可靠,满足强度和稳定性的要求。后背通常选用板桩式(钢板桩或型钢)、重力式或拼装式等,对所需顶力小的顶管也可以采用原土后背。

(1)后背的强度计算需要考虑以下两点:

顶入前,后背需承受其后填土的水平推力(主动土压力)。

顶入时,板桩式后背由桩后土的水平抗力(被动土压力)承受全部千斤顶的顶力;重力式后背则由结构自重与土的摩阻力及部分土的抗力承受顶入时的顶力。

桥涵顶入时所需的顶力要克服由于桥涵重力产生于滑板上的摩阻力、周围土的摩阻力及前刃角切土时的阻力。顶力通常按式(24-1)进行计算:

$$P = k[N_1 f_1 + (N_1 + N_2) \cdot f_2 + 2Ef_3 + RA] \tag{24-1}$$

式中:P——最大顶力(kN);

N_1——桥涵顶面上的荷载(包括线路加固材料重力)(kN);

f_1——桥涵顶面与其上荷载的摩擦系数,由试验确定,无试验资料时,可视顶上润滑处理情况,采用下列数值:涂石蜡为 0.17~0.34,涂滑石粉浆为 0.30,涂机油调制的滑石粉浆为 0.20,覆土较厚时用 0.7~0.8;

N_2——桥涵重力(kN);

f_2——桥涵底面与基底土的摩擦系数,由试验确定,无试验资料时,视基底土的性质可以采用 0.7~0.8;

E——桥涵两侧土压力(kN);

f_3——侧面摩擦系数,由试验确定,无试验资料时视土的性质可采用0.7~0.8;

R——土对钢刃角正面的单位面积阻力,由试验确定,无试验资料时视刃角构造、挖土方法、土的性质对细粒土取 500~550kPa,对粗粒土取 1 500~1 700kPa;

A——钢刃角正面积(m^2);

k——系数,一般采用1.2。

(2)重力式后背墙的设计与施工通常按一般砌体或混凝土挡墙进行,但需考虑桥涵顶入时所承受的反力,并使土体的静土压力线与顶力作用线一致。

(3)板桩后背墙一般按顶端锚碇板桩进行设计。通常根据地形、地貌及设备情况采用埋桩或打桩,但需要使千斤顶的施力点与墙后被动土压力的合力点一致,当发生最大顶力时,保持板墙稳定。

(4)与滑板连为整体的后背,其设计顶力需要从桥涵的最大顶力中减去滑板的抗滑力。

(5)后背施工时需注意下列事项:

①如后背与滑板设计为整体时,混凝土要连续浇筑,不留施工缝。

②在浇筑后背梁混凝土时,后背梁与板桩或后墙之间需设置隔离层,以利竣工后板桩或墙的拆除。

③拼装式后背的预制块和预制桩通常在工厂集中预制,后背的垫层用浆砌片石或填筑砂石等,垫层后的填土需分层夯实。

④后背梁采用横顶铁时,需要使接触面保持平直,不得有空隙,并须垂直于桥涵中线。

(6)以工作坑壁原土做顶管后背时,需注意下列事项:

①计算原土后背横排方木面积时,需要满足顶力所需的土的允许承压应力,若缺乏试验资料时,对一般土质,可以按不超过 150kPa 考虑。

②方木需置于工作坑以下一定深度,使千斤顶的着力点约在方木高度的2/5处。

③后背土壁需铲修平整,并使设置横木处的壁面与管道顶入方向垂直。

3 为减少桥涵主体结构与滑板的摩擦力,除控制滑板的表面平整度外,可以在滑板表面设置润滑隔离层。润滑隔离层分为润滑层和隔离层两部分。润滑剂采用石蜡润滑剂(石蜡:机油 = 1:0.2),在滑板顶面干燥后,均匀涂刷2~3遍。隔离层采用塑料薄膜,薄膜上抹25mm厚水泥砂浆保护层。

根据实际应用效果,滑板需设置仰坡,但不同的地基情况要有所不同。规定仰坡上限的原因是:不宜采用增大仰坡的方法来弥补地基承载力的不足,否则会加大高程控制难度,造成地面沉降增大,影响工程质量。当地基较差时,要首先考虑对地基加固。

24.8.5 通道桥涵的预制除应符合本规范相应章节的规定外,支模时尚应使两侧侧墙的前端保持 10mm 的正偏差,后端保持 10mm 的负偏差。预制桥涵的前端应按设计要求设置钢刃角。

24.8.6 顶进作业应符合下列规定:

1 顶进前应对桥涵主体结构进行质量验收,同时应检查顶进设备并做预顶试验。千斤顶应按桥涵的中轴线对称布置,顶进的传力设备安装时应与顶力线一致并与横梁垂直;顶程较长时,顶柱与横梁应采用可靠的方法固定。

2 桥涵顶进时的挖土应与监测紧密配合,根据顶进偏差应随时调整挖土方法,挖土时应保持刃角有足够的吃土量,挖掘进尺及坡度应视土质情况确定。

3 涵管顶进施工时应在工作坑内安装导轨,导轨高程的允许偏差宜为 ±2mm,中心线的允许偏差宜为3mm。首节涵管安放在导轨上时,应测量其中线和前后两端的高程,符合要求后方可顶进。作业时可在涵管前端先挖土后顶进,且轴向超挖量在铁路道砟下不得大于100mm,其余情况不得大于

300mm,涵管上部超挖量不得大于15mm,下部135°范围内不应超挖。

4 顶进作业宜连续进行,不宜长期停工,应防止地下水渗出,造成坍塌。发生事故时应立即停止顶进并进行处理。

5 桥涵顶进时,对节间接缝及结构物应按设计要求进行防水处理。

桥涵顶进施工过程中,如有铁路列车通过,则不能挖土,施工人员需要离开土坡1m以外,发现塌方危险影响行车安全时,要迅速组织抢修加固。

24.8.7 桥涵顶进作业时应进行下列监测与控制:

1 桥涵顶进施工过程中,应监测桥涵主体结构的倾斜和偏位以及后背的变形,如有偏差应采取措施及时纠正。

2 穿越铁路顶进施工时,应监测线路加固受力构件的变形、线路横移量、轨道沉降等;穿越公路顶进施工时,应监测路面的沉降、路面横移量、路面隆起等;穿越重要构筑物顶进施工时,应根据其结构安全要求确定监测的内容和方法,采取控制措施。

1 施工监控是保证顶进施工质量的重要手段,在顶进过程中需要实时进行监测与控制,及时分析测量数据,随时准确掌握顶进桥涵主体结构的状态,预测其发展趋势。发生左右偏差时,一般采用挖土校正法和千斤顶校正法进行调整;发生上下偏差时,一般采用调整刃角挖土量、铺筑石料、基底注浆、插入小桩等方法进行调整。

2 2005年9月2日,《关于严格执行桥涵顶进施工限制速度的通知》通知要求施工过程中各铁路局要按《铁路营业线施工及安全管理办法》的规定,控制慢行距离和慢行速度,桥涵顶进施工限制速度应不小于45km/h,以减少施工对运输的影响。各单位在执行《铁路技术管理规程》《铁路线路维修规则》《铁路工务安全规则》等规则时应与上述规定保持一致。对低于此限速要求者将要追究有关人员责任。

高速公路交通管理部门还未提出顶进施工期间的限速要求,但是调查发现,因施工原因造成影响交通的事例较多。根据高速公路交通管理的有关规定,在正常情况下车速应不小于50km/h。为了减少对交通影响,确保行车安全,按照满足50~80km/h的要求制定路面变形控制标准是适宜的。北京西单地铁站在暗挖施工时,参照当时日本的标准,要求控制路面沉降标准为小于或等于30mm。

本手册建议采用路面沉降不大于30mm,路面隆起不大于20mm,路面横移不大于50mm的标准。

24.9 通道的防水与排水设施

24.9.1 通道防水与排水设施的施工应符合下列规定:

1 通道防水设施的施工应符合设计要求,并应在结构物验收合格后方可施工。

2 通道桥涵地面以下结构和防、排水设施施工时,应防止周围的地面水流入基坑,当基坑底低于地下水位时,应采用井点法或其他排水方法将地下水位降低至桥涵底部防水层以下不小于0.3m处。不得在带泥水情况下进行防水混凝土和其他防、排水设施的施工。

3 排水工程应按设计规定施工;设计未规定时,集水井、排水管、水泵、总排水管(明渠)的排水能力应大于地面汇水范围内设计水流量的1.5倍。

4 集水井的数量、尺寸应根据地面水流量和每个集水井的泄水能力确定,井口应设平箅盖,并应设深度不小于0.3m的沉淀池。集水井、检查井的深度宜为1.5m,并应考虑通道桥涵排水构造和冻胀的影响。

24.9.2 排水管道和排水总管的施工应符合下列规定:

1 排水管道应垫稳并连接平顺,管间承插口或套环接口应平直,环间间隙应均匀。管道与集水井间应连接牢固,接缝处和结合处均应采用弹性不透水材料充填密实。采用抹带接口时,其表面应平整,不得有裂缝、间断及空鼓等现象。

2 排水管道或排水总管每隔50m及转弯处均应设检查井,井底应设沉淀池。管道的纵坡应不小于0.5%。

3 应对排水管道和排水总管做闭水试验,其允许渗水量应符合本规范表24.5.4的规定。

24.9.3 自流式盲沟排水和渗排水层排水的施工应符合下列规定:

1 盲沟滤管基座应采用混凝土浇筑,并应与滤管密贴;纵坡应均匀,无反向坡。管节应逐节检查,不合格者不得使用。

2 渗排水层可由粗细卵石和粗细砂分层构成。施工时基坑中如有积水,应将水位降到砂滤水层以下,且不得在泥水层中做滤水层。施工完成后的渗排水系统应保持畅通。

25 冬期、雨期和热期施工

25.1 一般规定

25.1.1 冬期、雨期和热期的桥涵施工,应根据不同的季节特点制订相应的施工技术方案,并应采取有针对性的措施,保证工程质量和施工安全。

不同季节有其不同的气候和气温特点,需要采取有针对性的措施,方能保证工程质量和施工安全。

25.1.2 施工前应及时掌握气温、雨雪、风暴、汛情等预报,制订应急预案,做好安全防范工作,避免发生事故。施工操作人员应按劳动保护的规定,采取必要的防护措施。

对突发的灾害性天气,及时掌握预报信息,是制订应急预案、做好防范工作、避免发生事故的重要前提,预报信息需要通过各种渠道及时获得。

25.1.3 冬期、雨期和热期的施工除应符合本章的规定外,尚应符合本规范其他章节的相关规定。

25.2 冬期施工

25.2.1 根据当地多年气温资料,室外昼夜日平均气温连续5d稳定低于5℃时,钢筋、预应力、混凝土及砌体等工程应采取冬期施工的措施。严寒期不宜进行施工。

日平均气温是指一天24h的平均气温。气象学上通常用一天中02:00、08:00、14:00及20:00四个时刻气温的平均值,作为一天的平均气温。在夏季一般是以日最高气温作为衡量天气的标准,如果日最高气温达到35℃,即为高温天气;冬季的日平均气温如果低于5℃,则为低温天气。在这两种情况下,气象部门都会发布高温或低温警报。

25.2.2 冬期施工的工程,应预先做好冬期施工组织计划及技术准备工作。对各项设施和材料,应提前采取防雪、防冻、防火及防煤气中毒等防护措施;对钢筋的冷拉和预应力筋的张拉,应制定专门的施工工艺及安全技术方案;对处于结冰水域的结构物,应采取必要的防护措施,防止其在施工期间和完工后遭受冻胀、流冰撞击等危害。

冬期施工的准备工作主要包括两个方面:一是组织准备,二是技术准备。组织准备是指为各项设施配备必要的材料、施工人员安排及需要采取的防护措施;技术准备是指根据冬期施工的特点进行的专项施工设计、制订施工技术方案和施工工艺等。

25.2.3 冬期施工期间,除永冻地区外,地基在基础施工和养护时,均不得受冻。

25.2.4 钢筋的焊接、冷拉及预应力筋的张拉应符合下列规定:
1 焊接钢筋宜在室内进行;当必须在室外进行时,最低温度宜不低于-20℃,并应采取防雪、挡风等措施,减少焊件的温度差。焊接后的接头严禁立刻接触冰雪。
2 冷拉钢筋时环境温度宜不低于-15℃,当采取可靠的安全措施时可不低于-20℃;当采用控制应力或冷拉率方法冷拉时,冷拉控制应力宜较常温时酌予提高,提高值应经试验确定。

3　张拉预应力筋时的环境温度应不低于-15℃。

4　钢筋冷拉设备、预应力筋张拉设备以及仪表工作油液,应根据实际使用时的环境温度选用,并应在使用时的环境温度条件下进行配套校验。

1　在室外环境温度低于-5℃条件下进行闪光对焊或电弧焊时,除要符合常温焊接的有关规定外,尚需调整焊接工艺参数,如焊接电流、电弧电压、焊接通电时间、调伸长度、闪光留量及引弧提升高度等,使焊缝和热影响区缓慢冷却。风力超过4级时,一般需要采取挡风措施。环境温度低于-20℃时,焊接不能保证质量,因此不能施焊。

2　一般情况下,钢筋的冷拉通常是对小直径的HPB300钢筋采取的措施。钢筋冷拉是以超过钢筋屈服点的拉应力拉伸钢筋,使钢筋产生塑性变形,以提高屈服点强度,节约钢材。低温时钢筋的屈服点强度较常温时略有提高,而拉伸率与常温时相差不大,故低温时冷拉控制应力需酌情提高,否则就达不到冷拉钢筋提高屈服点强度的目的。但提高值需经试验确定,因为拉应力过大可能会产生冷脆拉断,过小则达不到目的。

3　预应力筋不论是钢丝、钢绞线或螺纹钢筋,其屈服点强度与抗拉极限强度相差较小,常温时张拉就需要注意安全,低温下张拉的安全性更差,因此在张拉时气温不能低于-15℃。

25.2.5　混凝土的配制和搅拌应符合下列规定:

1　配制混凝土时,宜选用硅酸盐水泥或普通硅酸盐水泥,水泥的强度等级宜不低于42.5,水胶比宜不大于0.5;采用蒸汽养护时,宜选用矿渣硅酸盐水泥;采用加热法养护掺加外加剂的混凝土时,严禁使用高铝水泥;使用其他品种的水泥时,应考虑其掺合材料对混凝土强度、抗冻、抗渗等性能的影响。当有抗冻性要求时,混凝土的配制应符合本规范第6.13.3条的规定。

2　搅拌设备宜设在气温不低于10℃的厂房或暖棚内。拌制混凝土前及停止拌制后,应采用热水冲洗搅拌机的拌盘或鼓筒。集料宜堆放在棚房内或采用保温材料进行覆盖,防止出现冻块。

3　拌制混凝土时各种材料的温度,应满足混凝土拌合物搅拌合成后所需要的温度。当材料原有温度不能满足要求时,应首先考虑对拌和用水加热;仍不能满足要求时,再考虑对集料加热;水泥仅能保温,不得加热。各种材料需要加热的温度应根据冬期施工热工计算公式计算确定,但不得超过表25.2.5的规定。

表25.2.5　拌和水及集料最高温度(℃)

项　目	拌和水	集　料
强度等级小于42.5的普通硅酸盐水泥、矿渣硅酸盐水泥	80	60
强度等级大于或等于42.5的普通硅酸盐水泥、矿渣硅酸盐水泥	60	40

注:当集料不加热时,水可加热到100℃,但水泥不应与80℃以上的水直接接触。

4　冬期搅拌混凝土时,应严格控制混凝土的配合比和坍落度,集料不得带有冰雪和冻结团块。投料前,应先采用热水或蒸汽冲洗搅拌机。加料顺序应先为集料、水,稍加搅拌后再加入水泥,且搅拌时间应比常温时延长50%。混凝土拌合物的出机温度宜不低于10℃。

1　混凝土冬期施工选用水泥的原则是早期强度要较高,能较快达到耐冻所需的强度。对于采用矿渣硅酸盐水泥拌制的混凝土,若用蒸汽养护,其后期强度不降低。因此,在采取蒸汽养护混凝土时,通常选用矿渣硅酸盐水泥。冬期施工采用高铝矿渣水泥或火山灰水泥等混合材料较多的水泥时,因其抗冻性能较差,需要同时掺入适量的抗冻剂,以降低混凝土的冰点温度,提高混凝土的抗冻性。采用高铝水泥拌制的混凝土在硬化过程中,环境温度如超过30℃,则由于水化作用将形成水化铝酸三钙,使强度大幅降低,故禁止采用。

4　规范表25.2.5中规定水泥不能与80℃以上的水直接接触,是因为水泥与高于80℃以上的水接触时,将使水泥发生假凝现象,影响水泥颗粒的分散及与集料充分的包裹,从而降低混凝土的强度。

25.2.6 混凝土的运输和浇筑应符合下列规定：

1 混凝土的运输时间应最大限度地缩短，运输混凝土的容器应有保温措施。

2 混凝土的入模温度应不低于5℃，浇筑前应清除模板、钢筋上的冰雪和污垢。浇筑完成后开始养护时的温度，采用蓄热法养护时应不低于10℃，采用蒸汽法养护时应不低于5℃，细薄结构应不低于8℃。

3 冬期施工在浇筑混凝土时，应在新混凝土浇筑前对接合面加热，其温度应保持在5℃以上。浇筑完成后，应采取措施使混凝土接合面继续保持正温，直至新浇混凝土达到规定的抗冻强度。浇筑预应力混凝土构件的湿接缝时，应适当降低水胶比。浇筑完成后应加热或连续保温养护，直至接缝混凝土或水泥砂浆抗压强度达到设计强度的75%。

4 应采取有效措施，防止水进入结构或梁板的孔道内，使其产生冻胀。

5 喷射混凝土作业区的环境温度和进入喷射机的材料温度应不低于5℃。已喷射混凝土的强度达到5MPa前不得受冻。

4 水一旦进入结构或梁板的孔道内后，气温在0℃及以下时会结冰，气温升高后融化的水会产生冻胀现象，而其冻胀力将导致混凝土结构的开裂，因此需要采取有效措施防止。

25.2.7 混凝土的养护应符合下列规定：

1 冬期施工期间，采用硅酸盐水泥或普通硅酸盐水泥配制的混凝土，在其抗压强度达到设计强度的40%以前；采用矿渣硅酸盐水泥配制的混凝土，在其抗压强度达到设计强度的50%以前，均不得受冻。

2 混凝土的养护时间宜较常温下的养护时间延长3~5d。

3 混凝土的养护方法，宜根据技术、经济比较和热工计算确定。当室外最低温度不低于-15℃时，地面以下的工程或结构表面系数不大于15m^{-1}的结构，宜采用蓄热法养护；当蓄热法不能适应强度增长速度要求时，可根据具体情况，选用蒸汽加热、暖棚加热等方法进行养护。

4 对即将进入冬期施工前在常温下浇筑但仍处于养护期内的混凝土，应按冬期施工的要求对其进行保温养护。

1 根据现行行业标准《建筑工程冬期施工规程》(JGJ/T 104)的规定，采用硅酸盐水泥或普通硅酸盐水泥配制的混凝土的抗冻临界强度为设计混凝土强度标准值的30%，采用矿渣水泥配制的混凝土的抗冻临界强度为设计混凝土强度标准值的40%。考虑到公路桥涵冬季施工的气温、湿度等环境条件较差，本规范将抗冻强度各提高10%，故分别定为40%和50%。

3 蓄热法是混凝土冬期施工养护的主要方法，当满足条文所列要求时，要尽量优先采用。以蓄热法养护混凝土时，为了使混凝土在入模浇筑成型后，其水化热能满足强度增长的需要，需要有一定的入模温度，否则强度增长慢，无法达到混凝土本身抗冻的要求。

25.2.8 采用蓄热法养护混凝土时，应符合下列规定：

1 应根据环境条件，在经计算能保证结构物不受冻害的情况下方可采用蓄热法养护混凝土。

2 混凝土应采用较小的水胶比，养护过程中应采取加速混凝土硬化和降低混凝土冻结温度的措施。对容易冷却的结构部位，应特别加强保温，且不应往混凝土和覆盖物上洒水。

25.2.9 采用蒸汽加热法养护混凝土时，混凝土的升、降温速度不得超过表25.2.9的规定。采用普通硅酸盐水泥时，养护温度宜不超过80℃；采用矿渣硅酸盐水泥时，养护温度可提高到85℃。对大体积混凝土，养护时的升、降温速度宜按温控设计的要求确定。

表25.2.9 加热养护混凝土的升、降温速度(℃/h)

表面系数(m^{-1})	升温速度	降温速度
≥6	15	10
<6	10	5

25.2.10 采用暖棚加热法养护混凝土时,暖棚应坚固、不透风,内墙宜采用非易燃性材料,且暖棚内应有防火、防煤气中毒的安全防护措施。暖棚内的温度不得低于5℃,且宜保持一定的湿度;湿度不足时,应向混凝土表面及模板洒水。

25.2.11 采用蓄热法和加热法养护的混凝土结构,其模板的拆除应符合下列规定:
1 应根据与结构同条件养护试件的试验,证明混凝土已达到要求的抗冻强度及拆模强度后方可拆除。
2 加热养护的结构模板和保温层,在混凝土表面冷却到5℃以后,方可拆除。拆除后当混凝土表面温度与环境温度相差大于20℃时,仍应对混凝土表面加以覆盖保温,使其缓慢冷却。
2 混凝土表面温度与环境温度相差大于20℃时,如对拆模后的混凝土表面不加以覆盖,则混凝土表面冷却过快,将会产生收缩裂缝。

25.2.12 对掺用防冻剂的混凝土,其养护应符合下列规定:
1 在负温条件下严禁洒水,外露表面应采用塑料薄膜及保温材料双层覆盖养护。养护温度不得低于抗冻剂规定的温度,当达不到规定温度时,应采取加热保温措施。
2 拆模后混凝土的表面温度与环境温度差大于15℃时,仍应对混凝土表面采取覆盖保温措施。

25.2.13 灌注桩在冬期施工时,混凝土不得掺加抗冻剂,灌注时混凝土拌合物的温度应不低于5℃。对已凿除桩头预留混凝土的桩顶部位,应采取措施进行覆盖保温养护。

25.2.14 砌体冬期施工时,所使用的材料应符合下列规定:
1 砌块应干净,无冰霜附着;砂不得含有冰块或冻结团块。被水浸泡后受冻的砌块不得使用。
2 砂浆宜采用普通硅酸盐水泥拌制,搅拌时间宜比常温时增加0.5~1倍,且宜随拌随用,砌石砂浆的稠度宜较常温适当加大。砌筑时砂浆应保持正温,砂浆与石料或砌块表面的温差宜不超过20℃。

25.2.15 砌体采用保温法在暖棚中砌筑时,砌块的温度应在5℃以上;砂和水加温拌和的砂浆,其温度应不低于15℃;棚内地面处的温度应不低于5℃。砂浆的保温时间应以达到其抗冻强度为准,养护期间应洒水,保持砌体湿润。

冬期施工前后气温突然降低时,正在施工的砌体工程可以采取下列措施:
(1)对拌和砂浆的材料加热,且采用两步投料法,水温不超过80℃,砂不超过40℃,并要使砂浆的温度不低于20℃。
(2)拌制砂浆的速度需与砌筑进度密切配合,随拌随用。
(3)砌筑完成部分的砌体需要采用保温材料覆盖,气温低于5℃时,不能洒水养生。
(4)当需加速砂浆硬化、缩短保温时间时,可以在水泥砂浆中掺加适量氯化钙等早强剂,其掺量需通过试验确定。表25-1是在保温棚中或露天气温在5℃以上时,砂浆(小石子混凝土)中掺入氯化钙早强剂后的早期强度对比,与第25.2.16条第3款抗冻砂浆的强度不同。

表25-1 氯化钙掺量和砂浆相对强度

砂浆龄期 (d)	氯化钙与水泥用量比		
	1%	2%	3%
1	180	210	250
2	160	200	230
3	140	170	190

续上表

砂浆龄期 (d)	氯化钙与水泥用量比		
	1%	2%	3%
5	130	150	160
7	120	130	140

注：以未加早强剂的同龄期砂浆强度为100进行对比。

25.2.16 采用抗冻砂浆砌筑砌体时，应符合下列规定：

1 抗冻砂浆在严寒地区宜采用硅酸盐水泥或普通硅酸盐水泥，其他地区可采用矿渣水泥、火山灰水泥或粉煤灰水泥；抗冻砂浆宜采用细度模数较大的砂；抗冻剂掺量宜通过试验确定。

2 抗冻砂浆使用时的温度应不低于5℃。当设计无要求且一天最低气温低于－15℃时，承重砌体的砂浆强度应按常温时提高一级。

3 采用抗冻砂浆砌筑的砌体，应在砌筑后加以覆盖，但不得洒水。对未采取抗冻措施的浆砌砌体，在砂浆抗压强度达到设计强度的70%前，不得受冻。

抗冻砂浆是在砂浆内掺入一定数量的抗冻化学剂（一般为氯盐），使砂浆在一定负温度下不冻结，且强度能够继续缓慢增长；或在砌筑后缓慢受冻，而在冻结前达到一定强度（一般为20%以上）。此种砂浆解冻后的强度、黏结力与在常温下一样能继续上升，强度不受损失或损失很小。抗冻砂浆在使用前不能低于5℃，这样可以使砂浆有较好的和易性，并在气温降到砂浆的冻结温度时，强度还可以缓慢增长。抗冻砂浆的抗冻剂参考掺量见表25-2。

表25-2 抗冻砂浆的抗冻剂掺量

抗冻剂类别	砌后预计7d内最低气温(℃)			
	－5	－10	－15	－20
	掺量(%)			
单盐氯化钠	6	10	—	—
单盐氯化钙	8	10	—	—
氯化钠＋氯化钙	3＋3	6＋4	8＋5	10＋5

注：1. 掺量按拌和水质量的百分数计；
　　2. 表中掺量可根据具体情况和强度增长速度要求，参照可靠经验或通过试验增减；不允许严重析盐的砌体，应采用较小掺量。

25.2.17 冬期施工时，混凝土工程的质量检验除应符合本规范第6章的规定外，尚应符合下列规定：

1 应对混凝土用水和集料的加热温度、混凝土的加热养护方法和时间等进行检查。

2 集料和拌和水输入拌和机时的温度、混凝土自拌和机输出时的温度及浇筑时的温度，每一工作班至少应检查3次。

3 对混凝土在养护期间温度的检查，当采用蓄热法养护时，每昼夜至少应定时检查4次；采用加热法养护时，升温及降温期间至少每1h应检查1次，恒温期间至少每2h应检查1次。对室内外的环境温度，每昼夜应定时定点检查4次。

4 检查混凝土温度前，应绘制测温孔布置图并编号，对测温孔的位置，当采用蓄热法养护时，应设置在易冷却部位；当采用加热法养护时，应在离热源不同位置分别设置；厚大结构应在表层及内部分别设置。测温时温度计应与外界温度隔绝，并应在测温孔内留置不少于3min。

5 混凝土除应预留标准试件外，尚应制取相同数量与结构同条件养护的试件。对采用蒸汽加热法养护的混凝土结构，除应制取标准养护试件外，应同时制取与混凝土结构同条件蒸养后，再在标准条件下养护到28d的试件，用以检查经过蒸养后混凝土28d的强度。冬期施工混凝土的质量检验评定方法与常温施工混凝土相同。

5 蒸汽加热养护的混凝土采用不适宜的水泥时,后期强度可能降低,因此需要增加与结构同条件养护后再标准养护到28d的试件,以检验和保证其强度。

附：冬期施工热工计算

(1)混凝土拌合物的温度按式(25-1)计算：

$$T_0 = [0.9(W_c T_c + W_s T_s + W_g T_g) + 4.2 T_w (W_w - P_s W_s - P_g W_g) + c_1 (P_s W_s T_s + P_g W_g T_g) - c_2 (P_s W_s + P_g W_g)] \div [4.2 W_w + 0.9(W_c + W_s + W_g)] \tag{25-1}$$

式中： T_0——混凝土拌合物的温度(℃)；

W_w、W_c、W_s、W_g——水、水泥、砂、石的用量(kg)；

T_w、T_c、T_s、T_g——水、水泥、砂、石的温度(℃)；

P_s、P_g——砂、石的含水率(%)；

c_1、c_2——水的比热容(kJ/kg·K)及溶解热(kJ/kg),当集料温度>0℃时,$c_1 = 4.2$,$c_2 = 0$；当集料温度≤0℃时,$c_1 = 2.1$,$c_2 = 335$。

(2)混凝土拌合物的出机温度按式(25-2)计算：

$$T_1 = T_0 - 0.16(T_0 - T_b) \tag{25-2}$$

式中：T_1——混凝土拌合物的出机温度(℃)；

T_b——搅拌机棚内温度(℃)。

(3)混凝土拌合物经运输至成型完成时的温度按式(25-3)计算：

$$T_2 = T_1 - (\alpha t + 0.032 n) \times (T_1 - T_a) \tag{25-3}$$

式中：T_2——混凝土拌合物经运输至成型完成时的温度(℃)；

t——混凝土自运输至浇筑成型完成的时间(h)；

n——混凝土转运次数；

T_a——运输时的环境气温(℃)；

α——温度损失系数(h_m^{-1}),当采用混凝土搅拌输送车时,$\alpha = 0.25$；当采用开敞式大型自卸汽车时,$\alpha = 0.20$；当采用开敞式小型自卸汽车时,$\alpha = 0.30$；当采用封闭式自卸汽车时,$\alpha = 0.10$；当采用手推车时,$\alpha = 0.50$。

(4)考虑模板和钢筋吸热影响,混凝土成型完成时的温度按式(25-4)计算：

$$T_3 = (c_c W_c T_2 + c_t W_t T_f + c_g W_g T_g)/(c_c W_c + c_t W_t + c_g W_g) \tag{25-4}$$

式中：T_3——考虑模板和钢筋吸热影响,混凝土成型完成时的温度(℃)；

c_c、c_t、c_g——混凝土、模板材料、钢筋的比热容(kJ/kg·K)；

W_c——每立方米混凝土的质量(kg)；

W_t、W_g——与每立方米混凝土相接触的模板、钢筋的质量(kg)；

T_f、T_g——模板、钢筋的温度,未预热者可采用当时环境气温(℃)。

(5)混凝土蓄热养护过程中的温度计算公式如下。

①混凝土蓄热养护开始至任一时刻t的温度按式(25-5)计算：

$$T = \eta e^{-\theta vt} - \varphi e^{-vt} + T_m \tag{25-5}$$

②混凝土蓄热养护开始至任一时刻t的平均温度按式(25-6)计算：

$$T = \frac{1}{vt} \left[\varphi e^{-vt} - \left(\frac{\eta}{\theta}\right) e^{-\theta vt} + \left(\frac{\eta}{\theta}\right) - \varphi \right] + T_m \tag{25-6}$$

其中,综合参数θ、φ、η为：

$$\theta = \frac{\omega K \varphi}{v c_c \rho_c} \tag{25-7}$$

$$\varphi = \frac{vc_c W_c}{vc_c \rho_c - \omega K\varphi} \tag{25-8}$$

$$\eta = T_s - T_m + \varphi \tag{25-9}$$

式中：T——混凝土蓄热养护开始至任一时刻 t 的温度（℃）；

T_m——混凝土蓄热养护开始至任一时刻 t 的平均温度（℃）；

t——混凝土蓄热养护开始至任一时刻的时间（h）；

ρ_c——混凝土质量密度（kg/m^3）；

c_c——水泥累积最终放热量（kJ/kg）；

v——水泥水化速度系数（h^{-1}）；

ω——透风系数；

φ——结构表面系数（m^{-1}）；

K——围护层的总传热系数[$kJ/(m^2 \cdot h \cdot K)$]；

e——自然对数之底，可取 e = 2.72。

a. 结构表面系数 φ 值可按式(25-10)计算：

$$\varphi = \frac{A_c}{V_c} \tag{25-10}$$

式中：A_c——混凝土结构表面积；

V_c——混凝土结构总体积。

b. 平均气温 T_m 的取法，可采用蓄热养护开始至 t 时气象预报的平均气温，若遇大风雪及寒潮降临，可按每时或每日平均气温计算。

c. 围护层的总传热系数 K 值可按式(25-11)计算：

$$K = \frac{3.6}{0.04 + \sum_{i=1}^{n} \frac{d_i}{k_i}} \tag{25-11}$$

式中：d_i——第 i 围护层的厚度（m）；

k_i——第 i 围护层的导热系数（$W/m \cdot K$）。

d. 水泥累积最终放热量 c_c、水泥水化速度系数 v 及透风系数 ω 按表 25-3 和表 25-4 取值。

表 25-3 水泥累积最终放热量 c_c 和水泥水化速度系数 v

水泥品种及强度等级	c_c（kJ/kg）	v（h^{-1}）
42.5 级硅酸盐水泥	400	0.013
42.5 级普通硅酸盐水泥	360	
32.5 级普通硅酸盐水泥	330	
32.5 级矿渣、火山灰、粉煤灰硅酸盐水泥	250	

表 25-4 透风系数 ω

保温层的种类	透风系数 ω		
	小风	中风	大风
保温层由容易透风材料组成	2.0	2.5	3.0
在容易透风材料外面包以不易透风材料	1.5	1.8	2.0
保温层由不易透风材料组成	1.3	1.45	1.6

注：风速<3m/s 为小风；3m/s≤风速≤5m/s 为中风；风速>5m/s 为大风。

③当施工需要计算混凝土蓄热养护冷却至 0℃ 的时间时，可根据式(25-5)采用逐次逼近的方法进行计算，如果实际采取的蓄热养护条件满足 $\varphi/T_m \geq 1.5$，且 $K\varphi \geq 50$ 时，也可按式(25-12)直接计算：

$$t_0 = \frac{1}{V}\ln\left(\frac{\varphi}{T_m}\right) \tag{25-12}$$

式中：t_0——混凝土蓄热养护冷却至0℃的时间(h)。

混凝土蓄热养护开始冷却至0℃时间t_0内的平均温度,可根据式(25-6)取$t = t_0$进行计算。

25.2.18 砌体冬期施工的质量检验除应符合本规范第16章的规定外,尚应符合下列规定：
1 对室外气温、暖棚气温及砂浆温度,每昼夜应定时检查不少于3次。
2 对抗冻剂的掺量,每一工作班组的检查应不少于1次。
3 砂浆强度应以在标准条件下养护28d的试件试验结果为准,试件制取组数应不少于常温下施工的试件组数。每一单元砌体(如墩台、拱圈、涵洞)应同时制取与砌体同条件养护的试件,用以检查砂浆强度的实际增长情况。砂浆强度的质量检验评定方法与常温施工的砂浆相同。

25.2.19 桥面沥青防水层不宜在低温下施工。伸缩装置应按设计要求且在适宜的温度范围内安装；气温在5℃以下时,不宜进行橡胶伸缩装置的安装施工。

25.3 雨期施工

25.3.1 在降雨量集中季节且会对工程质量造成影响时,应按雨期的要求进行施工。

25.3.2 雨期施工应通过当地气象部门提前获取气象预报资料,制订切实可行的施工组织计划、施工技术方案及应急预案,做好防范各种自然灾害的准备工作。雨期施工应提前准备必要的防洪抢险器材、机具及遮盖材料,对水泥、钢材等工程材料应有防雨防潮,对施工机械应有防止洪水淹没等措施；施工场地和生活区应设置排水设施；同时应制定安全用电规程,严防漏电、触电；雷区应有防雷措施。

雨期施工时,主要需要从防雨、防潮、防洪、防风和防震击等几个方面,对工程的材料、机具设备、临时设施及结构进行有针对性的防护,以保证施工期间的质量和安全。

25.3.3 雨期施工的工作面不宜过大,宜逐段、分片、分期施工。雨期施工应避开大风大雨天气,遇暴风雨或受洪水危害时应停止施工作业。

25.3.4 雨期进行基础施工时应符合下列规定：
1 基坑开挖时,应设挡水埂,防止地面水流入；基坑内应设集水井,并应配备足够的抽排水设备。同时应加强对边坡的支护,或适当放大边坡坡度；对地基不良地段的边坡应加强观测,发现异常应及时分析原因,采取处理措施。基坑开挖后应及时进行垫层和基础的施工,防止被水浸泡；若被浸泡,应挖除被浸泡部分,采用砂砾材料回填。
2 在位于山坡或山脚地质不良地段进行桩基础的施工时,相邻墩不宜同时钻、挖孔,宜间隔错开施工,防止引起山体失稳。
3 水中基础的施工应采取防止洪水淹没或冲毁施工作业平台及施工设备、设施的有效措施。

基坑在雨期开挖施工时,最常见的问题是边坡处理不当或开挖后未及时进行基础的连续施工,使边坡造成坍塌或被水浸泡。因此需要按照上述规定组织施工,防止事故发生。

25.3.5 结构混凝土的雨期施工,应符合下列规定：
1 模板支架的地基和基础应满足强度和稳定性的要求,应采取必要的安全技术措施,防止地基软化而导致沉降及支架失稳。

2 钢筋、钢绞线等材料的存放应支垫覆盖,并应防水、防潮。钢筋的加工和焊接应在防雨棚内进行。结构外露的钢筋、钢绞线及预埋钢件等应采取覆盖或缠裹等防护措施。

3 水泥的储存应防雨防潮,已受潮有结块的水泥不得用于工程中。雨期施工应增加砂、石集料含水率的检测次数,及时调整混凝土配合比,保证拌和质量;砂、石集料的含水率检测,每个台班应不少于1次,雨后拌制混凝土应先检测后拌和。

4 雨后模板和钢筋上的淤泥、杂物等,应在浇筑混凝土前清除干净。除非有良好的防护措施,否则不宜在大雨天浇筑结构混凝土。新浇筑的混凝土在终凝前,不得被雨淋。

5 桥面防水层不得在雨天进行铺设施工。

25.3.6 砌体的雨期施工应符合下列规定:
1 砌体砂浆在达到终凝前,不得遭受雨水冲淋。
2 砌体的砌筑块石、片石或预制混凝土块应将淤泥、杂物冲洗干净后方可砌筑。
3 现场制作的砌体砂浆试件应采取防雨措施。

25.4 热期施工

25.4.1 当昼夜日平均气温高于30℃时,混凝土工程和砌体工程的施工应符合热期施工的规定。
对日平均气温的解释见本规范第25.2.1条说明。

25.4.2 热期混凝土工程施工所用的原材料,其储存及温度应符合下列规定:
1 应采取必要措施对水泥和砂、石集料等遮阳防晒,或对砂、石料堆喷水降温,降低原材料进入搅拌机的温度。
2 拌和水宜采用冷却装置或其他适宜的方法对其降温;对水管及水箱应设置遮阳或隔热设施。

25.4.3 热期混凝土工程施工时,混凝土的配制、搅拌和运输应符合下列规定:
1 配合比的设计应考虑高温对混凝土坍落度损失的影响。混凝土中可掺加高效减水剂或掺用粉煤灰等活性材料取代部分水泥,减少水泥用量;混凝土宜选用水化热较低的水泥,当掺用缓凝型减水剂时,可根据气温情况适当加大坍落度。
2 搅拌站的料斗、储水器、皮带运输机及搅拌筒等应采取遮阳措施。在搅拌和浇筑过程中,应增加混凝土坍落度的检测次数,当不满足施工需要时,应及时对配合比进行适当调整。
3 混凝土宜在棚内或气温较低的夜间进行搅拌,当无其他特殊规定时,混凝土的入模温度宜控制在30℃以下。
4 宜采用带有搅拌装置的运输车运输混凝土,且搅拌筒上应有防晒设施。在运输过程中应慢速、不间断地搅拌混凝土,但不得在运输过程中加水搅拌,并应最大限度地缩短运输的时间。
3 热期混凝土施工时,对混凝土的原材料、机具设备、配制、搅拌、运输、浇筑及养护等,均需要以降低混凝土的入模温度为原则。入模温度低,则对控制混凝土的内部最高温度是有利的。

25.4.4 热期混凝土的浇筑施工应符合下列规定:
1 浇筑前应有全面的施工组织计划,做好充分准备,配备足够的施工机具设备,保证浇筑施工能连续进行。条件具备时,应对浇筑场地进行遮盖防晒,降低模板和钢筋的温度;亦可在模板、钢筋和地基上喷水降温,但在浇筑时模板内不得有积水或附着水。
2 在混凝土浇筑前,应通过试验确定在最高气温条件下混凝土分层浇筑的覆盖时间,施工时应严格控制,不得超过。混凝土的浇筑施工宜选在一天温度较低的时间内进行;混凝土从搅拌至浇筑的时间应缩短,浇筑速度应加快且应连续进行。

3 浇筑完成后应加快表面混凝土的修整速度,修整时可采用喷雾器喷洒少量水防止表面干缩裂纹,但不得直接在混凝土表面浇水。

25.4.5 热期施工时混凝土的养护应符合下列规定:

1 混凝土浇筑完成并对表面修整后应尽快开始养护,应在其表面立即覆盖清洁的塑料薄膜,使混凝土表面保持水分;初凝后应增加覆盖浸湿的粗麻布或土工布,继续洒水保湿养护。

2 混凝土保湿养护的时间应不少于7d。保湿养护期间,如具备条件,宜采取遮阳和挡风措施,控制高温和干热风对养护质量的影响。

3 混凝土结构拆模后的洒水养护宜采用自动喷水系统或喷雾器,保湿养护不得间断,亦不得形成干湿循环。除非当地缺少足够的清洁水,方可仅采用喷洒养护剂的方式对高强度混凝土和高性能混凝土进行养护。

4 对桥面铺装混凝土或其他外露面较大的板式结构混凝土,应在施工前制订养护方案,采取有效措施进行养护,防止开裂。

25.4.6 砌体在热期施工时应符合下列规定:

1 砂浆宜随拌随用,气温超过30℃时,宜在2~3h内使用完毕。已凝结的砂浆,不得使用。

2 砌筑砂浆宜有良好的和易性,用于石砌体时稠度宜为50~70mm;气温较高时,在保证强度的条件下可适当增大。

25.4.7 热期施工的质量检验应符合下列规定:

1 砂、石集料的含水率检测,每台班应不少于1次。

2 混凝土浇筑与养护时,对环境温度应每日检查4次,并做好检查记录;当温度超过热期施工的规定时,混凝土的搅拌应采取有效的降温和防晒措施,并应保证混凝土的浇筑质量,否则应停止施工。

3 混凝土热期施工,除应留置标准条件下养护的试件外,还应制取相同数量的试件,并将其置于与结构相同的环境条件下养护,检查混凝土的强度用以指导施工。

4 在混凝土的浇筑过程中,应严格控制缓凝剂的掺量,并应检查混凝土的凝结时间,防止缓凝剂掺量不准确对结构造成危害。

26 安全施工与环境保护

26.1 一般规定

26.1.1 本章适用于公路桥涵工程施工过程中的安全施工和环境保护。

安全施工和环境保护是公路桥涵工程施工非常重要的内容,本次修订将其管理的界限和范围予以明确,即为"施工过程中的安全施工和环境保护"。

26.1.2 公路桥涵工程在施工过程中,应遵守所在地相应的安全施工和环境保护方面法律法规的规定。

除国家和行业有对安全施工和环境保护方面的规定外,公路桥涵工程的所在地可能也有其相应的地方性法律法规,这些法律法规也都需要在施工过程中得到遵守。

26.2 安全施工

26.2.1 桥涵工程的安全施工应符合现行《公路工程施工安全技术规范》(JTG F90)的规定,并应符合本规范的规定。

现行交通运输行业标准《公路工程施工安全技术规范》(JTG F90)于2015年2月10日发布,2015年5月1日起实施,该规范对公路工程施工安全的规定较为全面、系统,本规范对安全施工的相关规定主要针对桥涵工程的施工,与该规范的规定互为补充,并不矛盾,均需要得到遵守。需注意的是:当本规范的某些规定与该规范有不一致时,则要按两者中要求更为严格的规定执行。

26.2.2 桥涵施工应贯彻"安全第一、预防为主、综合治理"的方针。施工前应对各种安全危险源进行辨识和评估,并应在施工过程中有针对性地采取各种有效措施,预防事故发生;对危险性较大的分部分项工程应制订专项方案;对存在重大安全事故危险源的工程,应预先建立重大事故应急预案,并组织演练;当施工中发生事故时,应迅速反应,按照应急预案的规定进行救援和处理,最大限度地降低事故损失。

"安全第一、预防为主、综合治理"是我国安全生产工作的基本方针,需要贯穿于方案制订、施工准备、实施、验收等施工活动的全过程,同时在贯彻该方针时,还需要体现"以人为本"的原则。

安全事故的预防与控制分安全技术、安全教育和安全管理三个方面,安全技术主要解决物的不安全状态问题;安全教育和安全管理主要解决人的不安全行为问题。

消除危险源可以从根本上防止事故发生,但要彻底消除所有危险源是不可能的。因此往往首先将危险性较大、在现有技术条件下可以消除的危险源作为优先考虑的对象,通过选择合适的工艺、技术、设备、设施,或选择合理的结构形式,或选择无毒、无害、不能致人伤害的物料,来消除某种危险源。由于自然、人为或技术等原因,当事故或灾难不可能完全避免时,建立重大安全事故应急预案,组织及时有效的应急救援行动,是抵御事故或控制灾害蔓延、降低危险后果的关键。为充分辨识危险源,需要根据施工的主要活动和服务过程中存在的不安全因素的特点,对容易导致高空坠落、物体打击、触电、机械伤害、坍塌等方面的危险源进行辨识(包括进入作业现场的相关方人员的活动,使用的设备、设施、物资等)。在编制施工方案时,要反映出本工程危险源的相关内容,同时需要编制危险源辨识及风险评估表,确定本工程的重大危险源,并制订出相应的措施或管理方案。

安全工作是一项系统工程，由于技术、资金和人们对事故的认识等原因，到目前还很难做到本质安全，所以需强调技术与管理的结合，技术要有管理作保障才能做到安全生产。同时也要认识到企业管理水平对技术的影响，并将其作为制定施工技术方案的依据之一。

26.2.3 桥涵工程施工场地的规划和临时设施的设置应满足安全施工的要求，并应符合下列规定：

1 对用于工程施工的临时驻地、作业场区、临时道路等的选址，应避开容易发生自然灾害或易受施工影响诱发地质灾害的地点。设立生活和生产等设施以及塔式起重机等高耸设备时，应符合防火、防风、防爆、防震、防雷击的规定。

2 施工区域内的临时道路应保持畅通，临时码头、栈桥和便桥的位置应按批准的设计选址，并应设置相应的交通安全标志。码头、栈桥和便桥在施工期内应具有抵抗洪水、流冰和其他漂浮物冲击的能力。

3 施工区域内的临时用电设施应符合现行《施工现场临时用电安全技术规范》(JGJ 46)的规定。施工区域内应设置足够的消防设备，且施工人员应熟悉设备的性能和使用方法。

4 施工区域宜与周边环境隔离，出入口处应有专人管理。

5 边通车边施工的地段，应进行交通导改方案设计、制订专项施工方案，并报交管部门批准后实施，同时应设置交通防护、警示和引导标志。

1 在容易发生自然灾害或易受施工影响诱发地质灾害等危险的地点设立临时设施，一旦发生灾害，会造成重大人员伤亡和财产损失，所以需要避开。自然灾害主要有水灾、滑坡崩塌、泥石流等；易诱发地质灾害的施工影响主要有土石方开挖、弃方堆放、爆破震动、不合理的引排水等。临时设施主要有临时驻地、临时道路、临时码头、栈桥、便桥、作业场区、仓库、机房、变电所、发电机房、油库、易燃易爆品仓库等。

2 在靠近河流和陡壁的路段、急弯、陡坡处及便桥，设置护栏等安全防护设施，并设置禁止超载、超高、超宽等限制交通的安全标志，是保证施工安全的重要前提。

4 隔离的目的是保证所有进入施工区域的人员和机械设备等得到有效管理和控制，同时也能防止施工区域内的物体侵入周边环境。隔离的方法通常根据环境和实际需要而定，在城区可以采用围栏、围墙等；在偏远山区，则可以采用警示和公告范围的方式。

5 本次修订将本款单列，并增加了"制订专项施工方案，并报交管部门批准后实施"的要求。

26.2.4 桥涵施工所使用的机具设备和参加施工的作业人员，应符合下列安全规定：

1 对施工作业所使用的机械、设备和工具，应定期检查或检验，使其保持良好的工作状态；对特种设备，应符合其安装、维护、使用和检验等管理制度的规定。

2 施工作业人员应进行上岗前的体检和安全培训，作业时应遵守本工种的各项安全操作技术规程。对从事特种作业的人员，应经过专业培训，持证上岗。进入施工区域内的作业人员，应按规定佩戴、使用劳动安全防护用品。不合格的防护用品不得使用。

3 单项工程包括辅助结构和临时工程，开工前应对施工作业人员进行安全技术交底。

1 《中华人民共和国安全生产法》《中华人民共和国劳动法》《特种设备安全监察条例》等法律法规对特种设备的安全管理均有明确的规定，施工时需要遵照执行。

2 2015年12月29日，国家安全监管总局印发了《用人单位劳动防护用品管理规范》，规定了典型工种的劳动防护用品配备标准，施工中需要按照规定进行管理和正确使用。施工区域是指由业主提供的或经有关部门批准的，专门用于工程建设施工的地域和空间。

3 安全技术交底的目的，是使施工作业人员在工程施工前了解工程的特点、操作工艺中的安全注意事项，防止在作业过程中发生安全事故。

26.2.5 位于水中的筑岛平台、钢制平台、围堰以及基坑的开挖与边坡支护等工程的施工,除应符合本规范相应章节的规定外,其施工安全尚应符合下列规定:

1 在平台、围堰和基坑的边沿应设置安全防护栏杆。

2 各种水中平台和围堰当需度洪或度凌施工时,应采取可靠的防冲击或防撞击的安全防护措施;在通航水域,水中的平台和围堰尚应设置预防船舶撞击的设施,并应设置夜间航行标志灯。

3 基坑的开挖应按分层顺序作业,基坑顶部周边的临时荷载不得超过施工设计的规定;对深大基坑开挖时的边坡支护应进行变形监测,当变形超出允许范围时,应及时采取处理措施。

26.2.6 高处作业时的施工安全应符合下列规定:

1 施工作业前,应逐级对现场施工人员进行安全技术交底,并应在落实安全技术措施后方可正式施工;作业时施工人员必须佩戴安全帽、系安全带。高处作业中使用的机械设备、工具和电气设施等,应在施工前经检查并确认其完好后,方可投入使用。

2 高处施工作业应设置必要的安全防护设施,当施工过程中发现防护设施有缺陷或隐患时,应采取措施及时解决;当危及作业人员的人身安全时,应立即停止施工进行处理。需要临时拆除或变动安全防护设施进行作业时,应采取可靠的替代措施保证作业安全,且应在作业后立即恢复。

3 高处作业时设置的走梯、通道等应随时清扫干净;雨天或雪天进行高处作业时,应采取可靠的防滑、防冻措施,如有水、冰、雪、霜等应及时清除。高处作业时所用的物料应堆放平稳,并不得妨碍通行;对高处作业区所有可能坠落的物件,应先行撤除或加以固定,拆下的物件及余料应及时清理,但不得向地面随意抛掷;作业人员使用后的小型工具应随手放入工具袋,传递物件时严禁采用抛掷的方式进行。

4 在高处拆除模板或其他设施时,应设置警戒区,并应设专人指挥控制;拆除工作应自上而下进行,严禁上下同时拆除。

5 在6级以上强风、浓雾、暴雨和暴风雪等恶劣气候条件下,不应进行高处施工作业。台风、暴雨及暴风雪过后,应对高处作业的安全防护设施进行全面检查,当有变形、损坏、松动和脱落等现象时,应尽快进行修复。

本条所称的高处作业,是指符合现行国家标准《高处作业分级》(GB/T 3608)规定的"在坠落高度基准面2m以上(含2m),有可能坠落的高处进行的作业"。

26.2.7 水上作业时的施工安全应符合下列规定:

1 在通航的江河上施工时,水上交通的安全应符合现行《内河交通安全管理条例》的规定。

2 水上施工的船舶应经船检部门检验合格后方可使用,不得带病作业。作业前应随时掌握当地的气象和水文情况,遇有大风时应检查并加固船舶的锚缆等设施;雨、雾天视线不清时,船舶应显示规定的信号,气候恶劣易发生事故时应停止作业或航行。交通船应按规定的载人数量渡运,严禁超员强渡。

3 施工船舶在作业前,应了解作业区域的水深、流速及河床地质等情况,抛锚、定位时应保持船体稳定;作业船锚链后,应设置警示标志。

4 各种用于水上施工作业的船舶均应配备救生和消防设施。水上作业的施工人员必须穿救生衣。

本条主要是针对内河水上作业的施工安全作出的相应规定,海上的施工作业安全见本规范第22章的规定。

26.2.8 施工现场的用电安全除应符合现行《建设工程施工现场供用电安全规范》(GB 50194)和现行《施工现场临时用电安全技术规范》(JGJ 46)的规定外,尚应符合下列规定:

1 临时用电设备在5台及以上或设备总容量在50kW及以上者,宜编制用电组织设计;当低于上述要求时,可仅制订安全用电技术方案和电气防火方案。

2 施工用电应采用中性点直接接地的220/380V三相四线制低压电力系统,且应采用总配电箱、分配电箱、开关箱三级配电装置,开关箱以下应为用电设备。低压配电系统的接地形式宜采用 TN-S 系统或 TN-C-S 系统、TT 系统。采用自备电源时,发电机组的电源应与外电线路联锁,严禁并列运行;发电机组应采用三相四线制中性点直接接地系统,并独立设置,与外电源隔离。

3 配电线路应架空架设,且应采用绝缘导线经横担和绝缘子架设在专用电杆上;当采用电缆线路时,应采用五芯电缆,且电缆线路应采用埋地或架空的方式敷设,不得沿地面明设,电缆直接埋地敷设的深度宜不小于 0.7m,并应在其路径上设方位标志。配电线路严禁架设在树木、脚手架或其他设施上,各种线路均应有短路和过载保护。

4 现场电源线的接头应采用绝缘胶带包扎良好,不得采用塑料胶带或其他非绝缘胶带包扎,接头不得随意放置在潮湿的地面或水中。

5 施工用电的动力配电箱与照明配电箱宜分箱设置,当合置于同一箱内时,动力与照明应分路配电;动力开关箱与照明开关箱必须分设。配电箱和开关箱应装设在干燥、通风、无外来物体撞击的地方,箱内应设置电源隔离开关、短路保护器和过载保护器,总配电箱和开关柜中还应设置漏电保护器;箱内所使用的各种电器必须可靠、完好,严禁使用破损、不合格的电器。每台用电设备应有各自专用的开关箱,严禁使用同一个开关箱(或插座)直接控制 2 台及以上的用电设备。

6 对施工现场的起重机、龙门吊等机械设备,以及钢支架、钢管脚手架和正在施工的工程金属结构,当位于相邻构筑物防雷装置接闪器的保护范围以外时,应按有关规定安装防雷装置。防雷装置的避雷针(接闪器)可采用长度为 1~2m 的 ϕ20mm 钢筋;当利用金属构架做引下线时,应保证构架之间的电气连接;防雷装置的冲击接地电阻值应不大于 30Ω。当最高机械设备上避雷针(接闪器)的保护范围能覆盖其他设备,且又最后退出现场时,其他设备可不设防雷装置。

7 施工照明的供电电压在一般场所应为 220V;在有导电粉尘、腐蚀介质、蒸汽、高温炎热及容易触及照明线路等特殊场所,应使用安全特低电压的照明器,且其电压应不大于 24V,在相对湿度长期处于 95% 以上的潮湿场所应不大于 12V。照明器具的形式和防护等级应与环境条件相适应,不得使用绝缘老化或破损的器具。使用 220V 碘钨灯照明时应固定安装,其安装高度应不低于 3m,距易燃物应不小于 500mm,并不得直接照射易燃物,220V 碘钨灯不得作为移动照明使用。夜间施工对可能影响行人、车辆、船舶、飞机等安全通行的施工部位、设施及设备,应设置红色警戒照明灯。

8 施工现场的用电应由专职电工进行操作,电工应通过相关的安全教育和专业技术培训,持证上岗;操作时应按安全用电的规定穿戴劳动安全保护用品。

2 低压是指交流额定电压在 1kV 及以下的电压。TN-S 表示工作零线与保护零线分开设置的接零保护系统。

3 规定配电线路严禁沿脚手架等设施架设,是为了防止电缆因机械损伤而导致其带电。

7 本次修订依据现行国家标准《建设工程施工现场供用电安全规范》(GB 50194)的规定,增加了特殊场所使用安全特低电压的照明器及其相应的电压要求。

26.2.9 起重吊装的施工安全应符合下列规定:

1 起重吊装作业前应详细勘察现场,根据工程特点及作业环境编制专项施工方案,方案应经审核批准后方可实施。

2 起重使用的机械设备进入现场后应经检查验收,并应按规定进行试运转和试吊,对各种安全装置应进行灵敏度、可靠度的测试,必要时应进行静载和动载试验,确认符合要求后方可使用。起重吊装采用的索具、吊具等在使用前应按施工方案要求的设计承载力逐件进行检查验收;各种防护措施的用料、脚手架的搭设及危险作业区的围挡等准备工作应符合施工方案的规定。对起重机运行的道路和作业区域应在施工前进行检查,地基承载力不能满足作业要求时应采取铺设路基箱等措施。

3 起重吊装作业前应对作业人员进行安全技术交底。起重吊装的施工人员应持证上岗。

4 当进行高处吊装作业或司机不能清楚地看到作业地点或信号时,应设置信息传递人员;起重吊装时,在高处的作业人员应携带工具袋,工具和零配件在操作结束后应及时装入工具袋内,并不得随意向下方抛掷物品。

5 采用龙门吊、桅杆吊、缆索吊、架桥机、悬臂吊机等进行起重吊装作业时,除应符合上述各款的规定外,尚应根据不同吊机的特点,采取相应的安全防护措施。

5 龙门吊、桅杆吊、缆索吊、架桥机、悬臂吊机等起重吊装设备,其结构和受力的方式均有其各自的特点,因此需要采取相应的安全防护措施。

26.2.10 工地现场的防火安全应符合下列规定:

1 工地施工现场应建立消防安全管理制度、动火作业审批制度和易燃易爆物品的管理办法,并应按不同的施工规模建立消防组织,落实监火人,配备义务消防人员,进行必要的消防知识培训,定期组织进行演习。

2 工地应按总平面布置图划分消防安全责任区,并应根据作业条件合理配备消防器材,对各类消防器材应定期检查和维护保养,保证其使用的有效性。各类气瓶应单独存放,存放的库房应通风良好,各种设施应符合防爆的规定。

3 当发生火险时,应迅速准确地向当地消防部门报警,并应及时清理通道上的障碍,组织灭火。

26.2.11 季节性施工的安全应符合下列规定:

1 工地现场应按施工作业的条件,并针对季节性施工的特点,制订相应的安全技术方案。

2 雨期施工作业时应采取防雨、防洪、排水及防雷电的安全防护措施。傍山的施工现场应采取防滑坡、塌方的措施;各种临时设施包括支架、模板和脚手架等应有防强风的措施;雷雨季节到来之前,应对现场防雷装置的完好性进行检查,防止造成雷击伤害。

3 冬期施工应采取防滑、防冻的安全防护措施;对采用加热法养护混凝土的现场应有防火措施;用于冬期取暖的设施应符合防火和防煤气中毒的规定。

4 热期施工时,应按劳动保护的规定采取防暑降温措施,作业时宜避开高温时段。

26.2.12 爆破施工时,爆破方案的设计与实施作业应符合现行《爆破安全规程》(GB 6722)的规定。

26.2.13 在高原、高寒、沙漠等地区进行桥涵工程的施工时,应根据环境和气候特点采取相应的特殊安全技术措施。

26.3 环境保护

26.3.1 公路桥涵工程的施工应遵循"预防为主、防治结合、综合治理"的原则,结合工程特点,对在施工中可能对环境造成的不利影响,制订具体的预防方案并付诸实施,减少对原生态环境的改变,降低对环境的污染。施工过程中应实施文明施工;工程完成后,应及时清理各种施工垃圾,做到工完场清。

26.3.2 桥涵工程施工时,应采取有效措施防止水土的污染和流失,并应符合下列规定:

1 施工现场临时设施的用地,应结合当地土地利用的规划,统筹综合考虑。选址和布局应有利于少占耕地、保护植被和保持原有的地形地貌。

2 施工时应严格控制污染源。施工废水、污水应进行沉淀处理后方可排放;含有有害物质的废水和污水不得排入禁排区域;对施工废油及生活污水应集中回收处理。施工船舶不得随意向江河和海洋中排放污染物、废弃物、压载水及其他有害物质。严禁向水域、自然保护区、风景区、农田、草地、下水管道内等环境敏感区倾倒或排放危险废物,防止污染水质和土地。

3 水中的筑岛在工程施工完成后,应及时将填筑土挖掘清除,并应运至指定地点堆放,不得将填筑土遗留在河中堵塞河道影响行洪,或遗留在海域中造成污染。采用泥浆护壁进行钻孔桩施工时,应采取有效措施防止泥浆外溢对环境造成污染,废弃的泥浆应集中处理。

4 对施工产生的弃土、废渣和固体建筑垃圾,应及时运至规定的场地集中堆放和处理;废弃的钢木材料、边角料及其他物品等应集中回收处理。

5 不得在崩塌滑坡的危险区和泥石流易发区进行取土、挖砂和采石等作业;对基坑开挖及桥涵附属工程的边坡应予以防护,防止雨水冲刷造成水土的流失。不宜将弃土场设置在汇水面积大且易受冲刷的沟谷内,弃土应按指定地点堆放,不得随意向江河、湖泊、水库或海域倾倒。

26.3.3 桥涵工程施工时,应对施工导致的空气污染和噪声污染进行控制,并应符合下列规定:

1 用于施工的各项临时设施、材料加工厂及混凝土搅拌站等,均宜远离居民区且宜处于下风区;当无法满足时,应采取适当的防尘、降噪措施。

2 施工现场的主要临时道路宜经常洒水降尘。对工程施工使用的粉末材料,在露天存放时,应采取有效措施,防止尘埃飞扬和雨水冲刷流失。

3 在城镇居民区施工时,应采取必要的措施,降低由机械设备或工艺操作产生的噪声。

4 应控制施工设备废气排放符合国家规定的环保标准。

3 环境噪声是指在工业生产、建筑施工、交通运输和社会生活中所产生的干扰周围生活环境的声音。环境噪声污染是指所产生的环境噪声超过国家规定的环境噪声排放标准,并干扰他人正常生活、工作和学习的现象。建筑施工噪声是指在建筑施工过程中产生的干扰周围生活环境的声音。噪声敏感建筑物是指医院、学校、机关、科研单位、住宅等需要保持安静的建筑物。

表 26-1 为不同施工阶段作业噪声限值。

表 26-1 噪 声 限 值

施 工 阶 段	主要噪声源	噪声限值[dB(A)]	
		昼间	夜间
土石方	推土机、挖掘机、装载机等	75	55
打桩	各种打桩机等	85	禁止施工
结构	混凝土搅拌机、振捣棒、电锯等	70	55

注:表中所列噪声值是指与敏感区域相应的建筑施工场地边界线处的限值。如有几个施工阶段同时进行,以高噪声阶段的限值为准。

公路桥涵施工的地域广、范围大、环境多样,因此在施工中需要采取必要的措施降低噪声,尽量避免干扰沿线居民的正常生活、工作和学习。如果噪声超过限值规定,可以采取调整施工方法、改变机械设备组合、采用低噪声设备、调整作业时间、增加消声设备、设置隔声屏障或隔声罩等措施来降低噪声。

26.3.4 桥涵施工时对自然生态环境的保护应符合下列规定:

1 在风景区、自然保护区施工时,宜保护其自然风貌和生态环境,当施工确有需要时,应采取适当的保护措施,降低或减少破坏的程度;施工结束后,应按设计要求进行必要的恢复。

2 施工中不得破坏水生、陆生野生动物生息繁衍的水域、场所和生存条件。

3 对草木、林区应严格遵守护林防火规定,防止发生火灾。

27 工程交工

27.0.1 桥涵工程应按现行《公路工程质量检验评定标准 第一册 土建工程》(JTG F80/1)的规定对其质量进行自检、评定,完工后申请交工验收。

此次修订对本条文的表述作了适当修改,因大部分的分部、分项工程在施工过程中即已完成质量的自检、抽检和评定,这些工作并不是在全部工程完工后再进行,交工时需要对质量进行自检、评定的一般是针对单位工程。

27.0.2 交工验收前的准备工作应符合下列规定:

1 应对工程进行全面检查,凡不符合设计、技术标准和规范要求的质量缺陷应进行整修和处理,保证工程的交工验收能正常进行。

2 交工验收前应恢复施工测量控制网。施工区域内的导线点、水准点,以及验收需要的测点、测桩等应保证完好。

3 应按现行《公路工程竣(交)工验收办法》以及国家、地方档案管理部门的要求,编制完成交工资料、施工自检报告和施工总结报告等文件。

交工资料、施工自检报告和施工总结报告等文件,对桥涵工程的运营、维护和管理非常重要,因此需要按验收办法及档案管理的要求认真编制。

27.0.3 桥涵工程的交工验收应按现行《公路工程竣(交)工验收办法》的有关规定进行。

27.0.4 交工验收时,应配合检测和验收部门对工程质量、施工记录等进行检查和检验。

27.0.5 对工后观测所用的测量控制桩点,应保证其完好、准确、有效,并应在交工时移交给工程的养护管理单位。

工后观测所用的测量控制桩点如果不完整、不准确或无效,会给后续的观测工作造成麻烦,甚至无法实施。

27.0.6 对交工验收提出的工程质量缺陷等遗留问题,应采取有效措施,在规定的期限内处理完成。